日本蜡烛图实战技术精髓

——三法四式买卖法

王凤磊　著

地震出版社
Seismological Press

图书在版编目（CIP）数据

日本蜡烛图实战技术精髓：三法四式买卖法/王凤磊著．—北京：地震出版社，2021.7
ISBN 978-7-5028-5212-2

Ⅰ.①日…　Ⅱ.①王…　Ⅲ.①股票交易-基本知识　Ⅳ.①F830.91

中国版本图书馆 CIP 数据核字（2020）第 178460 号

地震版　XM4667/F(6035)

日本蜡烛图实战技术精髓——三法四式买卖法

王凤磊　著

责任编辑：范静泊

责任校对：凌　樱

出版发行：地震出版社

北京市海淀区民族大学南路 9 号　　邮编：100081

发行部：68423031　68467991　　传真：68467991

总编办：68462709　68423029

证券图书事业部：68426052

http://seismologicalpress.com

E-mail：zqbj68426052@163.com

经销：全国各地新华书店

印刷：北京盛彩捷印刷有限公司

版（印）次：2021 年 7 月第一版　2021 年 7 月第一次印刷

开本：787×1092　1/16

字数：421 千字

印张：22.75

书号：ISBN 978-7-5028-5212-2

定价：88.00 元

序

1897年，意大利经济学家帕累托发现了著名的“二八定律”，即社会上20%的人占有80%的社会财富，股市同样也不例外。“二八定律”在股市中又被描述为“一赚二平七亏损”，虽然这只是个大概的统计数据，但从中却不难看出股票投资获利的困难程度。为什么会这样呢？因为股票投资本身是一种专业性极强的投资行为，任何的投资者，如果不经过专业系统的学习和实践，是很难在股市中实现盈利的。现实中，80%的股票投资者都有着正式的职业，他们仅仅把股票投资当作业余爱好而已。

“艰难困苦，玉汝于成”。要想在某一领域有所建树，只有经过专业系统的学习，不怕辛苦，不畏困难，矢志不渝，经过日积月累的实践，才有可能取得成功。古往今来，无一例外。譬如一个医学院的学生，要想成为一名合格的医生，除了学习专业知识技能以外，还要经历大量的临床实践，通过各项技能考核，才能取得执业资格。“专业的人做专业的事”——无论是装修房子，还是竞技体育，都需要专业人士参与，否则结果可想而知。就股票投资而言，只有把股票投资当作一门学问，上而下求索，认真寻找股票运行的内在规律，不断实践和领悟，才有可能买到长期走牛的股票。

据媒体调研，绝大多数投资者获取股票知识的途径无非有两条：一是买几本股票投资方面的书自己研究——网络时代，人们获得相关知识的途径唾手可得，各类信息过载，电子出版物良莠不齐，不是每一本书都能做到开卷有益。二是高价参与各种股票投资培训班——随着股票市场不断发展，各类投资培训机构也如雨后春笋一般应运而生，但其中鱼龙混杂，由于投资者本身不具备甄别能力，即使花费了高昂学费依旧还是亏损的大有人在；更有甚者，书没读几本，或者根据小道消息，或者花钱购买所谓的内幕消息，或者道听途说听信朋友推荐，或者通过与某机构分成合作等，诸如此类，即使偶尔盈利，但最终都还是以亏损收场。上述此类行为囊括了市场中80%投资者的众生相。俗话说，方向对了，距离目标也就不远了，那为什么还是有如此多的投资者亏损呢？究其原因，绝大多数的投资者是方向错了，虽然很努力，但结果与目标却背道而驰，渐行渐远了。

世间万物都有其自身的运行规律，股市也不例外。股价到了该上涨的时候一定会上涨，到了该下跌的时候一定会下跌，这是股票市场本身的客观运行规律，更是股票运行的内在趋势，只有顺势而为，顺应市场，才有可能实现良好的投资回报。“低吸高抛”这四个字几乎是每一个股票投资者耳熟能详的股市铁律，但现实是，绝大多数投资者恰恰做反了——变成了高吸低抛，不断地追涨杀跌，从而导致本金不断缩水。于是问题来了：哪里是低，哪里是高呢？如果解决了这个问题，股票投资亏损的问题也就基本解决了一半。针对大家的困惑，“三法四式”应运而生，低吸高抛也不再是抽象模糊的概念，在“三法四式”的指引下，其变得形象而具体，看得见也摸得着。可以说，“三法四式”为股票投资者指明了一个正确的学习方向。

技术分析，在股市中是一个广泛而高深的概念，包括但不限于全球经济运行趋势、国内宏观政策调控、上市公司未来前景，以及微观层面财务分析、当下的市场题材热点等。但是，技术分析的核心并不是这些，而是K线的技术形态，因为所有影响股价涨跌的利好、利空消息，都会最终反映到股价上面，这是无论如何都无法掩盖的事实真相。我国证券市场作为一个新兴市场，起步相对较晚，从1992年成立至今尚不足30年，在理论和技术研究方面更多的是借鉴国外理论与技战法，诸如查尔斯·道创立的《道氏理论》、威廉·江恩的《江恩理论》、艾略特的《波浪理论》以及威廉·汉密尔顿的《股市晴雨表》等。不可否认，这些洋理论对推动国内证券市场的健康发展起到了一定的促进作用。20世纪70年代，美国人史蒂夫·尼森成功地把日本的“蜡烛图”引入美国，使得这个诞生于日本稻米交易市场的米价记录工具，得以在全球金融投资领域广泛应用。这个“蜡烛图”也正是本书的主角儿。

“蜡烛图”，又名K线图、蜡烛线图、日本线图等，诞生于200多年前的日本德川幕府时代，相传稻米交易商本间宗久为记录稻米交易的历史数据而发明。据传说，本间宗久曾经在稻米交易市场有过连续100次交易盈利的惊人纪录，他本人在当时的稻米交易领域被奉为“交易之神”。由于年代久远，仅日本国内就有多个蜡烛图的版本在坊间流传。当今所流行的、比较常见的蜡烛图版本，绝大多数都是在史蒂夫·尼森的版本上衍生得来，同质化较为严重，基本停留于“以形解形”的表象思维阶段，并未通过K线深入揭示股价背后深层次的市场内涵及运行机理。

笔者2005年入市，对东西方各种股票理论有不同程度的涉猎，对蜡烛图更是情有独钟。《道氏理论》对股市最大的贡献莫过于对指数的研究，认为平均价格指数反映一切。“三大公理”告诉投资者，市场行为会根据趋势演变，历史还会重演，但并未具体阐述趋势究竟会以什么样的形式演变。《江恩理论》对证券市场的主要贡献就是它的强势领涨股理论，该书对《道氏理论》三大假设之一——“平均价格指数反映一切”进行了公开的批驳。江恩并没有对强势领涨股的具体表现形式进行详尽描述，依旧仅停留在理论构想的阶段。“三法四式”是笔者这些年来在实盘交易中不断积累、总结、萃取、精炼的结果，在一定程度上弥补了《道氏理论》与《江恩理论》的缺陷，将市场趋势、历史重演以及强势领涨等抽象的理论形象化、具体化、可操作化。“三法四式”最简单、最直接地诠释了股价低吸高抛的运行规律，使投资者能够直观地甄别哪里是低、哪里是高，准确分辨牛熊，对投资者认知市场、融入市场提供了正确的方向和可靠的操作依据。经过长时间的内部测试和实盘验证，这种方法能有效提高投资者的盈利概率。

“三法四式”的形态同样属于表象，这是主力机构运作股价所留下的真实痕迹。投资者学习三法四式，需要由最初的表象思维逐步转化为逻辑思维，通过事物的表象去发现其内在的运行规律，从而洞悉主力运作股价的真实意图。“看大做小”是三法四式的核心：“看大”，就是根据大周期正确判断个股的大趋势，确定个股是否具备可操作性，这是学习三法四式的基础之一；“做小”，就是根据小周期三法四式所指出的买点及时介入，参与交易。任何脱离大势的局部交易都是狭隘片面的赌博行为，必然会导致交易成功率大打折扣。所以说，正确的股票交易既要掌握股价运行的宏观趋势，更要精准拿捏股价运行的微观细节。

学习股票投资绝非朝夕之功。大道至简，学习需要经历一个由简单到复杂，最后再回归简单的漫长过程。这是一个需要长期学习与不断实践的过程，是一个循序渐进、逐步提高的过程，没有任何捷径可走，也不存在交易的圣杯，只有通过投资者不断学习、验证、修正，最后知行合一，才有可能形成并完善自己的交易体系，在股票投资中实现稳定的盈利。“尽信书，则不如无书”，任何的理论、技战法都或多或少叠加了作者的主观意识，本书同样也不例外，需要广大投资者以辩证的思维去思考。唯有博学，才能多思。听得多了、见得多了、经历得多了，才能对事物有客观的甄别能力，知道哪些是“鱼目”、哪些才是“珍珠”。

真诚欢迎广大投资者以及投资界的前辈提出宝贵意见与建议，抑或对本书理论进行技术性的推敲，这都是笔者希望看到的结果。

王凤磊

2020 年 12 月于济南

目　录

第一章 K线基础知识

无论是从事股票、期货买卖，还是外汇投资的投资者，都会不可避免地接触到K线这种记录价格的古老工具，这是一切技术分析的基础。K线，因形似蜡烛，故又称蜡烛线，也称作日本线。

第一节 K线起源

相传，K线起源于距今约200多年前的日本德川幕府时代，当时有个叫本间宗久的稻米交易商人，在长期的稻米交易中根据历史交易数据创立了一种专门记录稻米交易价格的工具。本间宗久（1716－1803），原名加藤吉作，生于日本酒田市山形县，后被当时名门本间家族收养，故改名为本间宗久。酒田是位于山形县西北部的一个港口城市，北临日本海，海路交通发达，是当时日本几个著名的稻米交易口岸之一，这里，也正是本间宗久的交易生涯开始的地方。本间宗久是个交易奇才，对产量、天气、人文、交通以及气候等影响稻米价格的诸多因素了如指掌，相传他曾经创造过连续100次盈利的神奇交易记录，在当时的交易市场被奉为“行情之神”。本间宗久之所以能够取得这样骄人的战绩，正是得益于其根据历史交易数据创立的K线，他经过不断修正完善，逐步形成了一套相对完整的交易方法，因其所在地为酒田市，故后人也称他的交易方法为“酒田战法”。

当然，上述只是相关资料对K线起源的粗略记载，市面上关于K线起源的记载基本上都大同小异、如出一辙，因年代相对久远，并无确凿证据证明

K线的确为本间宗久所创立，但这丝毫不影响我们对K线的研究与应用。不过有一点至少是可以肯定的，K线源自日本。在这里，我们同样要感谢史蒂夫·尼森先生，他在20世纪70年代把这种古老的价格记录工具引进美国，随后K线才得以在世界范围内被广泛应用于金融投资领域。历史就是这样——一切都是最好的安排，假设在查尔斯·道以及威廉·江恩的年代K线就已经被引入美国，笔者断言，流传至今的许多股票投资理论将会更加完善，抑或被重新改写。

第二节 认识K线

K线是一根形似蜡烛的柱状线条，如图1－1所示。图中，空心K线代表阳线，实心K线代表阴线，每一根K线显示四个交易价格：开盘价、收盘价、最高价、最低价。

以日线为例，开盘价代表当天第一笔成交价格，收盘价代表当天最后一笔成交价格，最高价代表当天最高成交价格，最低价代表当天最低成交价格。

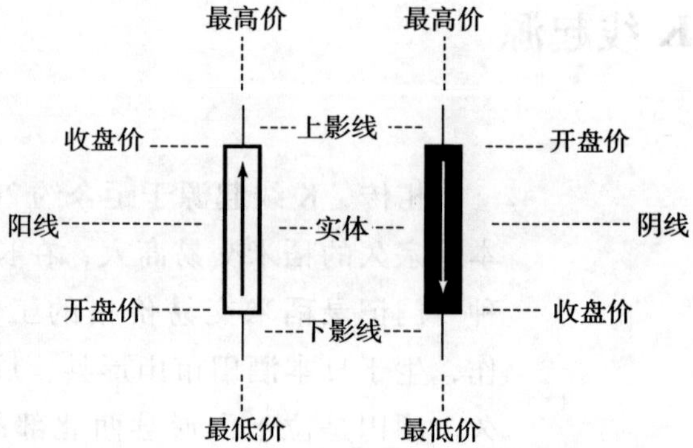

图1－1 K线示意图

阳线开盘价位于实体最底端，收盘价位于实体最顶端，最高价位于上影线最顶端，最低价位于下影线最底端。阴线开盘价位于实体最顶端，收盘价位于实体最底端，最高价位于上影线最顶端，最低价位于下影线最底端。

用一句话概括：收盘价高于开盘价说明股价上涨，如图中左侧阳线实体中箭头所指，运行方向向上，用阳线表示；收盘价低于开盘价说明股价下跌，如图中右侧阴线实体中箭头所指，运行方向向下，用阴线表示。

K线最大的作用就是它清晰直观地告诉投资者股票运行过程中的四个价格。需要引起注意的是，在实盘交易中，绝大多数投资者朋友只关心股票的收盘价，而对其他三个价格却置若罔闻。殊不知，收盘价之外的三个价格的重要性一点也不逊于收盘价，在某些特定形态下甚至参考价值更重要。每一个价格背后都有特定的市场含义，不宜厚此薄彼。

K线不但可以单独使用，还可以叠加其他条件配合使用，诸如各种参数的移动平均线、各种属性的指标、成交量等。但是，K线是一切技术分析的基础，任何的均线、指标、成交量等都是以股价为依托而衍生出来的。可以说，打好K线基础，是一切技术分析的重中之重，作用不可小觑。根据分析周期的不同，K线周期由长到短可分为：年K线、季K线、月K线、周K线、日K线、60分钟K线、30分钟K线、15分钟K线、5分钟K线、1分钟K线。关于K线不同分析周期的使用方法，将在本书后面章节具体讲解。

第三节 K线的运行方向

图1－2所示为K线运行方向示意图。以日线为例，图中左侧K线为阳线，以当天第一笔交易价格为开盘价（交易起点，图中虚线箭头所示），之后股价小幅跌破开盘价，盘中下跌触底形成最低价；股价止跌企稳后，转头向上突破开盘价并继续向上运行，盘中到达最高价；之后股价小幅回落企稳，以当天最后一笔交易形成收盘价（交易终点）。

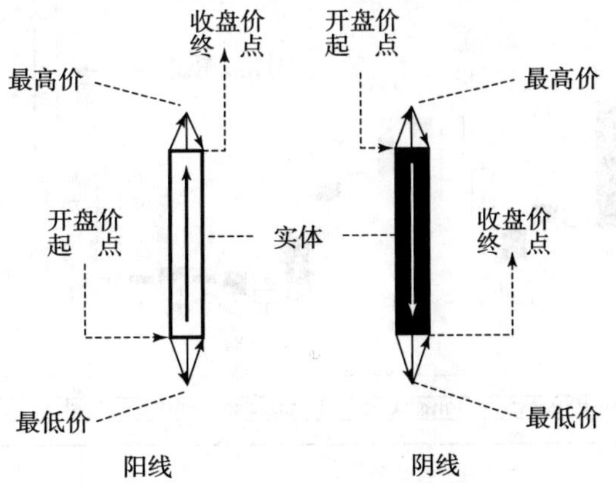

图1－2 K线运行方向示意图

图中右侧为阴线，同样以当天第一笔交易价格为开盘价（交易起点，图中虚线箭头所示），之后股价向上小幅拉升，盘中出现最高价；接着股价向下回落，跌破开盘价后继续向下运行，盘中到达最低价；随后股价止跌企稳并向上小幅反弹，以当天最后一笔交易形成收盘价（交易终点）。

以上就是阳线与阴线的股价运行轨迹。不难看出，虽然阳线和阴线形态相同，但是股价却向截然相反的两个方向运行，并且用不同的颜色区别表示。

下面举几个具体案例，让读者朋友们加深一下对股价阳线与阴线运行方向的理解和认识。

如图 1－3 所示，为凯普生物（300639）2020 年 1 月 3 日的 K 线走势图。按图中箭头所示，该股当天涨幅 9.02%，以一根略带上下影线的大阳线收盘，但是这根日 K 线只能给我们呈现当天的开盘价、收盘价、最高价、最低价这四个价格，更为详细的运行过程我们不得而知，这就需要查看该股日 K 线以下的其他周期，如图 1－4 所示，为该股 2020 年 1 月 3 日的 60 分钟 K 线图。日 K 线与 60 分钟 K 线是 4 倍的关系，一根日 K 线由 4 根 60 分钟 K 线构成。图中清晰可见当天股价在 60 分钟 K 线图中的具体运行情况：第一个 60 分钟内开盘价即该股日 K 线的开盘价，开盘后股价小幅跌破开盘

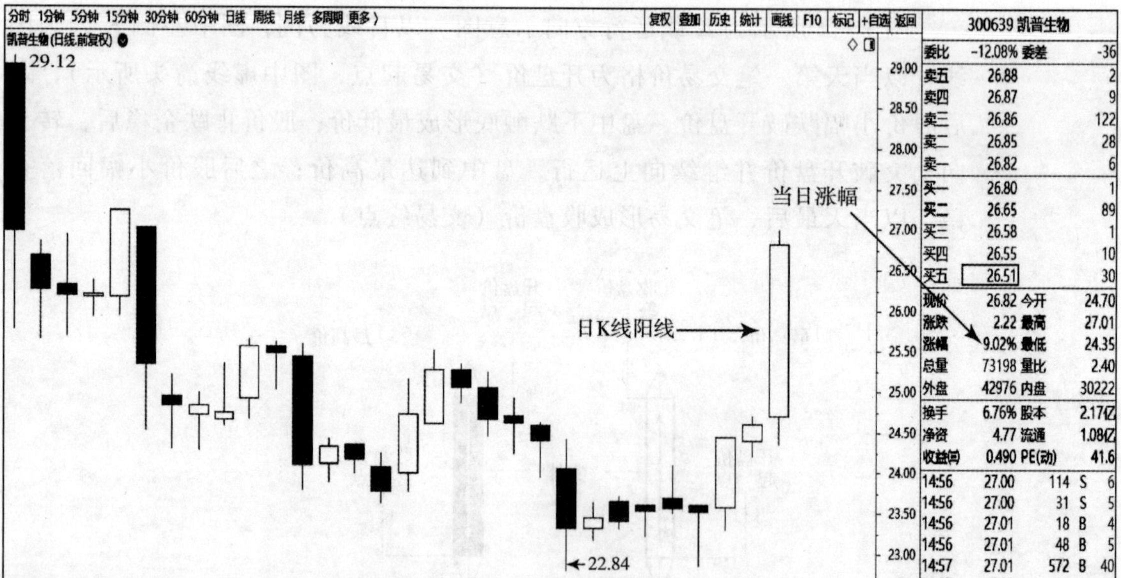

图 1－3　凯普生物（300639）日 K 线走势

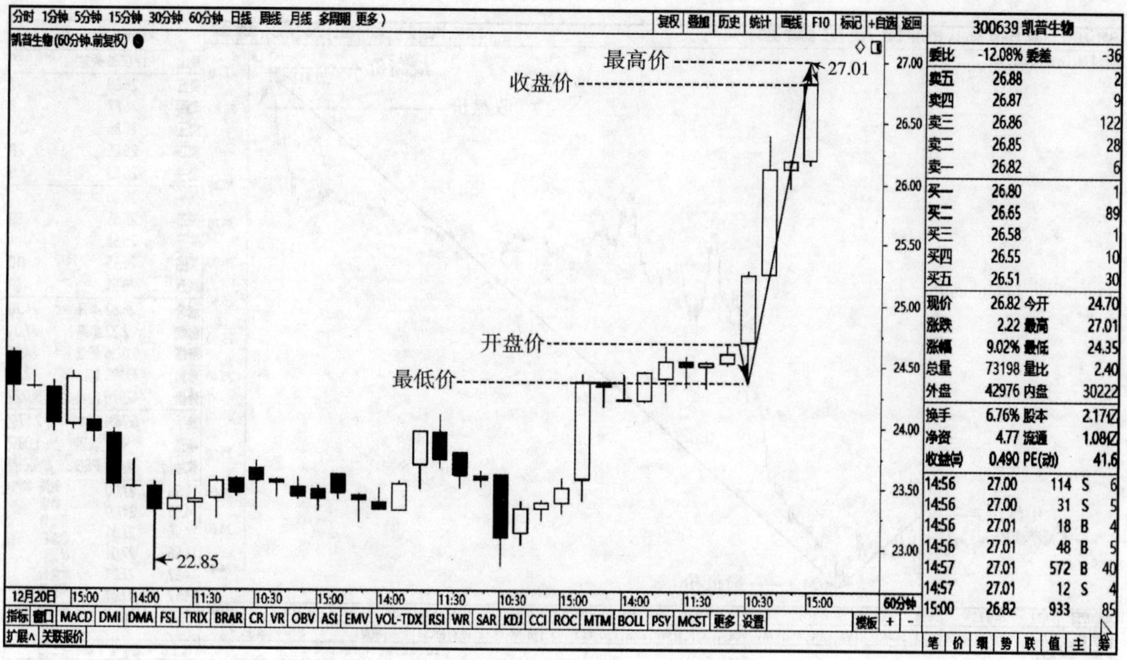

图 1－4　凯普生物（300639）60 分钟 K 线

价，盘中最低价即该股日 K 线的最低价，股价止跌掉头向上突破开盘价，以涨幅 2.64% 的小阳线报收；第二个 60 分钟内股价沿箭头所示方向一路上行，收盘涨幅 3.45%；第三个 60 分钟内股价小幅调整，涨幅仅为 0.27%；第四个 60 分钟内股价到达盘中最高价，即该股日 K 线最高价，收盘价即该股日 K 线的收盘价。图中箭头所指方向，即该股当天以 60 分钟周期运行的轨迹，四个 60 分钟 K 线串联起来就是该股日 K 线在 60 分钟 K 线图中的运行过程。能够对该运行过程完美展现的，莫过于该股当日的分时图，但由于分时图不太方便标注，就用最小的 1 分钟 K 线图再对这个运行过程进行更为详尽的展示。如图 1－5 所示，为该股 2020 年 1 月 3 日的 1 分钟 K 线走势图。该周期 K 线图中不仅四个价格一目了然，当天股价运行的全过程更是展现得淋漓尽致。日 K 线是由 240 个 1 分钟 K 线图串联而成，箭头方向即该股日 K 线股价的运行方向，将这 240 根 1 分钟 K 线串联起来，就是该股日 K 线全天的股价运行过程。

如图 1－6 所示，为山煤国际（600546）周 K 线阳线。图中箭头所示为 2019 年 12 月 30 日周一至 2020 年 1 月 3 日周五的周 K 线阳线，这是一根跨年的周 K 线，本周区间涨幅 19.43%。单纯从周 K 线分析，只能看到开盘价、收盘价、最高价、最低价四个价格，股价的具体运行轨迹不得而知，这就需要我们从小一周期的日 K 线图观察该股本周的具体运行状况。如

图 1－5　凯普生物（300639）1 分钟 K 线

图 1－6　山煤国际（600546）周 K 线阳线

图 1－7 所示，为该股 2019 年 12 月 30 日（周一）至 2020 年 1 月 3 日（周五）这段时间的日 K 线。图中 2019 年 12 月 30 日周一开盘价即该股周 K 线的开盘价。开盘后股价下行小幅调整，盘中止跌的价格即该股周 K 线的最低价。股价止跌后向上突破开盘价，最终当天以涨幅为 1.42% 的小阳线报收。次日（2019 年 12 月 31 日，周二）收了一根涨幅为 8.72% 的大阳线。2020 年 1 月 1 日（周三）法定节假日股市闭市。2020 年 1 月 2 日（周四）再次以一根涨幅为 1.72% 的小阳线报收。2020 年 1 月 3 日（周五）股价低开高走，盘中最高价即该股周 K 线的最高价，随后股价小幅回落企稳，最终以一根涨幅为 6.48% 的大阳线报收，该日收盘价即该股周 K 线收盘价。周线与日线是 5 倍的关系，因为一个交易周由 5 个交易日构成。细心的投资者会发现，明明 5 个交易日为 1 个交易周，图 1－7 中只有 4 个交易日参与了这个交易过程，怎么会少 1 个交易日？这是因为该周期是个特殊案例，周三刚好是 2020 年元旦，法定节假日闭市一天，所以本案例中的交易周只有 4 个交易日，但这对该股当周所呈现的四个价格并不会产生太大的影响。

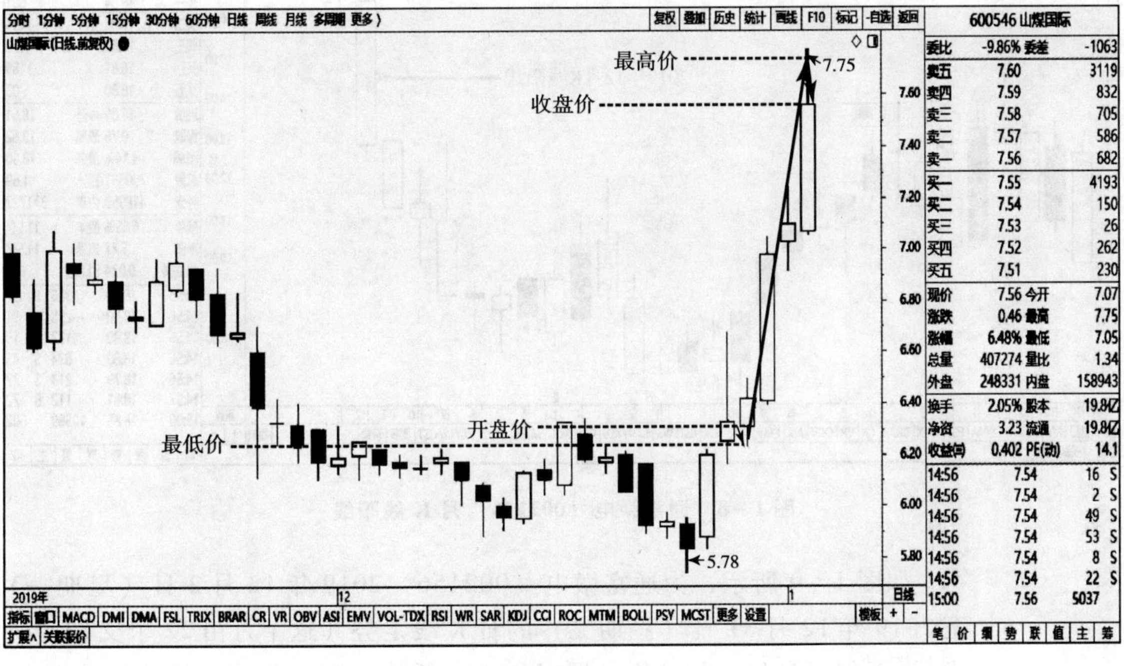

图 1－7　山煤国际（600546）日 K 线

到了月 K 线分析周期，以及月 K 线以上的季 K 线、年 K 线，虽然与该周期之下小一级别的周期依旧是倍数关系，但却是以自然周期的起始日至截止日为一个完整的分析周期。比如月 K 线，虽然包含了 4 个交易周，但是它的分析周期是以每个自然月的第一个交易日开始算起，至当月最后一个交易日截止，并不会考虑当月第一个交易日与最后一个交易日是星期几，就会出现一个交易月可能刚好是20个交易日，也有可能少于20个交易日或者多于20个交易日的情况，这是软件自身分析周期固有的特点，对三法四式这种组合形态不会产生太大影响。

如图1－8所示，为通富微电（002156）2019年12月的月K线阳线。图中，我们只能看到一根大阳线，并不能更为详尽地了解股价具体的运行过程，所以我们就需要借助该周期以下更小的周期去分析。前文已经讲过月线与周线的关系，为了能够相对精确展示该月股价的运行轨迹，我们采用日K线这个周期来分析。

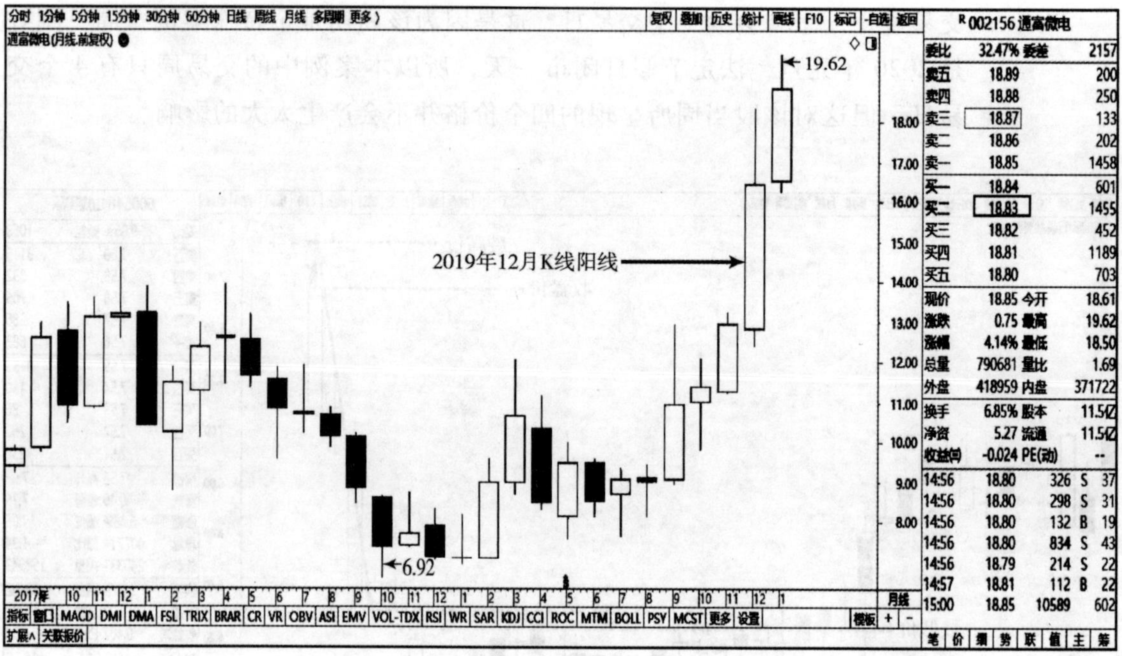

图1－8　通富微电（002156）月K线阳线

如图1－9所示，为通富微电（002156）2019年12月2日（星期一）至2019年12月31日（星期二）的日K线走势（这个月由22个交易日构成）。不仅开盘价、收盘价、最高价、最低价这四个价格在图中清晰地展现出来，最关键的是这个月股价运行的方向及详细过程一目了然。该月第一个交易日（12月2日）开盘价即该股月K线的开盘价，当日以小阳线报收。次日（12月3日）股价低开低走，盘中止跌的最低价即该股月K线的最低价，因为该时间周期内没有比这个价格更低的价格。股价企稳后连续4个交易日为小幅横盘状，随后股价跳空高开，连续8个交易日拉升至图中12月18日最高价位置，该日最高价即该股月K线最高价。之后9个交易日股价往复震荡，并于本月最后一个交易日（12月31日，星期二）以阴十字星线报收，该日收盘价即该股月K线收盘价。图中箭头所指顺序即该股股价运行轨迹，该周期内22个交易日串联起来，即该股月K线的具体运行过程。

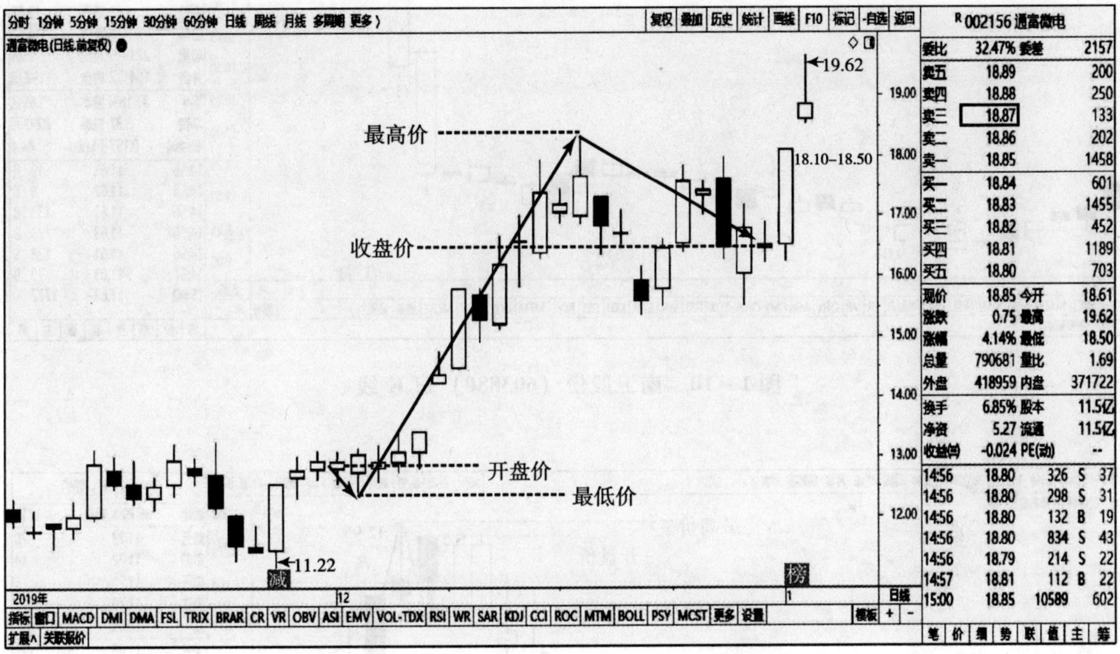

图1－9　通富微电（002156）日K线走势

如图1－10所示，为南卫股份（603880）2020年1月3日的日K线阴线。单纯看日线这个周期，我们只能看到图中这样一个跌幅为－9.56%的略带上下影线的大阴线，股价当天的具体运作过程我不得而知。要想具体了解这个过程，就需要借助比日K线更小一些的周期。

如图1－11所示，为南卫股份（603880）2020年1月3日的60分钟K线走势。图中箭头所指为该股当日第一个60分钟内的第一笔交易，即该日的开盘价，开盘后股价稍微向上试探后随即下跌，收盘时触底反弹，收一小锤子星阴线。第二个60分钟内开盘后股价上行，盘中最高价即该股日K线最高价，以倒锤头阴线报收。第三个60分钟内开盘，股价小幅拉升后随即急转直下，收出了一根实体较大的阴线。最后一个60分钟内开盘后，股价反弹至左侧阴线开盘价附近停止，之后向下运行，盘中出现的最低价即该股

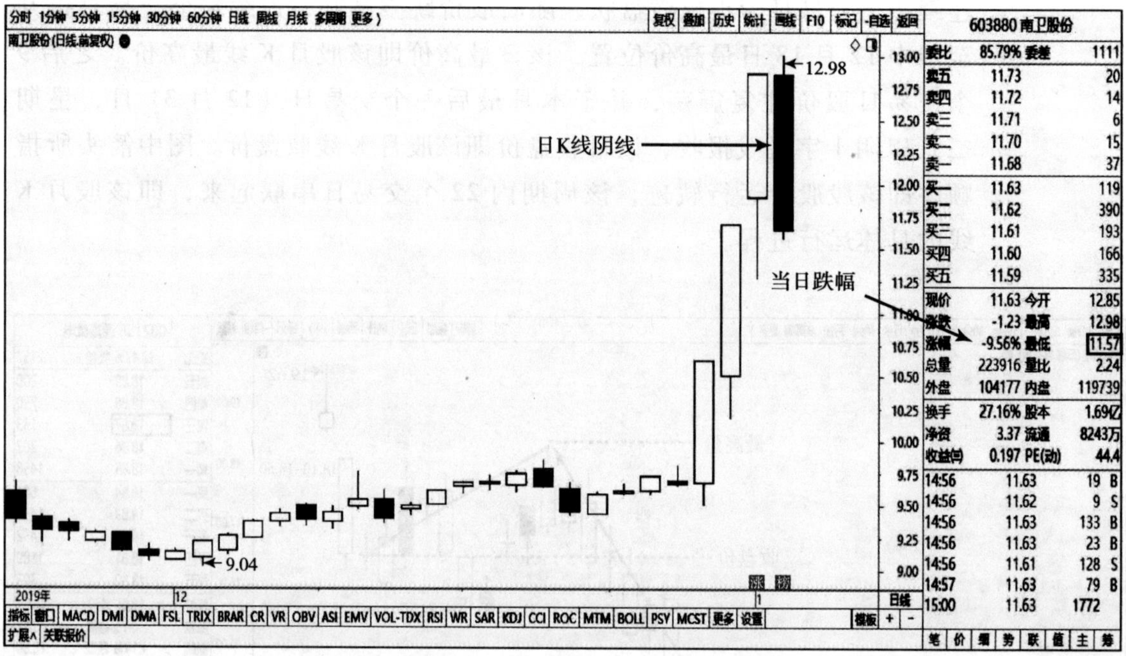

图1-10　南卫股份（603880）日K线

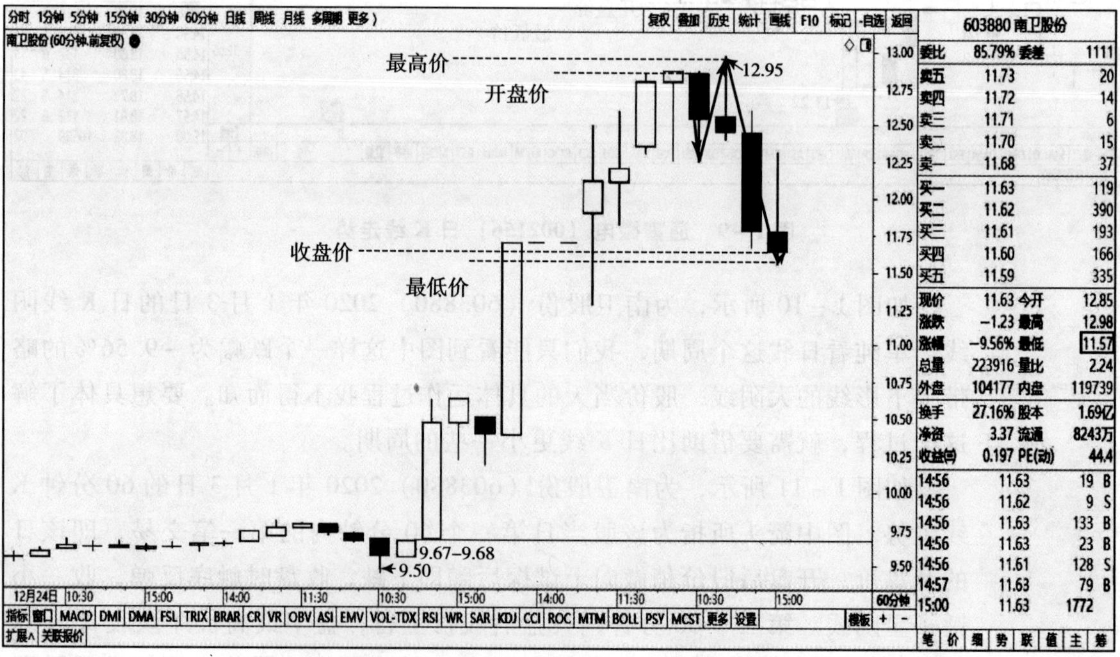

图1-11　南卫股份（603880）60分钟K线走势

日K线的最低价，股价随后向上小幅反弹，最后以一个锤头形阴线K线报收，该60分钟内K线的收盘价即该股日K线收盘价。图中箭头所指顺序即该股日K线在60分钟K线图中的运行轨迹，这4根60分钟K线串联起来就是该股60分钟K线的运行过程。如果投资者朋友想更为详细地了解这个过程，就需要借助该股的1分钟K线图。

如图1－12所示，为南卫股份（600388）2002年1月3日的1分钟K线走势。这是股价分析周期中最小的时间周期，也是展现该日股价整体运行方向及详细运行过程最全面细致的周期。该日第一笔交易开盘后股价总体沿图中箭头所指顺序运行，至该日最后一笔交易收盘，便是该日股价的总体运行方向。将一分钟K线图中的240条K线串联起来，就是当日该股在1分钟K线图中的详细运行轨迹。

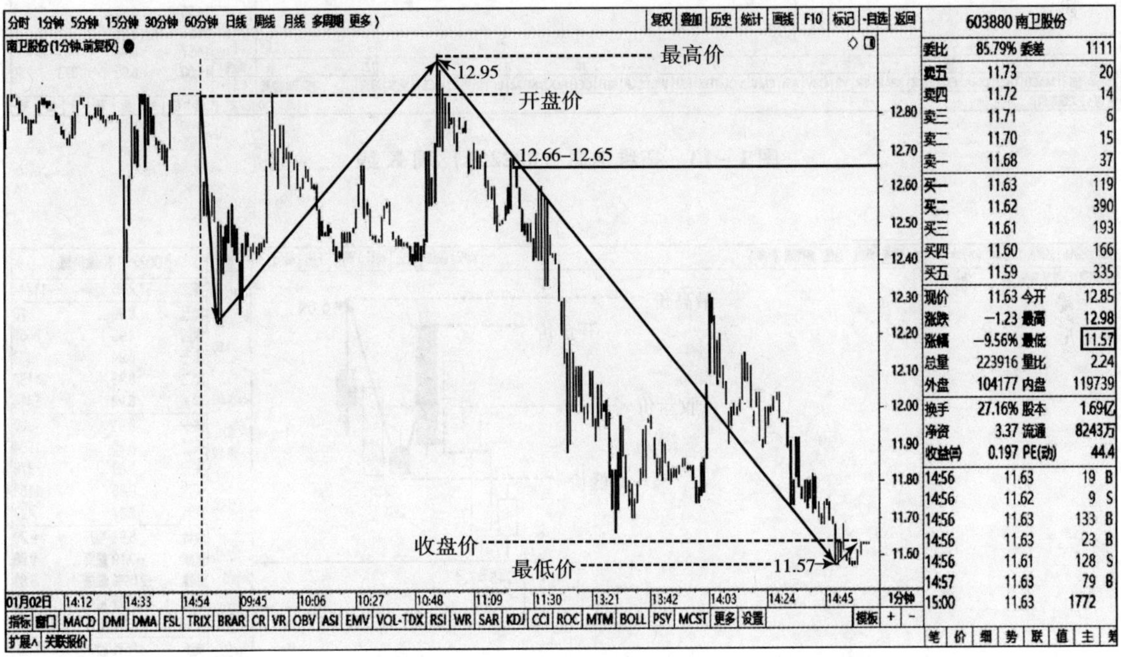

图1－12　南卫股份（600388）1分钟K线走势

如图1－13所示，为拓维信息（002261）2019年12月31日（星期一）至2020年1月3日（星期五）的周K线。仅凭该周K线的阴线形态，我们只能大致判断本周股价总体下跌了，并且以一根带有上下影线的周线阴线报收，更为详细的过程不得而知。要想更为具体地了解这一过程，我们就要借助该股的日K线图。

再举几个例子：图1－14所示，为拓维信息（002261）2019年12月31

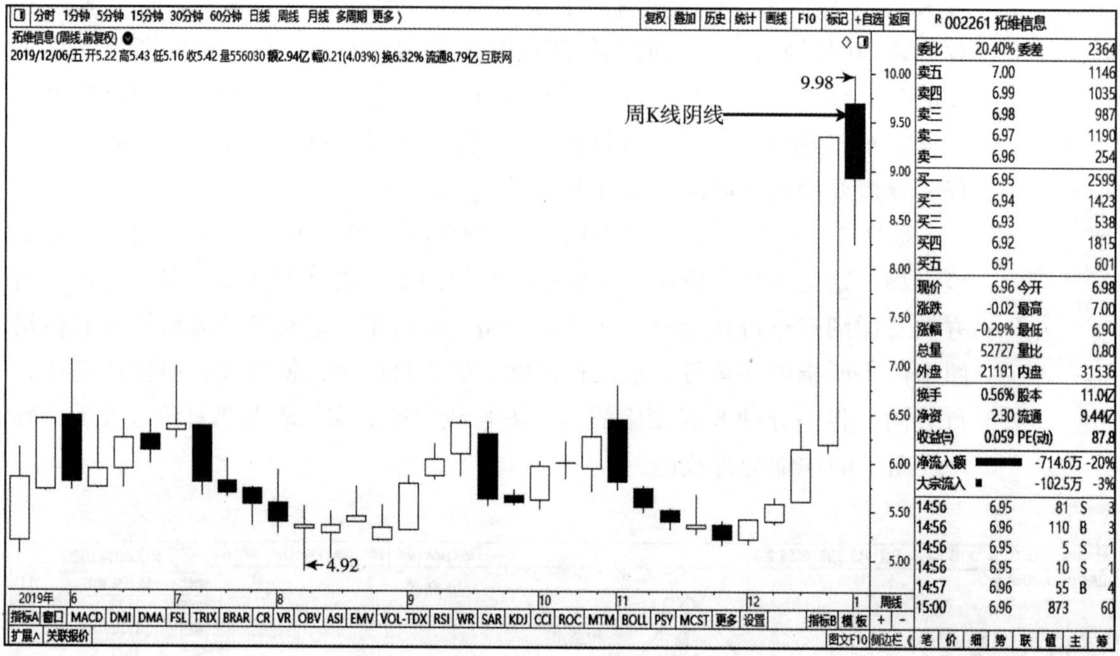

图 1－13　拓维信息（002261）周 K 线

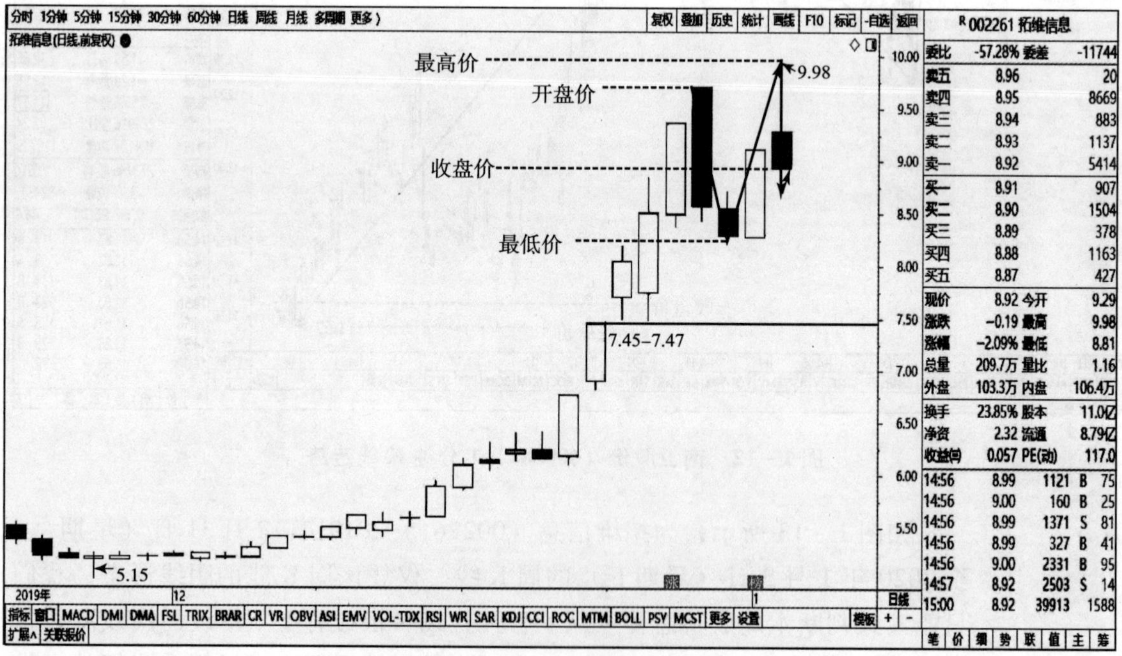

图 1－14　拓维信息（002261）日 K 线走势

日（星期一）至2020年1月3日（星期五）的日K线走势。与前文的山煤国际（600546）如出一辙，同样是个跨年度的一周时间，因为期间有元旦（周三），法定节假日休市一天，所以这个周K线同样也是由4根日K线构成。如图中箭头所示，周一开盘后股价高开低走，当日以一根跌幅为-8.55%的大阴线报收。次日（周二）盘中股价在最低价止跌小幅反弹，最终以一根跌幅为-3.27%的小阴线报收。周四股价平开高走全天翻红，以一根涨幅为10.02%的涨停板大阳线报收。周五股价高开高走，盘中出现最高价后股价急转直下，最后以一根跌幅为-2.09%的小阴线报收，本周累计跌幅为-4.7%。这就是股价在这一周的日线运行方向及全过程。

如图1-15所示，为泰晶科技（603738）2019年7月的月K线走势。按图中箭头所指，该月以一根带有上下影线的阴线报收，跌幅为-15.31%。根据该股月K线图，我们只能得到这些信息，为了了解得更为详细，我们依旧要借助该股的日K线对股价的运行方向以及运行过程做一个更为具体的分析。虽然理论上1个交易月包含4个交易周，但是软件本身的月K线是以自然月的起始日与截止日为分析周期的，所以采用日K线图就会相对更为精准一些。

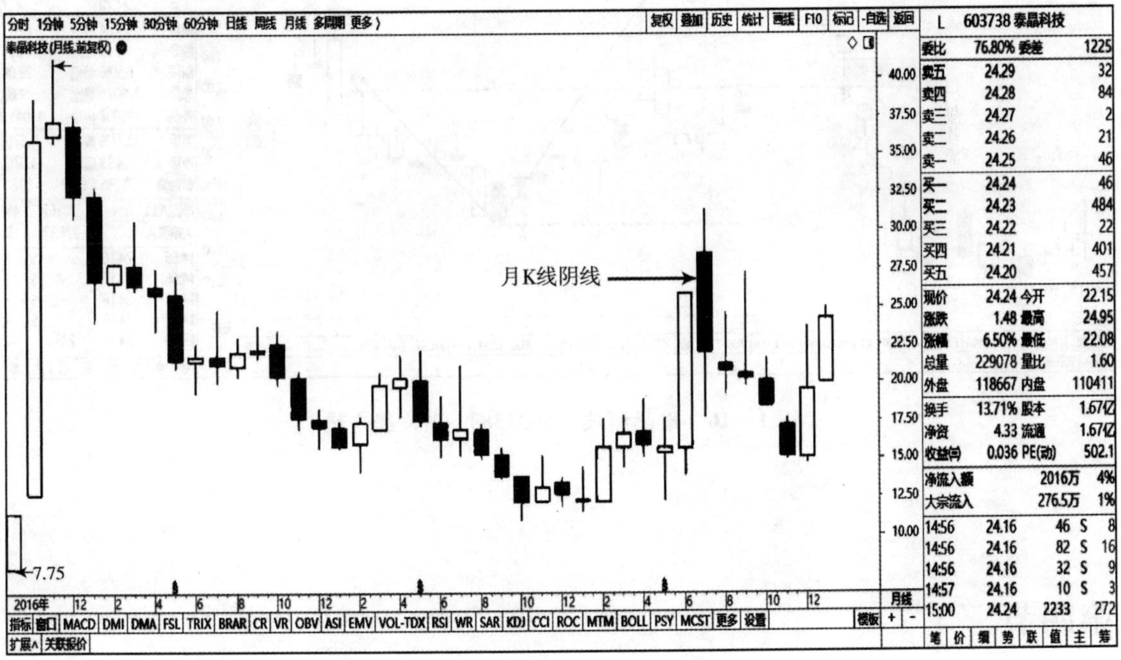

图1-15　泰晶科技（603738）月K线走势图

如图1-16所示，为泰晶科技（603738）2019年7月1日（星期一）至2019年7月31日（星期三）的日K线走势。该自然月内共计23个交易日。图中开盘价、收盘价、最高价、最低价四个价格清晰可见。按图中箭头所指，本月第一个交易日向上跳空一字涨停板开盘，并且全天无打开，这就是月 K 线的开盘价。次日依旧一字涨停板开盘，但是盘中打开后股价开始向下运行，以跌幅 -8.61% 的大阴线报收，该日涨停价就是该月 K 线的最高价。隔日以跌停板开盘且全天无打开，随后交易日开启了震荡下跌的模式，直至 7 月 22 日盘中止跌，该价格即该股月 K 线的最低价。随后股价在震荡中上行，于该月最后一个交易日（7 月 31 日）以一根涨幅为 6.73% 的阳线报收，该日收盘价即该月 K 线的收盘价。图书箭头所指方向即该股价格的运行方向，23 个交易日串联起来即该股月 K 线的具体运行过程。

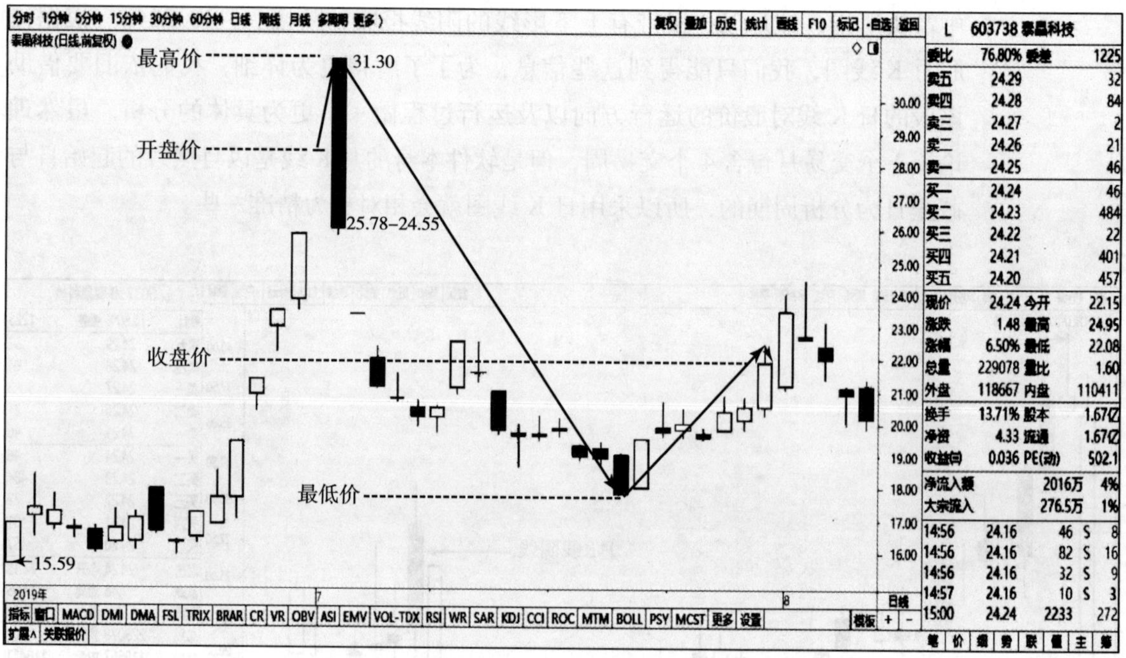

图 1-16 泰晶科技（603738）日 K 线走势

第四节 K 线的种类

众所周知，阳线和阴线是构成股价的两大形式。由于单位分析周期内股价的涨跌幅度大小不同，会形成如下 24 种比较常见的 K 线形态，俗称 24K。收阳线时，如图 1－17 所示，会有阳线 24K，自上到下分别为：小阳线、中阳线、大阳线、阳十字星，每种形态下细分为 6 种不同的形态。收阴线时，如图 1－18 所示，会有阴线 24K，自上到下分别为：小阴线、中阴线、大阴线、阴十字星，每种形态下细分为 6 种不同的形态。

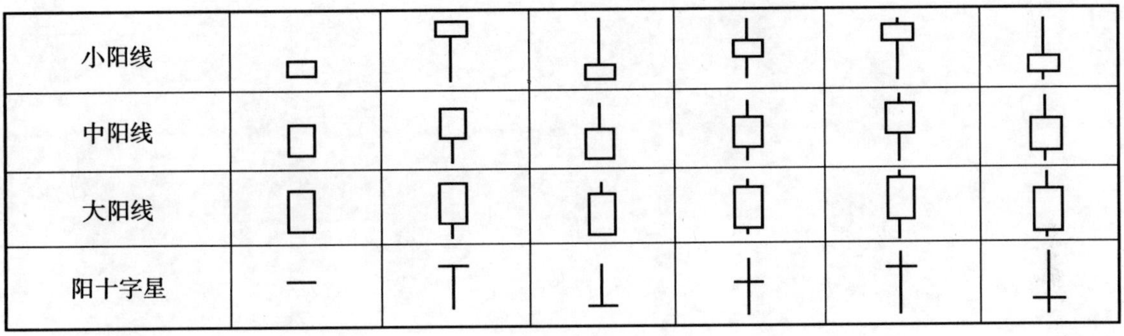

图 1－17　阳线 24K 示意图

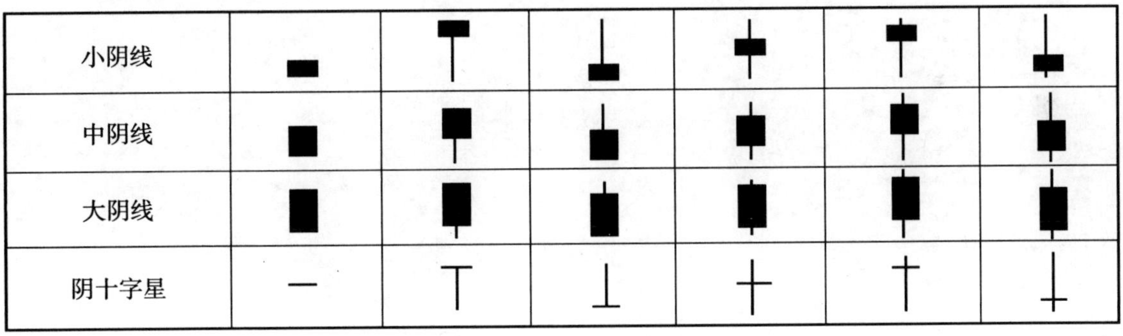

图 1－18　阴线 24K 示意图

市面流传的许多资料中，对大、中、小阳线和阴线的划分更加详细，比如涨跌幅 A～B 之间属于小阳线或者小阴线，X～Y 之间属于大阳线或者大阴线等。笔者认为，这完全没有必要。在 K 线的应用方面，多以日线为常用周期，绝大多数看盘软件也是把日 K 线作为默认的时间周期，K 线的单独使用以及简单的组合使用，对判断股价的总体运行趋势其实并没有太大帮助。在本书中，大家只需知道 24K 的大致形态就可以了。关于单根 K 线以及简单组合的用法，各种资料的同质化内容较多，本书在此就不赘述了，那些用法与本书要讲解的主要内容无关。

本章总结：简单介绍了K线起源、K线基础，阐述了不同K线周期之间的关系。通过本章的讲解，我们得出了这样的结论：大周期K线是小周期K线的合并，而小周期K线则是大周期K线的分解。这是投资者学习三法四式的重要基础内容之一，读者一定要理清不同K线周期之间的关联，为以后章节的学习奠定基础。

第二章 认识“三法四式”

说起“三法”，了解蜡烛图的投资者朋友都不会太陌生。它来源于日本的蜡烛图，在当下市面所流传的诸多资料中被称作“上升三法”“上升三部曲”“下降三法”或者“三只乌鸦”等，仅仅是指三根K线简单排列形成的组合形态而已，在实盘操作中并没有太大价值。它仅仅是一个局部形态，任何脱离大局的局部操作都是十分不可取的，与盲人摸象无异，充其量只是个概率事件而已。

本书中的“三法”非彼“三法”，它是一个由缜密逻辑支撑的K线组合成的大形态，其中包含四个清晰直观的小形态。本书作为一个前所未有的关于蜡烛图的版本，在日本、中国香港、中国台湾等地的那些与蜡烛图相关的各种资料中从未出现过。“三法四式”作为一个清晰的思维框架，是一个完整的交易系统，股价的牛市与熊市、支撑与压力、买点与卖点、强势与弱势等信息，在“三法四式”面前都会一览无余。本书正是要通过这种简单的表象去洞悉股价背后更深层次的内涵。“三”这个数字在中国传统文化中占有很重要的地位，如三皇、三清、三教、三生、三才、三界等。本章将为投资者慢慢揭开“三法四式”的神秘面纱。

“三法四式”如图2－1所示。图中可见，一个完整的三法形态由“三川、三兵、三山、三空”四个持续连贯的形态构成，这就是股票在理想状态下的宏观运行规律，因为其主要步骤分为四个阶段，所以我们称之为“三法四式”，这也正是本书的核心内容。在当年日本的稻米期货交易市场，本间宗久正是采用此法积累了巨额财富。虽然稻米作为当初交易的标的物与现代股票筹码有很大差别，但是反应在资金运作以及操盘手法上并没有任何本质的区别。图中上方虚线方框所示三山阶段不是一个独立的K线形态，而是由

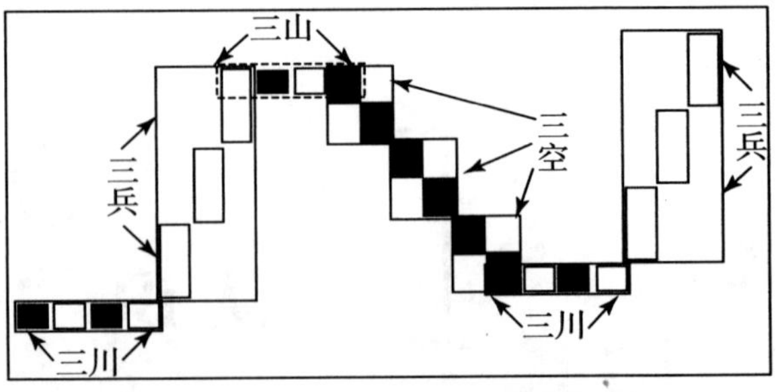

图 2－1 “三法四式”示意图

左侧三兵的最后阶段与右侧三空的第一阶段共同构成。图中下方实线中三川阶段同样也不是一个独立的 K 线形态，三空的最后阶段参与了新的三川底部构建过程。所有这四个 K 线形态之间都是无缝衔接，而不是单独存在的。四个 K 线形态的组合统称“三法”，是宏观趋势，是大局；四个 K 线形态代表股价运行的四个阶段，谓之“四式”，是微观细节，是局部。“三法四式”使股票投资者在投资过程中有法可依，有章可循，它是一个清晰的思维框架，实盘实践中诸多空洞抽象的理论与概念依据它来理解，都会形象化、具体化，并且能够相对量化，能够极大增强股票交易的可操作性。

第三章 股票运行的基本原理

在第二章中，我们对“三法四式”有了一个初步的了解，本章对股价运行的基本原理，结合三法四式一同来展开详细论述。建仓—拉升—出货—打压—再建仓—再拉升，这就是股价运行的全过程，并且会一直不断循环下去。

根据道氏理论三大假设之一的“人为操纵”，我们假定市场博弈双方的两大主体由“主力投资者”与“散户投资者”构成（以下简称“主力”与“散户”）。

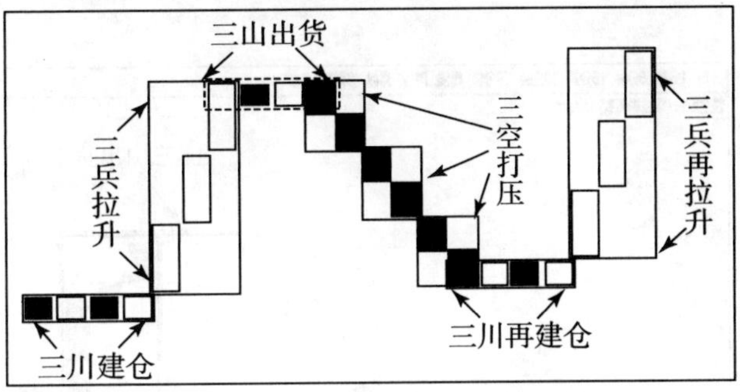

图3－1　股票运行示意图

股价运行示意图如图3－1所示，该图完美诠释了股价运行的全过程。图中可见，股价在相对低位上下反复震荡，主力在这个相对稳定的价格区间构建了一个建仓通道（见图中左下角实线方框所示的“三川建仓”），也就是投资者经常讲的底部形态。该价格通道的构建过程中，主力投入了大量的资金在相对低的位置吃进了大量的廉价筹码，这就是通常讲的低吸。要使这些投入的资金产生溢价，主力只有把这些在低位收集到的筹码在高位变现才能实现，这就是股价上涨的内因。股票建仓完毕之后随即展开上升的行情（见图中“三兵拉升”所示实线方框区域），主力以相对最快的方式使股价快速脱离成本区，并在股价达到目标价后通过技术手段在相对高位完成筹码的派发，也就是投资者通常所讲的高抛（见图中顶部虚线方框“三山出货”所示区域），这个位置就是投资者经常讲的股价的顶部或头部。由于股价失去了继续上涨的动能，在这个位置进场参与的散户统统被套牢。需要指出的是，在三山出货的过程中，主力并不会把所有筹码悉数抛出，而是会利用这部分筹码在三山出货阶段完成之后开始对股价进行反复打压，以此逼迫那些在相对高位接盘被套的散户抛出筹码，令其在亏损的状态下被迫离场（见图中“三空打压”所示三个实线方框内的区域）。在三空打压的最后阶段，股价止跌企稳，再次反复横盘震荡，构建出一个新的价格通道，主力在此处收集那些从高位跌落的筹码，至此，一个新的三川建仓通道再次形成（见图中“三川再建仓”箭头所示虚线方框）。当主力再次建仓完毕之后，新一轮的行情随即展开（见图中“三兵再拉升”箭头所示区域）。

以上就是主力运作股价的全过程，也是股价运行的基本原理。

实盘实践中，因市场环境、主力资金实力、技术水平、思维方式以及操盘方法等差异，三法的形态也会大不相同，但万变不离其宗，低吸高抛的市场规律是永远不会改变的，正如世间万物都有其自身固有的运行规律，这是任何外部力量都无法改变的。

如图3－2所示，为益生股份（002458）2010年12月至2018年3月的季K线走势。为了能够更加直观地展现三法四式对股价运行的诠释，笔者对

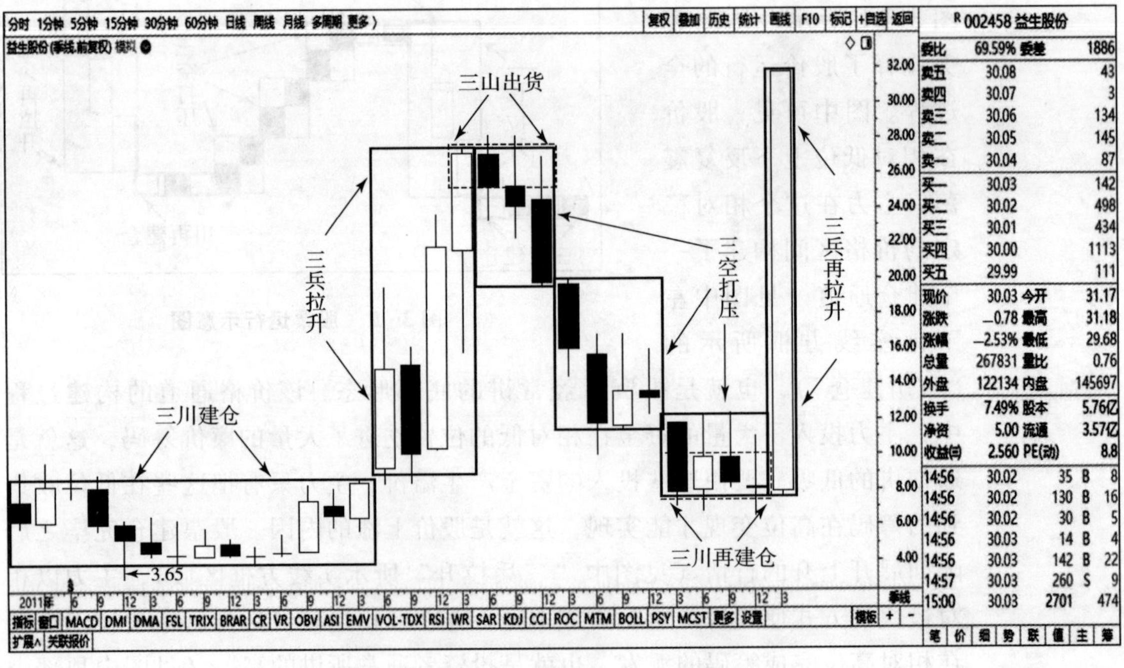

图3－2　益生股份（002458）季K线走势图

该图进行了适当优化及还原处理。图中左下角“三川建仓”箭头所指实线方框区域显示该股上市后，股价在一个相对稳定的价格区间内上下反复震荡，构建了一个由4个季度组成的三川建仓通道，这是主力历经三年半长期低吸的建仓过程，市场筹码在反复震荡的作用下悉数落入主力手中。在该过程中，主力投入了大量的资金，在相对低位获得了足够控盘的廉价筹码，要使这些筹码产生溢价，势必会拉高股价、拉出空间，并在相对高位把手中的廉价筹码派发之后才能得以实现，这就是股价上涨的前因。三川建仓完毕后，由于多数筹码集中于主力手中，筹码的供需关系发生了变化——已变得供不应求，随后股价的拉升是水到渠成的事（见图中“三兵拉升”所示实线方框区域）。三兵的最后阶段，股价已经达到了主力设定的目标价附近，在这个位置，股价失去了上涨的动力，停止了拉升，继而上下反复震荡，主力在这里利用技术手段悄悄地完成了筹码的派发（见图中“三山出货”箭头所指虚线方框区域），该过程就是主力高抛的过程。股票筹码在这里易手，在该位置进场参与的散户自然也就成了接盘侠。如前文所讲，主力在三山出货阶段并不会把手中的筹码抛售一空，而是预留一部分筹码，在三空阶段对股价进行持续性打压（见图中“三空打压”箭头所示实线方框区域）。该过程中，高位被套的散户由于不能忍受账户持续亏损，在股价的持续杀跌中被迫交出手中的筹码。在三空最后阶段，股价止跌企稳，主力继续在这里横盘震荡（见图中下方“三川再建仓”箭头所示虚线方框区域），一个为期四个季度新的三川低吸建仓通道俨然成形，三山出货阶段被套的筹码经过三空打压以及三川再建仓的横盘震荡，绝大多数再次落入主力手中，剩余少数坚定的筹码在随后股价的再次拉升过程中并不会造成太大的威胁。三川再建仓结束后，说明左侧抛压消失殆尽，一段新的行情顺理成章地再次展开（见图中“三兵再拉升”箭头所示实线方框区域），股价再次被拉升到一个新的高度后主力故伎重演，再次抛售手中的筹码，实现投资溢价。这就是益生股份的主力运作股价的全过程。该过程中，四个步骤清晰可见，首尾相接。可以说，三法四式的每一个阶段都不是孤立存在的K线形态，而是具有严格的逻辑顺序，使低吸高抛这种抽象的理论形象化、具体化，从而为投资者的操作提供可靠的依据。

[illegible]

第四章 三法四式的表现形式

在第二章中，我们对三法四式有了初步的了解与认识。之所以称之为三法，就是因为三川、三兵、三山、三空这四式中都带有一个“三”字。在我国古汉语中，“三”字作“多”讲，如：三心二意、三番五次、三山五岳、三教九流等等，三法四式中的“三”在实盘实践中同样具有“多”的意思，而不仅局限于只代表数字“三”，这是需要对投资者学习三法四式特别说明的。为了加深对三法四式的理解，本章会对三法四式的每一个步骤进行单独拆分详解。

第一节 三川

在西方的技术分析中，普遍存在以形解形的现象，觉得K线的形态像什么，就用相似的形状来命名，诸如：V形底、U形底、W形底、多重底等等。而在本书中，仅仅用三川就代表了所有可能出现的形态底部，这是复杂问题简单化的具体表现。“川”字在我国的古汉语中代表河流，但凡河流流经之地皆为地势低洼之处——人往高处走，水往低处流也是这个道理。“川”字本身就是个象形文字，又有三次或者多次触底之意，以它用作底部的描述再恰当不过了，可见我国语言文字的博大精深之处是世界上其他任何国家的文字都无法比拟的。绝大多数个股在三川建仓的过程中，其股价都会被维持在一个相对稳定的价格区间，继而形成一个价格通道，通道的上沿称作“上轨”，下沿称作“下轨”。表面上看是一个上下反复震荡形成的价格通道，实则是主力在大肆收集廉价筹码、构建仓位的同时已经有效地释放了股价左侧的压力，为之后的三兵拉升扫清障碍、奠定基础。以下案例就不同周期的三川建仓形态进行详细讲解。

1. 年 K 线三川

图 4－1 为神州高铁（000008）年 K 线三川示意图。该图为该股 1998 年至 2019 年的年 K 线走势图，如图所示，股价经过上一轮三山出货、三空打压行情之后，宽幅震荡构建了一个为期 12 年的年 K 线三川震荡低吸建仓通道，见图中实线方框所示区域（相当于西方技术理论中的多重底）。股价于 2013 年有效突破三川通道的上轨后，次年股价小幅洗盘，回调至三川上轨止跌，随后直接走出了一个为期两年的三兵拉升行情，期间累计涨幅高达 5 倍之多（见图中虚线方框所示区域）。该案例充分验证了“横有多长，竖有多高”这句股市谚语。

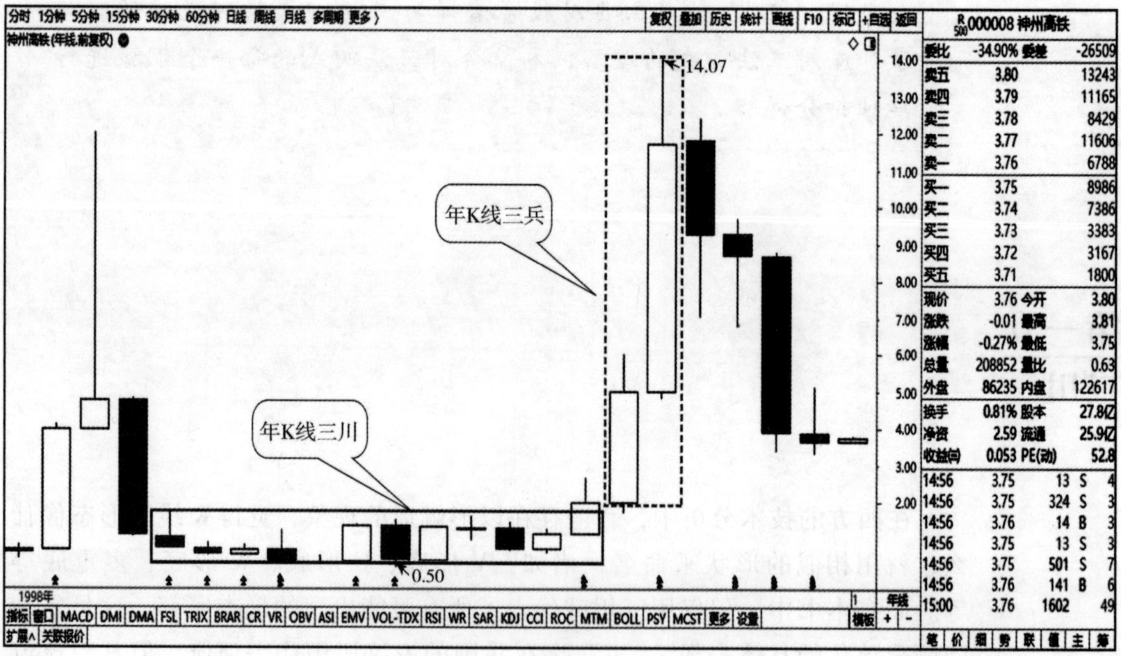

图 4－1 神州高铁（000008）年 K 线三川示意图

2. 季 K 线三川

图 4－2 为民和股份（002234）季 K 线三川示意图。该图为该股 2015 年 6 月至 2020 年 3 月的季 K 线走势图，如图所示，股价经过上一轮三山出货、

三空打压行情之后，于三空最后阶段止跌企稳，并于相对低位构建了一个为期6个季度的季K线三川震荡低吸建仓通道（见图中实线方框所示区域，相当于西方技术理论中的多重底）。构建三川建仓通道的同时，有效释放了左侧的抛压，股价于三川通道内直接向上突破三川上轨，随后走出了一根季线三兵的拉升行情，期间最高涨幅高达2.8倍之多（见图中虚线方框所示区域）。

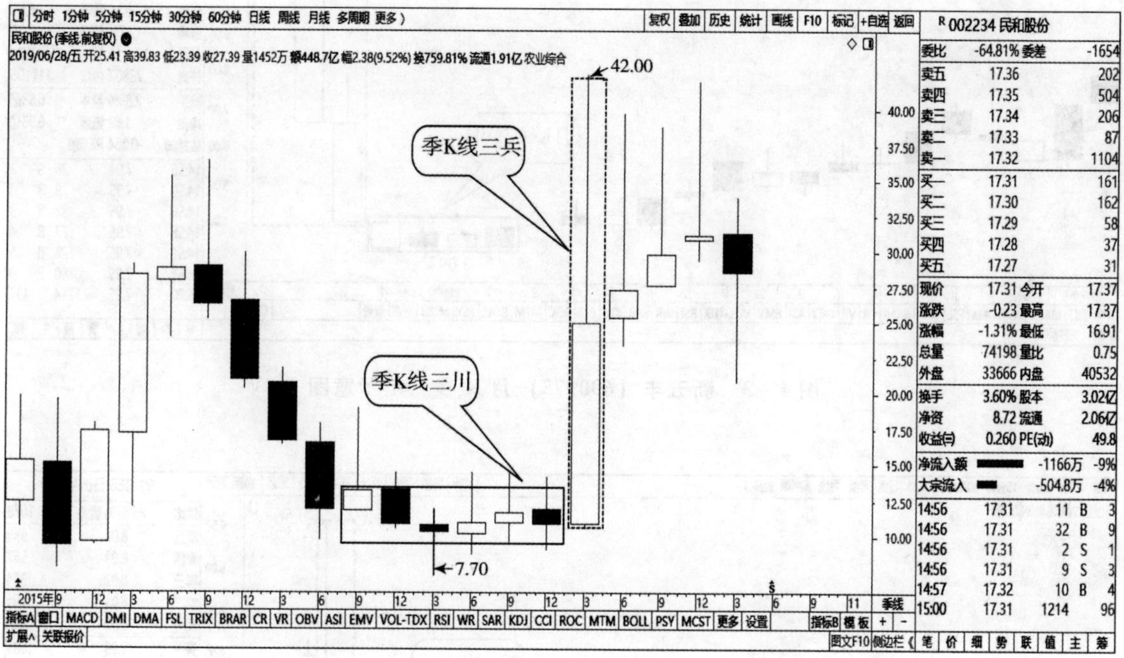

图4-2　民和股份（002234）季K线三川示意图

3. 月K线三川

图4-3为新五丰（600975）月K线三川示意图。该图为该股2017年4月至2019年4月的月K线走势图。图中可见，股价经过上一轮三山出货与三空打压行情后，于相对低位止跌企稳，并构建了一个为期4个月的月K线三川震荡低吸建仓通道（见图中实线方框所示区域，相当于西方技术理论中的W底）。筑底完毕之后股价次月在三川上轨之上小幅高开，随即走出了一个月线级别的三兵拉升行情，期间最高涨幅3倍之多。

4. 周K线三川

图4-4为日出东方（603366）周K线三川示意图。该图为该股2019年3月8日（星期五）至2010年1月17日（星期五）的周K线走势图。图中

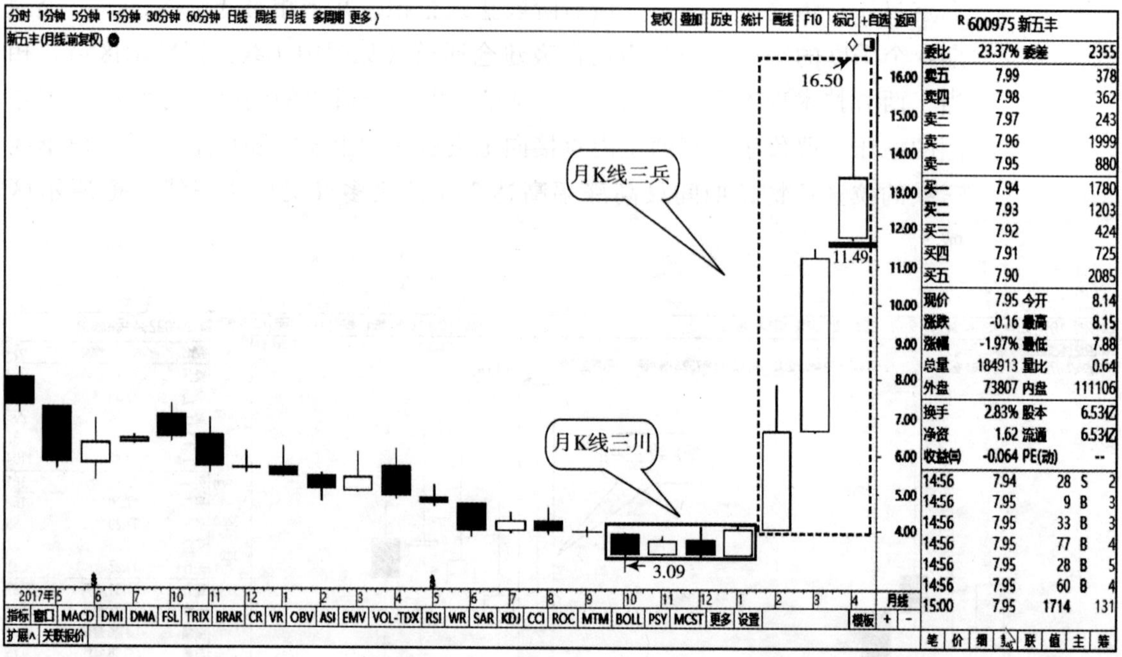

图 4－3　新五丰（600975）月 K 线三川示意图

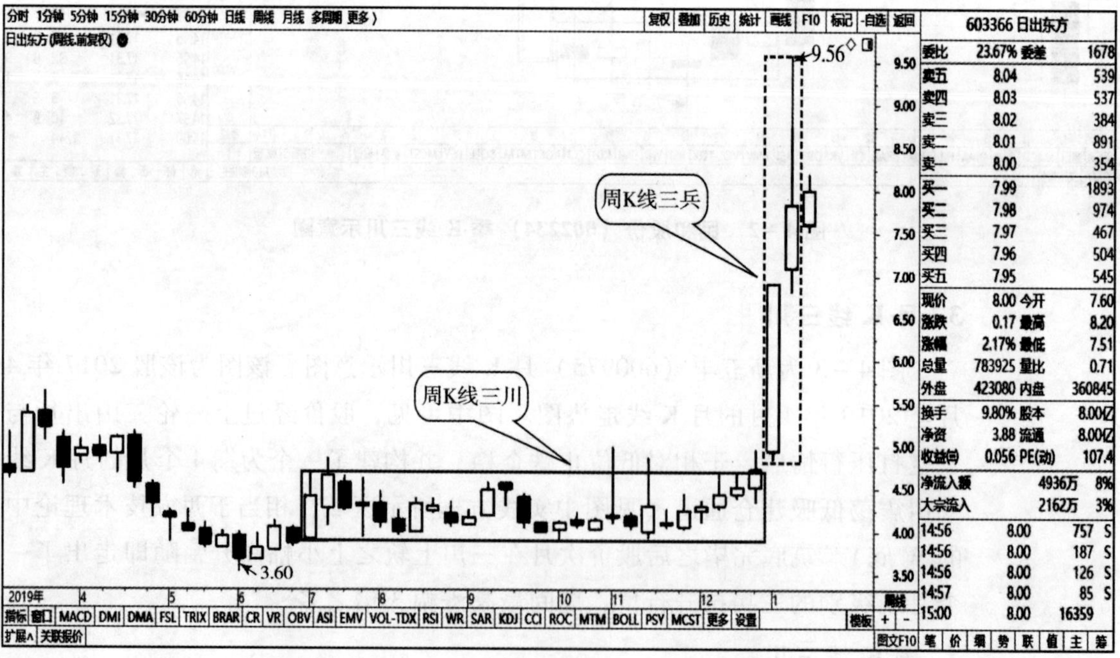

图 4－4　日出东方（603366）周 K 线三川示意图

下方实线方框所示为在上一轮阶段行情结束后，经过三山出货、三空打压，股价止跌企稳，主力构建了一个长达26周的三川震荡低吸建仓通道，筹码在这个持续震荡的过程中趋于一致，左侧的压力也在该过程中被有效地释放。主力建仓完毕后，股价顺势高开，走出了一个连续两周的剧烈拉升行情（见图中虚线方框所示区域），期间最高涨幅接近1倍。该案例再次验证了“横有多长，竖有多高”这句股市谚语，当然这句话是有使用条件的，并非所有的长期横盘之后都会有拉升行情，这与横盘所在的位置是有直接关系的。

5. 日K线三川

如图4－5所示，为星期六（002291）日K线三川示意图。该图为该股2019年10月8日至2020年1月13日的日K线走势图，图中下方实线方框所示区域为股价经过了前期一轮小幅拉升之后出现阶段性底部，一个跌停板打压过后，一波为期25个交易日的小幅横盘震荡行情由此展开。在这个持续震荡的过程中，短期获利筹码纷纷出局，之前被套、即将解套但尚未解套的投资者也会忍受不住这种磨磨蹭蹭的行情而调仓换股，当然这些筹码大多数会落入主力手中，该吸筹过程完毕之后，股价高开，随即走出了一个为期12个交易日的日K线三兵拉升行情，其间累计涨幅229.17%，强势领涨股非他莫属。

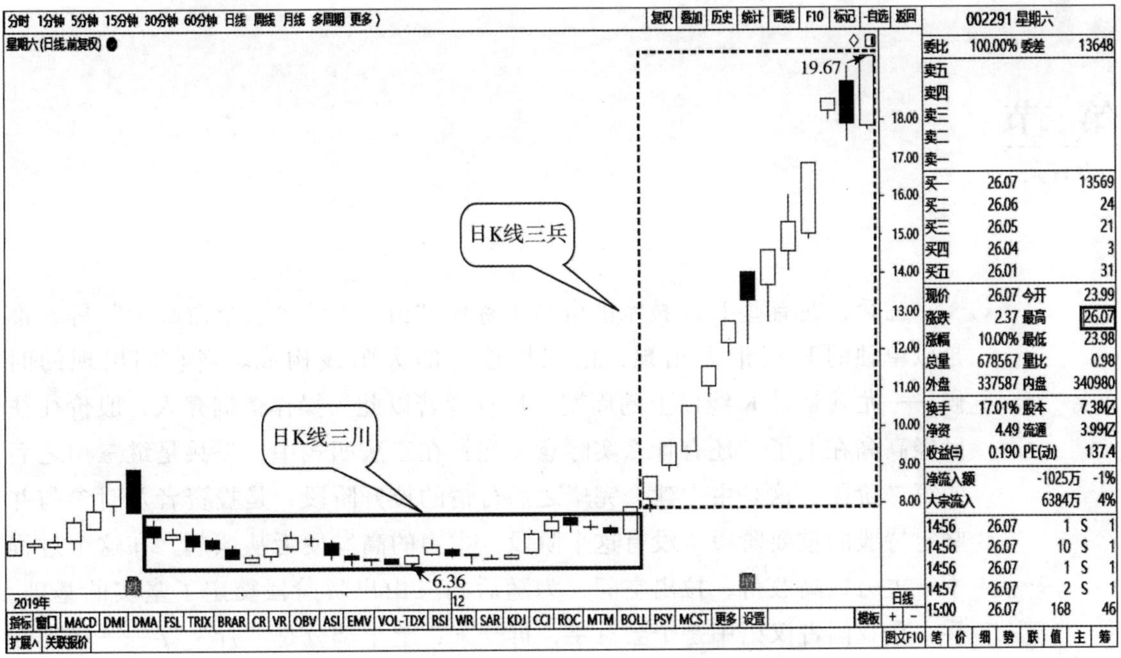

图4－5　星期六（002291）日K线三川示意图

该案例是三法四式进阶教程中的经典强势领涨K线形态之一，在本书中引用，目的之一就是激发广大投资者对三法四式的学习热情。需要指出的是，仅凭日线这个局部的K线形态是不能精确判断个股行情强弱的，三法四式中的任何一个K线形态都不能孤立使用，尤其是对市场中强势领涨股的研判，三法四式有其独特的操作方法。由于本书只是介绍三法四式基础阶段的要领，而强势领涨股的技术分析是建立在扎实的基础学习之上的，所以强势领涨股的学习在本书中暂不展开，只是简单给大家展示一下案例。

本节总结：三川是三法四式的第一个重要K线形态，是股价运行的第一阶段。它作为底部形态出现，虽属于表象思维范畴，但有别于常见的所谓"箱体""通道""前高""颈线"等K线形态。并且三川只是"三法四式"这个交易体系的一个组成部分，并不能在实盘实践中单独使用；三法四式的每一个形态都是不可或缺的，三川是其他形态的基础，如果没有三川，其他三个K线形态将无从谈起。它是主力通过震荡，大肆收集廉价筹码所形成的K线形态，三川越厚重，说明主力投入的资金越多，左侧压力释放的相对也越彻底。在这个过程中，投资者应该清醒地认识到，主力建仓的过程就是散户离场的过程，同时也是筹码由分散到集中的过程，主力在这个过程中低吸，对股价进行筑底，夯实基础；构建仓位的同时释放了抛压，可谓一举两得，为之后行情的拉升奠定了坚实的基础。

第二节 三兵

三兵，在有些K线技术的资料中称作"红三兵""三个白武士"等，都是以单独的K线形态出现，由三根连续的大阳线构成。当它们出现的时候——尤其是日K线以上的周期，投资者若以此为操作依据介入，股价往往已经高高在上了，还有什么实际意义呢？在三法四式中，三兵是继三川之后的第二阶段，这是主力建仓完毕之后行情的拉升阶段，是投资者及时参与并坚定持股的重要阶段，没有这个阶段，主力的高抛便无从谈起。在这个过程中，主力拉高股价，拉出空间，为随后的三山出货阶段奠定了坚实的基础。兵，在我国古汉语中是个会意字，拆开来，上半部分是"斤"字——代表斧头，下半部分两个点儿好比人的两只手，合起来的意思就是手握斧头，引申为攻击之意。三法四式中三兵是个动词，意为行情向上展开攻击，本节结合三川，就三兵在不同周期的表现形式展开详解。

1. 年K线三兵

如图4－6所示，为国新健康（000503）三兵示意图。该图为该股1996年至2015年的年K线走势图，为了便于投资者直观地理解，图中最右侧方框内K线根据原始数据做还原处理（见图中下方虚线方框所示区域）。整整13年的一个年K线三川震荡低吸建仓通道是筹码由分散到高度集中的过程，主力在这里投入了大量的资金，收集了大量的筹码，要使这些在长期横盘震荡中收集到的筹码产生投资收益，势必然要拉高股价、拉出空间才能实现。构建三川的过程完成之后，一个为期三年的三兵拉升行情顺势展开（见图中实线方框所示区域），期间累计涨幅7倍之多。由此可见，三川建仓是三兵拉升的基础，没有三川，三兵便无从谈起。如果等这个年K线三兵出现后再介入，后果可想而知，不但不能产生投资收益，反而会被高高地套牢在高山顶上，何时解套遥遥无期。所以说，不论是本书中的三兵还是其他资料中常见的“红三兵”，都是不能单独使用的。

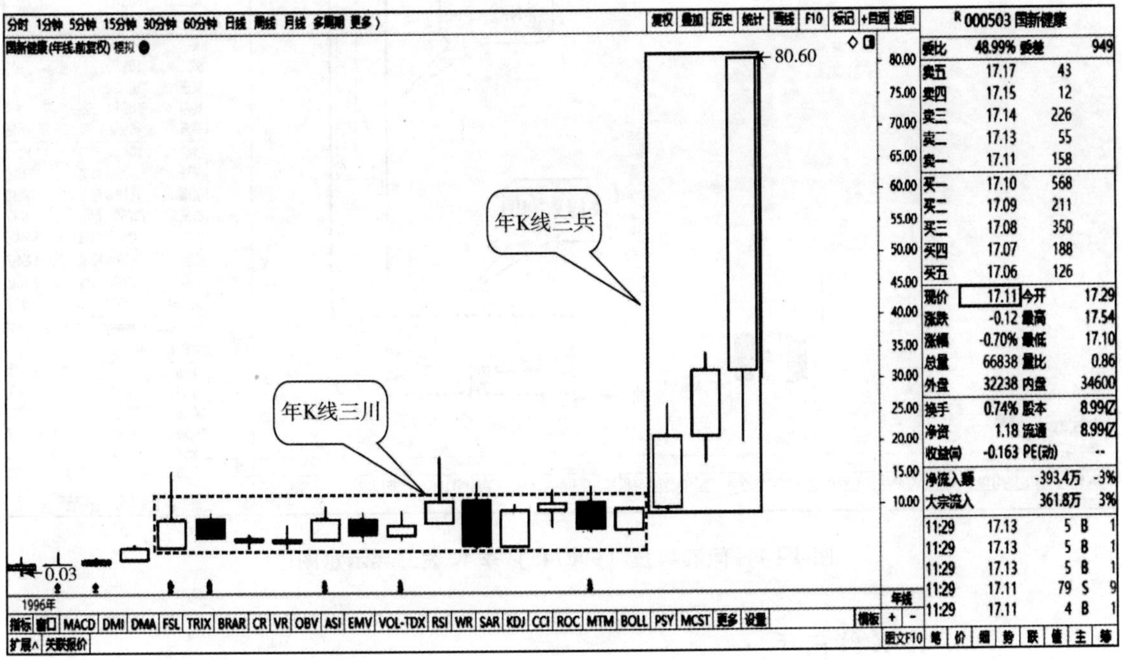

图4－6　国新健康（000503）年K线三兵示意图

2. 季 K 线三兵

如图 4－7 所示，为闻泰科技（600745）季 K 线三兵示意图。为了便于投资者理解，图中右侧 K 线根据原始数据做还原处理。该股经过上一轮行情三山出货、三空打压行情之后，股价止跌企稳，构建了一个为期 7 个季度的季 K 线三川震荡低吸建仓通道（图中下方虚线方框所示区域）。众所周知，主力建仓的过程就是散户离场的过程，同时也是筹码由分散到集中的过程，该过程中主力投入了大量的资金，同时左侧本就不大的压力也得到了有效释放。该过程完毕后，一波为期 3 个季度的三兵拉升行情随即展开（见图中右侧实线方框所示区域），其间累计涨幅 3 倍以上。由此可见，没有图中这个厚重的三川，这个强势的三兵拉升就无从谈起，三川建仓的同时释放了左侧的压力，这是三兵拉升的基础。所以说三兵也不是孤立存在的，实盘实践中更不能单独使用，这是值得投资者注意的地方。

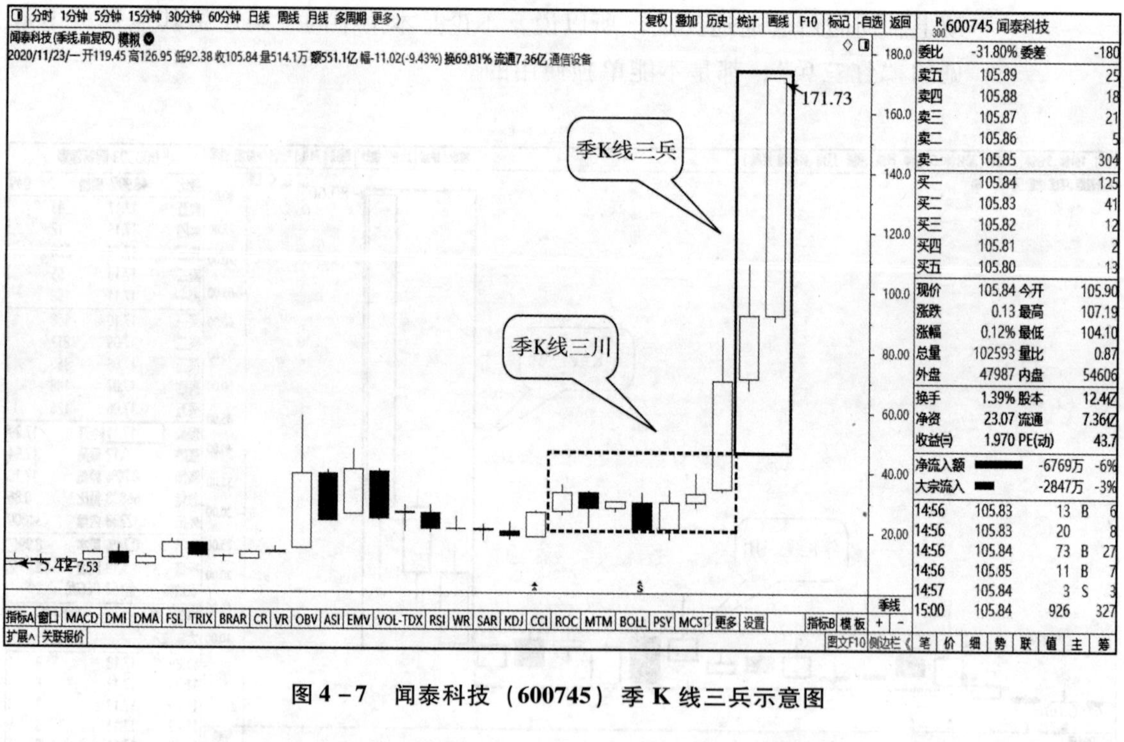

图 4－7　闻泰科技（600745）季 K 线三兵示意图

3. 月 K 线三兵

图 4－8 为中潜股份（300526）月 K 线三兵示意图。该图为该股 2016 年 8 月至 2019 年 9 月的月 K 线走势图。为了便于投资者理解，图中右侧 K 线根据原始数据做还原处理。该股自上市后股价到一定高位，次新股开板后，

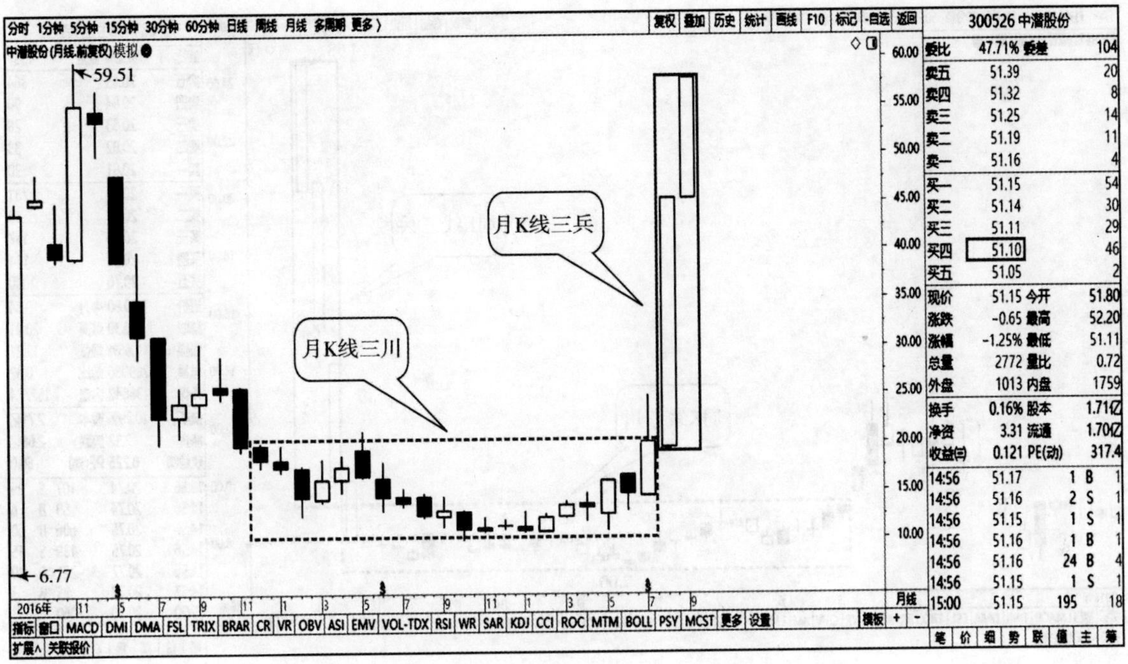

图 4－8　中潜股份（300526）月 K 线三兵示意图

新主力入场，高位接走部分筹码，并利用这部分筹码对股价开始了持续的三空打压，逼迫中签获利散户离场，以此收集筹码，见图中左侧一连串的大阴线。在图中虚线方框所示区域，股价止跌企稳后横盘震荡，主力构建了一个为期 20 个月的月 K 线三川震荡低吸建仓通道，大肆收集高位掉落的筹码，一个完美、厚重的三川形态俨然成形。该过程完毕之后，股价顺势向上突破后小幅回调洗盘，随即展开一个连续两个月的三兵拉升行情（见图中右侧实线方框所示区域），其间累计涨幅达 1.6 倍之多。

4. 周 K 线三兵

如图 4－9 所示，为引力传媒（603598）周 K 线三兵示意图。该图为该股 2018 年 12 月 28 日至 2020 年 1 月 10 日的周 K 线走势图。为了便于投资者理解，图中右侧 K 线根据原始数据做还原处理。图中可见，股价先是一波拉升后，主力阶段性高抛部分筹码，随后反手来了一个三空打压，在图中下方虚线方框所示区域，股价止跌企稳后横盘震荡，构建了一个为期 34 周的周 K 线三川建仓通道，筹码在这里由分散趋于集中。该过程完毕后，股价顺势向上突破，次周股价开盘后小幅回调，最后展开了一轮为期 3 周的周 K 线三兵拉升行情，其间累计涨幅达 1.5 倍之多，见图中右侧实线方框所示区域。

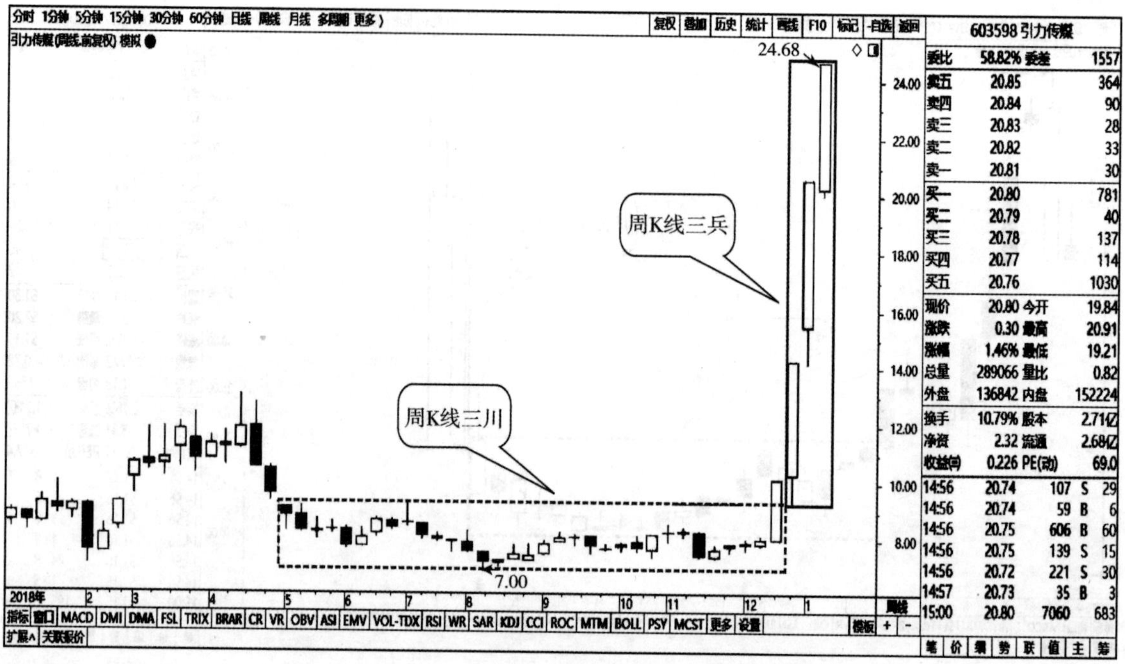

图 4－9　引力传媒（603598）周 K 线三兵示意图

5. 日 K 线三兵

如图 4－10 所示，为模塑科技（000700）日 K 线三兵示意图。该图为

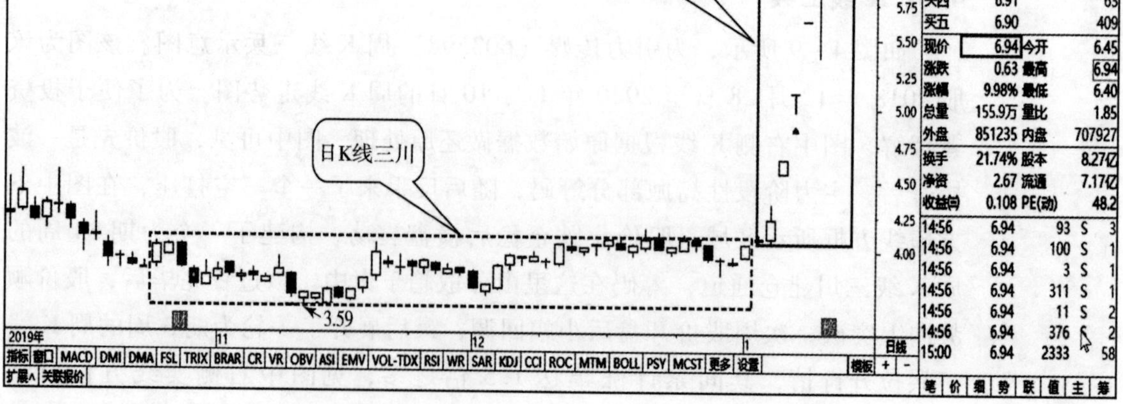

图 4－10　模塑科技（000700）日 K 线三兵示意图

该股2019年10月9日至2020年1月14日的日K线走势图。见图中下方虚线方框所示区域，股价左侧小幅拉升后，主力阶段性地高抛极少部分筹码，随后对股价进行打压，在虚线方框内止跌企稳，构建了一个为期50个交易日的日K线三川震荡低吸建仓通道。该过程完毕后，股价随即开始了一轮为期7个交易日的三兵拉升行情，见图中右侧实线方框所示区域，其间最高涨幅达70%。

第三节 三山

三山，是继三兵拉升之后、主力的出货阶段。山，在汉语中是一个象形文字——由三座峰峦相接而成，出现在股市中表示高度、顶部之意。西方理论在关于顶部的描述中常以M头、M顶、倒V顶等冠名，东方理论则常用三尊顶、头肩顶、双重顶等表示。不同实力的主力在不同市场环境下出货的形态也是各种各样，而在三法四式中，主力出货只有一个形态，那就是三山，不管顶部形态如何变化，只用三山来表示。需要指出的是，股价位于相对低位时，主力三川建仓需要耗费大量时间，一般情况下需要在相当长的时间内才能完成筹码的收集；派发则不然，主力所持廉价筹码在相对高位进行派发时，所用的时间比建仓的时间要少得多，所以三山形态反映在年K线及季K线周期上时是很不明显的。本节三山案例着重以月K线、周K线及日K线展开讲解。

1. 月K线三山

如图4-11所示，为平安银行（000001）月K线三山示意图。该图为该股2014年10月至2018年4月的月K线走势图。如图所示，在上一轮行情结束之后，股价经过三空阶段持续打压，在图中下方所示虚线区域止跌企稳，构建了一个为期18个月的三川震荡低吸建仓通道，该过程完毕后股价顺势拉升（见图中右侧虚线方框所示区域），股价达到主力目标价后在高位横盘震荡出货（见图中实线方框月K线三山所示区域）。通常情况下，主力会在这里积极布设一个多头陷阱，通过技术手段营造出股价还会继续上涨的假象，以此引诱那些不明就里的投资者高位入场接盘，参与筹码的高位换手，从而形成了一个月线级别的三山形态。主力正是要把三川建仓阶段的廉价筹码在该位置高价派发，而在此位置入场的投资者则被深度套牢，由此可见，三山阶段是投资者应该注意规避的位置。

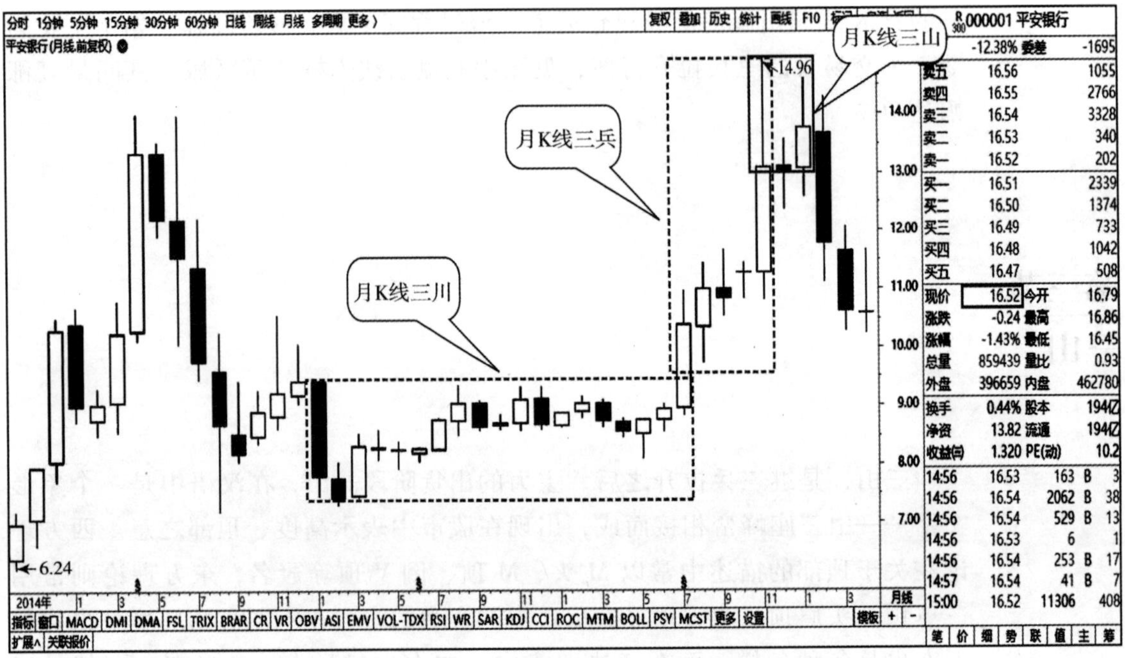

图4-11　平安银行（000001）月K线三山示意图

2. 周K线三山

如图4-12所示，为崇达技术（002815）周K线三山示意图。该图为该股2019年2月15日至2019年9月27日的周K线走势图。如图所示，股价经过左侧横盘末端打压过后，在图中下方虚线方框所示区域，构建了一个为期13周的周K线三川震荡低吸建仓通道。该过程完成后，股价顺势拉升，经过一个为期5周的三兵拉升之后（见图中右侧虚线方框所示区域），股价于三兵末端到达主力目标价位，在横盘震荡中完成了筹码的派发，在而这个阶段被引诱入场、参与了筹码高位换手的散户则被深度套牢其中（见图中顶部实线方框所示区域），形成一个十分直观形象的三山形态，与传说中的三尊顶或者头肩顶十分相似。

3. 日K线三山

如图4-13所示，为麦克奥迪（300341）日K线三山示意图。该图为该股2019年4月18日至2020年1月15日的日K线走势图。图中可见，股价经过左侧小幅拉升后，在下方虚线方框所示区域止跌企稳，构建了一个为

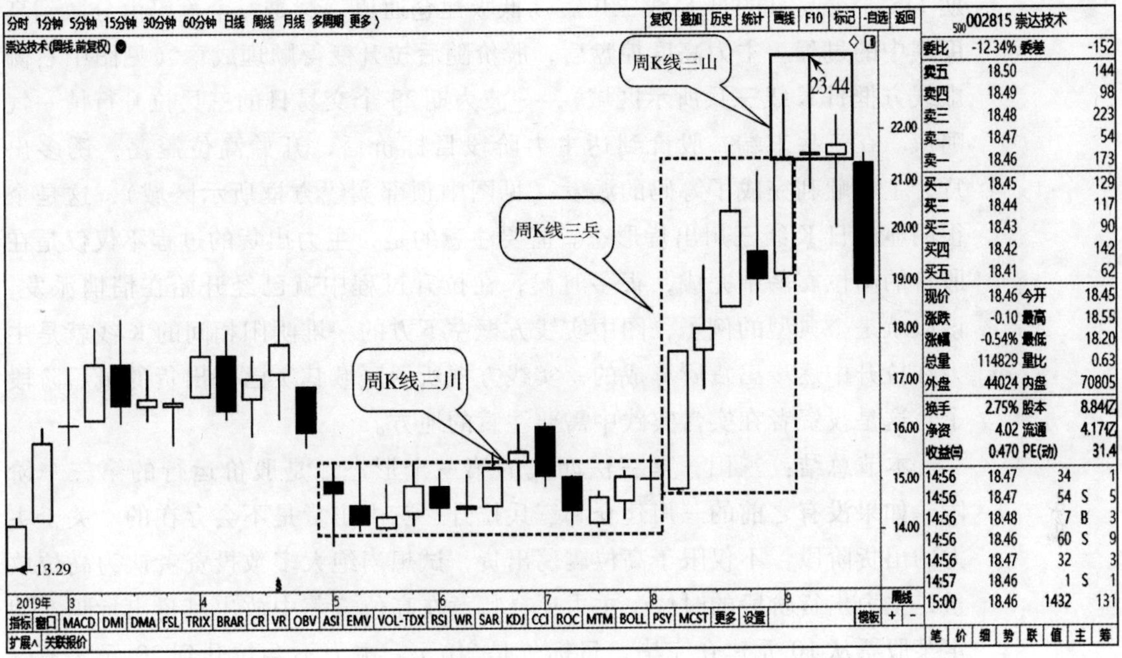

图4-12　崇达技术（002815）周K线三山示意图

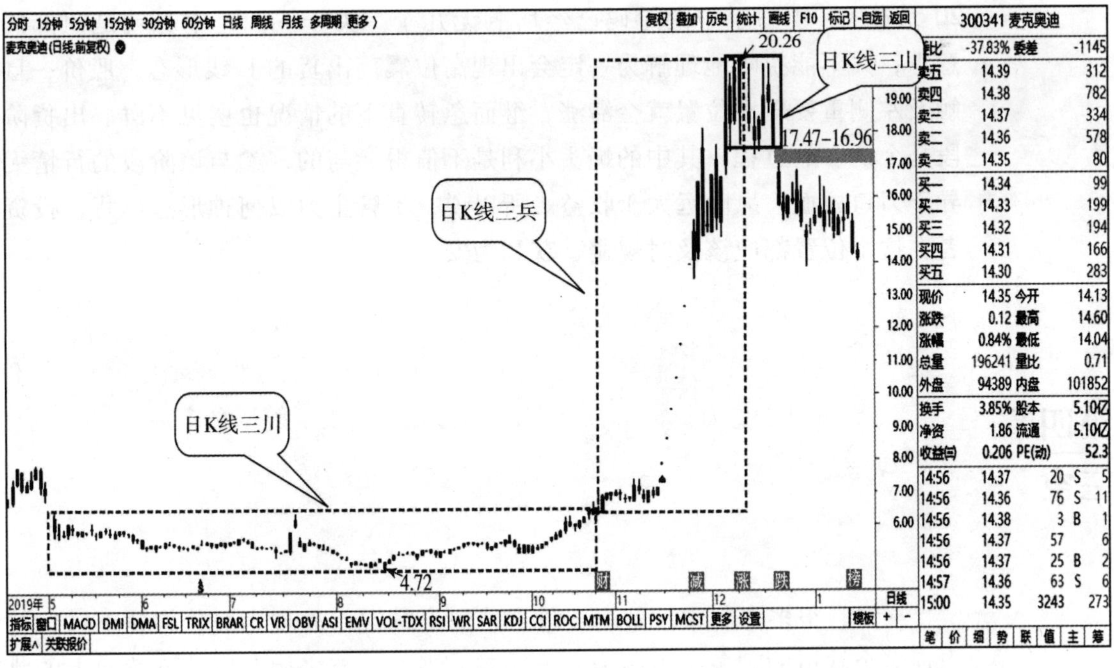

图4-13　麦克奥迪（300341）日K线三山示意图

期118个交易日的日K线三川震荡低吸建仓通道，这是一个筹码由分散到高度集中的过程。主力高度控盘后，股价随后拉升变得顺理成章（见图中右侧虚线方框日K线三兵所示区域），一波为期23个交易日的三兵拉升行情一气呵成。在三兵末端，股价到达主力阶段目标价后，开始高位震荡，诱多出货，主力顺利完成了筹码的派发（见图中顶部实线方框所示区域），这是个很明显的日K线三川出货形态。需要注意的是，主力出货的过程不仅仅是在股价的高位震荡中完成，很多时候，在拉升过程中就已经开始在悄悄派发，该股就是个典型的例子，图中实线方框左下方的一堆阴阳相间的K线就是主力在拉升中逐步出货所形成的，实线方框所示区域其实已是出货的最后阶段了，这是投资者在实盘实践中需要注意的地方。

本节总结：三山，是三法四式的第三个形态，是股价运行的第三个阶段。如果没有之前的三川建仓和三兵拉升，三山出货是不会存在的。关于主力的出货阶段，不仅限于高位震荡出货，试想当绝大多数投资者认为高位放量是主力出货阶段的时候，主力还会特意在高位震荡中放出巨量出货吗？假定某股票从10元建仓完毕，目标价是20元，主力不会拉升到20元才考虑出货，在其拉升到17、18、19元的时候，就已经在人气高涨时悄悄完成了派发，而那个时候正是绝大多数投资者认为量价齐升的好时候，其实到了20元附近，主力手中的筹码已经所剩无几了。关于三山，本身就是顶部的意思，并不能狭隘地理解为一定会出现高位震荡出货的K线形态，股价一旦触及左侧重要压力位置就会滞涨，继而急转直下的情况也屡见不鲜。出货阶段是个诱多的过程，其中的蝇头小利是不值得参与的，参与该阶段的行情无异于刀口舔血，风险远大于收益。所以说，不管主力以何种形态出货，投资者在这个位置都应该及时规避，获利为安。

第四节 三空

三空，很多资料中注解为股价连续向下跳空，表现为股价快速下跌，并出现多个缺口的现象，也称为向下三空。当然，与之相对应的连续向上的跳空缺口称作向上三空。这种形式的三空，不管向上还是向下，只有等形态出现了才能确定，对投资者操作的指导意义不大。而三法四式中的“三空”

与这种三空是截然不同的，“此三空非彼三空”。三空在金融证券市场中出现，字面的意思就是空方、做空之意，在中国股市，做空机制尚不完善，虽然投资者不能通过做空实现获利，但是主力在上一轮行情结束之后会对股价进行持续的打压，没有三空阶段对股价持续的打压，三川建仓就无从谈起。从本书第二章“三法示意图”得知，三山是由三兵的最后阶段与三空的第一阶段共同构成，由此可见，三空标志着旧行情的结束，是新一轮行情的开始。三兵拉升是股价向上运行，而三空打压则是股价向下运行，这是三法四式中两种截然不同的趋势。与其他形态一样，三空打压阶段也不是孤立存在的，单独分析和使用依旧没有任何实际意义。如果三山阶段是投资者应当注意规避的位置，那么三空阶段就是投资者应当绝对规避的位置，本节将就三空打压在不同时间周期的具体表现形式展开详细讲解。

1. 年 K 线三空

如图 4－14 所示，为深南电 A（000037）年 K 线三空示意图。该图为该股 1994 年至 2018 年的年 K 线走势图。图中可见，股价在经历了年 K 线三川建仓、三兵拉升、三山出货（见图中虚线方框所示区域）之后，主力对股价开始了一轮为期三年多的连续打压（见图中实线方框所示区域）。在三空打压的过程中，虽然也会出现阶段性的震荡反弹行情，但是这个打压过程中

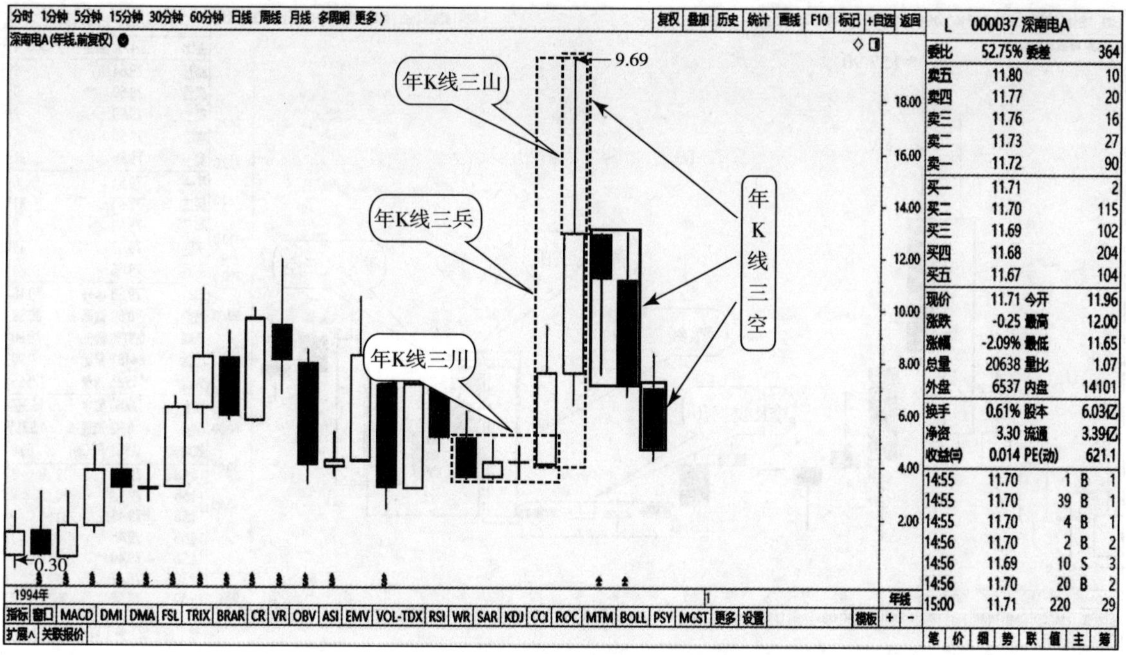

图 4－14　深南电 A（000037）年 K 线三空示意图

的反弹行情，三法四式的初学阶段是坚决杜绝投资者参与的。在三空最后阶段，股价在三兵的底部附近止跌企稳。至此，年 K 线三山出货之后，主力对股价的打压顺利完成。该过程中，高位被套的散户由于不能忍受大幅账户亏损及巨大的心理落差而纷纷交出手中的筹码，止跌的同时，主力开着手始构建一个新的年 K 线三川震荡低吸建仓通道，以此收集三空打压后高位掉落的筹码。不难发现，三空打压原来是为新一轮的三川建仓服务的，行情主基调就是以股价下跌为主。投资者在股价高位处追高买入，在最低价处杀跌卖出，其间近 60% 的跌幅，很难想象投资者要具备多么强大的心理素质才能承受如此巨大的亏损。所以说，三空打压的过程是股价下跌趋势，投资者应当积极规避。

2. 季 K 线三空

如图 4－15 所示，为上海钢联（300226）季 K 线三空示意图。该图为该股 2014 年 1 季度至 2019 年 3 季度的季 K 线走势图。图中可见，股价经历了季 K 线三川建仓、三兵拉升、三山出货（见图中虚线方框所示区域）之后，于季 K 线三空阶段开始对股价的持续打压（图中实线方框所示区域），该过程持续了三个季度，其间累计跌幅超过 40%。虽然在三空打压的过程中也会出现阶段性的震荡反弹行情，但是这个打压过程中的反弹行情在三法

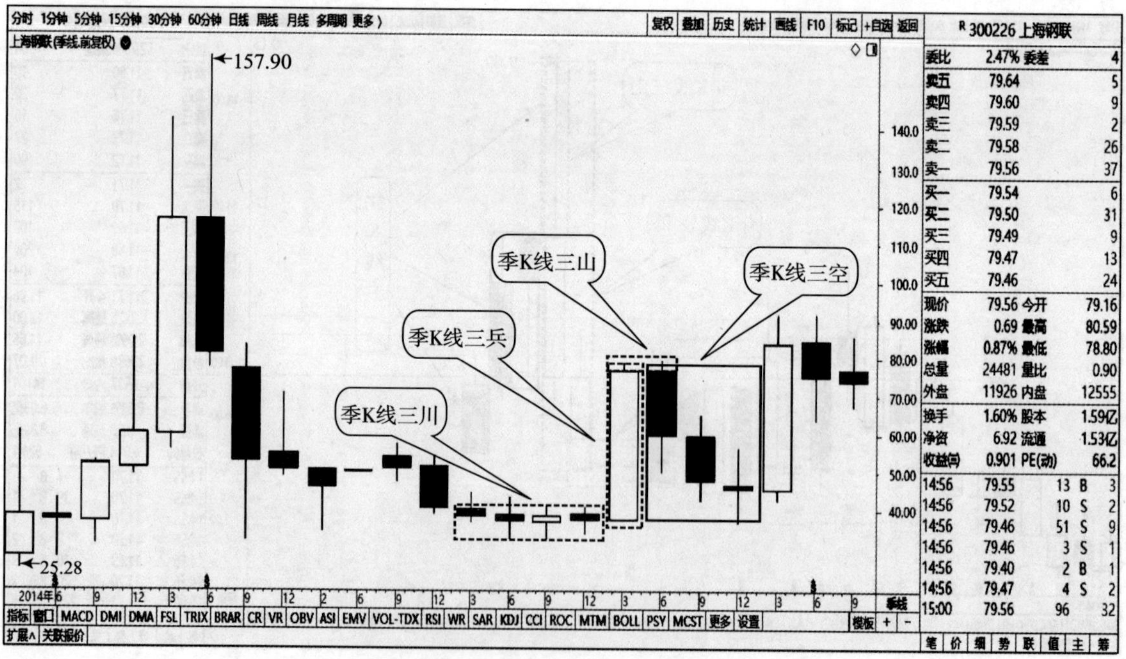

图 4－15　上海钢联（300226）季 K 线三空示意图

四式的初学阶段是坚决杜绝参与的。因为三空阶段本身就是个股的熊市，如若参与其中，盈利的概率是非常低的。三空的最后阶段，股价止跌企稳，收十字星线，并再次开始构建新的三川。

3. 月 K 线三空

如图 4－16 所示，为南京证券（601990）月 K 线三空示意图。该图为该股 2018 年 6 月至 2019 年 12 月的月 K 线走势图。图中可见，股价在经历了月 K 线三川建仓、三兵拉升、三山出货之后（见图中左侧虚线方框所示区域），开始了一轮为期 5 个月的三空打压行情（见图中实线方框所示区域），期间累计跌幅 38.85%，高位追高参与的投资者可谓损失惨重。三空打压本身就是为再次构建新的三川阶段做准备，在三空最后阶段，股价于左侧三兵底部止跌企稳，并开始构建新的三川，收集高位被套散户的筹码。

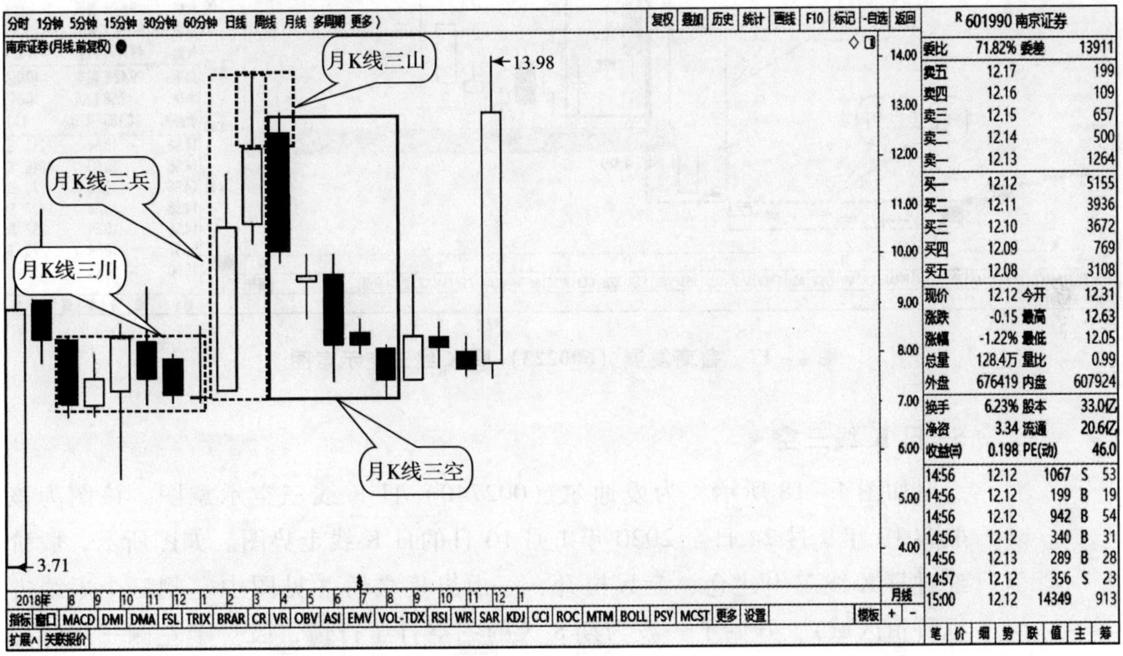

图 4－16　南京证券（601990）月 K 线三空示意图

4. 周 K 线三空

如图 4－17 所示，为鲁商发展（600223）周 K 线三空示意图。该图为该股 2019 年 6 月 28 日至 2020 年 1 月 17 日的周 K 线走势图。如图所示，股价在经过周 K 线的三川建仓、三兵拉升、三山出货后（见图中左侧三个虚线方框所示区域），开始了一轮为期 3 周的三空打压行情，期间累计跌幅

22.47%。股价于三空最后阶段、跳空缺口上方附近止跌企稳，收出一个十字星线，随后开始震荡收集周K线三山出货阶段追高进场而被套的筹码，并构建新的周K线三川。前文讲过，很多时候，三空打压的最后阶段参与了新的三川建仓的过程，该股也不例外。

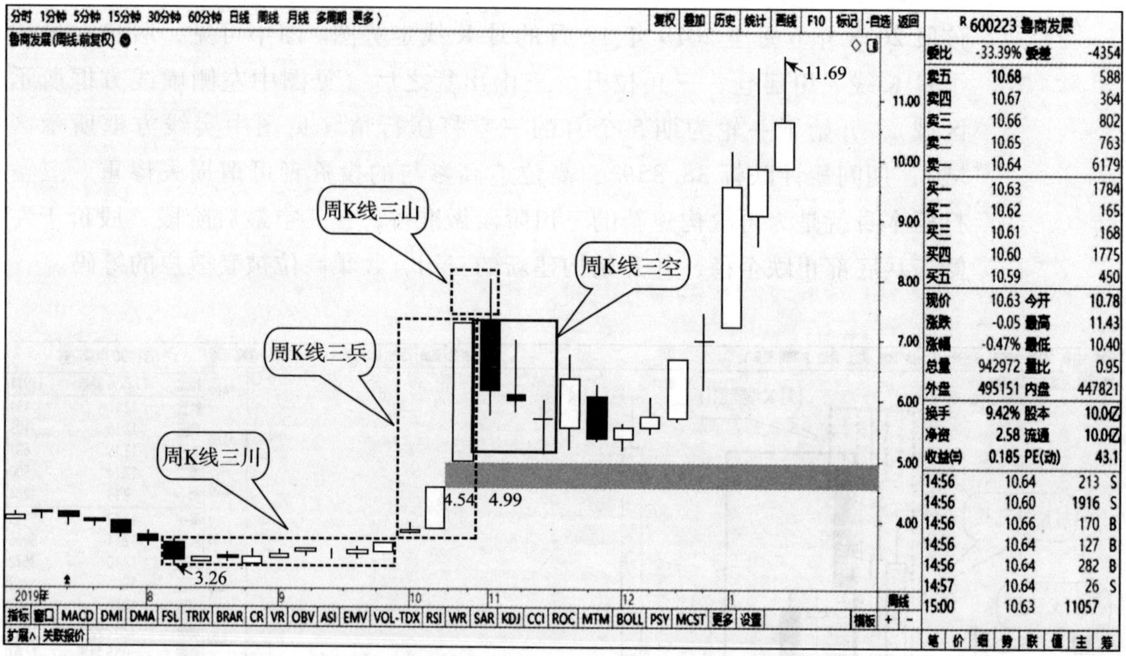

图4-17　鲁商发展（600223）周K线三空示意图

5. 日K线三空

如图4-18所示，为爱迪尔（002740）日K线三空示意图。该图为该股2019年9月24日至2020年1月10日的日K线走势图。如图所示，股价经过日K线三川建仓、三兵拉升、三山出货之后（见图中左侧三个虚线方框所示区域），开始了一波为期8天的三空打压行情，股价于左侧三川底部止跌企稳，期间累计跌幅为26.01%。三空打压结束之后，主力随即展开横盘震荡，以此收集高位掉落的筹码，着手构建一个新的日K线震荡低吸三川建仓通道。需要注意的是，日线作为绝大多数软件默认的显示周期，是不能单独使用的，它展现的仅仅是股价运行的局部走势，任何脱离大局的局部操作都是赌徒行为，无异于盲人摸象，此案例仅为展示日K线的三空阶段使用，并不代表个股局部的日K线可以单独使用。看大做小是三法四式的基础之一，将在以后章节展开详解。

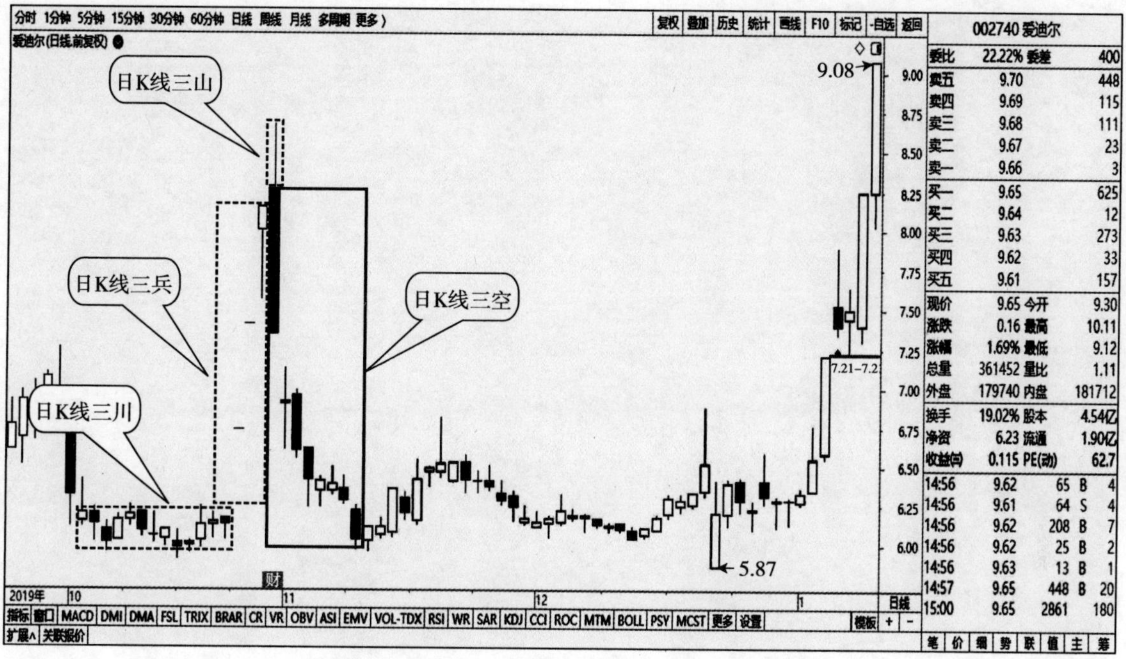

图4－18　爱迪尔（002740）日K线三空示意图

本章总结：本章就三法四式在年、季、月、周、日这五个不同时间周期的表现形式进行了进一步讲解，旨在让投资者对三法四式有一个全面的认识。“三川、三兵、三山、三空”构成了股票运行的全过程，这是一个清晰的思维框架，是一套完整的股票分析方法及交易系统技术。这四个K线形态代表了股价运行的四个不同阶段，建仓、拉升、出货、打压四个步骤环环相扣、一目了然。股价的这个运行过程是因果关系，而非概率事件。实盘实践中，股价的运行会受到宏观政策、行业前景、市场环境、题材热点等外部因素的影响，但是低吸高抛的市场规律是永远不会改变的，也是不能改变的。方向对了，成功也就不远了。

第五章 趋势

趋势，指事物本身的运行规律以及未来发展方向。在资本市场，“顺势而为”几乎是所有散户都耳熟能详的四个字，可到底什么是趋势呢？趋势又是以何种具体的形态表现呢？这是投资者必须搞清楚的基本问题，对趋势如果没有一个清晰的概念，实现盈利将无从谈起。道氏理论三大公理指出：市场行为包容并消化一切，市场运行按趋势演变，历史会重演，但并没有具体阐述市场运行会按照哪种具体趋势进行演变，也没有阐述历史会以哪种具体方式重演，仅仅停留在抽象的理论阶段。三法四式，使这种抽象模糊的理论形象化，具体化，可操作化。市场的运行按照三法四式的方式进行，历史同样会以三法四式的具体形式重复上演。

在股市中，趋势只有三种表现形式，即：横盘、上涨、下跌。讲得标准一点就是：横向趋势、上升趋势、下降趋势。如图5－1趋势示意图所示，就是趋势在三法四式中的具体表现形式的一个直观演示。我们知道，股市中股价不会无缘无故上涨，也不会无缘无故下跌，通常先从横向趋势开始，主力在相对低位开始建仓，把股价控制在一个相对稳定的价格区间，上下反复震荡，主力在这里投入了资金，收集了筹码，构建了仓位，夯实了底部，三川阶段，股价主要以横向运动为主，也就是横向趋势（见图中左下方箭头所示方向）。要使这些投入的资金产生收益，主力势必要拉出空间，拉高股价，在相对高位派发之后才能实现。三川建仓阶段完毕、相关技术形态出现之后，投资者应当

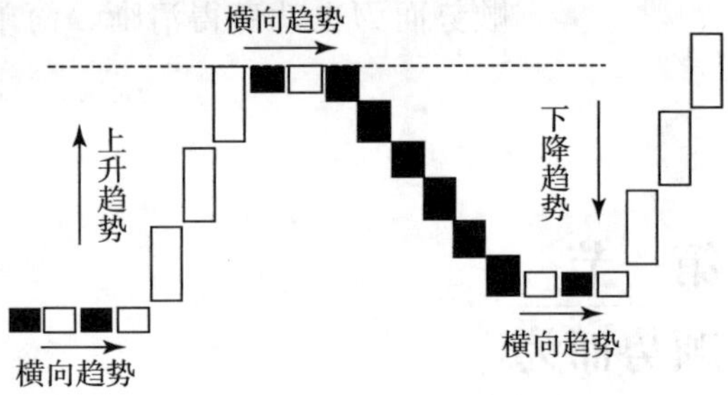

图5－1　趋势示意图

预判股价即将拉升（见图中左侧上升趋势箭头所示方向）。上升趋势末端，即三兵拉升最后阶段，股价如期达到主力目标价位，失去上涨动能，主力通过技术手段引诱散户追高进场，把股价控制在一个相对稳定的价格区间震荡出货，高位派发手中的获利筹码，即三山阶段，该阶段股价主要还是以横向运动为主，依旧是横向趋势（见图中顶部箭头所示方向）。三山出货阶段完成之后，主力开始着手酝酿下一轮行情，为了能在相对低位收集足够多的筹码，必然要对高位进场接盘的散户进行深度套牢，继而展开对股价的持续打压，砸低股价，甚至引发恐慌性抛售，而此时投资者就应当及时预判股价即将下跌。因为三空阶段股价主要以向下运行为主，所以该阶段是下降趋势（见图中虚线下方箭头所示方向）。三空阶段后期，股价于相对低位止跌企稳，主力再次把股价控制在一个相对稳定的区间，横盘震荡，展开对高位被套筹码的持续收集，开始构建新一轮的三川建仓，一个崭新的底部形态再次形成。由于该过程中股价依旧以横向运动为主，所以还是横向趋势（见图中右下方箭头所示方向）。上述过程就是趋势在三法四式中的具体表现。概括一下其实非常简单，股价运行的三种趋势（横向趋势、上升趋势、下降趋势）与三法四式的四个阶段是完全相对应的：低位横向趋势对应三法四式中的三川建仓阶段，高位横向趋势对应三法四式中的三山出货阶段，上升趋势对应三法四式中的三兵拉升阶段，下降趋势对应三法四式中的三空打压阶段。只有把抽象的趋势变得具体，投资者才不会在实盘实践中感到迷茫，在上升趋势持股，下降趋势持币，横向趋势观望。持币与持股的问题解决了，顺势而为也就变得清晰、简单、有章可循了。

第一节 顺势而为

关于趋势，又分为大势（大盘的趋势）与个势（个股的趋势）。所谓顺势而为，通常指的是个股趋势与大盘趋势同步，或者基本同步，当大盘运行在三法四式的某一阶段，则个股与大盘运行于三法四式的同一阶段。听起来似乎有些拗口，举个例子就清楚了。比如，大盘当下运行于三法四式的三川建仓阶段，而个股也运行于三法四式的三川建仓阶段，说明个股与大盘是同步运行的。市场绝大多数个股的运行与大盘都是趋于一致的。

如图 5 - 2 所示，为歌华有线（600037）年 K 线与上证指数年 K 线趋势对比图。图中上方为该股 2001 年至 2019 年的年 K 线趋势图，下方为上证指数同期与之相对应的年 K 线趋势图。很明显，个股年 K 线运行过程与上证指数年 K 线运行过程基本是同步的。指数涨，该股涨；指数跌，该股也跌；指数横盘，该股也跟着横盘。对比得出，该股年 K 线趋势与上证指数的年 K 线趋势是同步的。

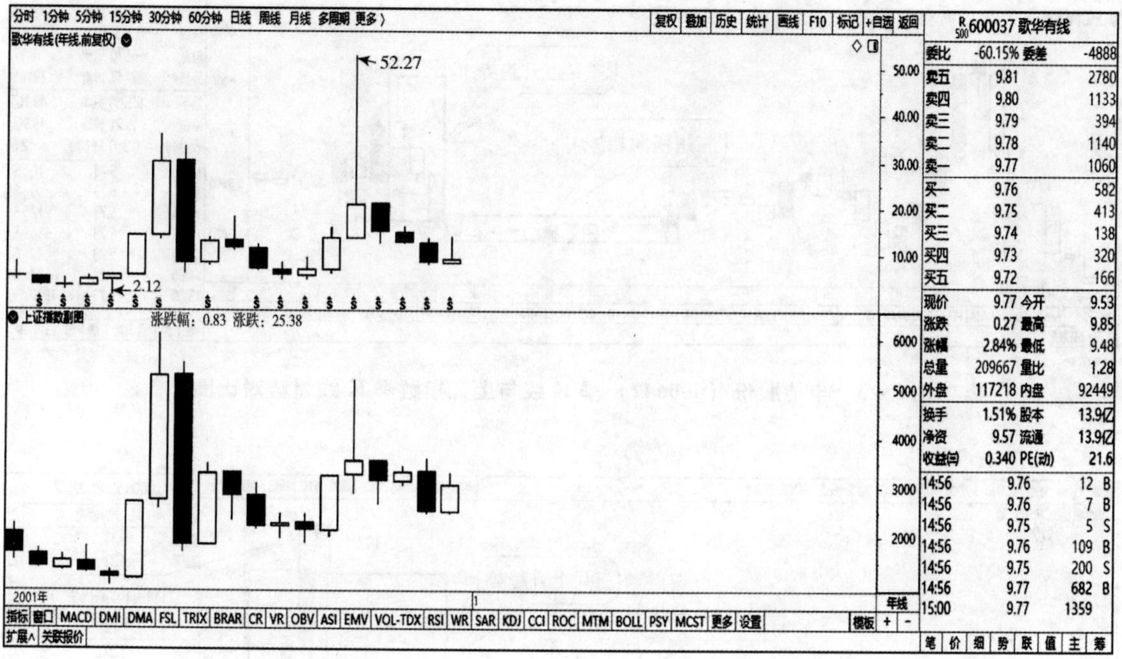

图 5 - 2 歌华有线（600037）年 K 线与上证指数年 K 线趋势对比图

如图 5 - 3 所示，为申能股份（600642）季 K 线与上证指数季 K 线趋势对比图。图中上方为该股 2006 年 3 月 31 日至 2017 年 3 月 31 日的季 K 线趋势图，下方为上证指数同期与之相对应的季 K 线趋势图。图中可见，指数在三川阶段上下反复震荡建仓的时候呈横向趋势，与此同时，该股也处于三川建仓阶段，同样是横向趋势。指数结束三川建仓过程的横向运行，继而开始三兵拉升，由横向趋势转为上升趋势的时候，该股同样结束三川建仓的过程，开始三兵拉升，并由横向趋势转为上升趋势。对比得出，该股季 K 线趋势是与上证指数季 K 线趋势是同步的。

如图 5 - 4 所示，为常山北明（000158）月 K 线与上证指数月 K 线趋势对比图。图中上方为该股 2011 年 3 月 31 日至 2015 年 9 月 30 日的月 K 线趋势图，下方为上证指数同期与该股相对应的月 K 线趋势图。图中可见，指数

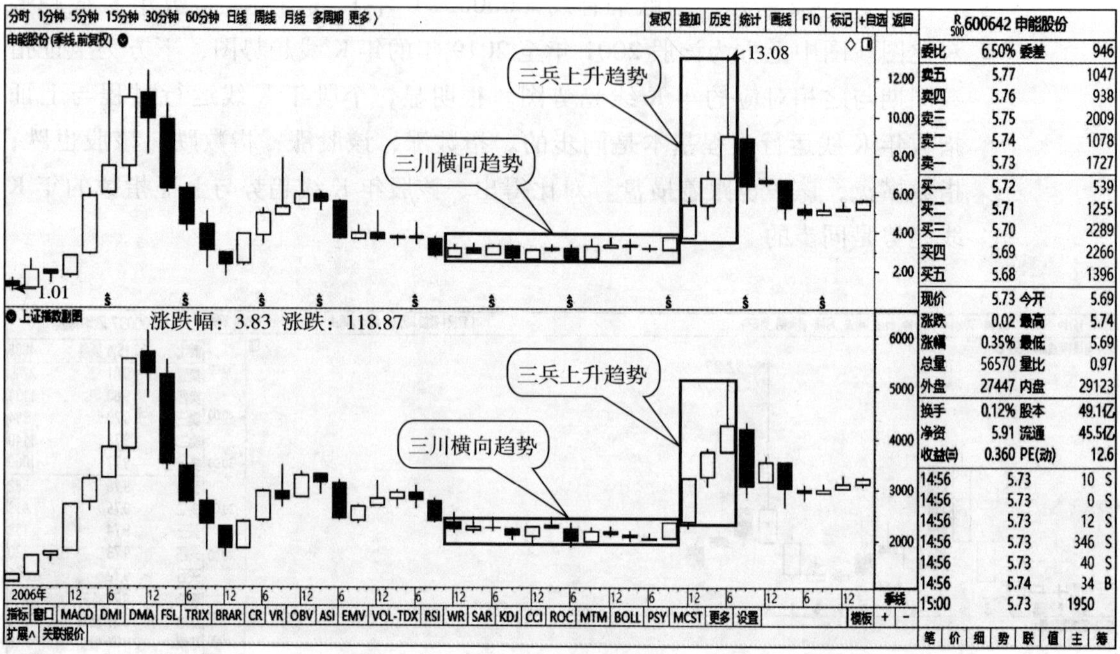

图 5－3　申能股份（600642）季 K 线与上证指数季 K 线趋势对比图

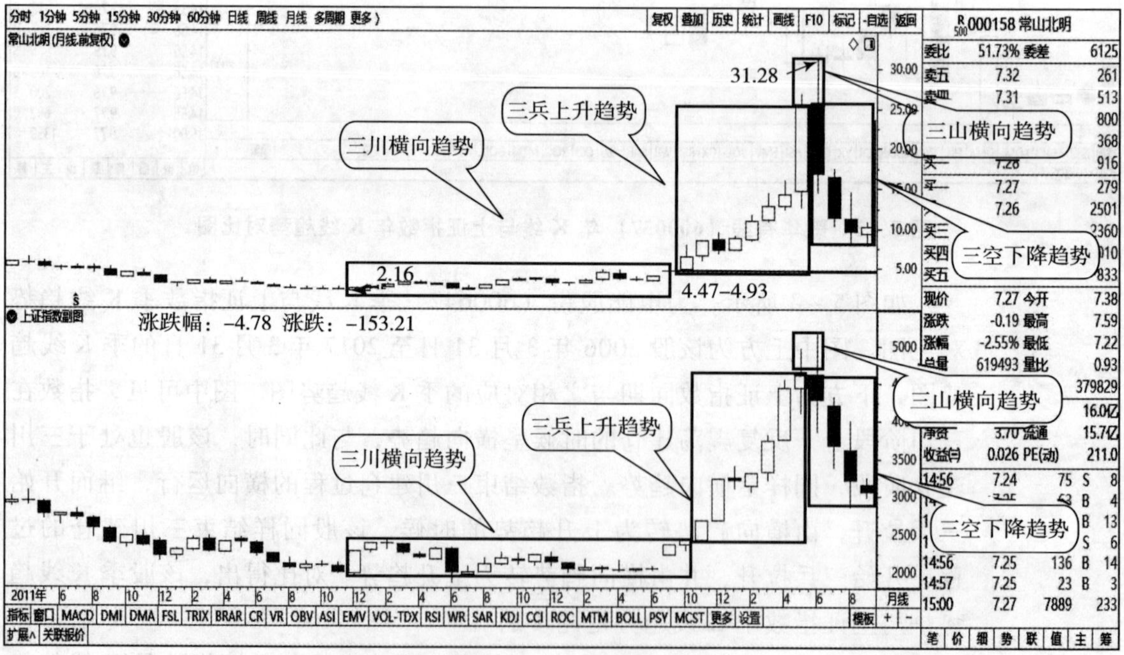

图 5－4　常山北明（000158）月 K 线与上证指数月 K 线趋势对比图

在三川阶段上下反复震荡建仓的时候呈横向趋势，与此同时，该股也处于三川建仓阶段，同样是横向趋势。指数结束三川建仓过程的横向运行，继而开始三兵拉升，由横向趋势转为上升趋势的时候，该股同样结束三川建仓的过程，开始三兵拉升，并由横向趋势转为上升趋势。指数处于三山阶段高位横向运行的时候，该股同样也由上升趋势转为横向运行趋势。指数结束高位横向趋势，开始三空打压，并转为下降趋势的时候，该股同样由高位横向趋势继而转为下降趋势。对比得出，该股月 K 线趋势与上证指数月 K 线趋势是同步的。

如图 5－5 所示，为中视传媒（600088）周 K 线与上证指数趋势对比图。图中上方为该股 2018 年 10 月 12 日至 2019 年 5 月 31 日的周 K 线趋势图，下方为上证指数同期与之相对应的周 K 线走势图。图中可见，指数在三川阶段上下反复震荡建仓的时候呈横向趋势，与此同时，该股也处于三川建仓阶段，同样是横向趋势。指数结束三川建仓过程的横向运行，继而开始三兵拉升，由横向趋势转为上升趋势的时候，该股同样结束三川建仓的过程，开始三兵拉升，并由横向趋势转为上升趋势。指数处于三山阶段高位横向运行的时候，该股同样也由上升趋势转为高位横向运行趋势。指数结束高位横向趋势，开始三空打压并转为下降趋势的时候，该股同样由高位横向趋势继

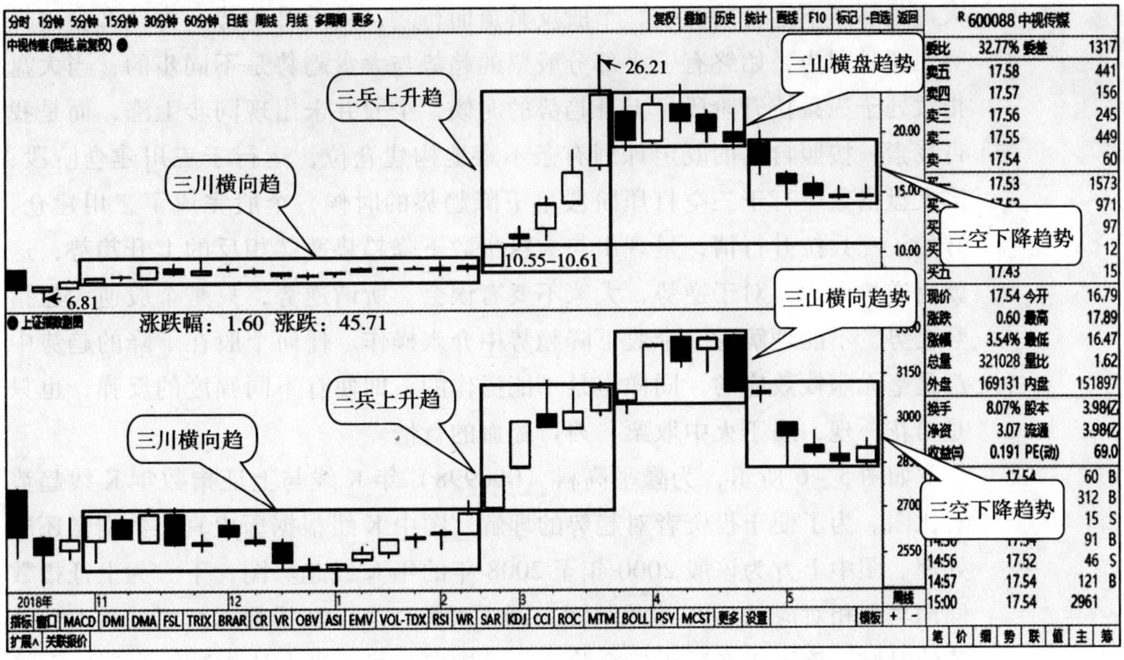

图 5－5　中视传媒（600088）周 K 线与上证指数趋势对比图

而转为下降趋势。对比得出，该股周 K 线趋势是与上证指数周 K 线趋势是同步的。

本节总结：本节详述了个股趋势与大盘指数趋势在不同周期间的对比，以相对直观的形式向投资者阐明了什么是具体的顺势而为，使投资者对个势与大势的关系有了初步的了解。这里讲的顺势，指的是个股运行趋势与大盘指数运行趋势是同步的。不难看出，只有当大盘指数处于三兵拉升、上升阶段的时候，绝大多数个股也同样处于上升阶段，也只有在大盘指数处于上升趋势时，股票投资才具有明显的赚钱效应，这就是投资者通常所讲的顺势而为。

第二节 逆势而为

任何事物的发展都具有两面性，既然有顺势，也就有逆势。那什么是逆势呢？就是个股趋势与大盘指数趋势背道而驰，向相反的方向发展。比如当大盘趋势向下运行的时候，个股反其道而行之，呈上升趋势。为什么会这样呢？那是因为，始终有一小部分股票的趋势与大盘趋势是不同步的，当大盘指数处于三兵拉升阶段呈上升趋势的时候，个股并未出现同步上涨，而是我行我素，按照自己的既定计划有条不紊地构建仓位，运行于三川建仓阶段；当大盘指数运行于三空打压阶段呈下降趋势的时候，个股完成了三川建仓，开始了三兵拉升行情，呈现出与大盘指数下降趋势截然相反的上升趋势，这就叫逆势而为。对于逆势，大家不要有误会。所谓逆势，只是个股逆大盘指数之势，不能理解为在个股下降趋势中介入操作。任何个股在下降的趋势中都是毫无赚钱效应的，同样也是不能操作的，即便有不同幅度的反弹，也只是昙花一现，属于火中取栗、刀口舔血的行情。

如图 5 -6 所示，为隆平高科（000998）年 K 线与上证指数年 K 线趋势对比图。为了便于投资者对趋势的理解，图中 K 线根据历史真实数据做还原处理。图中上方为该股 2000 年至 2008 年的年 K 线趋势图，下方为上证指数同期与之相对应的年 K 线趋势图。图中可见，当上证指数运行于三兵上升趋势的时候，该股正在三川建仓阶段，呈横向趋势。当上证指数转为三空下降趋势的时候，该股完成了三川建仓的工作，开始了三兵拉升行情。所谓逆势拉升，其实是有条件的。大盘跌，说明市场绝大多数个股都在同步下跌，这些个股趋势与大盘趋势基本一致，而个别个股因上市日期、停复牌及主力本身的做盘计划等诸多因素，形成了与大盘趋势不一致的情况，更有强势股及强势领涨股的主力完全按照自己的既定计划有条不紊地操作，股价运行并未受到大盘过多的影响，主力也不太在意大盘趋势。该案例中，虽然上证指数处于下降趋势，但是该股的趋势却是上升趋势；看似个股逆大盘之势，实则是顺应个股自己的趋势，只不过与大盘趋势没有同步运行而已。所以说，逆势而为是有条件的，绝大多数个股是做不到的，这就是学习三法四式最大的好处——当多数人被套牢或者持币观望的时候，你却能在大盘下跌趋势中，发现并持有图中这种符合三法四式的强势股，这是何等惬意。因此，越是大盘运行于下降趋势的时候，强势股反而越容易引起市场资金的高度关注，从而逆势走出股价飙升的行情。

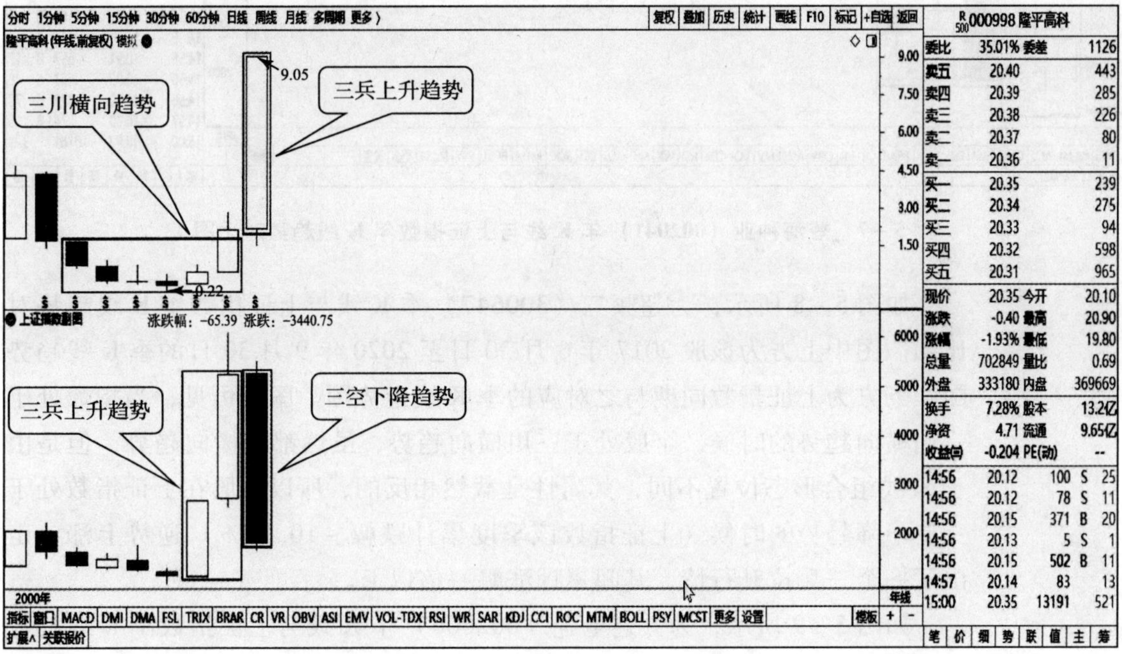

图 5 - 6　隆平高科（000998）年 K 线与上证指数年 K 线趋势对比图

如图 5 - 7 所示，为登海种业（002041）年 K 线与上证指数年 K 线趋势对比图。图中上方为该股 2005 年至 2010 年的年 K 线趋势图，下方为上证指数同期与之相对应的年 K 线趋势图。图中可见，当上证指数处于三兵上升趋势的时候，该股正在有条不紊地三川建仓，处于横向趋势，其间股价并未出现过大的涨幅。当上证指数上升趋势结束并转为下降趋势的时候，该股完成了三川建仓的工作，并由横向趋势转为上升趋势，从此开始了一轮为期三年的三兵拉升行情，累计涨幅达5倍之多，这是逆势拉升的另一个典型案例。

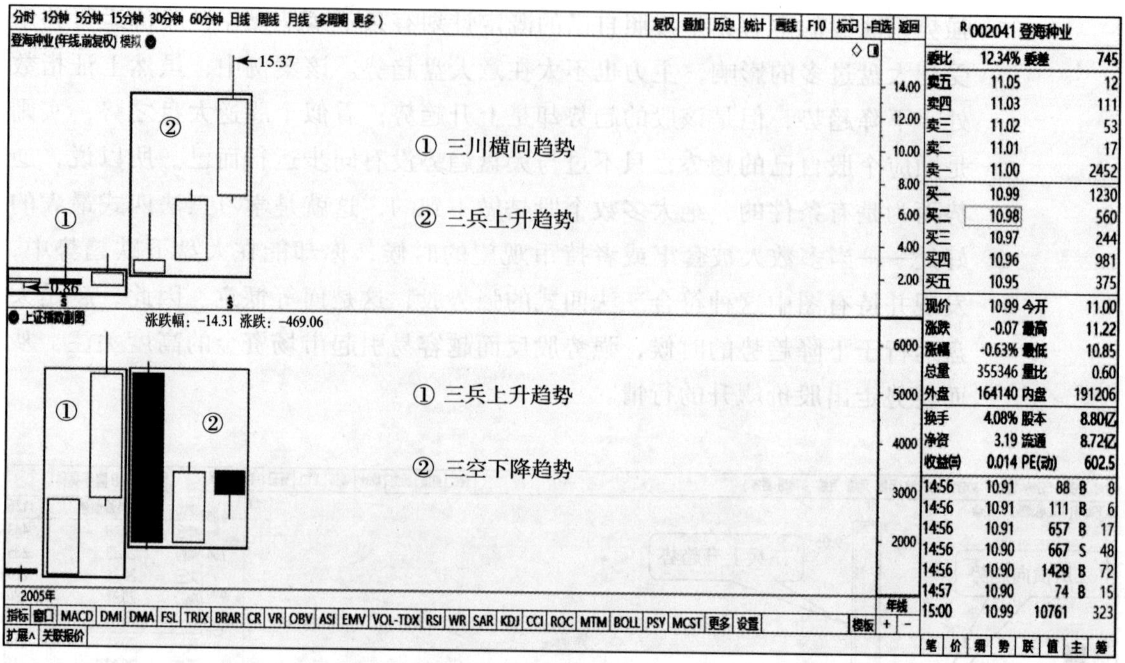

图5－7　登海种业（002041）年K线与上证指数年K线趋势对比图

如图5－8所示，为超频三（300647）季K线与上证指数季K线趋势对比图。图中上方为该股2017年6月30日至2020年9月30日的季K线趋势图，下方为上证指数同期与之对应的季K线走势图。图中可见，当指数处于三山横向趋势的时候，个股处于三川横向趋势，虽然都是横向趋势，但是由于K线组合形态位置不同，其属性是截然相反的，所以该股在上证指数处于三空下降趋势的时候（上证指数该季度累计跌幅－10.14%）逆势上涨，走出了一个三兵拉升行情，其间累计涨幅一倍以上。

如图5－9所示，为大连电瓷（002606）季K线与上证指数季K线趋势对比图。图中上方为该股2011年9月30日至2016年12月30日的季K线趋势图，下方为上证指数同期与之相对应的季K线趋势图。图中可见，上证指数三川横向趋势结束并转为三兵上升趋势的时候，该股并未借势上涨，依旧按部就班地横盘震荡，构建了一个为期14个季度的厚重三川建仓通道。当上证指数上升趋势结束，并由三空下降趋势继而转为横向趋势的时候，该股结束了三川建仓的横向趋势，并转为上升趋势，开始了一轮为期三个季度的三兵拉升行情，其间累计涨幅171.83%。

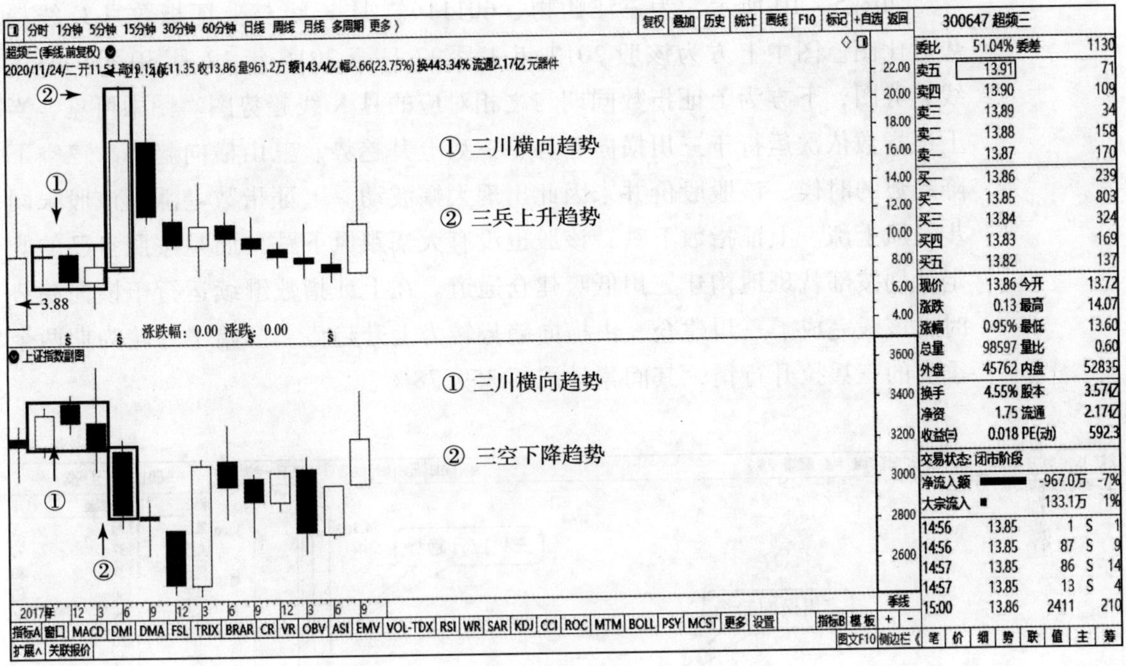

图 5－8 超频三（300647）季 K 线与上证指数季 K 线趋势对比图

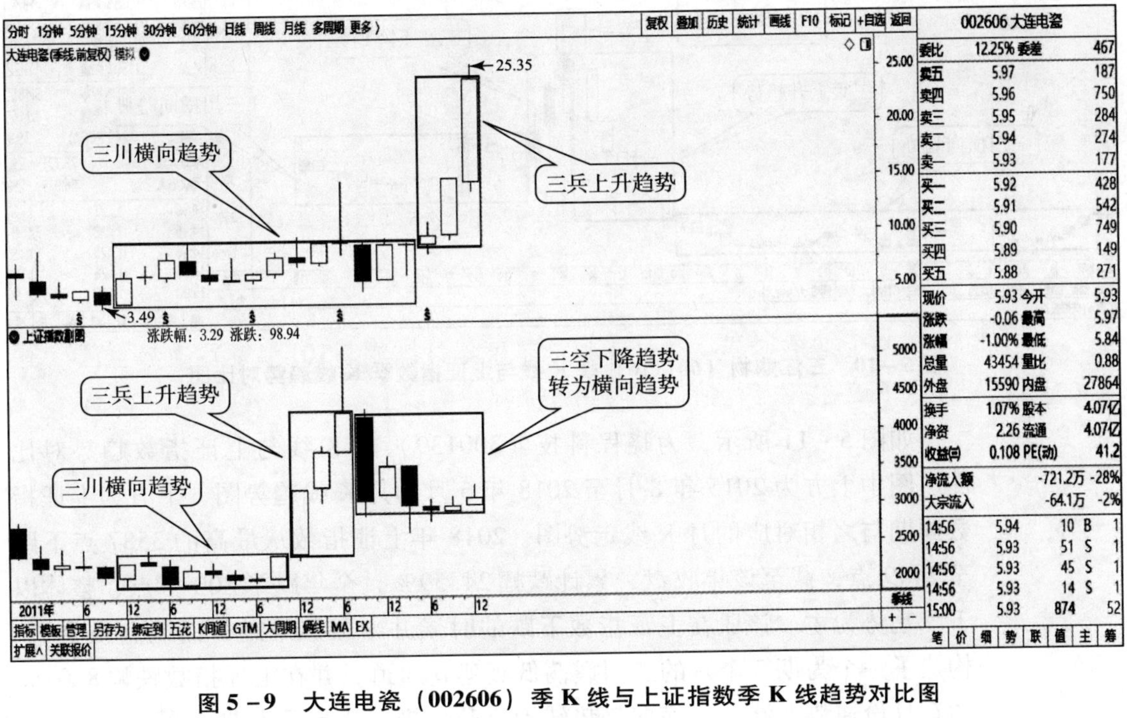

图 5－9 大连电瓷（002606）季 K 线与上证指数季 K 线趋势对比图

如图5－10所示，为三江购物（601116）月K线与上证指数月K线趋势对比图。图中上方为该股2012年4月27日至2016年12月30日的月K线趋势图，下方为上证指数同期与之相对应的月K线趋势图。图中可见，当上证指数依次运行于三川横向趋势、三兵上升趋势、三山横向趋势、三空下降趋势的时候，该股股价并未因此出现大幅波动。上证指数上涨，该股未同步跟风上涨。上证指数下跌，该股也没有大幅跟风下跌，而是按照自己的既定计划按部就班地构建三川低吸建仓通道。在上证指数继续运行于横向趋势时，该股完成了三川建仓，由横向趋势转为上升趋势，开始了一轮为期两个季度的三兵拉升行情，其间累计涨幅259.78%。

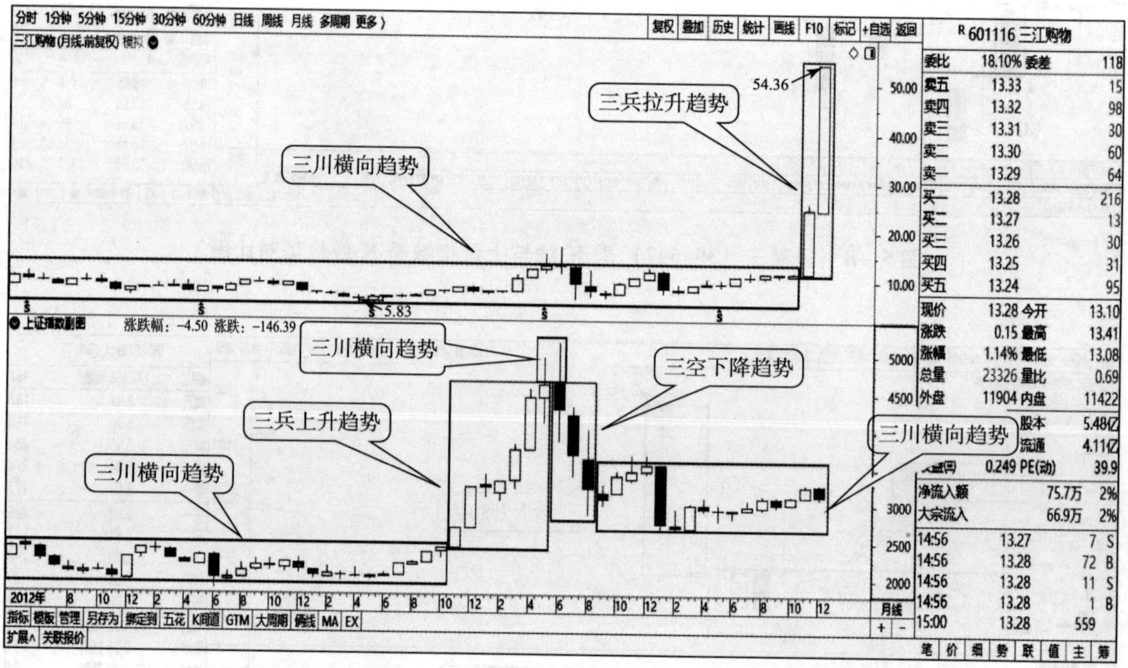

图5－10　三江购物（601116）季K线与上证指数季K线趋势对比图

如图5－11所示，为晓程科技（300139）月K线与上证指数趋势对比图。图中上方为2015年8月至2018年6月的月K线趋势图，下方为上证指数同期与之相对应的月K线走势图。2018年上证指数从最高的3587点下跌至2449点，截至该年收盘，累计跌幅24.59%，全年跌了800多点，整体以下降趋势为主。该股在上证指数下跌的时候并未跟风下跌，而是止跌企稳，构建了一个为期5个月的三川震荡低吸建仓通道，并在上证指数跌幅8.01%的6月份逆势上涨，由横向趋势转为上升趋势，开始了为期一个月的三兵拉升行情，当月涨幅60.58%。

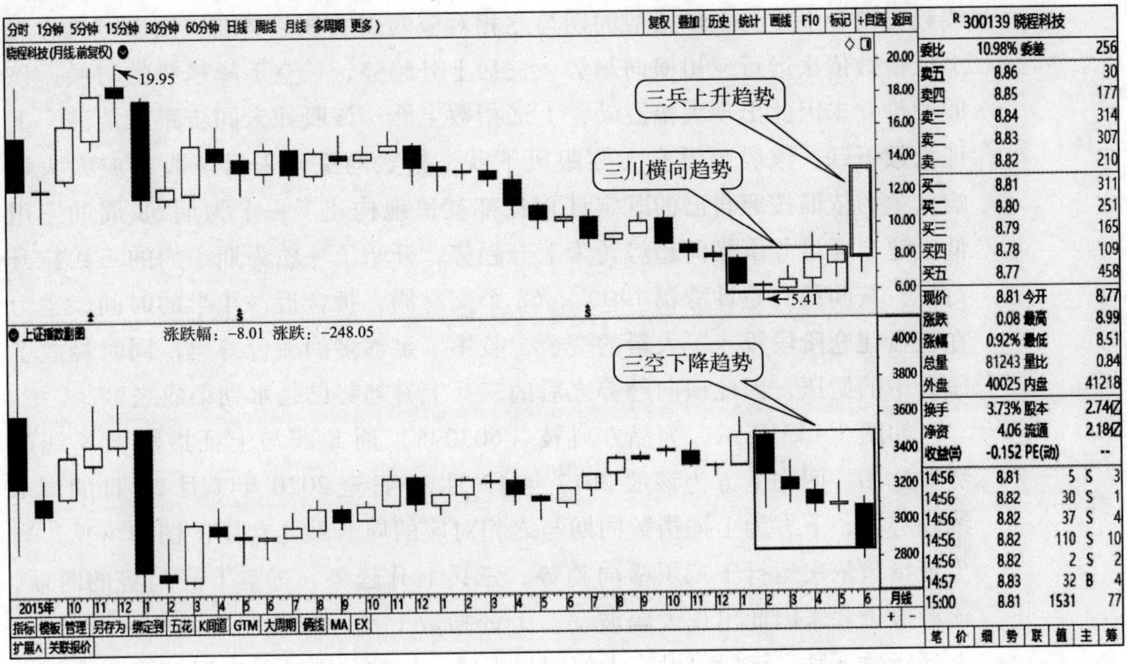

图5-11 晓程科技（300139）月K线与上证指数趋势对比图

如图5-12所示，为万通智控（300643）周K线与上证指数周K线趋势对比图。图中上方为该股2017年12月29日至2019年12月20日的周K

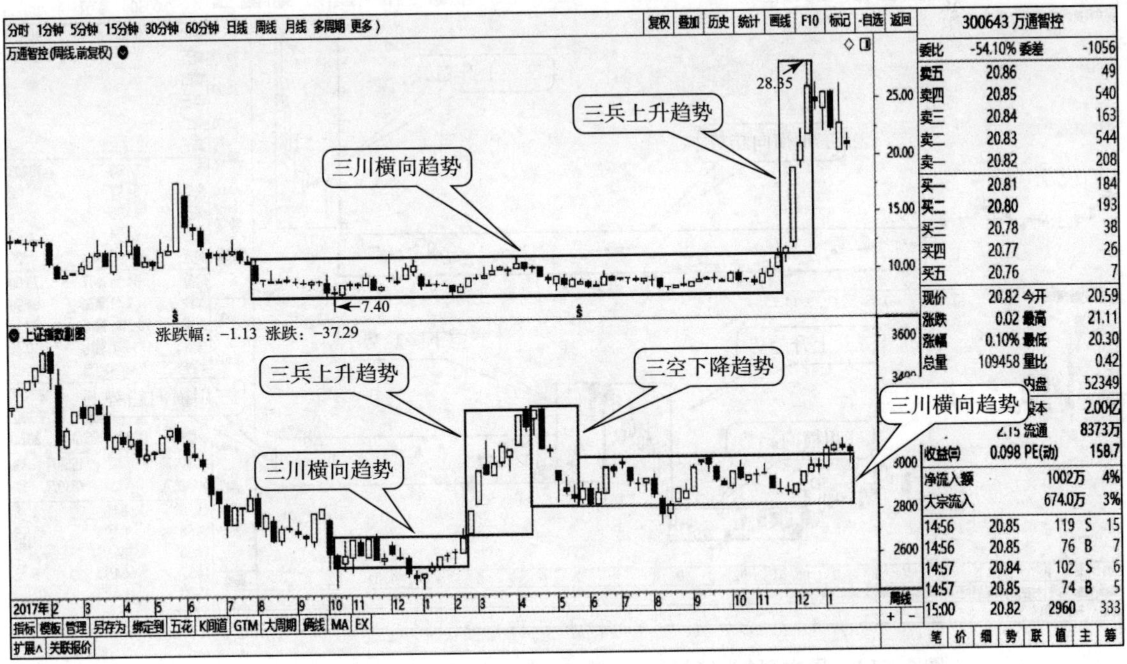

图5-12 万通智控（300643）周K线与上证指数周K线趋势对比图

线趋势图，下方为上证指数同期与之相对应的周K线趋势图。图中可见，当上证指数依次运行三川横向趋势、三兵上升趋势、三空下降趋势的时候，该股股价并未因此出现大幅波动，上证指数上涨，该股并未同步跟风上涨，上证指数下跌，该股也没有大幅跟风下跌，指数的涨跌未对该股造成太大影响，主力依旧按照自己的既定计划按部就班地构建了一个为期68周的三川低吸建仓通道并由横向趋势转为上升趋势，开始了一轮为期3周的三兵拉升行情，其间最高累计涨幅140%。68个交易周，折合近一年半的时间，主力在横盘建仓阶段投入了大量的资金，收集了足够多的廉价筹码，同时释放了拉升中的抛压，因此横向趋势之后的三兵上升趋势已是水到渠成之事。

如图5－13所示，为晶方科技（603005）周K线与上证指数周K线趋势对比图。图中上方为该股2017年12月29日至2020年1月23日的周K线趋势图，下方为上证指数同期与之相对应的周K线走势图。图中可见，当上证指数依次运行于三川横向趋势、三兵上升趋势、三空下降趋势的时候，该股股价并未因此出现大幅波动。上证指数上涨，该股并未同步跟风上涨，上证指数下跌，该股也没有大幅跟风下跌，指数的涨跌并未对该股造成过大的影响。主力依旧按照自己的既定计划有条不紊地构建了一个为期74周的三川低吸建仓通道。该过程结束后，股价由横向趋势转为上升趋势，开始了

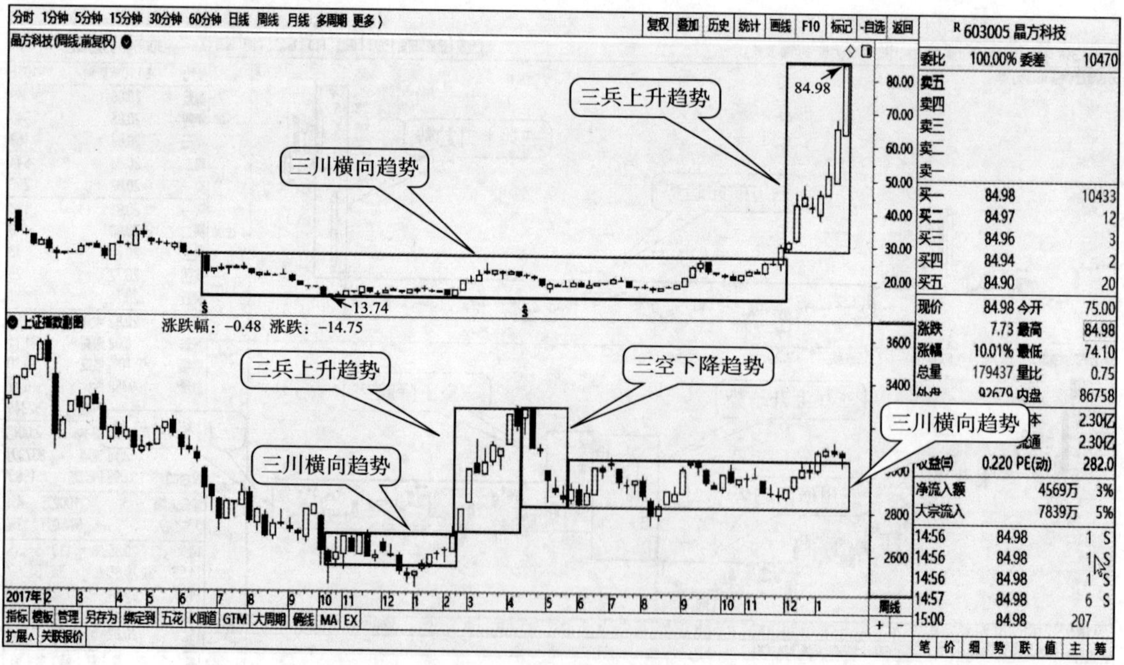

图5－13　晶方科技（603005）周K线与上证指数周K线趋势对比图

一轮为期 8 周的三兵震荡拉升行情，其间最高涨幅达 162.28%。74 个交易周折合一年半的时间，主力一直在横盘震荡构建仓位，收集了足够多的廉价筹码，同时也释放了拉升中的抛压。要使这些投入的资金产生收益，主力势必然要拉高股价，所以三川横向趋势之后的三兵上升趋势也就顺理成章了。

本章总结：本章向投资者详细地讲解了“趋势”一词在三法四式中的具体表现形式，采用不同周期的案例，直观地展示了“顺势而为”与“逆势而为”，使“趋势”这种笼统抽象的概念形象化、具体化，为投资者的操作指明了正确的方向，使投资者能清晰甄别不同时期的趋势行情，判断出上升趋势与下降趋势。本章的重点是第二节“逆势而为”。每一年都会有为数不多的个股与大盘的趋势相悖，在大盘呈下降趋势时，它们却鹤立鸡群，走出漂亮的上升趋势。股市流传这样一句话：会买的是徒弟，会卖的是师父，会空仓的是师爷。乍一听似乎有些道理，但用三法四式分析是站不住脚的。买在行情的起涨点，怎么卖都会赚；买高了，被套以后风险就很大了，如果被套牢，怎么卖也是亏的；至于空仓，那就是见仁见智的事了。掌握了三法四式，永远不乏操作盈利的机会。大赚特赚之后的，适当放松，休息身心，自然无可厚非；如果一直不能发现机会让投入的资金产生收益，那么此时的空仓就是一种无奈，甚至是无能的表现！一个成功的投资者，他的资金是永远不会休眠的，因为在他们的世界，不仅股市没有熊市，而且人生全是牛市。所以这几句话在本书中要改写为：会买的是师爷，会卖的是师父，空仓的只是徒孙。在大盘运行于下降趋势阶段，绝大多数投资者都被套牢。我们若根据逆势操作的要领去操作那些处于上升趋势的个股，势必会逆市而赢。所以说，在三法四式的操作方法中，股市从来没有下降的趋势。

第六章 分析周期与K线的合并

说到K线的合并，就离不开我们看盘软件的分析周期。当然，绝大多数投资者热衷于日K线这个绝大多数系统默认的分析周期。顾名思义，日K线是股价在一个交易日内运行轨迹的真实记录，也是诸多看盘软件本身默认的分析周期。正因如此，日K线这个分析周期对绝大多数投资者来讲根深蒂固，因为每天只要一打开看盘软件，首先映入眼帘的就是个股或者指数的日K线，导致他们忽视了该周期以外的其他几个主要K线（如周K线、月K线、季K线、年K线）分析周期。

第一节 不同分析周期之间的关系

众所周知，1年由4个季度、12个月、52周、平年365天、闰年366天组成。由于股市并非每天都会交易，除去周六周日双休日，正常每周有5个交易日（周一至周五），如遇国家法定节假日，还会少于这个天数。所以理论上讲，在股市中1个交易年由4个交易季度、12个交易月、52个交易周、260个交易日构成，除去元旦、春节、清明节、端午节、劳动节、中秋节、国庆节休市外，实际为240个左右交易日。

如图6－1至6－5所示，分别为上证指数1990年至2020年的年K线、季K线、月K线、周K线、日K线走势图。图中不难看出，周期越小，K线数量越多，K线的运行轨迹也越清晰；周期越大，K线数量越少，轮廓越

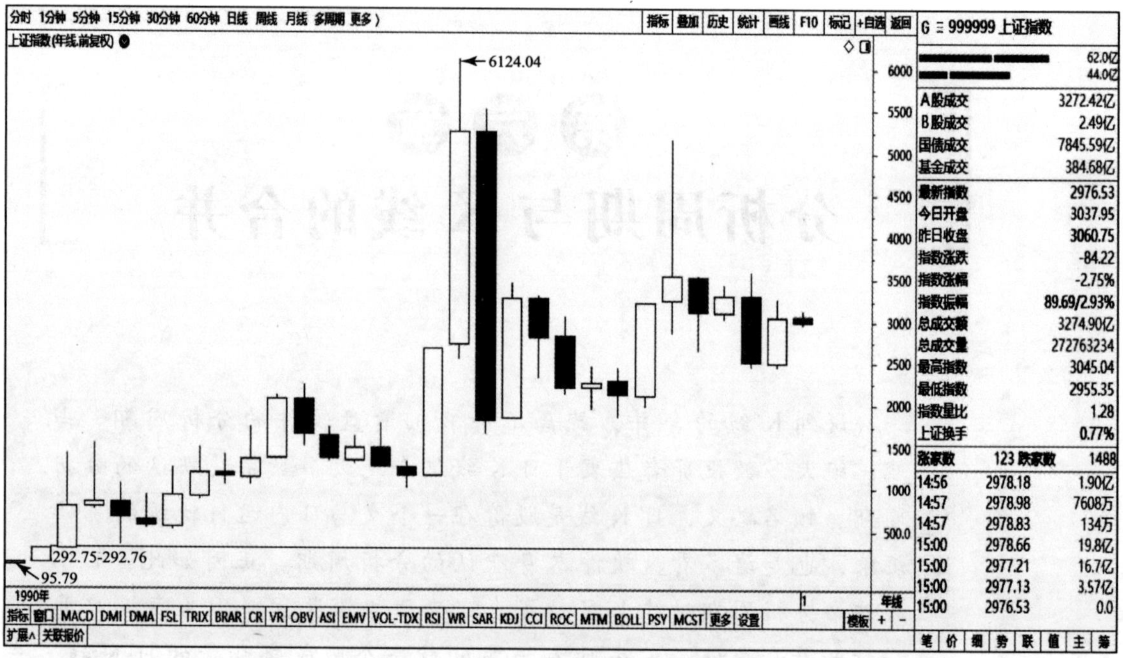

图 6－1　上证指数年 K 线走势图

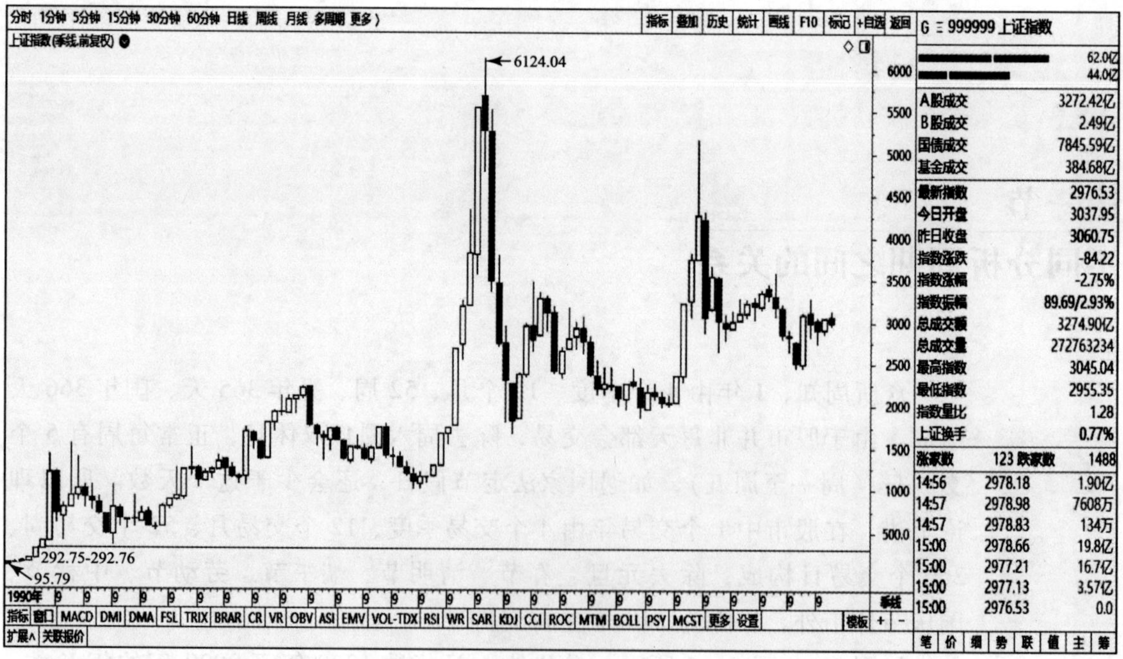

图 6－2　上证指数季 K 线走势图

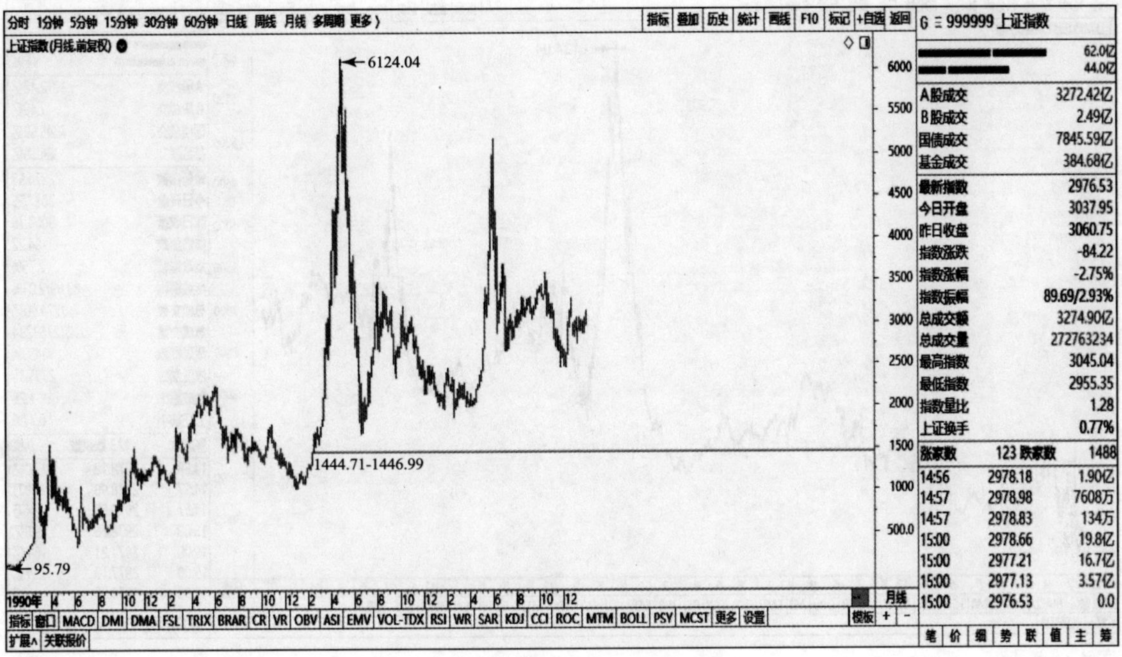

图 6-3　上证指数月 K 线走势图

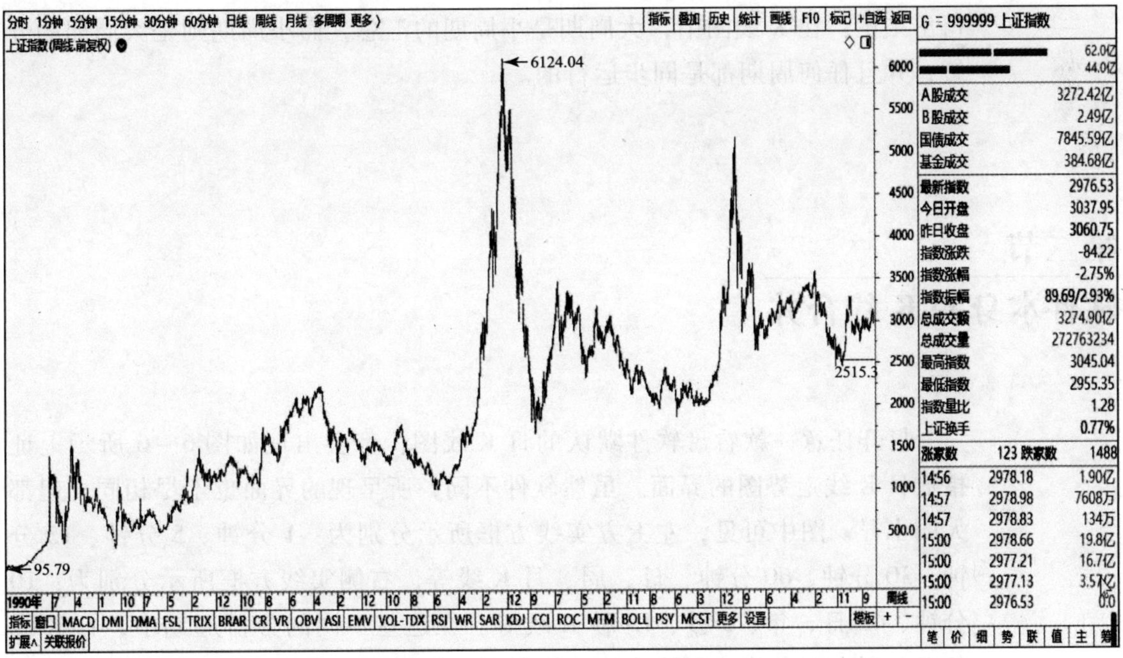

图 6-4　上证指数周 K 线走势图

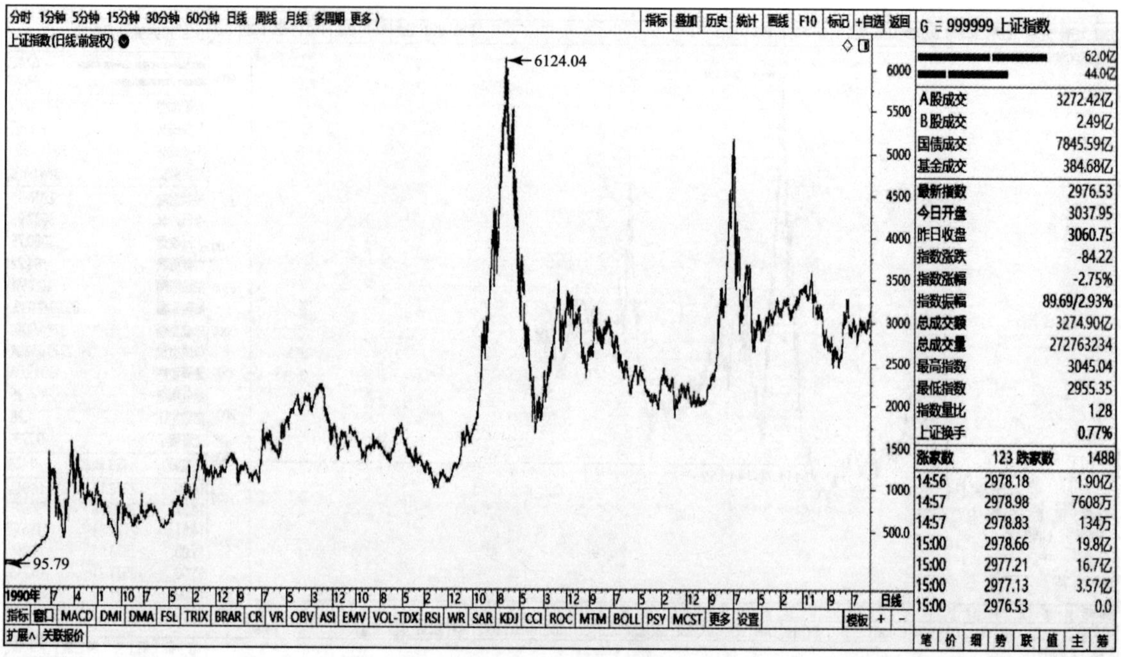

图 6-5　上证指数日 K 线走势图

清晰。大周期是股价的宏观大趋势，小周期是股价的微观小细节，由此我们得出结论：在 K 线图中，大周期是小周期的汇总，而小周期则是大周期的分解，并且任何周期都是同步运行的。

第二节
软件本身的 K 线合并

打开任意一款看盘软件默认的日 K 线图，都会出现如图 6-6 所示上证指数日 K 线走势图的界面。虽然软件不同，所呈现的界面也不尽相同，但都大同小异。图中可见，左上方实线方框所示分别为：1 分钟、5 分钟、15 分钟、30 分钟、60 分钟、日、周、月 K 线等，右侧实线方框所示分别为：10 分钟、45 日、年、5 秒、15 秒 K 线等。在这些不同的分析周期中，日 K 线几乎是所有看盘软件所默认的分析周期。除此之外，60 分钟 K 线、周 K 线、月 K 线、季 K 线、年 K 线也是三法四式中常用到的分析周期。在日 K 线、周 K 线、月 K 线、季 K 线、年 K 线中，周 K 线仅与日 K 线是倍数关系（1

个交易周等于5个交易日），周K线与其他周期并非倍数关系。众所周知，在股市的分析周期中，1年有4个季度，1个季度有3个月，1个月有4周，1周有5天。虽然1个交易月包含了4个交易周，但是，月K线并非以四个交易周的起始日与截止日为统计周期的，而是以自然月的起始日与截止日作为月K线的统计周期。所以说，月K线的形成，与周K线没有任何关系，这是投资者需要注意的地方。

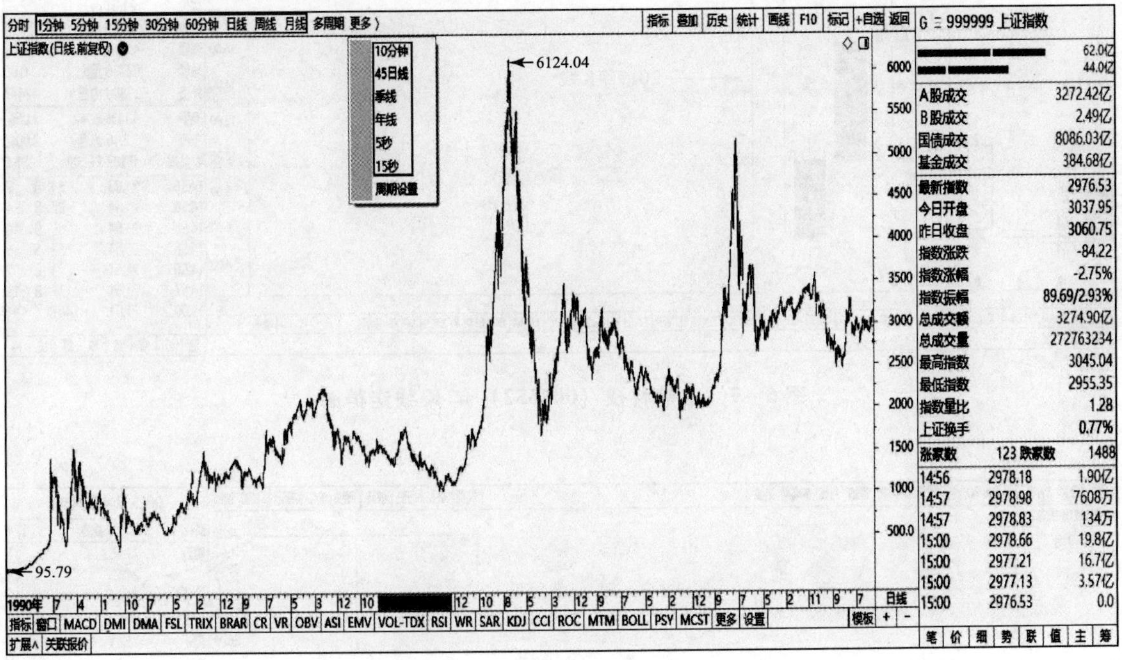

图6-6　上证指数日K线走势图

1. 合并年K线

如图6-7所示，为宝鼎科技（002552）年K线走势图。图中箭头所指K线为该股2019年收盘后的K线，以一根涨幅为392.38%的大阳线报收。我们知道，1个交易年由4个交易季构成，如图6-8所示，在该股的季K线走势中，能够清晰地看到年K线在季K线中的运作过程。由于该股2019年第1季度的开盘价与最低价的价差只有几分钱，在季线级别的K线上不能显示，我们姑且理解为开盘价与最低价是同一个价格（见图中“开盘价，最低价”水平虚线所示价格），即该股年K线的开盘价。图中“最高价”水平虚线所示价格，为该股年K线的最高价。图中“收盘价”水平虚线所示价格，是该股最后一个季度的最后一个交易日的收盘价，即该股年K线的收盘价。4条季K线合并为1条年K线（见图中加粗所示K线）。

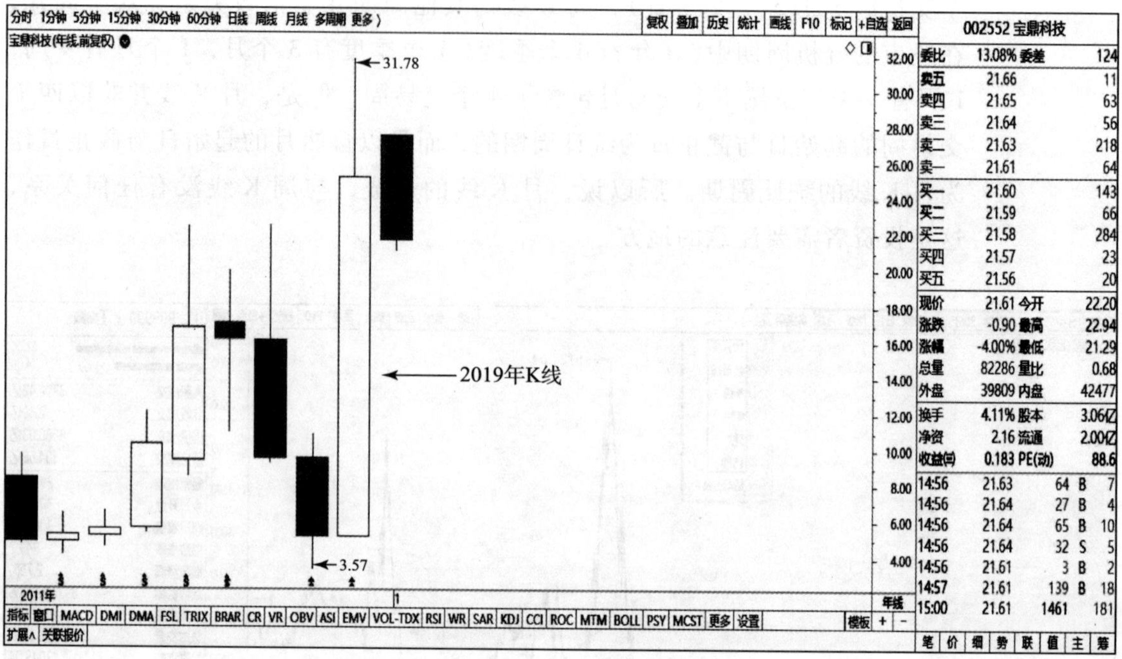

图 6－7　宝鼎科技（002552）年 K 线走势图

图 6－8　宝鼎科技（002552）季 K 线走势图

如图 6－9 所示，为该股的月 K 线走势图。图中最下方“开盘价，最低价”水平虚线所示价格，为 2019 年第 1 个交易月第 1 个交易日的开盘价，即该股年 K 线的开盘价。图中“最高价”水平虚线所示价格，为该股年 K 线的最高价。图中“收盘价”水平虚线所示价格是最后 1 个月最后 1 个交易日的收盘价，即该股年 K 线的收盘价。由于 1 个交易季是由 3 个交易月构成，所以 1 条年 K 线由 12 条月 K 线合并而成（见图中加粗年 K 线所示）。

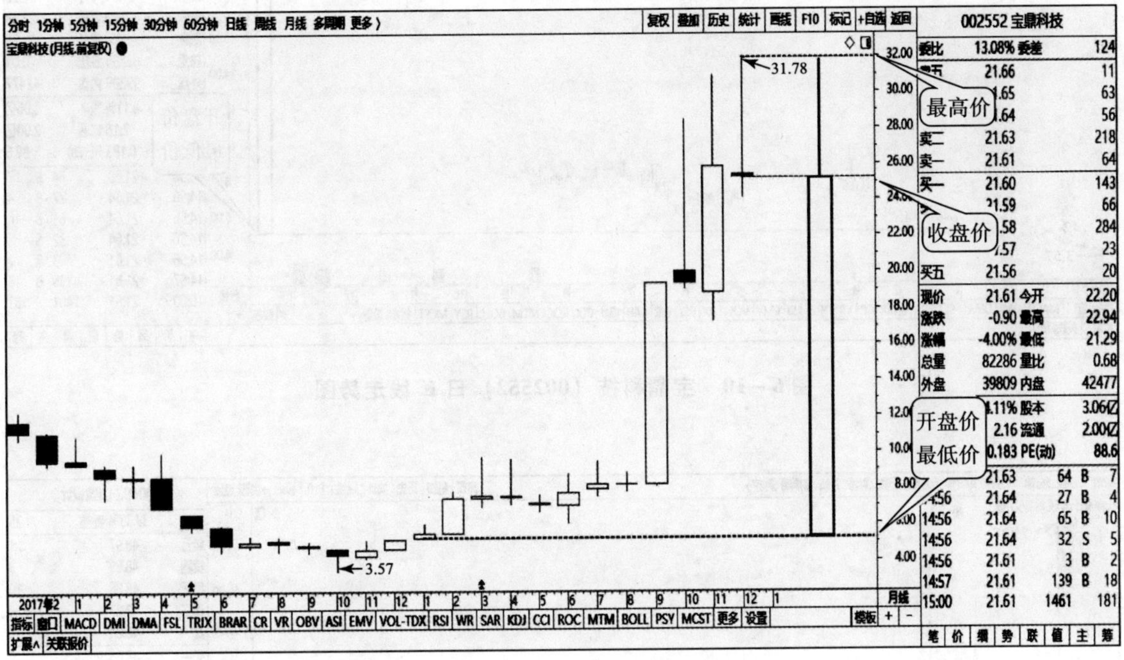

图 6－9　宝鼎科技（002552）月 K 线走势图

如图 6－10 所示，为该股的日 K 线走势图。图中下方“开盘价，最低价”水平虚线所示价格，为该股 2019 年第 1 个交易日的开盘价，即该股年 K 线的开盘价。图中上方“最高价”水平虚线所示价格为该股年 K 线的最高价。该股 2019 年最后 1 个交易日的收盘价格，即该股年 K 线的收盘价（见图中“收盘价”水平虚线所示价格）。该股全年实际 238 个交易日，合并为图中加粗所示年 K 线。

如图 6－11 所示，为山鼎设计（300492）年 K 线走势图。图中箭头所指为该股 2019 年收盘后的 K 线，以一根涨幅 170.89% 的大阳线报收。这条大阳线具体是如何运行的呢？要知道这个过程，我们就需要参照年 K 线以下的分析周期，图 6－12 为该股的季 K 线走势图。我们知道，1 个交易年由 4 个交易季构成，如图所示，该股 2019 年第 1 个季度的第 1 个交易日的开盘

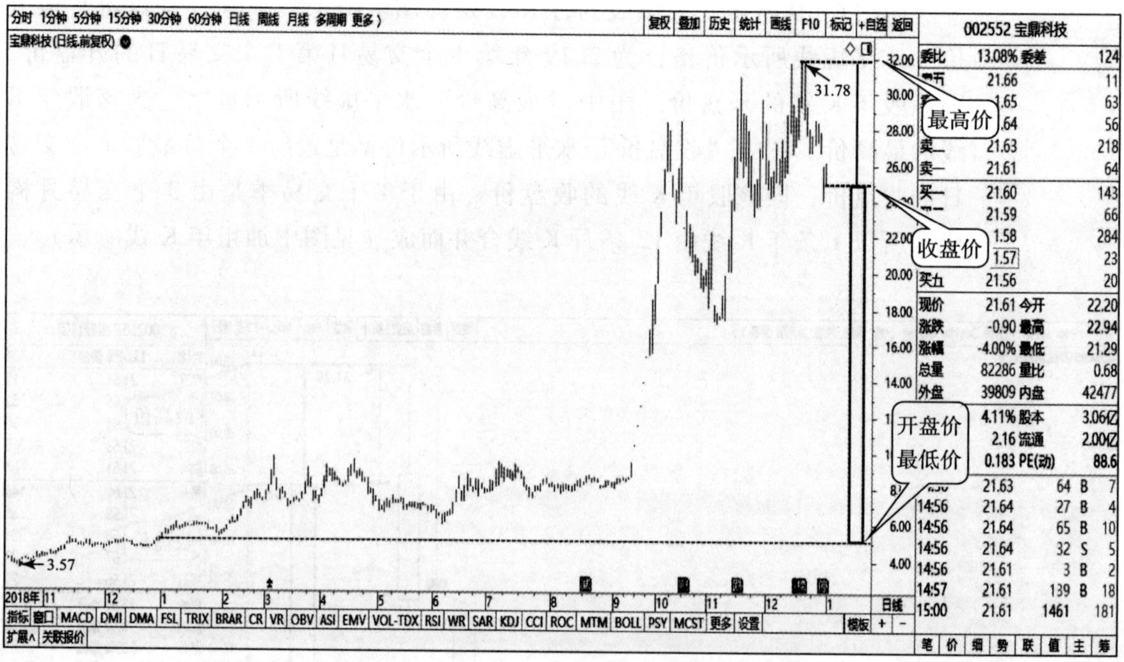

图 6－10　宝鼎科技（002552）日 K 线走势图

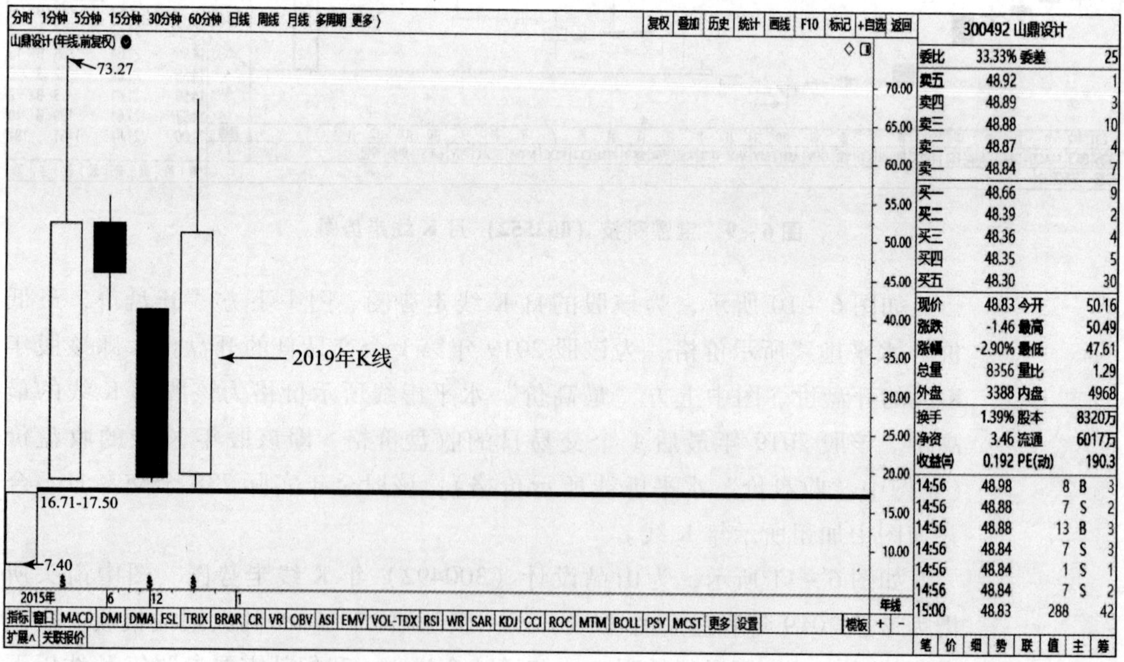

图 6－11　山鼎设计（300492）年 K 线走势图

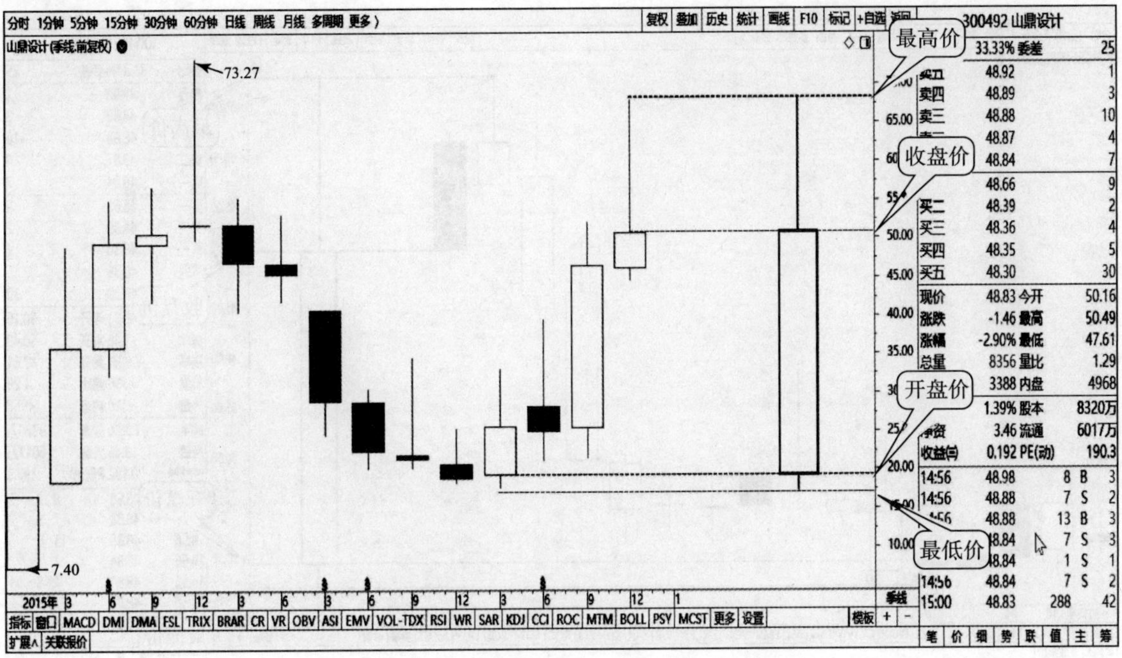

图 6-12　山鼎设计（300492）季 K 线走势图

价即年 K 线的开盘价（见图中"开盘价"水平虚线所示价格）。开盘后股价向下小幅调整后止跌回升，向上运行，图中"最低价"水平虚线所示价格即该股年 K 线的最低价。股价于第 4 季度停止上涨，该年度的最高价由此诞生（见图中"最高价"水平虚线所示价格），即该股年 K 线的最高价。2019 年最后 1 个季度的最后 1 个交易日收盘价即该股年 K 线的收盘价（见图中"收盘价"水平虚线所示价格）。4 条季 K 线合并为 1 条年 K 线（见图中加粗 K 线所示）。

如图 6-13 所示，为该股的月 K 线走势图。图中"开盘价"水平虚线所示价格为 2019 年第 1 个交易月的第 1 个交易日的开盘价，即该股年 K 线的开盘价。股价小幅向下调整后止跌回升，图中"最低价"水平虚线所示价格即该股年 K 线的最低价。随后股价横盘震荡 8 个月，该过程完毕后一鼓作气拉升至图中"最高价"水平虚线所示价格，即该股年 K 线的最高价。2019 年最后 1 个交易月最后 1 个交易日收盘价，即该股年 K 线的收盘价（见图中"收盘价"水平虚线所示价格）。12 条月 K 线合并为 1 条年 K 线（见图中加粗 K 线所示）。

如图 6-14 所示，为该股的日 K 线走势图。图中"开盘价"水平虚线所示价格为 2019 年第 1 个交易日的开盘价，也是年 K 线的开盘价。股价随后向下小幅调整后止跌回升，图中"最低价"水平虚线所示价格即该股年 K

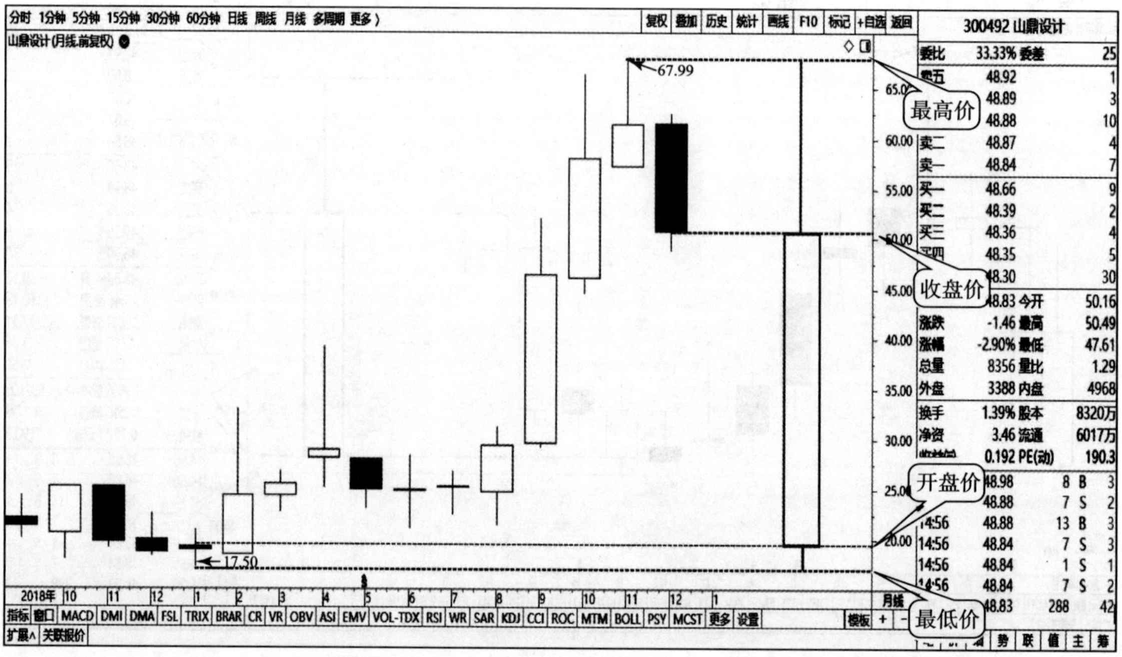

图 6-13　山鼎设计（300492）月 K 线走势图

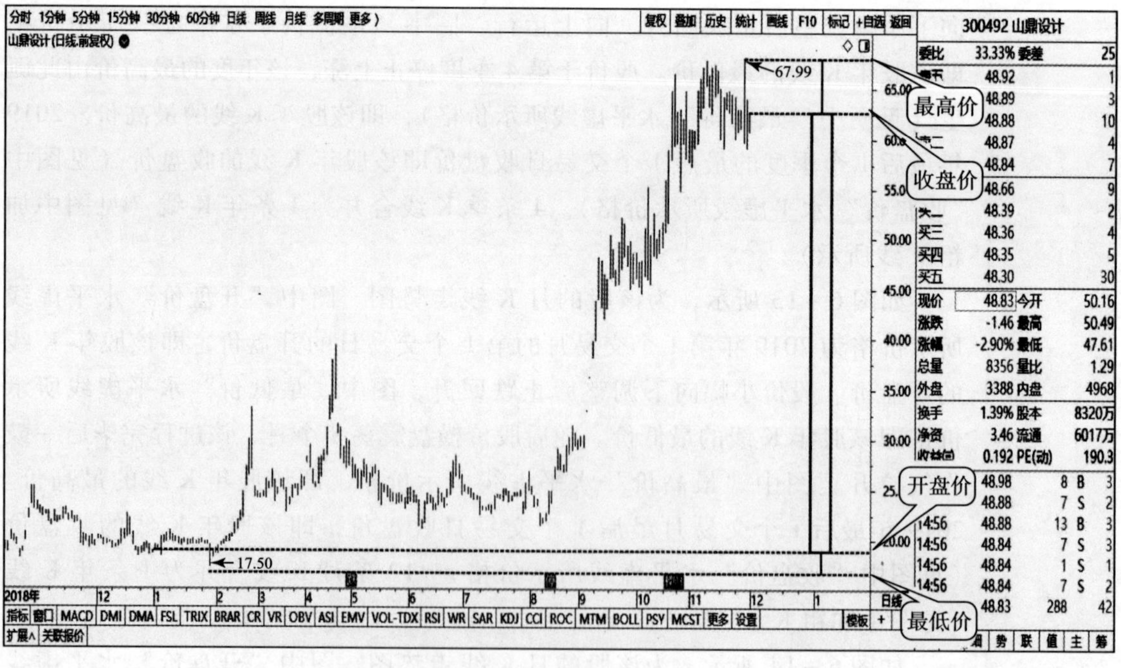

图 6-14　山鼎设计（300492）日 K 线走势图

线的最低价。其间股价经历了反复震荡横盘，最后股价拉升至图中“最高价”水平虚线所示价格，即该股年K线的最高价，并于2019年最后1个交易日收盘，图中“收盘价”水平虚线所示价格即该股年K线的收盘价。因为中间停牌，该股全年实际只有229个交易日，合并为图中加粗年K线。

2. 合并季K线

如图6－15所示，为东方通（300379）季K线走势图。图中箭头所指K线为该股2019年第4季度的季K线，要想了解股价更具体的运行轨迹，就需要参照季K线以下的分析周期。

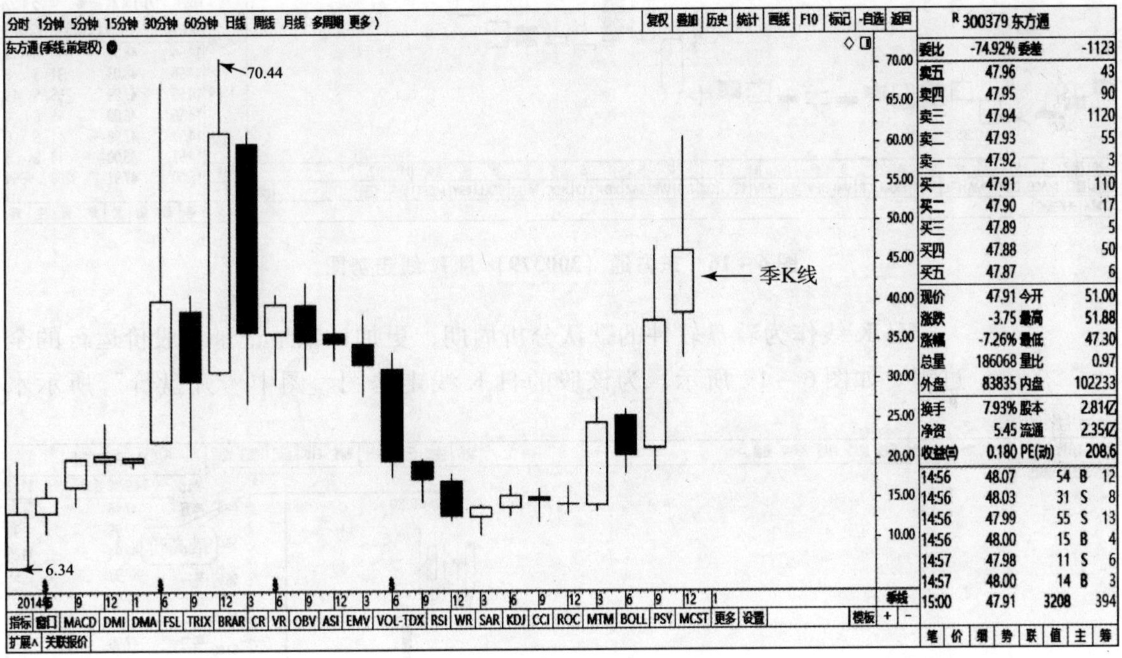

图6－15 东方通（300379）季K线走势图

如图6－16所示，为该股的月K线走势图。我们知道，1个交易季由3个交易月构成，本季度第1个交易月第1个交易日的开盘价即该股季K线的开盘价（见图中“开盘价”水平虚线所示价格）。图中“最低价”水平虚线所示价格即该股季K线的最低价，图中“最高价”水平虚线所示价格即该股季K线的最高价，图中本季度最后1个交易月最后1个交易日的收盘价即该股季K线的收盘价（见图中“收盘价”水平虚线所示价格）。3条月K线合并出1条季K线（见图中加粗季K线所示）。

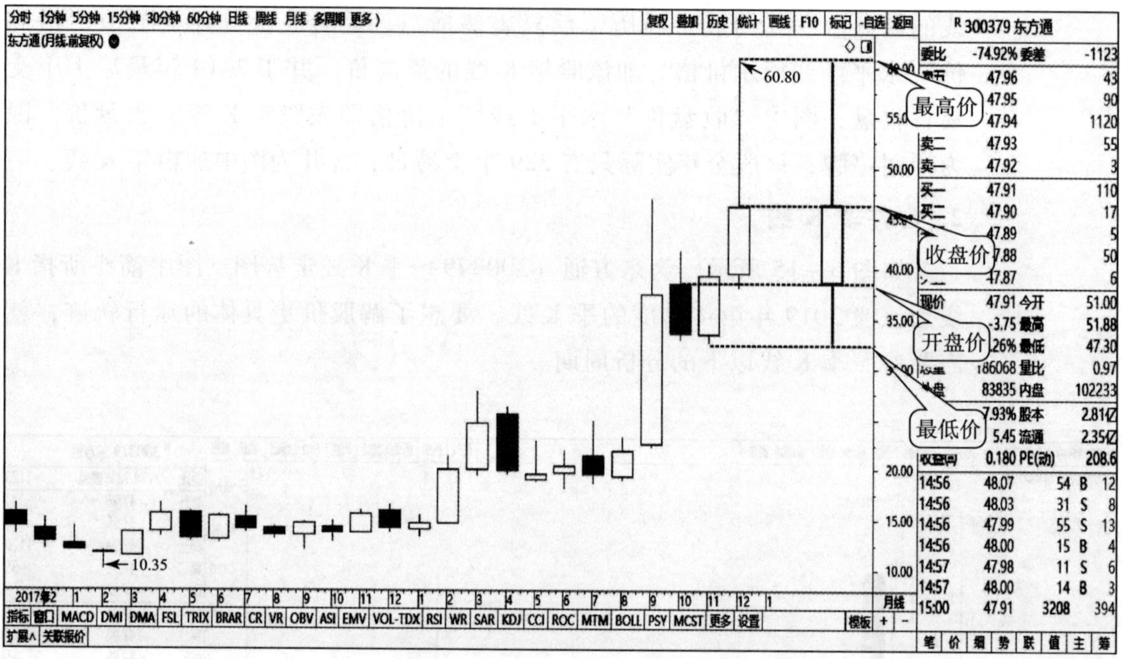

图 6-16　东方通（300379）月 K 线走势图

日 K 线作为看盘软件的默认分析周期，更加详细地记录了股价运行的全过程。如图 6-17 所示，为该股的日 K 线走势图。图中“开盘价”所示水

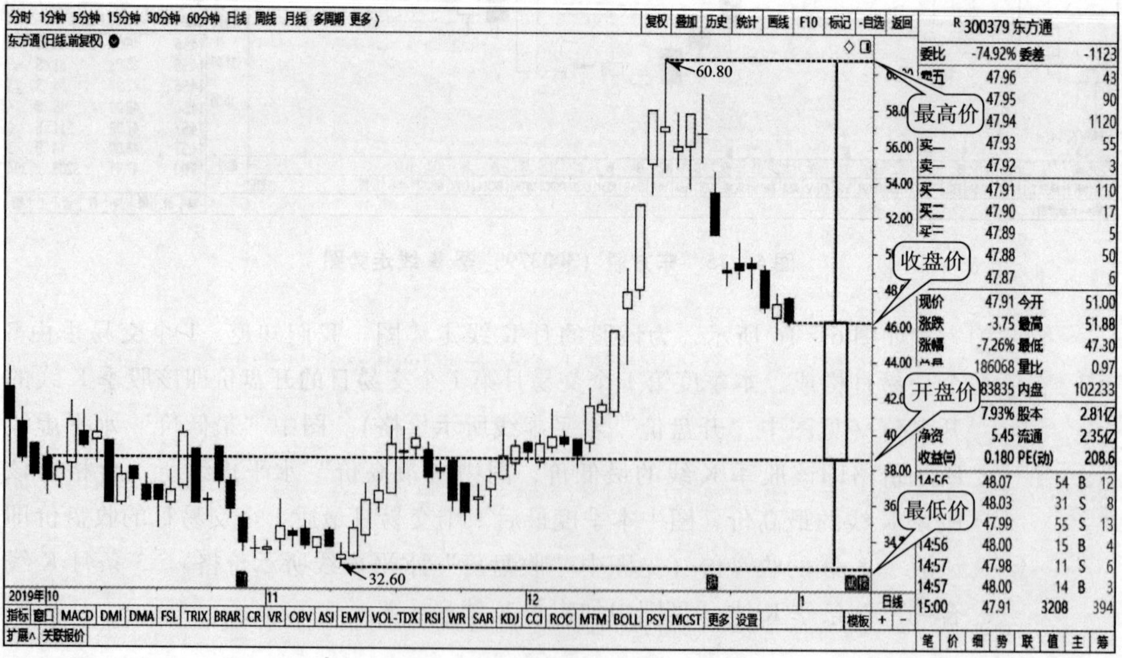

图 6-17　东方通（300379）日 K 线走势图

平虚线价格是该股本季度第 1 个交易日的开盘价，即该股季 K 线的开盘价。图中“最低价”水平虚线所示价格，即该股季 K 线的最低价。图中“最高价”水平虚线所示价格，即该股季 K 线的最高价。本季度最后 1 个交易日的收盘价，即该股季 K 线的收盘价（见图中“收盘价”水平虚线所示价格）。61 条日 K 线合并为 1 条季 K 线（见图中加粗季 K 线所示）。

如图 6－18 所示，为东睦股份（600114）季 K 线走势图。图中箭头所指 K 线为该股 2019 年第 4 季度的季 K 线，要想了解股价更详细的运行轨迹，就需要参照季 K 线以下的分析周期。

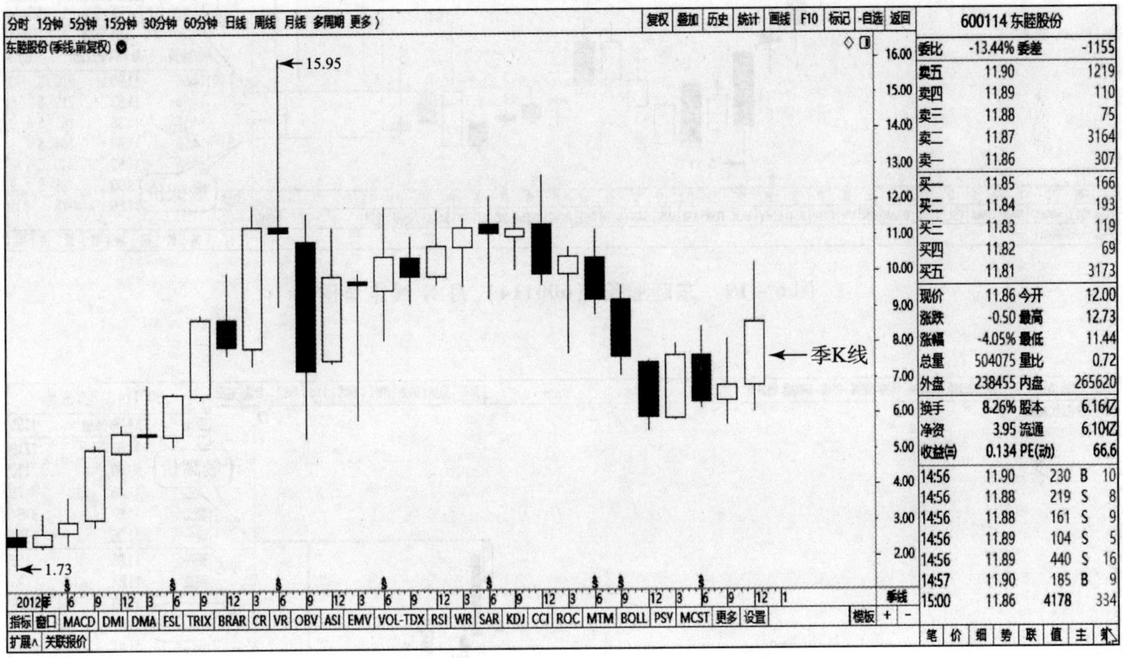

图 6－18　东睦股份（600114）季 K 线走势图

图 6－19 为该股的月 K 线走势图，我们知道，1 个交易季由 3 个交易月构成，本季度第 1 个交易月第 1 个交易日的开盘价即该股季 K 线的开盘价（见图中“开盘价”水平虚线所示价格）。图中“最低价”水平虚线所示价格即该股季 K 线的最低价。图中“最高价”水平虚线所示价格即该股季 K 线的最高价。图中本季度最后 1 个交易月最后 1 个交易日的收盘价，即该股季 K 线的收盘价（见图中“收盘价”水平虚线所示价格）。3 条月 K 线合并出 1 条季 K 线（见图中加粗季 K 线所示）。

日 K 线作为看盘软件的默认分析周期，更详细地记录了股价运行的全过程，如图 6－20 所示，该图为该股日 K 线走势图。图中“开盘价”所示水

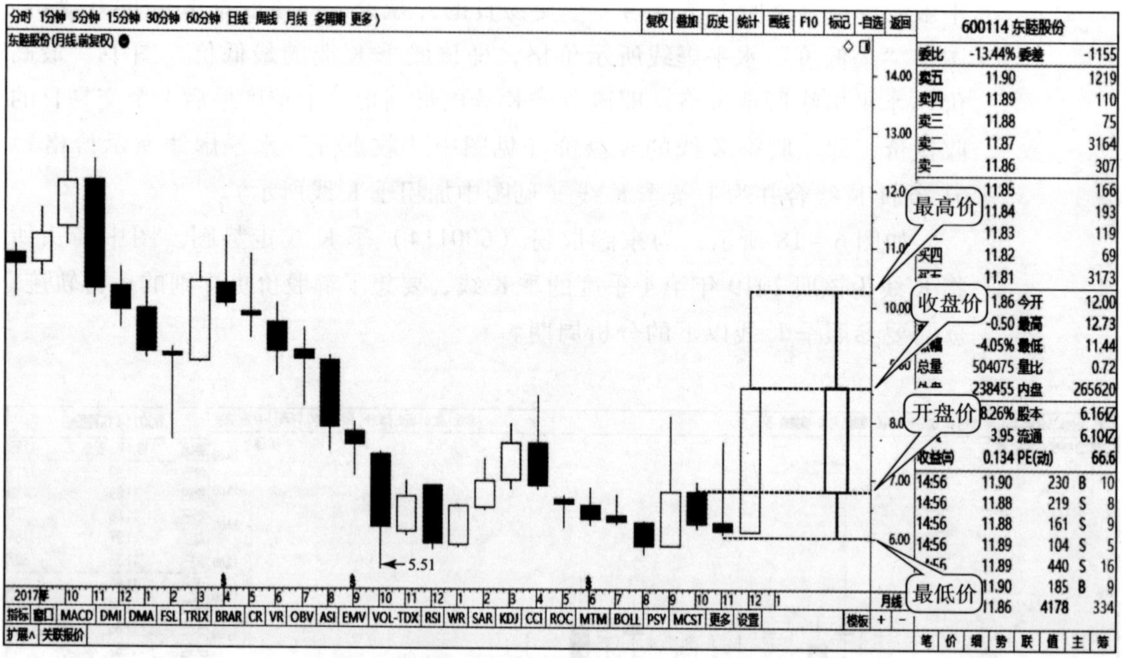

图 6－19　东睦股份（600114）月 K 线走势图

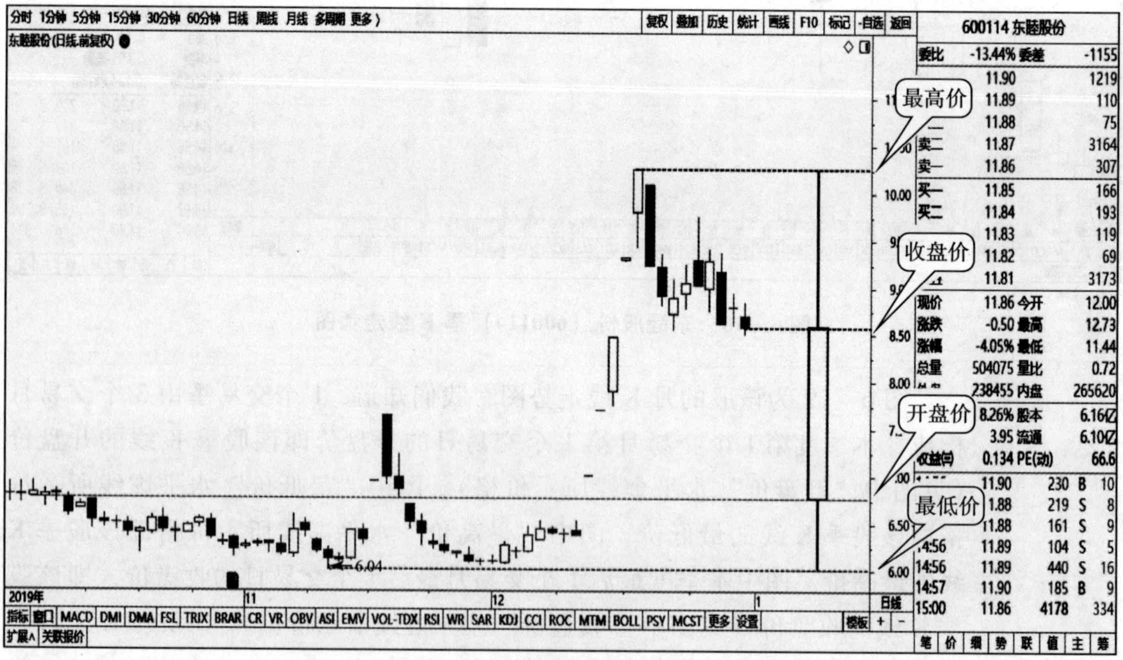

图 6－20　东睦股份（600114）日 K 线走势图

平虚线所示价格，是该股本季度第 1 个交易日的开盘价，即该股季 K 线的开盘价。图中“最低价”水平虚线所示价格，即该股季 K 线的最低价。图中“最高价”水平虚线所示价格，即该股季 K 线的最高价。本季度最后 1 个交易日的收盘价，即该股季 K 线的收盘价（见图中“收盘价”水平虚线所示价格）。61 条日 K 线合并为 1 条季 K 线（见图中加粗季 K 线所示）。

3. 月 K 线合并

如图 6－21 所示，为万通智控（300643）月 K 线走势图。图中箭头所指 K 线为该股 2019 年 12 月的月 K 线。前文讲过，月 K 线这个分析周期，是以自然月第一个交易日起至最后一个交易日止为统计周期的，所以我们通过该股的日 K 线查看该股股价的具体运行轨迹。

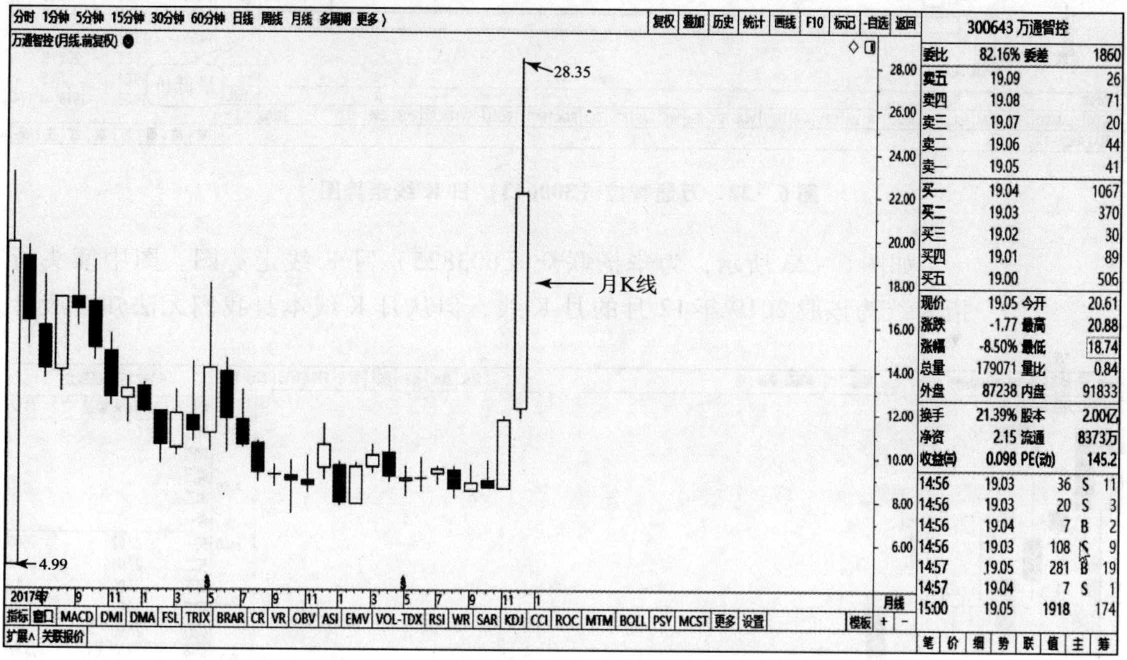

图 6－21　万通智控（300643）月 K 线走势图

如图 6－22 所示，为该股的日 K 线走势图。该分析周期详细记录了该月股价的具体运行轨迹。图中“开盘价”水平虚线所示价格为本月第 1 个交易日的开盘价，即该月 K 线的开盘价。图中“最低价”水平虚线所示价格，即该股月 K 线的最低价。图中“最高价”水平虚线所示价格在股价拉升阶段见顶，即该股月 K 线的最高价。图中“收盘价”水平虚线所示价格是该股本月最后 1 个交易日的收盘价，即该股月 K 线的收盘价。22 条日 K 线合并为 1 条月 K 线（见图中加粗月 K 线所示）。

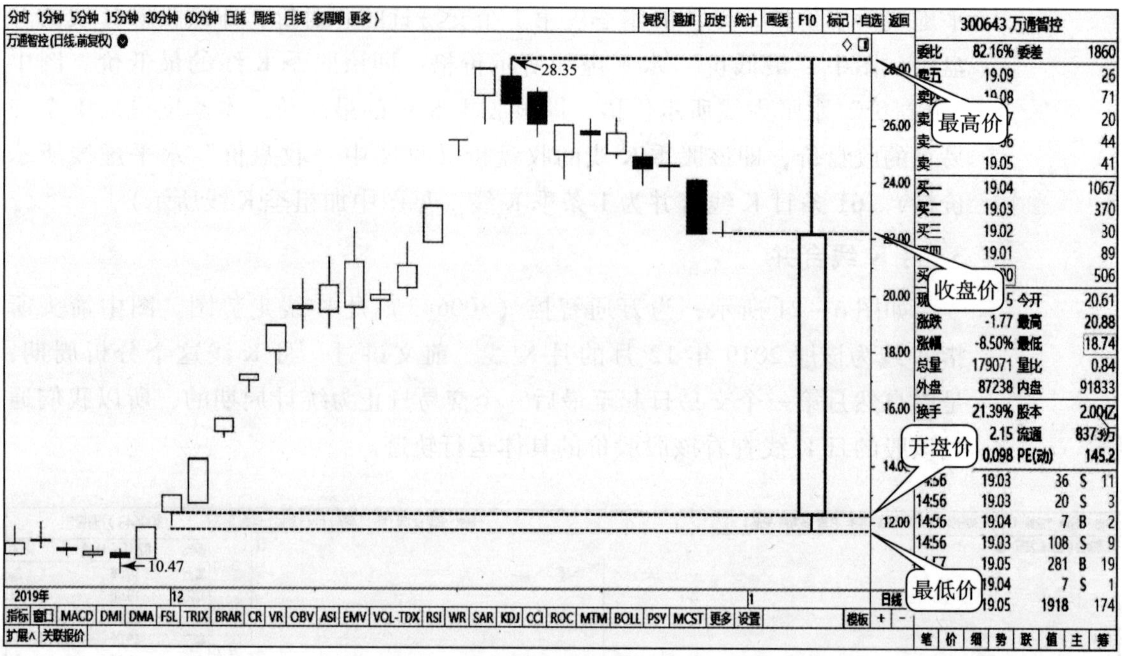

图 6－22　万通智控（300643）日 K 线走势图

如图 6－23 所示，为华扬联众（603825）月 K 线走势图。图中箭头所指 K 线为该股 2019 年 12 月的月 K 线，但从月 K 线本身我们无法知晓股价

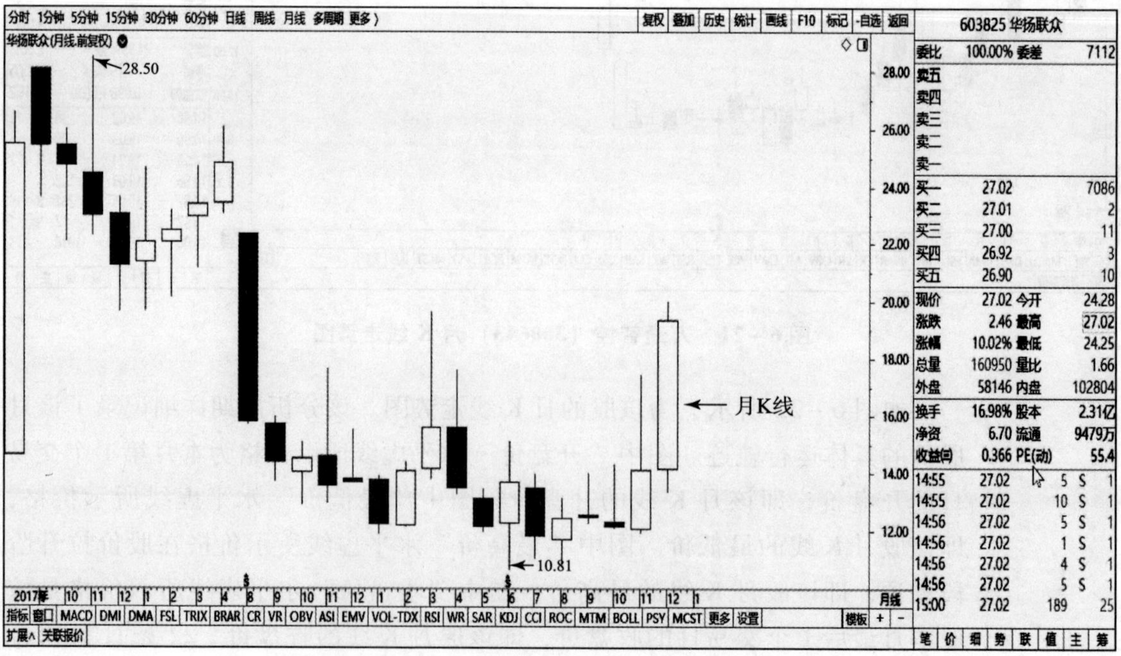

图 6－23　华扬联众（603825）月 K 线图

的具体运行轨迹，这就需要参照更小的分析周期。因为月 K 线是按照自然月的起始日与截止日来进行统计的，所以我们就要通过该股的日 K 线来了解股价的实际运行过程。如图 6－24 所示为该股的日 K 线图，图中“开盘价”水平虚线所示价格为本月第 1 个交易日的开盘价，即该月 K 线的开盘价。图中“最低价”水平虚线所示价格，即该股月 K 线的最低价。图中“最高价”水平虚线所示价格在股价拉升阶段见顶，即该股月 K 线的最高价。图中“收盘价”水平虚线所示价格是该股本月最后 1 个交易日的收盘价，即该股月 K 线的收盘价。22 条日 K 线合并为 1 条月 K 线（见图中加粗月 K 线所示）。

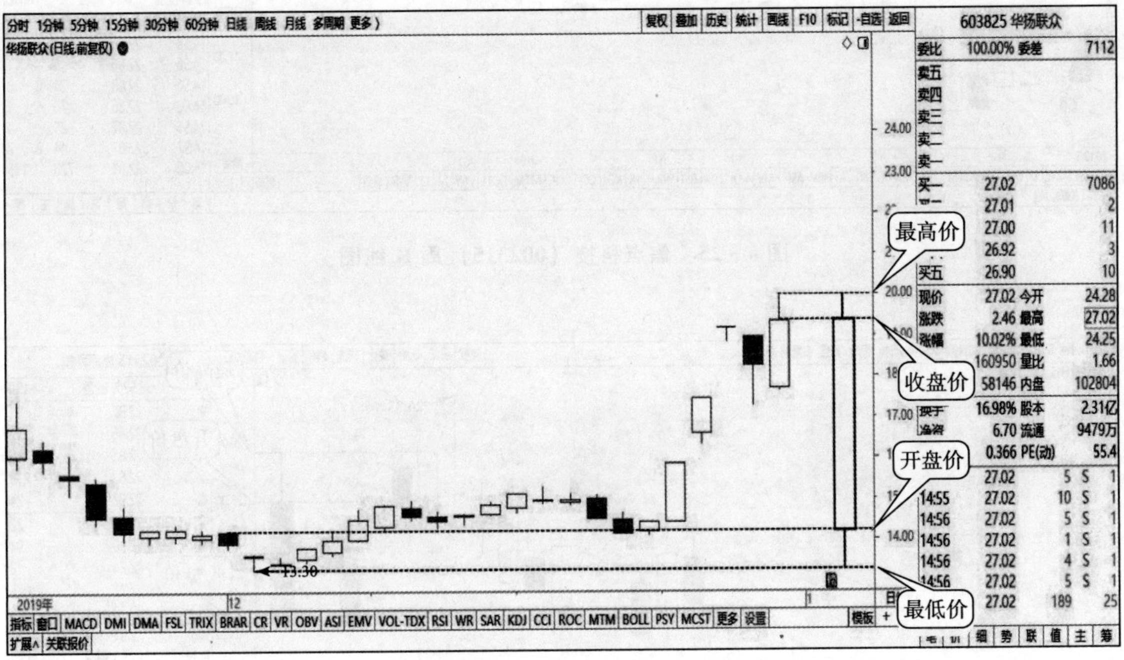

图 6－24　华扬联众（603825）日 K 线图

3. 周 K 线合并

如图 6－25 所示，为焦点科技（002315）周 K 线图。图中箭头所指 K 线为该股 2020 年 1 月 20 日（星期一）至 1 月 23 日（星期四）的周 K 线。我们知道，1 个交易周由 5 个交易日构成，也就是说，5 个交易日为 1 个周 K 线的统计周期，每周一开盘起至周五收盘止。因春节休市的原因，本周只有 4 个交易日，但这并不影响对周 K 线的合并。如图 6－26 所示，该股的日 K 线走势图中“开盘价”水平虚线所示价格是周一的开盘价，即该股周 K 线的开盘价。图中“最高价”水平虚线所示价格即该股周 K 线的最高价。

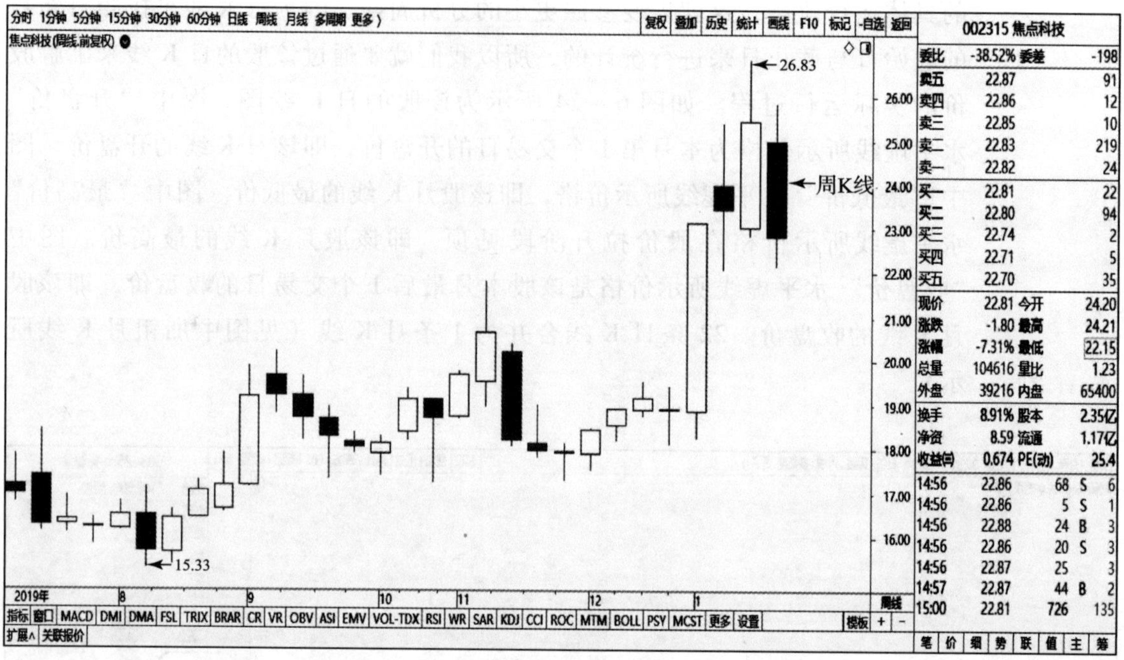

图 6－25　焦点科技（002315）周 K 线图

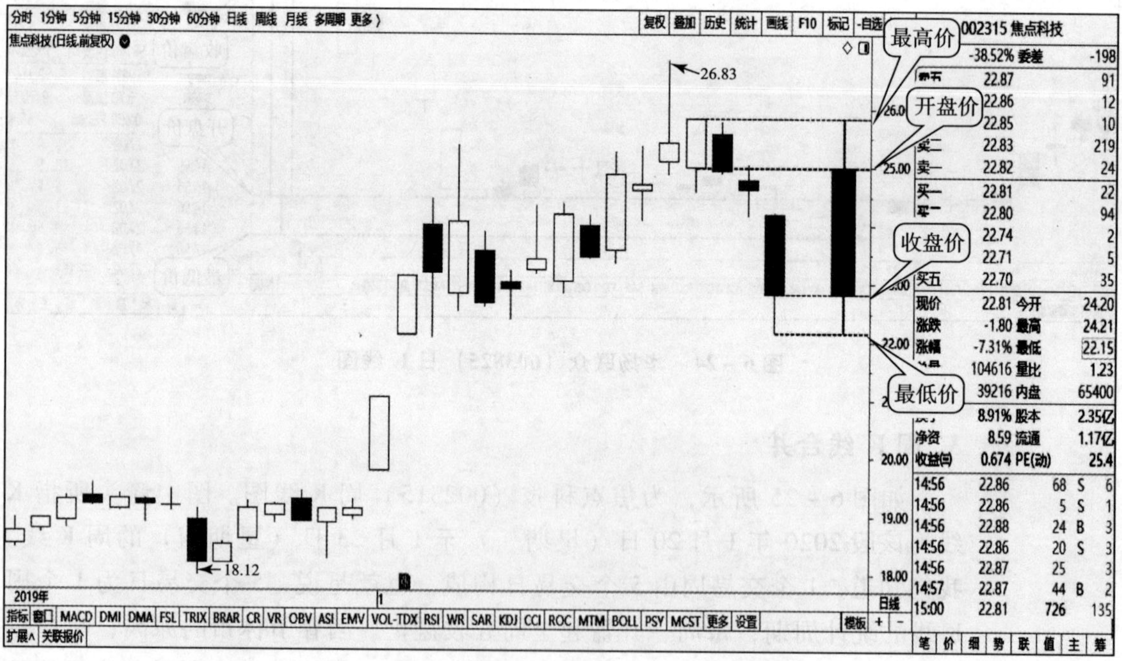

图 6－26　焦点科技（002315）日 K 线图

周四的最低价即该股周K线的最低价（见图中“最低价”水平虚线所示价格）。周四的收盘价即该股周K线的收盘价（见图中“收盘价”水平虚线所示价格）。由于春节休市的特殊原因，4条日K线合并为1条周K线（见图中加粗图K线所示）。

如图6－27所示，为麦达数字（002137）周K线走势图。图中箭头所指K线为该股2020年1月13日（星期一）至1月17日（星期五）的周K线。仅凭一根周K线，股价在本周的具体运作情况我们不得而知，但是通过该股的日K线走势图（如图6－28所示），股价5个交易日的运行情况一目了然。周一开盘价即该股周K线的开盘价（见图中“开盘价”水平虚线所示价格），“最低价”水平虚线所示价格即该股周K线的最低价，“最高价”水平虚线所示价格即该股周K线的最高价。周五收盘价即该股周K线的收盘价（见图中“收盘价”水平虚线所示价格）。5条日K线合并为1条周K线（见图中加粗周K线所示）。

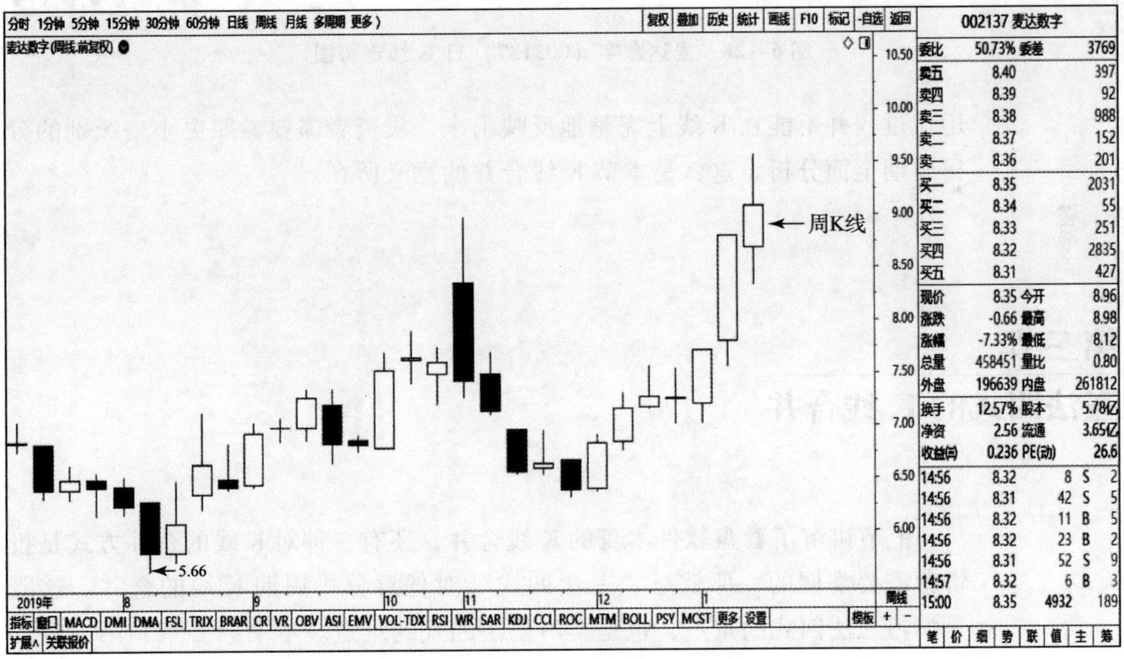

图6－27　麦达数字（002137）周K线走势图

本节总结：本节讲解了各分析周期之间K线合并的过程，这是看盘软件本身自带的功能。这种合并，只是机械地按照已经设定的倍数关系或者自然周期的起始日至截止日进行合并。所以说，某个分析周期单独的一根K线，只能显示个股的开盘价、收盘价、最高价、最低价这四个价格，股价的整个

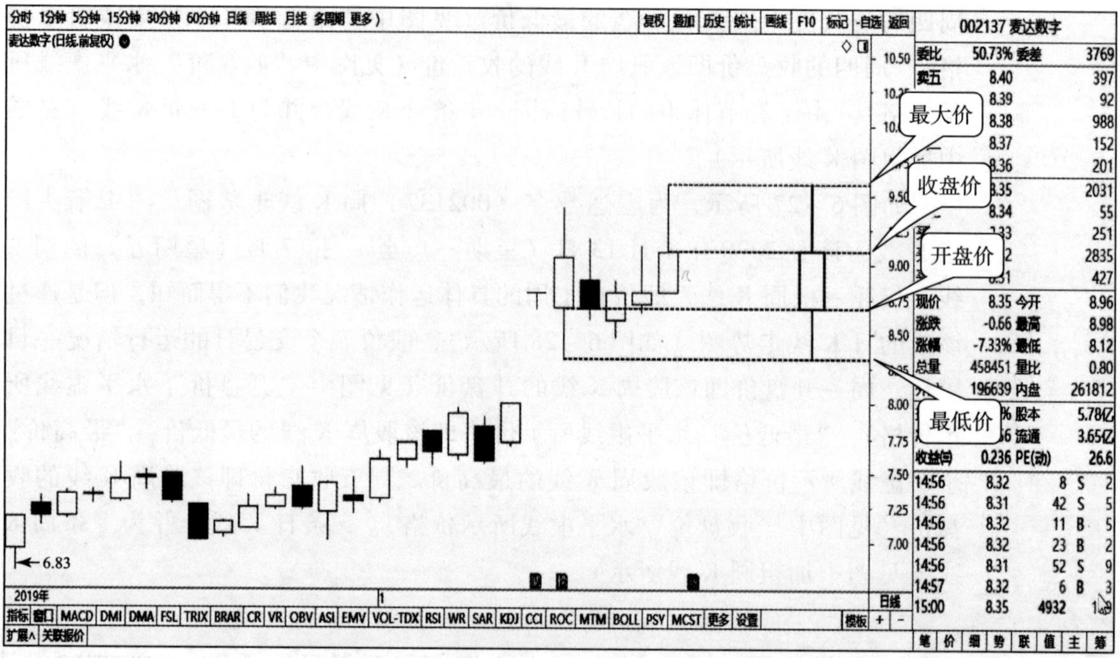

图 6－28　麦达数字（002137）日 K 线走势图

运作过程并不能在 K 线上完整地反映出来，投资者需要参照更小一级别的分析周期全面分析，这就是本节 K 线合并的意义所在。

第三节
三法四式的 K 线合并

上节讲解了看盘软件本身的 K 线合并，还有一种对 K 线的合并方式是投资者需要掌握的，那就是“三法四式”对任意分析周期 K 线的合并。这既是学习三法四式的重点，也是学习三法四式的难点。本书第二章、第三章讲解了对三法四式的认识以及股价运行的基本原理。本节讲解三法四式对任意分析周期的 K 线合并。三法四式与看盘软件本身对 K 线的合并是有本质区别的，是按照三法四式中的三川、三兵、三山、三空四个阶段对 K 线分别进行合并的，每个阶段合并为一根 K 线，而不去考虑每个步骤运行时间的长短。

如图 6－29 所示，三法四式合并示意图 1。图中左侧“三兵”所示 K 线合并为一根阳线。图中上方虚线方框所示“三山”由于包含了三兵的最后阶段与三空的开始阶段，且该阶段以出货为主，所以合并为小阴线。图中“三空”所示阴线合并为一根阴线。图中下方实线方框所示“三川”由于以吸筹为主，为了形象表达，用空心长条代替阳线。最右侧实线方框所示“三兵”再次合并为一根阳线，合并后的形态如图 6－30 三法四式合并示意图 2，如图所示，每一个步骤只用一根 K 线表示，一个简洁的三法四式分析图跃然纸上。

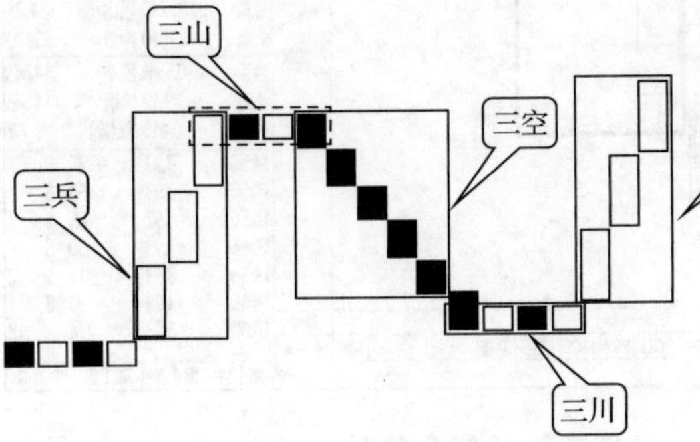

图 6－29　三法四式合并示意图 1

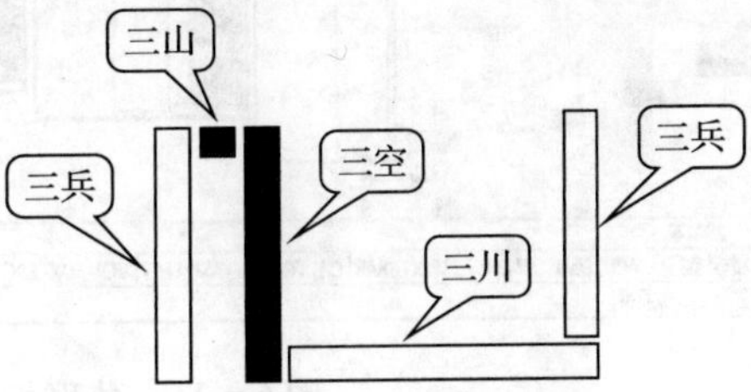

图 6－30　三法四式合并示意图 2

1. 三法四式年 K 线的合并

如图 6－31 所示，为华联控股（000036）三法四式年 K 线合并图。该图为该股 2001 年至 2017 年的年 K 线走势图。为了能够直观地显示出三法四式合并，笔者对图中部分 K 线根据历史真实交易数据进行还原处理。图中左侧“三兵”所示方框内 2 条年 K 线，合并为一根年 K 线。由于“三山”阶段在年 K 线这个分析周期多数时候不能完整显示，所以以三兵顶部作为“三山”阶段。图中“三空”所示方框 3 条震荡年 K 线，合并为 1 条年 K 线。图中下方“三川”所示方框 4 条年 K 线，合并为 1 条年 K 线。图中右侧“三兵”所示 3 条年 K 线合并为 1 条年 K 线。至此，该股年 K 线三法四式合并完成。

如图 6－32 所示，为深纺织 A（000045）三法四式年 K 线合并图。该图为该股 2000 年至 2015 年的年 K 线走势图。为了能够直观的合并三法四式，笔者对图中部分 K 线根据历史真实交易数据进行还原处理。图中左侧“三兵”所示方框内 2 条年 K 线，合并为一根年 K 线。由于“三山”阶段在年 K 线这个分析周期多数时候不能完整显示，所以以三兵顶部作为“三山”阶段。图中“三空”所示方框年 K 线无须合并。图中下方“三川”所示方框 3

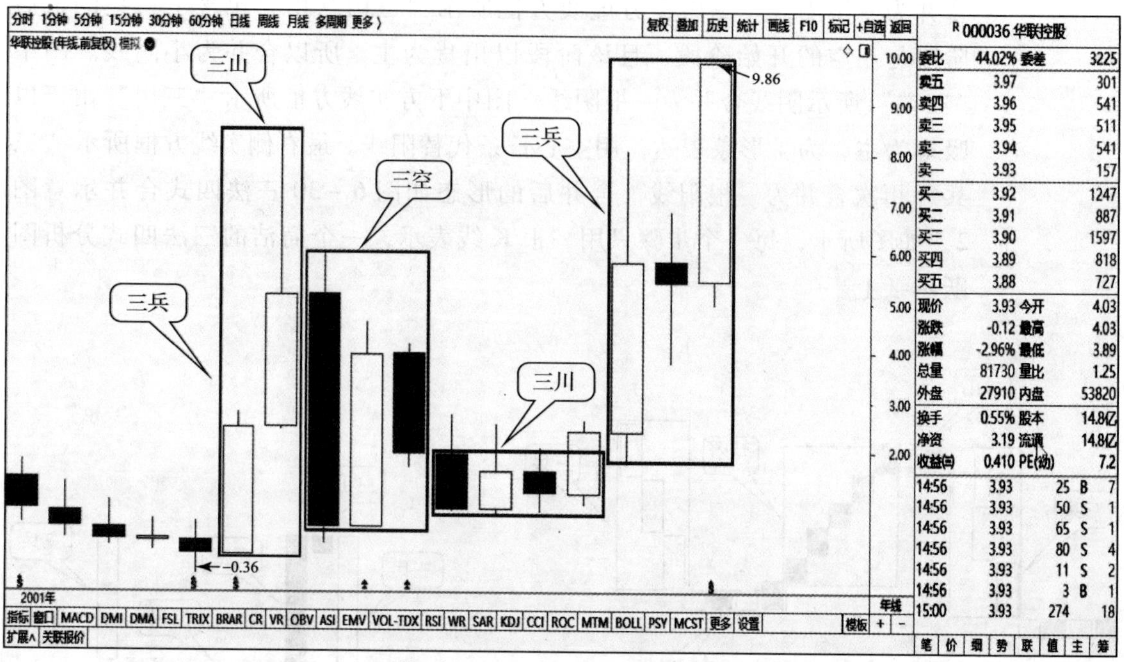

图 6－31　华联控股（000036）三法四式年 K 线合并图

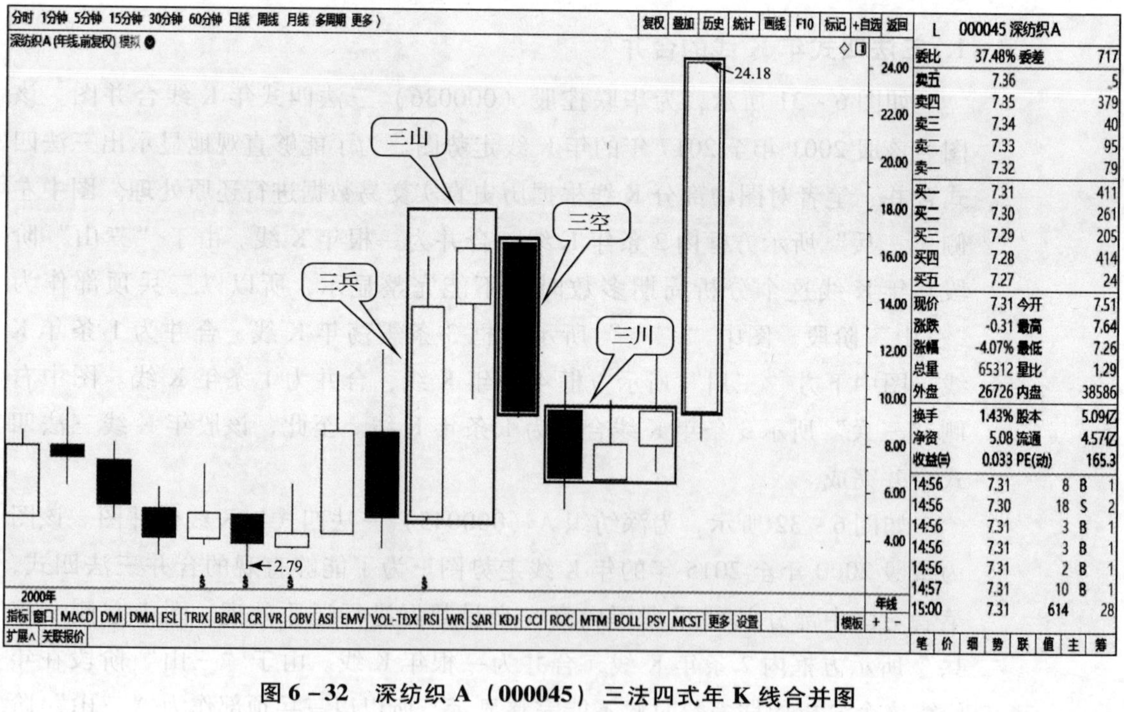

图 6－32　深纺织 A（000045）三法四式年 K 线合并图

条年K线，合并为1条年K线。图中右侧“三兵”所示年K线无须合并。至此，该股年K线三法四式合并完成。

如图6－33所示，为深康佳A（000016）三法四式年K线合并图。该图为该股1999年至2015年的年K线走势图。为了能够直观地合并三法四式，笔者对图中部分K线根据历史真实交易数据进行还原处理。图中左侧“三兵”所示年K线无须合并。图中顶部虚线方框所示为该股的“三山”阶段。图中“三空”所示方框年K线无须合并。图中下方“三川”所示方框4条年K线，合并为1条年K线。图中右侧“三兵”所示年K线无须合并。至此，该股年K线三法四式合并完成。

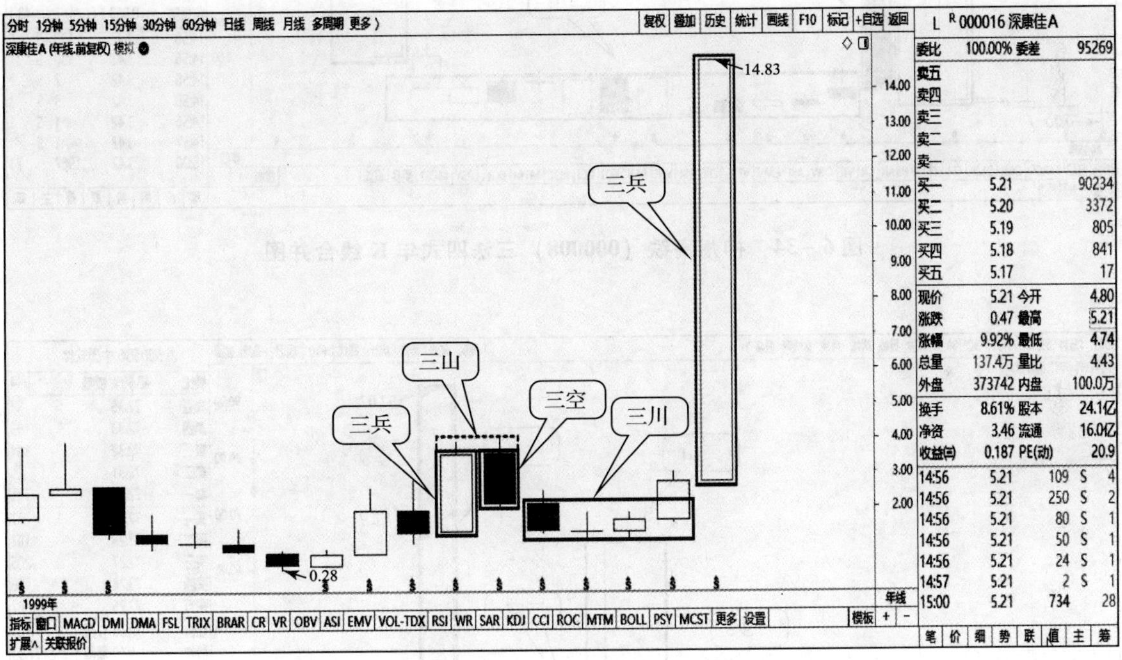

图6－33 深康佳A（000016）三法四式年K线合并图

如图6－34所示，为神州高铁（000008）三法四式年K线合并图。该图为该股1995年至2015年的年K线走势图，图中左侧“三兵”所示方框内2条年K线，合并为1条年K线。由于“三山”阶段在年K线这个分析周期多数时候不能完整显示，所以以三兵顶部作为“三山”阶段。图中“三空”所示K线无须合并。图中下方“三川”所示方框12条反复震荡的年K线，合并为1条年K线。图中右侧“三兵”所示2条年K线，合并为1条年K线。至此，该股年K线三法四式合并完成。

如图6－35所示，为中国软件（600536）三法四式年K线合并图。该

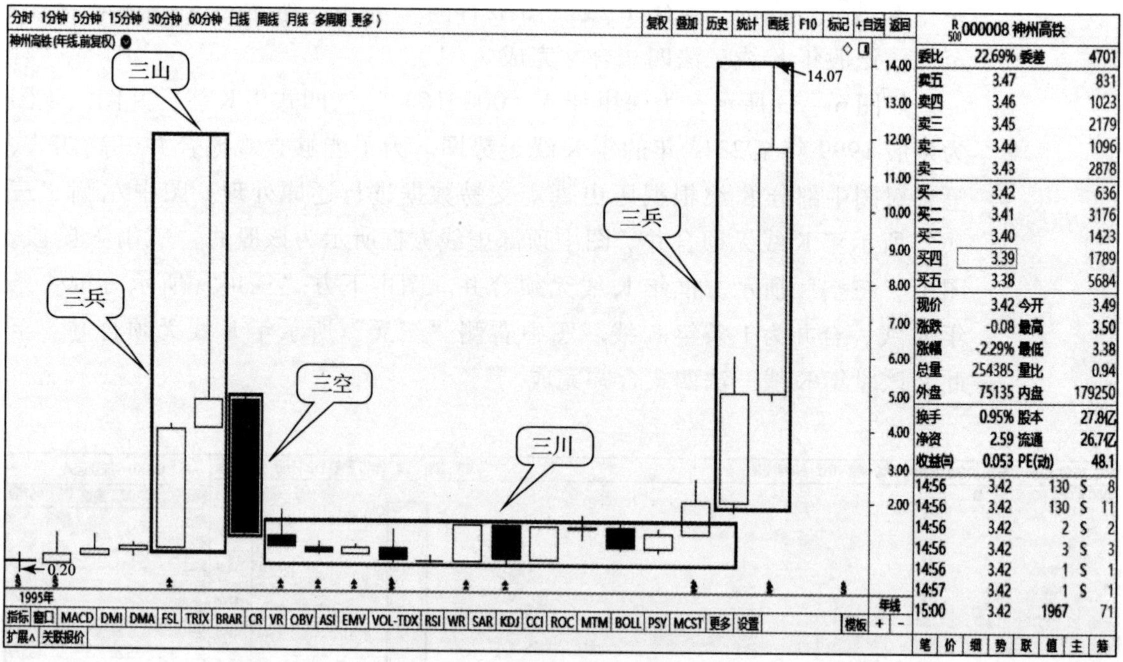

图 6-34　神州高铁（000008）三法四式年 K 线合并图

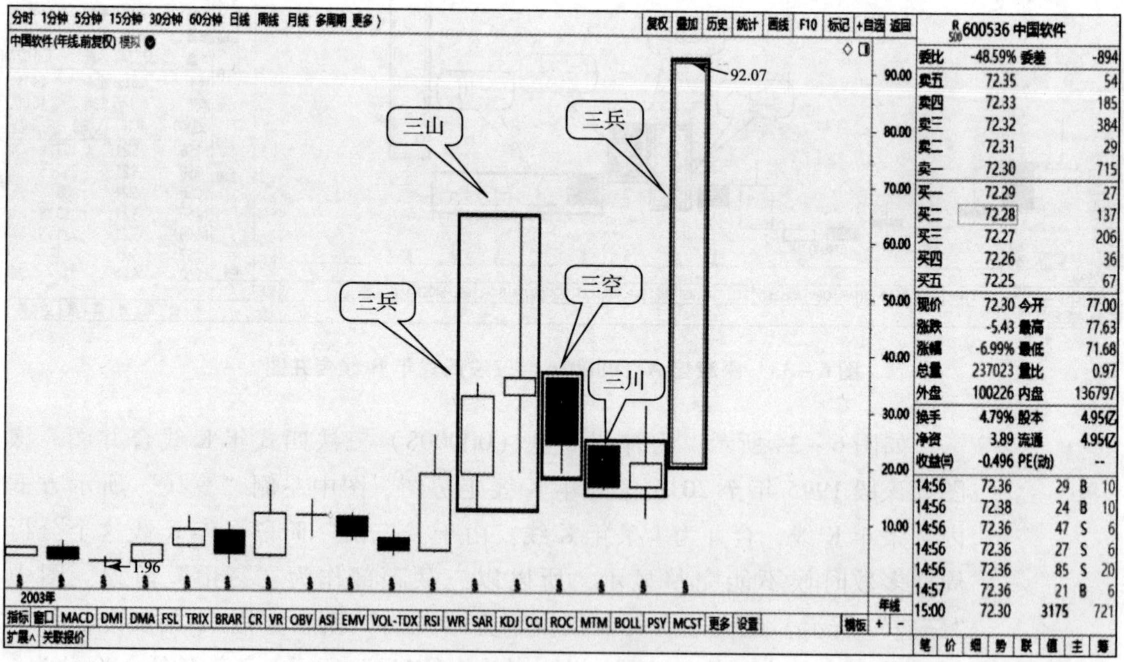

图 6-35　中国软件（600536）三法四式年 K 线合并图

图为该股2002年至2019年的年K线走势图。为了能够直观三法四式，笔者对图中部分K线根据历史真实交易数据进行还原处理。图中左侧“三兵”所示方框内2条年K线，合并为一根年K线。由于“三山”阶段在年K线这个分析周期多数时候不能完整显示，所以以三兵顶部作为“三山”阶段。图中“三空”所示年K线无须合并。图中下方“三川”所示方框2条年K线合并为1条年K线。图中右侧“三兵”所示3条年无须合并。至此，该股年K线三法四式合并完成。

2. 三法四式季K线的合并

如图6－36所示，为沪电股份（002463）三法四式季K线合并图。该图为该股2013年6月至2019年9月的季K线走势图。为了能够直观显示出三法四式的合并，笔者对图中部分K线根据历史真实交易数据进行还原处理。图中左侧“三兵”所示方框内4条季K线，合并为一根季K线。由于“三山”在该图中不能具体展现，所以以三兵顶部代表“三山”。图中“三空”所示季K线无须合并。图中“三川”所示13条反复横盘震荡的季K线，合并为1条季K线，这是股价经过长期震荡所构建的三川低吸建仓通道，是强势股以及强势领涨股拉升的基础，后面章节会着重讲解，此处暂不展开。图中右侧“三兵”所示3条季K线，合并为1条季K线。至此，该股季K线三法四式合并完成。

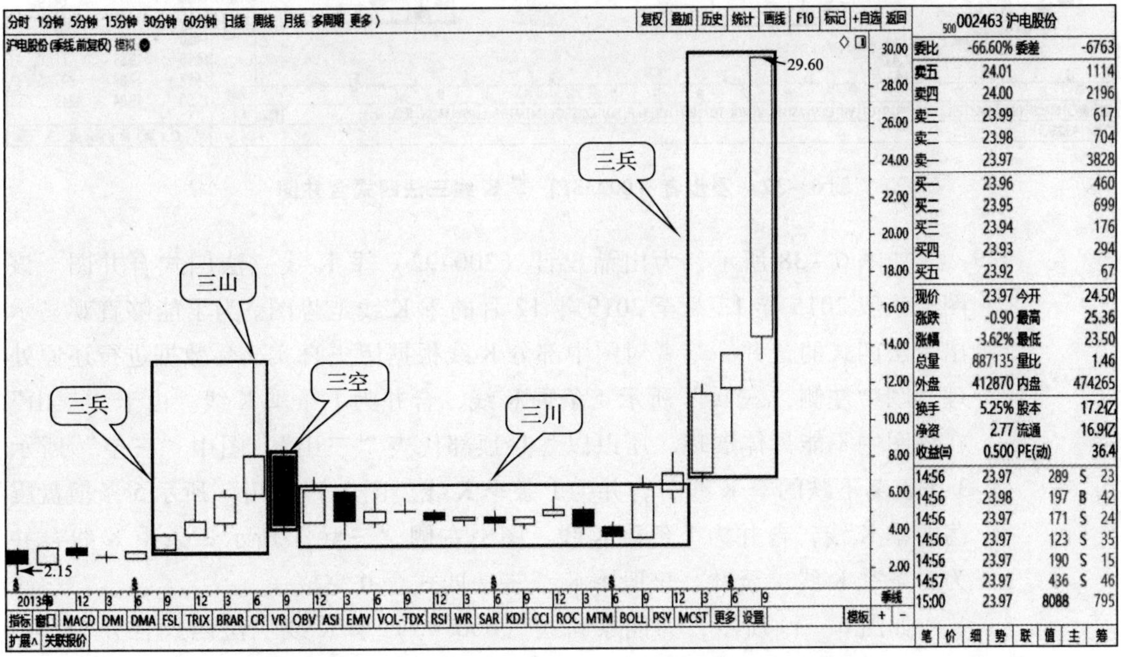

图6－36　沪电股份（002463）三法四式季K线合并图

如图6－37所示，为漫步者（002351）季K线三法四式合并图。该图为该股2010年12月至2019年12月的季K线走势图，图中左侧“三兵”所示5条季K线，合并为1条季K线。由于“三山”在该图中不能具体展现，所以以三兵顶部代表“三山”。图中“三空”所示12条反复震荡的季K线，合并为一根季K线。图中“三川”所示5条横盘震荡的季K线合并为1条季K线。图中右侧“三兵”所示季K线无须合并。至此，该股季K线三法四式合并完成。

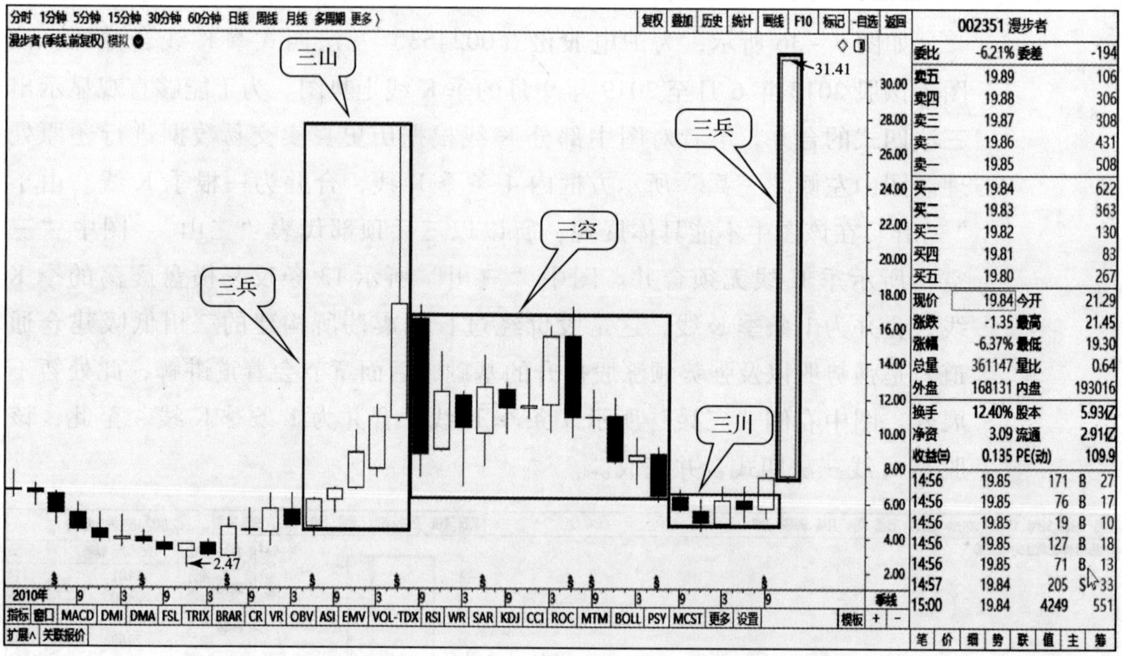

图6－37　漫步者（002351）季K线三法四式合并图

如图6－38所示，为山鼎设计（300492）季K线三法四式合并图。该图为该股2015年12月至2019年12月的季K线走势图。为了能够直观显示出三法四式的合并，笔者对图中部分K线根据历史真实交易数据进行还原处理。图中左侧“三兵”所示4条季K线，合并为1条季K线。由于“三山”在该图中不能具体展现，所以以三兵顶部代表“三山”。图中“三空”所示3条震荡下跌的季K线，合并为1条季K线。图中“三川”所示5条横盘震荡的季K线，合并为1条季K线。图中右侧“三兵”所示2条季K线合并为1条季K线。至此，该股季K线三法四式合并完成。

如图6－39所示，为闻泰科技（600745）季K线三法四式合并图。图中右侧“三兵”所示季K线无须合并。由于“三山”在该股季K线图上不

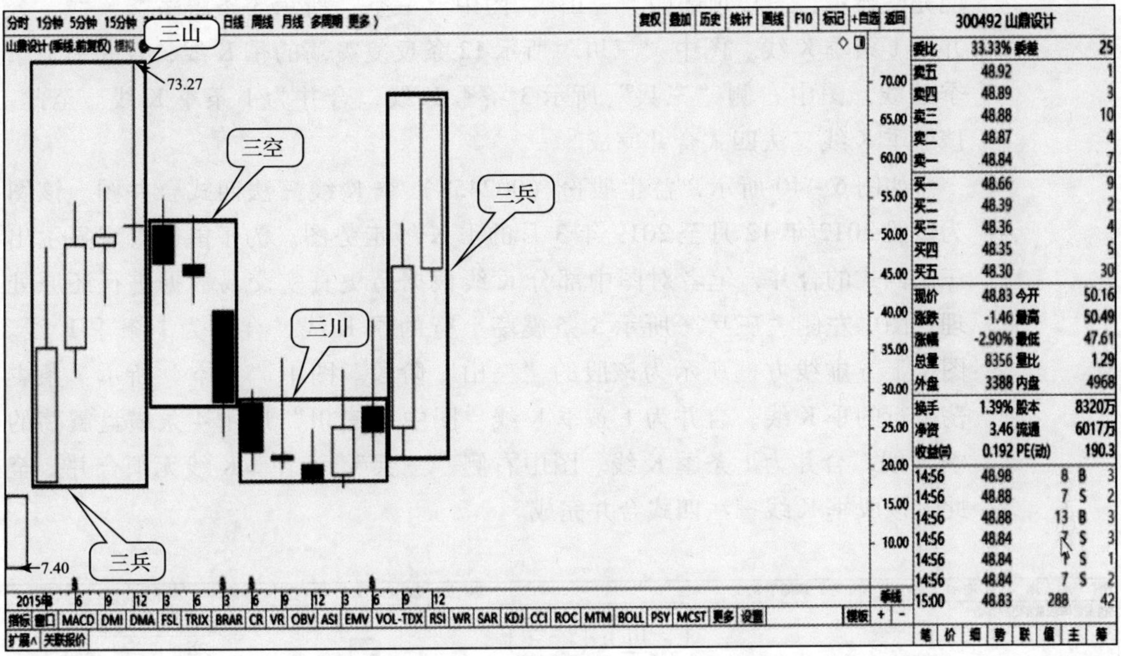

图 6－38　山鼎设计（300492）季 K 线三法四式合并图

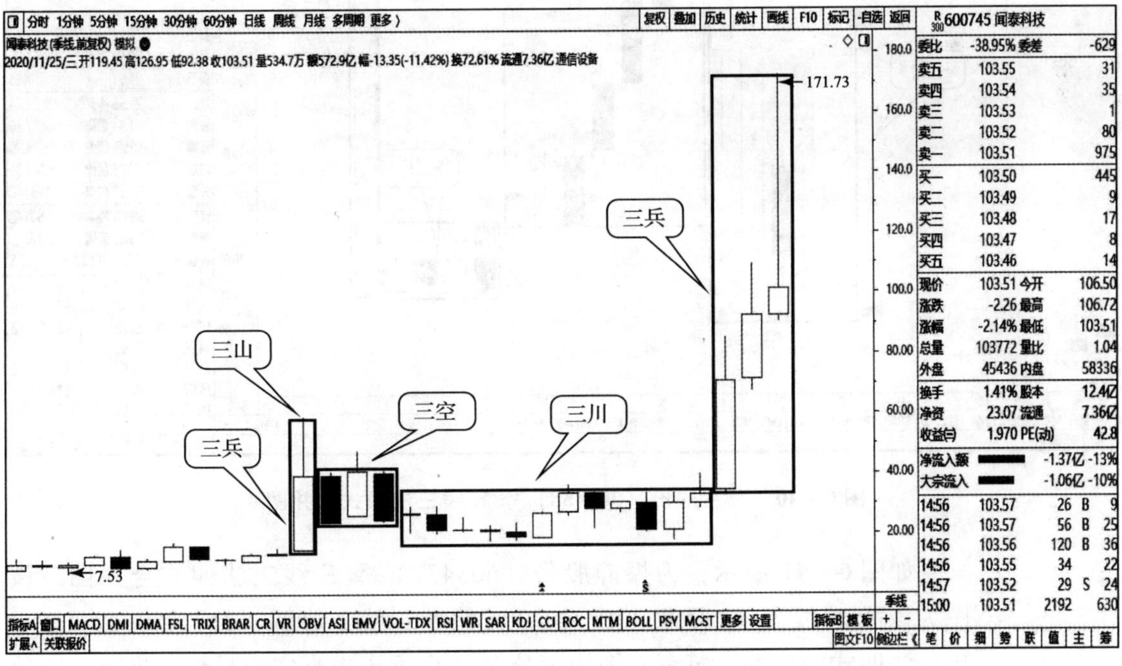

图 6－39　闻泰科技（600745）季 K 线三法四式合并图

能完整显示，三兵顶部即“三山”。图中“三空”所示3条震荡季K线，合并为1条季K线。图中“三川”所示12条反复震荡的季K线，合并为1条季K线。图中右侧“三兵”所示3条季K线，合并为1条季K线。至此，该股季K线三法四式合并完成。

如图6－40所示，益生股份（002458）季K线三法四式合并图。该图为该股2012年12月至2019年3月的季K线走势图。为了能够直观显示出三法四式的合并，笔者对图中部分K线根据历史真实交易数据进行还原处理。图中左侧“三兵”所示5条震荡上行的季K线，合并为1条季K线。图中上方虚线方框所示为该股的“三山”阶段。图中“三空”所示7条震荡下行的季K线，合并为1条季K线。图中“三川”所示4条横盘震荡的季K线，合并为1条季K线。图中右侧“三兵”所示季K线无须合并。至此，该股季K线三法四式合并完成。

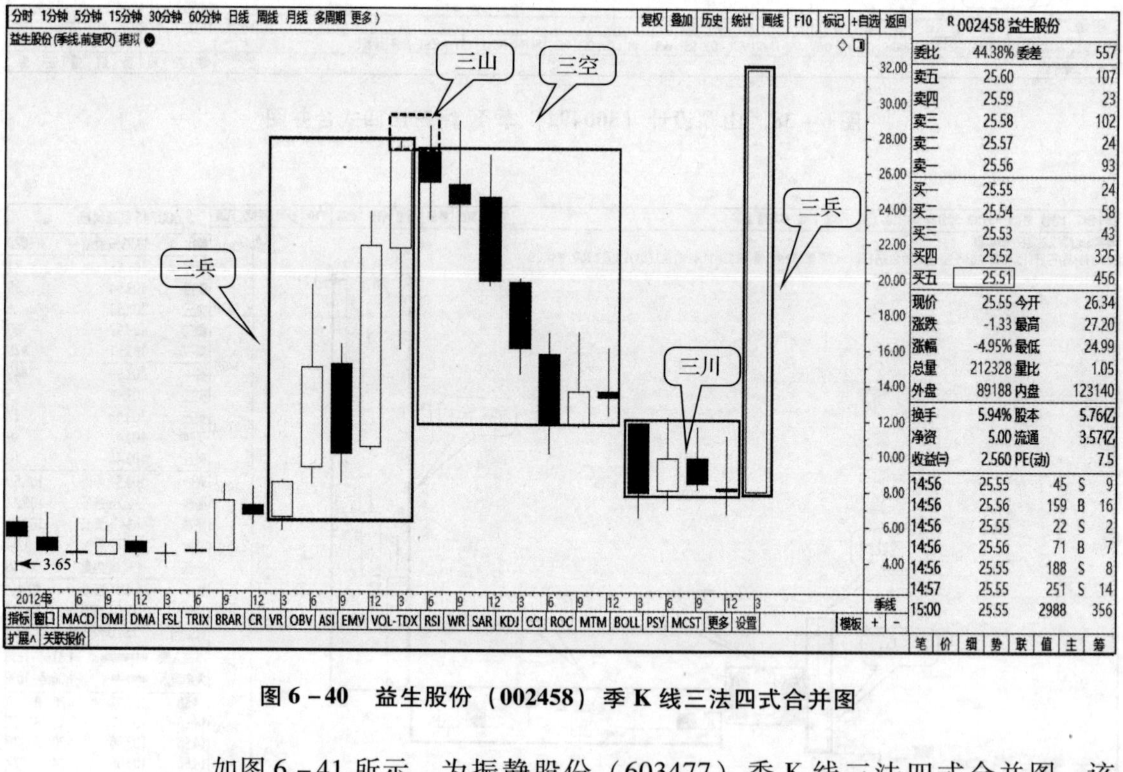

图6－40　益生股份（002458）季K线三法四式合并图

如图6－41所示，为振静股份（603477）季K线三法四式合并图。该图为该股2017年12月至2019年12月的季K线走势图。为了能够直观显示出三法四式的合并，笔者对图中部分K线根据历史真实交易数据进行还原处理。图中左侧“三兵”所示季K线无须合并。图中上方“三空”顶部为该股季K线的“三山”阶段。图中“三空”所示3条震荡下行的季K线，合并为1条季K线。图中下方“三川”所示4条横盘震荡的季K线，合并为1条季K线。图中右侧“三兵”所示季K线无须合并。至此，该股季K线三法四式合并完成。

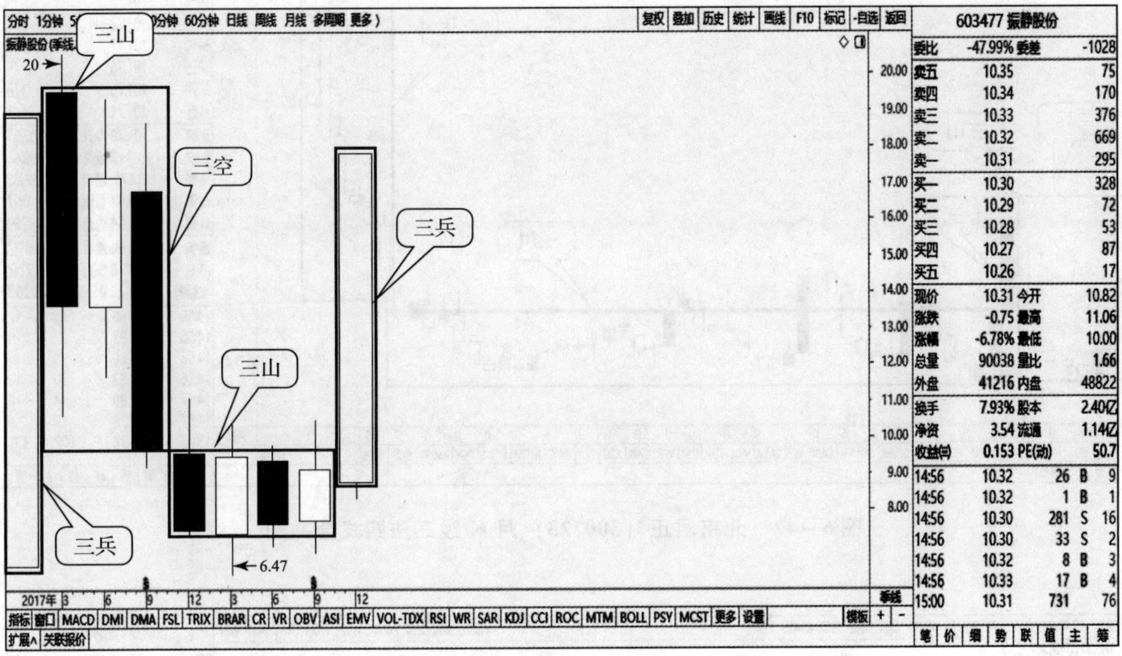

图6-41　振静股份（603477）季K线三法四式合并图

3. 三法四式月K线的合并

如图6-42所示，为北京君正（300223）月K线三法四式合并图。该图为该股2014年11月至2020年1月的月K线走势图。图中左侧“三兵”所示7条震荡上行的月K线，合并为1条月K线，三兵顶端为该股月K线的“三山”阶段。图中“三空”所示月K线无须合并。图中下方“三川”所示41条反复震荡的月K线，合并为一根月K线，这是一个十分厚重的三川震荡低吸建仓通道，是随后股价拉升的基础。图中右侧“三兵”所示6条震荡上行的月K线，合并为1条月K线。至此，该股月K线三法四式合并完成。

如图6-43所示，为国轩高科（002074）月K线三法四式合并图。该图为该股2018年6月至2020年1月的月K线图。图中左侧“三兵”所示2条月K线，合并为1条月K线。图中上方虚线所示为该股月K线的“三山”阶段。图中“三空”所示月K线无须合并。图中下方“三川”所示8条反复震荡的月K线，合并为1条月K线，这是随后股价拉升的基础。图中右侧

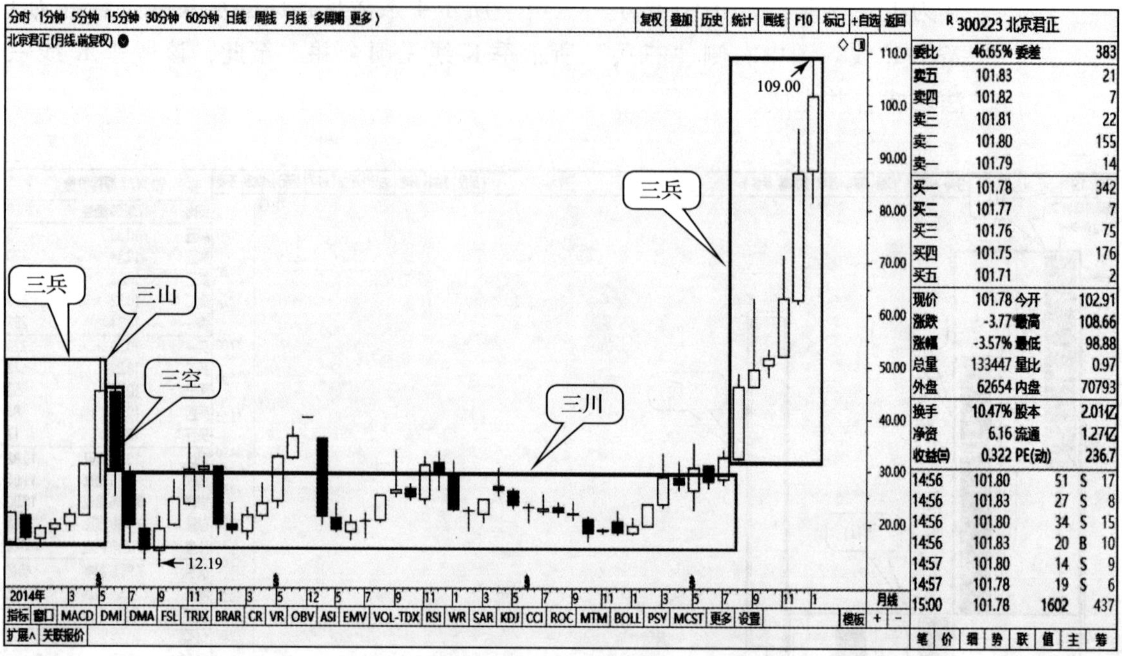

图6-42 北京君正（300223）月K线三法四式合并图

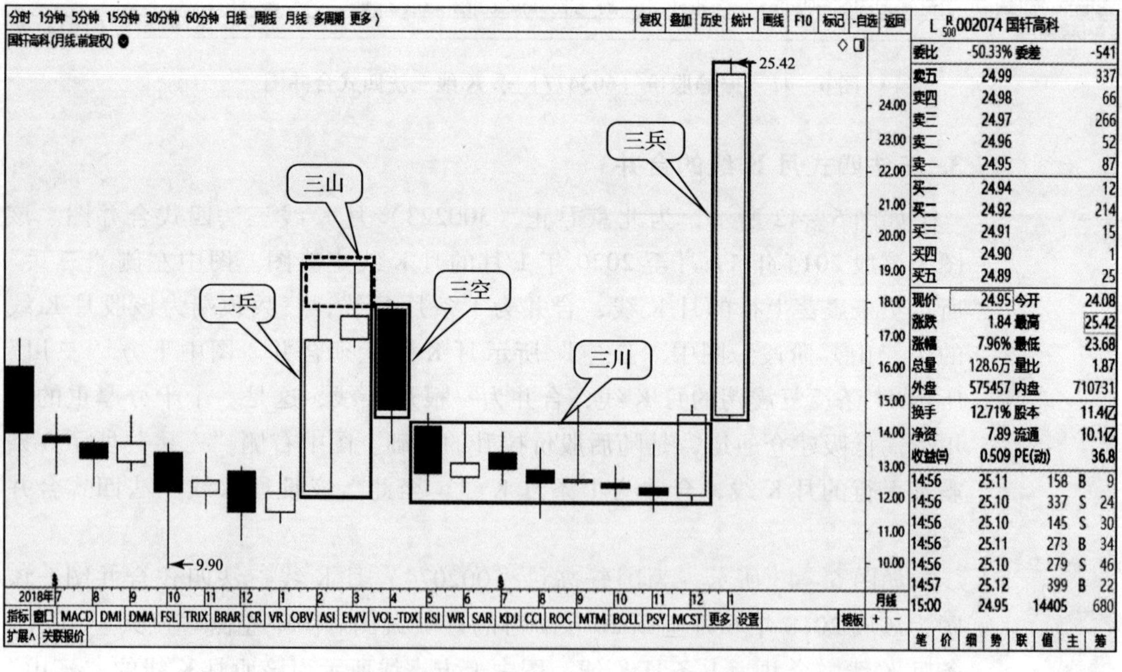

图6-43 国轩高科（002074）月K线三法四式合并图

方框所示“三兵”所示月K线无须合并。至此，该股月K线三法四式合并完成。

如图6－44所示，为华扬联众（603825）月K线三法四式合并图。该图为该股2017年8月至2020年1月的月K线走势图。图中右侧“三兵”所示2条月K线，合并为1条月K线，三兵最顶端为该股月K线的“三山”阶段。图中“三空”所示月K线无须合并。图中下方“三川”所示7条反复震盘震荡的月K线，合并为1条月K线。图中右侧“三兵”所示2条月K线合并为1条月K线。至此，该股月K线三法四式合并完毕。

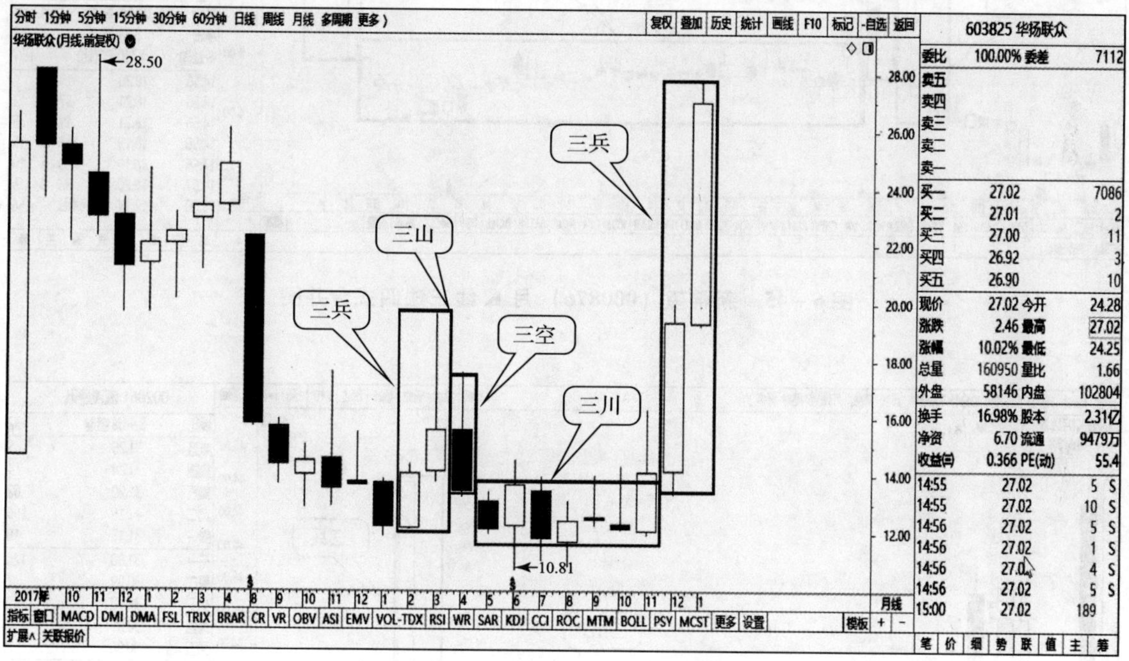

图6－44 华扬联众（603825）月K线三法四式合并图

如图6－45所示，为新希望（000876）月K线三法四式合并图。该图为该股2013年12月至2019年5月的月K线走势图。图中左侧“三兵”所示4条月K线，合并为1条月K线。图中上方虚线方框为该股月K线的“三山”阶段。图中“三空”所示2条震荡下行的月K线，合并为1条月K线。图中下方“三川”所示37条反复横盘震荡的月K线合并为1条月K线，这是随后股价拉升的基础。图中右侧“三兵”所示4条震荡上行的月K线合并为1条月K线。至此，该股月K线三法四式合并完毕。

如图6－46所示，为瀛通通讯（002861）月K线三法四式合并图。该图为该股2017年4月至2019年11月的月K线走势图。为了能够直观显示

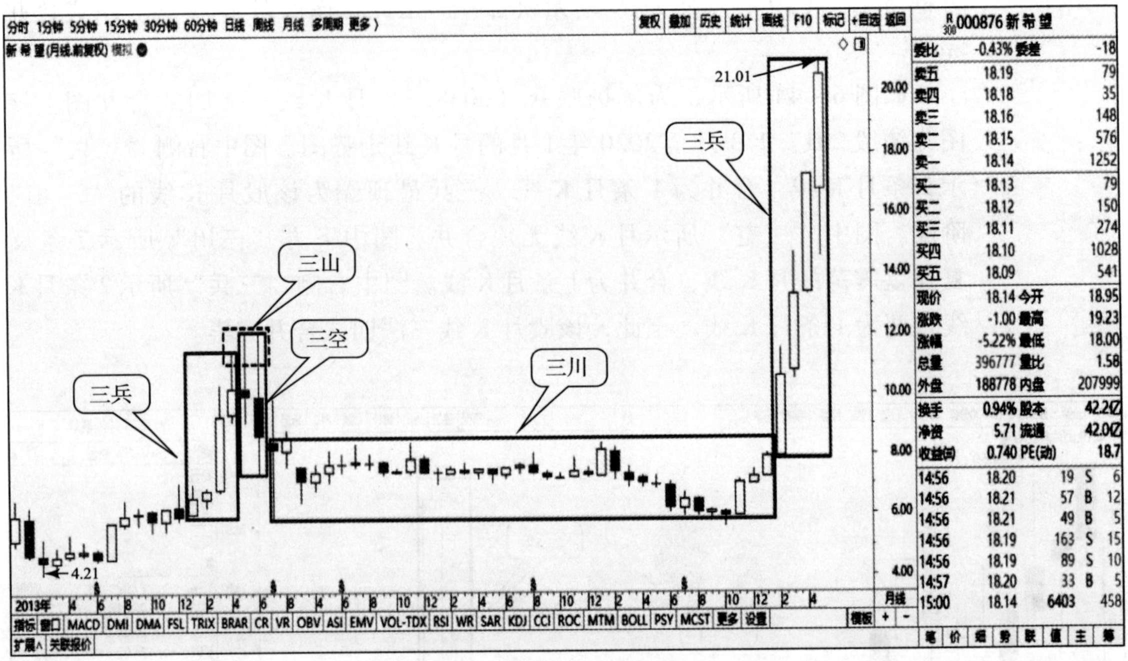

图 6－45　新希望（000876）月 K 线三法四式合并图

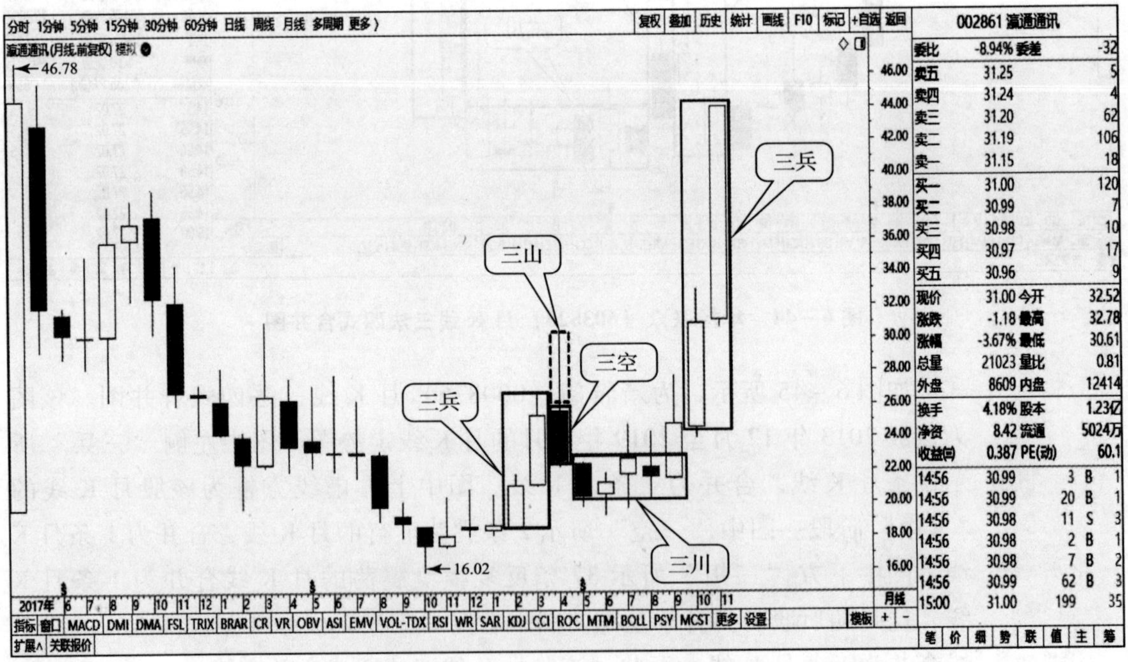

图 6－46　瀛通通讯（002861）月 K 线三法四式合并图

出三法四式的合并，笔者对图中部分K线根据历史真实交易数据进行还原处理。图中左侧“三兵”所示2条月K线，合并为1条月K线。图中上方虚线所示为该股月K线的“三山”阶段。图中“三空”所示月K线无须合并。图中下方“三川”所示5条横盘震荡的月K线，合并为1条月K线。图中右侧“三兵”所示2条震荡上行的月K线，合并为1条月K线。至此，该股月K线的三法四式合并完毕。

如图6-47所示，为正川股份（603976）月K线三法四式合并图。该图为该股2017年8月至2019年11月的月K线走势图。为了能够直观显示出三法四式的合并，笔者对图中部分K线根据历史真实交易数据进行还原处理。图中左侧“三兵”所示4条震荡上行的月K线，合并为1条月K线。图中上方虚线方框所示为该股月K线的“三山”阶段。图中“三空”所示月K线无须合并。图中下方“三川”所示4条横盘震荡的月K线，合并为1条月K线。图中右侧“三兵”所示3条月K线，合并为1条月K线。至此，该股月K线的三法四式合并完毕。

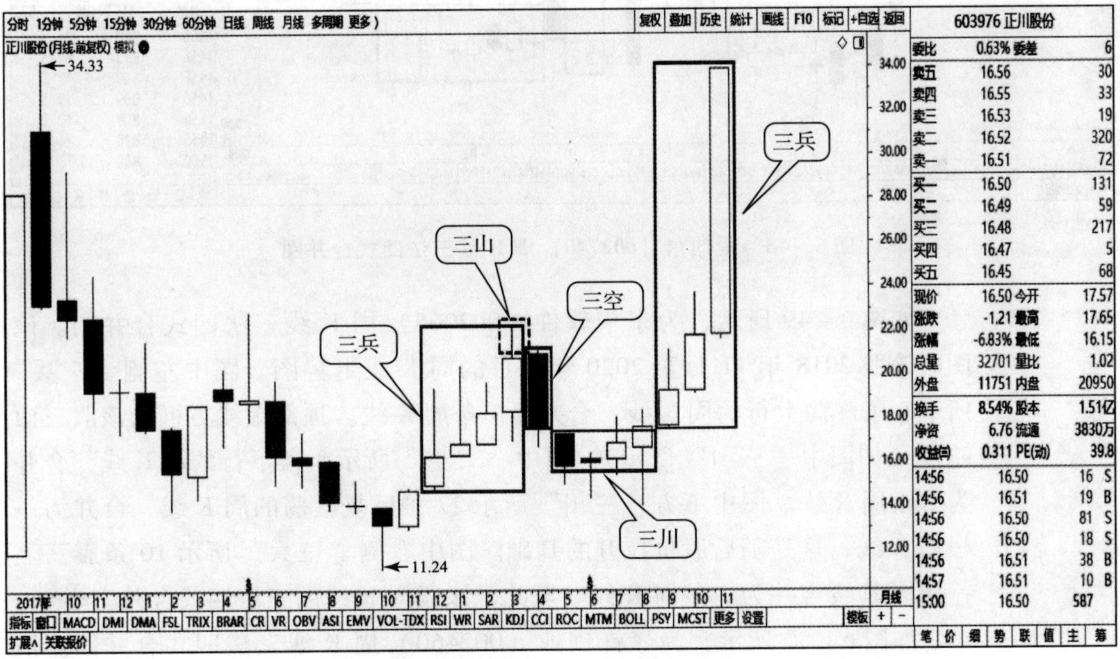

图6-47 正川股份（603976）月K线三法四式合并图

4. 三法四式周K线的合并

如图6-48所示，为爱迪尔（002740）周K线三法四式合并图。该图为该股2019年4月至2019年1月的周K线走势图。图中左侧“三兵”所示

2 条周 K 线，合并为 1 条周 K 线。三兵顶端为该股的“三山”阶段。图中“三空”所示 K 线无须合并。图中下方 8 条横盘震荡的周 K 线，合并为 1 条周 K 线。图中右侧“三兵”所示 2 条震荡上行的周 K 线，合并为 1 条周 K 线。至此，该股周 K 线的三法四式合并完毕。

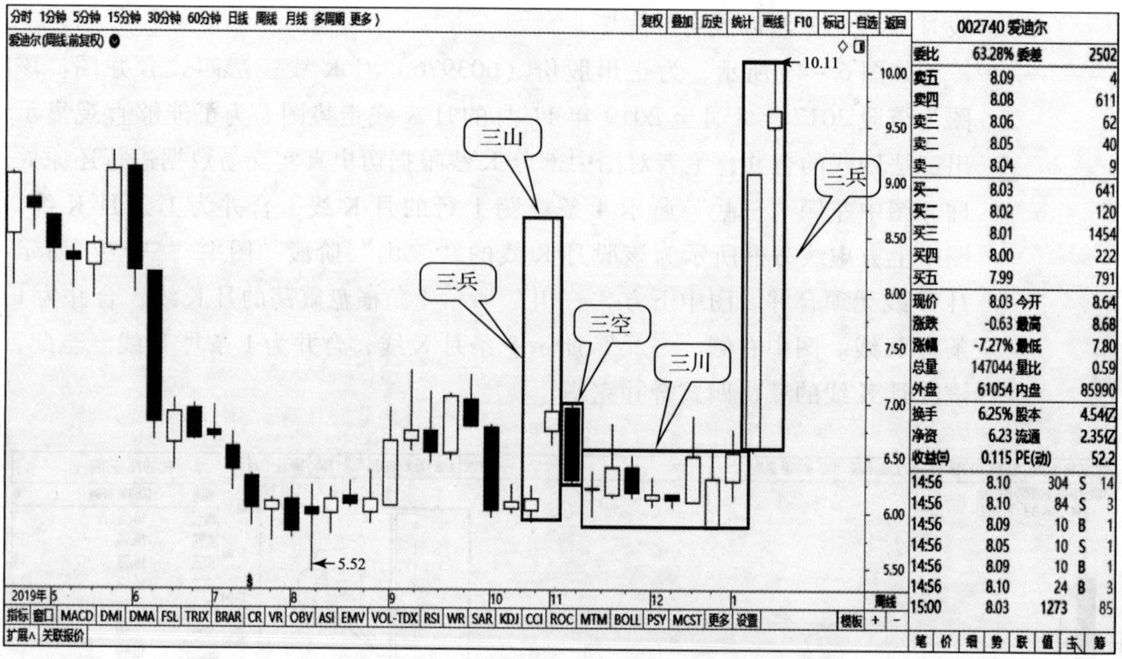

图 6-48 爱迪尔（002740）周 K 线三法四式合并图

如图 6-49 所示，为东华软件（002065）周 K 线三法四式合并图。该图为该股 2018 年 11 月至 2020 年 1 月的周 K 线走势图。图中左侧“三兵”所示 4 条震荡上行的周 K 线，合并为 1 条周 K 线。顶部虚线方框为该股三山阶段（如图中“三山”所示）。图中“三空”所示 3 条下行的周 K 线，合并为一根周 K 线。图中下方“三川”所示 27 条反复震荡的周 K 线，合并为一根周 K 线，这是随后股价拉升的基础。图中右侧“三兵”所示 10 条震荡上行的周 K 线合并为 1 条周 K 线。至此，该股周 K 线的三法四式合并完毕。

如图 6-50 所示，为赣锋锂业（002460）周 K 线三法四式合并图。该图为该股 2018 年 11 月至 2020 年 2 月的周 K 线走势图。图中左侧“三兵”所示 5 条震荡上行的周 K 线，合并为 1 条周 K 线。图中上方虚线所示为该股的“三山”阶段。图中“三空”所示 7 条震荡中下行的周 K 线合，并为 1 条周 K 线。图中下方“三川”所示 29 条反复横盘震荡的周 K 线，合并为 1 条周 K 线，这是随后股价拉升的基础。图中右侧“三兵”所示 9 条震荡上

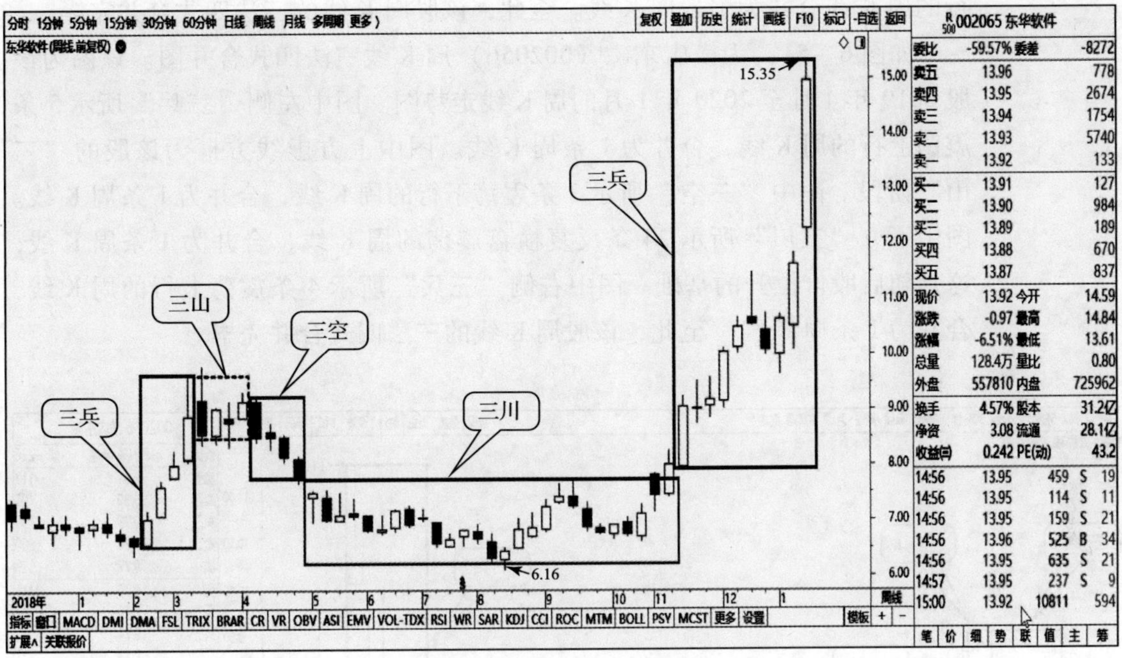

图 6－49　东华软件（002065）周 K 线三法四式合并图

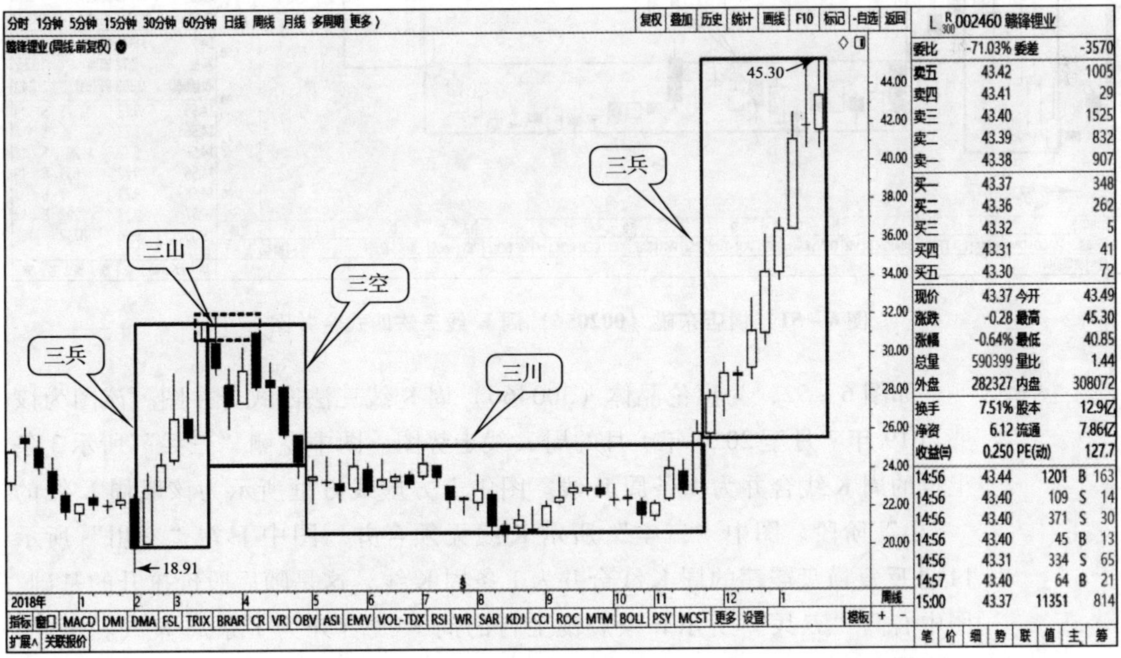

图 6－50　赣锋锂业（002460）周 K 线三法四式合并图

行的周K线合并为1条周K线。至此，该股周K线的三法四式合并完毕。

如图6－51，为横店东磁（002056）周K线三法四式合并图。该图为该股2019年4月至2020年1月的周K线走势图。图中左侧“三兵”所示5条震荡上行的周K线，合并为1条周K线。图中上方虚线方框为该股的“三山”阶段。图中“三空”所示3条震荡下行的周K线，合并为1条周K线。图中下方“三川”所示24条反复横盘震荡的周K线，合并为1条周K线，这是随后股价拉升的基础。图中右侧“三兵”所示4条震荡上行的周K线，合并为1条周K线。至此，该股周K线的三法四式合并完毕。

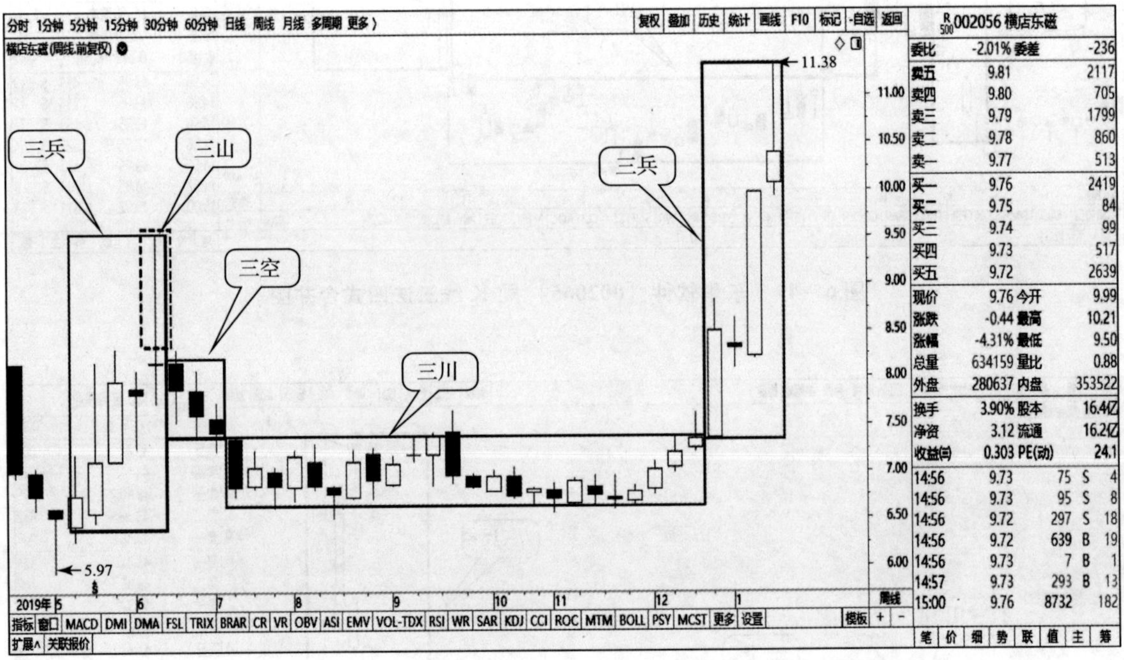

图6－51　横店东磁（002056）周K线三法四式合并图

如图6－52，为惠伦晶体（300460）周K线三法四式合并图。该图为该股2019年7月至2020年1月的周K线走势图。图中左侧“三兵”所示3条上行的周K线合并为1条周K线。图中上方虚线方框所示为该股周K线的“三山”阶段。图中“三空”所示K线无须合并。图中下方“三川”所示11条反复横盘震荡的周K线合并为1条周K线，这是随后股价拉升的基础。图中右侧“三兵”所示6条震荡上行的周K线合并为1条周K线。至此，该股周K线的三法四式合并完毕。

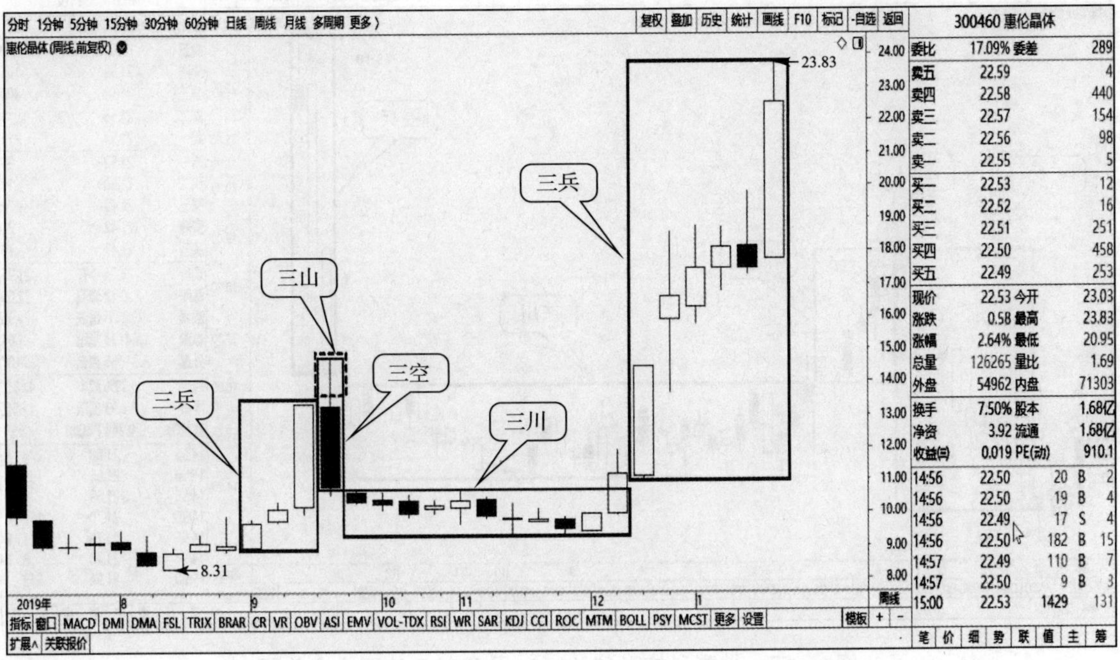

图 6－52　惠伦晶体（300460）周 K 线三法四式合并图

如图 6－53 所示，为坤彩科技（603826）周 K 线三法四式合并图。该图为该股 2018 年 11 月至 2020 年 1 月的周 K 线走势图。图中左侧“三兵”所示 10 条震荡上行的周 K 线，合并为 1 条周 K 线。图中上方虚线方框为该股周 K 线的“三山”阶段。图中“三空”所示 6 条震荡下行的周 K 线，合并为 1 条周 K 线。图中下方“三川”所示 35 条反复横盘震荡的周 K 线，合并为 1 条周 K 线，这是随后股价拉升的基础。图中右侧“三兵”所示 3 条震荡上行的周 K 线，合并为 1 条周 K 线。至此，该股周 K 线的三法四式合并完毕。

如图 6－54 所示，为麦克奥迪（300341）周 K 线三法四式合并图。该图为该股 2019 年 2 月至 2019 年 12 月的周 K 线走势图。图中左侧“三兵”所示 11 条震荡上行的周 K 线，合并为 1 条周 K 线。图中上方三兵与三空的顶部区域为该股的“三山”阶段。图中“三空”所示 2 条下行周 K 线，合并为 1 条周 K 线。图中下方“三川”所示 23 条反复横盘震荡的周 K 线，合并为 1 条周 K 线，这是随后股价拉升的基础。图中右侧“三兵”所示 7 条震荡上行的周 K 线，合并为 1 条周 K 线。至此，该股周 K 线的三法四式合并完毕。

如图 6－55 所示，为新华网（603888）周 K 线三法四式合并图。该图

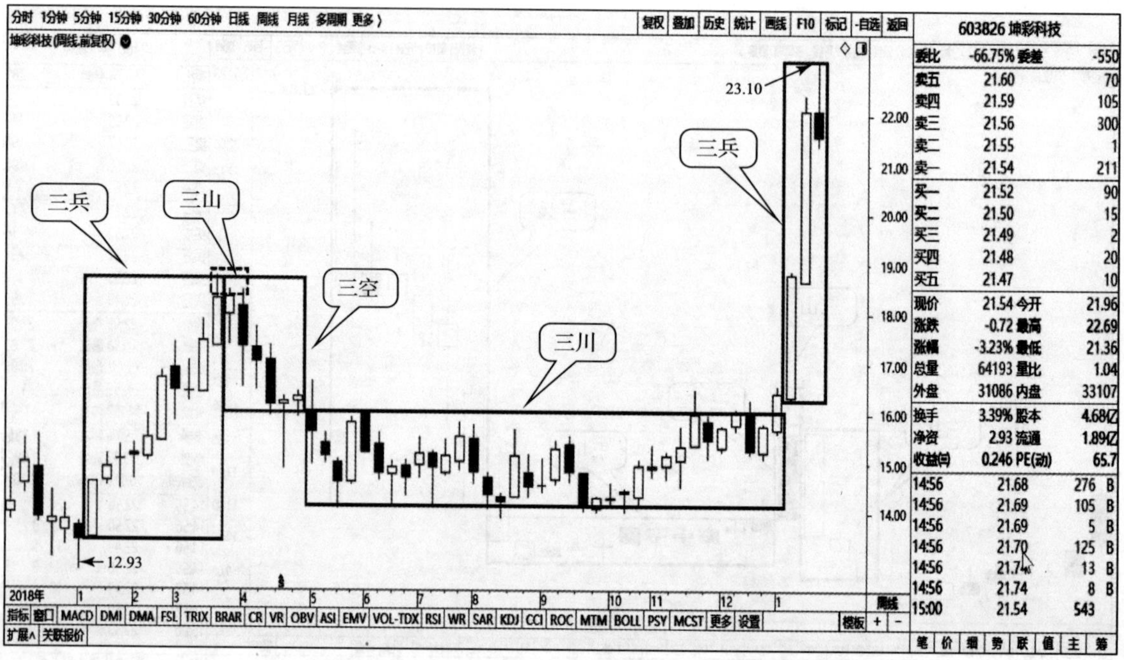

图 6－53　坤彩科技（603826）周 K 线三法四式合并图

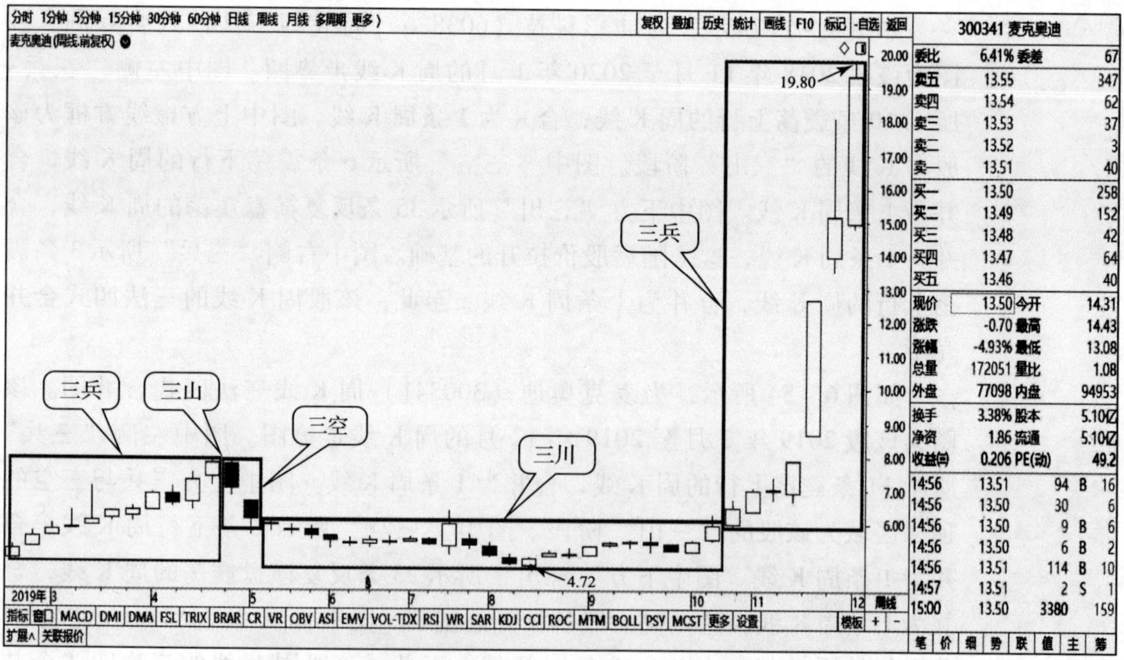

图 6－54　麦克奥迪（300341）周 K 线三法四式合并图

为该股2018年9月14日（星期五）至2020年1月17日（星期五）的周K线走势图。图中左侧“三兵”所示8条震荡上行的周K线合并为1条周K线。图中上方虚线所示为该股“三山”阶段。图中“三空”所示3条震荡下行的周K线合并为1条周K线。图中下方“三川”所示36条反复横盘震荡的周K线合并为1条K线。图中右侧“三兵”所示2条震荡上行的周K线合并为1条周K线。至此，该股周K线的三法四式合并完毕。

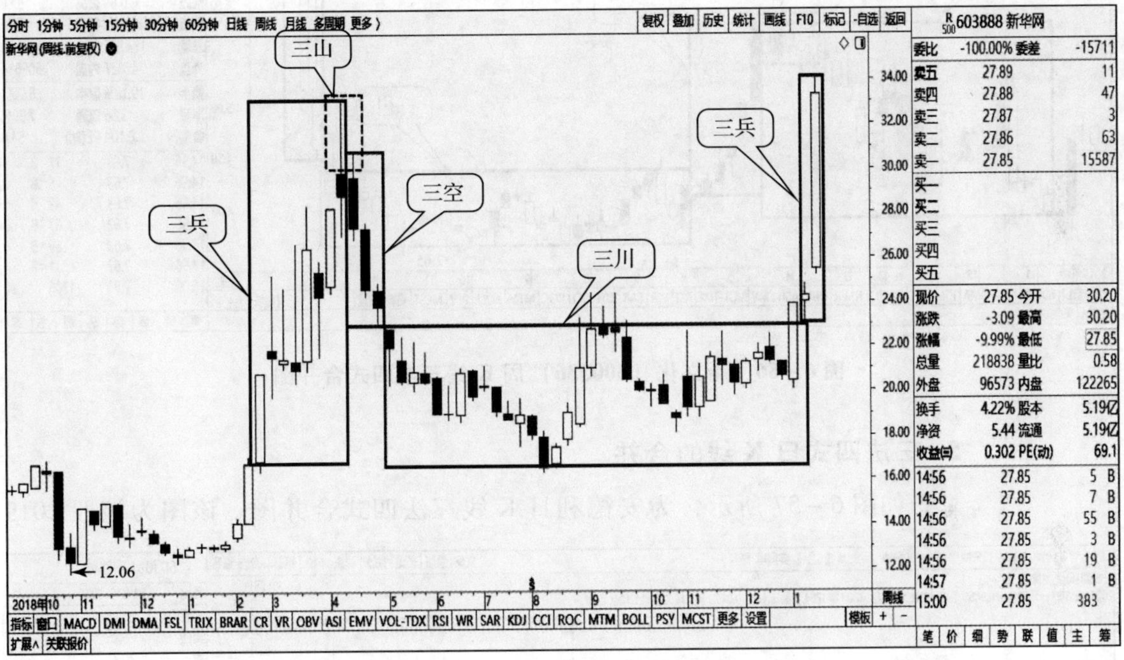

图6-55　新华网（603888）周K线三法四式合并图

如图6-56所示，为新文化（300336）周K线三法四式合并图。该图为该股2018年9月至2002年1月的周K线走势图。图中左侧“三兵”所示25条震荡上行的周K线，合并为1条周K线。图中上方虚线方框所示为该股周K线的“三山”阶段。图中“三空”所示6条震荡下行的周K线，合并为1条周K线。图中下方“三川”所示31条反复横盘震荡的周K线，合并为1条周K线，这是股价随后拉升的基础。图中右侧“三兵”所示3条震荡上行的周K线，合并为1条周K线。至此，该股周K线的三法四式合并完毕。

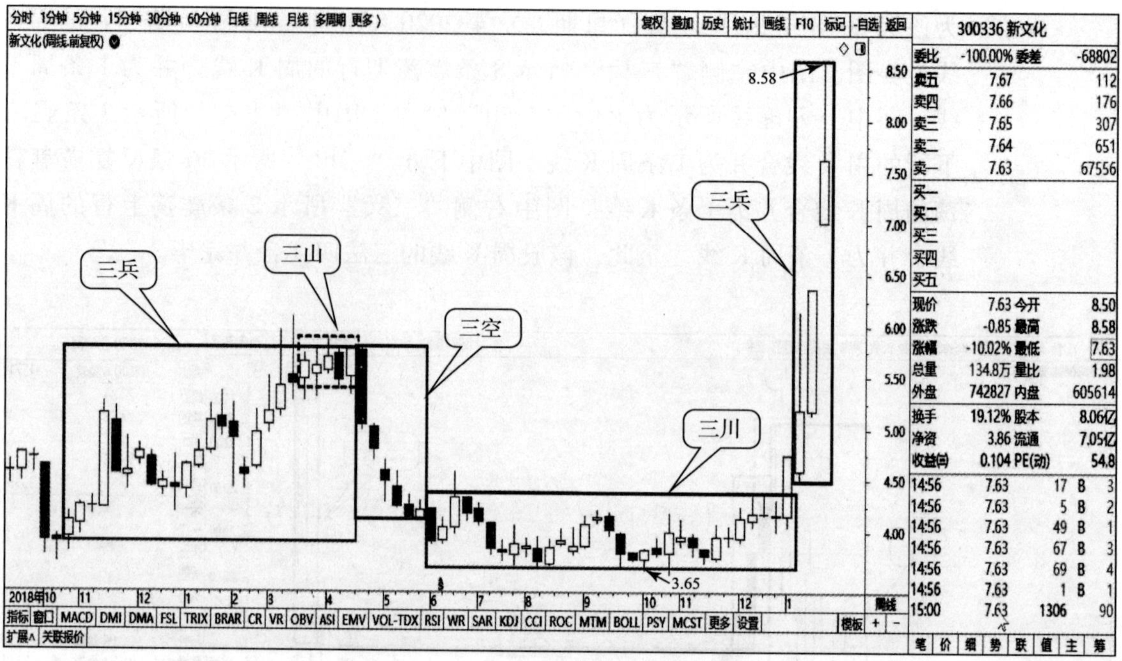

图 6-56　新文化（300336）周 K 线三法四式合并图

5. 三法四式日 K 线的合并

如图 6-57 所示，为安德利日 K 线三法四式合并图。该图为该股 2019

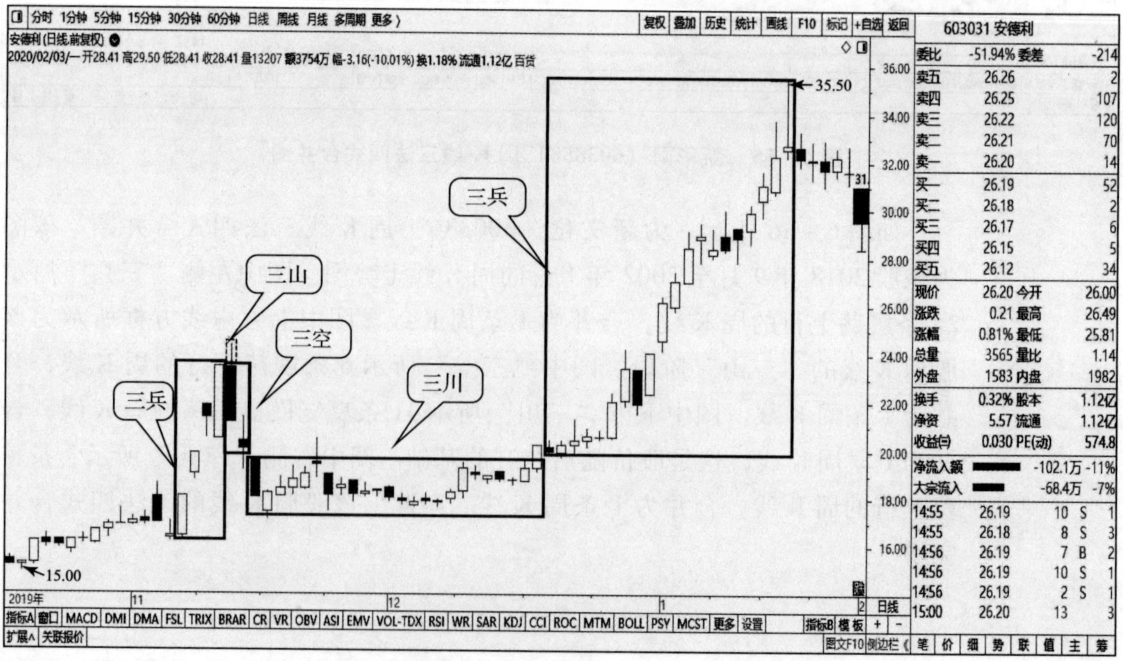

图 6-57　安德利（603031）日 K 线三法四式合并图

年10月31日至2020年1月16日的日K线走势图。图中左侧“三兵”所示4条震荡上行的日K线，合并为1条日K线。图中上方虚线方框为该股日K线“三山”阶段。图中“三空”所示2条震荡下行的日K线，合并为1条日K线。图中下方“三川”所示24条反复横盘震荡的日K线，合并为1条日K线，这是股价随后拉升的基础。图中右侧“三兵”所示20条震荡上行的日K线合并为1条日K线。至此，该股日K线的三法四式合并完毕。

如图6－58所示，为大东方（600327）日K线三法四式合并图。该图为该股2019年10月31日至2020年1月20日的日K线走势图。图中左侧“三兵”所示3条日K线，合并为1条日K线。图中三兵上方虚线方框所示为该股日K线的“三山”阶段。图中“三空”所示4条震荡下行的日K线，合并为1条日K线。图中下方“三川”所示35条反复横盘震荡的日K线，合并为1条日K线，这是股价随后拉升的基础。图中右侧“三兵”所示10条震荡上行的日K线，合并为1条日K线。至此，该股日K线的三法四式合并完毕。

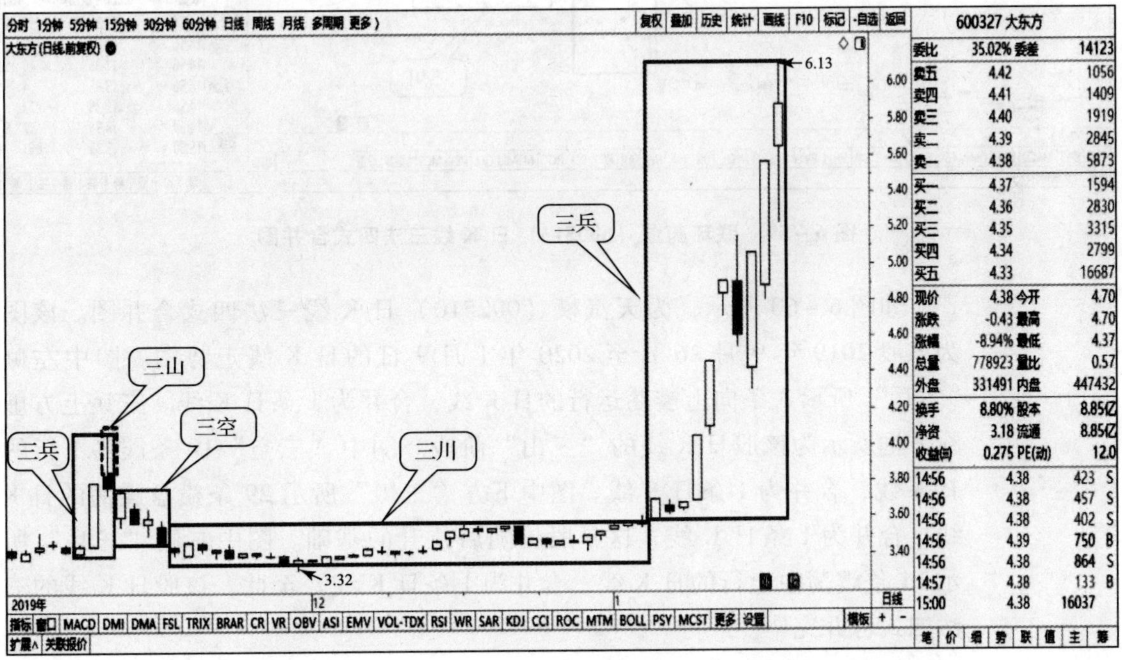

图6－58　大东方（600327）日K线三法四式合并图

如图6－59所示，为联环药业（600513）日K线三法四式合并图。该图为该股2019年11月28日至2020年1月23日的日K线走势图。图中左侧“三兵”所示4条日K线，合并为1条日K线。三兵顶部可以视为该股日线的“三山”阶段。图中“三空”所示日K线无须合并。图中下方“三川”所示7条横盘震荡的日K线，合并为1条日K线。图中右侧“三兵”5条向上拉升的日K线合并为1条日K线。至此，该股日K线的三法四式合并完毕。

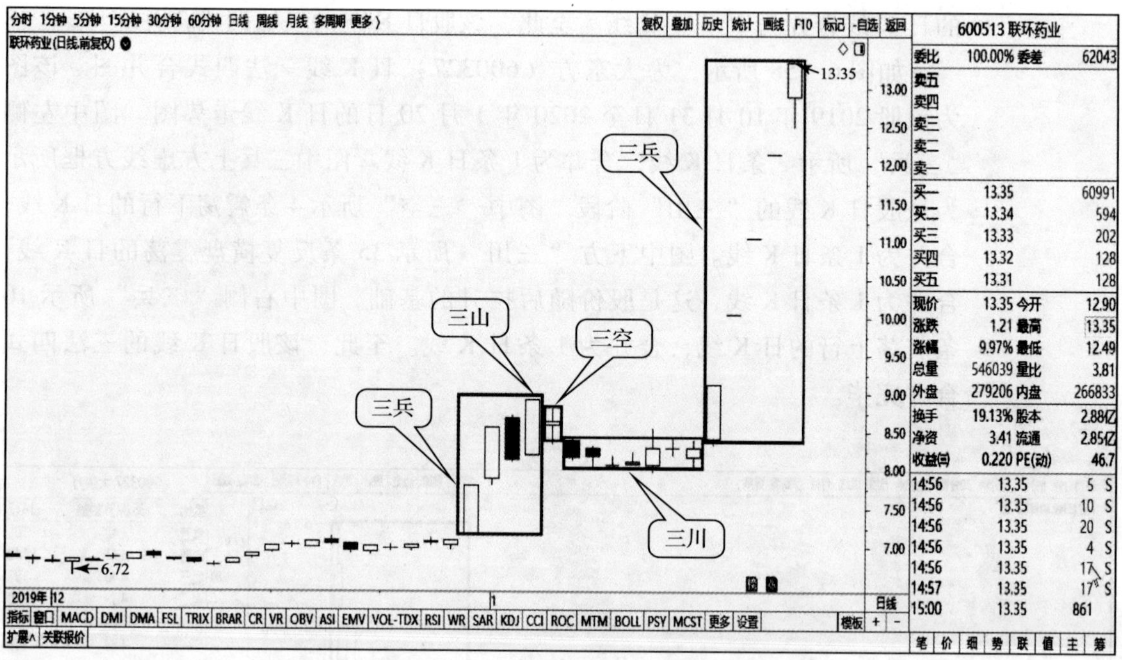

图6－59　联环药业（600513）日K线三法四式合并图

如图6－60所示，为天汽模（002510）日K线三法四式合并图。该图为该股2019年9月26日至2020年1月9日的日K线走势图。图中左侧“三兵”所示3条向上震荡运行的日K线，合并为1条日K线。三兵上方虚线方框所示为该股日K线的“三山”阶段。图中“三空”10条震荡下行的日K线，合并为1条日K线。图中下方“三川”所示29条横盘震荡的日K线，合并为1条日K线，这是股价随后拉升的基础。图中右侧“三兵”所示14条震荡中上行的日K线，合并为1条日K线。至此，该股日K线的三法四式合并完毕。

如图6－61所示，为英维克（002837）日K线三法四式合并图。该图为该股2019年8月14日至2020年1月21日的日K线走势图。图中左侧“三兵”所示19条震荡上行的日K线，合并为1条日K线。图中三兵上方虚线方框所示即该股日K线的“三山”阶段。图中“三空”所示38条震荡中下行的日K线，合并为1条日K线。图中下方“三川”所示42条横盘震

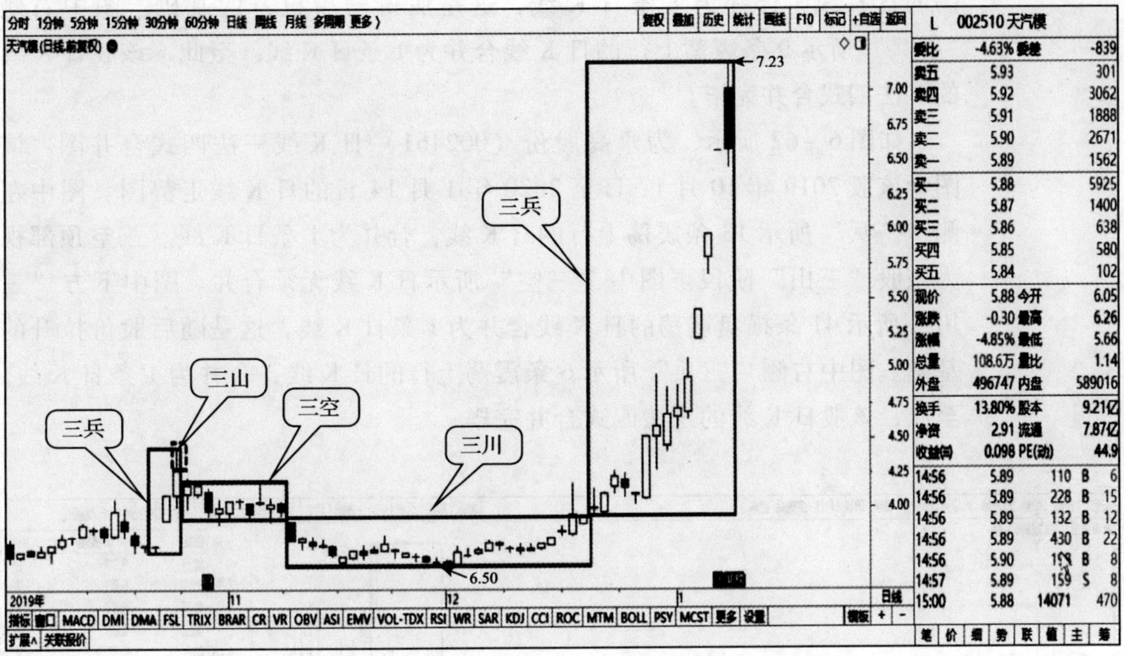

图 6－60　天汽模（002510）日 K 线三法四式合并图

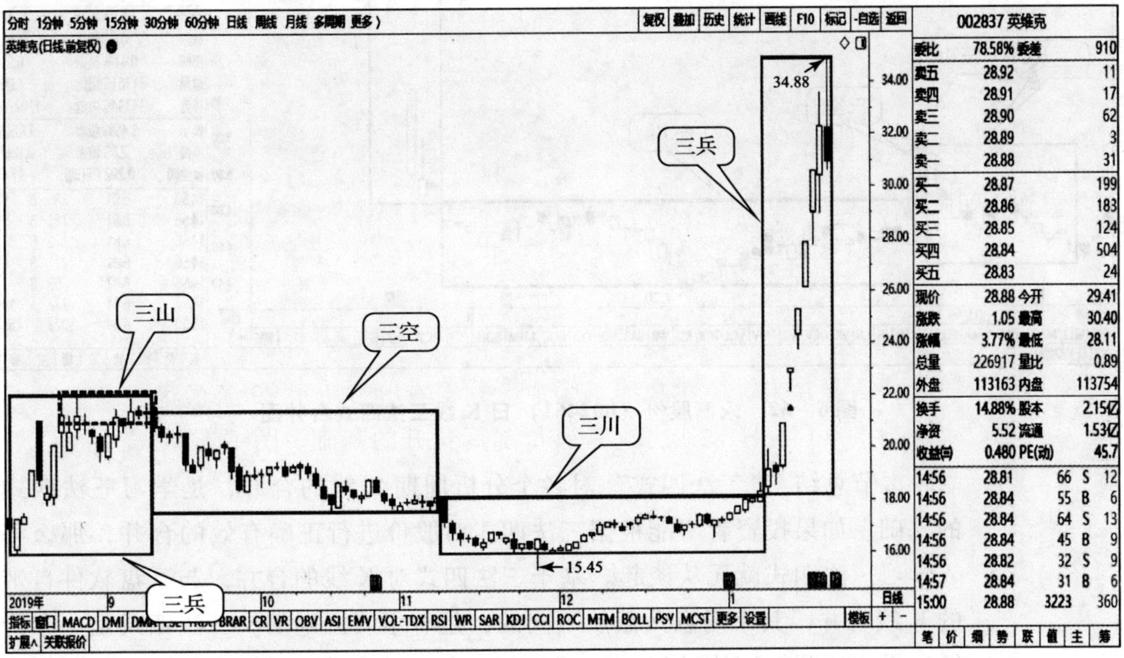

图 6－61　英维克（002837）日 K 线三法四式合并图

荡的日K线，合并为1条日K线，这是股价随后拉升的基础。图中右侧“三兵”所示9条震荡上行的日K线合并为1条日K线。至此，该股日K线的三法四式合并完毕。

如图6－62所示，为永高股份（002461）日K线三法四式合并图。该图为该股2019年10月17日至2020年1月14日的日K线走势图。图中左侧“三兵”所示13条震荡上行的日K线，合并为1条日K线。三空顶部视为该股“三山”阶段。图中“三空”所示日K线无须合并。图中下方“三川”所示41条横盘震荡的日K线合并为1条日K线，这是随后股价拉升的基础。图中右侧“三兵”所示6条震荡上行的日K线，合并为1条日K线。至此，该股日K线的三法四式合并完毕。

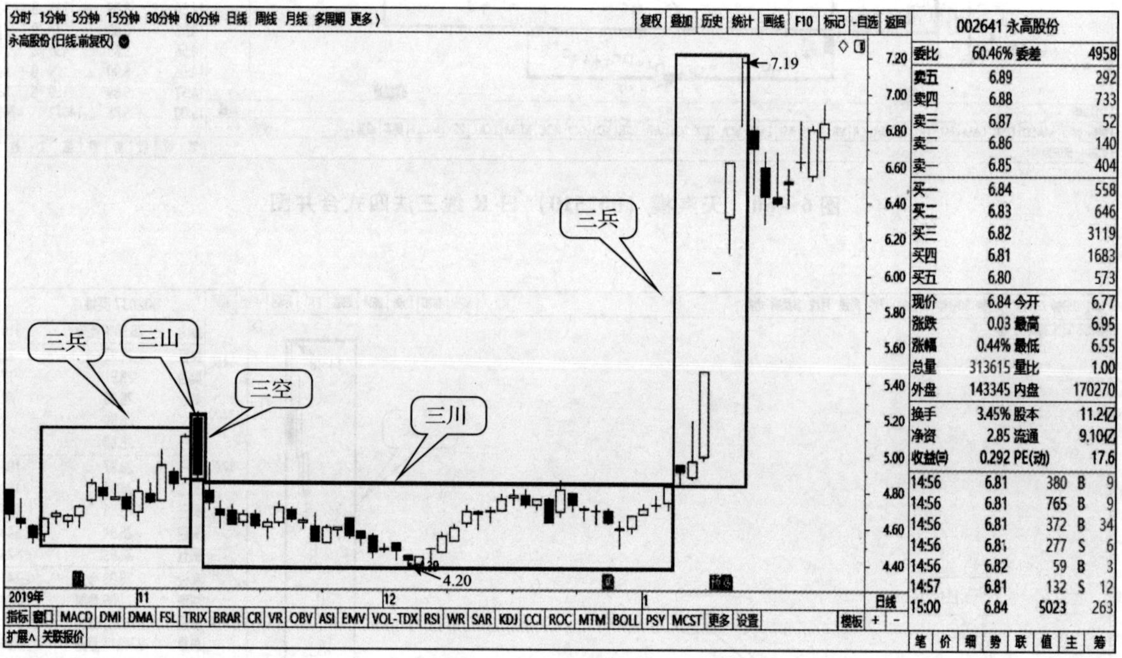

图6－62　永高股份（002461）日K线三法四式合并图

本节总结：“三法四式”对各个分析周期K线的合并，是学习三法四式的基础。如果投资者不能根据三法四式对股价进行正确有效的合并，那么深入学习三法四式就无从谈起。基于三法四式对K线的合并，与看盘软件自带的K线合并，其市场意义截然不同的，是有本质区别的。三法四式是一个持续连贯、不断循环的过程，环环相扣，每一个阶段（局部形态）都不能脱离大局而单独使用。本节内容的目的旨在培养投资者操盘的全局意识与大局观，旨在让投资者通过不同分析周期，根据三法四式对所有K线的合并充分了解主力运作股价的全过程。

道氏理论中的三大公理之一讲到“历史会重演”，但是并没有清楚地诠释历史会以何种具体的形式重演，仅停留于笼统的概念阶段，这个“漂浮”的理论在本书中得以“落地”，答案就是：历史会以“三法四式”的具体方式重演，并且随着时间的推移会一直循环往复，周而复始。

三法四式对 K 线的合并需要投资者付出极大的努力，不厌其烦地不断学习、反复训练，以此培养所谓的“盘感”。“熟能生巧”，“勤能补拙”——这是古人对学习方法的完美诠释：练习久了，盘感会油然而生，正如卖油翁所言：我亦无他，惟手熟尔。

第七章 三法四式的市场意义

作为本书的重点章节，本章将会以较大篇幅详细讲解三法四式在实盘实践中的具体应用。谈到股票交易，低吸高抛几乎是所有投资者都明白的道理，大家都知道在相对低位买进后持股，等待股价到相对高位时卖出获利，这个思路完全正确，不存在任何问题。但是，哪里是低？哪里是高呢？没有搞清楚这个问题，是导致绝大多数投资者亏损的主要原因。针对这些疑问，三法四式将会告诉你具体答案。

第一节 确定牛熊

通过第五章“趋势”的学习，我们已经通过三法四式把“趋势”这种抽象的概念具体化了，再重温一下：三法四式中的三川阶段与三山阶段都是横向趋势，三兵阶段是上升趋势，而三空阶段是下降趋势。显然这种命名有些过于学术化，不便于投资者充分理解三法四式的具体内涵，本节把第五章中这三种趋势用股市中最通俗、最常用的名称替换，即：三川横向趋势及三山横向趋势替换为“震荡市”，三兵上升趋势替换为“牛市”，而三空下降趋势替换为“熊市”，这样就容易理解了。

如图 7－1 所示，为牛市和熊市示意图。股票运行的每个阶段都有与之对应的操作策略，图中下方“三川”所示是主力构建仓位的主要阶段，该阶段股价主要以横盘震荡为主。虽然在该阶段也会出现较大振幅，但是稳定

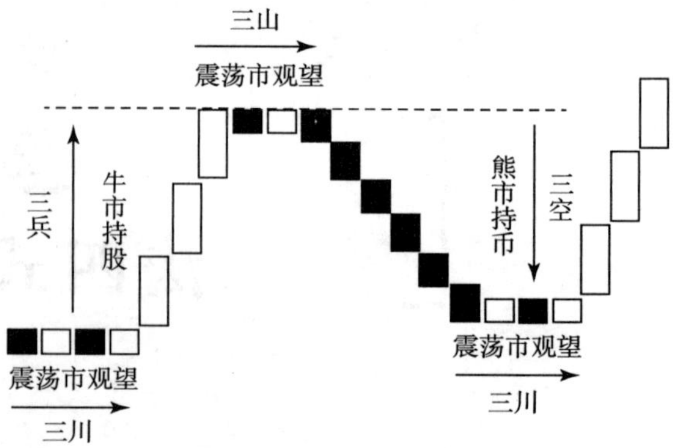

图7-1 牛市和熊市示意图

性不高，操作难度较大，不建议初学三法四式的投资者在主力建仓的阶段介入操作，所以该阶段的操作策略是：三川震荡市观望。

在三川阶段，主力投入了大量的资金，在相对低位收集了大量的廉价筹码，从而构建了仓位。要使这些投入的资金产生收益，势必会拉出空间，拉高股价，在相对高位把这些廉价筹码派发之后，才能实现获利。因此三川与三山之间，股价拉升的三兵阶段，是个股的牛市阶段，也是投资者应该积极参与，并坚定持股的阶段（见图中“三兵”所示），所以该阶段的操作策略是：三兵牛市持股。

当股价被拉升到主力的目标价附近，即个股的三山阶段（见图中“三山”所示），主力在这里对其所持筹码进行派发，利用相应技术手段在相对高位维持横盘震荡，诱多出货，虽然该阶段也会有不同振幅的行情，但若在该位置进场买入，其风险是非常之大的。该阶段的行情是火中取栗、刀口嗜血的行情，股价主要以横向震荡出货为主，这是投资者需要规避的阶段，所以在该阶段的操作策略是：三山震荡市观望。

三山阶段末端，主力在相对高位把大部分筹码派发完毕，预留少部分筹码，开始对股价展开持续震荡打压，以此深度套牢那些在三山阶段被引诱介入、高位接盘的散户，为新一轮的拉升做前期准备。该阶段股价主要以持续震荡下跌为主基调，是下降趋势，也正是投资者经常讲的“熊市”（见图中“三空”所示）。毋庸置疑，熊市中牢牢捂住自己的钱袋子是最明智的做法，资金安全才是最重要的，所以该阶段的操作策略是：三空熊市持币。

三空阶段末端，股价止跌企稳，主力展开新一轮的横盘震荡，以此收集那些在上一轮行情中，被深度套牢的筹码。这个过程的股价依旧是横向震荡为主（见图中右下方“三川”所示），所以对该阶段的操作策略依旧是：三川震荡市观望。

一言以蔽之：牛市持股，熊市持币，震荡市观望，这就是我们根据三法四式进行股票操作的基本策略。首先确定个股牛熊，准确判断股价当前处于三法四式的哪个阶段，然后根据每个阶段所对应的操作策略，做出正确的抉择。因此投资者在实际操作的时候，一定要分清个股的牛、熊市。

如图 7－2 所示，为特发信息（000070）年 K 线牛市熊市示意图。该图为该股 2000 年至 2019 年的年 K 线走势图。图中下方虚线所示，主力构建了一个为期 8 年的三川震荡低吸建仓通道，该过程中主力投入了大量的资金，收集了足够多的廉价筹码，要使这些投入的资金产生收益，必然要拉出空间、拉高股价才能得以实现，这是牛市的基础。主力横盘震荡建仓的过程我们不参与，持币观望为宜。该过程即将结束的时候，投资者就要择机果断入场，并坚定持股（关于三法四式的买卖点，在本书第九章详细介绍），享受股价飙升带来的收益（见图中左侧“牛市”所示区间）。牛市末端，股价到达主力目标价附近，投资者就要在主力出货之前，抢先一步及时止盈，入袋为安。接下来主力三山出货阶段，投资者宜在震荡市观望。三山震荡市与下一个三川震荡市之间，为该股的三空阶段，该阶段主要以震荡下行为主，也就是该股的熊市（见图中“熊市”箭头方向所示区间）。当新的三川构建完毕之后，意味着一轮新的牛市即将来临（见图中右侧“牛市”所示区间）。股价就是这样持续不断地进行着牛、熊转换。

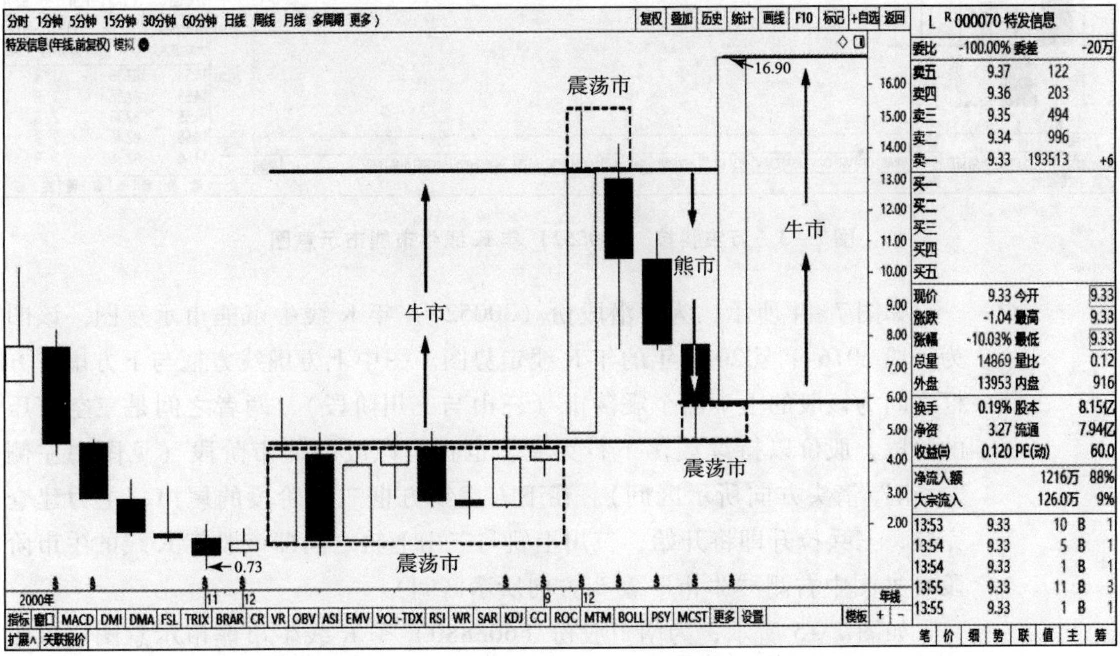

图 7－2　特发信息（000070）年 K 线牛市熊市示意图

如图 7－3 所示，为万集科技（300552）年 K 线牛市熊市示意图。该图为该股 2016 年至 2019 年的年 K 线走势图。图中上方虚线方框与下方虚线方框为该股的上下两个震荡市（三山与三川阶段），两者之间是三空打压的阶段，股价以持续震荡下行为主，也正是该股的熊市阶段（见图中左侧“熊市”箭头方向所示区间）。当下方虚线方框三川阶段尾声，主力建仓完毕，新一轮的三兵拉升即将拉开帷幕，三川上轨与三山之间即该股年K线的牛市阶段（见图中右侧“牛市”箭头方向所示区间）。

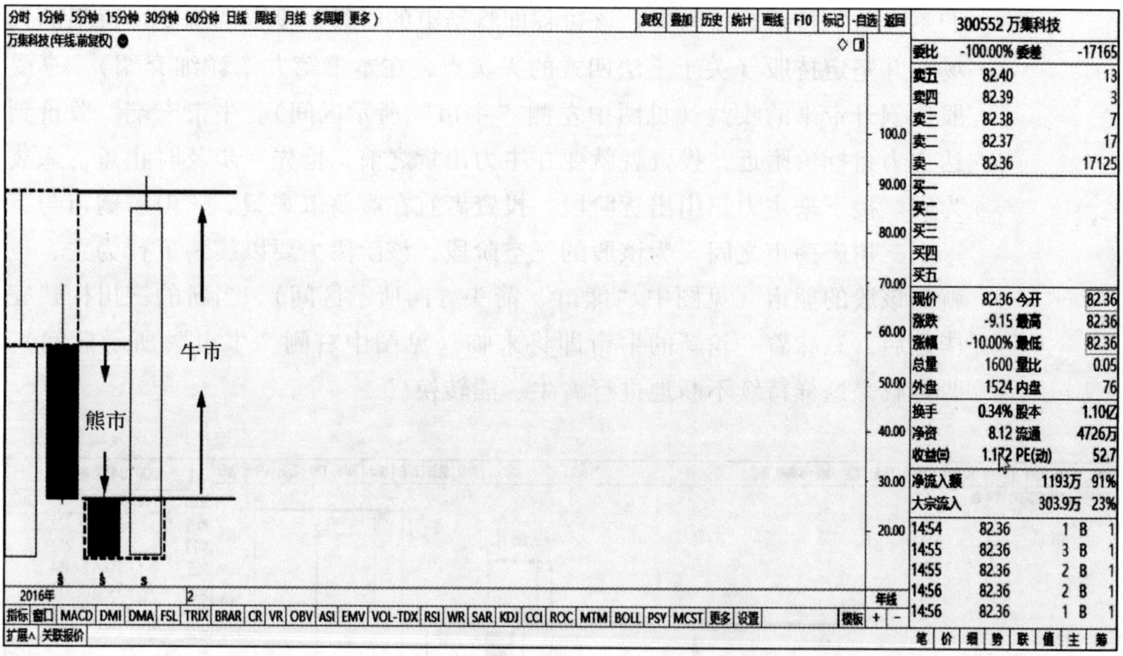

图7-3　万集科技（300552）年K线牛市熊市示意图

如图7-4所示，为中潜股份（300526）年K线牛市熊市示意图。该图为该股2016年至2019年的年K线走势图。图中上方虚线方框与下方虚线方框之间为该股的上下两个震荡市（三山与三川阶段），两者之间是三空打压的阶段，股价以持续震荡下行为主，也正是该股的熊市阶段（见图中左侧“熊市”箭头方向所示区间）。在下方虚线方框三川阶段的尾声，主力建仓完毕，三兵拉升即将开始，三川上轨与三山上轨之间即该股年K线的牛市阶段（见图中右侧“牛市”箭头方向所示区间）。

如图7-5所示，为南卫股份（603880）季K线牛市熊市示意图。该图为该股2017年3月至2020年2月的季K线走势图。图中上方虚线方框之间，与下方虚线方框为该股的上下两个震荡市（三山与三川阶段），两者之间是主力打压股价的三空阶段，趋势以持续震荡下行为主，也正是该股的熊市阶段（见图中左侧“熊市”箭头方向所示区间）。在下方虚线方框三川阶段末端，主力建仓完毕，三兵拉升即将开始。三川上轨与三山上轨之间，即

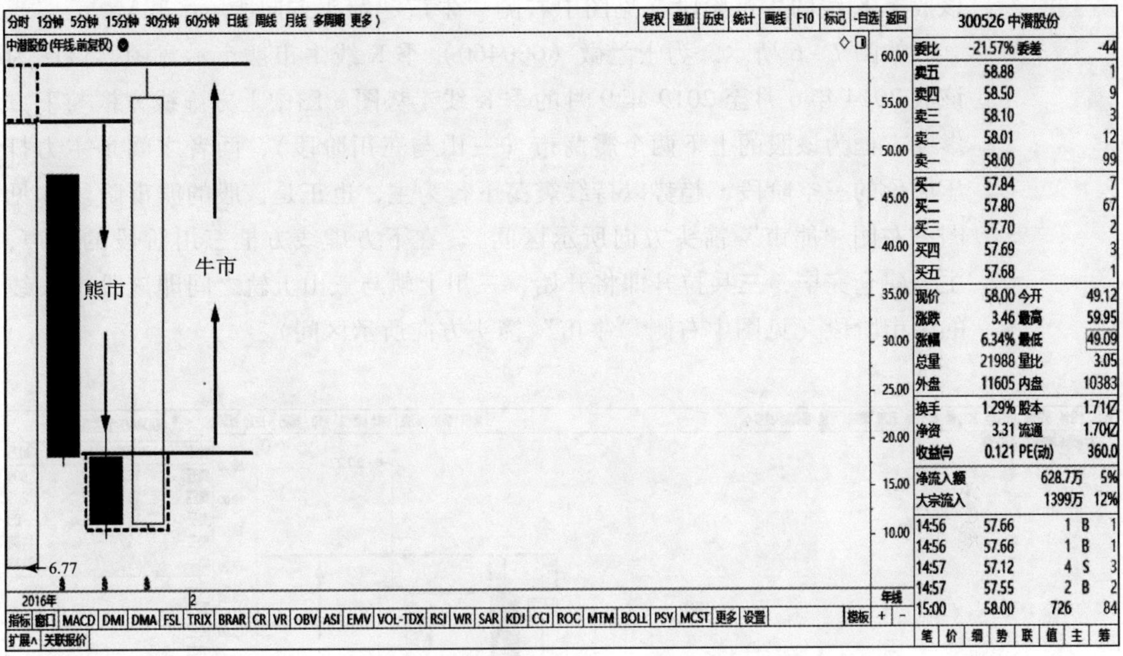

图 7－4　中潜股份（300526）年 K 线牛市熊市示意图

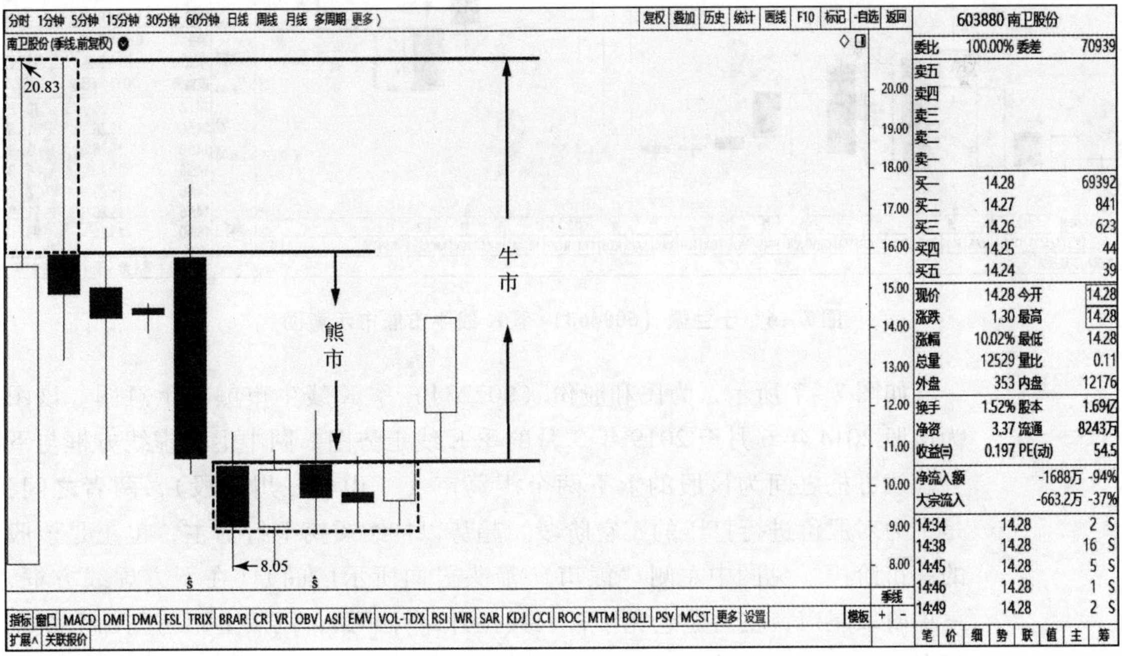

图 7－5　南卫股份（603880）季 K 线牛市熊市示意图

该股季K线的牛市阶段（见图中右侧“牛市”箭头方向所示区间）。

如图7－6所示，为士兰微（600460）季K线牛市熊市示意图。该图为该股2014年6月至2019年9月的季K线走势图。图中上方虚线方框与下方虚线方框为该股的上下两个震荡市（三山与三川阶段），两者之间是主力打压股价的三空阶段，趋势以持续震荡下行为主，也正是该股的熊市阶段（见图中左侧“熊市”箭头方向所示区间）。在下方虚线方框三川阶段的尾声，主力建仓完毕，三兵拉升即将开始，三川上轨与三山上轨之间即该股季K线的牛市阶段（见图中右侧“牛市”箭头方向所示区间）。

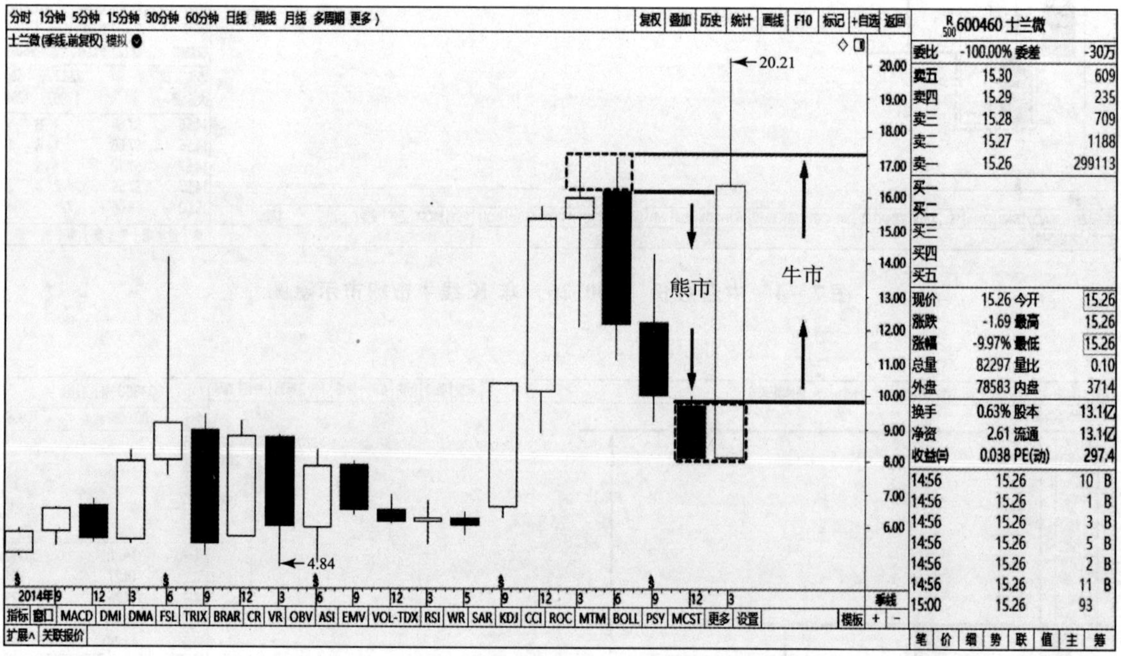

图7－6 士兰微（600460）季K线牛市熊市示意图

如图7－7所示，为民和股份（002234）季K线牛市熊市示意图。该图为该股2014年6月至2019年3月的季K线走势图，图中上方虚线方框与下方虚线方框之间为该股的上下两个震荡市（三山与三川阶段），两者之间，是主力对股价进行打压的三空阶段，趋势以持续震荡下行为主，也正是该股的熊市阶段（见图中左侧“熊市”箭头方向所示区间）。在下方虚线方框，三川阶段尾声，主力建仓完毕，三兵拉升即将开始，三川上轨与三山上轨之间即该股季K线的牛市阶段（见图中右侧“牛市”箭头方向所示区间）。

本节总结：细心的投资者或许会有疑问，为什么本节三个案例都是年K线、季K线这种较大的分析周期？很多年前，股市中有位前辈曾经说过

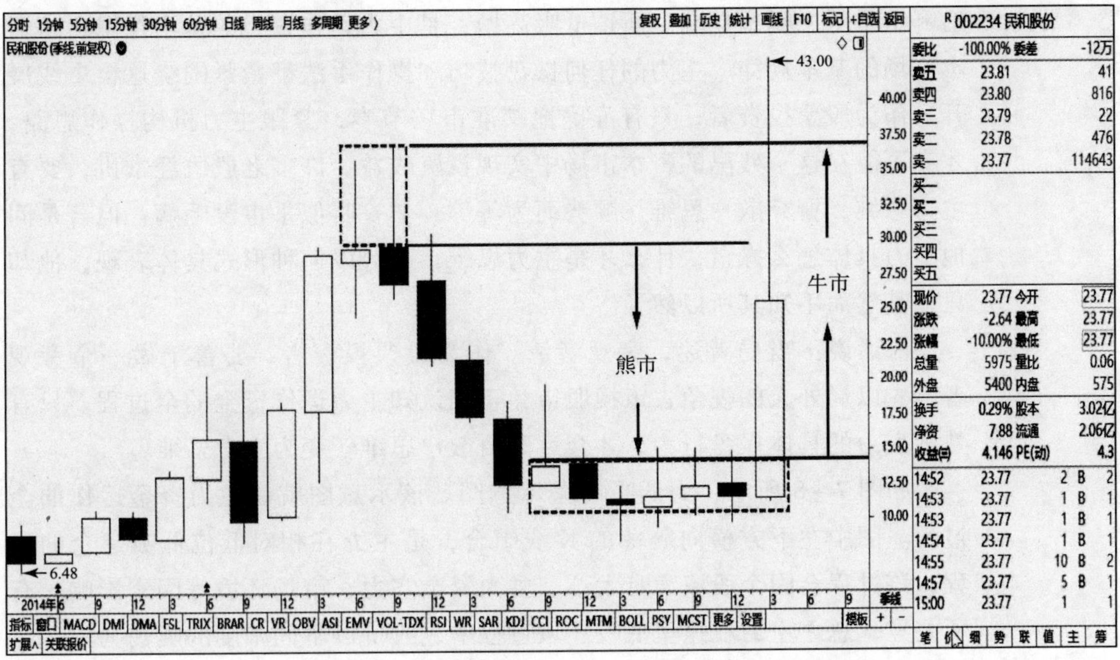

图7-7　民和股份（002234）季K线牛市熊市示意图

"看大势者赚大钱"，这句话笔者至今记忆犹新，但是这位前辈并没有指出什么是股票的大趋势，也没有具体阐明股票的大趋势会以何种形式来表现，就好像威廉·江恩当年提出的强势领涨股的理论一样。何谓大势？在三法四式中，大的分析周期所指明的趋势就是股票的大趋势，牛熊市在股票的大周期中一目了然。此时，周期并不是特指某一个具体的分析周期。由于上市时间的原因，有些个股的年K线虽然也能显示大势，但是并不能给投资者带来有效的参考信息，这时候就需要参照年K线之下的季K线做出判断，以此类推。笔者归纳为：看清大势，确定牛熊。

第二节
低吸高抛

低吸高抛，这几乎是每个股票投资者耳熟能详的，但现实是，绝大多数投资者在实际操作中，总是与这个看似简单的正确方法背道而驰，不断地追涨杀跌，导致账户资金亏蚀缩水，始终不得其法。究其原因，在于根本不知道哪里是低，哪里是高。所谓低吸高抛，是主力运作资金的基本逻辑，是资本市场的基本规律，主力的任何操盘技巧和操作手法都紧紧围绕这根主线展开。作为股票投资者，只有准确地踏准市场节奏，紧跟主力机构操作思路，才有可能在这个残酷的资本市场中实现投资收益。许多老股民经常讲，要有主力思维，摒弃散户思维，顺势而为等等，乍一听似乎也没毛病，但若是问他主力具体怎么操盘，什么才是主力思维，趋势以何种形式具体表现，他却只知其然而不知其所以然了。

俗话说：当局者迷，旁观者清。作为股票投资者，要善于做一个旁观者，先以局外人的视角去审视股市，正确认知主力运作资金的全过程。只有熟悉主力的具体操盘行为，才会逐渐由散户思维转变为主力思维。

如图 7－8 所示，为低吸高抛示意图。该示意图就是主力资金运作的全过程。图中左下方横向震荡的 K 线组合，是主力在相对低位低吸建仓的过程，该过程会因个股流通盘大小、主力资金实力、市场环境等因素影响，有所差异，总之主力在这里低吸。该过程中，股价以不同幅度的震荡为主，主力在这里收集筹码，构建仓位。需要指出的是，主力在这里低吸建仓的过程中，是十分讨厌其他跟风资金，参与其中分一杯羹的。而且，该过程少则几周、多则几年的情况屡见不鲜，作为散户投资者，在这个过程是不建议参与交易的（见图中左侧下方“三川低吸”所示）。图中左侧“三兵拉升”箭头所示区域，就是股票所谓的“主升浪”，不管是主力自己拉升也好，还是借势推高也罢，总之一定要拉高股价拉出空间，这是主力低吸资金增值的过程。当股价抵达主力的目标价附近后，主力开始采取相应的技术手段诱多出货，吸引那些不明就里的投资者，参与筹码的高位换手（见图中“三山高

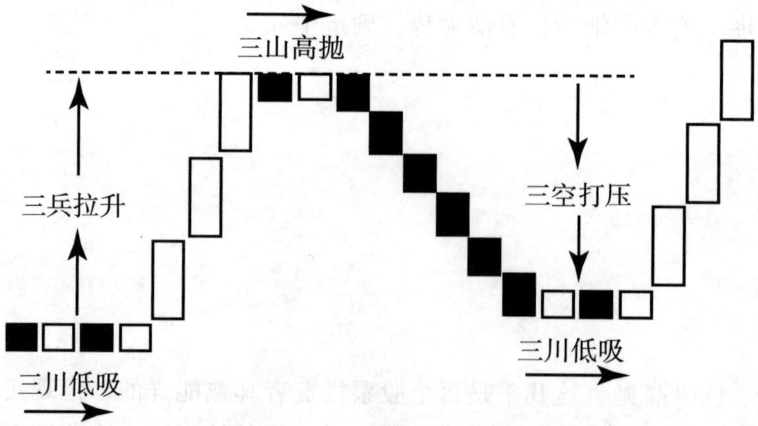

图 7－8　低吸高抛示意图

抛”所示）。毋庸置疑，三山是主力高位出货的阶段，操作策略为观望。这就是一次完美的低吸高抛的过程，该过程中，主力低位买入筹码，高位卖出筹码，赚取的正是这期间的价差。行情并没有就此结束，已经获利颇丰的主力，此刻正在为下一轮行情精心准备，开始着手酝酿新一轮的低吸与高抛。三山阶段末端，主力在高位进行筹码派发的过程接近尾声，股价失去了上涨的动能，因此大批高位参与其中的投资者在这里被套牢，这也正是下一轮行情的压力位，是散户被套资金大幅贬值的开始（见图中“三空打压”所示区间）。新一轮的行情其实并非起于三法四式的三川阶段，严格意义上讲，三法四式的三空阶段才是新一轮行情的开始，没有三空阶段对被套资金的持续打压，三川阶段的震荡低吸建仓也就无从谈起。三空阶段是个股的熊市，当然该阶段的操作策略是持币观望，也是投资者需要及时规避的阶段。该阶段主力对股价展开持续的震荡打压，深度套牢追高的投资者。据调研，绝大多数投资者看盘时几乎都有这样一个习惯，那就是同时打开自己的账户对比盈亏，而主力恰恰是利用了这一点，在三空阶段对股价持续打压的过程中，慢慢摧毁持仓者的信心，迫使他们在资金亏损的状态下杀跌离场，抛压才得以逐步释放。三空阶段尾声，股价止跌企稳，新一轮的三川震荡低吸建仓通道开始构建（见图中右下方“三川低吸”）。在这里，主力对上一轮行情被套的筹码进行最后的清剿。三川阶段末端，一个崭新的建仓通道再次构建完成，这是股价再次拉升高抛的基础，新一轮的行情即将再次展开。以上就是主力机构“低吸高抛”运作资金的全过程。主力机构就是这样不断重复着“低吸高抛”的过程，而三法四式正是该过程的完整体现，它以一种简单直观的形式向投资者诠释了低吸高抛的具体K线形态。

如图7－9所示，为深南电A（000037）低吸高抛示意图。该图为该股2017年12月至2019年4月的周K线走势图。如图中下方“三川低吸”所示虚线方框所示，主力在此构建了一个为期34个交易周的横盘震荡低吸建仓通道。在此过程中，主力投入了大量的资金，收集了足够多的廉价筹码。要使这些投入的资金产生收益，只有一个办法，那就是拉出空间、拉高股价，把这些在相对低位收集到的筹码在相对高位派发出去。如果没有充分低吸的过程，即便是高抛，也不会产生多少收益，所以充分的低吸是高抛的基础。图中“三兵拉升”所示区间，是主力三川低吸完毕拉升股价的必经之路。三兵末端，股价触及主力目标价附近时（见图中上方“三山高抛”所示虚线方框），主力把股价维持在一个相对稳定的价格区间，反复震荡诱多，以此吸引那些不明就里的投资者在这里追高进场，完成筹码的高位派发。至此，一轮周线级别的阶段性低吸高抛行情完美收官。

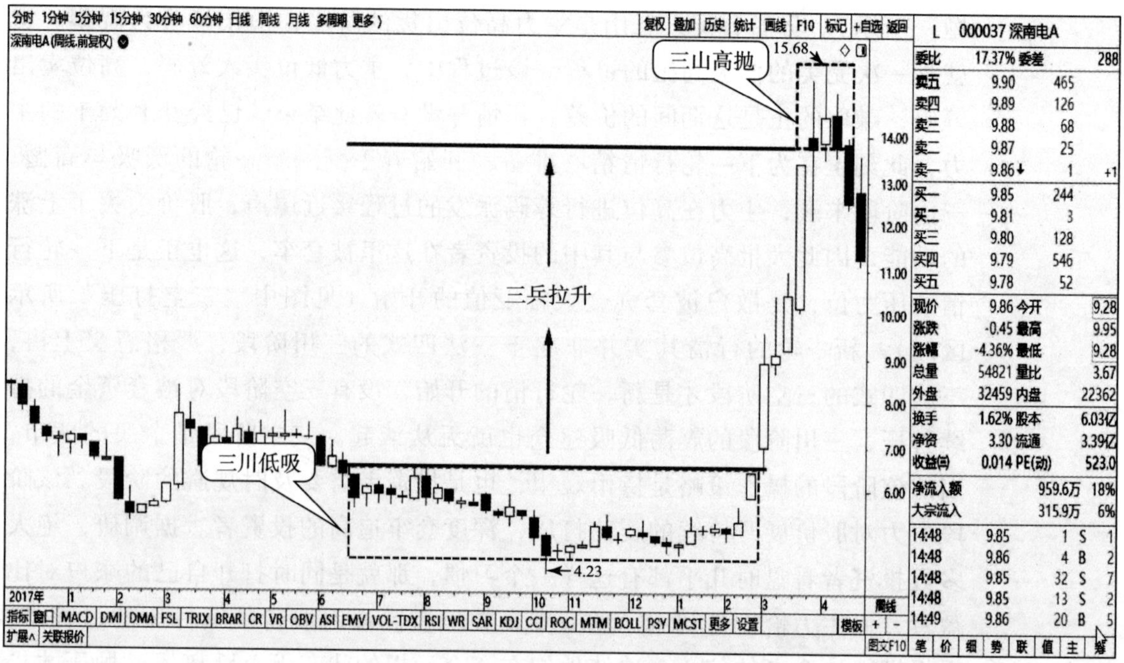

图7－9　深南电A（000037）低吸高抛示意图

如图7－10所示，为中潜股份（300526）低吸高抛示意图。该图为该股2016年8月至2019年9月的月K线走势图。如图中下方“三川低吸”虚线

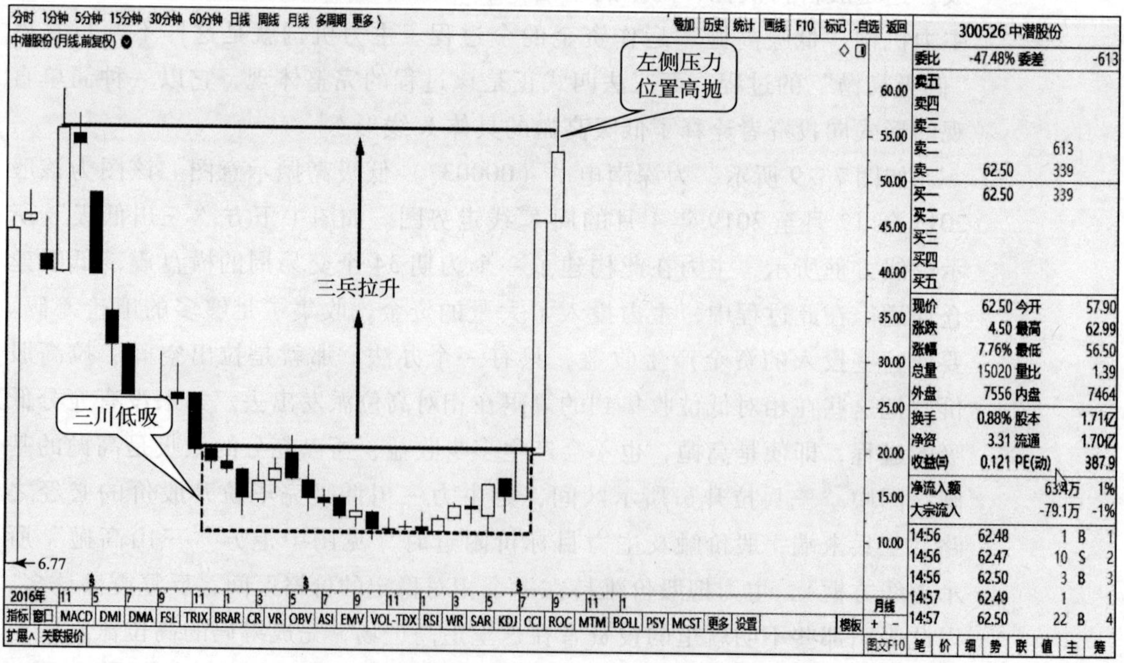

图7－10　中潜股份（300526）低吸高抛示意图

方框所示，主力在这里构建了一个长达 20 个交易月的三川震荡低吸建仓通道，耗时一年零八个月之久。经过三空打压阶段，主力在此对上一轮行情追高被套的筹码，以及获利筹码进行最后的震荡收集。假定有投资者在这个低吸过程中进场了，那么他的时间成本可以说是相当高的，这也是主力最不能接受和容忍的。前文讲过，主力建仓阶段，散户投资者的操作策略是观望，它是主力低吸的过程，散户投资者不宜参与。如图中“三兵拉升”所示，主力三川建仓阶段低吸完毕之后，股价便开始了摧枯拉朽的三兵拉升，拉出了空间，拉高了股价。股价于左侧明显压力位置滞涨，主力在此处展开筹码的高位换手（见图中“左侧压力位置高抛”所示位置）。不论该位置筹码充分换手后股价继续走高，还是阶段行情就此完结，都是散户投资者需要及时规避的位置。

如图 7－11 所示，为南华仪器（300417）低吸高抛示意图。该图为该股 2015 年 3 月至 2019 年 9 月的季 K 线走势图。图中下方“三川低吸”虚线方框所示，主力在这里构建了一个为期 5 个季度的三川震荡低吸建仓通道，从而收集那些在左侧高位追高被套、又经过三空持续打压的筹码。这是主力低吸的过程，该过程中主力投入了大量资金，收集了大量的廉价筹码。三川低吸建仓完毕之后，主力就要把这些在低位收集到的筹码拉升到高位变现，实

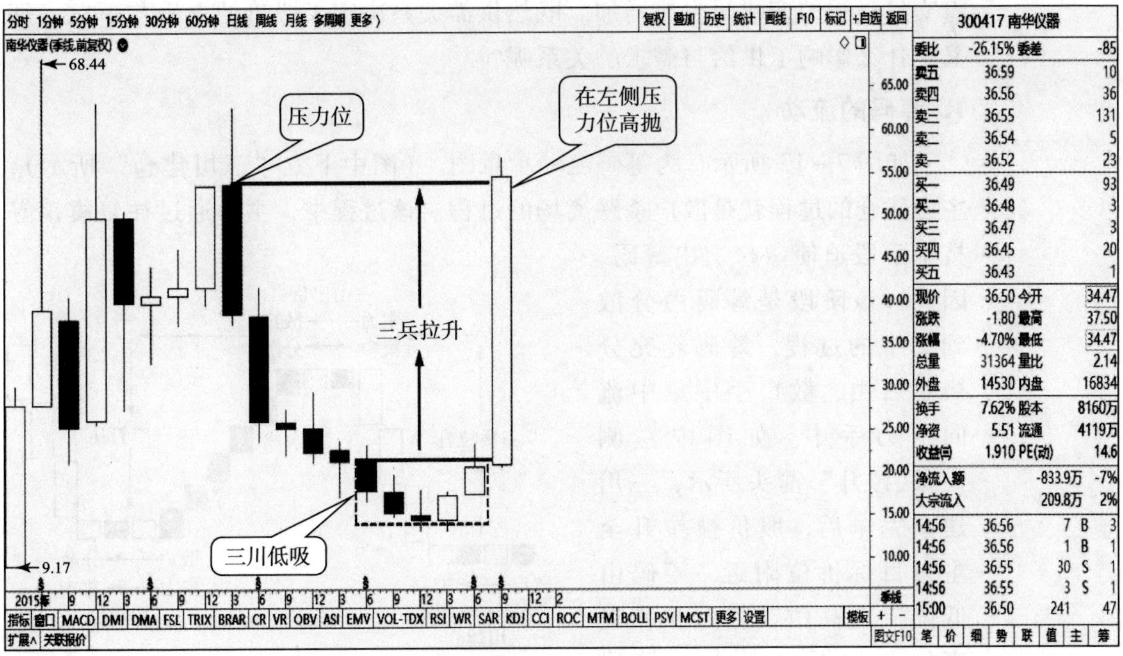

图 7－11　南华仪器（300417）低吸高抛示意图

现获利。图中“三兵拉升”所示区间，正是主力拉高股价、拉出空间的过程。这是个一蹴而就的三兵拉升行情，股价触及左侧明显压力位置而滞涨（见图中“在左侧压力位高抛”所示位置）。不管股价在该位置充分换手后继续走高，还是阶段行情就此止步，都是散户投资者需要及时规避且观望的位置。虽然这些位置也会出现不同涨幅的阳线，但投资者面对这些诱惑一定要不为所动，始终保持清醒的头脑。这就是该股主力低吸高抛的季线波段行情全过程。

第三节
筹码的流动与供需关系

低吸高抛这种市场行为的本身，其实就是个股筹码由低到高流动的过程。众所周知，交易行为是在供给方与需求方的共同作用下产生的。供不应求，价格就会上涨；供大于求，价格就会下跌，供需关系决定了交易的价格。个股流通股的数量在“大小非”尚未解禁的前提下是一定的，不会随着交易过程的变化减少或增加。既然供需关系决定了股价的上涨与下跌，那又是什么影响了供给与需求的关系呢？

1. 筹码的流动

如图7－12所示，为筹码流动示意图。（图中下方“三川建仓”所示），主力建仓的过程就是散户杀跌离场的过程。该过程中，主力通过往复震荡等技术手段迫使散户交出筹码，因此，该阶段是筹码由分散到集中的过程，筹码经充分换手后由，散户手中集中流向主力手中。如图中左侧“三兵拉升”箭头所示，三川建仓完毕后，股价被拉升至主力目标价位附近，筹码由低位流向高位，主力在相对高位开始派发手中的筹码（上方“三山出货”所示），

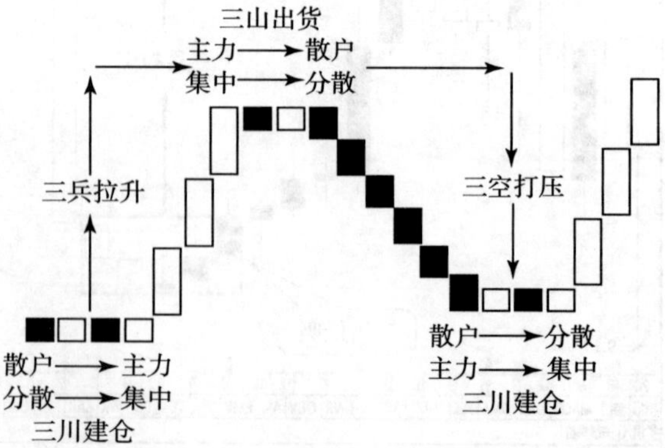

图7－12　筹码流动示意图

该过程是筹码由集中到分散的过程，筹码经过充分换手后由主力手中分散流向散户手中。该过程结束后，主力对股价展开持续打压，为下一轮行情做准备（图中“三空打压”所示）。该过程中，高位追高的散户纷纷杀跌交出筹码。三空最后阶段股价止跌企稳，主力再次构建仓位（图中右下方“三川建仓”所示），主力依旧通过往复震荡等技术手段，充分收集三山出货阶段追高被套的筹码、以及短期获利筹码。至此，筹码再次由分散趋于集中，由散户手中集中流向主力手中。图中箭头方向，就是筹码由低到高循环流动的过程，而该过程也是筹码由分散到集中、集中到分散、分散再到集中的循环过程，这就是股票自身的运行规律。

2. 供需关系

如图 7－13 所示，为供求关系示意图。本节开篇留了一个小悬念，既然供需关系决定了股价的上涨与下跌，那又是什么影响了供给与需求的关系呢？毫无疑问，是主力行为影响了供需关系的平衡。图中下方“三川建仓”所示可以理解为，上一轮行情三空打压之后的横盘收集行为。虽然股价止跌企稳，但是主力在此过程中，并不会有较大的动作，从而避免跟风资金的参与，一般会以小阴小阳的小振幅波动为主，绝大多数持股散户对股票已经失去信心。主力虽然在建仓，却故意装出一副半推半就的样子，每天的交易量波动不大，因此也不会过多吸引跟风抄底资金的关注。三川建仓阶段，散户在主动卖出，主力被动买进。因此，该阶段的供需关系是供大于求。

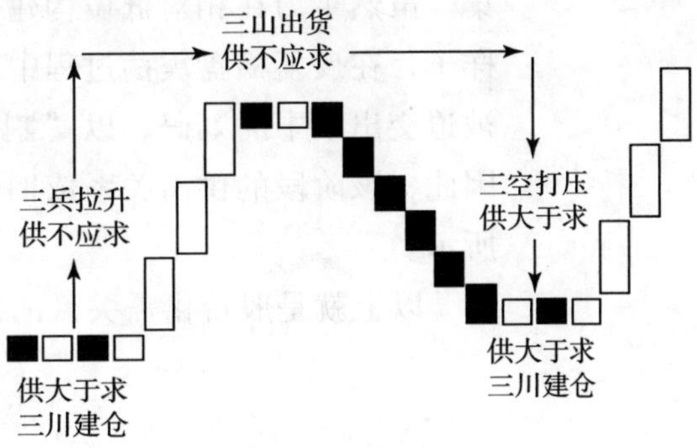

图 7－13　供求关系示意图

到了三川建仓阶段的尾声，这种供需关系已在悄然发生改变。从上一小节“筹码的流动”可以得知，三川阶段是筹码由分散到集中的过程，建仓完毕，多数筹码集中到了主力手中，供需关系在三兵拉升之前，接近一个阶段性的平衡。到了图中“三兵拉升”阶段初期，主力首先使股价脱离其大致成本区域（三川建仓阶段），股价脱离底部、开始拉升。此时多数筹码都在主力手中，加上市场浮筹的持有者同样惜售，无形之中帮助主力锁定了仓位，相应的题材热点应运而生，变得一股难求，跟风资金争相入场抢购，股价被快速推高，因此，该阶段的供需关系是供不应求。

股价抵达主力目标价位附近，主力开始派发手中筹码（图中上方“三山出货”所示），此时的供需关系应该是“供大于求”的。但是，主力会人为地制造出一种“供不应求”的假象，用股价还会继续上涨的假象来掩盖其高位出货的行为，引诱那些不明就里的投资者追高进场，高位接走了主力手中的筹码。主力于相对高位出货完毕，利用手中预留筹码对追高进场的散户展开持续震荡的打压，见图中“三空打压”所示。被套散户开始恐慌抛售手中的筹码，各种利空消息伴随着趋势的下行也会接踵而至。主力在该阶段以打压股价为主，通常并不会大肆吸筹，因此该阶段的供需关系是“供大于求”。

三空阶段末端，股价止跌企稳，一个新的三川震荡低吸建仓通道俨然成形，主力在此位置，对上一轮行情追高被套以及短期获利筹码进行最后的收集。虽然主力在相对低位构建仓位，但依旧像上次一样摆出一副极不情愿的样子，在反复横盘震荡过程中逐步瓦解散户本就脆弱的持股耐心，直到他们被迫交出手中的筹码，以“割肉”亏损的方式离开这个令他们伤心的股市，因此，该阶段的供需关系依旧是“供大于求”，见图中右下方“三川建仓”所示。

以上就是股价供需关系的循环过程。

第四节 主力的操盘手法

如图 7－14 所示，主力操盘手法示意图。主力的资金运作离不开操盘技巧与手法。绝大多数投资者都知道“低吸高抛”，也明白这是主力运作资金的逻辑及股票运行的内在规律。假定散户都如法炮制，显然主力是不能完成出货的。然而，事实并非如此。为了掩盖这种本不复杂的股票运行规律，主力采用各种技术手段来迷惑散户，而诱多与诱空是主力最常用的两种方法。

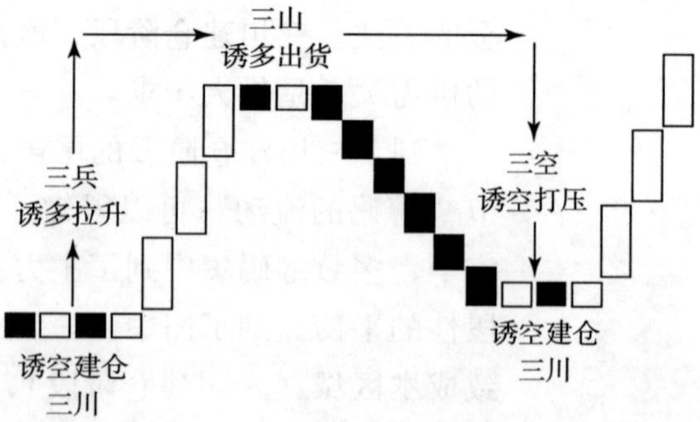

图 7－14 主力操盘手法示意图

“诱”字在这里作“引诱”解。顾名思义，诱多就是引诱做多，其实是多头陷阱；诱空则是引诱做空，是空头陷阱。如图中下方“三川”所示，主力在建仓阶段多采用诱空的手法，对持股散户进行技术性恐吓，致使其恐慌抛售，趁机收集更多的廉价筹码，达到低位建仓的目的。三川建仓完毕，也就是三兵拉升之时（见图中左侧“三兵”所示诱多拉升）这一阶段，报纸、杂志、电台、网络等媒体关于个股的利好消息纷至沓来，以此吸引那些持币观望的资金进场，参与浮筹之间的换手，并以此推高股价。图中“三山”所示，是主力运作资金的关键阶段，在这里，多数主力会以诱多的方式，在相对高位布设多头陷阱，营造“股价继续上涨”的假象，吸引更多的持币投资者高位进场接盘，达到其顺利出货的目的。图中“三空”所示，主力出货完毕后，会对股价展开持续震荡打压。但单纯的打压并不会引起太大的恐慌，此时关于个股的各种利空消息接踵而至，追高进场的散户投资者已经被深度套牢，利空消息的刺激加上主力技术性的压价，迫使被套的投资者开始纷纷杀跌离场。如图中右侧下方“三川”所示，三空末端股价止跌企稳，该阶段即便不再有关于个股的利空消息，主力也会在这里制造各种技术型震荡，布设空头陷阱，这对仍旧持股的投资者不得不说是一种痛苦的煎熬，他们实在不能承受这种心灵的打击与摧残，愤然离场。该阶段，主力故伎重演，依旧以诱空的方式构建仓位。这就是主力资金运作手法的循环过程。

第五节 市场情绪

市场情绪，泛指市场中绝大多数投资者的情绪。是什么在引导市场情绪呢，又是哪些因素影响着绝大多数散户投资者的情绪呢？上述问题在三法四式中都会找到具体的答案。

如图 7－15 所示，为市场情绪示意图。图中下方“三川建仓”所示为主力机构在悄悄地构建仓位，由于该阶段股价没有明显的涨幅，持股者对所持股票渐渐失去信心，持币者观望为主也不参与，即使参与其中的短线投资者，由于股价没有大的波动，也会无利可图，因此三川建仓阶段的市场情绪是低迷的，不管是持股投资者还是持币投资者，对建仓阶段的股票都会无感，这正是主力要达到的目的。在主力建仓的阶段，是不能容忍其他资金参与的，是具有排他性的。建仓完毕之后，主力需要跟风资金入场，并积极参与浮筹的换手而推高股价。前文讲过，三兵阶段的筹码供不应求，持币散户的情绪纷纷被点燃，

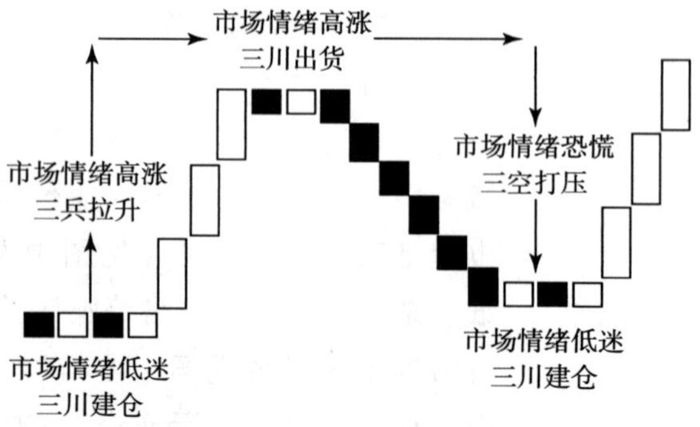

图 7－15　市场情绪示意图

一哄而上抢购筹码，参与其中的投资者纷纷获利，因此，该阶段的市场情绪是极度高涨的（如图中左侧“三兵拉升”所示）。股价到达主力目标价位附近，如图中上方“三山出货”所示，由于左侧三兵拉升的惯性作用，有些精明的投资者虽然已经意识到风险的到来，但是由于人性的贪欲，并不愿意相信股票拉升的行情即将就此完结，更多的投资者依然沉浸在牛市暴涨的喜悦中。伴随着高位频发的利好消息和高涨的市场情绪，主力顺利完成了筹码的派发。主力出货完毕，伴随着各种利空消息，开始对股价展开“狂轰滥炸”，“踩踏事件”往往也发生在该阶段（如图中“三空打压”所示），高位被套的投资者在该阶段惊恐、焦虑、烦躁，最终的市场情绪以恐慌为主。三空末端，打压过程基本完毕。伴随着股价的止跌企稳，走势的持续震荡继而开始，主力此时故伎重演，再次开始震荡建仓（如图中“三川建仓”所示），市场情绪再度回归低迷，主力之外的投资者均不看好后市，行情如一潭死水，没有半点波澜。此时，主力收集筹码的工作正在悄悄地进行中。

以上就是市场情绪变化的全过程。不难看出，市场情绪的变化并非与生俱来的，而是完全受主力行为的影响而变化。

第六节
主力与散户

在资本市场中，我们习惯把能够影响股价走势的机构或个人投资者称作“主力”，把主力之外的投资者称作“散户”。图 7－16 为主力与散户关系示意图。图中不难发现主力与散户的密切关系：主力离开散户就不能完成拉升

与出货，散户离开主力也不能获得收益；主力和散户既是对立的，又是统一的，形成了一个矛盾的共同体。

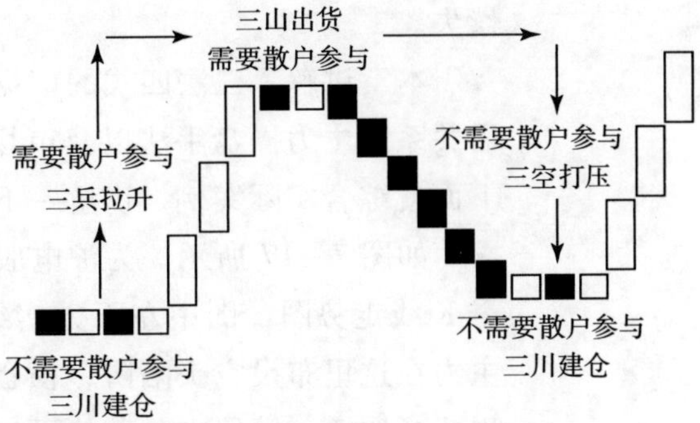

图7-16　主力与散户关系示意图

图中下方“三川建仓”所示，是主力横盘震荡构建仓位的阶段。该阶段是不需要散户参与的，即便有抄底的投资者参与其中，主力也会通过种种技术手段“清除异己”，上下往复震荡的“过山车”就是一种十分有效的方法。当主力在该阶段收集了足够的筹码，到达了目标仓位后，就需要持币散户积极介入，参与浮筹的换手，并以此推高股价（如图中“三兵拉升”所示）。在该阶段，主力允许散户参与，允许散户赚钱，但是决不允许散户在该阶段赚太多钱。主力会通过各种技术性洗盘手段，把短线获利的散户清洗出局，吸引新的散户陆续加入，并以此垫高新进散户的持股成本，固定筹码。三兵拉升阶段是上升趋势，是个股的牛市阶段，参与该阶段的散户扮演了“轿夫”的角色，主力仅在关键位置稍加引导，股价便会被轻松推高。参与该阶段的散户也理所应当地获得了投资收益，主力与散户在这个过程中是战略合作伙伴关系，是互惠互利的利益共同体。图中“三山出货”所示，股价到达主力目标附近，主力开始诱多出货，该阶段主力需要大量不明就里的散户追高进场。如果没有广大散户的参与，主力的获利将无从谈起。在该阶段参与的散户是赚不到什么钱的，即便能有获利，也不过是蝇头小利；而主力通过技术手段顺利地完成了筹码的高位派发，赚得盆满钵满。该过程完成之后，最可怕的事还在后头——如图中“三空打压”所示，主力随即对股价展开连续震荡打压。该阶段是不需要持币散户参与的，股价连续下跌的过程本身也没有多少散户参与其中。伴随着三空打压的结束，股价止跌企稳，主力故伎重演，开始了新一轮的震荡建仓，如图中右下方“三川建仓”所示。该阶段主力不需要散户参与，即便抄底散户参与其中，短期内也无利可图。这个阶段是除主力之外，绝大多数投资者都不看好的阶段。

通过该图，经常亏损的投资者或许已经找到了原因所在：只有当股价运行于三兵阶段的时候，才是主力真正需要散户参与的时候。唯有这个阶段才是个股的牛市，是真正具备赚钱效应的阶段。除此之外，三法四式中的任何一个阶段，都是散户投资者需要果断规避的。如果在主力不需要散户参与的阶段参与了，轻则浪费了时间不亏不赚，重则被套其中、铩羽而归，得不偿失。

本章讲解了三法四式的市场意义，牛市熊市、低吸高抛、筹码流动、供需关系、主力操盘手法以及市场情绪，在三法四式中都有具体的表现形式。下面就综合实际案例，讲解一下三法四式的具体市场意义。

如图 7－17 所示，为沪电股份（002463）2010 年 9 月至 2019 年 9 月的季 K 线走势图。图中左下方实线方框所示“三川建仓”，是该股的震荡市。主力在这里布设空头陷阱，横盘震荡低吸，构建了一个为期 12 个季度的三川建仓通道。筹码由分散趋于集中，由散户手中逐渐流入主力手中。该阶段的供需关系是供大于求，市场情绪低迷。图中左侧实线方框所示“三兵拉升”，是该股的牛市阶段，筹码供不应求，由低位向高位流动。主力以诱多为主，积极吸引持币散户投资者参与浮筹的换手，以此来推高股价。该阶段市场情绪空前高涨。图中上方虚线所示“三山出货”，表示主力在目标价位附近，开始高位横盘震荡出货，该阶段是震荡市，筹码在这里高抛，由集中趋于分散，由主力手中逐步换手到追高进场的散户手中。主力在该阶段布设多头陷阱，营造供不应求的市场假象，诱多出货，此时市场情绪依旧高涨。图中“三空打压”所示季 K 线，表示主力高位派发筹码完毕后，对股价展

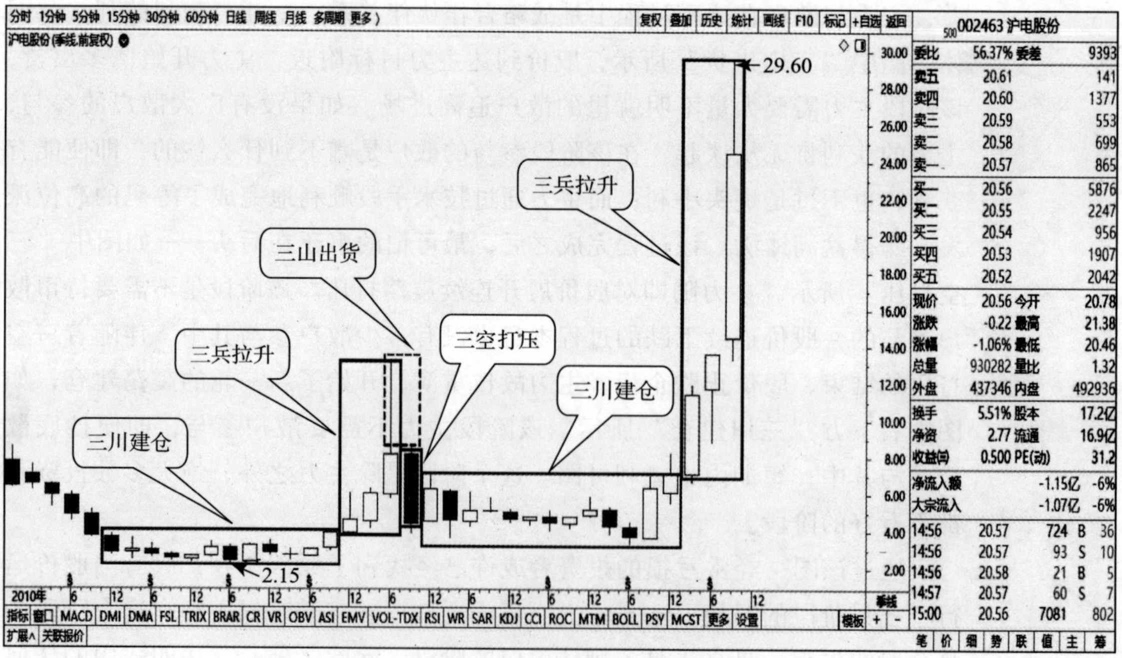

图 7－17　沪电股份（002463）季 K 线走势图

开持续震荡诱空打压，该阶段是该股的熊市阶段，筹码由高位向低位开始流动，市场筹码供大于求，伴随下跌力度不断加大，市场情绪变得异常恐慌，高位追高被套的投资者开始变得焦躁、紧张，由于不能忍受三空震荡打压的心理煎熬，纷纷杀跌、抛售手中筹码，从而加剧了筹码向下的流动速度。三空末端，股价被打压到上一轮行情起涨的位置止跌企稳（见图中右下方“三川建仓”所示方框），主力故伎重演，再次构建了一个为期 13 个季度的横盘震荡低吸建仓通道。毋庸置疑，这是该股的又一个低位震荡市，筹码再次由分散逐渐趋于集中，由散户手中换手到主力手中。主力依旧在这里布设空头陷阱，诱空建仓，采用长期反复震荡的方式，逐步瓦解持股者的耐心，该阶段初期的供求关系依旧是供大于求。随着三川进程的不断深入，供求关系逐渐平衡，使三川建仓阶段尾声的供求关系悄然发生变化。伴随着股价再次三兵拉升，筹码再次变得供不应求，市场情绪再次被点燃（见图中右侧“三兵拉升”所示实线方框），一波摧枯拉朽的行情再次展开，该股迎来新一轮的牛市，主力低吸的筹码再次流向高位。以上就是牛市熊市、低吸高抛、筹码流动、供需关系、市场情绪以及主力手法在实际案例中的具体表现。

第八章 股票运行的基本步骤

建仓—拉升—出货—打压，是股价运行的四个基本步骤，缺一不可，并且一直往复循环下去。本书第三章阐述了股票运行的基本原理，本章将深入讲解股票运行的基本步骤在三法四式中的具体表现形式。

如图8－1所示，为股票运行步骤示意图。为了完整地了解这个过程，我们就要从一只新股开始说起。如图中左下方“三川建仓”所示，可以理解为主力在新股打新阶段，就已经通过技术手段获得了许多的筹码，这是接下来三兵拉升的基础。如图中左侧“三兵拉升”所示，可理解为新股上市交易，不管中签的是主力还是散户都不肯抛售，于是股价越来越高。当获利盘越来越大时，持股者开始抛售（如图中上方“三山出货”所示）。但是在这里，中签的主力不会抛售太多筹码，而是在股价逐步下跌的时候，全部接走中签散户投资者所抛售的筹码。但部分中签散户抱有股价还会继续上涨的侥幸心理，不肯抛售，此时主力开始打压股价（如图中“三空打压”所示），由于新股都是获利筹码，主力略施小计，已经获利的散户就会纷纷交出手中的筹码。股价被打压到一定价位止跌企稳，主力开始横盘震荡，继续收集筹码构建仓位，通常采用往复震荡的方式，制造心理落差，迫使获利散户最终离场，筹码在该阶段由分散趋于集中，主力顺利完成仓位构建（如图中右下方“三川建仓”所示）。该过程完毕之后，一轮新的拉升行情顺势展开（如图中右侧“三兵拉升”所示）。这就是股票运行的四

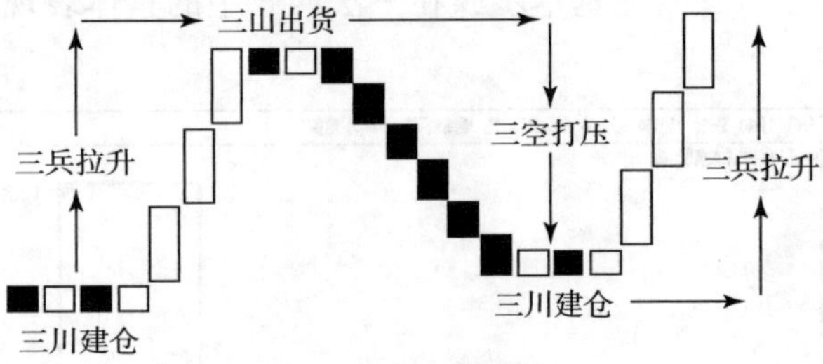

图8－1 股票运行步骤示意图

个基本步骤在三法四式中的具体表现。

如图 8－2 所示，为中国人保（601319）股价运行步骤周 K 线示意图。该图为中国人保 2018 年 11 月至 2019 年 3 月的周 K 线走势图。图中左侧“三兵拉升”实线方框表明新股上市，中签该股筹码数量较多的主力和散户纷纷惜售，此时该股供大于求，股价如芝麻开花——节节高。随着获利盘不断增加，获利筹码开始抛售（如图中虚线方框“三山出货”所示），获利散户开始在相对高位抛售。在该阶段中，主力并未抛售太多筹码，而是采用技术手段压低股价。为了逼迫更多的中签获利的散户交出手中筹码，主力开始了一轮为期 4 周的持续打压行情，以此恐吓那些获利散户离场（如图中“三空打压”所示）。股价止跌企稳后，主力构建了一个为期 7 周的横盘震荡低吸建仓通道（如图中下方“三川建仓”实线方框所示），对中签获利散户的筹码进行最后的收集，当筹码数量达到足以控盘的目标仓位之后，三川建仓阶段结束，随后股价开始了一波凌厉的拉升（如图中右侧“三兵拉升”实线方框所示），一个完美的阶段性波段行情就此展开。这就是股票运行四个基本步骤在三法四式中的具体表现。

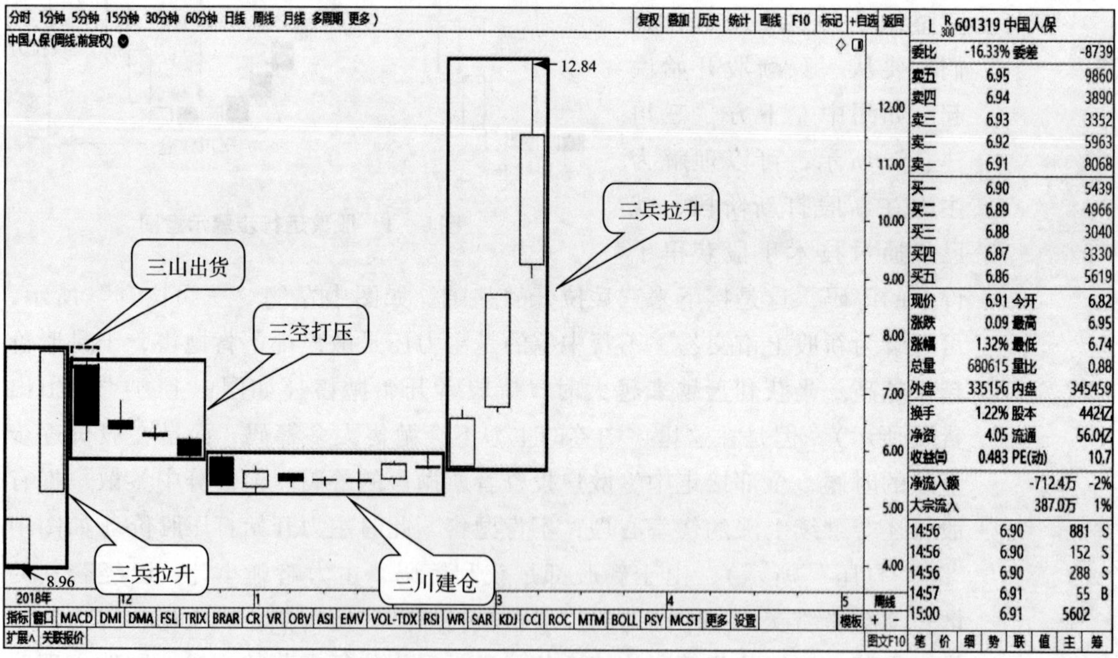

图 8－2　中国人保（601319）股价运行步骤周 K 线示意图

第一节
建仓阶段

从严格意义上讲，在三法四式中，股票的建仓阶段从三空打压阶段就要开始算起（新股除外），不能狭隘地理解为只有横盘震荡的三川建仓阶段才是主力在构建仓位。三法四式的每个步骤都是持续连贯的，并不能彼此割裂开来单独理解与使用。主力要想在相对低位获得足够数量的筹码，势必先要对股价由高到低进行打压，让上一轮行情结束，在三山出货阶段，参与其中被套的散户杀跌离场，该阶段是个股的熊市。我们知道，在牛市中主要趋势是以上涨为主，而在熊市中则以下跌为主基调，但牛市中会有不同程度的回调，熊市中也会有不同程度的反弹。熊市中的震荡反弹往往风险大于机会，这是主力为了诱导那些在三山出货阶段进场参与接盘的散户投资者而使出的“组合拳”，尤其是三空打压第一阶段的反弹，追高进场的散户不愿意接受熊市已经来临的现实，心存侥幸，更多时候往往会把三空打压第一阶段的反弹当作是牛市中的一次调整而已，这是一种极度危险的心理状态，往往会导致其做出极端错误的判断与决定。很多被套的散户在三山出货与三空打压衔接的位置和股价刚开始下跌的阶段，是不太情愿抛售自己手中筹码的，因为市场高涨的情绪刚刚开始降温，而这时主力在三空打压的第一阶段往往不会对股价打压太多，股价止跌后会出现一个幅度不大的反弹行情。一部分在高位被套的散户怀揣急于解套的梦想会在这个位置补仓，期望用这种方式先行降低持股成本，然后等股价上升到原先自己追高的位置时卖出解套，这种做法是个严重的误判。因为股价本身的大趋势已经确定，尤其对那些在三兵拉升末端追进的投资者而言，股价在高位震荡的阶段其实还是有盈利的，但由于判断失误，在三山出货阶段主力已经出货时依旧坚定持股，期待有更大的收益，结果事与愿违。而三空打压第一阶段的反弹就是主力使出的第一个“组合拳”，持股的投资者在这个位置没有被深度套牢，很多人会在这个位置补仓，而三空打压的反弹向来以诱空为主，结果可想而知。股价在三空打压的第一阶段往往稍微小幅反弹就会急转直下，深度套牢那些在三山出货附近进入的投资者，之前这些投资者的账户已经出现亏损，补仓后账户的亏损反而加剧了，伴随着资金账户的严重缩水，散户投资者的恐惧心理开始放大，同时出现了极大的心理落差。而此时关于该股的各种利空消息也会纷至沓来，极大地动摇了散户投资者的持股信心，绝大多数散户投资者害怕继续亏损，纷纷在三空打压的第二阶段卖出手中的股票，于是出现了恐慌性的抛售。在该阶段，股价依旧以震荡下行为主，只不过震荡的幅度远比第一阶段要大，持续时间远比第一阶段更长。大幅震荡过后往往出现横盘，更多前期被套的投资者由于无法承受这种心理层面的打击与折磨，纷纷交出手中的筹码，而主力此时也会继续收集筹码。但调整远未结束，三空打压第二阶段的结束就是第三阶段的开始，主力经常此时借大盘之势继续打压股价，最终深度打击了那些依然被套散户投资者的持股信心。即便是内心再强大的散户，也往往经不住主力的最后一击，这就是三空打压的最后阶段。这个位置的股价相对来讲是最低的，所以主力会在这个位置展开大规模的筹码收集工作，同样这个阶段依旧会以横盘震荡为主，更多账户巨亏的被套散户投资者，在这里相继杀跌卖出，这就是股市中流传的“买在了最高价，割在了地板上”，也是黎明前最黑暗的时刻。三空打压的这一套“组合拳”下来，没有多少散户能够招架得住，主力建仓的过程就是散户割肉的过程，绝大多数被套散户都纷纷交出了手中的筹码，股价拉升中自然就没有了阻力。当三川建仓（即主力收集筹码）的过程接近尾声的时候，由于股价上方抛压已经释放完毕，所以三川建仓之后的三兵拉升也就变得顺理成章了。实盘实践中，个股的建仓方式虽然大同小异，但低吸高抛的市场规律却是永远不会改变的。

如图 8 -3 所示，为南卫股份（603880）季 K 线建仓示意图。图中上方“三空打压”所示实线方框，表示主力对股价开始了一轮为期 4 个季度的反复震荡打压，这是该股的熊市阶段。主力这样做的目的就是深度套牢那些在上一轮行情追高进场的散户投资者，让他们的账面资产大幅缩水，以此来制造恐慌情绪，引发散户杀跌抛售。但对股价一味打压并不能收集到足够筹码，三空打压的目的只是压低股价，为接下来低吸廉价筹码做准备。图中下方“三川建仓”所示虚线方框是主力的吸筹阶段，筹码的收集工作正式拉开帷幕，构建了一个为期 5 个季度的横盘震荡建仓通道，该过程为一年零三个月。不少散户持股者的信心在该过程中土崩瓦解，由于实在不能忍受账户的亏损与内心的煎熬，纷纷交出手中筹码，在无奈与叹息中离场。随着三川建仓过程的结束，筹码由分散到集中，意味着在上一轮行情中绝大多数被套的散户筹码落入主力手中，主力建仓的同时释放了抛压，为随后的三兵拉升打下了坚实的基础，这就是该股主力对股价打压之后的建仓过程。

如图 8 -4 所示，为鲁抗医药（600789）季 K 线建仓示意图。该图为 2015 年 6 月至 2020 年 2 月的季 K 线走势图。图中“三空打压”所示季 K

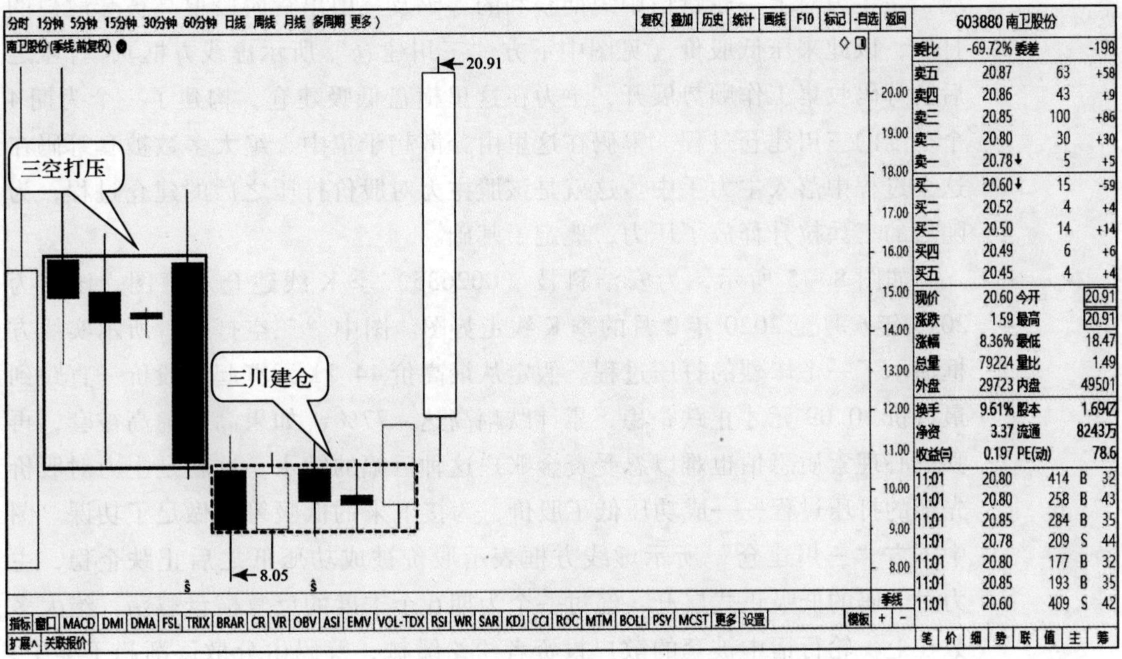

图 8-3　南卫股份（603880）季 K 线建仓示意图

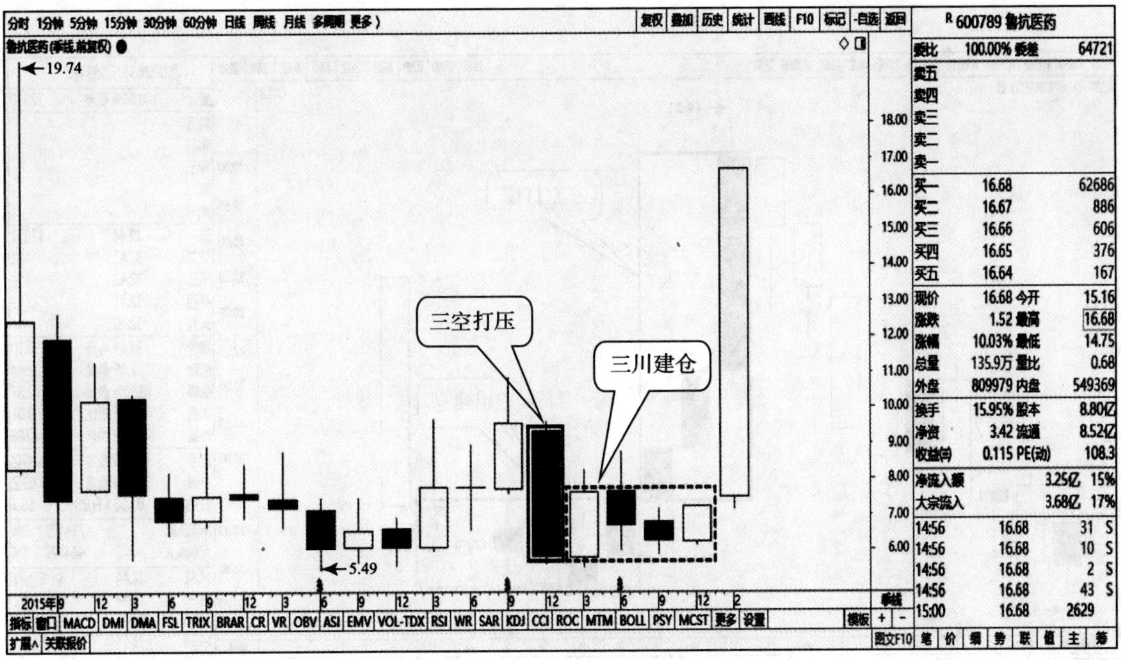

图 8-4　鲁抗医药（600789）季 K 线建仓示意图

线，是主力对上一轮行情中短期获利的筹码及三山出货阶段追高被套散户的打压，以此来压低股价（见图中下方“三川建仓”所示虚线方框），打压之后的筹码收集工作顺势展开，主力在这里横盘低吸建仓，构建了一个为期4个季度的三川建仓过程。筹码在这里由分散趋于集中，绝大多数被套筹码在这个过程中落入主力手中。这就是该股主力对股价打压之后的建仓过程，为随后的三兵拉升释放了压力，奠定了基础。

如图8-5所示，为安洁科技（002635）季K线建仓示意图。该图为2015年6月至2020年2月的季K线走势图。图中“三空打压”所示实线方框演示了一个惨烈的打压过程。假定从最高价44.21元算起，股价一直跌到最低价10.09元才止跌企稳，累计跌幅高达-77%。如果高位追高被套，再强的心理素质恐怕也难以忍受资金账户这种巨幅的缩水，这就是主力对股价先期的打压过程——成功压低了股价，为接下来的低吸筹码做足了功课。图中下方“三川建仓”所示虚线方框表示股价被成功压低之后止跌企稳，主力对筹码的低吸正式展开，经过一个为期6个季度的反复横盘震荡，绝大多数在上一轮行情中被套的散户投资者纷纷缴械，筹码由分散逐渐趋于集中，套牢抛压得以有效释放，这就是该股主力对股价三空打压之后的三川建仓全过程，为接下来的三兵拉升扫清了障碍。

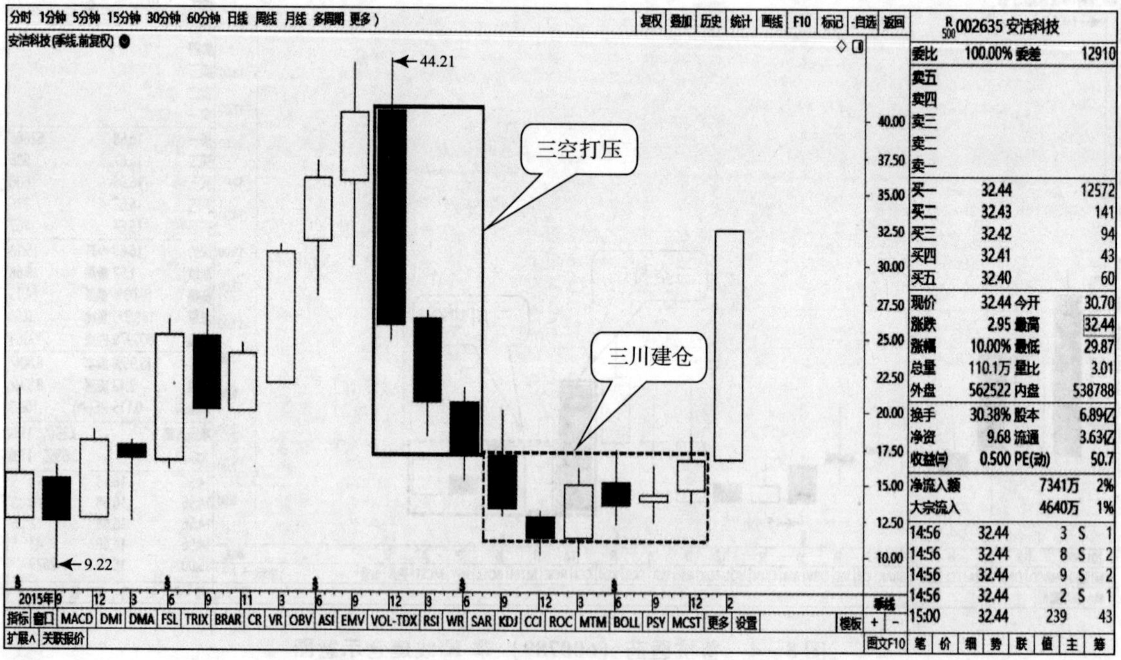

图8-5　安洁科技（002635）季K线建仓示意图

如图 8－6 所示，为旭升股份（603005）季 K 线建仓示意图。该图为 2017 年 9 月至 2020 年 2 月的季 K 线走势图。图中“三空打压”所示实线方框是主力对中签散户投资者最有效的驱离方式，以该股最高价 61.02 元到最低价 17.37 元计算，期间累计跌幅超过 70%，在这种巨大的跌幅下，很难想象会有中签散户能够一直坚定持股。伴随着三空打压的结束，股价被主力打压到一个相对满意的低价，继而展开漫长的筹码收集工作（见图中下方“三川建仓”所示虚线方框），一个为期 7 个季度的持续震荡低吸建仓通道俨然成型，在这个漫长的横向震荡过程中，由于中签的散户投资者无法忍受长达一年半的痛苦煎熬，最终不得不抛售离场。至此，筹码由分散趋向集中，悉数流向主力手中，左侧套牢抛压被有效释放，为随后股价的三兵拉升扫清了障碍，奠定了基础，这就是该股主力对股价打压之后建仓的全过程。

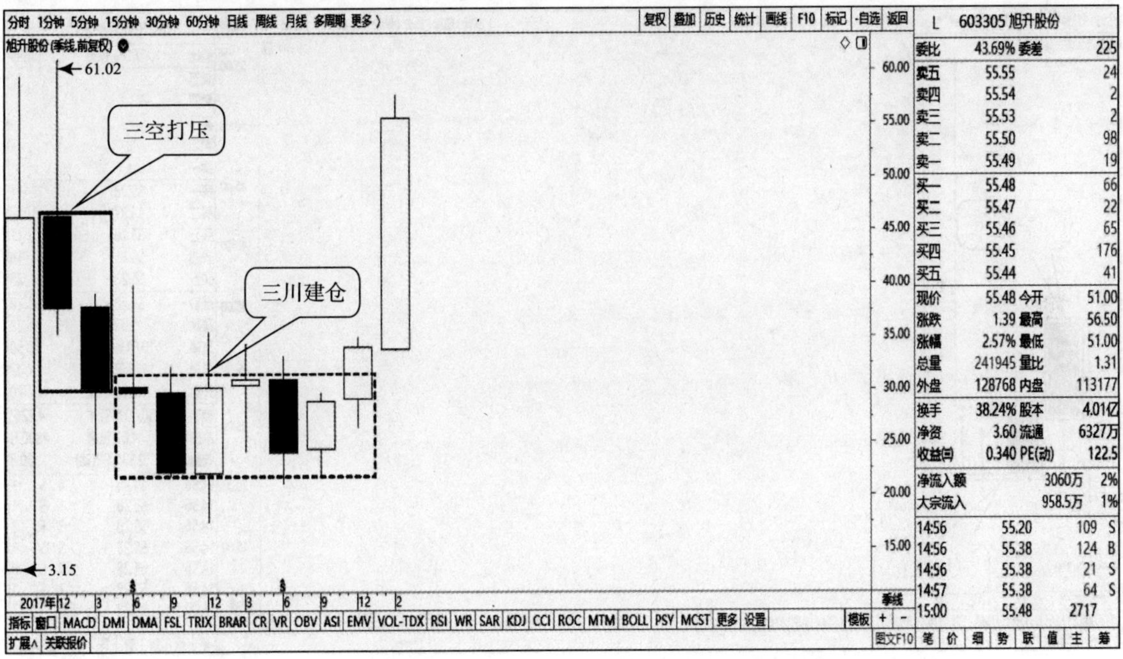

图 8－6　旭升股份（603005）季 K 线建仓示意图

如图 8－7 所示，为奥美医疗（002950）季 K 线建仓示意图。该图为 2019 年 3 月至 2020 年 2 月的季 K 线走势图。图中上方“三空打压”所示季 K 线是主力对该股新股中签获利散户投资者最有效的驱离方式（1 条季 K 线，就是连续 3 个交易月的持续震荡打压，而在该分析周期仅仅表现为 1 条 K 线）。股价从最高价 38.23 元一直被打压到 19.06 元，累计跌幅超过 50%，该过程中有许多中签散户逐渐止盈获利离场。当股价被打压到主力满意的低价之后止跌企稳，又以一个为期2个季度的横盘震荡对筹码展开收集（见图中下方“三川建仓”所示虚线方框）。先打压、后横盘，这是主力操盘手最常用的、也是最有效的操盘手法之一，绝大多数中签获利散户投资者在该阶段最终离场，筹码悉数落入主力手中，供求关系在主力建仓完毕之时也已经悄然发生了改变。经过持续打压之后的横盘建仓，筹码由高价位流向低价位，由分散到集中，随后股价拉升的抛压被有效释放，为之后的三兵拉升扫清了障碍，奠定了基础，这就是该股主力对股价先打压、后建仓的全过程。需要指出的是，该形态在右侧大阳线还没有出现的时候，本身就是一个十分经典的三法四式（从左至右为三兵、三山、三空、三川），关键位置经过主力的技术手段充分洗盘换手之后，股价的拉升水到渠成，这就是该股主力对股价打压之后的建仓全过程。

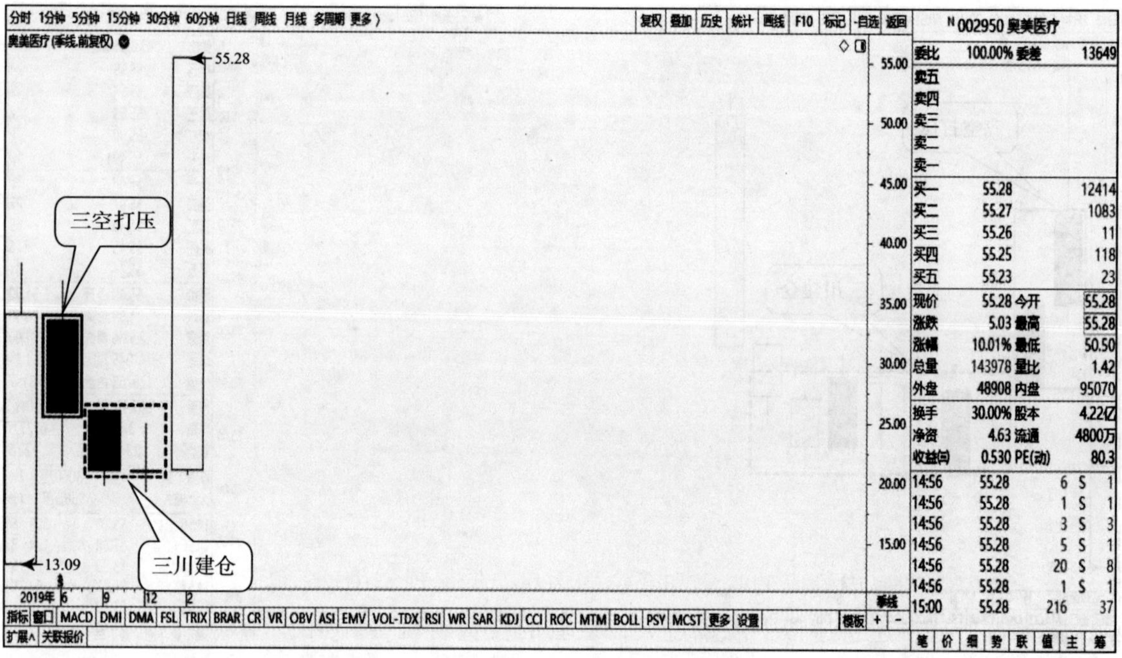

图8－7 奥美医疗（002950）季K线建仓示意图

如图8－8所示，为四环生物（000518）月K线建仓示意图。该图为2018年7月至2020年2月的月K线走势图。图中“三空打压”所示实线方框是对上一轮行情追高被套牢散户投资者的打压，最高价与最低价之间累计跌幅超过40%。三空末端，股价止跌企稳，主力把股价维持在一个相对稳定的价格区间，开始了筹码的低吸工作（见图中下方“三川建仓”所示虚线方框），主力构建了一个为期8个交易月的三川震荡低吸建仓通道，该过

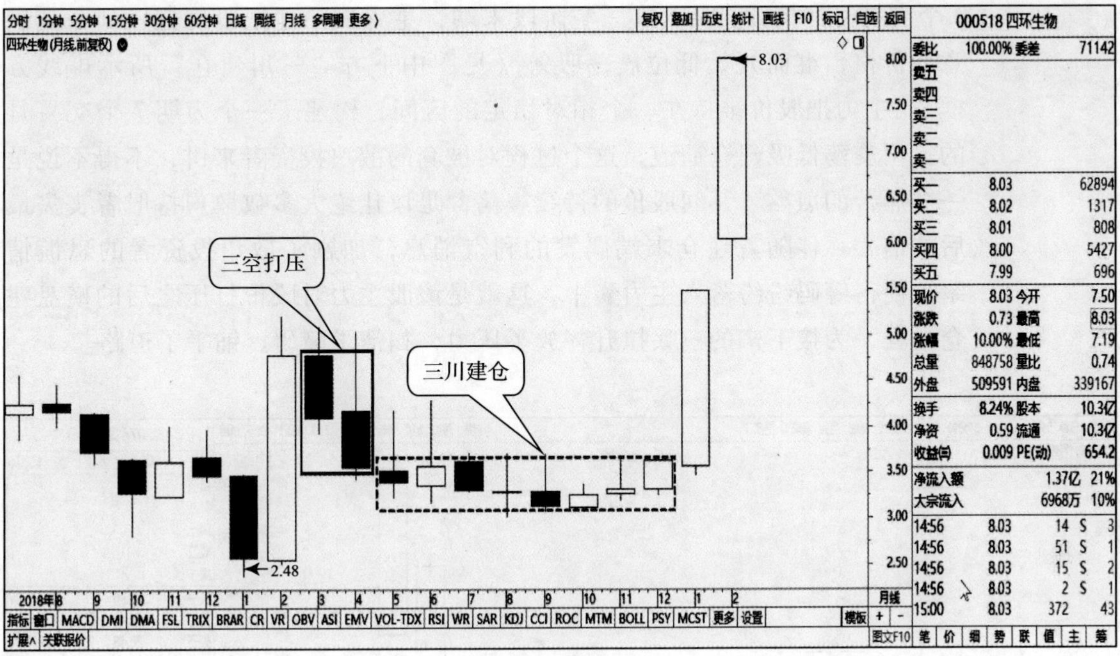

图 8-8　四环生物（000518）月 K 线建仓示意图

程中高位被套散户投资者实在无法忍受这种巨大的心理落差，最终在这里折戟沉沙，抛售离场。即便是喜欢抄底的短线投资者，在这期间同样很难获利，主力之外的投资者对该股不屑一顾，该股似乎走到了被市场遗忘的角落，这正是主力希望达到的效果。细心的投资者在学习三法四式的过程中会注意到这样一个规律，那就是在绝大多数时候，三法四式中的三川建仓阶段比三山出货阶段时间长很多，其实不难理解，在三山出货阶段，主力布设了多头陷阱来诱多出货，筹码几乎是被散户投资者哄抢的，尤其是主力在相对高位的涨停板出货时。而三川建仓阶段则不然，虽然主力迫切希望以最短的时间完成筹码的收集和仓位的构建，但是现实中这几乎是不可能实现的，一旦在建仓过程中涨幅过大，被套的投资者就会产生惜售的心理而不肯抛售，同时也会吸引抄底的投资者进场参与分一杯羹，打乱主力既定的建仓计划。所以主力在建仓过程中，既要把股价控制在一个相对稳定的区间，还不能打草惊蛇，引起市场过度关注，只能悄悄地进行筹码收集，因此，主力的时间成本是比较高的，也就造成了三川建仓阶段用时比三山出货阶段用时成倍增加的普遍现象。

如图 8-9 所示，为国轩高科（002074）月 K 线建仓示意图。该图为 2018 年 7 月至 2020 年 2 月的月 K 线走势图。图中“三空打压”所示实线方框是主力对上一轮行情中短线获利筹码的驱离及追高被套散户的打压。历经

2个交易月的持续打压，在三空阶段末端，主力成功地把股价打压到令其满意的价格，继而开始低位震荡吸筹（见图中下方“三川建仓”所示虚线方框）。主力把股价维持在一个相对稳定的区间，构建了一个为期7个交易月的三川震荡低吸建仓通道，这个过程对被套的散户投资者来讲，不得不说是一个痛苦的煎熬。其间股价的持续震荡，足以让绝大多数散户持股者丧失最后的信心。伴随着建仓末端偶发的利空消息，加剧了散户投资者的恐慌情绪，使得筹码纷纷落入主力囊中，这就是该股主力对股价打压之后的横盘建仓过程，为接下来的三兵拉升释放了压力，扫清了障碍，铺平了道路。

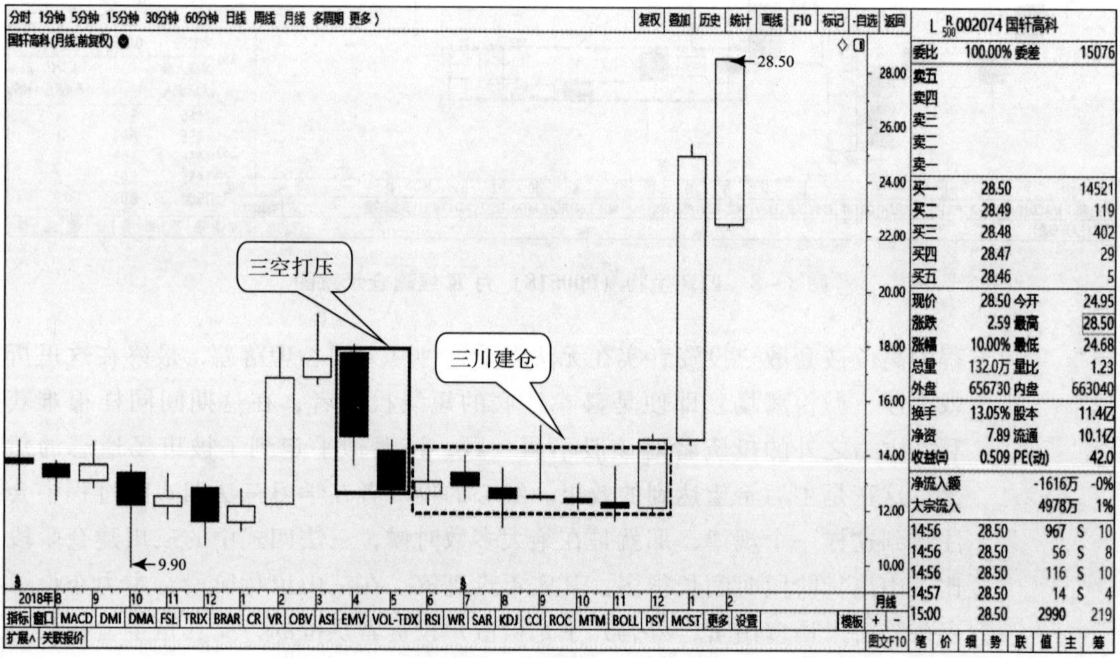

图8－9　国轩高科（002074）月K线建仓示意图

如图8－10所示，为振德医疗（603301）月K线建仓示意图。该图为2018年4月至2010年2月的月K线走势图。图中“三空打压”所示实线方框是主力对上一轮行情获利短线筹码的驱离及三山出货阶段追高被套筹码的打压。经过3个交易月的持续震荡打压，主力成功压低了股价，股价从最高28.31元跌到最低18.32元，其间跌幅超过－35%。三空打压的过程本身就会有许多筹码恐慌抛售，不管是短期获利的还是高位追高被套的，主力照单全收。三空末端，股价被打压到了主力满意的位置止跌企稳（见图中下方“三川建仓”虚线方框），主力展开了正式的筹码收集工作，构建了一个为期6个交易月的三川震荡低吸建仓通道，以此种方式对散户投资者进行最后的技术性恐吓，逐步瓦解他们的持股耐心，逼迫他们交出手中的筹码。在该阶段中，主力把股价维持在一个相对狭小的振幅内持续震荡，即便是善于投机抄底的短线投资者在这期间也会无利可图。主力悄无声息地完成了筹码的低吸和仓位的构建，筹码在这里由分散最终趋向集中。这就是该股主力对股价打压之后的建仓过程，为之后的三兵拉升释放了抛压，扫清了障碍，奠定了基础。

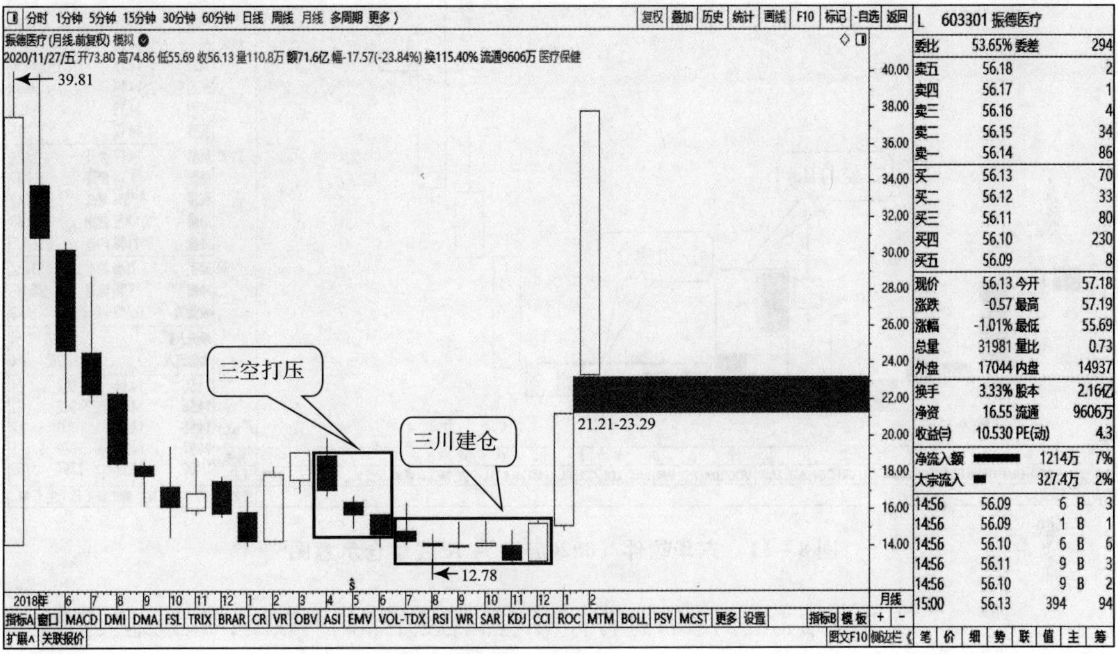

图 8－10　振德医疗（603301）月 K 线建仓示意图

如图 8－11 所示，为东华软件（002065）月 K 线建仓示意图。该图为 2018 年 7 月至 2020 年 2 月的月 K 线走势图。图中“三空打压”所示实线方框是主力对上一轮行情短线获利筹码的驱离及对三山出货阶段追高被套筹码的打压。2 个交易月的持续震荡打压成功压低了股价，将股价从最高价 9.79 元打压到最低价 6.16 元，其间跌幅超过－37%。打压的过程本身就会有许多筹码恐慌抛售，不管是短期获利的还是高位追高被套的，主力悉数收下。三空末端，股价被打压到了主力满意的位置止跌企稳（见图中下方“三川建仓”虚线方框），主力展开了正式的筹码收集工作，构建了一个为期 5 个交易月的三川震荡低吸建仓通道。这是个相对漫长的建仓过程，主力通过技术手段把股价维持在一个相对稳定的区间，反复震荡低吸，持股者的信心在这里被蚕食。这种毫无起色的横盘阶段，没有波澜壮阔的行情，自然也不会引起市场的关注。主力默默无闻地构建自己的仓位，筹码逐步流向主力手中，由分散最终趋于集中，这就是该股主力对股价打压之后的横盘建仓全过程，为随后的三兵拉升奠定了基础。

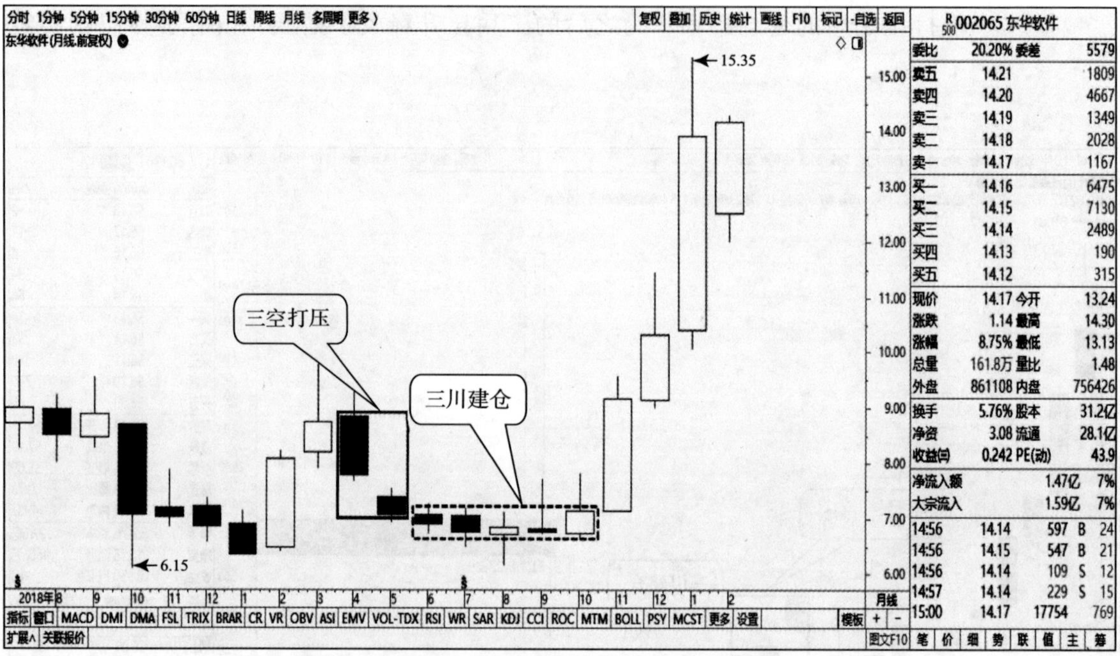

图 8－11　东华软件（002065）月 K 线建仓示意图

本节总结：先对股价进行打压，然后展开筹码的收集，这是绝大多数主力建仓的一种常规操作手法。需要指出的是，因个股压力大小和股价所处具体位置的差异，主力建仓的形态、周期等都会有所差别。但是万变不离其宗，低吸高抛的市场规律永远不会改变，也无法改变。细心的 投资者会发现，本节所使用的案例都是季线、月线这种较大的分析周期，这是笔者多年来的操盘习惯所致。相对大的分析周期更能准确直观地反应出股价运行的整体趋势，为投资者的实盘操作提供有效的参考。本书前面章节讲过，小周期是对大周期的分解，大周期是对小周期的合并汇总，反应在三法四式上，是一种清晰直观并且简单的 K 线形态，这是事物的表象。而我们学习三法四式的目的，正是要通过这种简单的表象去洞悉主力运作资金的意图，这是投资者学习三法四式的核心。大周期的 K 线形态比小周期的稳定性高得多，能更大程度过滤掉那些会在小周期出现的所谓“伪信号”“假突破”等不利因素，还能有效减少交易的频率，增大盈利的机会，这就是大周期三法四式的主要特点。

第二节
拉升阶段

三法四式中的每一个阶段都是不可或缺的，它们之间互为因果。如果没有打压股价之后的建仓，拉升股价也就无从谈起，更谈不上出货了。本节所讲的拉升阶段是个股的牛市，是筹码供不应求的阶段，是主力资金建仓之后快速增值的阶段。拉升只是手段，出货才是最终目的，因此，三法四式中的拉升阶段起到了一个承上启下的重要作用。

如图 8－12 所示，为广聚能源（000096）年 K 线拉升示意图。该图为 2000 年至 2015 年的年 K 线走势图。股价经过 1 年的三空打压之后，构建了一个为期 6 年的横盘震荡低吸建仓通道（见图中两个虚线方框所示）。在该过程中，股票抛售压力得到有效释放，筹码高度集中于主力手中。三川建仓完毕，股价开始拉升（见图中“三兵拉升”所示实线方框内的年 K 线），这

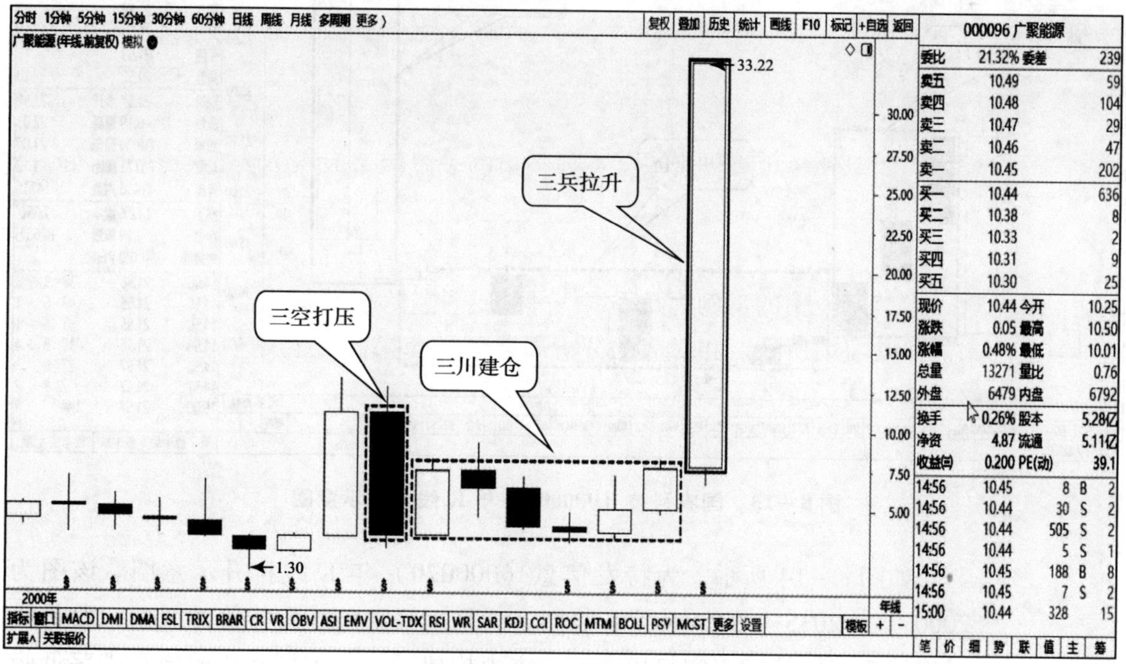

图 8－12　广聚能源（000096）年 K 线拉升示意图

是该股的牛市，市场情绪高涨，筹码供不应求，股价被顺势推高，其间最高涨幅329%，为三山出货拉高了股价，拉出了足够的空间，这就是该股三川建仓之后的三兵拉升行情。

如图8－13所示，为国农科技（000004）年K线拉升示意图。该图为1997年至2015年的年K线走势图。股价经过连续3年的持续震荡打压之后，构建了一个为期10年的横盘震荡低吸建仓通道，这是一个十分漫长的建仓过程（见图中两个虚线方框所示）。在该过程中，压力得到有效释放，筹码高度集中于主力手中。三川建仓完毕，股价开始拉升（见图中“三兵拉升”所示实线方框内的年K线），这是该股的牛市，市场情绪高涨，筹码供不应求，股价被顺势推高，其间最高涨幅300%以上，为三山出货拉高了股价，拉出了足够的空间，这就是该股三川建仓之后的三兵拉升行情。需要指出的是，在这个漫长的建仓过程中，主力通过不断低吸高抛极大地降低了持股成本，所追求的永远都是资金的整体收益。

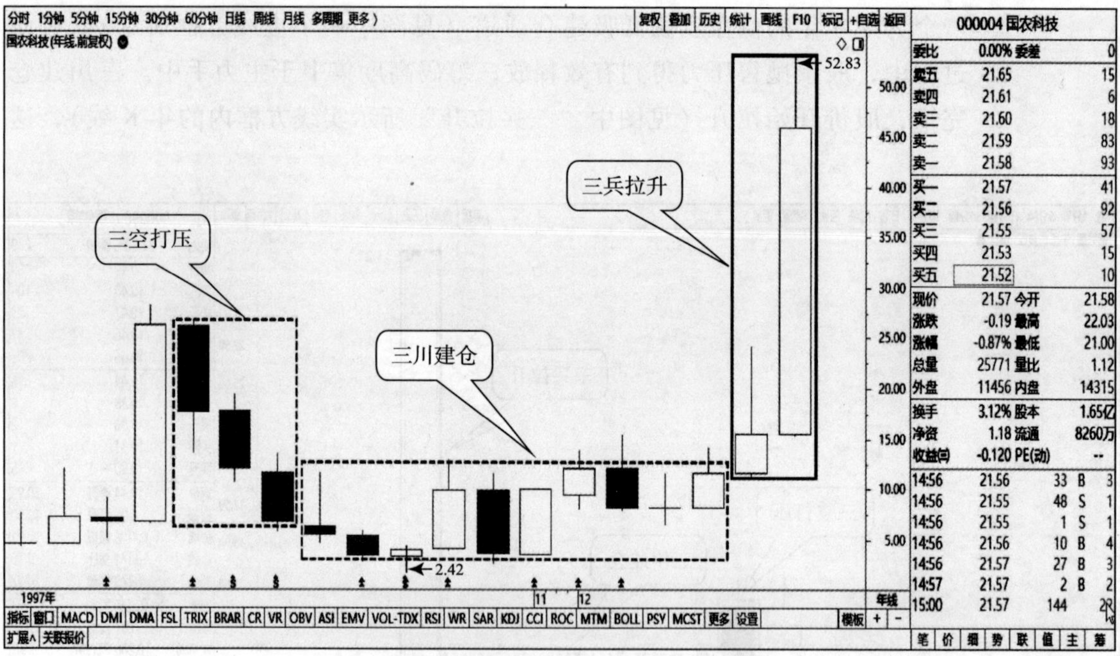

图8－13　国农科技（000004）年K线拉升示意图

如图8－14所示，为特发信息（000070）年K线拉升示意图。该图为2000年至2015年的年K线走势图。这是一只跌破了发行价的股票，股价经过连续5年的持续三空打压之后，主力构建了一个为期9年的横盘震荡低吸建仓通道（见图中两个虚线方框所示）。在这个漫长的建仓过程中，左侧压力得到有效释放，筹码高度集中于主力手中。三川建仓完毕，股价开始拉升（见图中“三兵拉升”所示实线方框内的年K线），这是该股的牛市，市场情绪高涨，筹码供不应求，股价被顺势推高，其间最高涨幅240%，为三山出货拉高了股价，拉出了足够的空间，这就是该股三川建仓之后的三兵拉升行情。

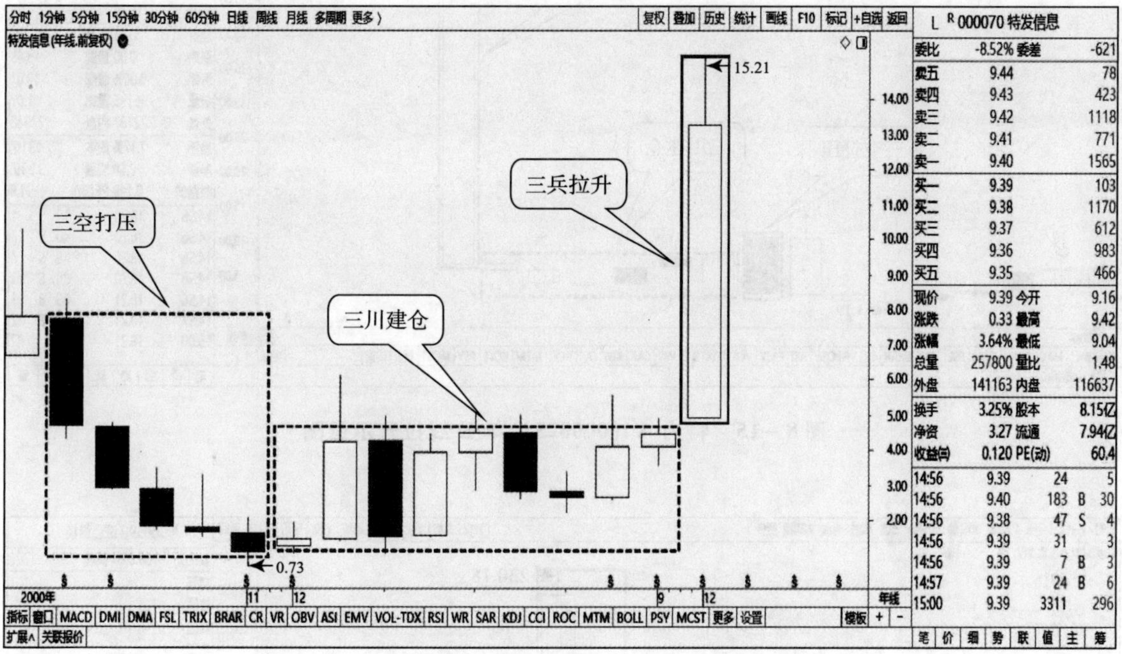

图8-14　特发信息（000070）年K线拉升示意图

如图8-15所示，为特力A（000025）年K线拉升示意图。该图为2000年至2015年的年K线走势图。股价经过1年的三空打压之后，主力构建了一个为期6年的横盘震荡低吸建仓通道（见图中两个虚线方框所示）。该过程中，左侧抛压得到有效释放，筹码高度集中于主力手中。三川建仓完毕，股价开始拉升（见图中“三兵拉升”所示实线方框内的年K线），这是该股的牛市，市场情绪高涨，筹码供不应求，股价被顺势推高，其间最高涨幅976%，为三山出货拉高了股价，拉出了足够的空间，这就是该股三川建仓之后的三兵拉升行情。值得一提的是，在2015年下半年上证指数开始暴跌的行情下，该股逆势拉升，一举成为当时的“妖股之王”。

如图8-16所示，为诚迈科技（300598）季K线拉升示意图。该图为2017年3月至2020年3月的季K线走势图。股价经过连续3个季度的打压之后，主力构建了一个为期7个月的横盘震荡低吸建仓通道（见图中“三川

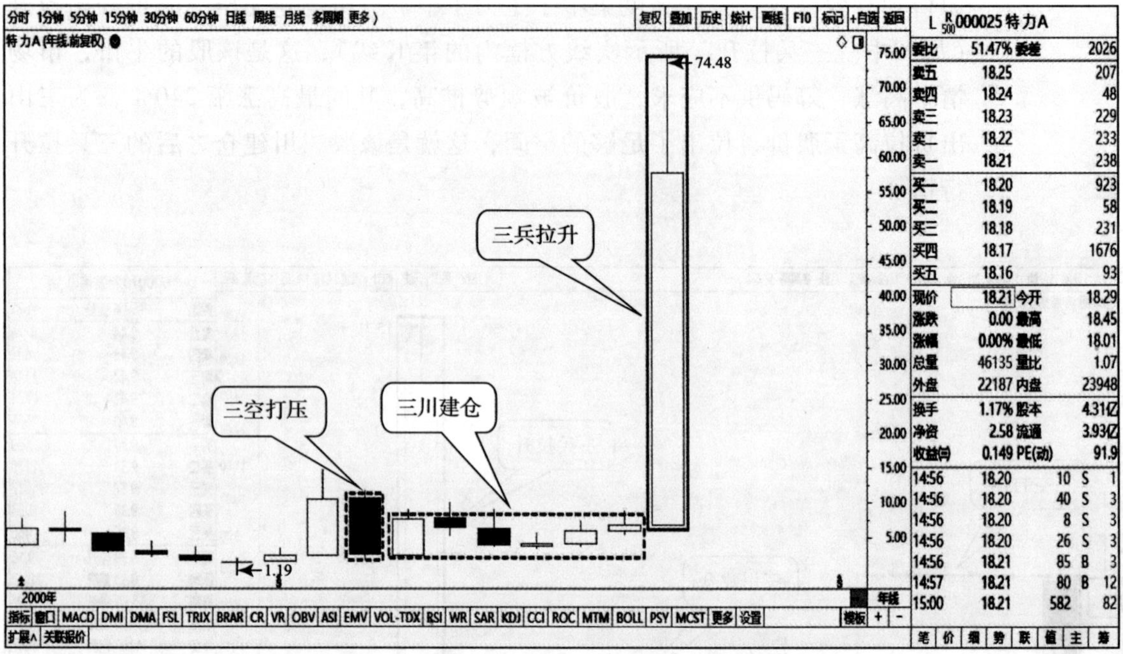

图 8－15　特力 A（000025）年 K 线拉升示意图

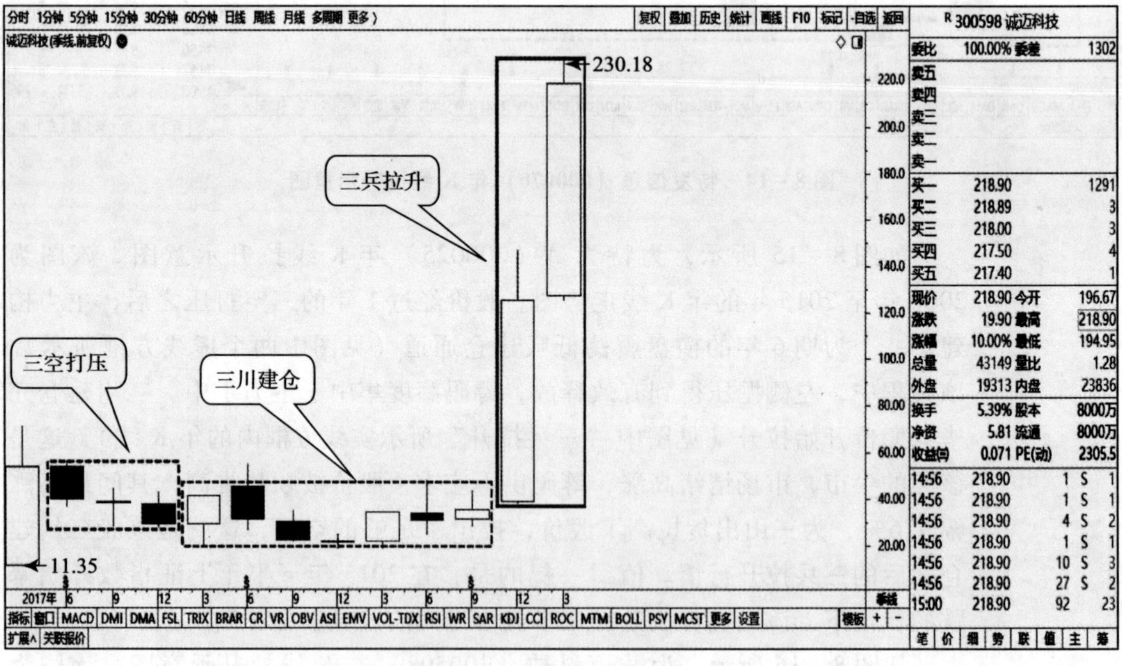

图 8－16　诚迈科技（300598）季 K 线拉升示意图

建仓”虚线方框所示）。该股作为一只次新股，主力用这种持续横盘震荡的方式收集了足够的筹码。伴随三川建仓完毕，股价的拉升顺势展开（见图中“三兵拉升”所示），这是该股的牛市阶段，主力锁定仓位，筹码供不应求，市场情绪一度高涨，股价开始了一轮为期2个季度的强势拉升行情，其间最高涨幅500%以上，这就是该股主力充分建仓之后的强势拉升行情，为之后的三川出货做好了铺垫。当然，个股的强势拉升离不开所谓的题材概念与热点，但是，经典的K线组合形态才是股价飙升的根本，题材概念、热点只是加速了三兵拉升过程而已。

如图8－17所示，为沪电股份（002463）季K线拉升示意图。该图为2011年3月至2020年2月的季K线走势图。股价经过1个季度的打压之后，主力构建了一个长达13个季度的横盘震荡低吸建仓通道（见图中“三川建仓”虚线方框所示）。这是一个耗时3年多的三川建仓过程，在这个漫长的过程中，主力投入了大量的资金，收集了可以足够影响股价的筹码，随后股价的拉升自然是水到渠成之事。如图中“三兵拉升”实线方框所示，伴随三川建仓过程的结束，股价开始了一轮为期3个季度的震荡拉升行情，其间最高涨幅300%以上，这就是该股三川建仓之后的三兵拉升行情。

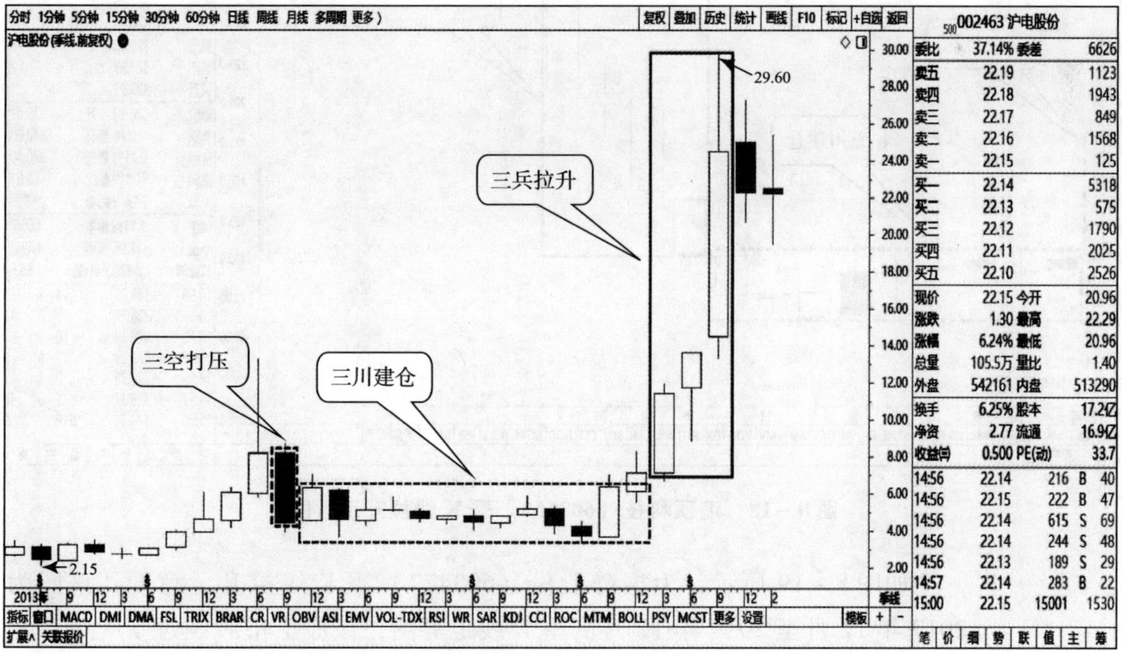

图8－17　沪电股份（002463）季K线拉升示意图

如图 8－18 所示，汇顶科技（603160）季 K 线拉升示意图。该图为 2016 年 12 月至 2020 年 2 月的季 K 线走势图。该案例与本节中的诚迈科技（300598）案例如出一辙，新股上市股价经过三空打压之后，主力构建了一个为期 9 个季度的横盘震荡低吸建仓通道（见图中“三川建仓”虚线方框所示）。作为次新股，经过两年多的建仓过程，该股的抛压已经被释放殆尽，主力所要做的就是通过这种持续的震荡，尽可能地收集足够多的筹码。建仓完毕之后，股价的拉升是一种必然的市场行为，逻辑很简单：主力要赚钱。所以说三法四式中的建仓与拉升是因果关系，而非概率事件。如图中“三兵拉升”实线方框所示，4 个季度的震荡拉升，超过 200% 的涨幅，强势的三兵拉升永远是建立在厚重三川的基础之上的，股市中从来没有无缘无故的上涨与下跌，学习三法四式的最终目的就是通过这种简单连贯的 K 线组合形态去洞悉主力的意图，通过事物的表象去领悟其背后的实质。

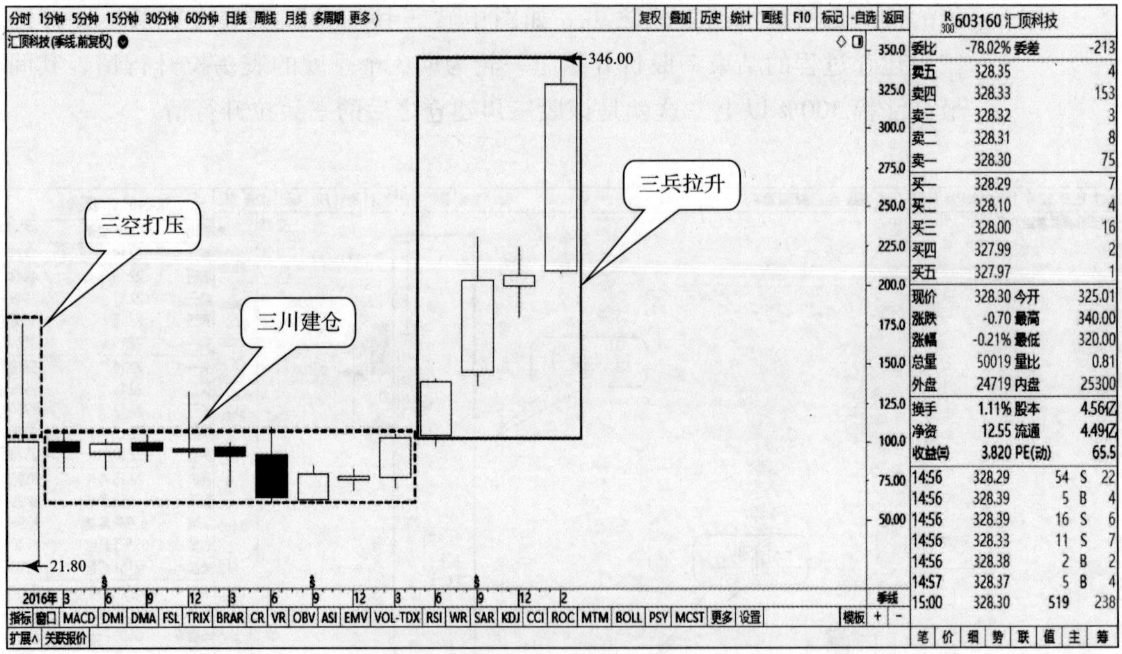

图 8－18　汇顶科技（603160）季 K 线拉升示意图

如图 8－19 所示，为振静股份（603477）季 K 线拉升示意图。该图为 2017 年 12 月至 2019 年 12 月的季 K 线走势图，该股上市后经过了 3 个季度的三空打压，又经过了 4 个季度横盘低吸三川建仓。主力建仓的过程就是散户抛售的过程，同时也是抛压被释放的过程，该过程中，筹码由分散趋于集中，绝大多数筹码流向主力手中。三川建仓完毕，主力一定要拉出空间抬高股价，才会实现高抛获利（见图中“三兵拉升”所示季K线），最高涨幅达96%。该股之所以走出如此凌厉的拉升行情，与股价被打压之后构建的这个厚重的三川形态是密不可分的。

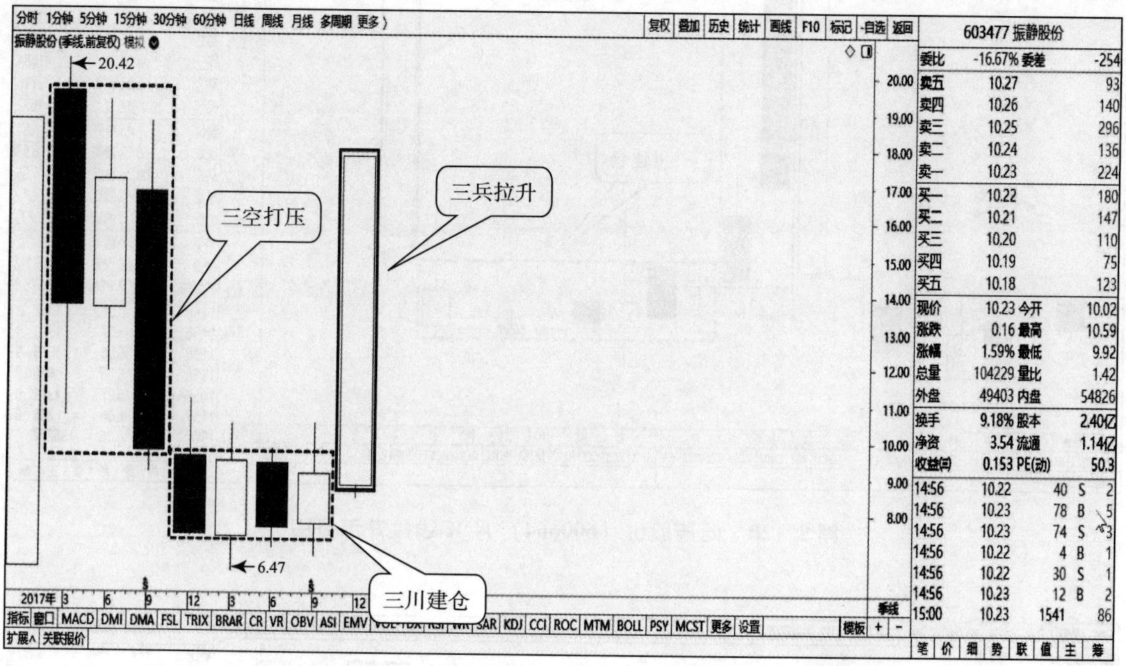

图8－19　振静股份（603477）季K线拉升示意图

如图8－20所示，为哈药股份（600664）月K线拉升示意图。该图为2018年7月至2020年2月的月K线走势图。为了便于投资者充分理解，根据历史真实交易数据对部分K线作了还原处理。股价经过2个月的三空打压及8个月的三川建仓之后，主力收集到了足够多的筹码并有效地释放了拉升中的抛压（见图中两个虚线方框所示）。随后股价跳空高开（见图中“三兵拉升”所示月K线），涨幅达61.23%，这就是该股充分低吸建仓之后的强势拉升行情。

如图8－21所示，为横店东磁（002056）月K线拉升示意图。该图为2017年12月至2019年1月的月K线图。为了便于投资者充分理解，根据历史真实交易数据对部分K线作了还原处理。股价经过2个月的三空打压之后，主力构建了一个为期4个月的震荡低吸三川建仓通道（见图中“三川建仓”虚线方框所示）。在该过程中，主力收集了筹码，释放了抛压，建仓完毕之后股价顺势拉升（见图中“三兵拉升”实线方框所示），一个为期2个月的三兵拉升行情就此展开，其间最高涨幅60%多。

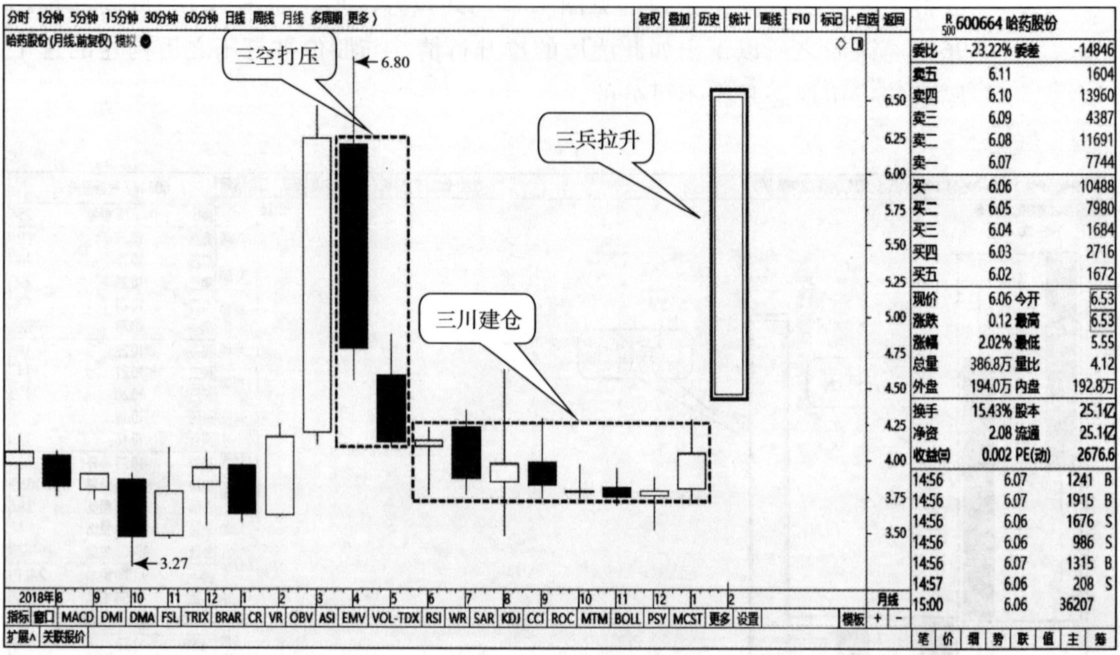

图 8－20　哈药股份（600664）月 K 线拉升示意图

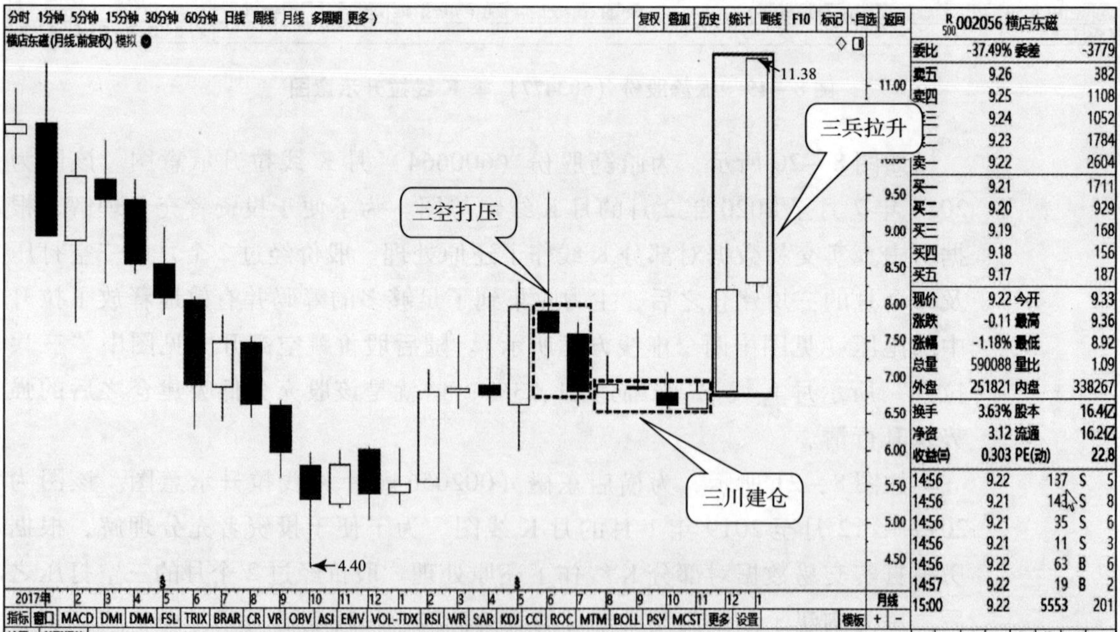

图 8－21　横店东磁（002056）月 K 线拉升示意图

如图 8－22 所示，为红日药业（300026）月 K 线拉升示意图。该图为 2018 年 7 月至 2020 年 2 月的日 K 线走势图。股价经过 1 个月的三空打压之后，主力构建了一个为期 8 个月的横盘震荡低吸建仓通道，不得不说这是一个十分充分的三川建仓过程，在该过程中，筹码由分散到高度集中，抛压得到了有效的释放，为接下来股价的拉升奠定了坚实的基础。图中“三兵拉升”实线方框所示是建仓完毕之后的拉升行情，涨幅高达 77%，这就是该股主力建仓完毕之后三兵拉升的过程。不难看出，十分厚重的三川建仓形态才是这次强势拉升的前提条件，题材、热点、概念等仅仅是辅助加速了行情的发展而已，最关键的还是个股结构本身。强势的行情一定有厚重的仓位作为支撑，它们之间互为因果，而绝非概率，历史上从未出现过哪一个主力在构建了十分厚重的仓位之后而不去拉升股价的，换句话说，充分地低吸之后，一定要高抛才能够实现资金的盈利，而股价拉升的过程则是高抛的必经之路，也就是个股的牛市。主力建仓完毕的同时，压力得到了有效释放，市场筹码供大于求，市场高涨的情绪被点燃，拉升之前利好频出，而这一切其实都是为股价的拉升而服务的。

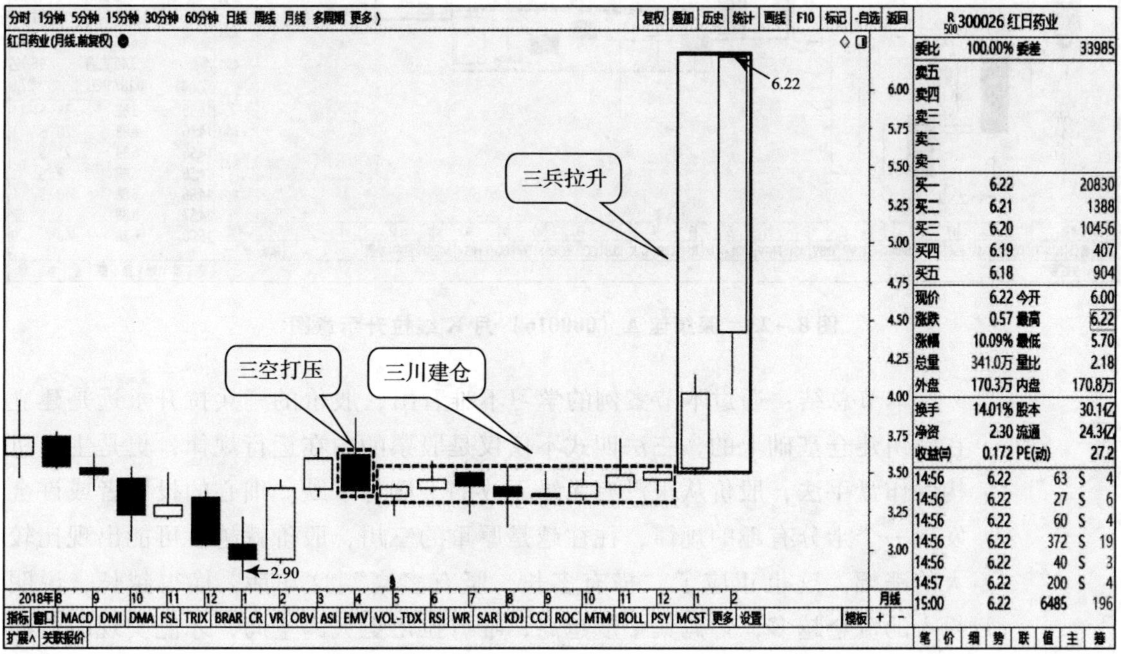

图 8－22　红日药业（300026）月 K 线拉升示意图

如图 8 - 23 所示，为深康佳 A（000016）月 K 线拉升示意图。该图为 A 2018 年 7 月至 2020 年 2 月的月 K 线走势图。股价经过 2 个月的三空打压之后，主力构建了一个为期 7 个月的横盘震荡低吸建仓通道（见图中“三川建仓”虚线方框所示）。这是股价被打压之后的筹码收集过程，主力在这里低吸构建仓位，同时释放了左侧的抛压，拉升前的准备工作一切就绪。如图中“三兵拉升”所示，这是三川建仓完毕之后股价的拉升行情，其间涨幅达到 57%。股价的打压、建仓、拉升在图中表现得淋漓尽致。

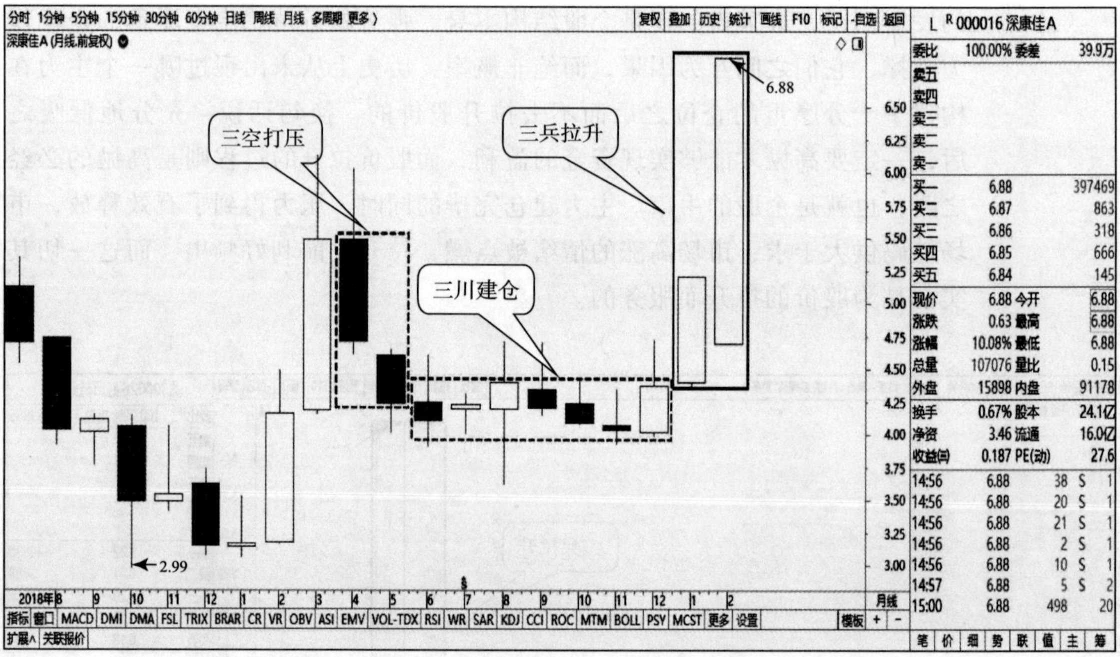

图 8 - 23　深康佳 A（000016）月 K 线拉升示意图

本节总结：通过本节案例的学习不难看出，股价的三兵拉升永远是建立在三川建仓基础上的，三法四式不仅仅是股票的内在运行规律，更是主力机构的作盘手法，股价从来没有无缘无故的上涨与下跌。细心的投资者或许会发现一个十分有趣的规律，往往越是厚重的三川，股价就越有可能出现比较大的涨幅。这也正应了“横有多长，竖有多高”这句话，横得越长，说明投入的资金越多，筹码集中度越高，唯有拉出更大的空间，才能实现股价高抛之后的更多获利。所以说，三法四式中的三兵拉升阶段是连接低吸（三川建仓阶段）与高抛（三山出货阶段）之间的过程，这是个股的牛市，是股价拉升的阶段，该阶段正是散户投资者需要及时介入并且坚定持股的阶段。由此我们不难得出结论，三法四式的每一个阶段对主力机构来讲都是非常重要的，不分伯仲；而对普通投资者来讲，只需在三法四式的三兵拉升阶段之前及时择机介入就足够了。

本节中，所用案例使用了年K线、季K线、月K线这种较大的分析周期，这是因为越是大的分析周期，越能够清晰、直观地体现股价运行的整体趋势，越能让投资者正确甄别股价当前运行于三法四式的哪个阶段。当然，任何技巧都不是万能的，三法四式只对强势以及次强势的股票有效，必须"有所为，有所不为"。股票投资本身就是做减法，对那些层次不清晰、盘面不整洁、趋势不明朗的个股应一律剔除，只选择那些趋势明朗、层次清晰且符合三法四式的强势股票来操作，这才是学习三法四式的重点所在。

第三节 出货阶段

三山出货，是三法四式中一个行情循环的最后阶段。股价经过三空打压、三川建仓、三兵拉升之后，在这个阶段进行高位派发，这是将账面利润转换为实际利润的关键过程。其实很多主力在三兵拉升的最后阶段，即市场情绪高涨几近疯狂的时候就已经开始了筹码派发。在该阶段，主力会布设多头陷阱引诱那些不明就里的投资者进场追高接盘。关于主力出货阶段的行情，西方投资理论中常以K线形态命名，诸如M头、头肩顶、多重顶、弧形顶、塔形顶、倒V形顶等，而在三法四式中，所有这些出货的形态只用"三山"就可以全部概括。对散户投资者来讲，若在这些顶部形态出现后才发现是行情顶部，其实就已经没有多大的意义了。在三法四式中，三山出货与其他三个阶段一样同属于行情的一个阶段，并非特指某一种K线组合形态。随着A股市场的不断发展，主力出货的手法以及出货的形态变化多端，散户投资者在该阶段要坚定一个信念：任他千变万化，我有一定之规；即不管主力在三山出货阶段如何变化手法，散户都要坚决不参与。本节就常见的几种主力出货位置、出货形态进行详解。

1. 成交密集区出货

如图8－24所示，为永太科技（002326）季K线出货示意图。股价经过三空打压、三川建仓、三兵拉升之后（见图中虚线方框所示），拉升至左侧成交密集区滞涨（见图中上方虚线箭头所示）。如图8－25所示，为该股

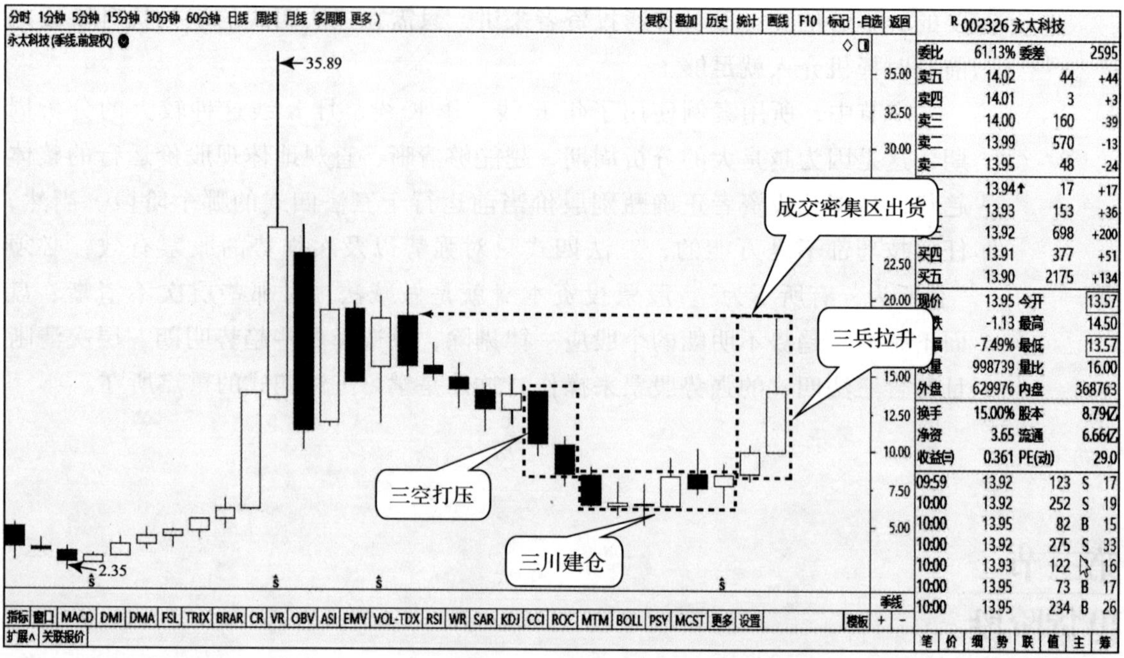

图8-24　永太科技（002326）季K线出货示意图

同期的日K线出货示意图，图中上方虚线是与该股季K线相对应的成交密集区压力位置，在股价即将到达该位置的时候，就已经出线T字线，俗称“吊颈线”，稍有K线基础的投资者都知道，这是主力高位出货的明显标志之一。在这一天的涨停板上，主力就已经大量出货，卖了个好价钱，因此可见，在三兵拉升的末端，主力就已经开始派发手中的筹码，当股价触及左侧成交密集区附近的时候，预示着该区域的被套筹码已经解套，自然会解套抛售。主力如果在这个位置强封涨停板，显然是得不偿失的，再加上股价经过三兵拉升已经有足够的获利空间，所以会选择在这个成交密集区的压力位置，高位抛售手中的筹码。对散户投资者来讲，假定行情起涨前就已经入场，那么在该股日K线股价抵达虚线位置附近时，不管出现何种上升K线形态，都应当果断大幅减仓锁定利润，或者直接平仓出局。如果心存侥幸依旧持股，跌幅已经高达-24%（见图中实线方框所示），利润的回撤幅度是相当大的。所以说，在关键的压力位置及时止盈才是最明智的做法。

如图8-26所示，为出版传媒（601999）月K线出货示意图。股价经过三空打压、三川建仓、三兵拉升之后（见图中虚线方框所示），拉升至左侧成交密集区滞涨（见图中上方虚线箭头所示位置）。如图8-27所示，为该股同期与之相对应的日K线出货示意图，图中上方虚线是与该股月K线

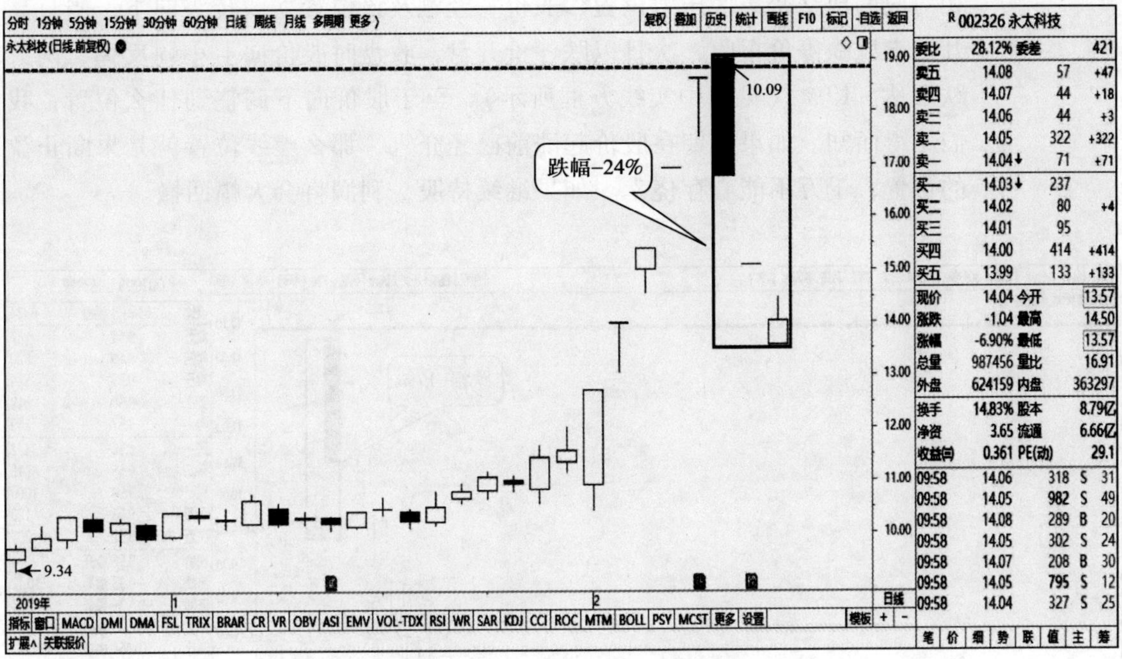

图 8-25　永太科技（002326）日 K 线出货示意图

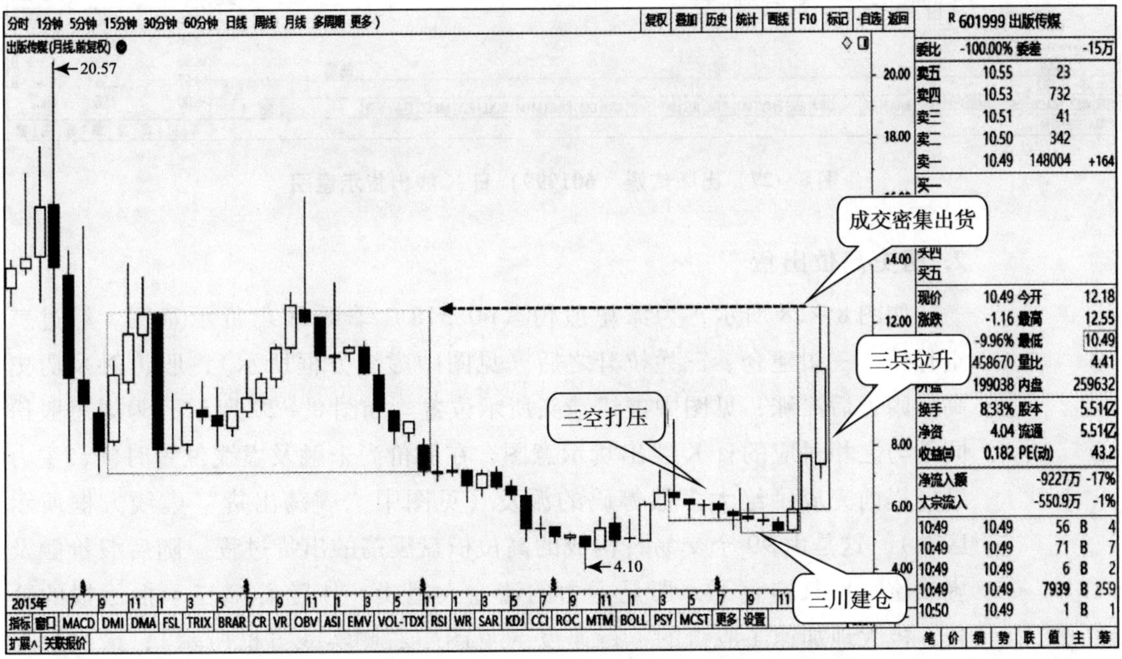

图 8-26　出版传媒（601999）月 K 线出货示意图

相对应的成交密集区压力位置，股价一经触及该位置立即转头向下，当日高开低走以跌停价报收，次日以跌停价开盘，收盘时股价向上小幅反弹，两天跌幅达 -17%（见图中实线方框所示），至于股价向下调整到什么位置，我们不得而知。如果前期在股价起涨前已经介入，那么虚线位置就是果断止盈的位置，千万不能心存侥幸。如果继续持股，利润将会大幅回撤。

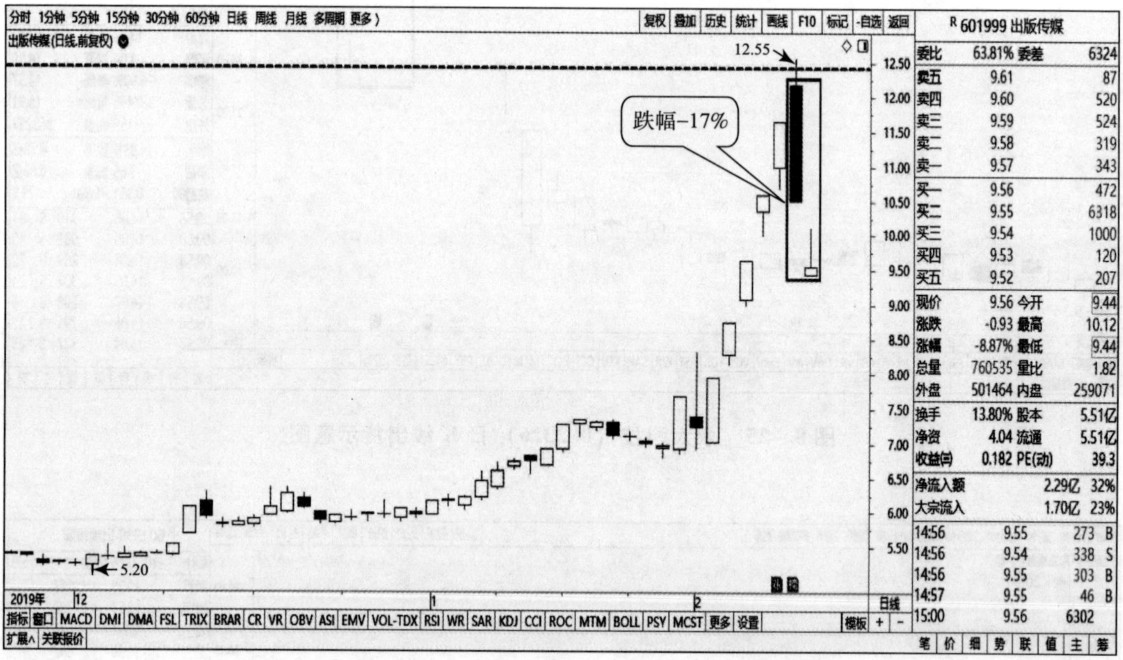

图 8-27　出版传媒（601999）日 K 线出货示意图

2. 历史高位出货

如图 8-28 所示，为派思股份（603318）季 K 线出货示意图。经过三空打压、三川建仓、三兵拉升之后（见图中虚线方框所示），股价触及历史高位附近后滞涨，见图中虚线箭头所示位置。如图 8-29 所示，为派思股份同期与之相对应的日 K 线出货示意图，在股价尚未触及虚线位置时候，主力已经提前完成了绝大多数筹码的派发（见图中“震荡出货”虚线方框所示区域），这是由 99 个交易日构成的高位横盘震荡的出货过程。随后股价触及虚线位置后急转直下，那是主力的清仓大甩卖，伴随着第三季报亏损的公告，极大地加速了股价的下行速度（见图中右侧实线方框所示），最高价与最低价之间累计跌幅高达 -72%——股价“飞流直下三千尺”，可以说是几近断崖式的下跌。所以说，当股价运行于历史高位时，持股者应当果断止

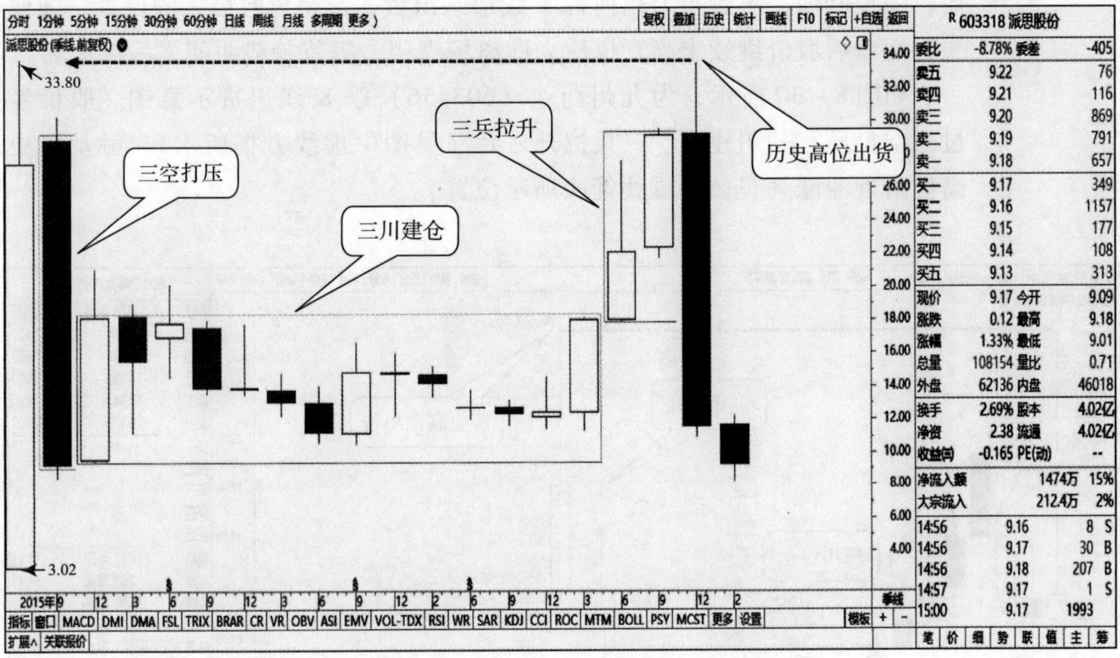

图 8－28　派思股份（603318）季 K 线出货示意图

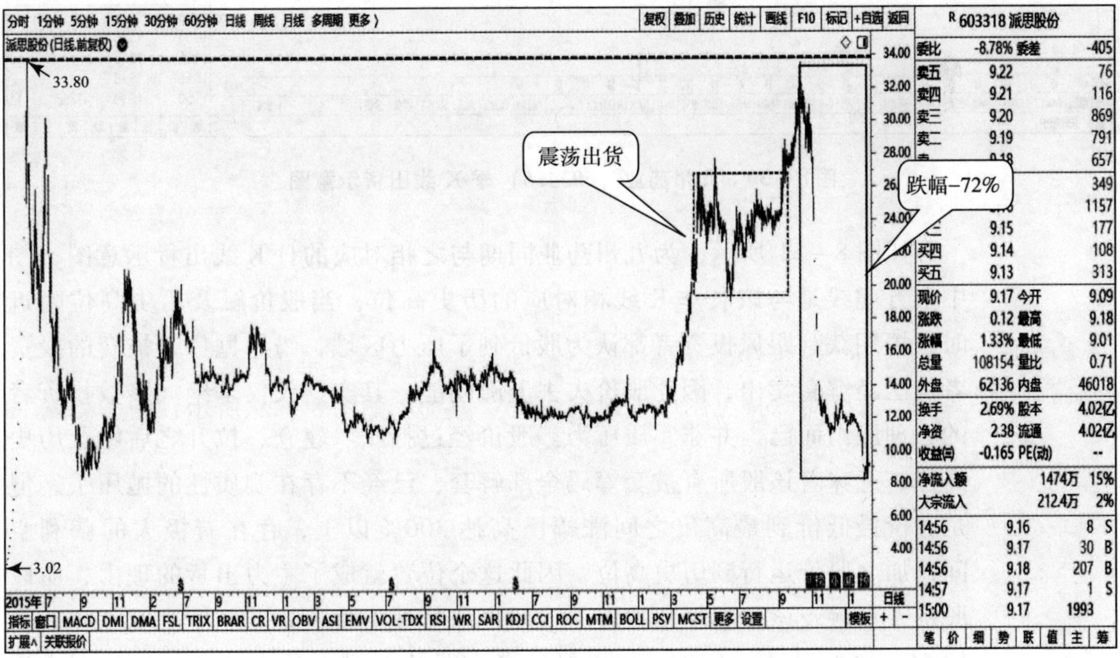

图 8－29　派思股份（603318）日 K 线出货示意图

盈，锁定利润，不管主力以何种 K 线形态出货，都是风险极大的位置，即便主力洗盘后股价继续走高，也应立即离场观望，等待趋势明朗之后再进场。

如图 8－30 所示，为九州药业（603456）季 K 线出货示意图。股价经过三空打压、三川建仓、三兵拉升之后（见图中虚线方框所示），触及历史高位附近滞涨（见图中虚线箭头所示位置）。

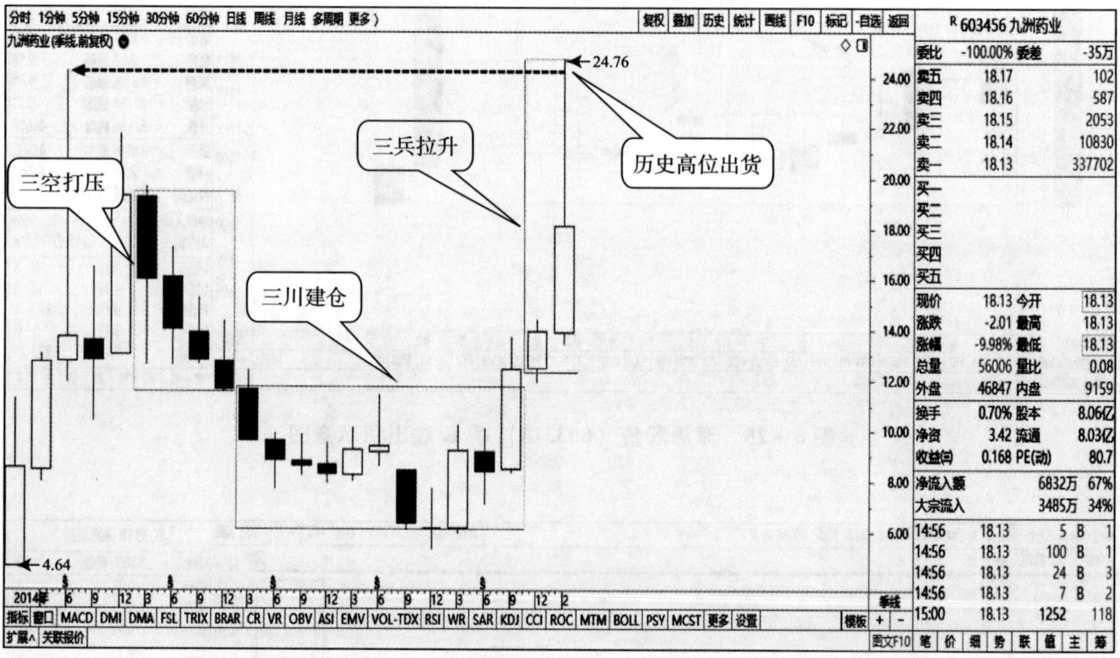

图 8－30　九州药业（603456）季 K 线出货示意图

如图 8－31 所示，为九州药业同期与之相对应的日 K 线出货示意图，图中上方虚线是与该股季 K 线相对应的历史高位，当股价触及历史高位附近时，短期获利跟风投资者都认为股价到了压力区域，纷纷抛售，被套的投资者也已经解套卖出，因此股价失去上涨动能。其实这仅仅是绝大多数投资者的心理压力而已，并非实质压力。股价经过打压、建仓、拉升之后触及历史高位，意味着该股所有被套筹码全部解套，已经不存在实质性的抛压了，但是股价最低价到最高价之间涨幅已高达 300% 以上，存在着极大的获利空间，加之股价运行到历史高位，因此这个位置就成了主力出货的理由，所以股价一旦触及该位置便急转直下（见图中实线方框所示），截至 2020 年 2 月 12 日，跌幅已达 －43%。如果投资者在股价拉升过程中已经介入，那么当股价运行到这个位置时就应当及时止盈，锁定利润。如果想继续操作，一定要等待趋势明朗之后再入场。

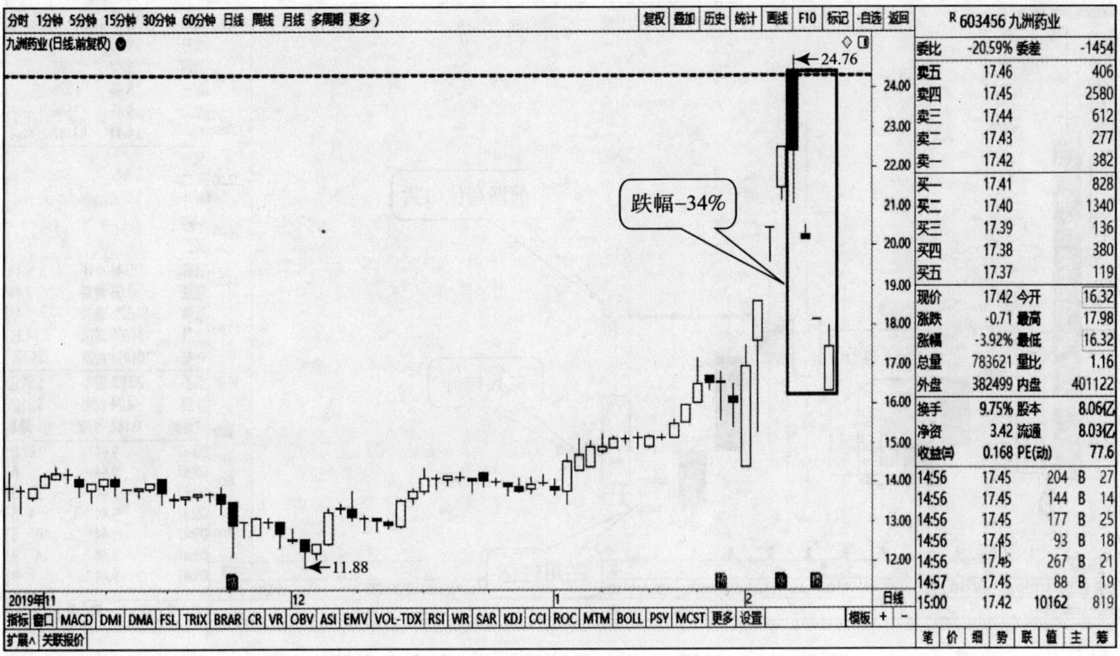

图 8－31　九州药业（603456）日 K 线出货示意图

3. 前期高位出货

如图 8－32 所示，为出版传媒（601999）年 K 线出货示意图。股价经过三空打压、三川建仓、三兵拉升之后（见图中虚线方框所示区），触及前期高位滞涨（见图中虚线箭头所示位置）。如图 8－33 所示，为该股同期与之相对应的日 K 线出货示意图，图中上方虚线是与该股年 K 线相对应的前期高位，股价一经触及该位置后转头向下运行，两个交易日跌幅－17％。

为了更清晰地展示这个过程，请看图 8－34 所示该股的日 K 线缩放图，图中水平虚线为该股对应的年 K 线前期高位（图中虚线方框所示），是一个反复震荡形成的明显压力区域，当股价运行至该位置的时候就会有大量的解套筹码抛售。如果股价继续上攻，需要在这里进行反复震荡换手，充分释放左侧抛压之后才会继续拉升，所以当股价运行到该位置时，获利投资者就应当先行离场，锁定利润。当然，股价运行于此而转头下行，本身就是一种震荡泄压的换手行为，目的就是引诱前期高位被套的筹码出局，减轻随后股价拉升中的压力。因此，股价的前期高位也是投资者应当积极规避的位置，应当等压力被有效释放，趋势逐渐明朗之后，再择机入场。

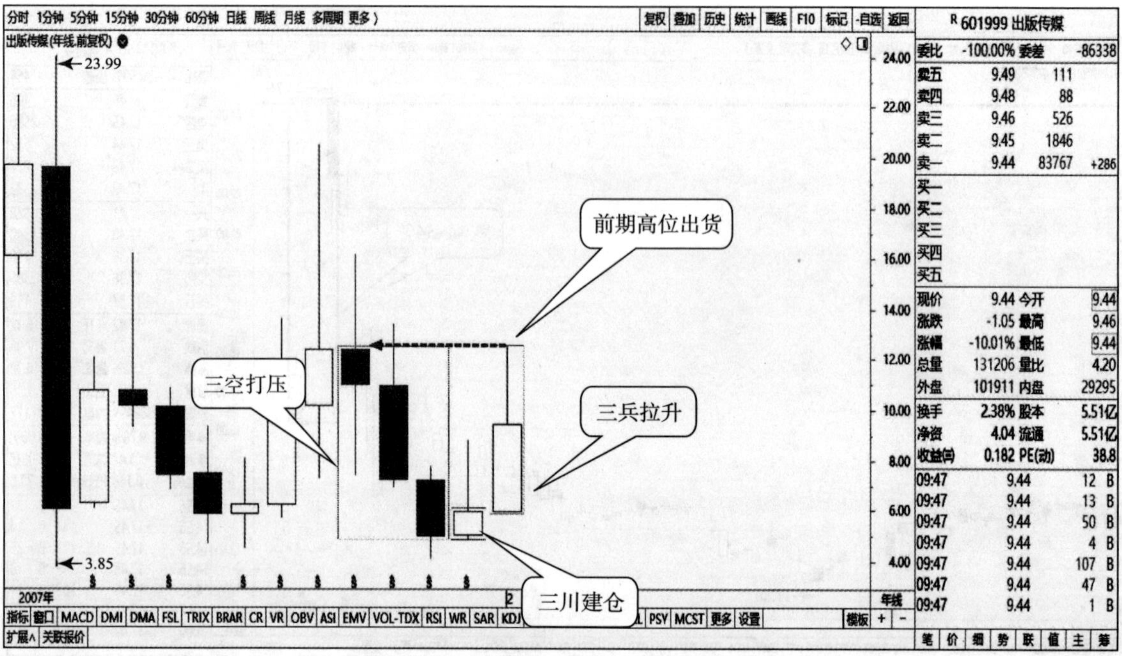

图 8－32　出版传媒（601999）年 K 线出货示意图

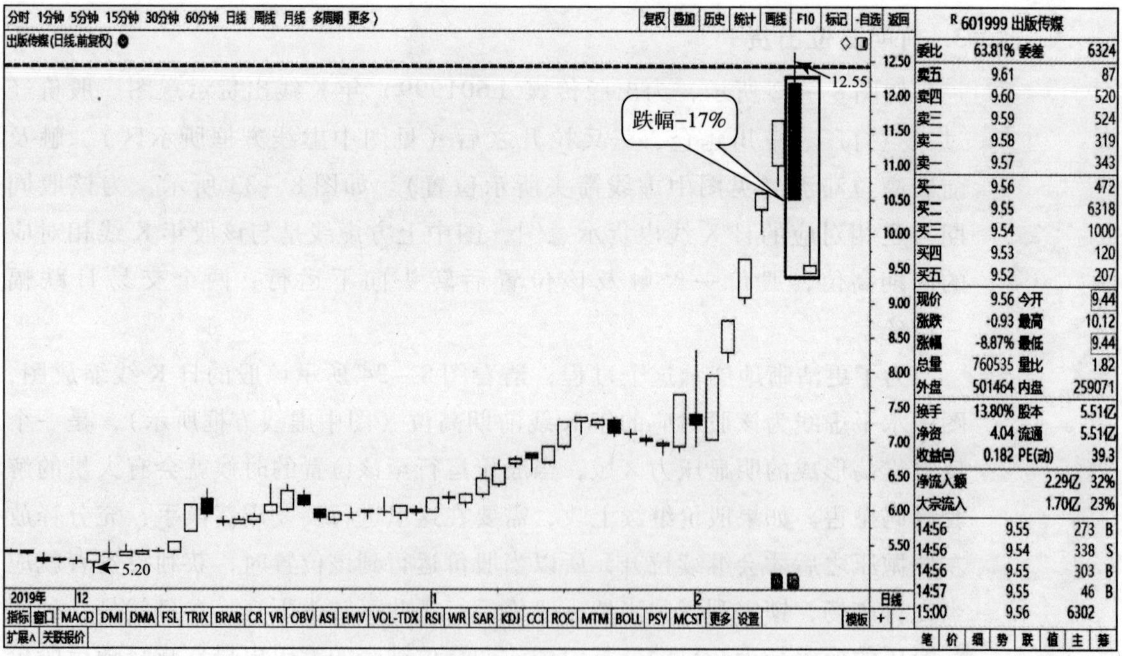

图 8－33　出版传媒（601999）日 K 线出货示意图

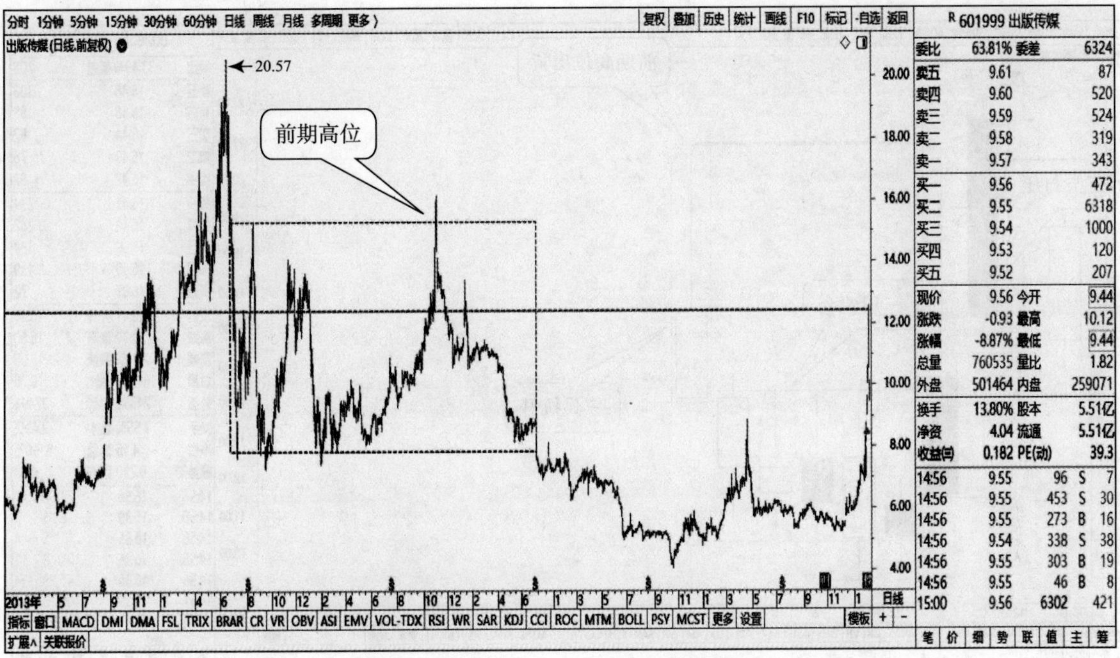

图 8－34 出版传媒（601999）日 K 线缩放图

如图 8－35 所示，为传艺科技（002866）季 K 线出货示意图。股价经过三空打压、三川建仓、三兵拉升之后（图中虚线方框所示），触及前期高位滞涨（见图中虚线箭头所示位置）。如图 8－36 所示，为股同期与之相对应的日 K 线出货示意图，图中上方虚线是与该股年 K 线相对应的前期高位，股价一经触及该位置便急转直下（见图实线方框所示），其间累计跌幅－32%。

是什么原因造成了这样的局面呢？图 8－37 为该股日 K 线的缩放图，更能具体说明这个过程，是对季 K 线图的完美分解，完整地再现了股价三法四式的整个运作过程。图中的三空打压、三川建仓、三兵拉升（图中虚线方框所示）都是与季 K 线相对应的。当股价经过三兵拉升向上触及前期高位的时候（见图中上方虚线箭头所示），股价遇见压力滞涨，继而掉头向下运行。该压力位置既是前期高位，同时又是一个成交密集区域，当股价向上触及该位置的时候，被套的筹码就会纷纷解套抛售，而此前在股价拉升中介入的投资者也有一定的获利空间，获利盘回吐及套牢盘的抛售共同形成了股价继续拉升的压力，这个位置是绝大多数投资者公认的压力位，所以主力在该位置展开了一个阶段性出货。股价下行至三川上轨企稳止跌后开始震荡，释放股价前期高位的压力，为接下来的继续拉升扫清了障碍，夯实了基础。

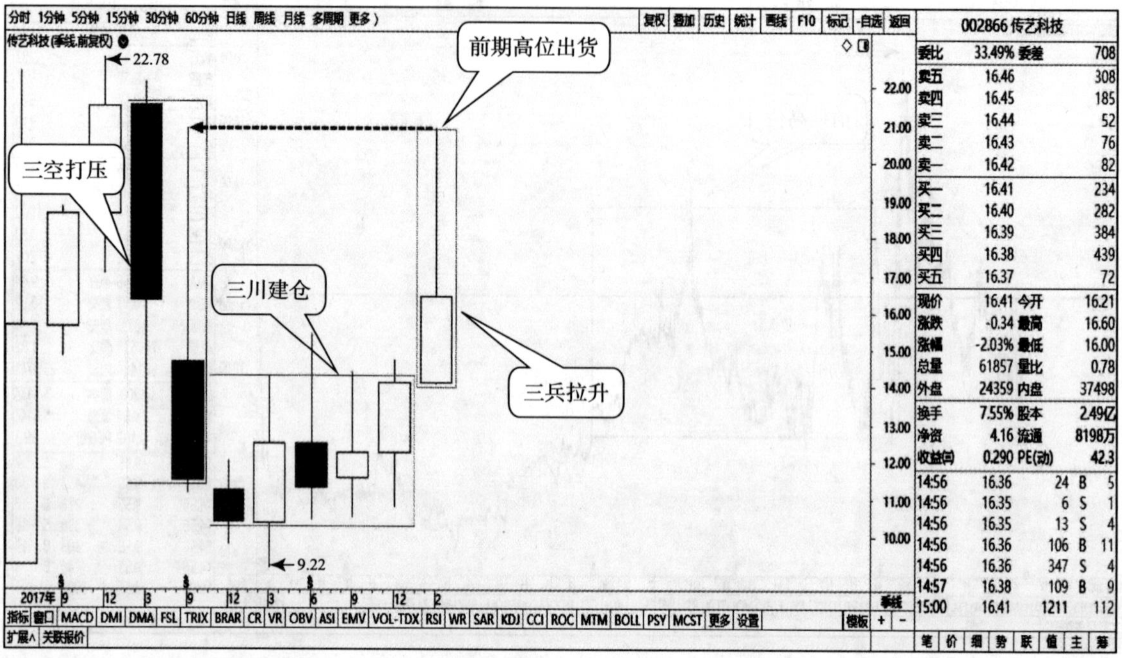

图 8－35　传艺科技（002866）季 K 线出货示意图

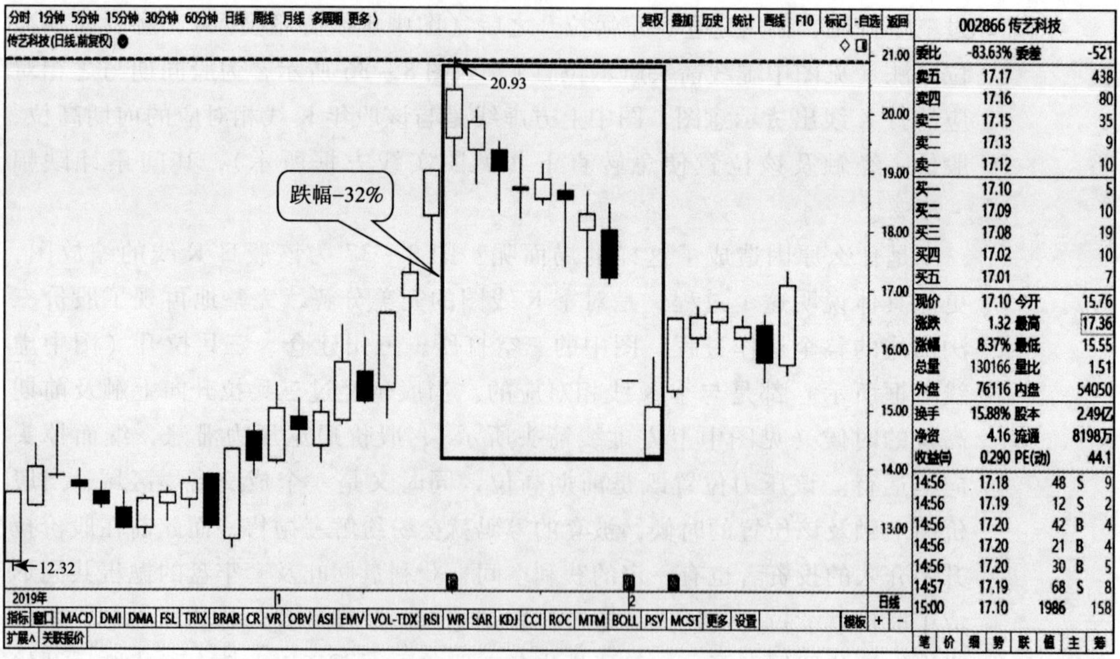

图 8－36　传艺科技（002866）日 K 线出货示意图

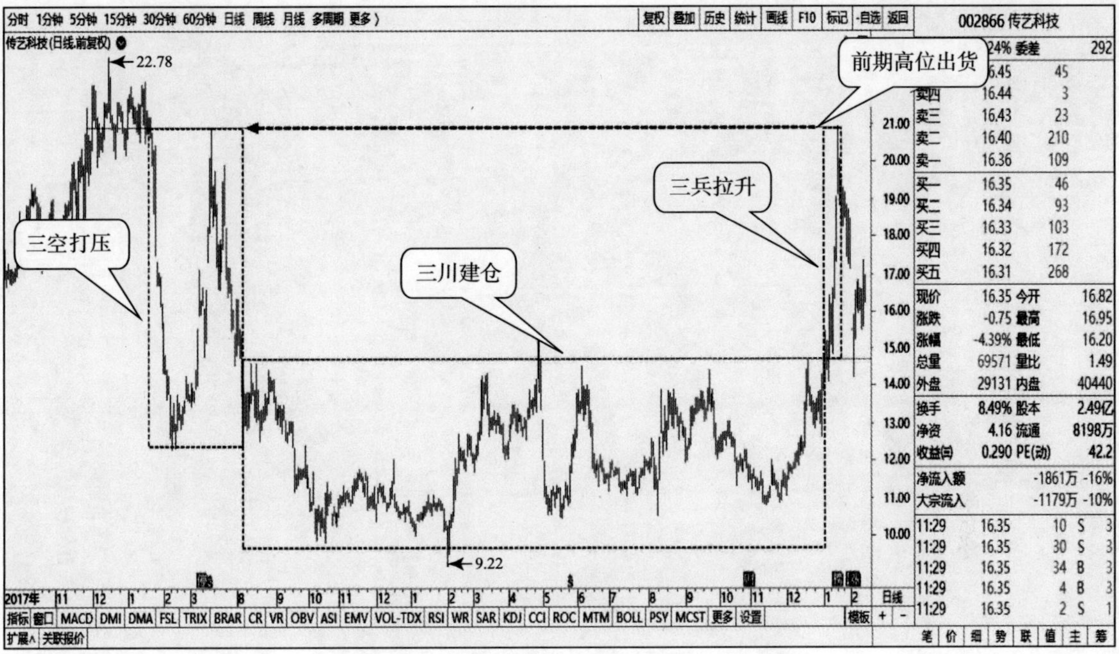

图8－37 传艺科技（002866）日K线缩放图

本章总结：三山出货是三法四式中主力对低吸筹码经过拉升之后高抛变现的阶段，低吸的时候诱空，高抛的阶段则诱多。本节所讲的三个出货位置，是股价运行过程中主力常用的出货或者阶段性出货位置。经过本节学习不难看出，这些位置的涨停板以及高开大阳线都是多头陷阱。对散户投资者来讲，不管股价在这里结束还是充分换手之后再次拉升，都应当及时离场观望，等待趋势明朗之后再择机进场。只有这样，才能最大限度保障本金及利润安全。

第九章 三法四式的应用

学习三法四式的目的，就是要通过一种简单有效的方式在股市中实现盈利。通过前面八个章节学习三法四式的基础知识，投资者对三法四式应该具备了充分的了解与正确的认知。俗话说“学以致用”，本章就三法四式在实盘实践中的具体应用展开详细讲解。

第一节 行情的预判

现实生活中，能够预判的事情屡见不鲜，人们通常根据已知因素或者已经具备的条件，对事物未来的发展趋势做出相对正确的判断。比如一辆停在始发站的公交车上坐满了乘客。司机系上了安全带，关闭了车门，并且已经启动了车辆，我们就会判断这辆公交车即将驶出始发站。又比如一个烟民嘴上叼着一支未经点燃的香烟，而他的双手在自己口袋中摸索着找东西，我们由此判断，这个烟民是在寻找打火机。再比如夏季某一天乌云密布，狂风大作，我们判断大概率可能要下雨了。

股市之中也是同样的道理，投资者需要根据已经出现的K线组合形态，在行情启动之前做出正确的判断，这是作为一个合格投资者所必备的素质。如图9-1所示，为三法四式行情预判示意图。图中可见，上一轮行情经过三兵拉升、三山出货、三空打压之后，股价止跌企稳，主力再次构建了一个横盘震荡低吸建仓通道（见图中下方“三川建仓”虚线方框所示）。因此我们预判，股价极有可能进入新一轮行情的“三兵拉升”阶段（见图中右侧虚线箭头所示）。这个案例说明，我们要在三川建仓完毕、三兵拉升之前作出正确预判，然后择机入场，参与股票的牛市获取股价拉升带来的收益。如果在行情发生之后才恍然大悟，已经为时已晚，也就没什么意义了。

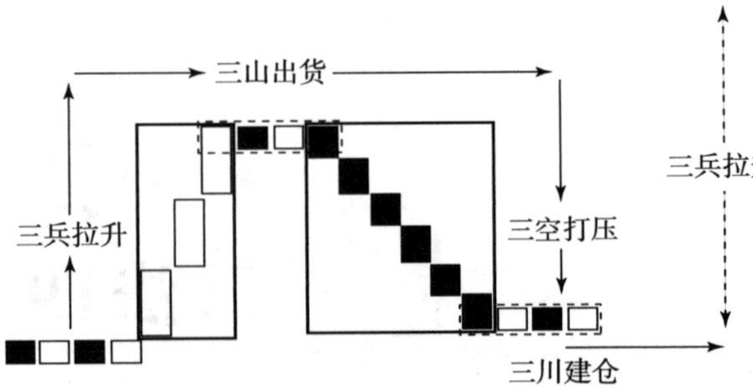

图 9－1　三法四式行情预判示意图

1. 根据年 K 线预判

如图 9－2 所示，为宜华健康（000150）年 K 线行情预判示意图 A。股价经过上一轮行情的三兵拉升、三山出货、三空打压之后止跌企稳，主力于相对低位构建了一个为期 3 年的横盘震荡低吸建仓通道（见图中下方“三川建仓”所示实线方框），通道末端，实体阳线向上突破三川建仓通道上轨，由此判断，三川建仓接近尾声，即将展开三兵拉升的行情。

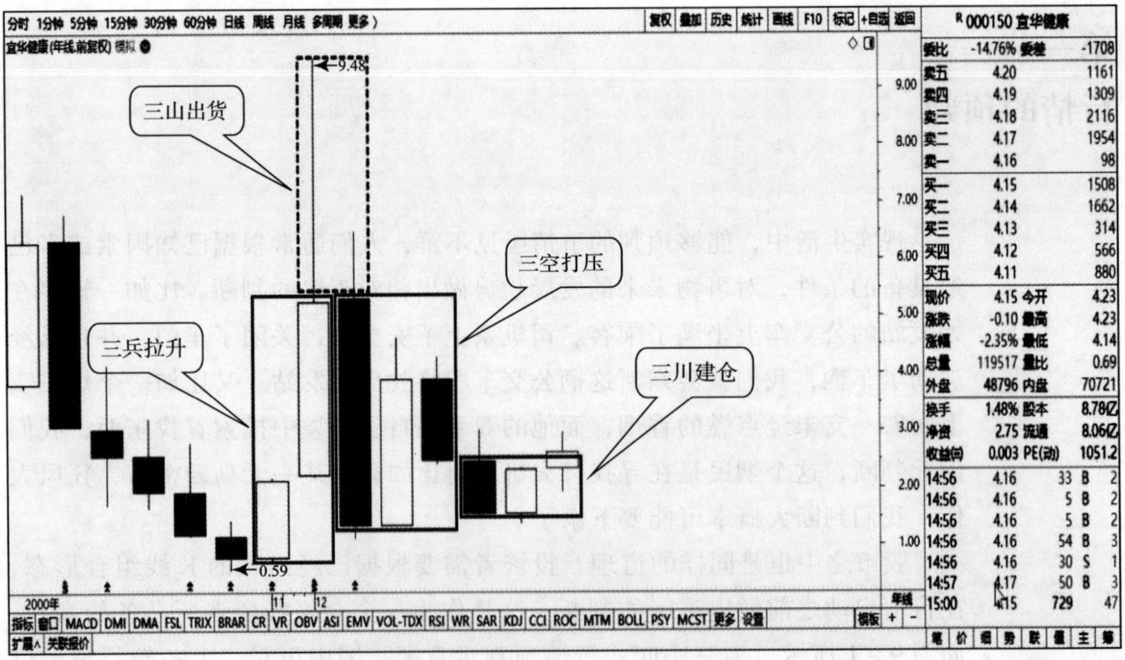

图 9－2　宜华健康（000150）年 K 线行情预判示意图 A

如图 9－3 所示，为宜华健康（000150）年 K 线行情预判示意图 B。为了便于投资者理解，笔者根据历史交易数据对右侧 K 线做了还原处理。图中右侧“三兵拉升”所示虚线方框是主力建仓完毕之后，股价开始拉升的行情。经过为期 2 年的持续拉升，其间最高涨幅 700% 以上。由此可见，分析周期越大，其稳定性就越高，趋势也就越明显，收益也就相对越大。需要指出的是，分析周期越大，时间也就越长，这对于初学三法四式的投资者的持股耐心也是一种极大的考验。

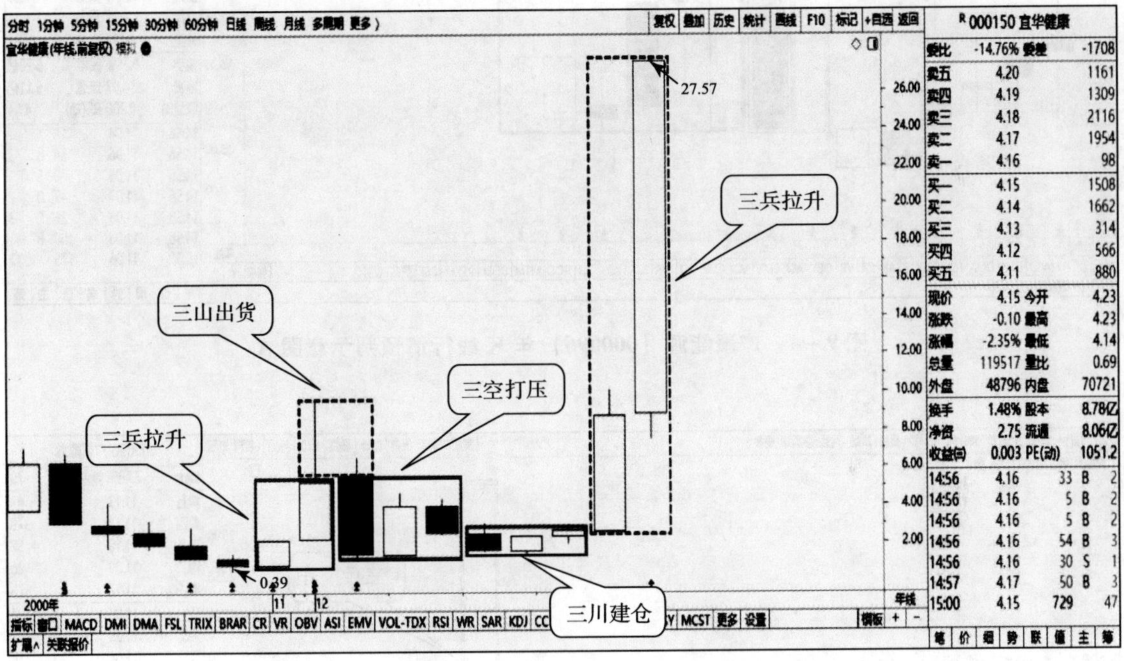

图 9－3　宜华健康（000150）年 K 线行情预判示意图 B

如图 9－4 所示，为广聚能源（000096）年 K 线行情预判示意图 A，股价经过上一轮行情的三兵拉升、三山出货、三空打压之后止跌企稳，主力于相对低位构建了一个为期 6 年的横盘震荡低吸建仓通道，通道末端，实体阳线向上突破三川建仓通道上轨，由此判断，主力三川建仓接近尾声，即将展开三兵拉升的行情。

如图 9－5 所示，为广聚能源（000096）年 K 线行情预判示意图 B。为了便于投资者理解，笔者根据历史交易数据对右侧 K 线进行还原处理。图中右侧“三兵拉升”所示年 K 线，是主力建仓完毕之后股价开始拉升的行情，其间最高涨幅 329%。年 K 线这个分析周期是所有行情软件中最大的分析周期，如果逐步克服了“恐高”的习惯，根据这个周期结合三法四

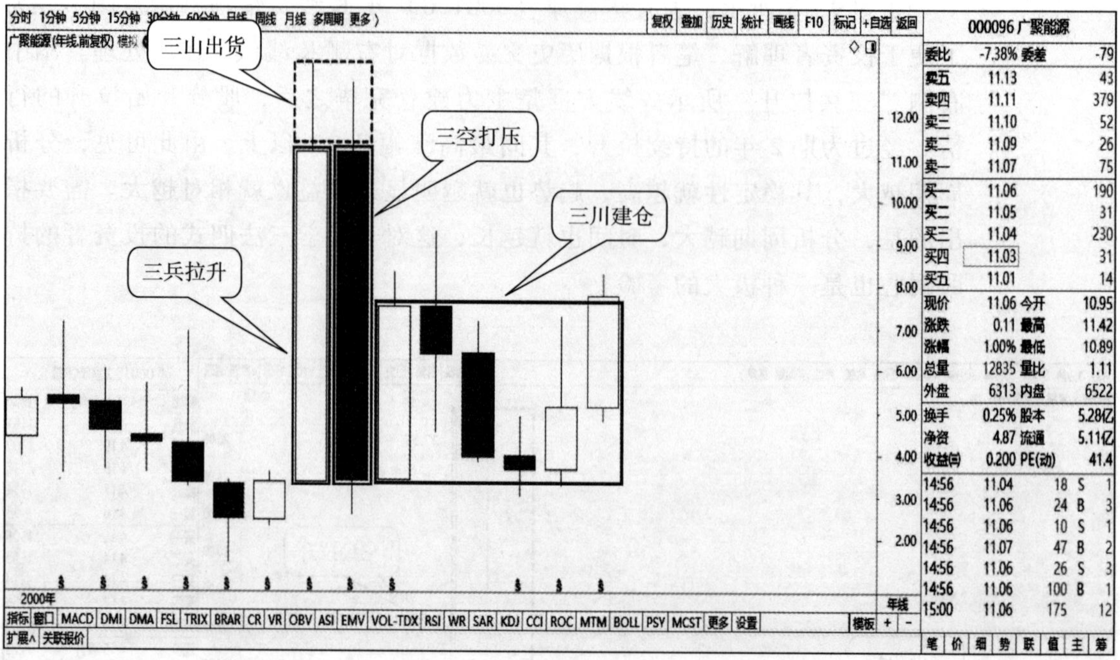

图 9－4　广聚能源（000096）年 K 线行情预判示意图 A

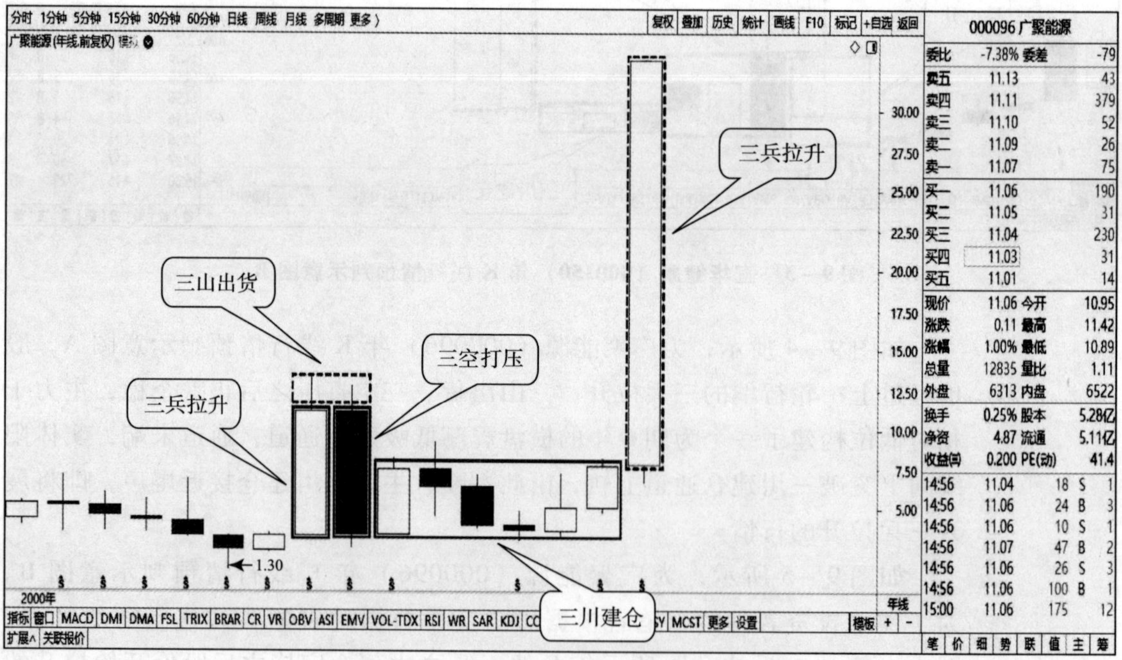

图 9－5　广聚能源（000096）年 K 线行情预判示意图 B

式交易，每一只股票一年之中只能发出为数不多的信号，周期越大稳定性也就越高，以此操作，一年只需要把握几次大的交易机会就已经足够了。

如图9-6所示，为深纺织A（000045）年K线行情预判示意图A。股价经过上一轮行情的三兵拉升、三山出货、三空打压之后止跌企稳，主力于相对低位构建了一个为期3年的横盘震荡低吸建仓通道（见图中下方“三川建仓”所示实线方框）。该通道末端，股价向上突破通道上轨后，以一根涨幅17%的纺锤线报收，向上做盘意图明显，由此判断，主力三川建仓接近尾声，即将展开三兵拉升的行情。

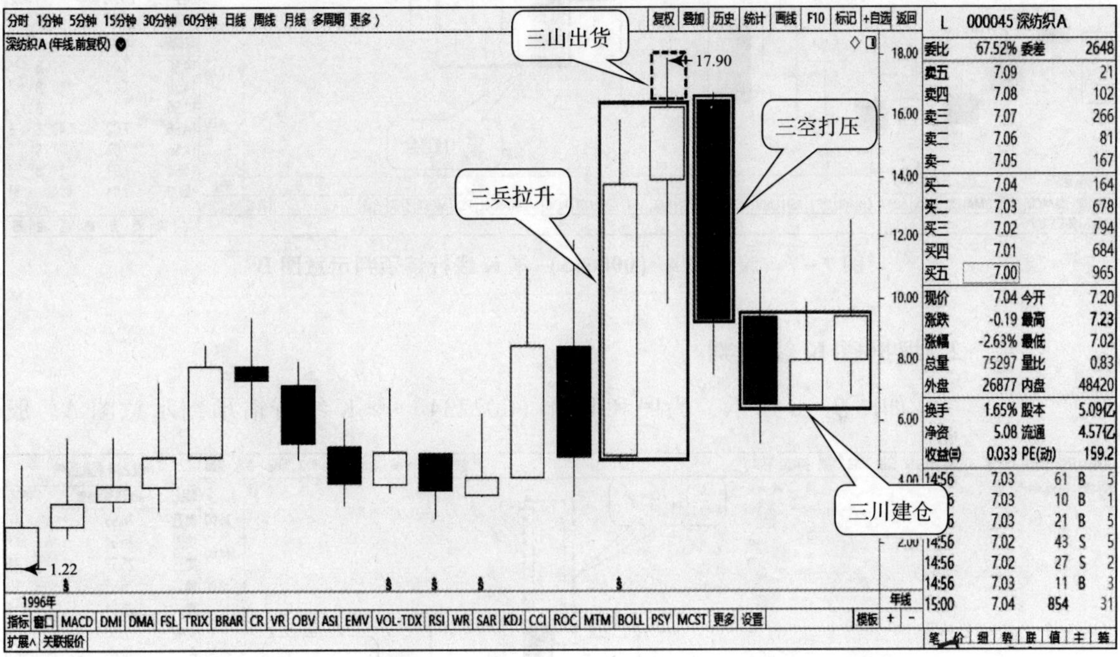

图9-6　深纺织A（000045）年K线行情预判示意图A

如图9-7所示，为深纺织A（000045）年K线行情预判示意图B。为了便于投资者理解，笔者同样根据历史交易数据，对右侧K线进行了还原处理。图中右侧“三兵拉升”所示年K线是主力建仓完毕之后，股价开始拉升的行情，其间最高涨幅达156%。

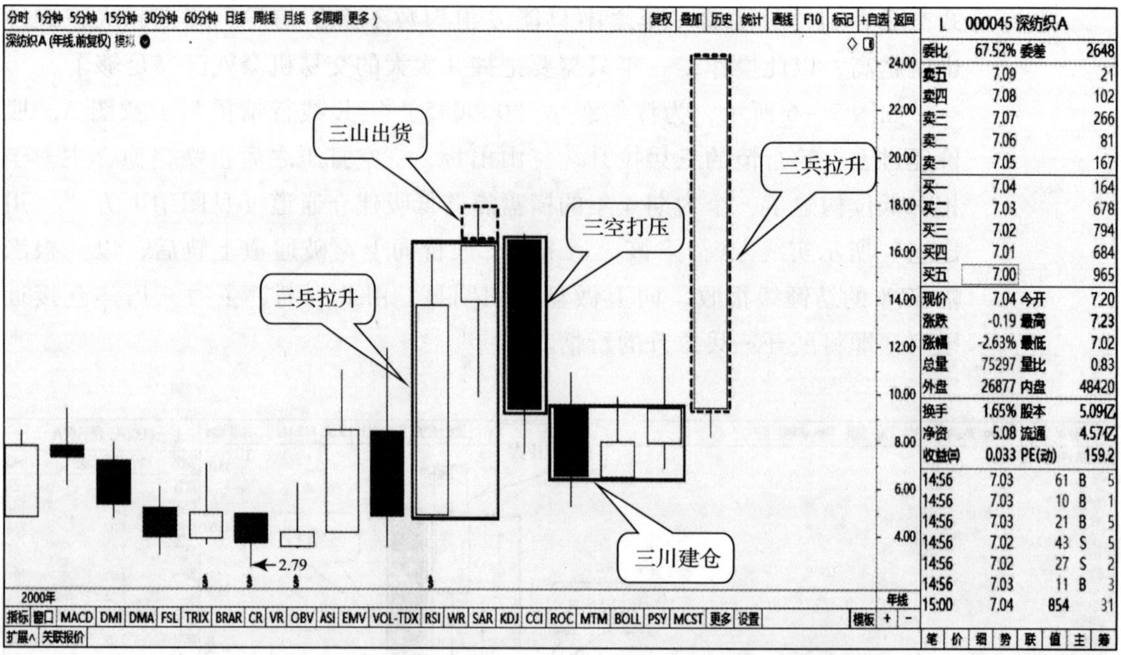

图 9－7　深纺织 A（000045）年 K 线行情预判示意图 B

2. 根据季 K 线预判

如图 9－8 所示，为民和股份（002234）季 K 线行情预判示意图 A。股

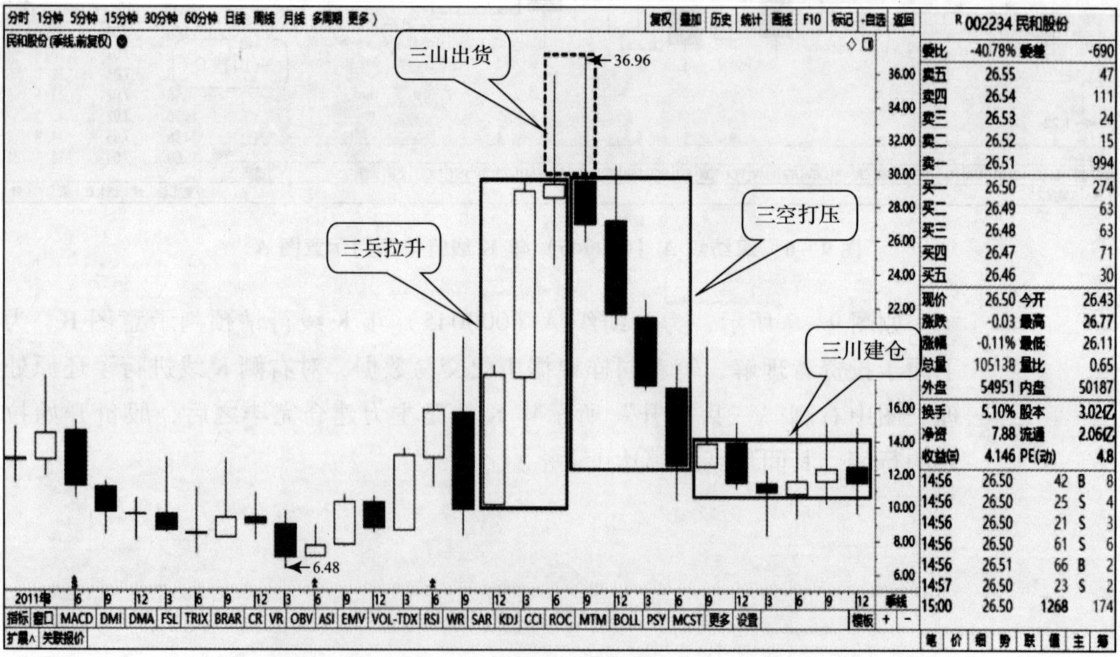

图 9－8　民和股份（002234）季 K 线行情预判示意图 A

价经过上一轮行情的三兵拉升、三山出货、三兵打压之后，构建了一个为期6个季度的横盘震荡低吸建仓通道（见图中下方“三川建仓”所示实线方框），这是一个十分充分的建仓过程，主力此时投入了大量资金，收集了大量的廉价筹码。要使这些低成本的筹码产生利润，势必要拉高股价，高位抛售才能实现获利。由此判断，股价拉升在即。

如图9－9所示，为民和股份（002234）季K线行情预判示意图B。为了便于投资者理解，笔者根据历史交易数据，对右侧K线进行了还原处理。图中右侧“三兵拉升”所示季K线就是股价经过充分建仓后的拉升行情，该季度涨幅高达275.55%。由此可见三川建仓形态在整个行情中的重要性，只有经过长期充分的建仓过程，主力才能在相对低位获取足够多的廉价筹码，建仓的同时，有效释放了上一轮行情的套牢抛压。既然拉升中没有了压力，那么随后股价的拉升也就变得顺理成章，自然是水到渠成的事情，这就是判断股价拉升的重要依据。

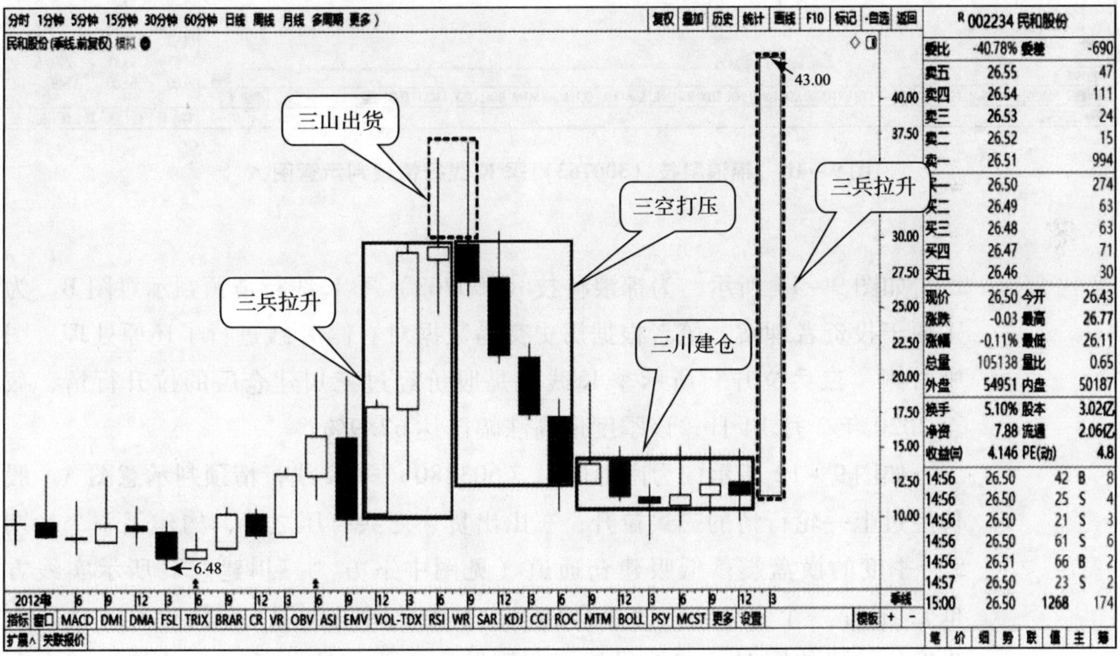

图9－9　民和股份（002234）季K线行情预判示意图B

如图9－10所示，为锦浪科技（300763）季K线行情预判示意图A。虽然该股上市时间不久，但是其季K线已经走出了很直观的趋势。新股上市后，经过三山出货、三空打压阶段，股价止跌企稳并构建了一个为期2个季度的横盘震荡低吸建仓通道（见图中下方“三川建仓”所示实线方框），主力向上做盘的意图已经很明显了，因此判断，股价即将拉升。

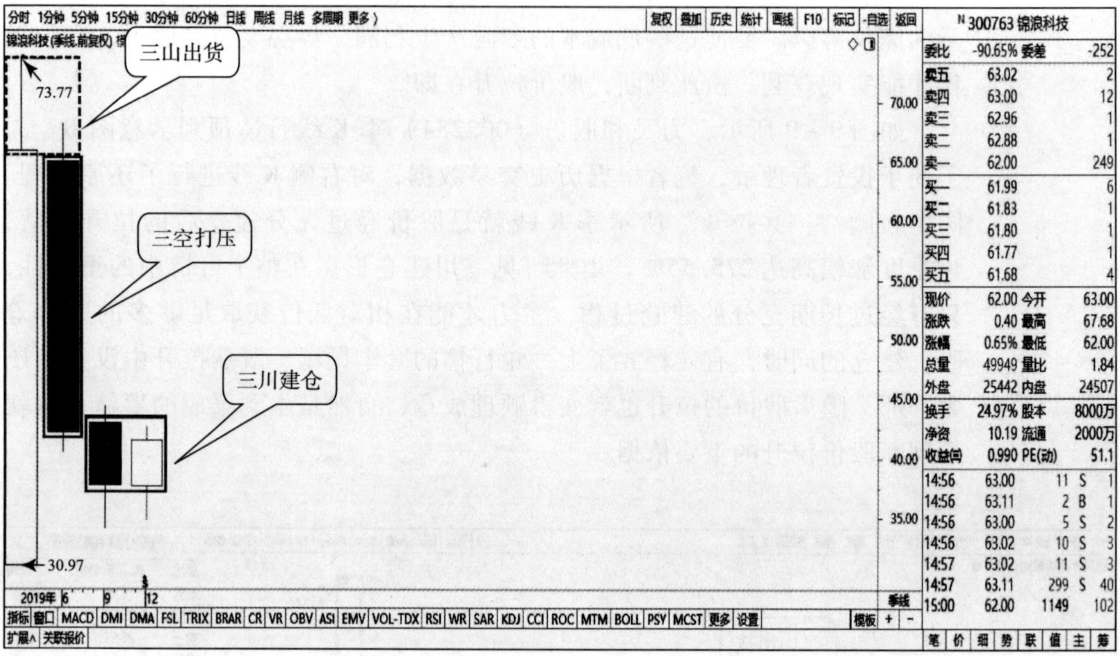

图 9－10　锦浪科技（300763）季 K 线行情预判示意图 A

如图 9－11 所示，为锦浪科技（300763）季 K 线行情预判示意图 B。为了便于投资者理解，笔者根据历史交易数据对右侧 K 线进行了还原处理。图中右侧“三兵拉升”所示季 K 线就是股价经过三川建仓后的拉升行情，截至 2020 年 2 月 14 日，该季度最高涨幅已达 62.9%。

如图 9－12 所示，为南卫股份（603880）季 K 线行情预判示意图 A。股价经过上一轮行情的三兵拉升、三山出货、三兵打压之后，构建了一个为期 5 个季度的横盘震荡低吸建仓通道（见图中下方“三川建仓”所示实线方框），这是一个十分充分的建仓过程，主力此时投入了大量资金，收集了大量廉价筹码的同时，有效释放了左侧抛压。要使这些低成本的筹码产生利润，必须拉高股价，高位抛售才能实现获利。股价向上突破三川通道上轨，预示着建仓过程的结束，由此判断，一波拉升行情即将展开。

如图 9－13 所示，为南卫股份（603880）季 K 线行情预判示意图 B。为了便于投资者理解，笔者根据历史交易数据对右侧 K 线进行了还原处理。三川建仓完毕之后，股价高开低走小幅洗盘，并于三川上轨止跌后回升，见图

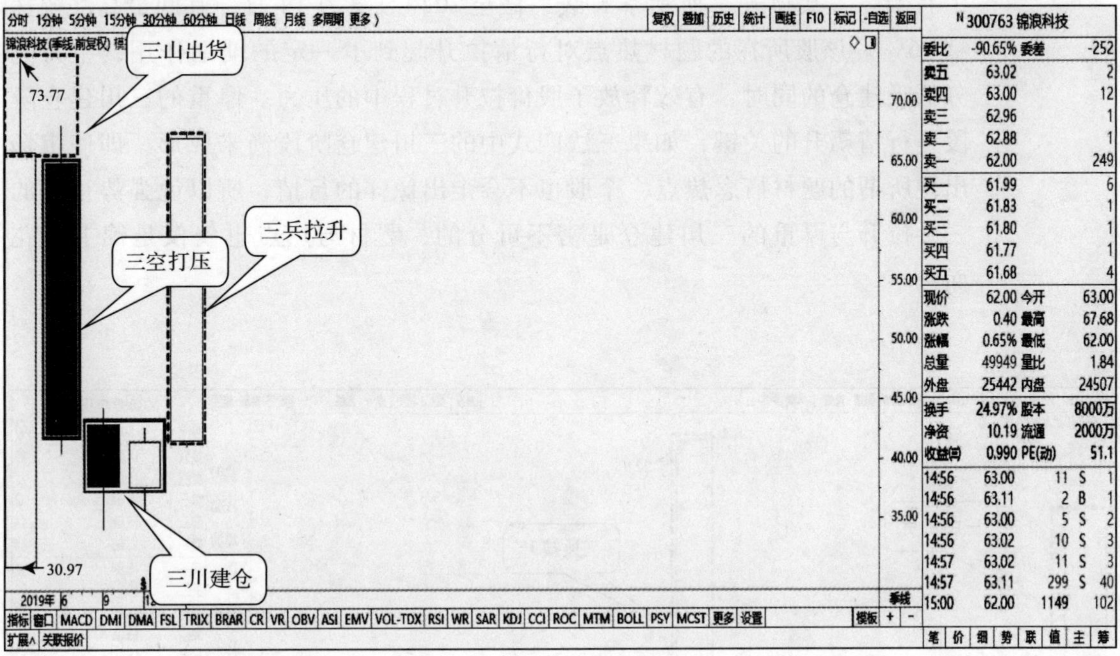

图 9－11　锦浪股份（300763）季 K 线行情预判示意图 B

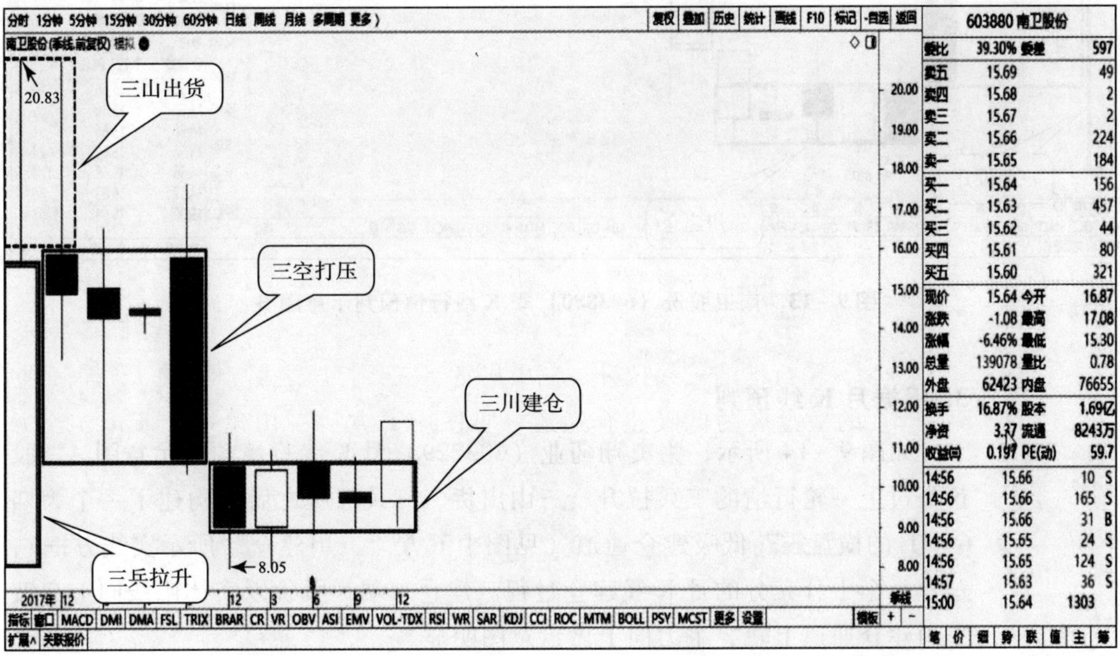

图 9－12　南卫股份（603880）季 K 线行情预判示意图 A

中右侧“三兵拉升”所示季 K 线，截至 2020 年 2 月 14 日，其间最高涨幅达到 96%。该股所在的题材热点对行情拉升起到了一定的辅助作用，主力充分低吸建仓的同时，有效释放了股价拉升过程中的压力。厚重的三川建仓阶段是行情飙升的关键，如果三法四式中的三川建仓阶段尚未成形，即使市场出现所谓的题材概念热点，个股也不会走出像样的行情，所以说强势行情的三兵拉升与厚重的三川建仓是密不可分的，题材与热点也仅仅是锦上添花而已。

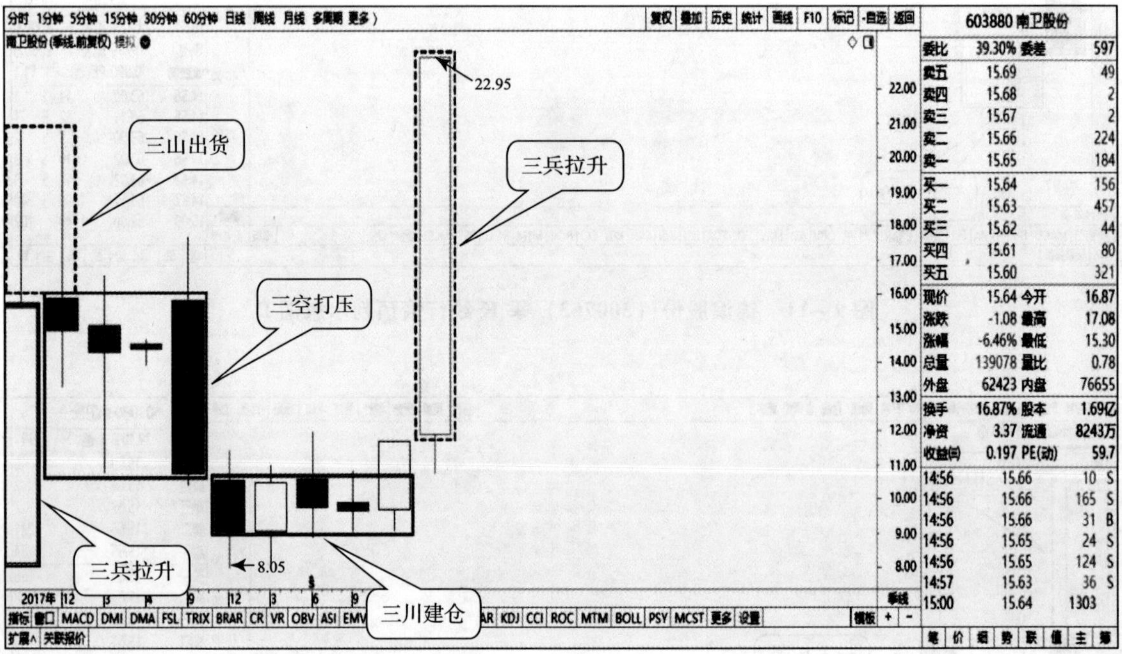

图 9－13　南卫股份（603880）季 K 线行情预判示意图 B

3. 根据月 K 线预判

如图 9－14 所示，为奥翔药业（603229）月 K 线行情预判示意图 A。股价经过上一轮行情的三兵拉升、三山出货、三兵打压之后，构建了一个为期 6 个月的横盘震荡低吸建仓通道（见图中下方“三川建仓”所示实线方框），这是一个十分充分的月 K 线建仓过程。建仓末端，股价以实体阳线向上突破三川建仓通道上轨，主力向上做盘意图明显。

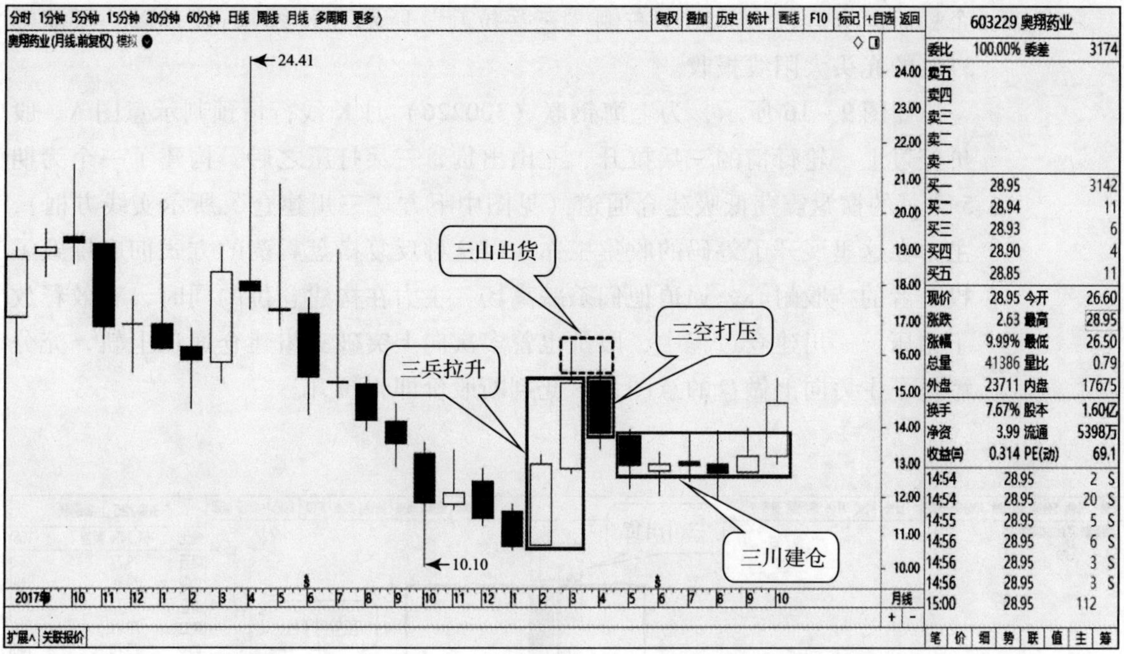

图 9－14　奥翔药业（603229）月 K 线行情预判示意图 A

如图 9－15 所示，为奥翔药业（603229）月 K 线行情预判示意图 B。三川建仓完毕之后，次月股价低开低走小幅洗盘，并于三川建仓通道上轨止跌

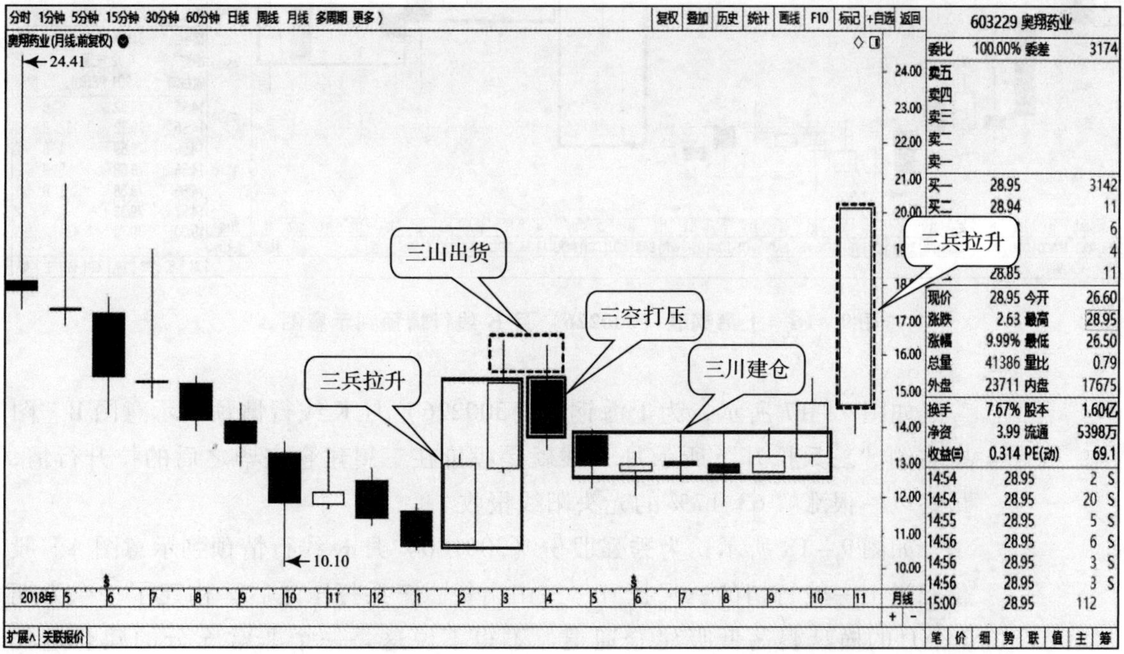

图 9－15　奥翔药业（603229）月 K 线行情预判示意图 B

企稳后向上运行（见图中右侧“三兵拉升”所示月 K 线），该月以一根涨幅 37% 的光头大阳线报收。

如图 9－16 所示，为上海钢联（300226）月 K 线行情预判示意图 A。股价经过上一轮行情的三兵拉升、三山出货、三兵打压之后，构建了一个为期 5 个月的横盘震荡低吸建仓通道（见图中下方“三川建仓”所示实线方框），主力在这里展开了筹码的收集工作，以这种反复横盘震荡的方式彻底摧毁了投资者的持股耐心，逼迫他们杀跌离场。主力在构建仓位的同时，有效释放了抛压。三川建仓过程中，股价也曾多次向上突破三川建仓通道上轨，充分彰显了主力向上做盘的意图，由此判断股价即将拉升。

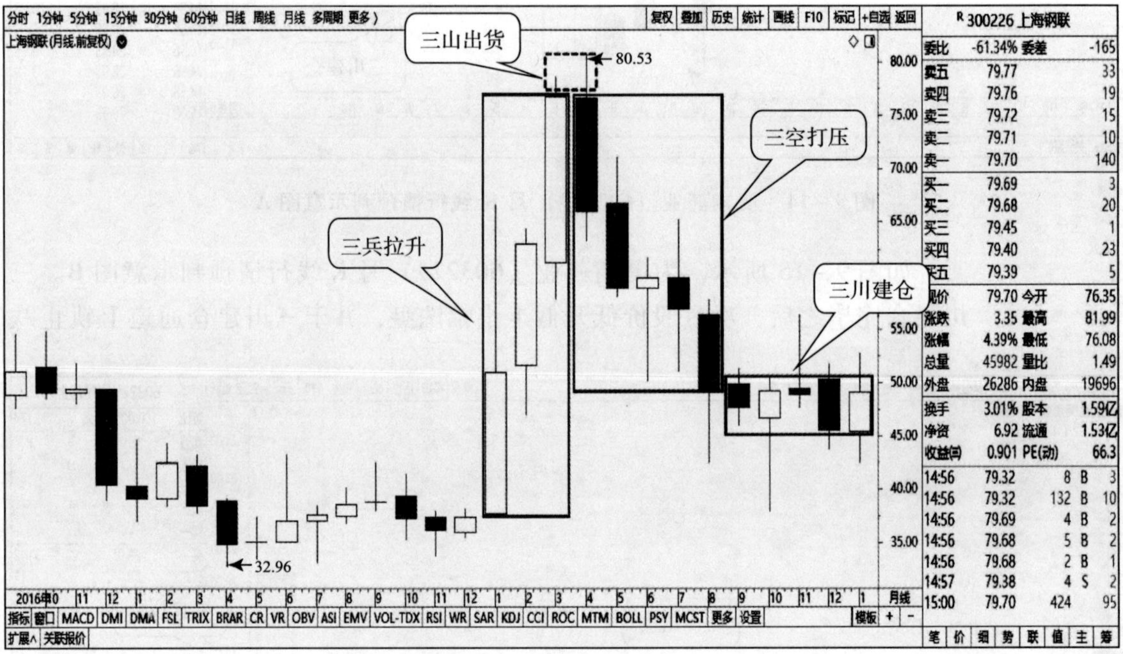

图 9－16 上海钢联（300226）月 K 线行情预判示意图 A

如图 9－17 所示，为上海钢联（300226）月 K 线行情预判示意图 B。图中右侧“三兵拉升”所示月 K 线就是股价在三川建仓完毕之后的拉升行情，最终以一根涨幅 63.17% 的光头阳线报收。

如图 9－18 所示，为秀强股份（300160）月 K 线行情预判示意图 A。股价经过上一轮行情的三兵拉升、三山出货、三兵打压之后，构建了一个为期 7 个月的横盘震荡低吸建仓通道，不得不说这是一个非常充分的建仓过程（见图中下方“三川建仓”实线方框所示），主力正是通过这种长期横盘震

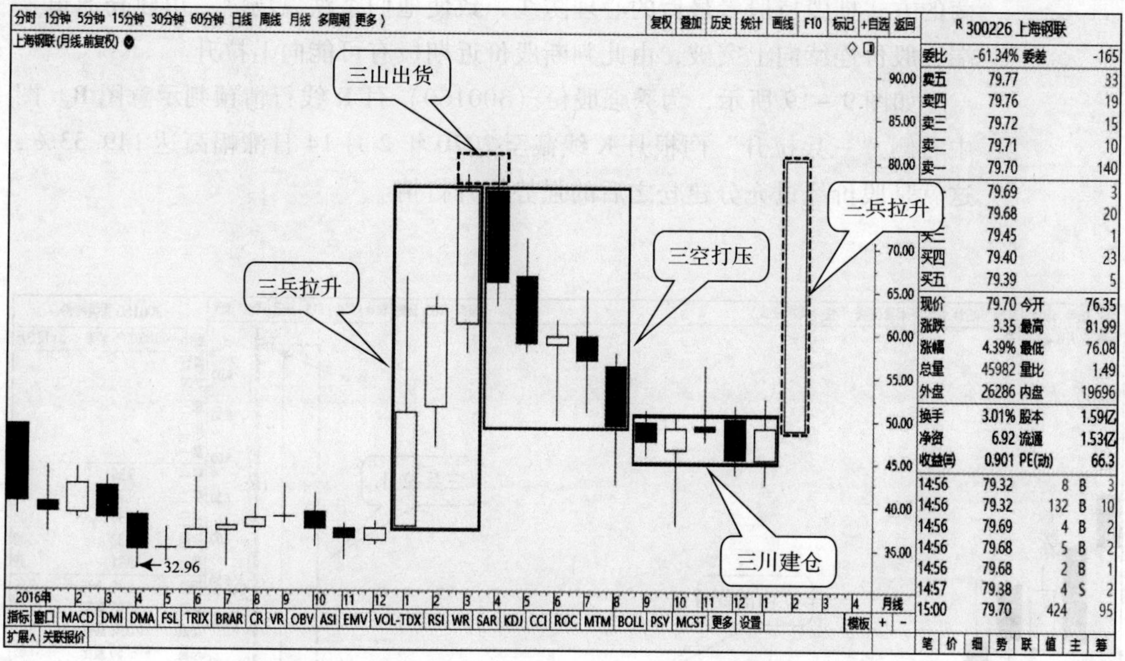

图 9－17　上海钢联（300226）月 K 线行情预判示意图 B

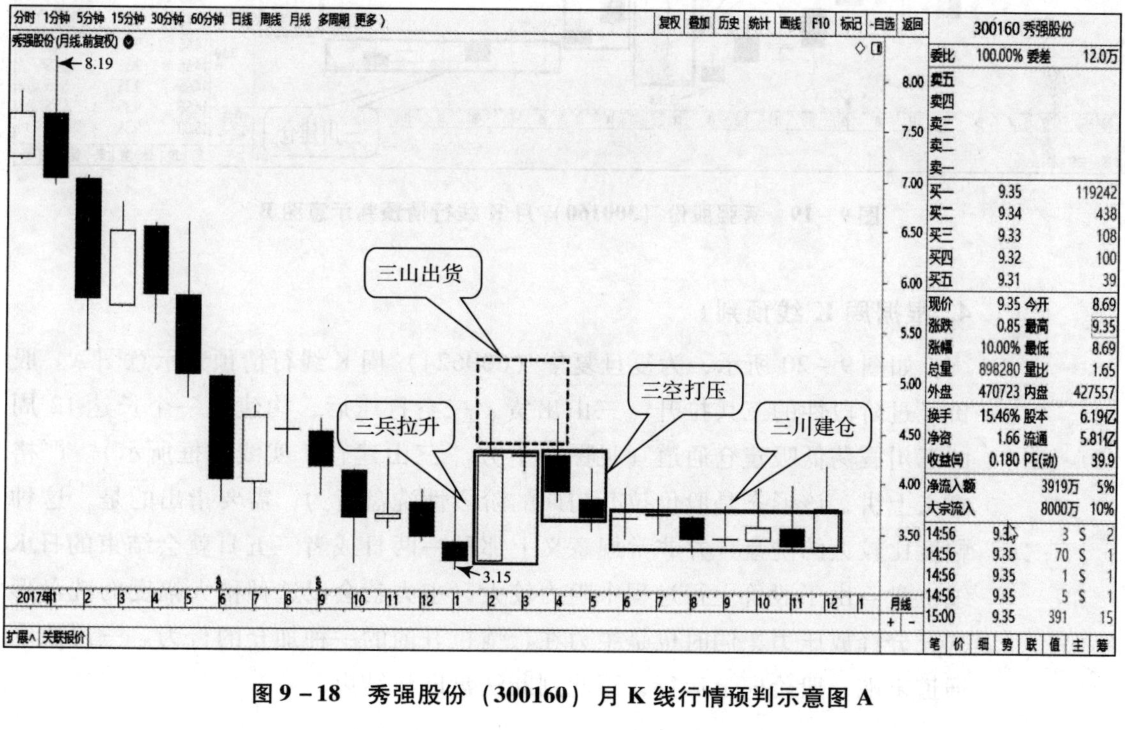

图 9－18　秀强股份（300160）月 K 线行情预判示意图 A

荡的方式摧毁持股者最后的心理防线，致使他们杀跌离场。三川建仓通道末端，股价连续向上突破，由此判断股价近期极有可能向上拉升。

如图9－19所示，为秀强股份（300160）月K线行情预判示意图B。图中右侧“三兵拉升”两根月K线截至2020年2月14日涨幅高达149.33%，这就是股价经过充分建仓之后的强势拉升行情。

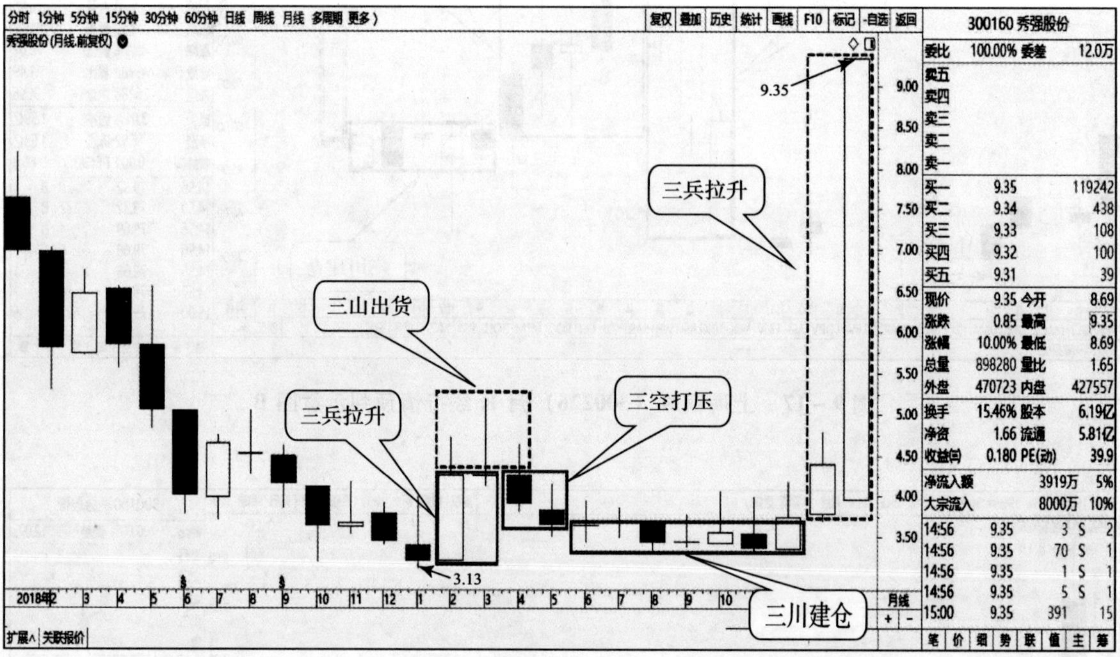

图9－19　秀强股份（300160）月K线行情预判示意图B

4. 根据周K线预判

如图9－20所示，为复旦复华（600624）周K线行情预判示意图A。股价经过阶段性的三兵拉升、三山出货、三空打压后，构建了一个长达12周的三川震荡低吸建仓通道（见图中下方“三山建仓”实线方框所示）。严格意义上讲，该形态是股价拉升初期的阶段性洗盘行为，需要指出的是，这种幅度比较大的洗盘，并非常规意义上那种一两日或者三五日就会结束的日K线洗盘。由于股价上行过程中阻力较大，主力就会以这种稍大幅度的洗盘形式充分释放压力，同时也是主力在行情拉升前的一种加仓的行为。三川建仓通道末端，股价向上运行，因此判断洗盘即将结束。

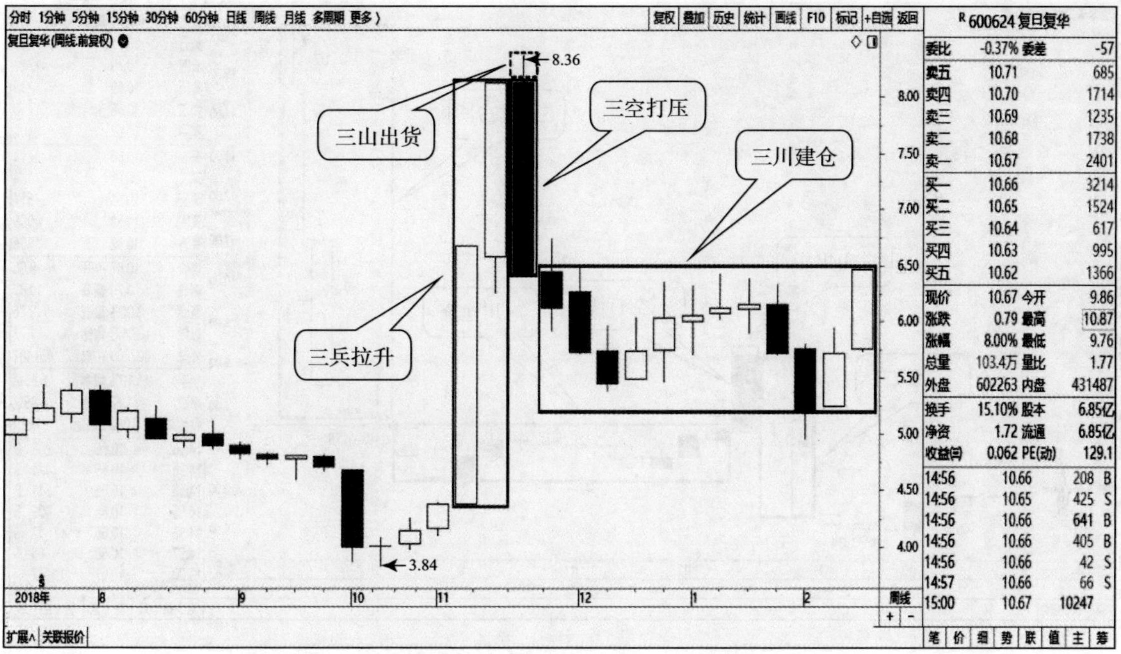

图 9-20 复旦复华（600624）周 K 线行情预判示意图 A

如图 9-21 所示，为复旦复华（600624）周 K 线行情预判示意图 B。图中右侧“三兵拉升”虚线方框所示为三川建仓完毕之后股价跳空高开，但是并未立即拉升，而是震荡两周，以此清洗三川建仓过程中那些低成本的短线跟风获利筹码。该过程完毕之后，股价连续拉升 2 周，其间最高涨幅 130% 以上，再次验证了厚重三川之后的强势拉升行情。

如图 9-22 所示，为国际实业（000159）周 K 线行情预判示意图 A。该案例与上一个案例大同小异，同样属于拉升初期主力的洗盘行为，图中可见，股价经过阶段性的三兵拉升、三山出货、三空打压后，构建了一个长达 12 周的三川震荡低吸建仓通道（见图中下方“三山建仓”实线方框所示）。股价拉升初期的洗盘旨在上泄抛压、下洗跟风，与此同时，主力增加了仓位，这对主力的操盘来讲是一个一举三得的好事。该过程中，阶段性的抛压得到释放，短期低成本跟风筹码被清洗出局。三川建仓末端股价上行，意味着该过程接近尾声，因此判断股价即将拉升。

如图 9-23 所示，为国际实业（000159）周 K 线行情预判示意图 B。图中可见，三川建仓完毕之后，股价跳空高开，回调至三川通道上轨企稳后，4 周狂拉 133.41%，走出了一波摧枯拉朽的行情，可见主力对股价拉升之前清洗盘面的重要性。

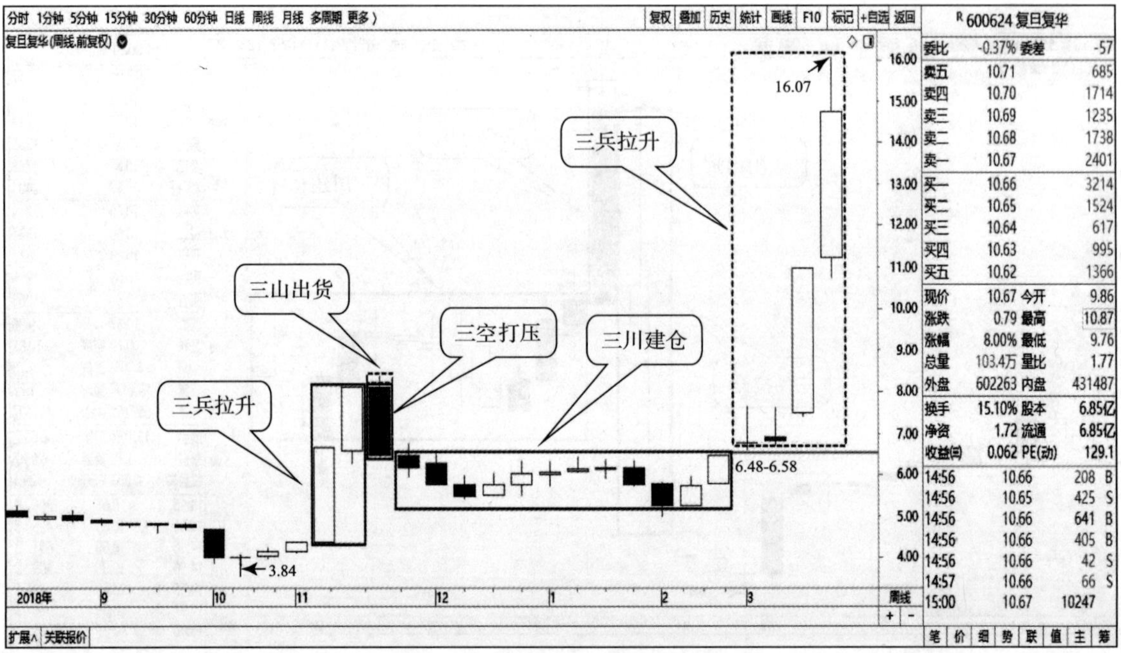

图9－21　复旦复华（600624）周K线行情预判示意图B

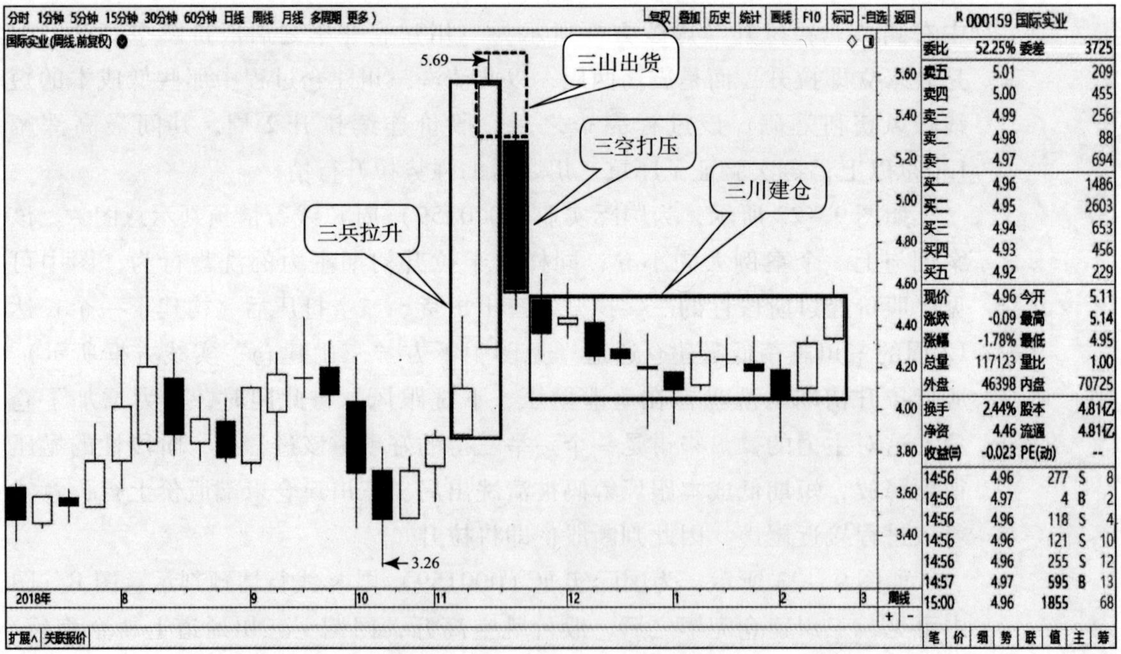

图9－22　国际实业（000159）周K线行情预判示意图A

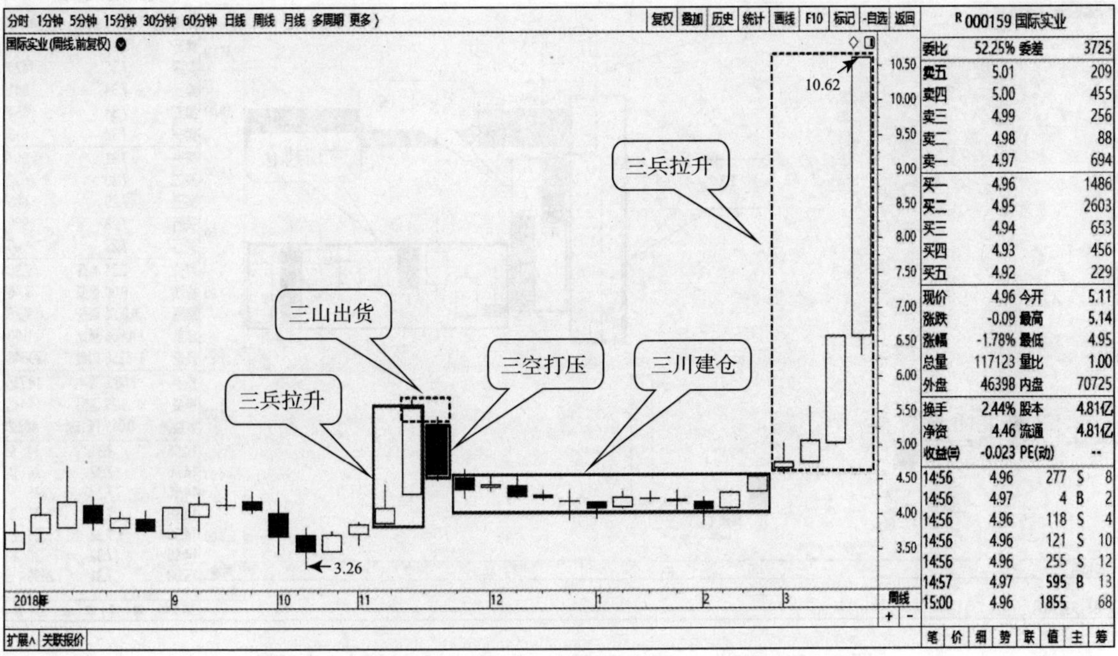

图9－23　国际实业（000159）周K线行情预判示意图B

如图9－24所示，为市北高新（600604）周K线行情预测示意图A。该案例与以上两个周K线案例基本属于同一时期的近似形态。该股拉升中股价受阻（见图中左侧“三兵拉升”所示），涨幅已接近2倍，存在极大的获利空间，于是主力阶段性的高抛之后，顺势对股价进行打压，继而开始了一轮为期9周的横盘震荡（见图中下方“三川建仓”所示）。由此可见，这属于股价拉升中的洗盘行为，主力再次向上做盘的意图相当明显了。

如图9－25所示，为市北高新（600604）周K线行情预测示意图B。图中右侧“三兵拉升”所示虚线方框是股价阶段性洗盘完毕之后的拉升行情，其间4周最高涨幅172%。该案例中，洗盘的目的就是主力对被套筹码以及短期低成本跟风获利筹码的清洗，同时增加了仓位。伴随着洗盘过程的结束，阶段性套牢抛压与短期获利抛压被有效释放，那么接下来股价的拉升行情也就变得顺理成章了。

本节总结：本节列举了从个股的年K线、季K线、月K线、周K线这四个分析周期的行情预测。三法四式重意不重形，通过对个股三法四式K线形态的合并，正确理解形态背后主力运作股价的意图才是三法四式的关键。投资者只要正确理解与掌握了主力的操盘意图，对个股趋势以及行情预判的准确程度就会极大提高。

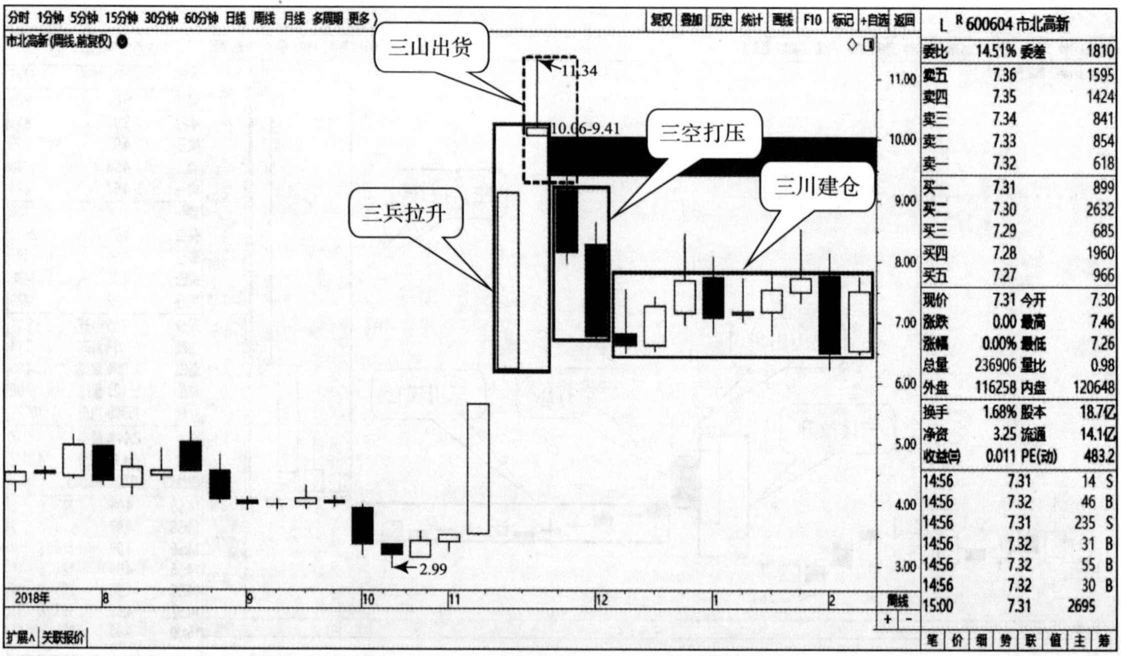

图9－24　市北高新（600604）周K线行情预测示意图A

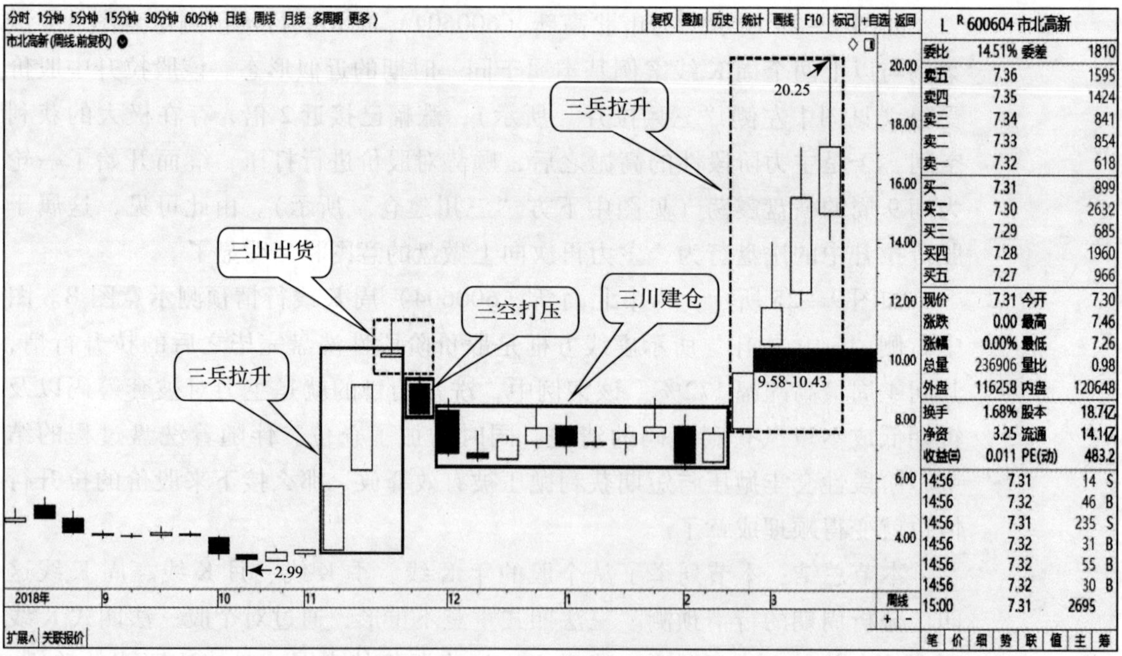

图9－25　市北高新（600604）周K线行情预测示意图B

第二节 三川的表现形式与位置

在三法四式中，三川建仓与三兵拉升是相邻的两个阶段，这是整段行情的基础，而三川建仓又是三兵拉升的基础，所以说三川建仓阶段是三法四式中的重中之重。虽然三川建仓阶段并非特指某一种形态，但是该阶段作为通俗意义的底部形态，会有各种各样的表现形式，其位置分布也有不同的市场意义。本节就三川的常见表现形式以及不同的位置分别讲解。

一、三川的形态

三法四式中的三川阶段表现在形式上，就是传统意义上的行情筑底阶段，投资者会不由自主地将其关联到市面上流行的各种底部形态，其形态构成也是多种多样的。西方技术分析中，有 V 形底、弧形底、W 底以及多重底等多种底部形态，但是在三法四式中，只用一个三川就可以概括所有这些底部形态。需要说明的是，西方技术分析中的这些底部形态，绝大多数泛指日 K 线的形态，其稳定性与可靠性都是极差的。本节案例全部采用周 K 线这个分析周期，该周期与日 K 线是 5 倍的关系，形态的显示相对其他大的分析周期直观明显，与日 K 线这个分析周期比较，具有伪信号少、稳定性高等优点。

1. V 形底三川

如图 9－26 所示，为大立科技（002214）V 形底三川示意图。股价小幅拉升后回落洗盘，止跌企稳后触底回升，主力构建了一个为期 18 周的横盘震荡通道。该过程中股价运行轨迹形成一个明显的 V 字形，即通投资者操盘中常见的 V 形底（见图中实线方框内虚线所示），在股价拉升前，以此方式对那些不够坚定的筹码进行相对彻底的清洗，为股价随后的拉升奠定基础。

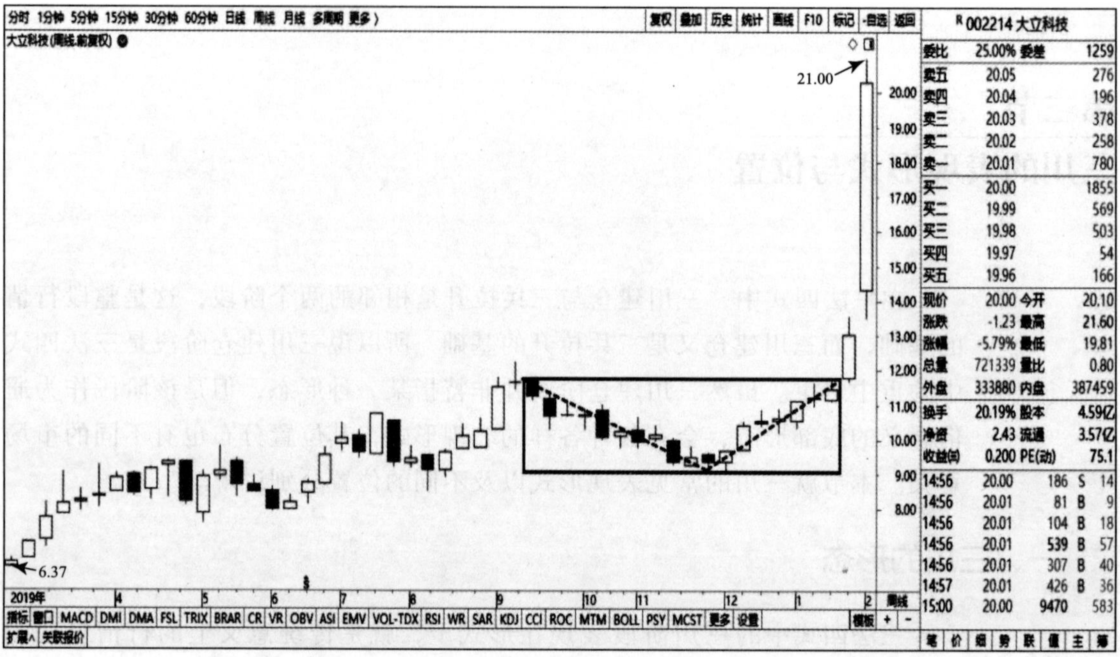

图 9－26　大立科技（002214）V 形底三川示意图

如图 9－27 所示，为航锦科技（000818）V 形底三川示意图。图中可见，股价拉升一波后，股价向下运行，止跌企稳后，构建了一个为期 12 周的横盘震荡通道。该过程中股价的运行轨迹明显形成了一个 V 字形（见图中实线方框所示），这是股价变盘的明显标志之一，同时也是主力加仓的行为。伴随该过程的结束，股价开始了一波周线级别的震荡拉升。

如图 9－28 所示，为中文传媒（600373）V 形底三川示意图。图中所示实线方框内的 K 线 V 形形态，是股价拉升前震荡泄压所形成的形态，是股价拉升前的重要标志之一。很明显，左侧股价有一个持续的横盘震荡过程，这是主力在低吸建仓，股价拉升前主力构建了一个由 12 周构成的 V 形泄压通道，以这种震荡方式最后释放拉升前的压力，为随后股价的拉升扫清了障碍。

2. 弧形底三川

如图 9－29 所示，为麦克奥迪（300341）弧形底三川示意图。图中可见，股价经过一波小幅拉升之后，股价下行，主力构建了一个长达 26 周的弧形底三川建仓通道（见图中实线方框所示）。从大趋势上讲，这属于三川建仓末端、三兵拉升之前最后的洗盘行为，以此清洗那些在主力建仓过程中

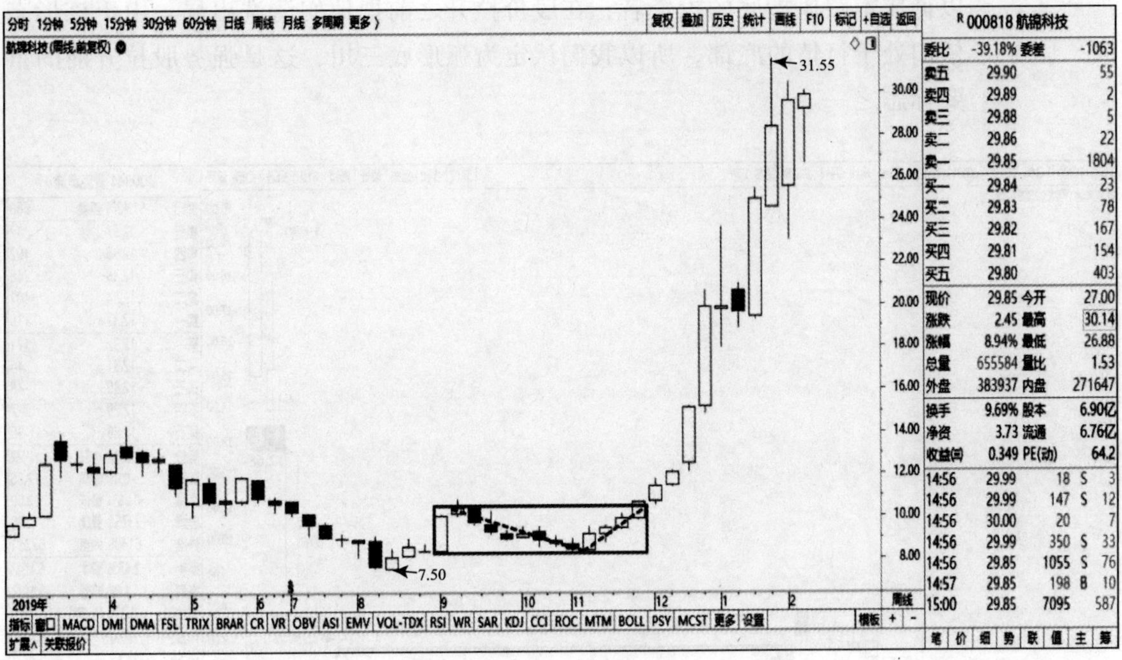

图 9－27　航锦科技（000818）V 形底三川示意图

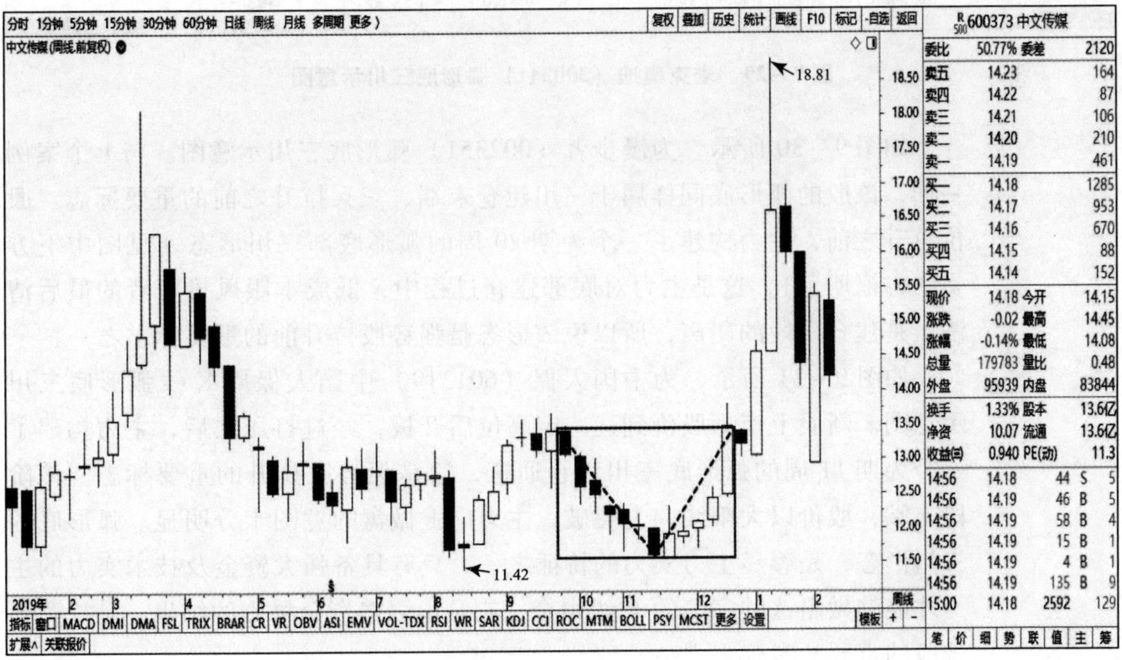

图 9－28　中文传媒（600373）V 形底三川示意图

以低成本跟风抄底的投资者，在股价拉升之前把他们清洗出局。由于该形态依旧处于行情的底部，所以我们认定为弧形底三川，这是强势股拉升前的重要标志之一。

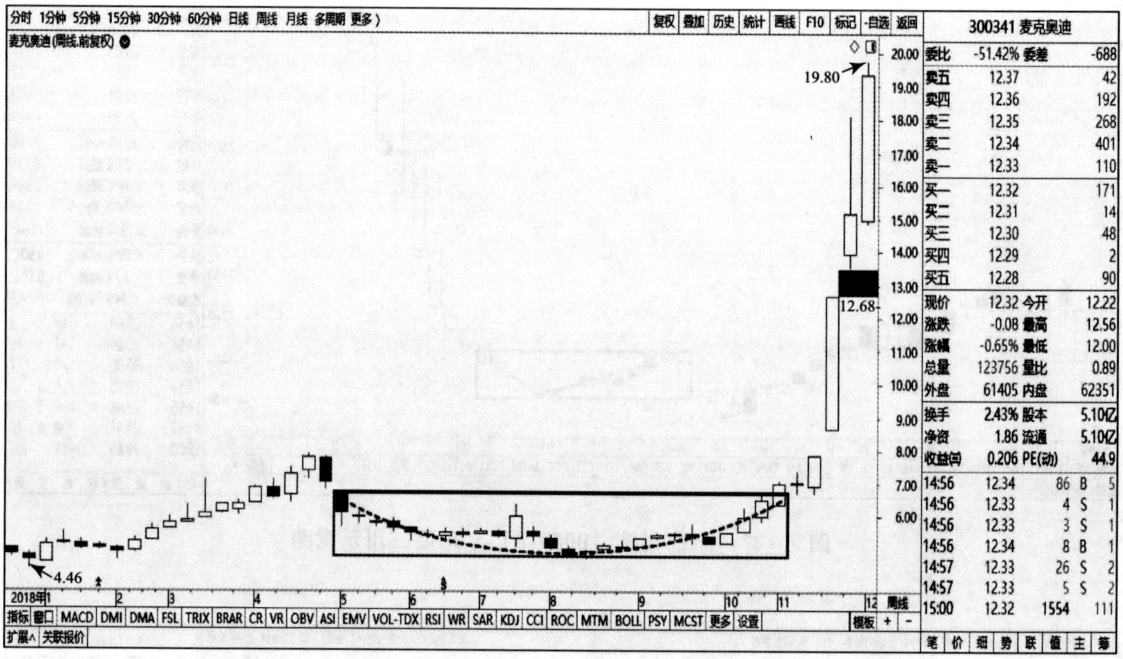

图 9－29　麦克奥迪（300341）弧形底三川示意图

如图 9－30 所示，为漫步者（002351）弧形底三川示意图。与上个案例一样，该股的弧形底同样属于三川建仓末端、三兵拉升之前的重要标志。股价拉升之前，主力构建了一个为期 20 周的弧形底部三川形态（见图中下方实线方框所示），这是主力对底部建仓过程中，低成本跟风投资者的最后清洗，是建仓阶段的尾声，所以说该形态是强势股拉升前的重要标志之一。

如图 9－31 所示，为中国人保（601319）中国人保周 K 线弧形底三川示意图。新股上市后股价到达一定高位后开板，经过打压之后，主力构建了一个为期 11 周的弧形底三川建仓通道，这是强势股拉升的重要标志。该阶段末端，股价以大阳线向上突破，主力向上做盘的意图十分明显。弧形底的三川形态，是彰显主力实力的特征之一，只有具备强大资金及技术实力的主力才能够做出这种完美的 K 线组合，它是由强势资金堆砌的结果，是投资者选股的重要参考标志之一。

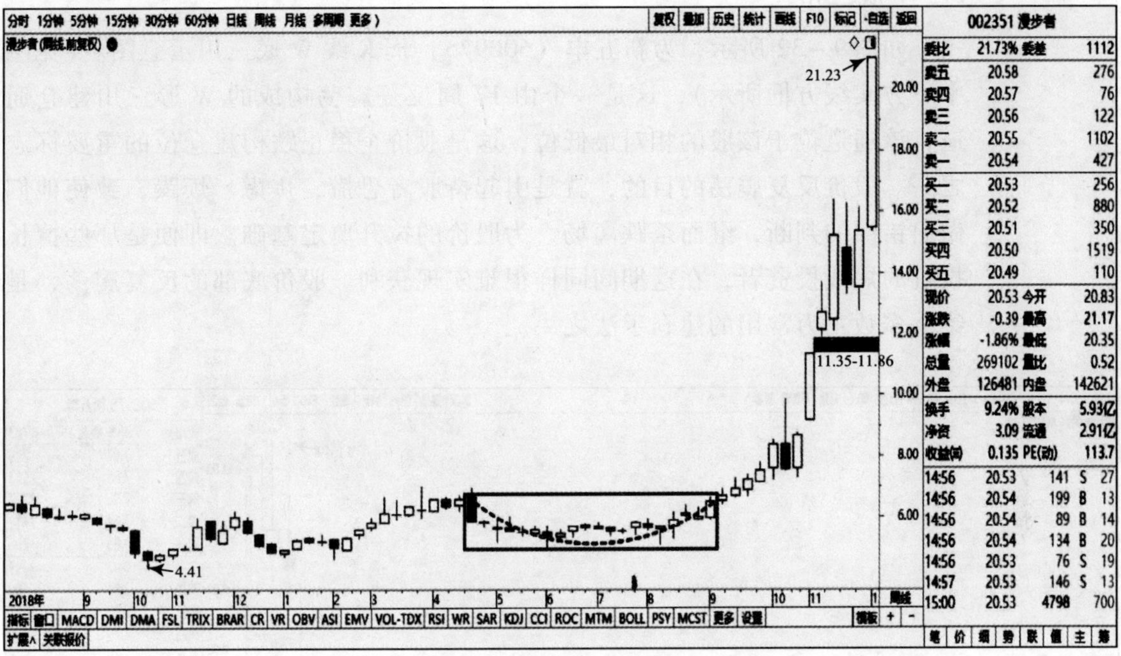

图 9－30　漫步者（002351）弧形底三川示意图

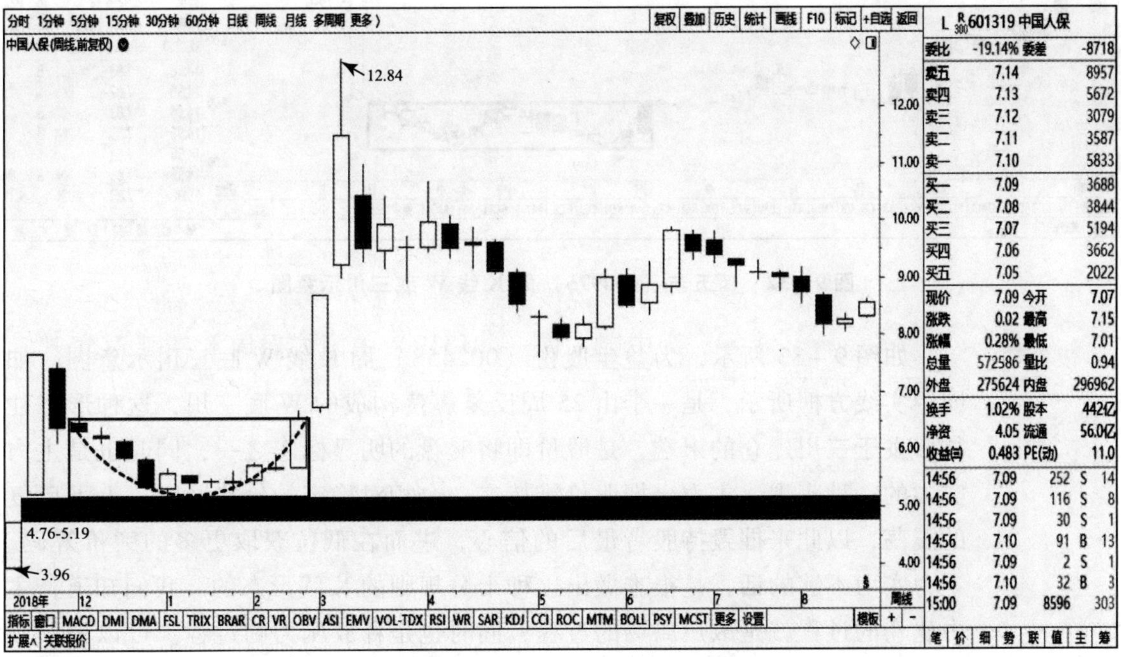

图 9－31　中国人保（601319）周 K 线弧形底三川示意图

3. W 底三川

如图 9－32 所示，为新五丰（600975）周 K 线 W 底三川示意图。（见图中下方实线方框所示），这是一个由 17 周反复震荡构成的 W 形三川建仓通道，该通道位于该股的相对最低位，这是股价企稳止跌构建仓位的重要标志之一。股价反复震荡的目的，就是引起持股者恐慌、焦虑、烦躁，致使他们做出错误的判断，继而杀跌离场，为股价的拉升奠定基础。即便是那些擅长投机的短线投资者，在这期间同样很难实现获利。股价底部的反复震荡，是绝大多数主力常用的建仓手法之一。

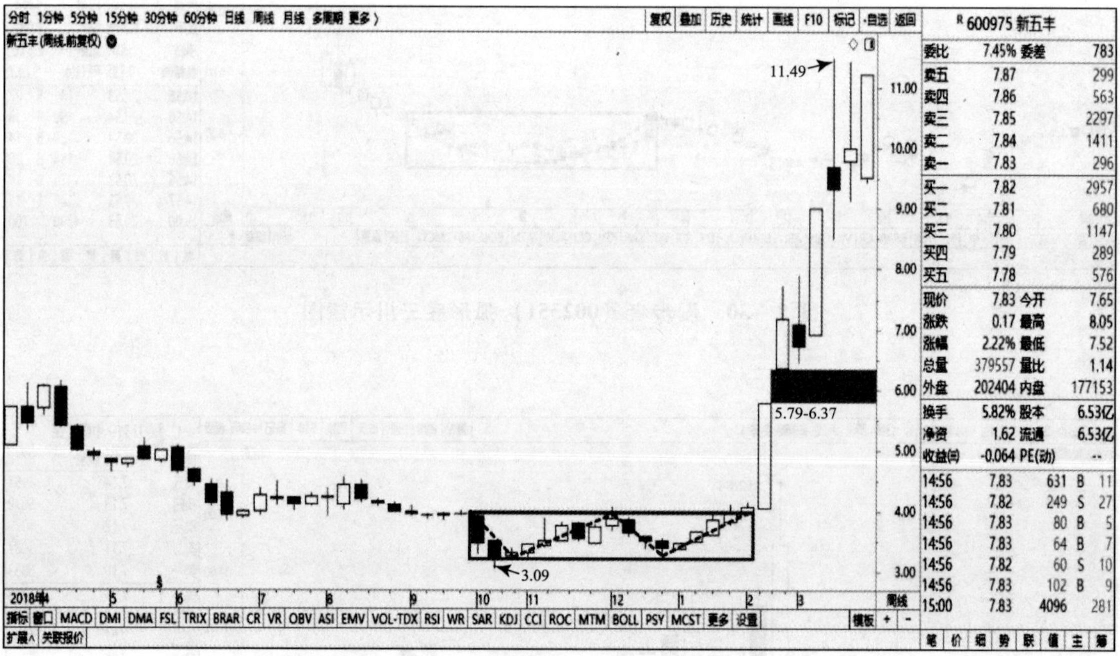

图 9－32　新五丰（600975）周 K 线 W 底三川示意图

如图 9－33 所示，为益生股份（002458）周 K 线 W 底三川示意图。如图中实线方框所示，是一个由 25 周反复震荡构成的 W 底三川，这种形态往往多发于三川建仓的末端，是股价即将变盘的明显标志之一，同时也是主力实力的一种表现。主力会把股价维持在一个相对稳定的价格区间，上下反复的震荡，以此来摧毁持股者最后的信心，进而在低位获取更多的廉价筹码。主力实力不够的话，是很难做出这种十分规则的 K 线形态的。我们知道，主力建仓的过程就是散户离场的过程，同时也是释放压力的过程。可以说，股价拉升前的这种震荡形态对抛压与跟风的清洗是十分有效的，也是主力屡试不爽的操盘手法之一。

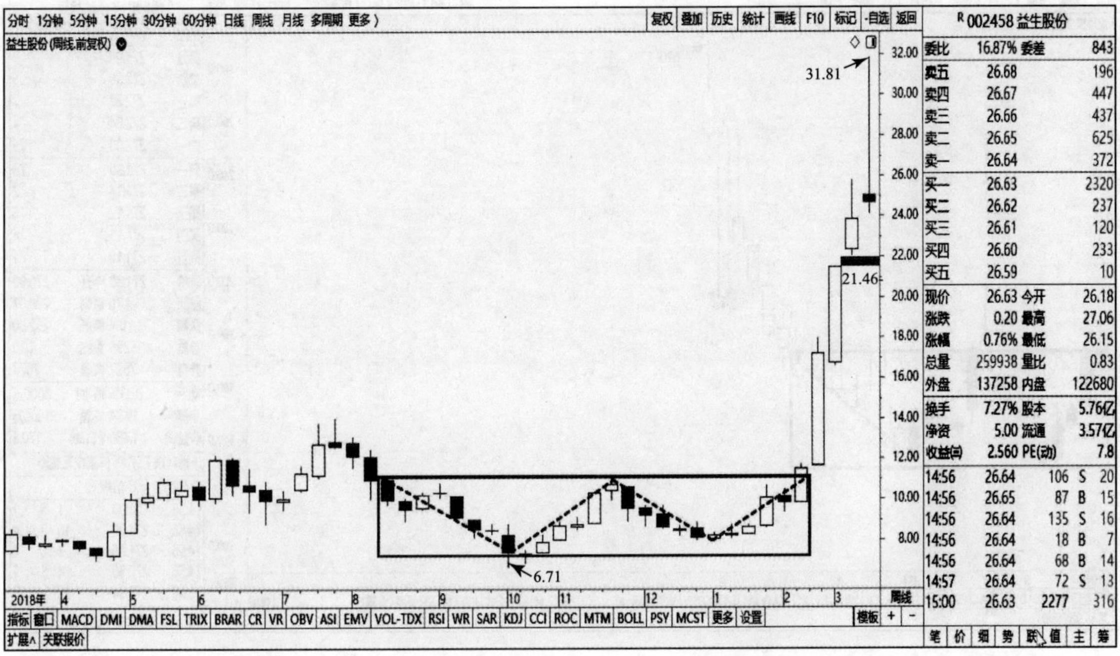

图 9－33　益生股份（002458）周 K 线 W 底三川示意图

如图 9－34 所示，为乐鑫科技（688018）周 K 线 W 三川示意图。该股属于科创板，新股上市后股价向下打压三周止跌企稳，继而构建了一个为期 23 周的 W 形三川建仓通道（如图中实线方框所示），这是主力实力的表现。这种往复的上下震荡，一直是在一个大致稳定的价格区间上下交替进行。股价一旦到达主力的支撑位附近，主力便会护盘，阻止股价继续下探；股价一旦触及主力建仓的上限，主力便会打压股价，这就是 W 形三川的具体成因。而这个震荡的价格区间就是主力大致的成本区域。由于该股没有过多套牢盘的抛压，这个震荡过程只是筹码由分散趋于集中的过程。主力建仓完毕之后股价高开，一波周线级别的拉升随即展开。

4. 多重底三川

如图 9－35 所示，为北方华创（002371）周 K 线多重底三川示意图。股价阶段性创新高后并未继续走高，而是开始了一轮为期 38 周的洗盘震荡（见图中实线方框所示），股价震荡的过程形成了一个清晰的多重底三川，主力正是通过这样一种方式，使那些获利投资者离场，而这种小振幅的震荡本身并不会产生太大价差，短线投资者同样会无利可图，涨幅榜上更不会发现该股的身影，同时主力悄无声息地完成了洗盘与加仓的工作。该过程完毕

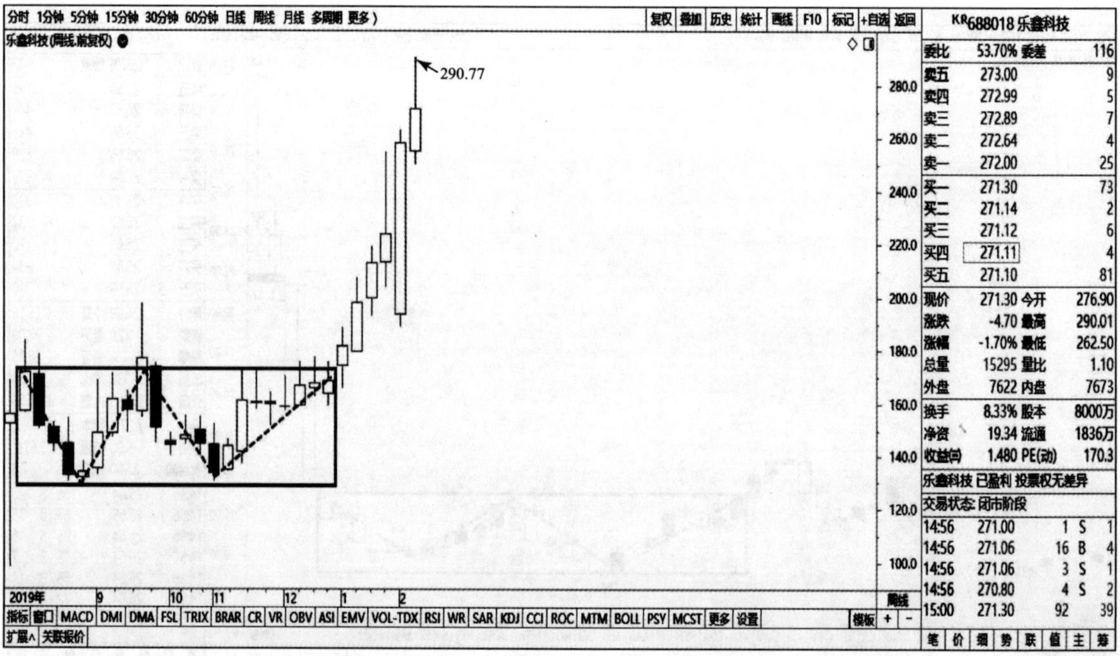

图9-34 乐鑫科技(688018)周K线W三川示意图

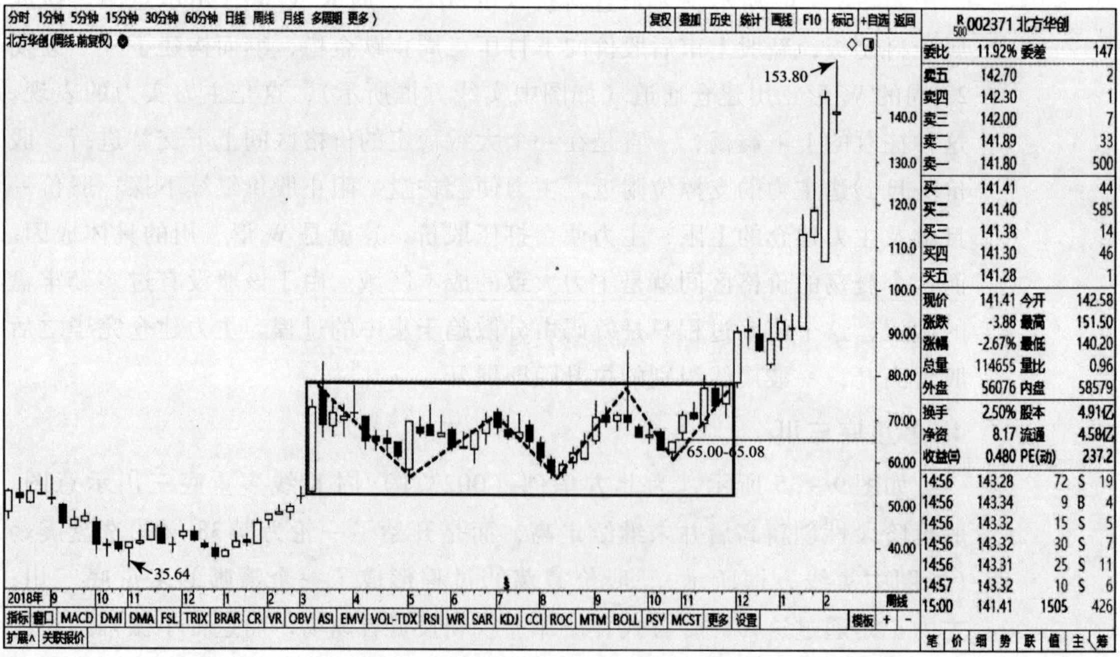

图9-35 北方华创(002371)周K线多重底三川示意图

之后，股价拉升行情随即展开。

如图9－36所示，为国光电器（002045）周K线多重底三川示意图。如图中实线方框所示，这是一个纯粹的底部形态。股价经过长期下行后止跌企稳，构建了一个为期68周的多重底三川，整个建仓过程耗时一年有余，这是一个十分充分的建仓过程。主力在这里把股价维持在一个稳定的价格区间，不断的上下反复震荡，筹码在这里由高位转移到了低位，由分散逐步趋于集中，同时有效释放了左侧高位的抛压。正是因为左侧压力重重，所以主力才会采用这种往复震荡的建仓方式，于低位充分收集廉价筹码，为即将展开的三兵拉升扫清了障碍，奠定了基础。

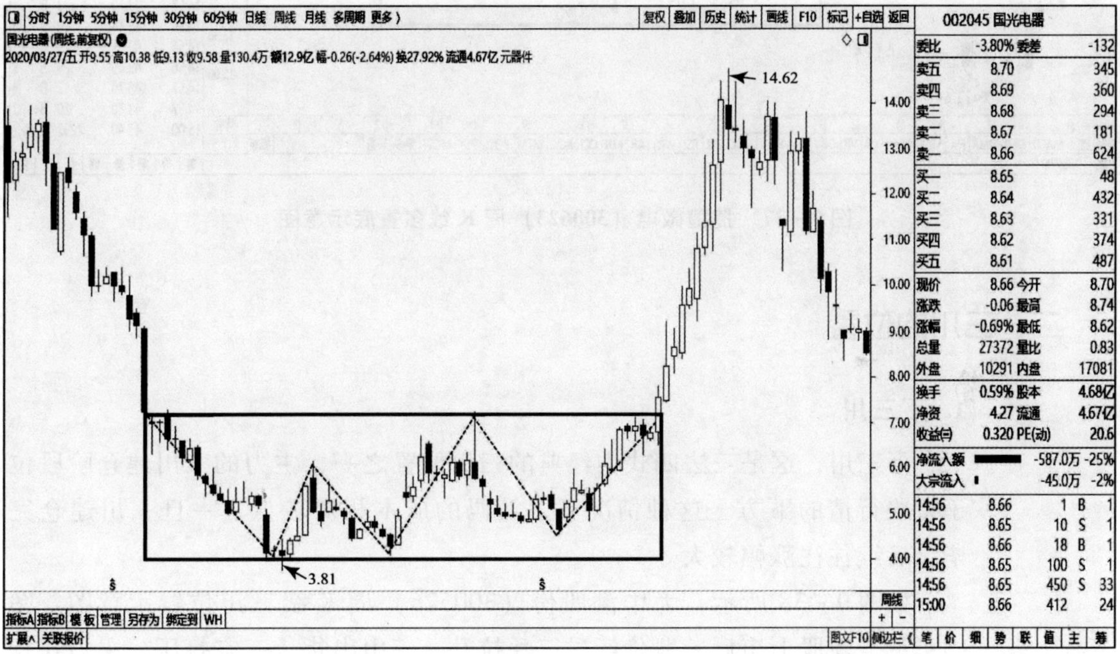

图9－36 国光电器（002045）周K线多重底三川示意图

如图9－37所示，为捷捷微电（300623）周K线多重底示意图。股价建仓过程中小幅拉高，之后横盘震荡（如图中下方实线方框所示），构建了一个为期40周的多重底三川形态。投资者在这种长期的震荡中，极少有人能够继续保持坚定的持股信心，更多的是随着震荡的加剧而纷纷弃股而去。这也是主力最后的加仓行为，浮动的筹码在这个过程中充分换手，垫高了持股成本，无形之中帮助主力锁定了仓位，为随后股价的拉升奠定了基础。

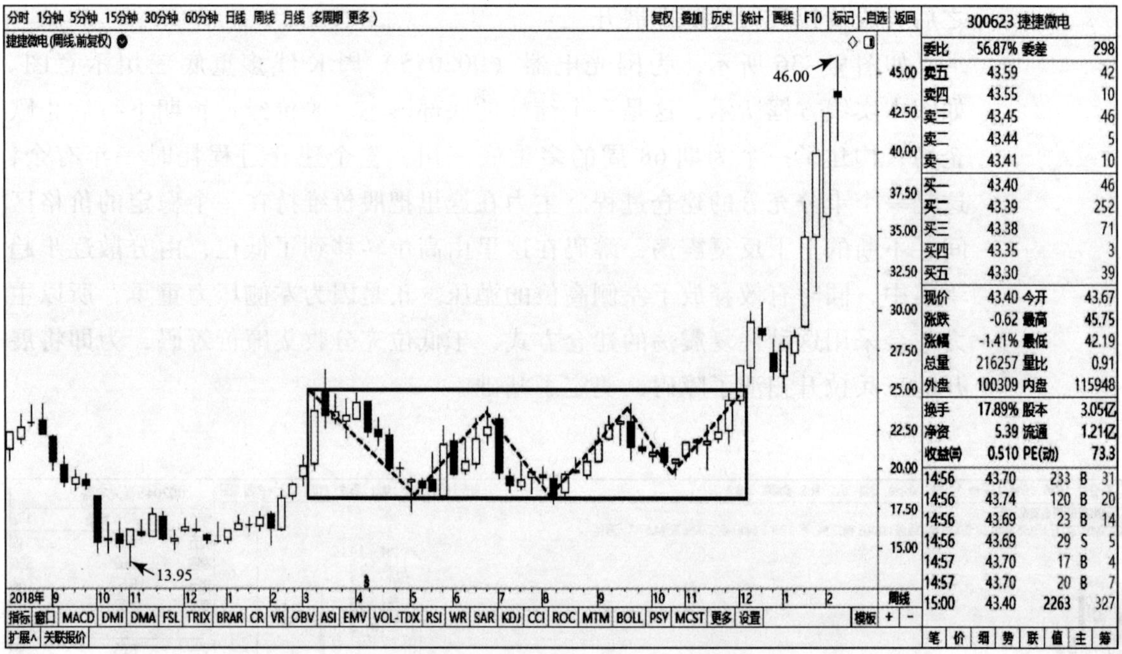

图 9－37　捷捷微电（300623）周 K 线多重底示意图

二、三川的位置

1. 下三川

下三川，这是三法四式中经典的三川位置之一，主力的三川建仓阶段位于整段行情的下方。这种情况下，筹码的成本相对较低，一旦三川建仓完毕，后续往往涨幅较大。

如图 9－38 所示，为中潜股份（300526）周 K 线三川位置示意图。图中可见，新股上市后，股价经过三兵拉升、三山出货、三空打压，主力在相对低位构建了一个为期 74 周的震荡低吸建仓通道（见图中“下三川”实线方框所示）。主力在这里收集了足够多的廉价筹码，构建了仓位，绝大多数筹码由高位流向了低位，由分散趋于集中，为股价的三兵拉升打下了深厚的基础。

如图 9－39 所示，为沪电股份（002463）季 K 线三川位置示意图。图中可见，股价经过上一轮行情的三兵拉升、三山出货、三空打压之后，股价在相对低位构建了一个为期 12 个季度的三川建仓通道（见图中“下三川”所示实线方框）。这是一个耗时整整三年的建仓过程，并且主力能够把股价维持在一个相对稳定的价格区间，可见主力实力的强大。该过程完毕之后，

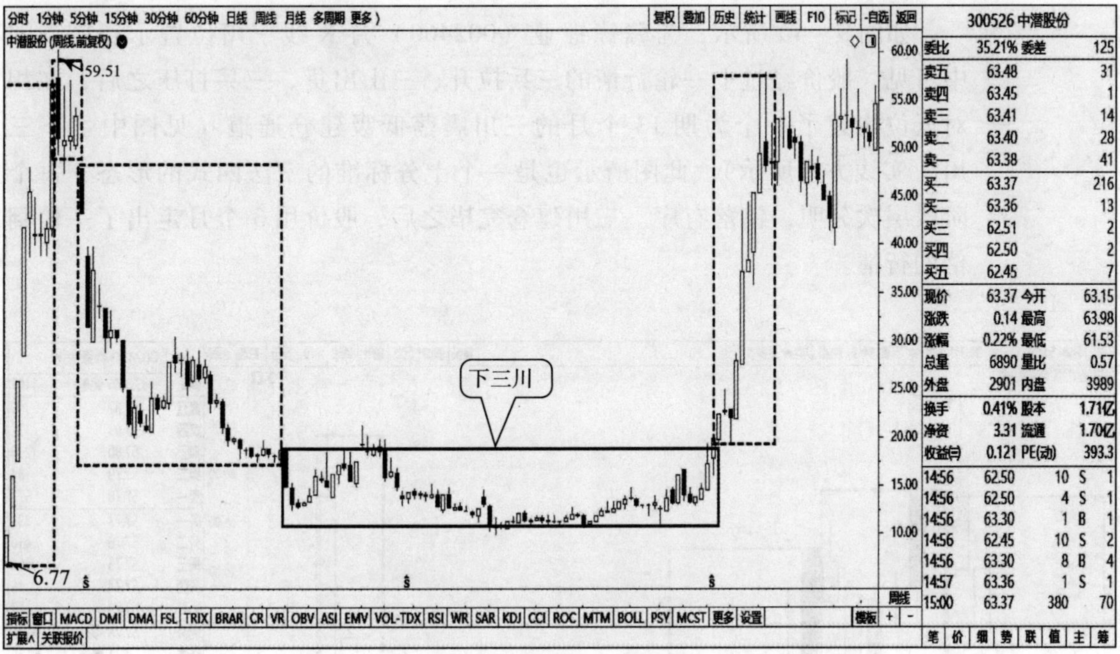

图 9－38　中潜股份（300526）周 K 线三川位置示意图

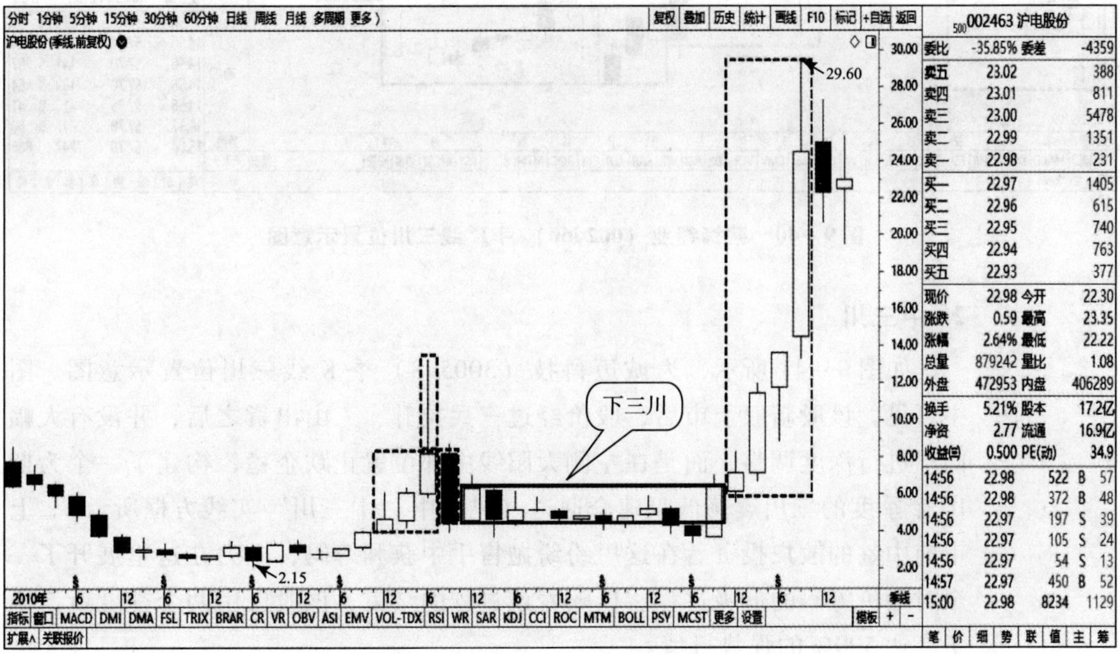

图 9－39　沪电股份（002463）季 K 线三川位置示意图

股价四个季度涨幅330%以上，收益十分可观。

如图9－40所示，为赣锋锂业（002460）月K线三川位置示意图。图中可见，股价经过上一轮行情的三兵拉升、三山出货、三兵打压之后，在相对低位构建了一个为期13个月的三川震荡低吸建仓通道（见图中“下三川”实线方框所示）。此图所示也是一个十分标准的三法四式的形态，每个阶段层次分明，错落有序。三川建仓完毕之后，股价用3个月走出了一轮翻倍的行情。

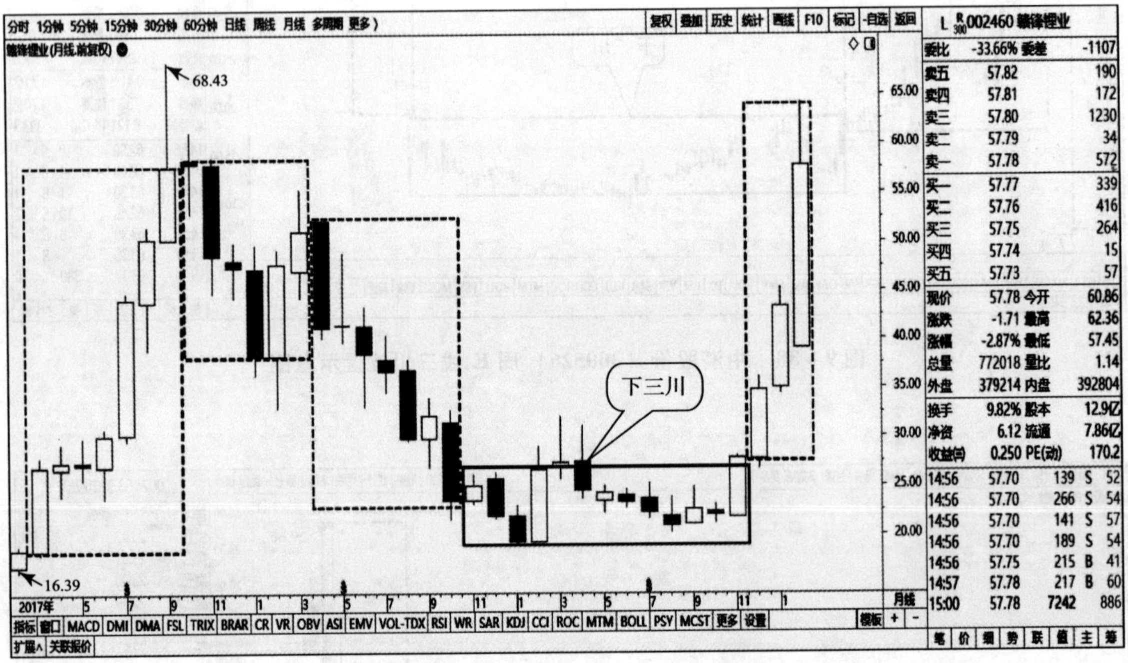

图9－40　赣锋锂业（002460）月K线三川位置示意图

2. 中三川

如图9－41所示，为诚迈科技（300598）季K线三川位置示意图。图中可见，该股新股上市后，股价经过三兵拉升、三山出货之后，并没有大幅向下进行深度调整，而是在左侧大阳线中部位置止跌企稳，构建了一个为期10个季度的三川震荡低吸建仓通道（见图中“中三川”实线方框所示）。上市前中签的散户投资者在这里纷纷抛售手中获利筹码，主力在这里展开了一个对廉价筹码的低吸过程。伴随着该过程的结束，该股仅用两个季度就走出了高达500%的强势行情。

如图9－42所示，为会畅通讯（300578）月K线三川位置示意图。该

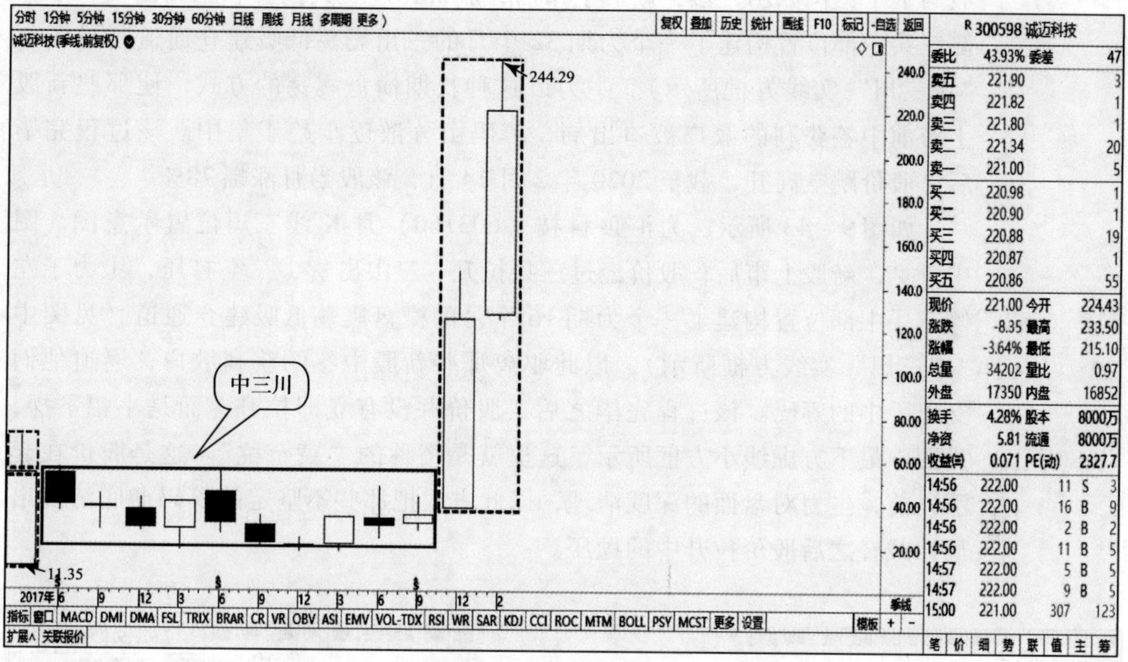

图 9-41　诚迈科技（300598）季 K 线三川位置示意图

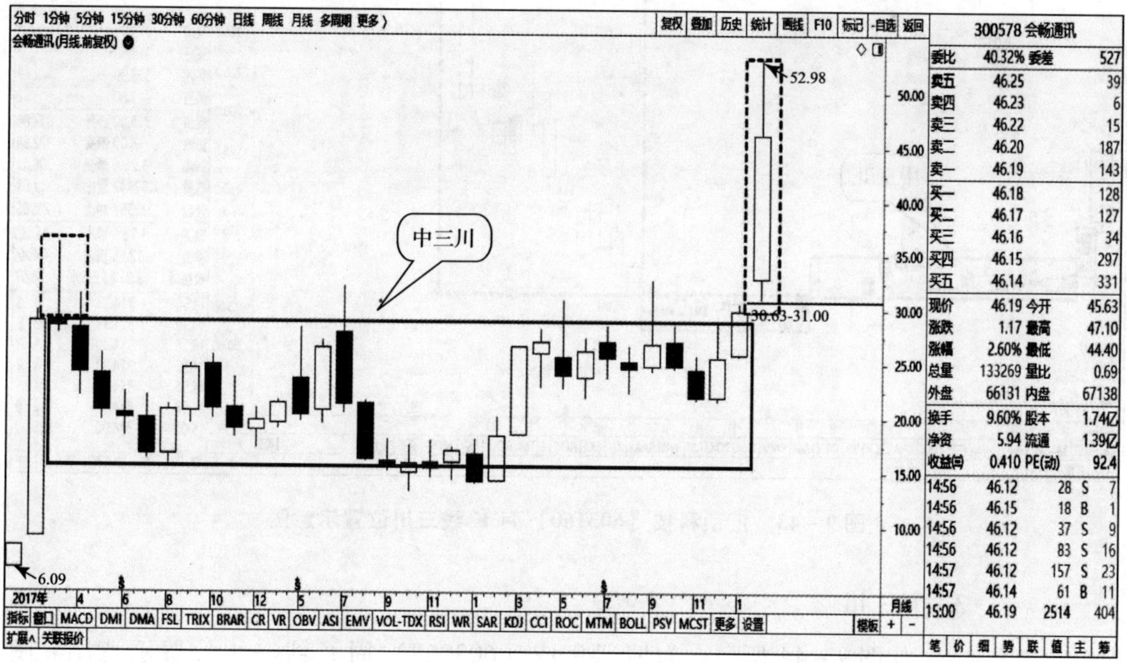

图 9-42　会畅通讯（300578）月 K 线三川位置示意图

股与上个案例如出一辙，新股上市后，股价经过三兵拉升、三山出货，于左侧三兵中部位置构建了一个为期32个月的三川震荡低吸建仓通道（见图中“中三川”实线方框所示）。主力以这种长期横盘震荡的方式，使那些新股上市前中签获利的散户被迫出局，筹码由分散逐步趋于集中。该过程完毕后，股价跳空高开，截至2020年2月14日，该股当月涨幅78%。

如图9－43所示，为汇顶科技（603160）月K线三川位置示意图。图中可见，新股上市后，股价经过三兵拉升、三山出货、三空打压，主力于左侧三兵中部位置构建了一个为期16个月的横盘震荡低吸建仓通道（见图中“中三川”实线方框所示），以此驱离那些新股中签的获利散户，逼迫他们交出手中的筹码。该过程完毕之后，股价并没有立即拉升，而是小幅下探，见图中最下方虚线小方框所示，这里就是俗称的“黄金坑”。这是股价在起涨以前，主力对盘面的深度清理，以此方式把那些不坚定的筹码彻底清洗出局，减轻之后股价拉升中的抛压。

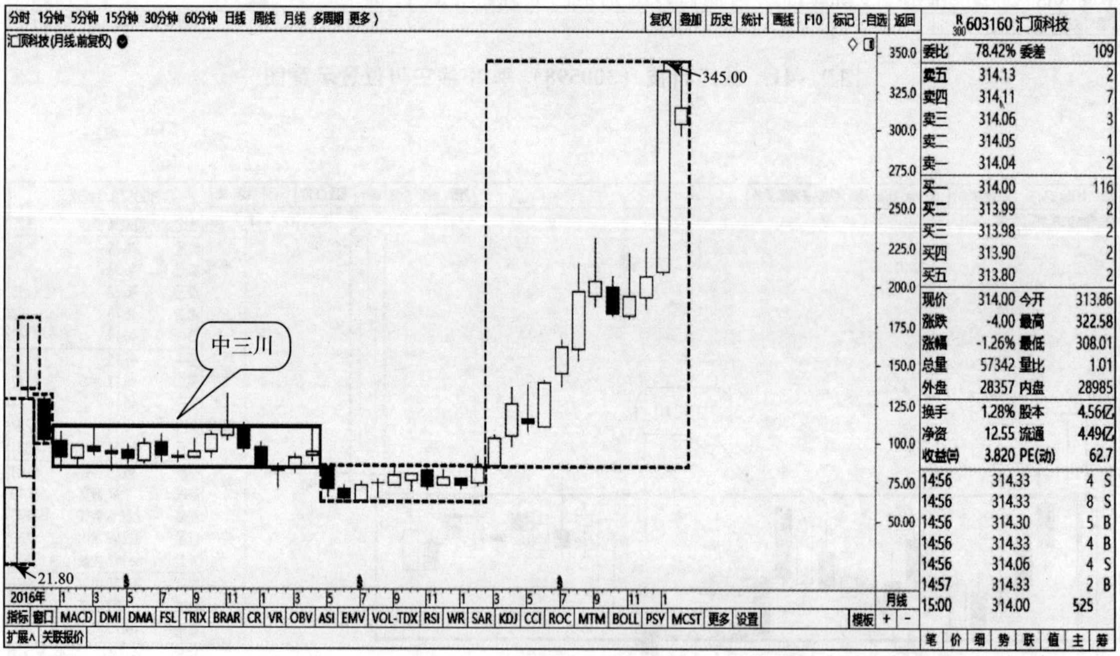

图9－43　汇顶科技（603160）月K线三川位置示意图

3. 上三川

如图9－44所示，为博通集成（603068）周K线三川位置示意图。图中可见，该股新股上市开板后，股价并没有向下大幅调整，而是在左侧三兵的上方附近横盘震荡，构建了一个为期10周的三川震荡建仓通道（见图中“上三川”所示实线方框）。由此可见，主力在该股打新的时候就已经通过技术手段获得了足够的筹码，所以股价稍微打压之后，主力就继续着手构建仓位。随着三川建仓阶段的结束，主力收集了足够多的筹码，之后股价跳空高开，11周的时间最高涨幅达147%。

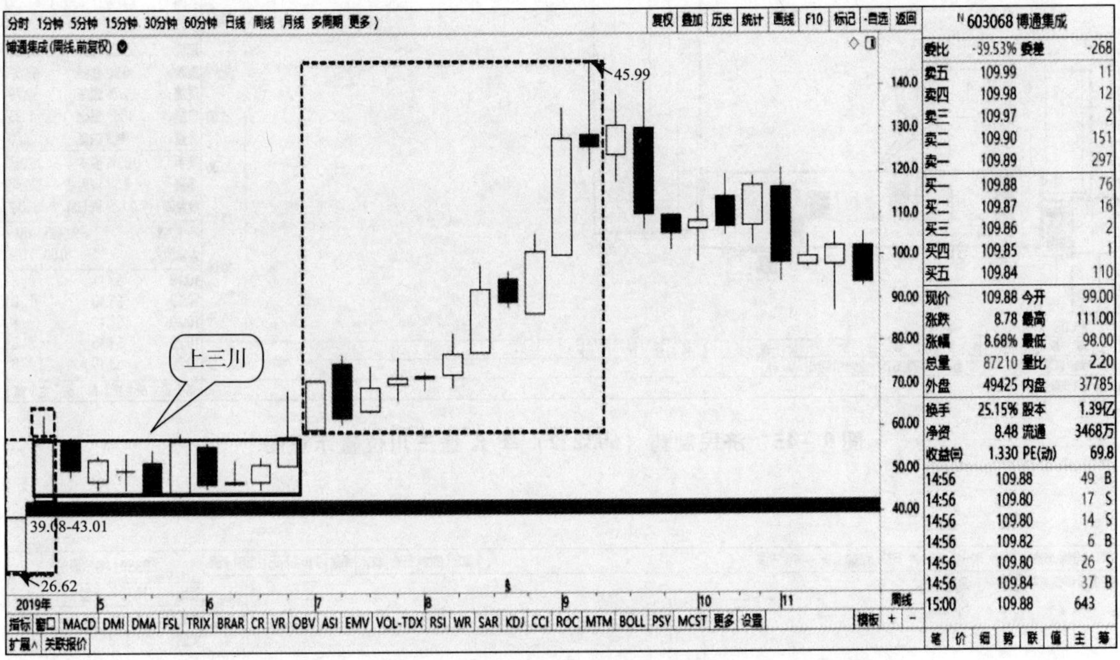

图9-44 博通集成（603068）周K线三川位置示意图

如图9-45所示，为济民制药（603222）季K线三川位置示意图。该股上市后，股价经过三兵拉升、三山出货、三空打压后，并未巨幅回调，而是在左侧三兵阶段上方位置展开了一个为期13季度的横盘震荡，见图中“上三川”实线方框所示。股价的震荡过程一直持续了三年多，不得不说，这是一个筹码高度集中的过程，没有多少之前中签的投资者能够坚持到该过程结束。最可怕的是在股价拉升之前，股价向下跌破三川下轨两个季度（见图中最下方小虚线方框所示），这是股价拉升前，主力对建仓过程中的跟风者及中签获利投资者的最后清除。伴随着该过程的结束，一波强势三兵拉升随即开始，短短4个季度就走出了一个300%以上的行情，主力的实力可见一斑。

如图9-46所示，为韦尔股份（603501）季K线三川位置示意图。图中可见，新股上市后，股价经过三兵拉升，开板后并没有大幅下跌，而是在

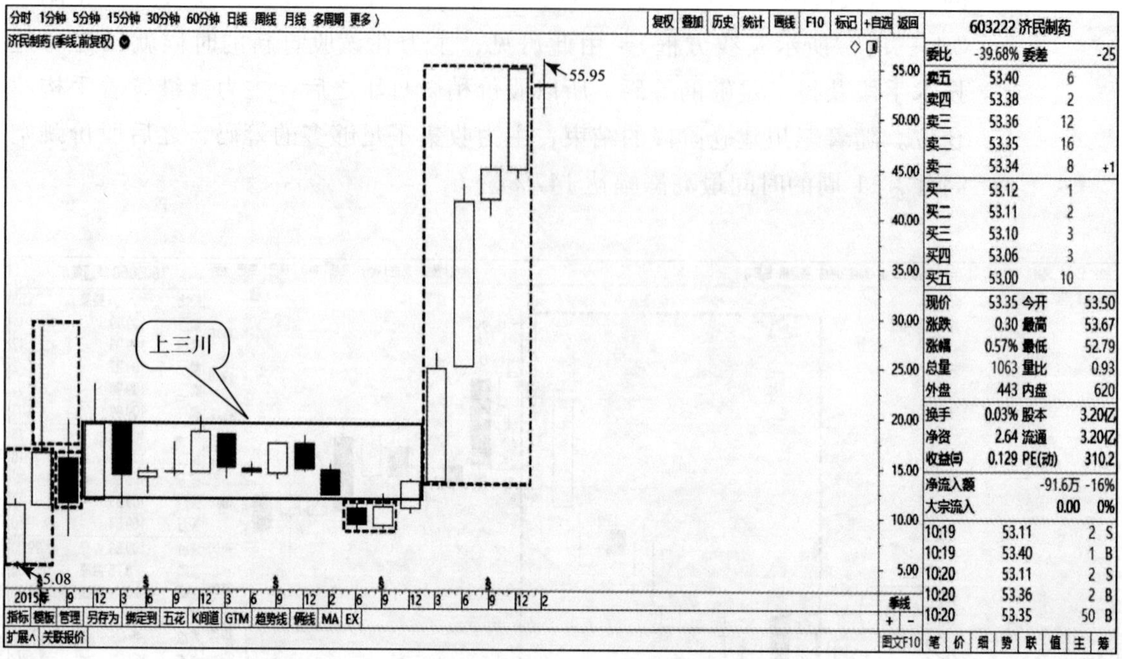

图 9-45　济民制药（603222）季 K 线三川位置示意图

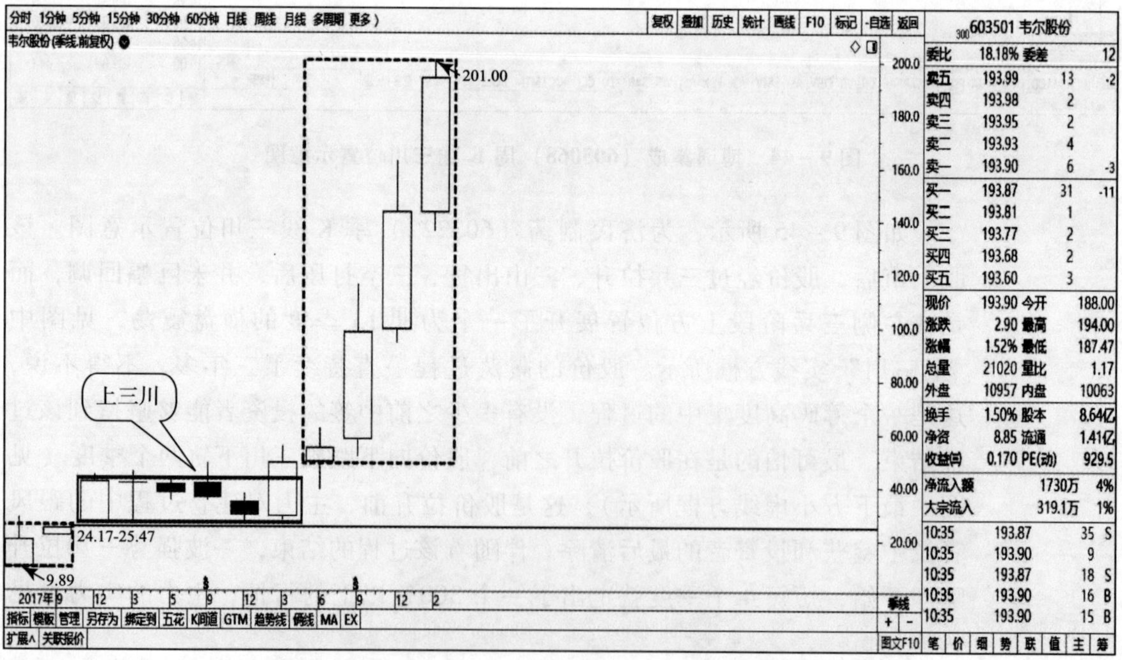

图 9-46　韦尔股份（603501）季 K 线三川位置示意图

相对高位构建了一个为期6个季度的横盘震荡建仓通道（见图中“上三川”实线方框所示），由此可见，主力在新股打新的时候就已经通过技术手段获得了一定数量的筹码，经过持续一年半的横盘震荡，新股中签获利散户投资者纷纷离场。该过程中，即便是短线投资同样很难获得，主力悄无声息地在这个相对漫长的过程中完成了筹码的收集，仓位的构建。该过程完毕后，股价于三川上轨小幅调整，在拉升之前，主力对那些低成本短线跟风投资者进行彻底清洗，此时股价上无套牢抛压、下无获利跟风，该股4个季度轻松上涨了300%。

第三节 买点与卖点

“买”的英文为buy，“卖”的英文为sell。因此看盘软件中，“买”用红色英文大写字母B表示，“卖”用绿色英文大写字母S表示。在第七章第一节中，讲过“牛市持股”“熊市持币”，这是股票交易的主要策略，最终要确定股票的买、卖点后才参与交易。如图9－47所示，为买点和卖点示意图。图中左侧下方B点箭头所示为三川上轨附近买入，股价经过三兵拉高后，在三山出货阶段卖出（见图中左侧上方S点所示），第一个波段交易过程结束。上一轮行情三山出货、三空打压、再次三川建仓完毕后，投资者在三川上轨附近再次买入（见图中右侧下方B点所示），股价再经过三兵拉升，到上一轮行情的三山阶段大幅减仓或全部平仓卖出（见图中右侧上方S点所示），至此，第二个波段交易过程结束。图中不难看出，三法四式就是不断进行波段操作，逻辑很简单，其实就是踏准股票运行的节奏，连续不断地进行低吸高抛。而作为中小散户投资者，要实现股票的投资收益，就要踏准主力操盘的节奏。

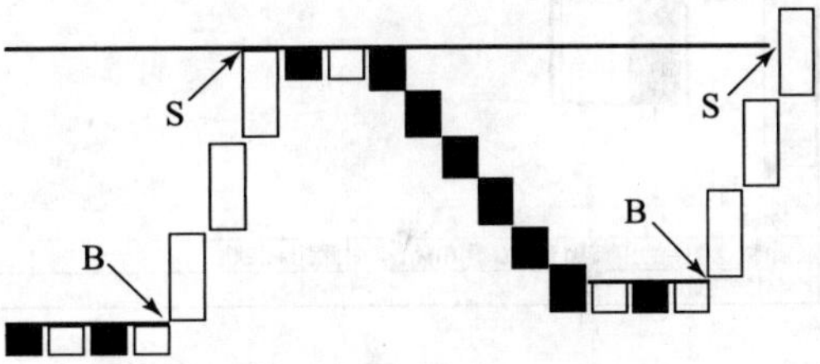

图9－47　买点和卖点示意图

1. 年K线买、卖点

如图9－48所示，为中潜股份（300526）年K线买、卖点示意图。图中下方B点箭头所示，年三川上轨附近择机买入，股价拉升至年K线历史最高位附近卖出（见图中上方S点箭头所示），一个完美的年K线波段交易完毕。如果想再次进场操作，一定要等待股价向上有效突破历史高位，股价充分换手，趋势明朗且发出交易信号之后再次择机进场。

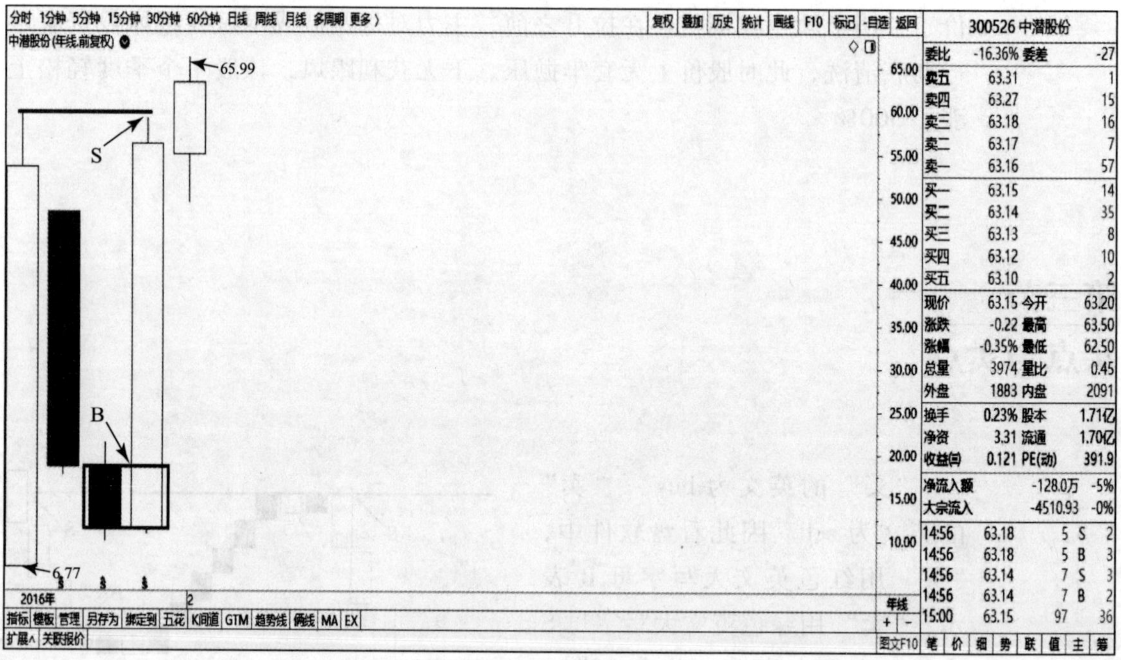

图9-48 中潜股份（300526）年K线买、卖点示意图

如图9-49所示，为东方通（300379）年K线买、卖点示意图。图中可见，下方B点箭头所示，年三川上轨附近择机买入，股价拉升至年K线历史最高位卖出（见图中上方S点箭头所示），一个完美的年K线波段交易完成。如果股价触及左侧明显压力位置没有及时止盈，收益将会大幅回撤。所以说该买入的时候一定要及时进场，该卖出的时候一定要及时止盈，锁定利润。如果想再次操作，一定要等到股价企稳，趋势明朗之后再择机入场。

如图9-50所示，为博腾股份（300363）年K线买、卖点示意图。图中下方B点箭头所示，该股年三川上轨附近买入，股价拉升至前期高点压力位置卖出，见图中上方S点箭头所示。如不及时止盈、锁定利润，伴随着股价的下行，利润就会大幅回撤，所以说该买的时候及时买进，该卖的时候果断卖出，如想再次操作，一定要等待趋势明朗之后再择机进场。

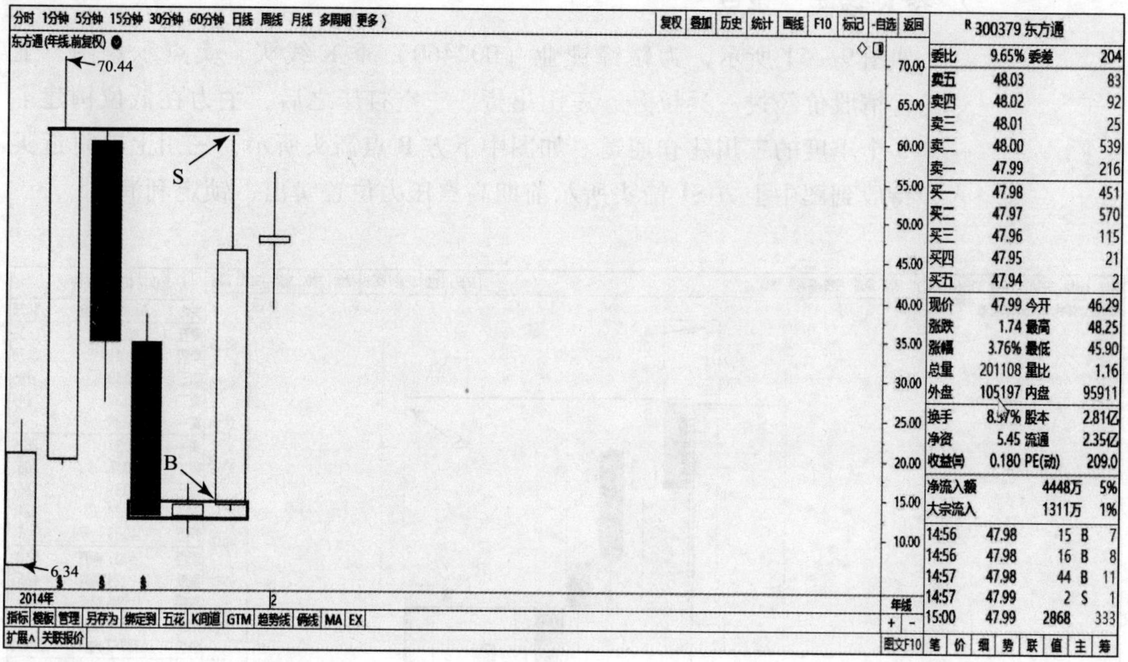

图 9－49　东方通（300379）年 K 线买、卖点示意图

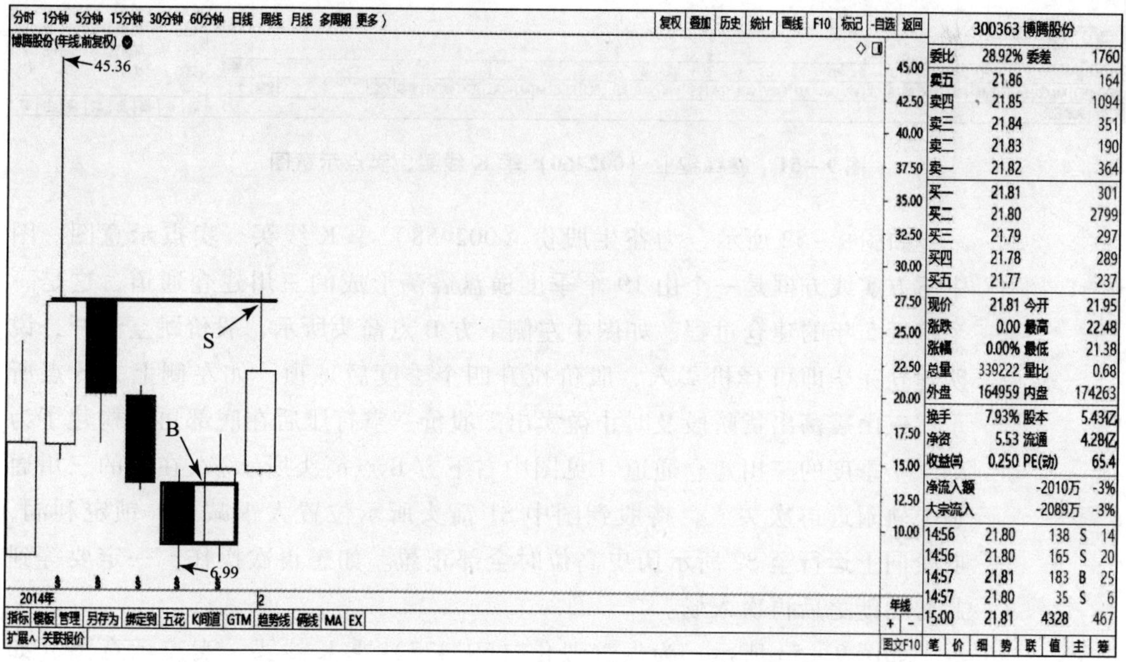

图 9－50　博腾股份（300363）年 K 线买、卖点示意图

2. 季 K 线买、卖点

如图 9－51 所示，为赣锋锂业（002460）季 K 线买、卖点示意图。上一轮行情股价经过三兵拉升、三山出货、三空打压之后，主力在低位构建了一个 5 个季度的三川建仓通道。如图中下方 B 点箭头所示，三川上轨附近买入，持股到图中上方 S1 箭头所示前期高点压力位置卖出，锁定利润。

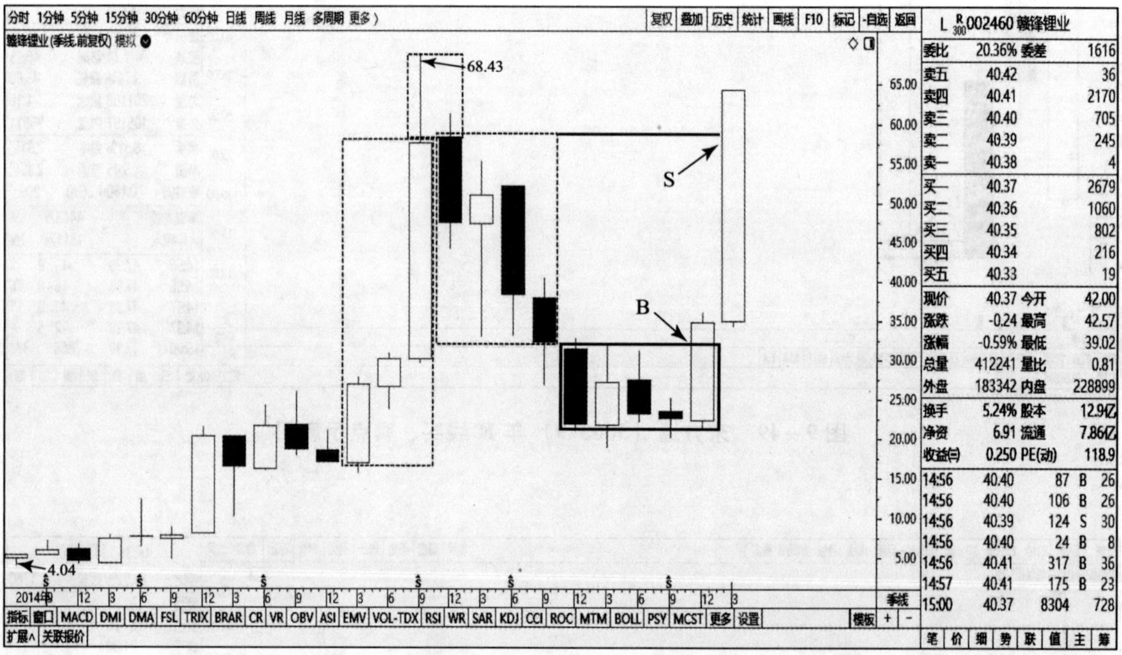

图 9－51　赣锋锂业（002460）季 K 线买、卖点示意图

如图 9－52 所示，为益生股份（002458）季 K 线买、卖点示意图。图中下方实线方框是一个由 19 个季度横盘震荡形成的三川建仓通道，这是一个接近 5 年的建仓过程。如图中左侧下方 B 点箭头所示，股价跳空高开，说明建仓完毕即可择机买入，股价拉升四个季度后见顶，如左侧上方 S 点所示，三山震荡出货阶段及时止盈卖出。股价三空打压后在底部再次构建了为期 4 个季度的三川建仓通道（见图中右下方 B 点箭头所示），在新的三川通道上轨附近再次买入，持股到图中 S1 箭头所示位置大幅减仓，锁定利润，股价向上运行至 S2 所示历史高位时全部止盈。如想再次操作，一定要等到趋势明朗之后再次入场。

如图 9－53 所示，为振静股份（603477）季 K 线买、卖点示意图（如图中下方 B 点箭头所示），是一个为期 4 个多季度横盘震荡的三川。三川上

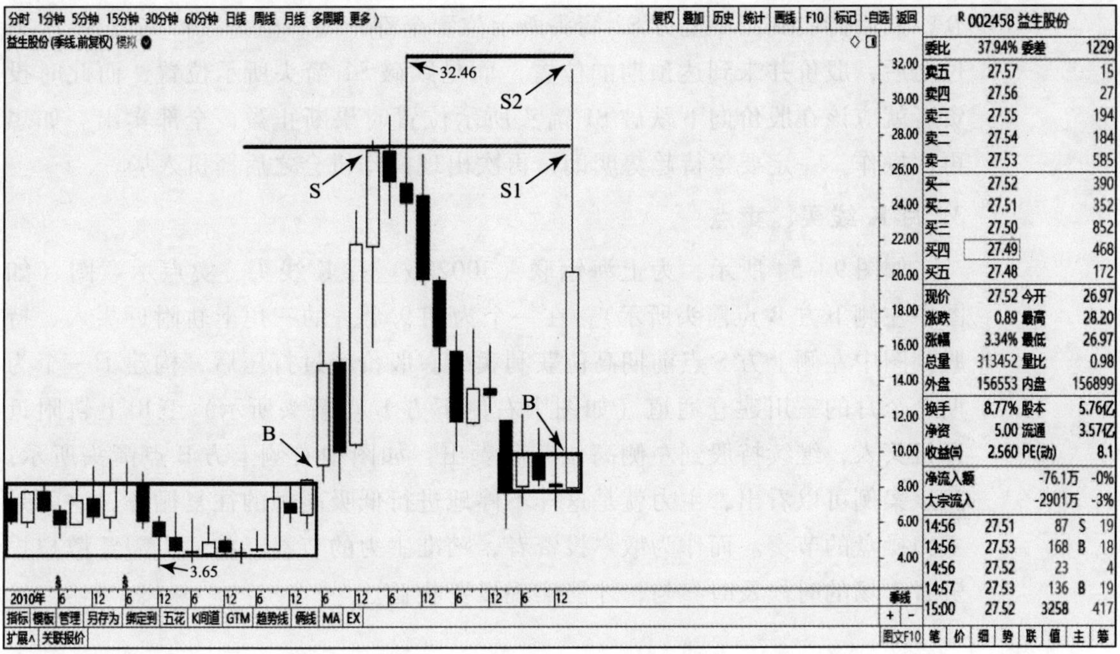

图 9－52　益生股份（002458）季 K 线买、卖点示意图

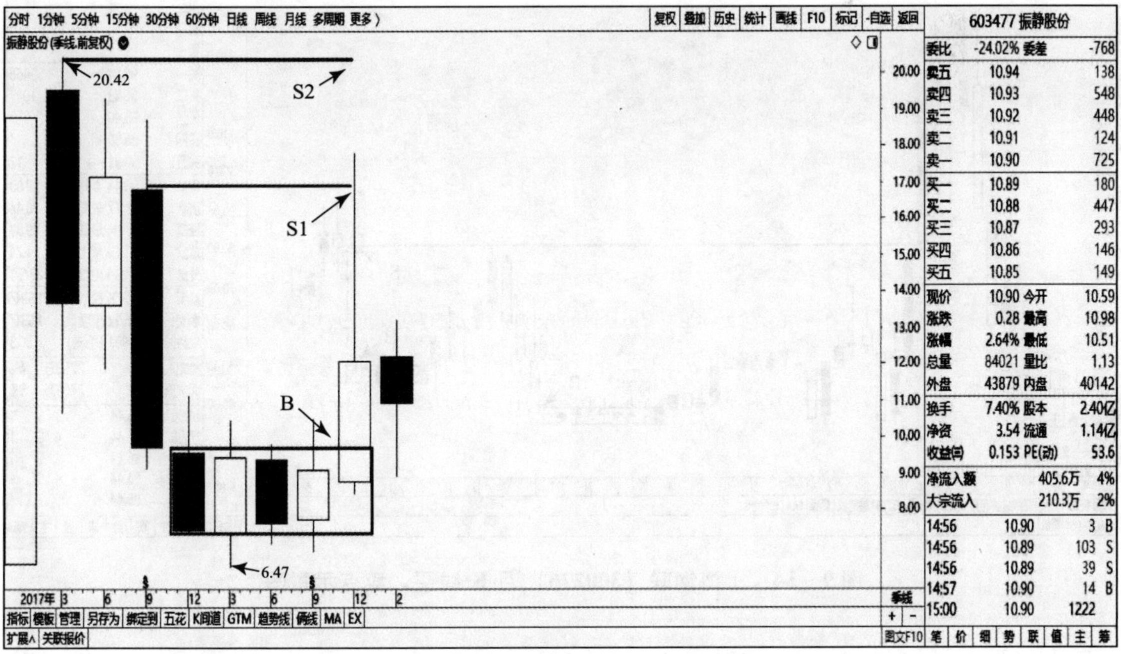

图 9－53　振静股份（603477）季 K 线买、卖点示意图

轨附近买入之后，一路持股到图中S1所示前期高点附近压力位置，大幅减仓，然后持股到图中上方S2箭头所示位置全部止盈。但是股价突破S1压力位之后，股价并未到达预期的位置，而是跌破S1箭头所示位置，而此时投资者就应该在股价向下跌破S1箭头所示位置时果断止盈，全部卖出。如想再次操作，一定要等待趋势明朗，再次出现操作机会之后择机入场。

3. 月K线买、卖点

如图9－54所示，为上海钢联（300226）月K线买、卖点示意图（如图中左侧下方B点箭头所示），在一个为期9个月的三川上轨附近买入，持股到图中左侧上方S点前期高位获利卖出。股价经过打压后，构建了一个为期5个月的三川建仓通道（如图中右侧下方B点箭头所示）三川上轨附近择机买入，继续持股到左侧高位获利卖出，如图中右侧上方S点箭头所示。从该案例可以看出，主力就是这样不停地进行低吸高抛的往复循环，这就是主力操盘的节奏。而作为散户投资者，踏准主力的节奏，在主力需要散户投资者入场的时候及时参与，才能实现投资收益。

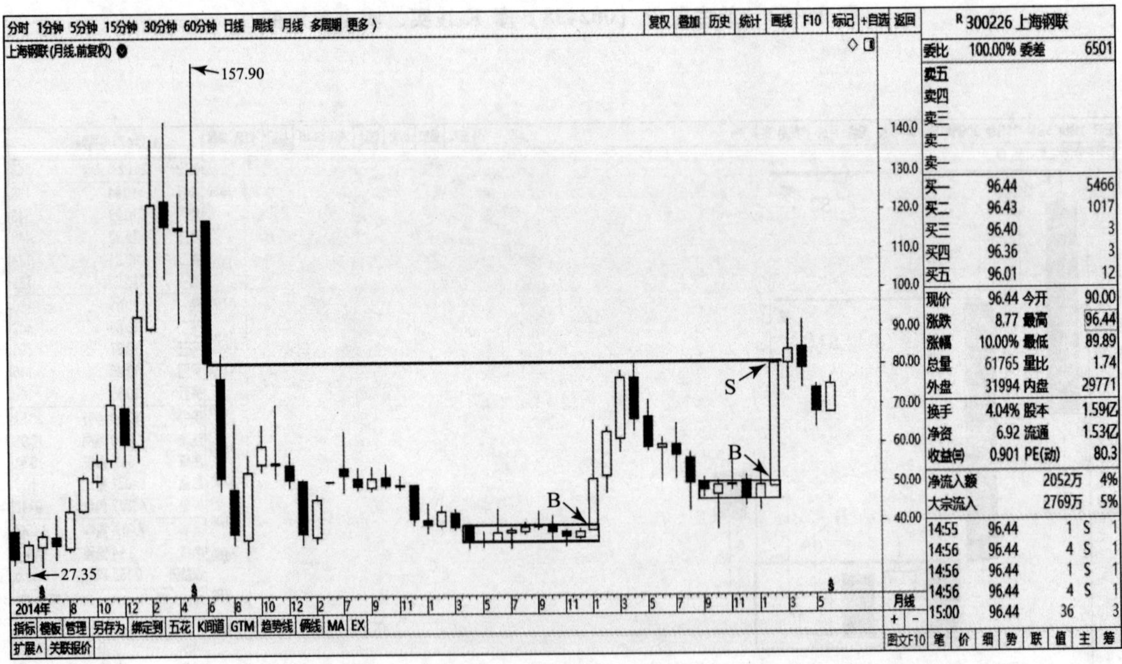

图9－54 上海钢联（300226）月K线买、卖点示意图

如图9－55所示，为锦浪科技（300763）月K线买、卖点示意图。如图中下方B点箭头所示，在一个为期6个月的三川上轨买入，然后持股到图

中上方 S1 所示前期高位附近大幅减仓，股价向上触及 S2 所示位置时全部止盈获利卖出。如果继续参与，一定要等到趋势明朗股价充分换手完毕，且发出交易信号之后再择机入场。

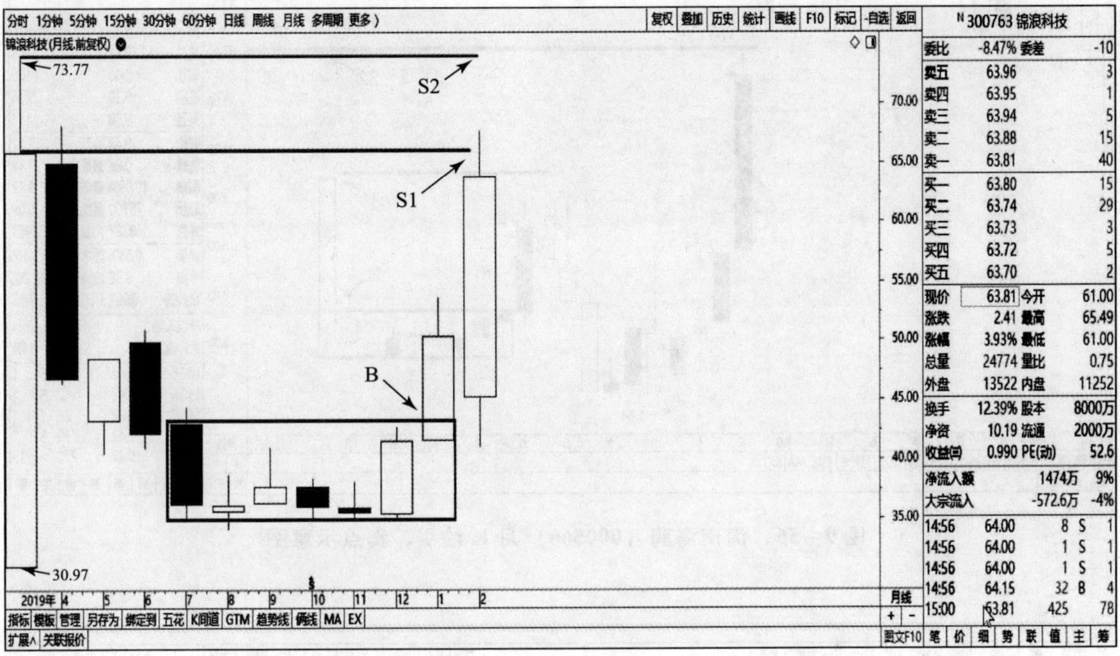

图 9－55　锦浪科技（300763）月 K 线买、卖点示意图

如图 9－56 所示，为海南海药（000566）月 K 线买、卖点示意图。如图中 B 点箭头所示，在相对底部三川上轨附近买入，然后持股到图中 S1 箭头所示，股价前期高点位置大幅减仓，锁定利润。如果随后股价继续下跌，则选择全部平仓卖出，如果股价继续上涨，则持股到图中上方 S2 箭头所示压力位置全部止盈卖出。

4. 周 K 线买、卖点

如图 9－57 所示，为大金重工（002487）周 K 线买、卖点示意图。如图中 B 点箭头所示，股价突破这个 18 周的三川建仓通道上轨后回抽三川上轨止跌，即可买入，这是主力拉升前洗盘的标志，持股到左侧明显压力位置附近卖出，如图中 S 点箭头所示。卖出之后如果想继续参与，务必根据三法四式等待趋势明朗之后再择机进场。

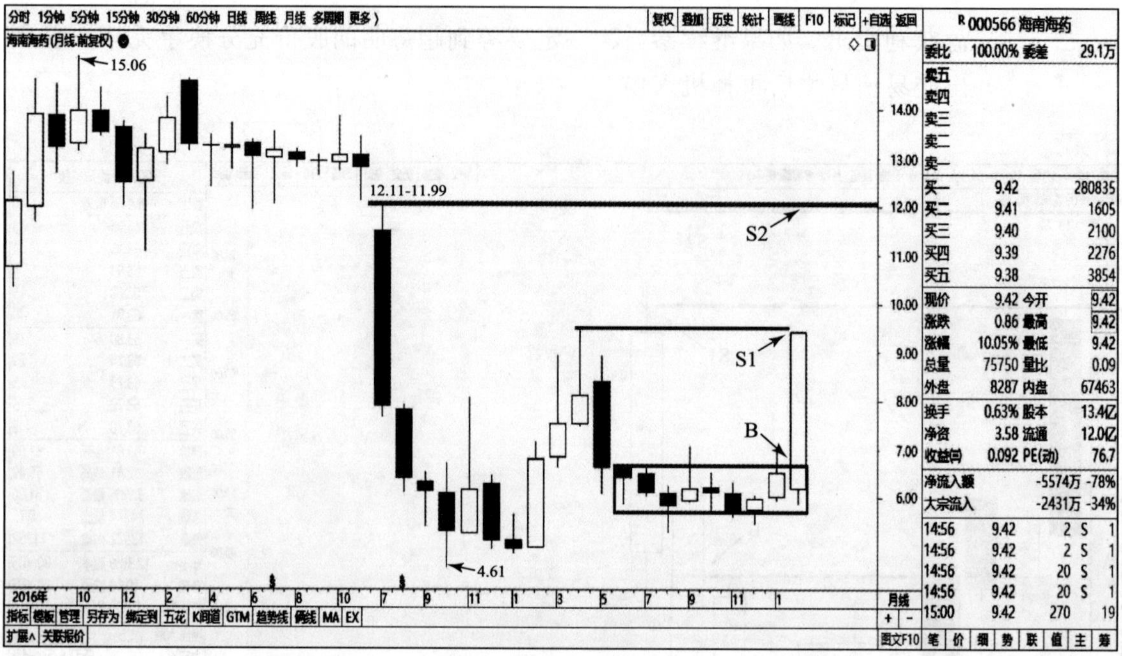

图9-56 海南海药(000566)月K线买、卖点示意图

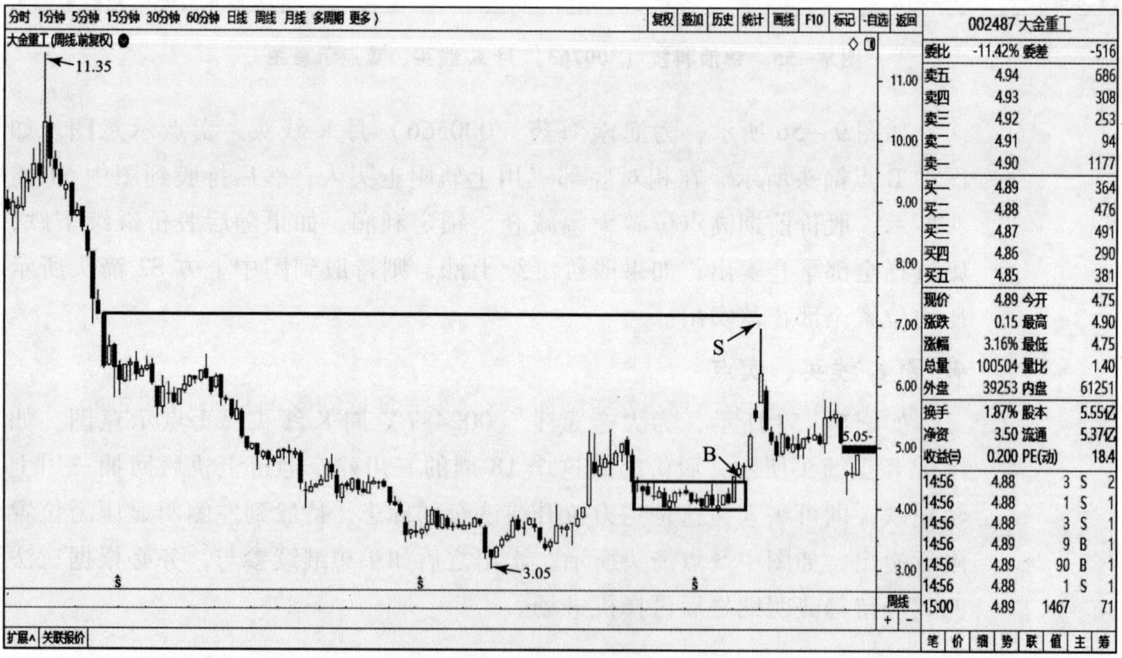

图9-57 大金重工(002487)周K线买、卖点示意图

如图 9-58 所示，为英联股份（002846）周 K 线买、卖点示意图。图中下方 B 点箭头所示，是一个为期 32 周的三川建仓通道，建仓完毕后股价跳空高开择机买入，持股到左侧明显压力位置卖出。图中上方 S 点箭头所示，为关键的压力位置，主力需要充分换手释放压力之后，股价才会再次走高。如需再次介入，务必等待趋势明朗之后再次择机进场。

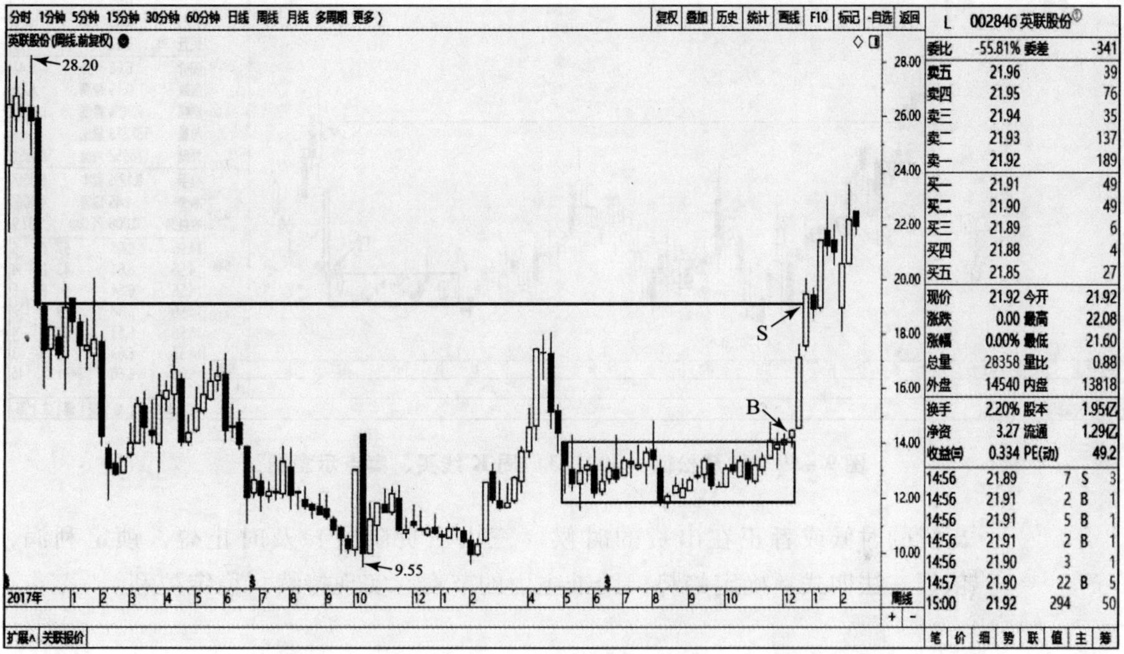

图 9-58 英联股份（002846）周 K 线买、卖点示意图

如图 9-59 所示，为智慧松德（300173）周 K 线买、卖点示意图。图中实线方框所示为一个由 17 周反复震荡形成的周 K 线三川建仓通道，阳线向上突破该通道上轨（如图中下方 B 点箭头所示）即可择机买入，然后持股到左侧缺口处止盈卖出（如图中上方 S 点箭头所示）。

本节总结：三法四式的基础阶段，倡导的是低吸高抛的阶段性波段操作。主力建仓完毕，在三川通道上轨附近择机买入，股价左侧的压力位置止盈卖出，并不存在所谓的短线、中线、长线操作的说法。确切地讲，根据三法四式所操作的永远是波段行情：根据三法四式形态正确判断主力意图，确定波段行情，赚取自己认知范围以内的钱，尤其是股价大周期的波段行情，买、卖点完全可以粗糙一点，永远不要奢望买的比主力还便宜，卖的比主力还要高——这都是极不现实的。作为中小散户投资者来讲，我们所要做的就是在行情需要我们参与的时候（三川建仓完毕）及时择机进场，主力即将

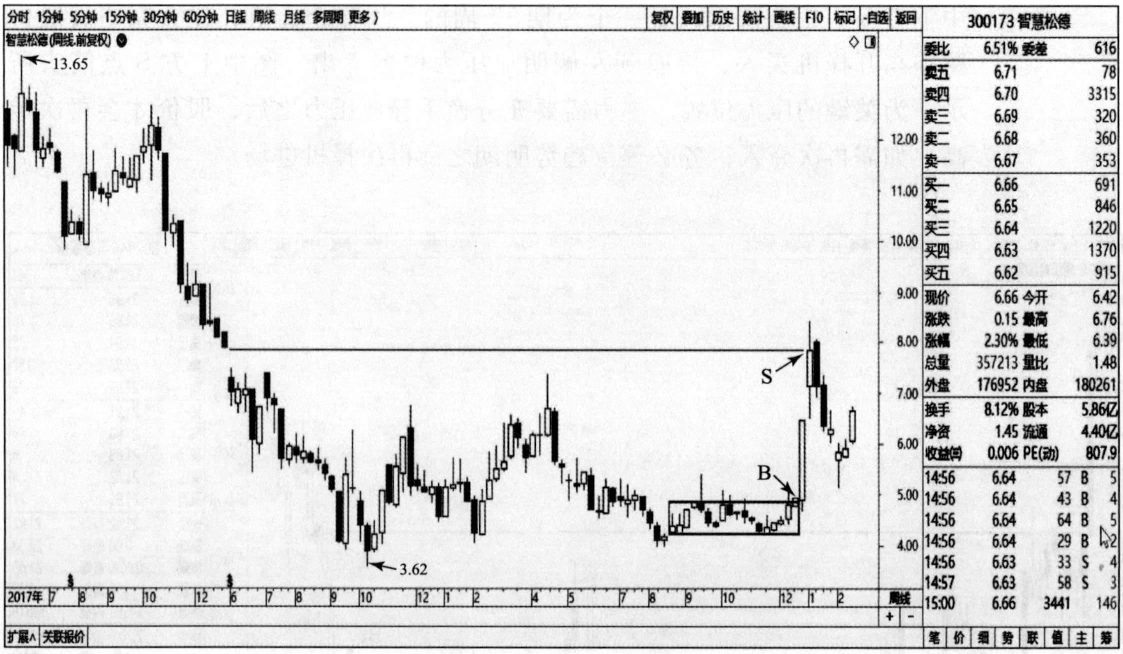

图 9－59　智慧松德（300173）周 K 线买、卖点示意图

出货的时候或者正在出货的时候（三山出货阶段）及时止盈，锁定利润，依据三法四式，确定趋势，踏准主力的节奏，实现持续、稳定盈利。

第四节 三川建仓完毕的标志

我们知道，三法四式中，主力在构建仓位的时候，有实力的主力通常会把股价维持在一个相对稳定的价格区间上下反复震荡，持续震荡的过程就会形成一个明显的 K 线通道，即三法四式中的三川建仓阶段。这是投资者需要重点学习的内容，因为三法四式基础阶段的买点就在主力建仓完毕之后的三川上轨附近。主力建仓完毕的标志通常有两种常见的 K 线形态，本节就股价在各个分析周期建仓完毕的情形逐一展开讲解。

一、阳线实体突破

1. 年K线阳线实体突破

如图9－60所示，为九鼎投资（600053）年K线三川上轨阳线实体突破示意图。图中方框所示是一个由6年构成的三川震荡低吸建仓通道，图中“阳线实体突破”所示年K线的实体突破三川通道上轨，预示着该股三川建仓阶段结束，三兵拉升阶段即将开始，这就是主力意图的真实体现。图中右侧大阳线其间最高涨幅980%，可见“横有多长，竖有多高”在大的周期更加实用。

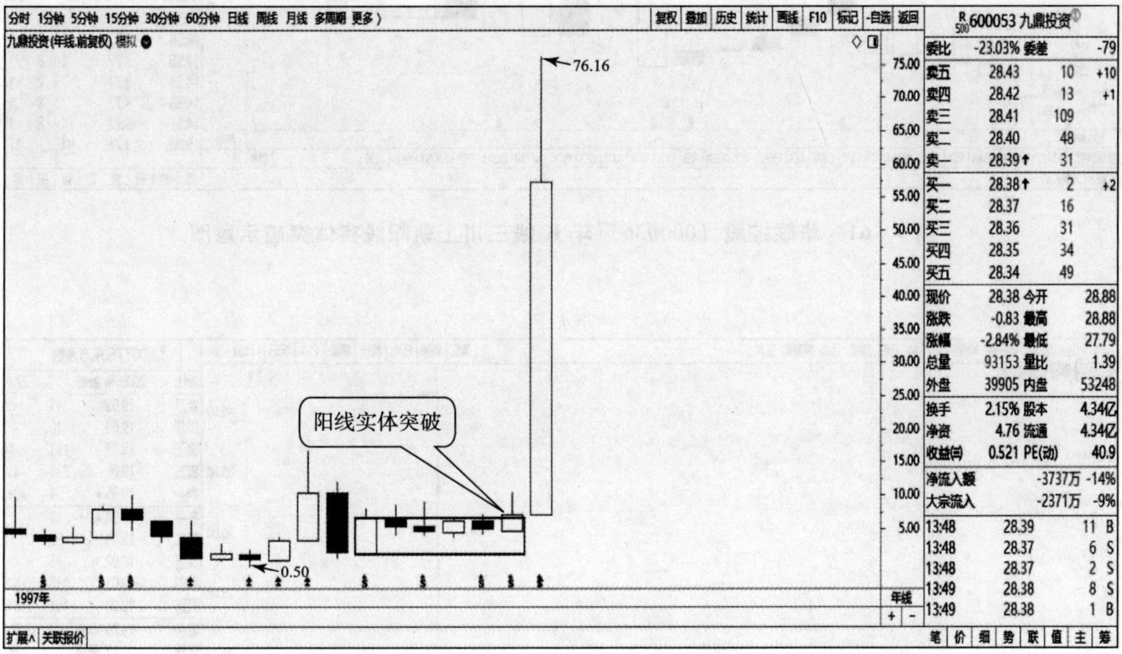

图9－60　九鼎投资（600053）年K线三川上轨阳线实体突破示意图

如图9－61所示，为华联控股（000036）年K线三川上轨阳线实体突破示意图。图中实线方框是一个由4年构成的三川震荡低吸建仓通道，图中“阳线实体突破”所示年K线实体突破三川通道上轨，预示着该股三川建仓阶段结束，三兵拉升阶段即将开始，这是主力意图的真实体现。图中右侧大阳线最高涨幅达234%。

如图9－62所示，为东方通信（600776）年K线三川上轨阳线实体突破示意图。图中实线方框所示是一个由12年横盘震荡构建的三川建仓通道。

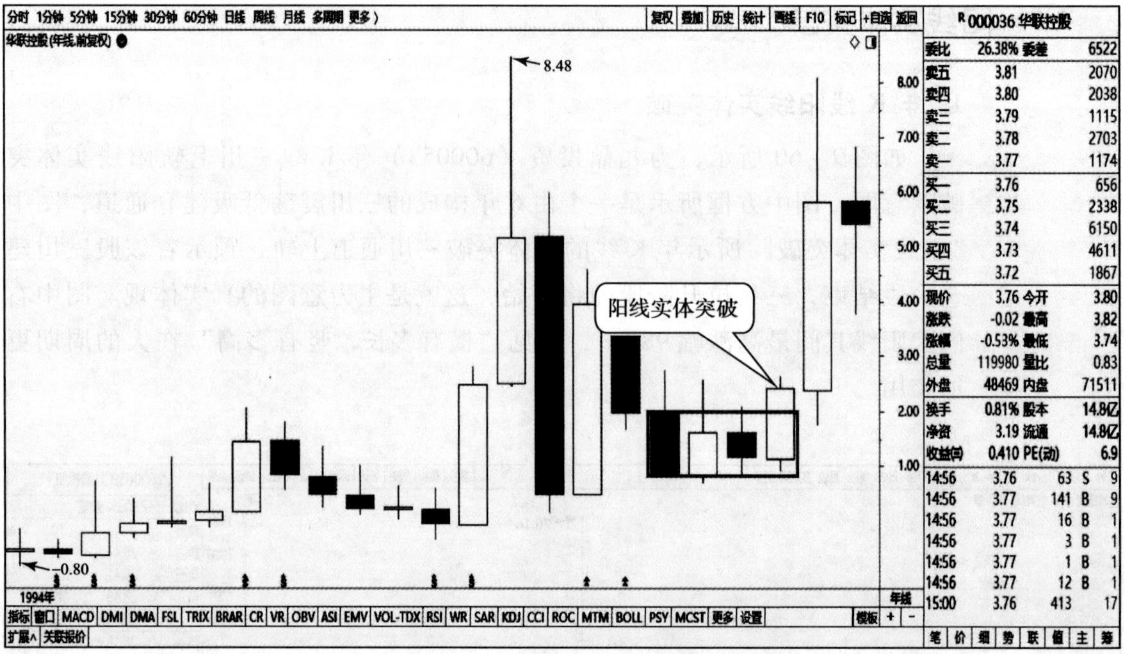

图 9－61　华联控股（000036）年 K 线三川上轨阳线实体突破示意图

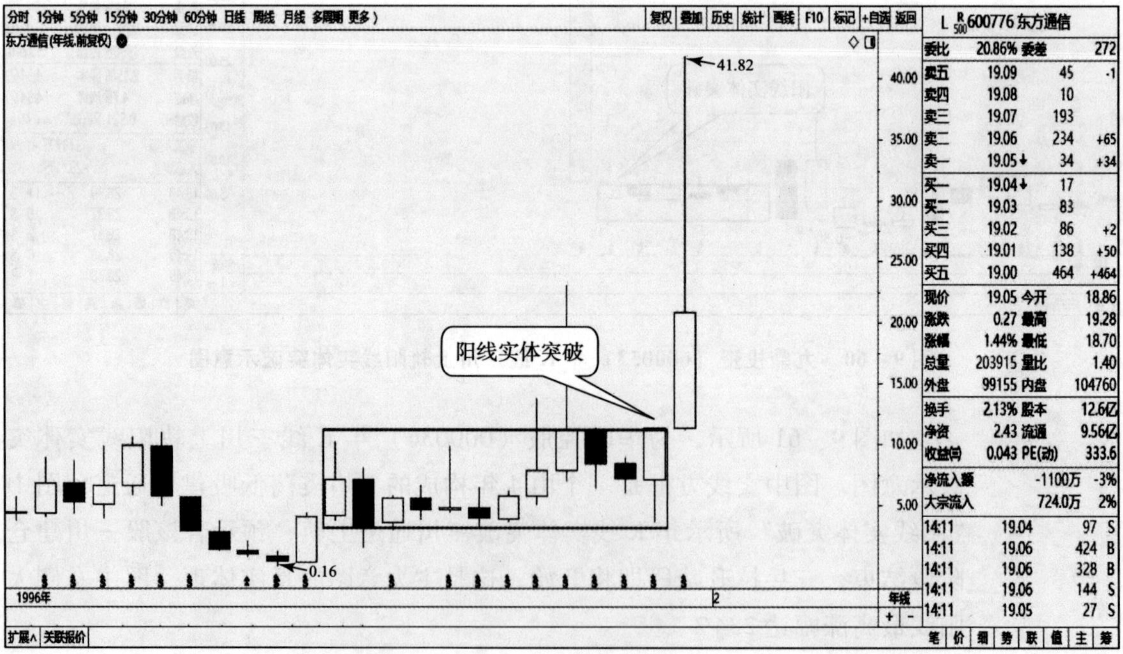

图 9－62　东方通信（600776）年 K 线三川上轨阳线实体突破示意图

图中“实体阳线突破”所示年K线，实体突破三川通道上轨，预示着该股三川建仓阶段结束，三兵拉升阶段即将开始，这是主力意图的真实体现。图中右侧大阳线，最高涨幅达280%。

2. 季K线阳线实体突破

如图9-63所示，为南卫股份（603880）季K线三川上轨阳线实体突破示意图。图中下方实线方框所示是一个由5个季度横盘震荡形成的三川建仓通道。图中“阳线实体突破”所示为季K线实体向上突破三川建仓通道上轨，这是主力建仓完毕即将拉升股价的明显标志，同时说明三川建仓通道以内已经收集不到多少廉价筹码了，左侧压力已经得到有效释放。图中右侧大阳线，股价高开低走洗盘完毕后股价顺势拉升，其间最高涨幅96.32%。

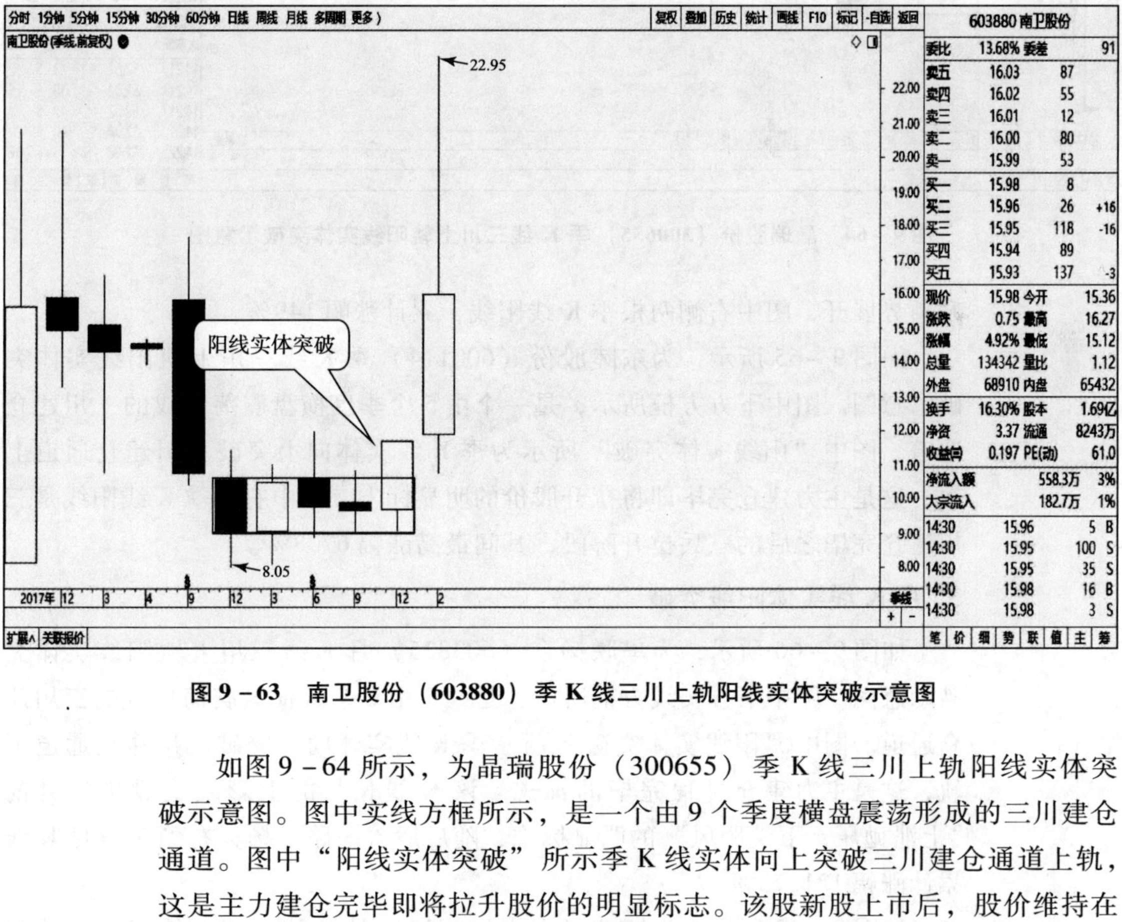

图9-63　南卫股份（603880）季K线三川上轨阳线实体突破示意图

如图9-64所示，为晶瑞股份（300655）季K线三川上轨阳线实体突破示意图。图中实线方框所示，是一个由9个季度横盘震荡形成的三川建仓通道。图中“阳线实体突破”所示季K线实体向上突破三川建仓通道上轨，这是主力建仓完毕即将拉升股价的明显标志。该股新股上市后，股价维持在相对高位震荡收集筹码，说明主力在新股申购的时候就已经通过技术手段获得了足够的筹码。伴随着股价实体阳线的向上突破，说明建仓完毕，三兵拉

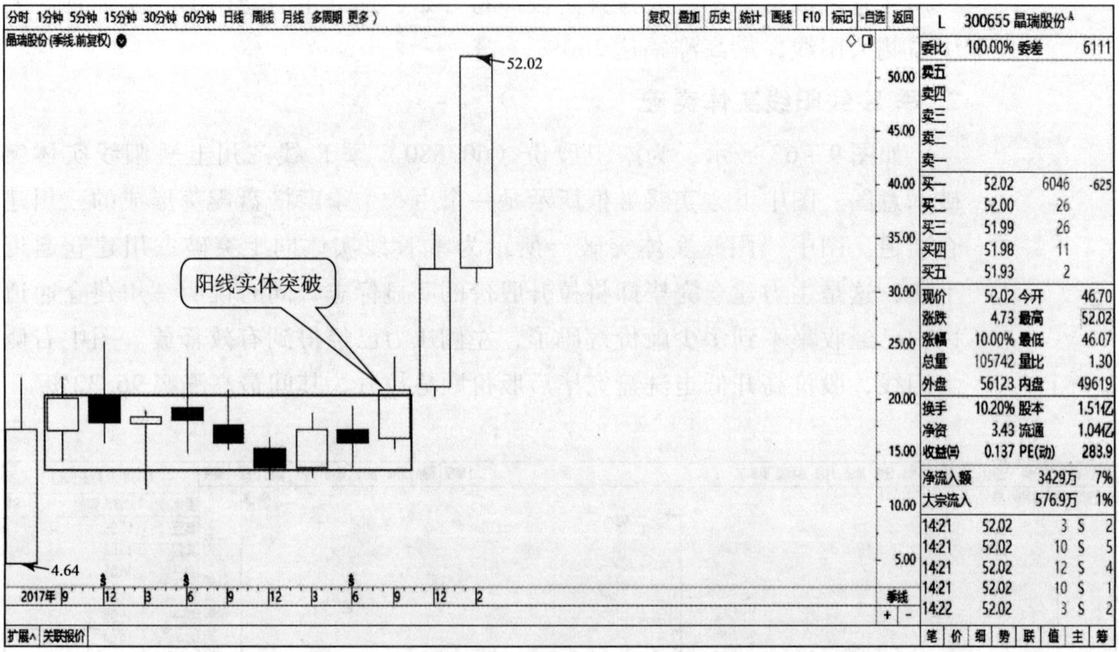

图 9－64　晶瑞股份（300655）季 K 线三川上轨阳线实体突破示意图

升顺势展开，图中右侧两根季 K 线阳线，累计涨幅 149%。

如图 9－65 所示，为东睦股份（600114）季 K 线三川上轨阳线实体突破示意图。图中下方方框所示，是一个由 5 个季度横盘震荡形成的三川建仓通道。图中“阳线实体突破”所示为季 K 线实体向上突破三川建仓通道上轨，这是主力建仓完毕即将拉升股价的明显标志。图中右侧季 K 线阳线是三川建仓完毕之后的三兵拉升阶段，其间最高涨幅 67.8%。

3. 月 K 线实体阳线突破

如图 9－66 所示，为华联扬众（603825）月 K 线三川上轨阳线实体突破示意图。图中下方实线方框所示，是一个由 6 个月横盘震荡形成的三川建仓通道。图中“阳线实体突破”所示季 K 线实体向上突破三川建仓通道上轨，这是主力建仓过程完毕的标志。该 K 线长长的上影线是股价拉升前“上泄抛压，下洗跟风”的明显标志，随后股价一路上扬，右侧 3 条月 K 线累计涨幅 121.73%。

如图 9－67 所示，为捷捷微电（300623）月 K 线三川上轨阳线实体突破示意图。图中下方实线方框所示，是一个由 9 个月横盘震荡形成的三川建仓通道。图中“阳线实体突破”所示为季 K 线实体向上突破三川建仓通道

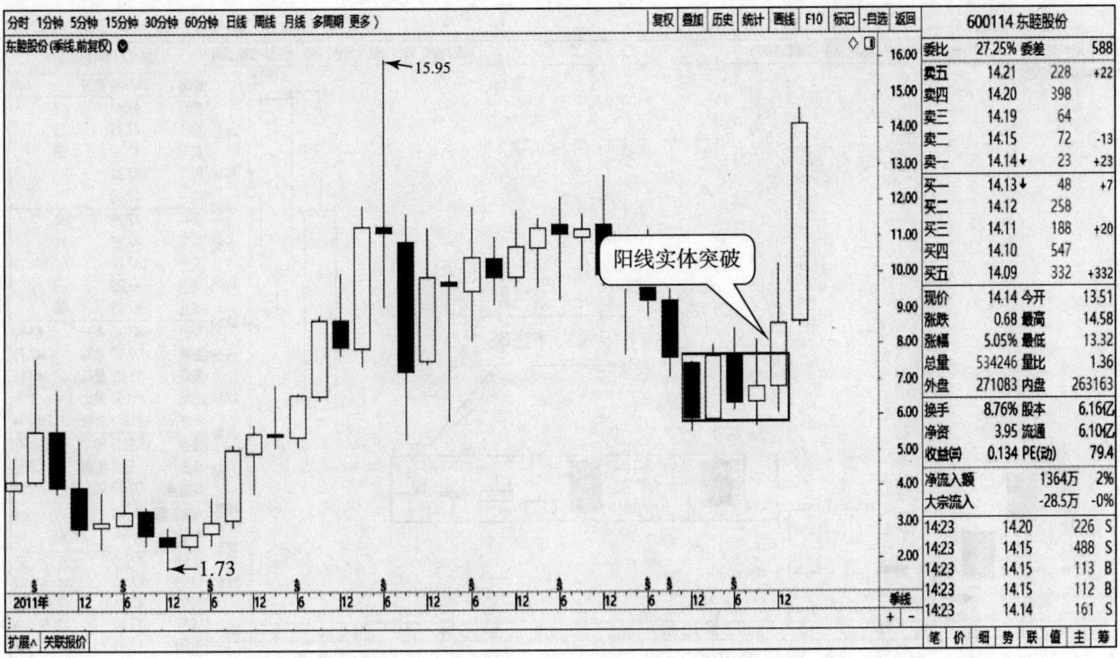

图 9－65 东睦股份（600114）季 K 线三川上轨阳线实体突破示意图

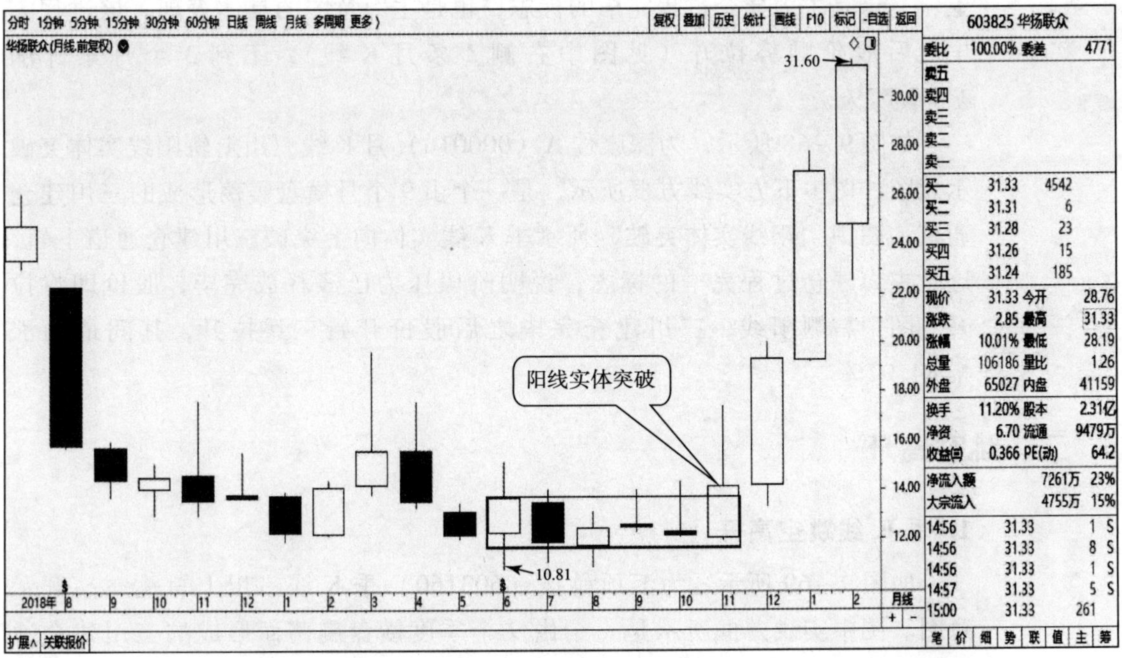

图 9－66 华联扬众（603825）月 K 线三川上轨阳线实体突破示意图

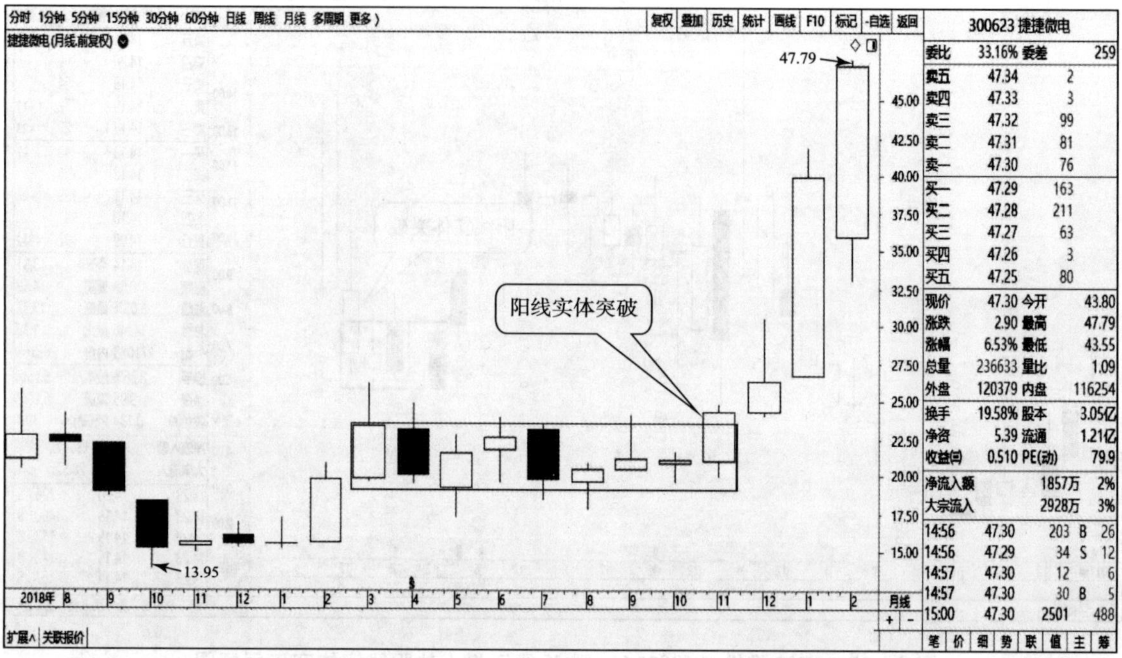

图9－67　捷捷微电（300623）月K线三川上轨阳线实体突破示意图

上轨，这是主力建仓过程完毕的标志，也是主力意图的具体表现。该过程完毕之后股价顺势拉升（见图中右侧3条月K线），不到3个月累计涨幅94.57%。

如图9－68所示，为深康佳A（000016）月K线三川上轨阳线实体突破示意图。图中下方实线方框所示，是一个由9个月横盘震荡形成的三川建仓通道。图中“阳线实体突破”所示季K线实体向上突破三川建仓通道上轨，这是主力建仓过程完毕的标志，说明阶段压力已经释放完毕，股价即将拉升。图中右侧阳线，三川建仓完毕之后股价开始三兵拉升，其间最高涨幅84.07%。

二、跳空高开

1. 季K线跳空高开

如图9－69所示，为汇顶科技（603160）季K线三川上轨跳空高开示意图。图中实线方框所示是一个由9个季度横盘震荡而形成的三川建仓通道，方框内右侧股价触底后震荡上行，此时并不能确定该过程是否结束，伴随股价小幅跳空高开于三川通上轨（如图中“跳空高开”所示），预示着三

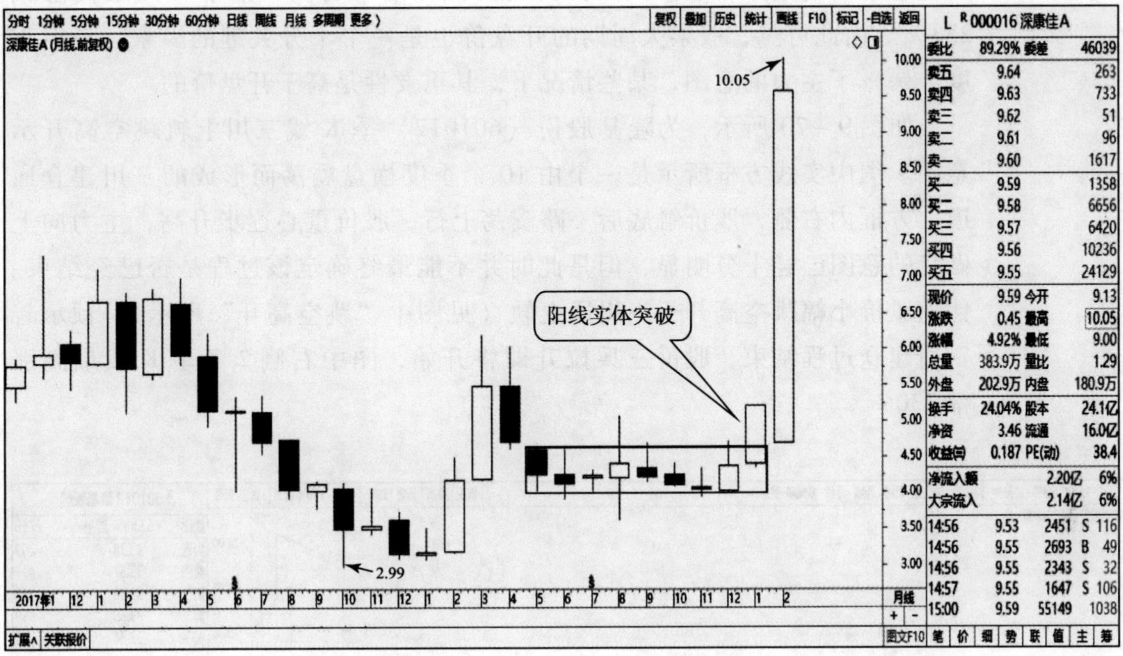

图9－68　深康佳A（000016）月K线三川上轨阳线实体突破示意图

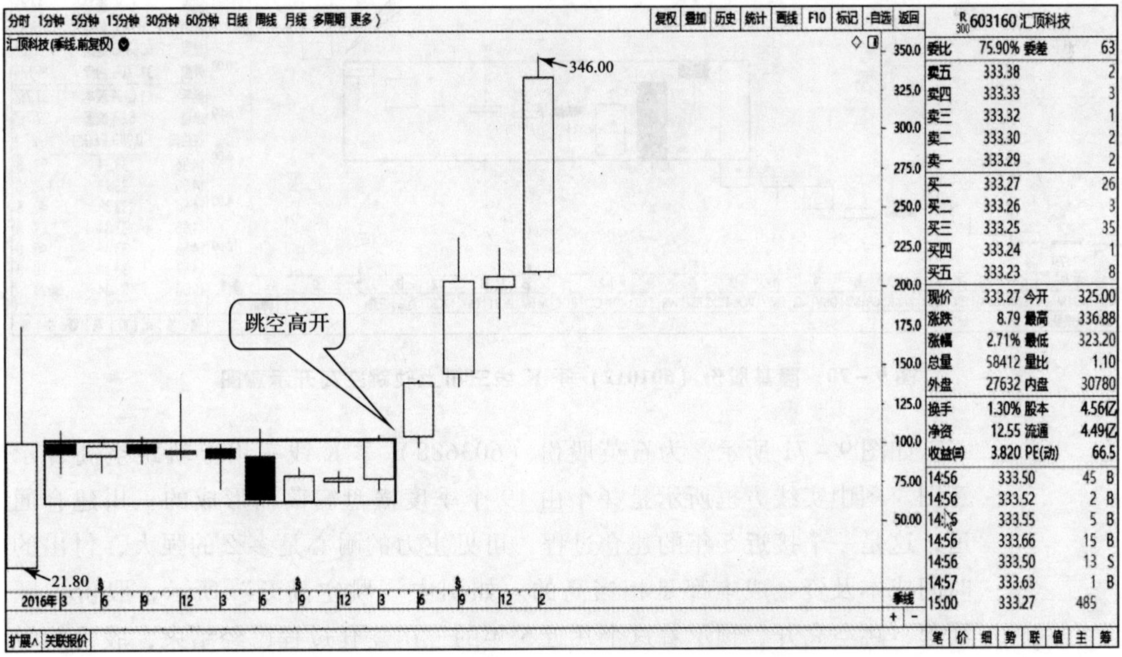

图9－69　汇顶科技（603160）季K线三川上轨跳空高开示意图

川建仓过程的结束，股价三兵拉升的开始，图中右侧 4 条季 K 线最高涨幅 233%。由此可见，股票大周期的开盘价也是一个十分关键的因素，一定程度上暴露了主力的意图，某些情况下，其重要性是高于开盘价的。

如图 9－70 所示，为隆基股份（601012）季 K 线三川上轨跳空高开示意图。图中实线方框所示是一个由 10 个季度横盘震荡而形成的三川建仓通道。方框内右侧，股价触底后一路震荡上行，股价重心逐步升高，主力向上做盘的意图已经十分明显，但是此时并不能最终确定该过程是否已经结束。伴随股价小幅跳空高开于三川通上轨（见图中“跳空高开”所示），预示着三川建仓过程结束，股价三兵拉升即将开始，图中右侧 2 条季 K 线最高涨幅 230%。

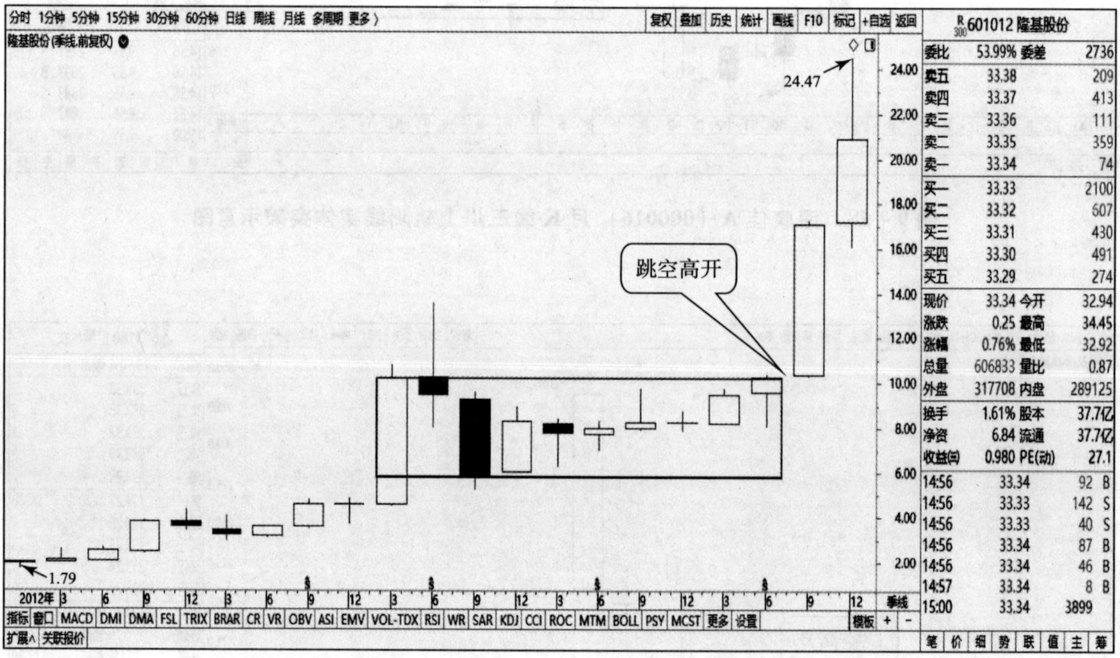

图 9－70 隆基股份（601012）季 K 线三川上轨跳空高开示意图

如图 9－71 所示，为石英股份（603688）季 K 线三川上轨跳空高开示意图。图中实线方框所示是一个由 19 个季度横盘震荡而形成的三川建仓通道，这是一个接近 5 年的建仓过程，可见主力的耐心是多么的强大，付出的时间成本及资金成本都是相当高的。如图中“跳空高开”所示，股价一跃而起，跳空高开，预示着这个几近 5 年的三川建仓过程已经结束，股价的三兵拉升已经开始。

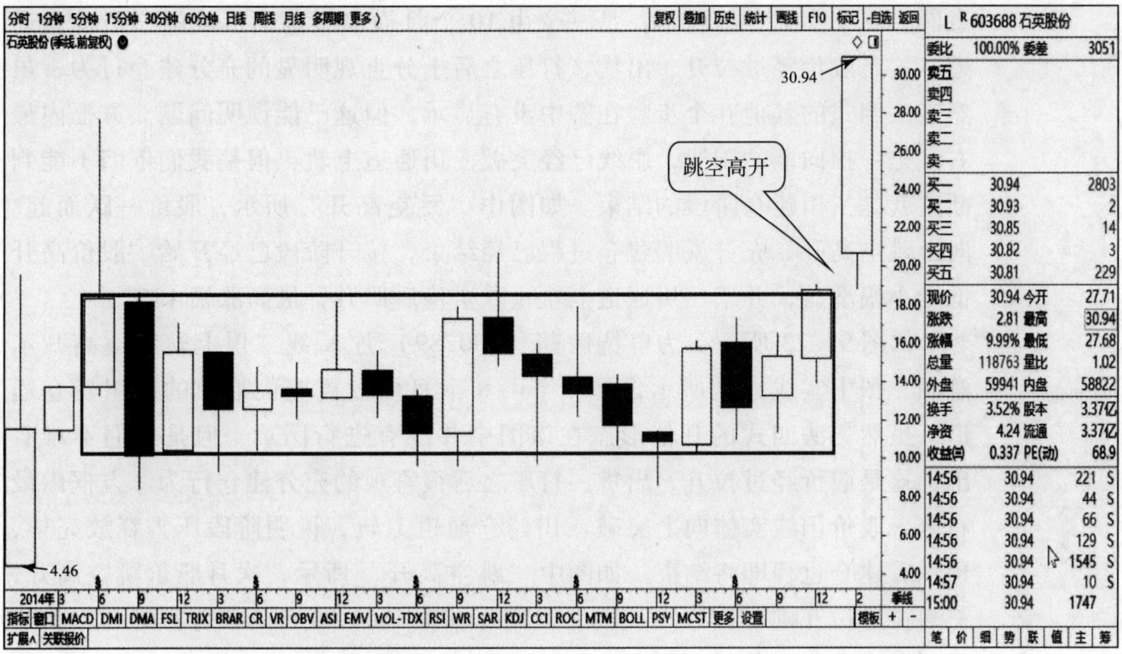

图 9－71　石英股份（603688）季 K 线三川上轨跳空高开示意图

2. 月 K 线跳空高开

如图 9－72 所示，为海正药业（600267）月 K 线三川上轨跳空高开示

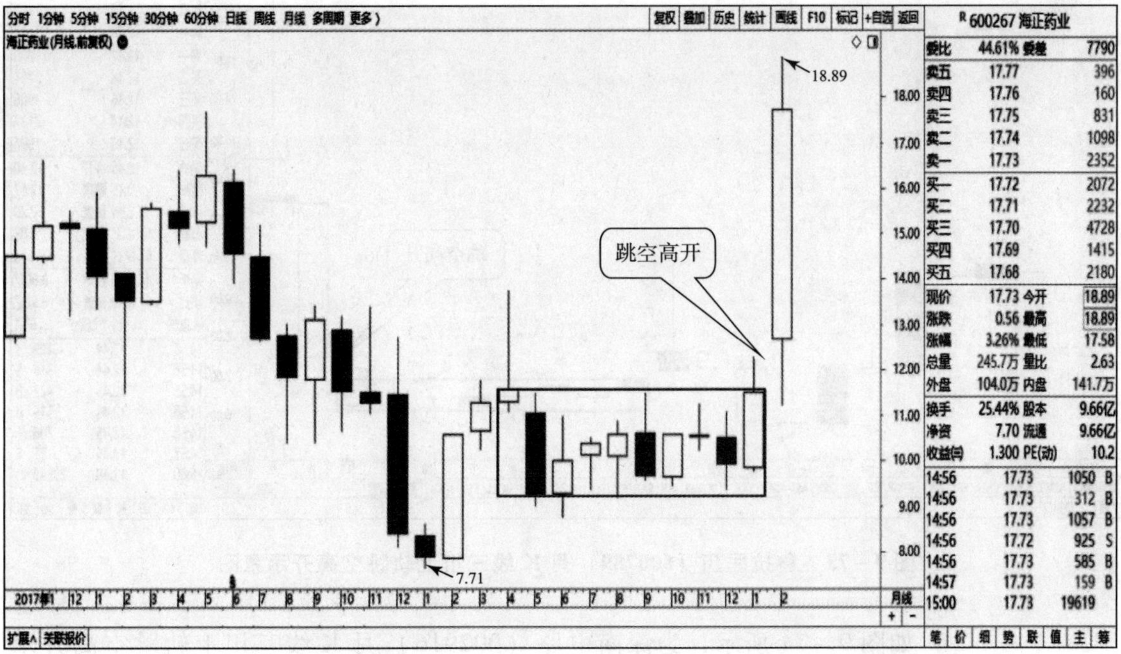

图 9－72　海正药业（600267）月 K 线三川上轨跳空高开示意图

意图。图中实线方框所示，是一个由 10 个月横盘震荡而形成的三川建仓通道，这是股价经过拉升、出货、打压之后十分直观明显的充分建仓行为，虽然三法四式的其他几个步骤在图中没有显示，但这已能说明问题。方框内最右侧是一根向上的阳线，影线已经突破三川通道上轨，但是我们依旧不能判断这就是三川建仓阶段的结束。如图中“跳空高开”所示，股价一跃而起，向上跳空高开，充分说明建仓过程已经结束，拉升阶段已经开始。股价高开低走小幅洗盘，并于三川通道上轨止跌企稳后回升，最高涨幅 45%。

如图 9 – 73 所示，为鲁抗医药（600789）月 K 线三川上轨跳空高开示意图。图中实线方框所示，是一个由 8 个月横盘震荡而形成的三川建仓通道。虽然三法四式的其他形态在该图中并没有进行图示，但是我们不难看出，这是股价经过拉升、出货、打压之后很直观的充分建仓行为。方框内最右侧，股价阳线实体向上突破三川建仓通道上轨，说明阶段压力释放完毕，预示着建仓过程即将结束。如图中“跳空高开”所示，次月股价跳空高开，三兵拉升拉开帷幕，21 个交易日最高涨幅 141%。股价的强势拉升与厚重的三川建仓密不可分。

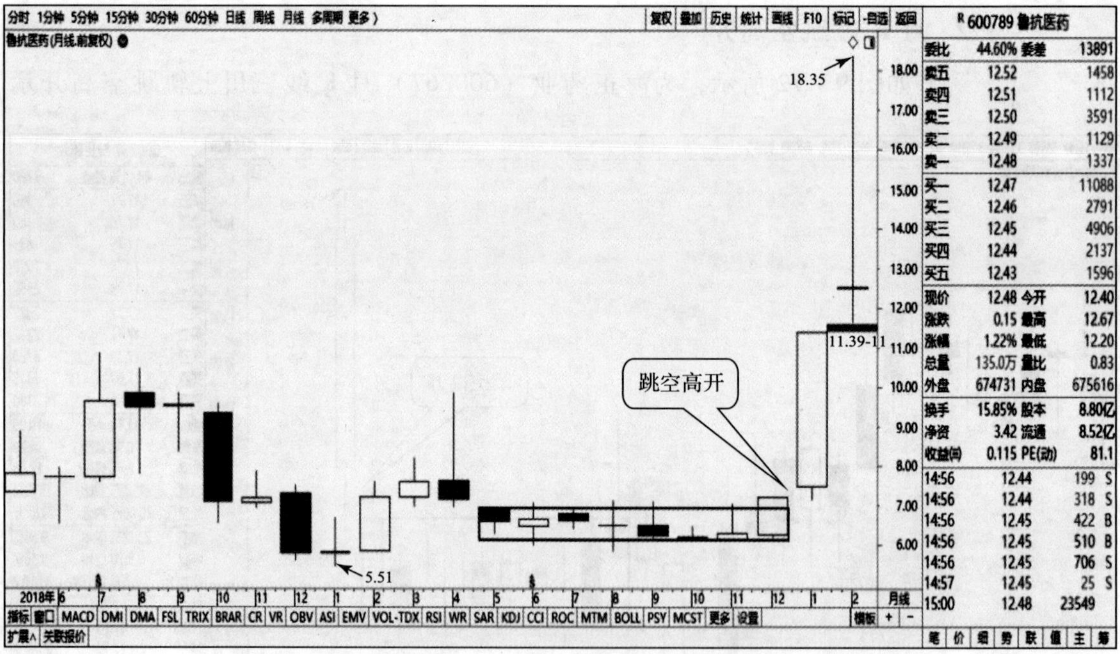

图 9 – 73　鲁抗医药（600789）月 K 线三川上轨跳空高开示意图

如图 9 – 74 所示，为深南电路（002916）月 K 线三川上轨跳空高开示意图。如图中上方虚线方框所示，这是一个十分明显的股价拉升过程中的经典洗盘形态。5 个月的横盘震荡，方框内右侧股价触底回升以阳线报收。次月股价跳空高开（见图中“跳空高开”），说明洗盘结束，拉升开始，其间最高涨幅 112%。

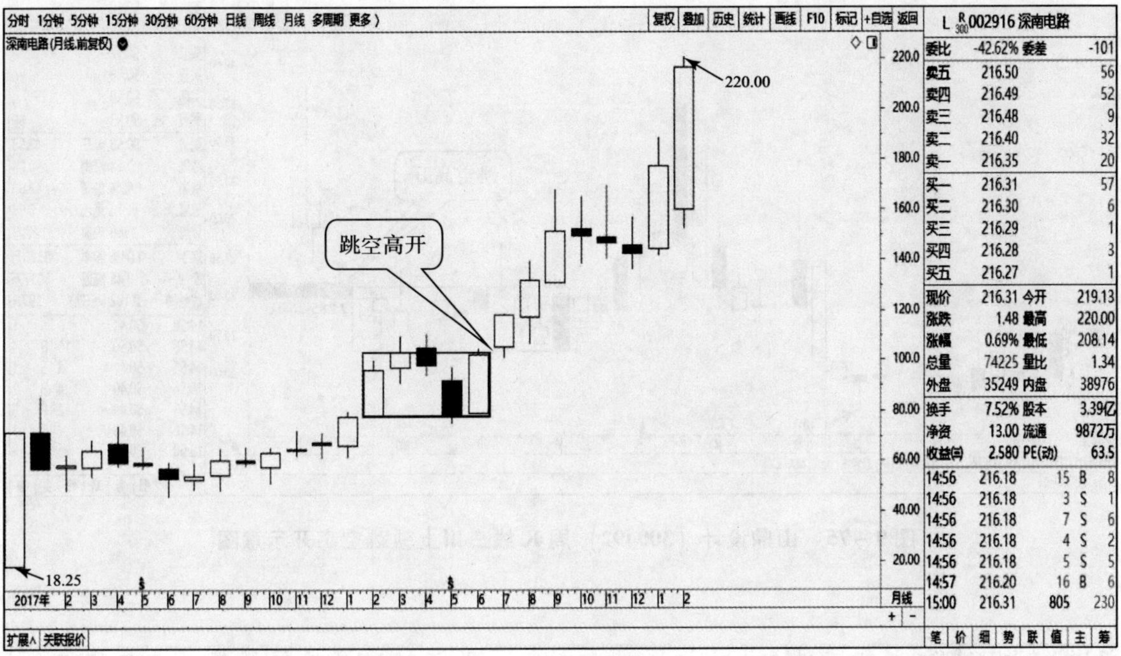

图 9－74　深南电路（002916）月 K 线三川上轨跳空高开示意图

3. 周 K 线跳空高开

如图 9－75 所示，为山鼎设计（300492）周 K 线三川上轨跳空高开示意图。如图中实线方框所示，是一个由 11 周横盘震荡而形成的三川建仓通道。方框内，股价自始至终一直维持一种横盘震荡的状态。根据方框内 K 线显示的信息，并不能判断该过程是否结束。如图中“跳空高开”所示，股价次周跳空高开，意味着三川建仓终结，三兵拉升开始，主力意图暴露无遗。股价小幅调整一周后开始拉升（见图中右侧 5 条周 K 线），其间最高涨幅 95. 72%。

如图 9－76 所示，为振静股份（603477）周 K 线三川上轨跳空高开示意图。如图中实现方框所示，是一个由 19 周横盘震荡而形成的三川建仓通道，这是一个十分漫长的建仓过程，同时也是一个十分充分的建仓过程。方框内中间偏右的位置股价触底后逐渐缓慢上扬，预示着建仓过程已经接近尾声。图中“跳空高开”所示，股价次周大幅跳空高开，预示着该股建仓过

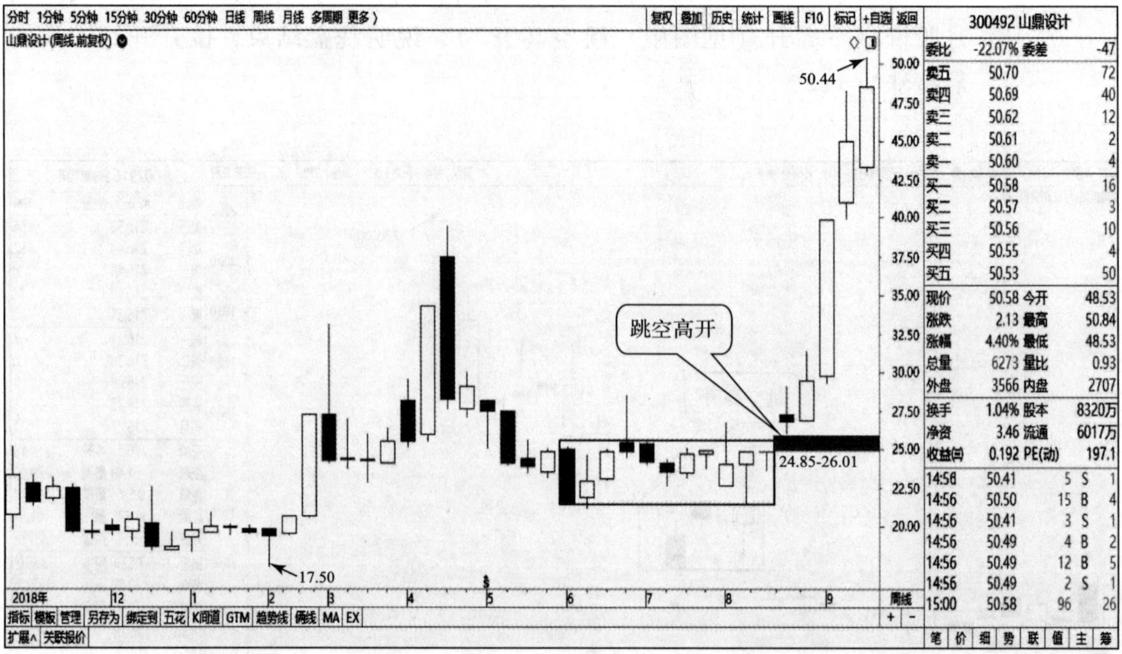

图 9－75　山鼎设计（300492）周 K 线三川上轨跳空高开示意图

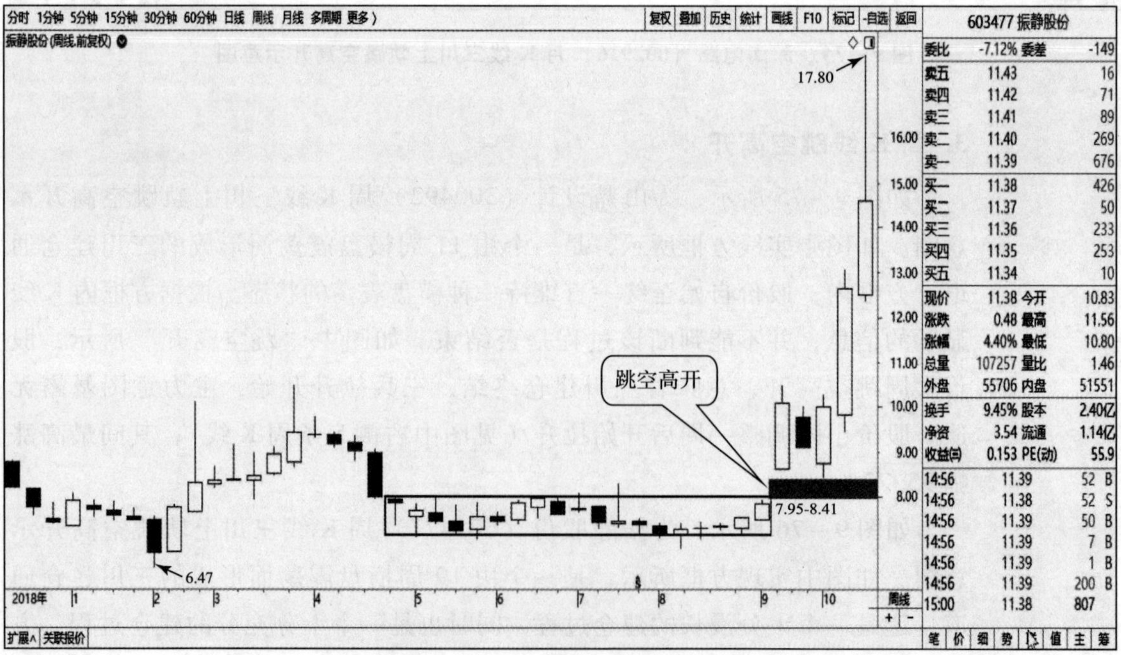

图 9－76　振静股份（603477）周 K 线三川上轨跳空高开示意图

程结束，拉升过程开始。图中右侧 5 个交易周，其间最高涨幅 115%。这是一个停牌 17 天后复牌的股票，向上跳空的缺口是复牌后的一字涨停板所留下的。如果一直一字板拉升，参与的机会是很渺茫的，但是在该走势图中，很明显主力有一个震荡洗盘的过程，这就给我们的操作带来了机会。

图 9－77 所示，为海王生物（000078）周 K 线三川上轨跳空高开示意图。如图中实线方框所示，这是一个由 33 周持续横盘震荡而形成的三川建仓通道，单凭通道之内的 K 线形态，我们并不能够准确的判断这个漫长的建仓过程何时才能够结束。如图中“跳空高开”所示，股价一跃而上直接向上跳空，标志着主力三川建仓过程的完结，三兵拉升的开始。股价高开低走小幅洗盘，三川通道上轨企稳后股价立马回升，2 周走出了 99. 49% 的强势行情。“横有多长，竖有多高”这句话在该股再次得到了充分的验证。

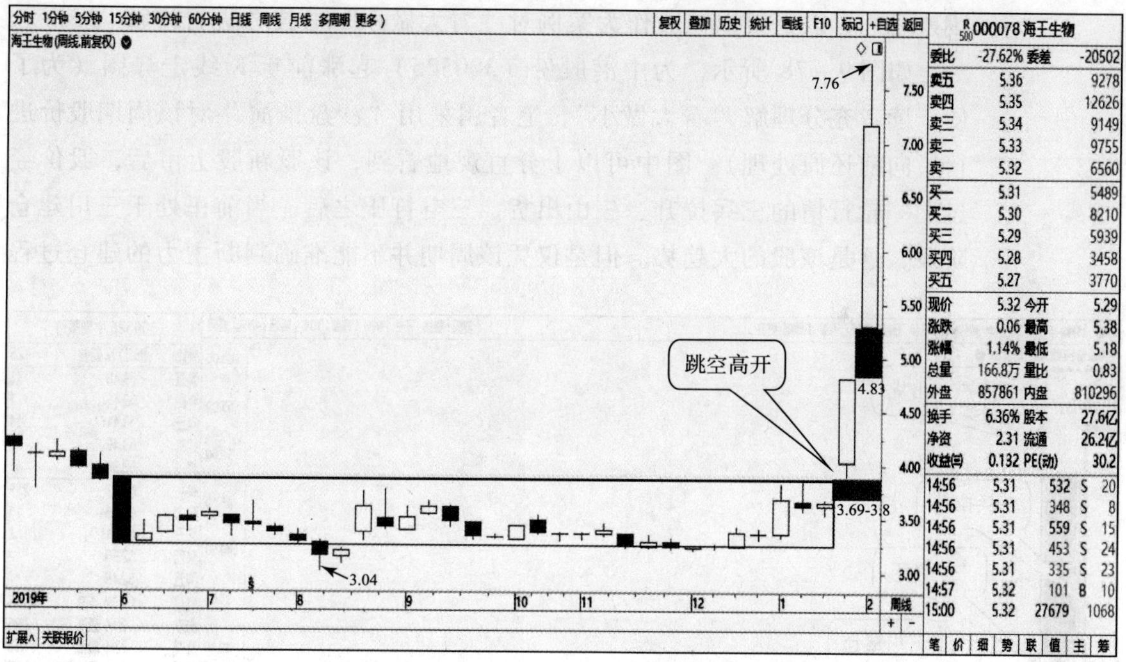

图 9－77 海王生物（000078）周 K 线三川上轨跳空高开示意图

第五节 看大与做小

看大，顾名思义就是根据大的分析周期，确定股价当下运行于三法四式的哪一个阶段，首先对股价运行的趋势有一个正确的判断，这是股票操作的第一步。股价经过了上一行情的三兵拉升、三山出货、三空打压之后，当下正处于三川建仓阶段，投资者就要积极跟踪，密切关注。做小呢？这其实是三法四式基础阶段的方便之门。股票的任何分析周期，只要符合条件都可以遵循三法四式独立使用，但是鉴于绝大多数投资者对日 K 线这个分析周期已经形成了根深蒂固的使用习惯，而常见的看盘软件也都是把日 K 线当作默认的分析周期，所以在三法四式的基础阶段，提出“看大做小”的操作方法。当股价运行的大趋势确定之后，在更小一级的分析周期去寻找相对精确的介入机会，这就是“看大”与“做小”。

1. 看年线做日线

中潜股份（300526）是笔者根据三法四式“看大做小”曾经操作过的股票之一，以下就以该股作为案例对“看大做小”的技巧进行详解。

如图 9－78 所示，为中潜股份（300325）起涨前年 K 线走势图（为了便于读者充分理解“看大做小”，笔者用采用“沙盘推演”对该周期股价进行了向前还原处理）。图中可以十分直观地看到，该股新股上市后，股价经过上一轮行情的三兵拉升、三山出货、三空打压之后，当前正处于三川建仓阶段，这是该股的大趋势。但是仅凭该周期并不能准确判断主力的建仓过程

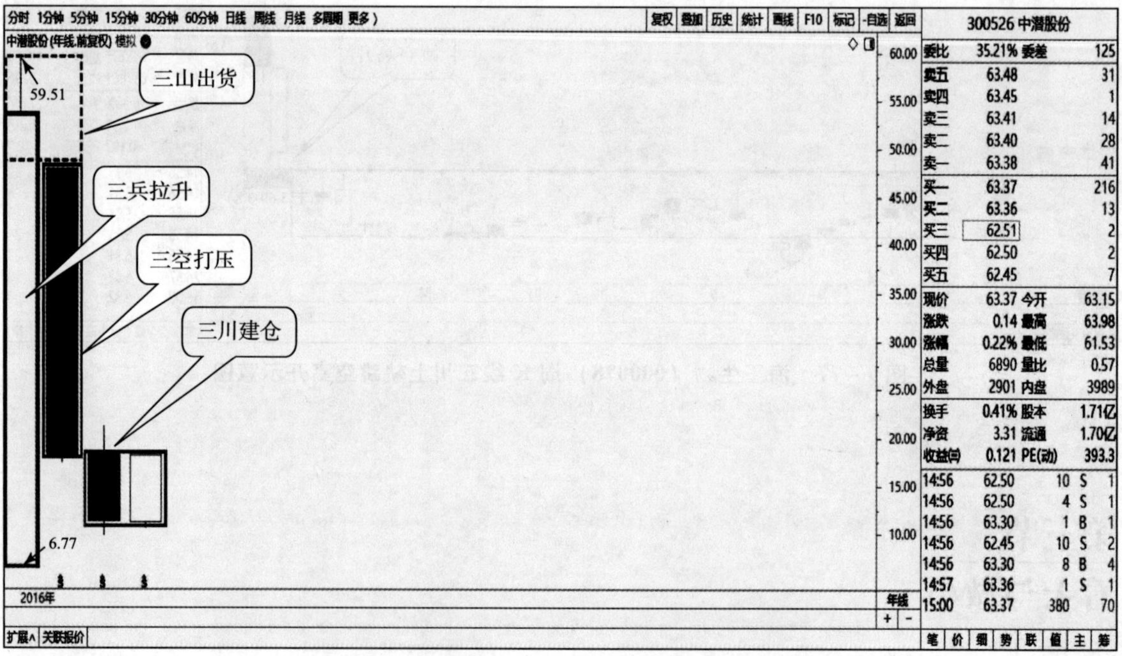

图 9－78　中潜股份（300525）起涨前年 K 线走势图

处于什么阶段，投资者需要根据该周期以下小一级别的周期逐一分析，以便对主力三川建仓的过程做出准确的判断。

如图 9－79 所示，为中潜股份起涨前季 K 线走势图（为了便于读者充分理解“看大做小”，笔者用采用“沙盘推演”对该周期股价进行了向前还原处理）。图中可见，通过三法四式对股价的合并，趋势的轮廓较上一个周期变得更加清晰，我们主要就是对三川建仓阶段进行进一步的确定，图中“三川建仓”实线方框所示，是一个由 7 个季度构成的弧形底三川建仓通道，这是一个漫长的建仓过程，在本章第二节讲过，弧形底的三川是强势的三川形态之一。通道最右侧股价向上突破三川建仓通道上轨，以“倒锤头”阳线报收，说明建仓过程已经接近尾声，拉升在即，这就是根据该周期的三法四式形态，对行情做出的初步预判。鉴于此，对该股我们就要加入自选并积极关注跟踪其动向，择机入场。

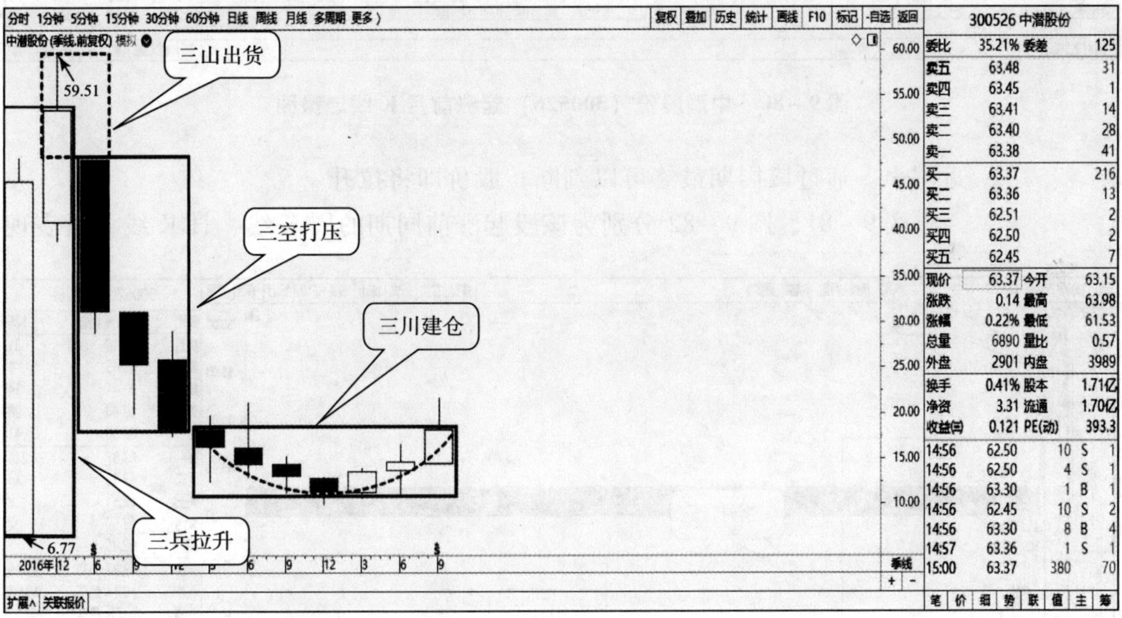

图 9－79　中潜股份（300526）起涨前季 K 线走势图

如图 9－80 所示，为中潜股份起涨前月 K 线走势图（为了便于读者充分理解“看大做小”，笔者用“沙盘推演”对该周期股价向前做还原处理）。如图所示，该周期比季 K 线更为详细展示了，合并后的三法四式的各个阶段，同样完美的弧形底三川形态、呈现在我们面前，这种三川形态本身就是主力意图的真实表现（见图中“三川建仓”实线方框所示），最右侧阳线向上开始突破，最终收盘至三川上轨，标志着这个横盘震荡的建仓过程已经接

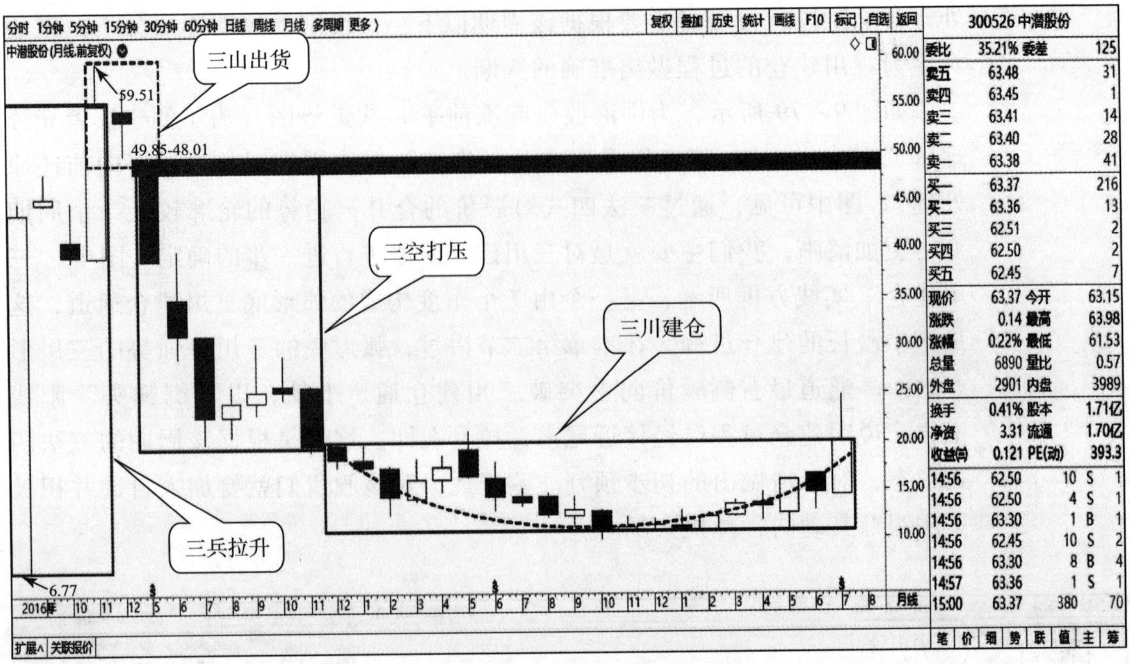

图 9－80　中潜股份（300526）起涨前月 K 线走势图

近尾声。通过该周期最终可以判断，股价即将拉升。

图 9－81、图 9－82 分别为该股起涨前同期的周 K 线、日 K 线，所表现

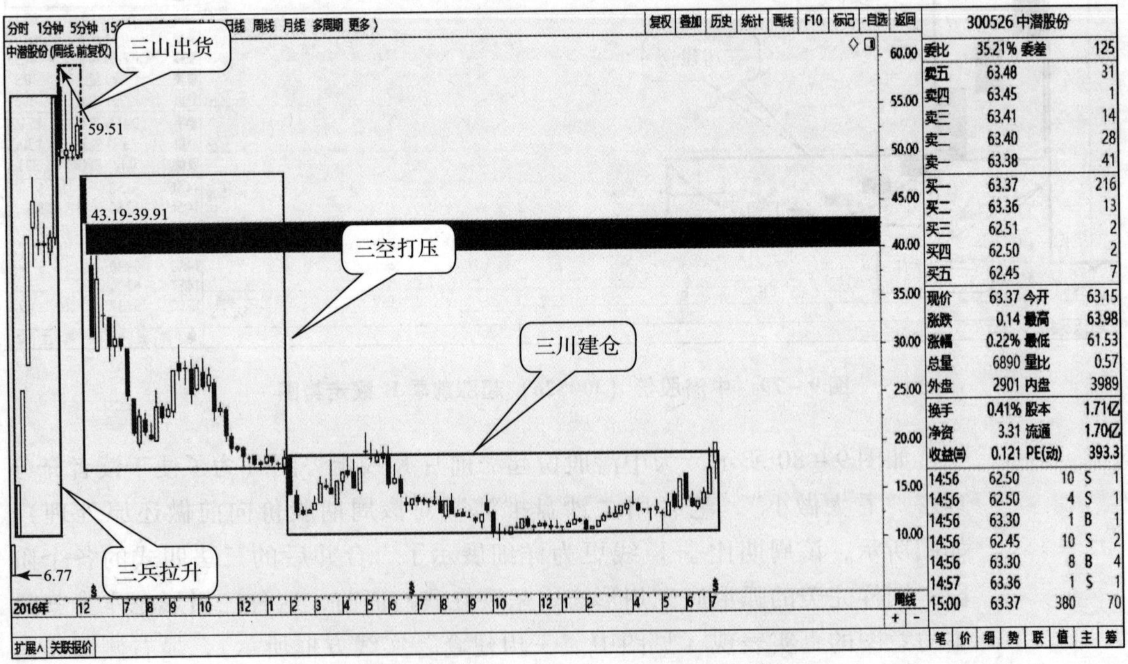

图 9－81　中潜股份（300526）起涨前周 K 线走势图

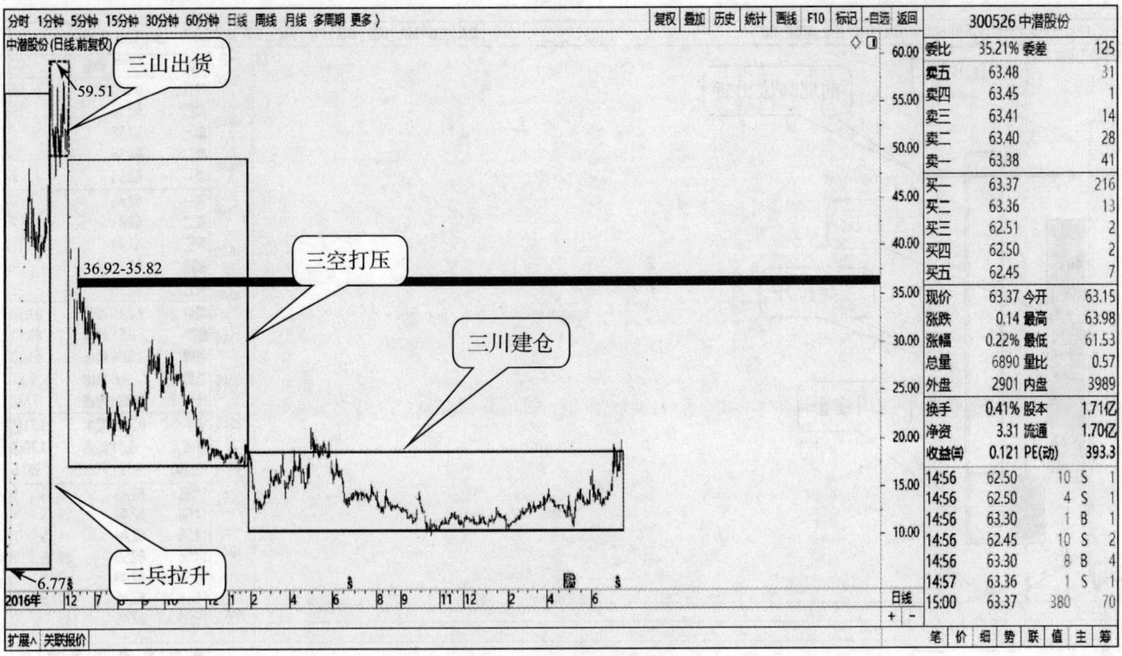

图 9－82　中潜股份（300526）起涨前日 K 线走势图

的都是该股即将起涨前的 K 线形态，所有这些分析周期都是同步进行的，只不过因为统计周期的差异，所表现出来的 K 线形态有所不同而已。虽然周 K 线与日 K 线在 K 线数量上相对比月 K 线、季 K 线、年 K 线周期多一些，表现相对更细腻一些，但是经过缩放以后，整个三法四式的清晰度与月 K 线以及季 K 线相比逊色了很多，这也是这两个分析周期的弊端所在——周 K 线稍好一些，日 K 线更差。这就是笔者入市这些年来一直钟情于大的分析周期的主要原因，因为大的分析周期的 K 线更能直观清晰反映出股票运行的整体趋势，能让投资者通过这种简单的 K 线组合形态洞悉其背后主力的操盘意图，这才是学习三法四式的最终目的。

如图 9－83 所示，为中潜股份（300526）起涨后年 K 线走势图。该图是股价经过三川建仓、三兵拉升阶段之后所表现出来的 K 线形态，这是一轮阶段行情的结束，股价具体的运行过程我们需要参照该周期以下其他的分析周期进行了解。如图 9－84 至图 9－86 所示，分别为该股起涨后的季 K 线、月 K 线、周 K 线走势图，这三个分析周期表达的都是相同的意思。图 9－84 所示为该股起涨后的季 K 线走势图。图中右侧“三兵拉升”所示季 K 线是股价经过三川建仓阶段之后的拉升阶段。图中不难看出，三空打压阶段耗时 3 个季度，三川建仓阶段确切地讲，耗时 6 个季度多一点，而三兵拉升阶段主力只用了 1 个季度就轻而易举地把股价拉升到了前期高位附近区域，并在

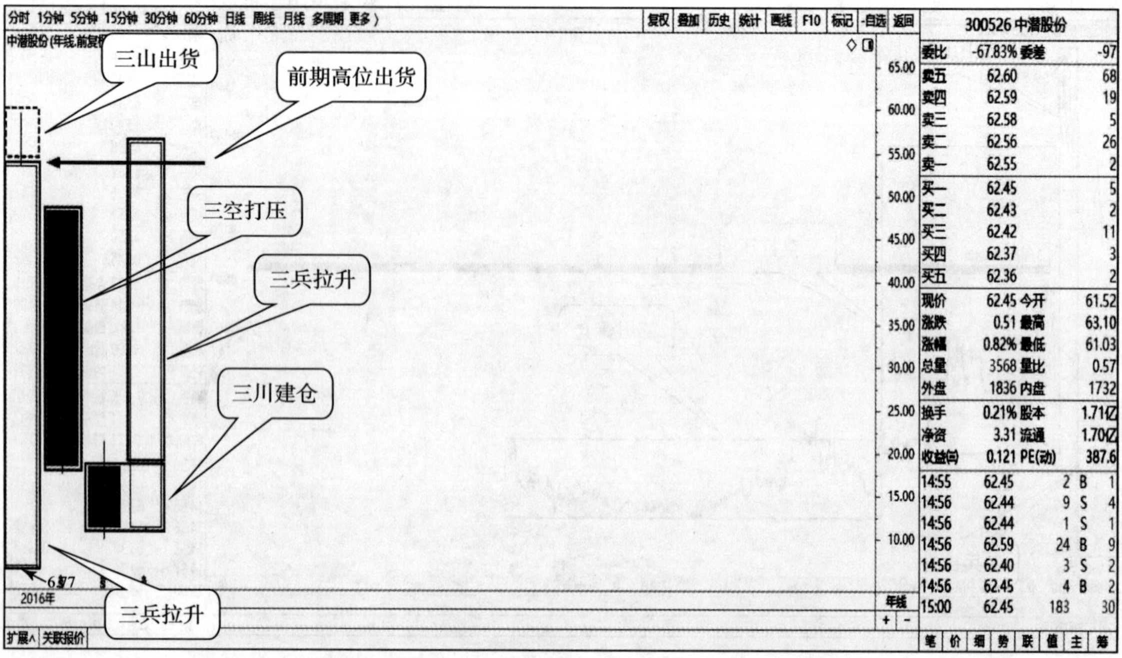

图 9-83　中潜股份（300526）起涨后年 K 线走势图

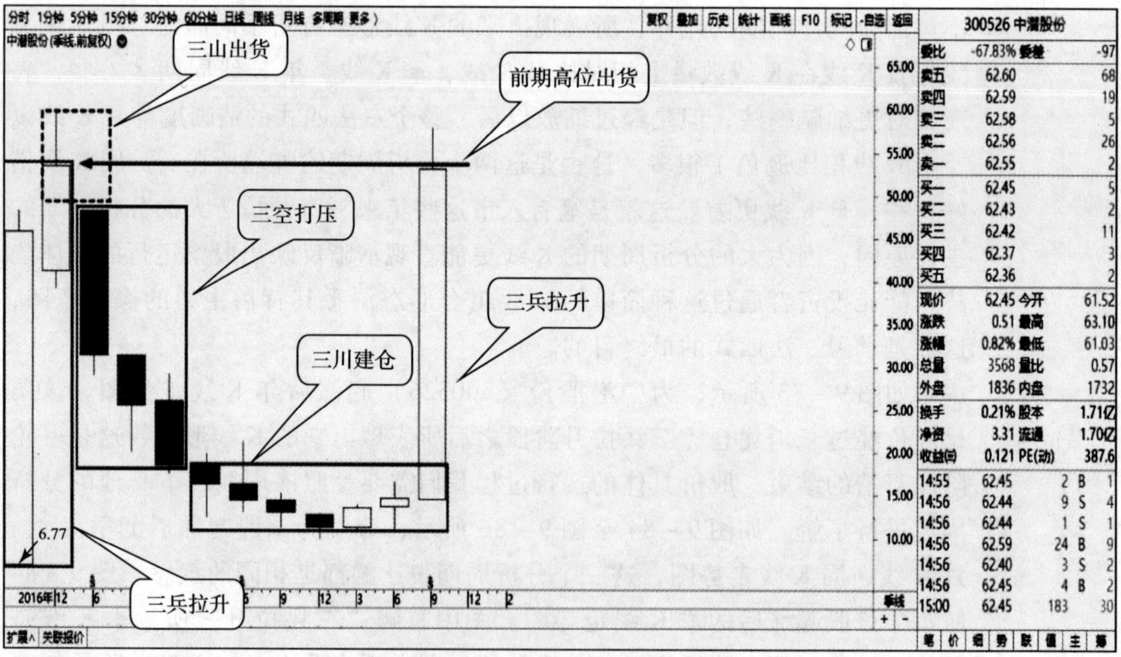

图 9-84　中潜股份（300526）起涨后季 K 线走势图

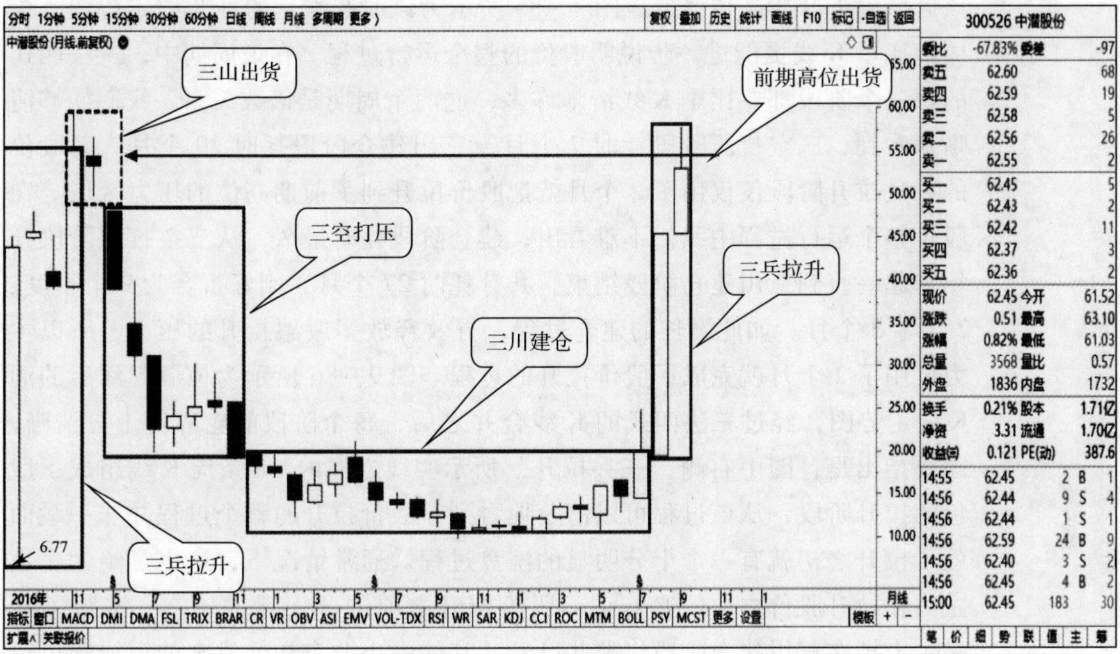

图 9－85　中潜股份（300526）起涨后月 K 线走势图

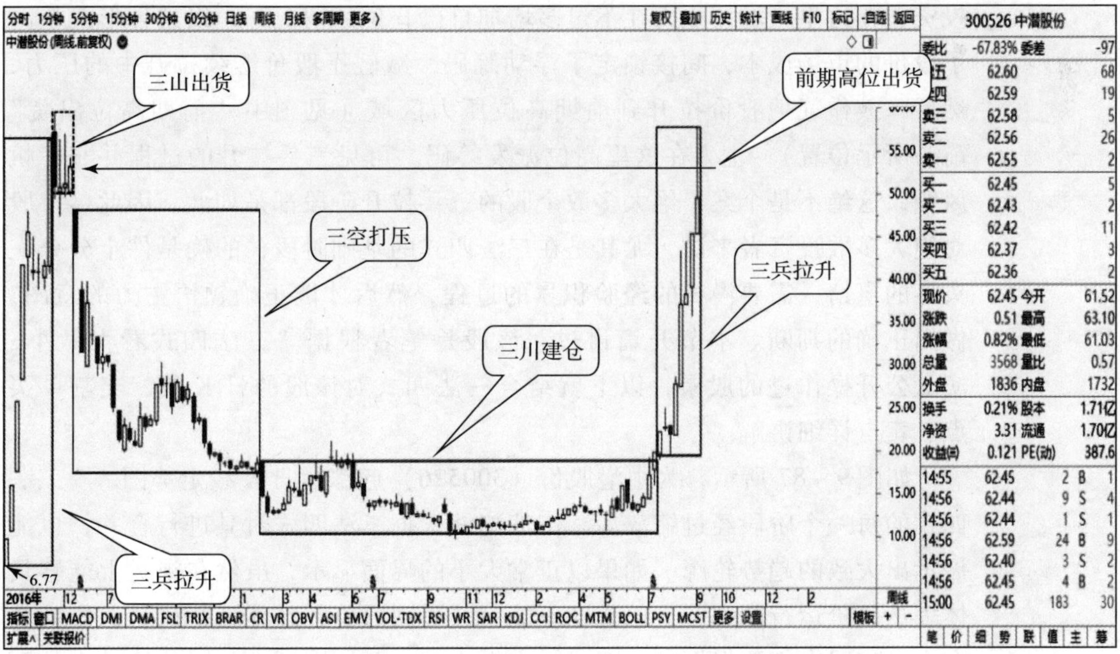

图 9－86　中潜股份（300526）起涨后周 K 线走势图

该区域附近开始高位派发。图 9－85 所示为该股起涨后的月 K 线走势图。该周期比季 K 线更能进一步说明股价的整个运行过程。在该周期中，三法四式的每一个阶段都要比季 K 线清晰许多，这两个周期是倍数关系。我们能够清晰地看到，三空打压阶段耗时 7 个月，三川建仓阶段耗时 20 个月，而股价的三兵拉升阶段仅仅用了 2 个月就把股价拉升到了前期高位的压力区域。在股价整个运行过程中我们不难看出，建仓阶段耗时最久，从三空打压阶段开始算起一直到三川建仓阶段结束，共计耗时 27 个月，刚好折合为 9 个季度、2 年零 3 个月。如此漫长的建仓过程，有效释放了股票拉升的压力，所以主力仅用了 2 个月就完成了股价拉升的过程。图 9－86 所示为该股起涨后的周 K 线走势图，经过三法四式的 K 线合并之后，每个阶段的轮廓都十分清晰。需要指出是，图中右侧“三兵拉升”所示实线方框内，8 条周 K 线组成了股价的拉升阶段，从该过程可以清楚地看到，股价拉升的整个过程并非一蹴而就，拉升之初就有一个十分明显的洗盘过程。通常情况下，这也是绝大多数主力在拉升股价之前的必修课。股价拉升之前的“上泄抛压，下洗跟风”，是主力把在三川建仓阶段将那些已经获利的中小散户和低成本的短线跟风筹码清洗出去，以减轻随后股价拉升中的抛压。三兵拉升的中间阶段再次出现了一个明显的洗盘过程，股价此时充分换手，获利投资者被清洗出局，新的投资者在这里入场，主力在不过多增加自己仓位的情况下，以这种形式垫高了股价的市场成本，间接锁定了浮动筹码，减轻了股价继续拉升中的压力，然后一鼓作气把股价拉升到前期高位压力区域（见图中“前期高位出货”箭头所示位置），主力在这里高位派发筹码。可见三兵拉升的过程并非一帆风顺，这绝不是个案，绝大多数个股的三兵拉升阶段都是如此。因此，持股对绝大多数投资者来讲，尤其是在三法四式的基础阶段，的确是件十分令人头疼的事情，需要漫长的经验积累的过程，然后才能正确领悟主力的意图，做出正确的判断。本节开篇讲过，该股是笔者根据“三法四式看大做小”实盘公开操作过的股票，以下就结合三法四式对该股的日 K 线、交割单买点、卖点详细讲解。

如图 9－87 所示，为中潜股份（300526）起涨后日 K 线走势图 A。三法四式的每一个阶段经过缩放后，依然能够根据三法四式对其进行合并，也能展示出大致的趋势轮廓。如果以正常大小的界面显示，虽然在视觉上能够具体表达股价运行的细节，但是却不能完整显现股价的整体运行趋势，这就是在实盘实践中需要根据三法四式看大做小的主要原因所在。股价拉升中的两次洗盘，在图中右侧“三兵拉升”所示实践方框过程中，表现得最为直观，关键在于主力的出货阶段（见图中前期高位出货箭头所示位置），虽然是前期高位，其实与该股历史高位的股价已经相差无几了，在这里理解为股价的历史高位与前期高位都是可以的，市场意义也是一样的，主力会在这个位置进行诱多震荡出货，而我们作为中小散户投资者来讲，股价一旦触及压力位置附近，就应当及时止盈，锁定利润，坚决规避主力的三山出货阶段，待其趋势明朗后再次择机进场参与交易。

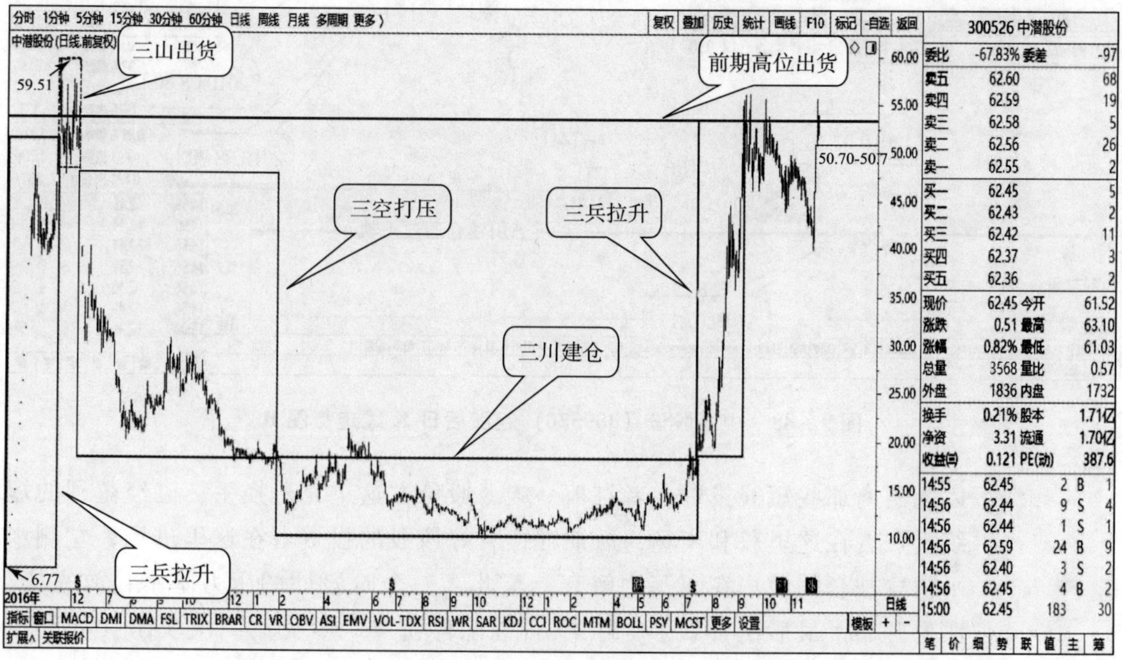

图 9－87　中潜股份（300526）起涨后日 K 线走势图 A

如图 9－88 所示，为中潜股份（300526）起涨后日 K 线走势图 B。图中下方水平线对应该股三法四式中三川建仓通道的上轨，上方水平线对应前期高位的收盘价，即该股年 K 线最左侧大阳线收盘价。2019 年 7 月 11 日第一次买入（如图中交割单所示），买入理由：股价再次向上突破三川建仓通道上轨；7 月 16 日第二次加仓买入（如图中交割单所示），买入理由：股价有效突破三川建仓通道上轨。随后股价小幅攀升后出现了一个为期 5 个交易日的洗盘过程，其目的就是在股价拉升之前，把那些持股意志不够坚定的投资者清洗出局，减轻之后股价拉升中的获利抛压，这是股价三兵拉升阶段的第一次洗盘。该过程结束后，股价一路飙升，10 天 6 板，其间还包括 2 个 7% 以上的大阳线，此时的股价已涨 1 倍以上。随后开始了一波为期 10 个交易日的横盘震荡，这是三兵拉升阶段的第二次洗盘。细心的投资者不难发现，在之前的拉升阶段，全部以低开高走的形式为主，是边拉边洗的拉升方式，

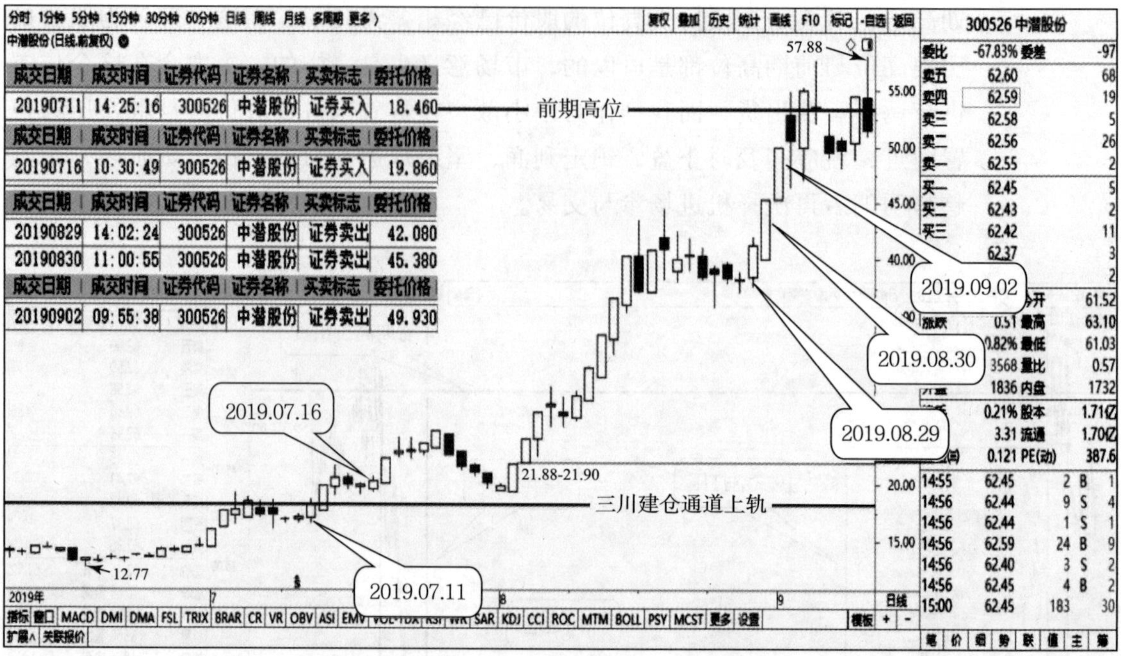

图 9-88　中潜股份（300526）起涨后日 K 线走势图 B

以此驱离那些短线投资或者打板一族。股价在这里充分换手，已经盈利的短线投资者在这里获利离场，后期继续看好该股的投资者在这里进场，左侧水平位置被套的散户在震荡中解套，至此，一个阶段性的压力基本释放完毕，股价开始了最后的冲刺。8 月 29 日以涨停价 42.08 元第一次卖出（如图中交割单所示），该日尾盘打开涨停。8 月 30 日以 45.38 元（低于涨停价 1 分钱）第二次卖出（如图中交割单所示）。9 月 2 日以涨停价 49.93 元全部卖出止盈（如图中交割单所示）。卖出理由：股价已经触及前期高位，这是主力即将展开诱多震荡出货的位置，不需要甄别该位置属于实质压力还是心理压力。作为中小散户投资者，一定要在主力出货之前及时止盈，锁定利润。至此，针对该股的阶段性波段行情交易结束，其间 38 个交易日，累计涨幅 191.65%。从该案例中不难看出，笔者的买点并非最低价，卖点也并非最高价，持股的这个阶段正是三法四式中的三兵拉升阶段，这是该股的牛市阶段（即筹码供不应求的阶段），该阶段的资金使用效率相对来讲是最高的。尤其是当股价逐步触及明显压力位置附近时，一定要舍得在涨停板减仓，这是账面利润转换为实际利润的过程——赚到手的才是自己的；只要交易没有结束，利润永远只是账户里的数字而已。

2. 看季线做日线

如图 9-89 所示，为南卫股份（603880）起涨前年 K 线走势图（为了便于读者充分理解“看大做小”，笔者采用“沙盘推演”对该周期股价向前做了还原处理）。该股上市时间较短，刚满三年，三法四式在该周期并不能直观地显示，无法根据该周期的K线形态对股价当下的运行趋势做出正确的判断，因此我们需要从该股的季K线进一步分析。

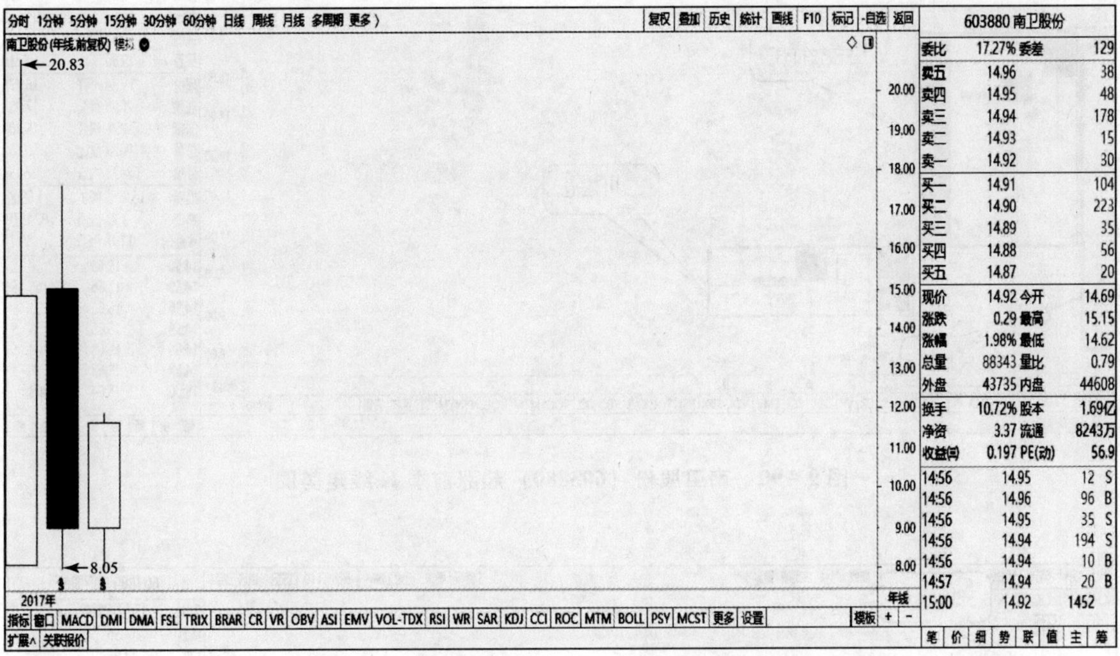

图9-89 南卫股份（603880）起涨前年K线走势图

如图9-90所示，为南卫股份（603880）起涨前季K线走势图。图中可见，经过对该周期K线的合并，三法四式一目了然。股价经过上一轮行情的三兵拉升、三山出货、三空打压之后，构建了一个为期5个季度的横盘震荡三川建仓通道。该过程中，筹码由分散状态逐步趋于集中，主力在这里收集了大量的廉价筹码，同时，有效地释放了左侧套牢抛压（见图中“三川建仓”实线方框所示），方框右侧实体阳线向上突破三川建仓通道上轨，由此可以得出结论，三川建仓过程即将完毕，三兵拉升阶段即将开始。而股价更为具体的运行过程，我们要从该股的月K线做出最终判断。

如图9-91所示，为南卫股份（603880）起涨前月K线走势图。三法四式的K线形态在该股季K线中更加详细具体，股价经过上一轮行情的三兵拉升、三山出货、三空打压之后，开始了一轮为期15个月的横盘震荡三川建仓（见图中“三川建仓”方框所示），其间股价多次向上突破三川上轨，并且方框右侧实体阳线向上有效突破三川建仓通道上轨。结合该股季K

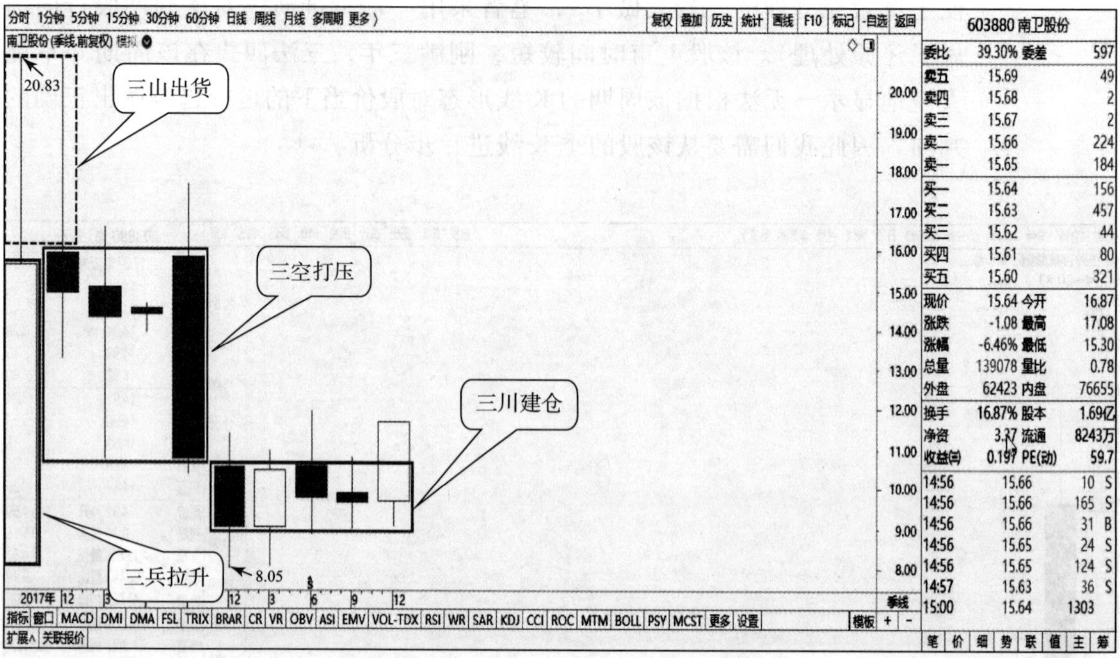

图 9－90　南卫股份（603880）起涨前季 K 线走势图

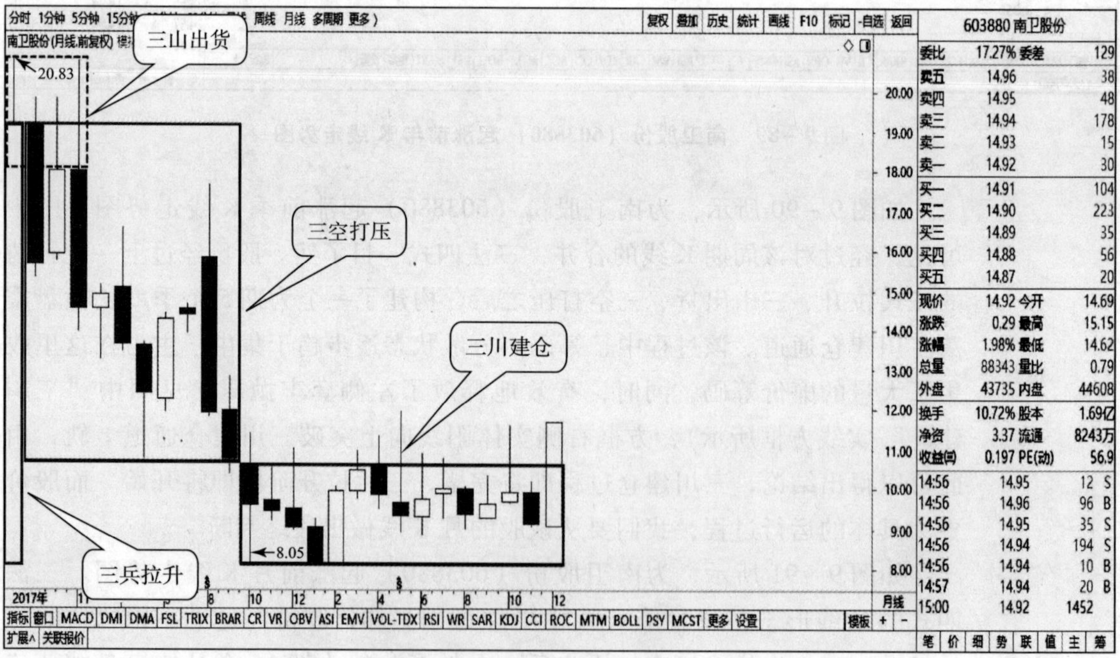

图 9－91　南卫股份（603880）起涨前月 K 线走势图

线，以两个分析周期相互印证，最终得出结论：主力建仓完毕，股价拉升指日可待。接下来要对该股积极关注、密切跟踪择机介入。

如图 9－92 和图 9－93 所示，分别为南卫股份（603880）起涨前周 K 线、日 K 线走势图，所表现的都是该股即将起涨前的 K 线形态。该股所有的这些分析周期都是同步进行的，只不过因为分析周期大小的差异，所表现出来的 K 线形态不同而已。虽然周 K 线与日 K 线在 K 线数量上比更大的周期多一些，表现得相对更详细一些，但是经过缩放以后，整个三法四式的清晰度与月 K 线及季 K 线相比逊色了不少，这也是这两个分析周期的弊端所在。周 K 线稍好一些，日 K 线更甚，缩放之后经过合并，只能看到三法四式的轮廓，股价的具体运行已经被压缩得很模糊。如果单纯对股票进行中短线操作，周 K 线与日 K 线这两个分析周期无疑是不错的选择，因为它们之间是倍数关系，但对三法四式看大做小而言，日 K 线的唯一作用，也仅仅是在三法四式的初学阶段，作为投资者买卖股票的默认分析周期使用而已。如果经过长时间的训练，养成了参考大周期的习惯之后，投资者完全可以根据任意 K 线分析周期看盘或者进行股票交易操作，这是没有任何问题的。

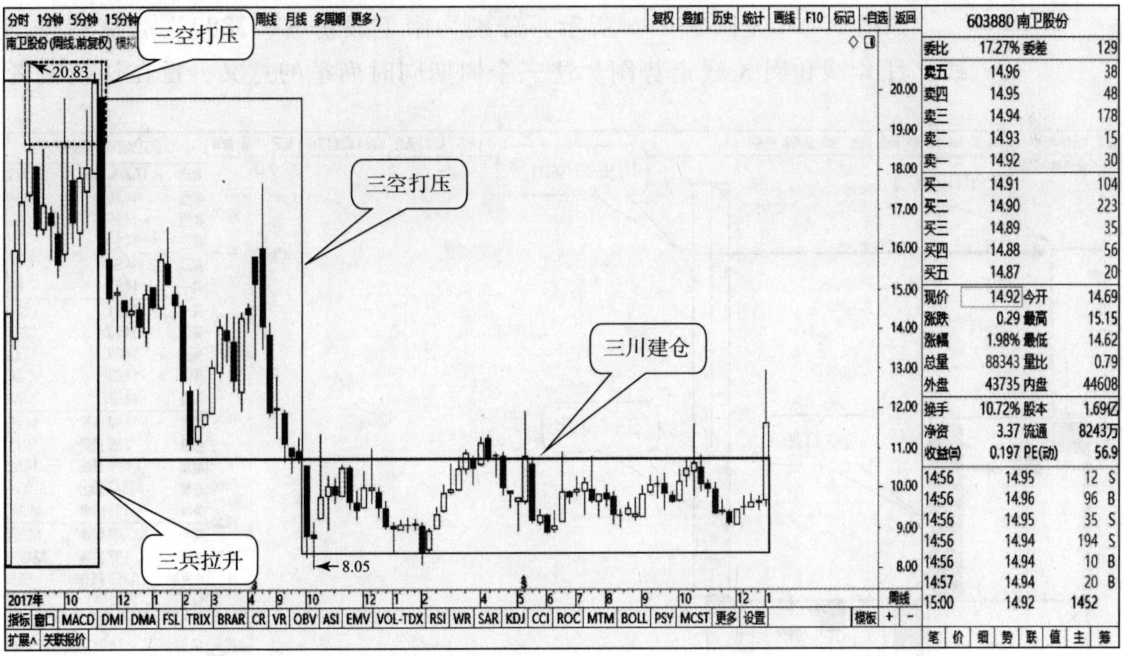

图 9－92　南卫股份（603880）起涨前周 K 线走势图

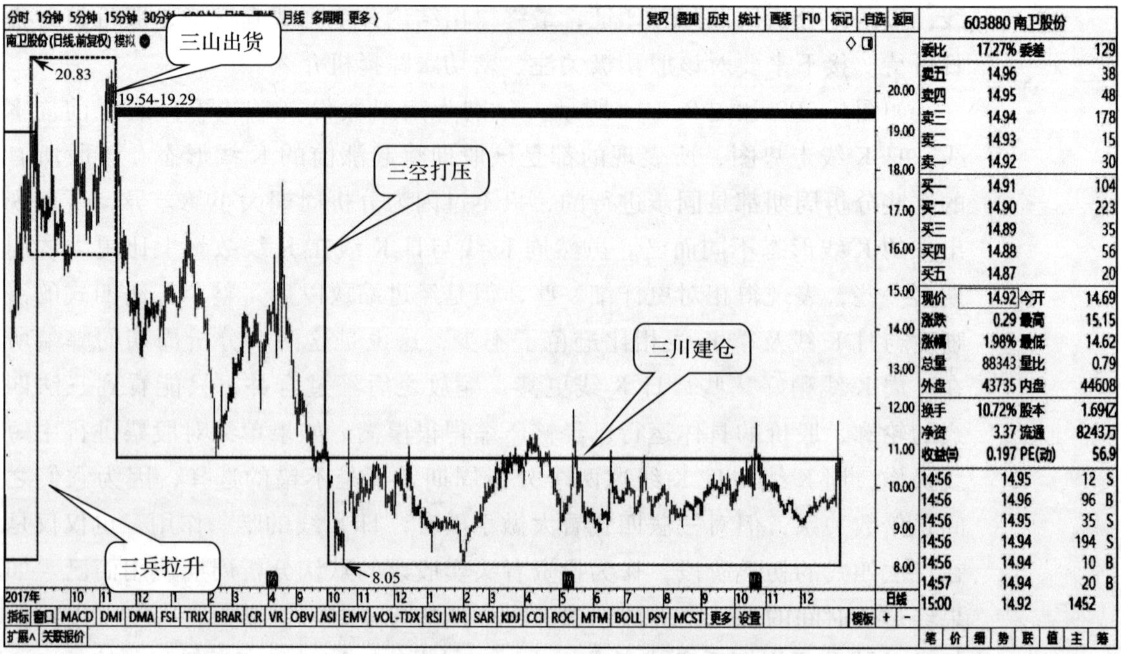

图 9－93 南卫股份（603880）起涨前日 K 线走势图

如图 9－94 至图 9－96 所示，分别为南卫股份（603880）起涨后季 K 线、月 K 线和周 K 线走势图。这三个周期同时列举的意义，旨在让投资者

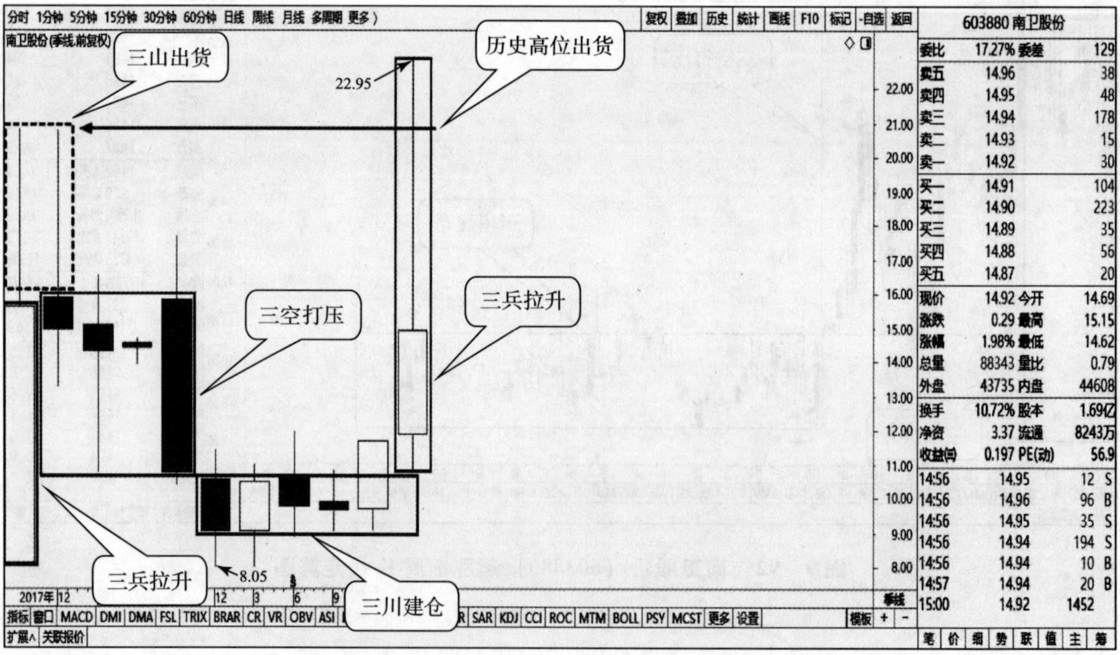

图 9－94 南卫股份（603880）起涨后季 K 线走势图

对比不同分析周期之间三法四式各阶段 K 线形态的不同变化。不同的分析周期，三法四式中相同阶段的市场意义是完全相同的，只不过不同的分析周期所呈现的 K 线形态有所不同而已。三法四式的初学阶段，熟练掌握与认知不同分析周期之间相同阶段的 K 线形态是学习三法四式的基础。

如图 9－94 所示，为该股起涨后季 K 线走势图。图中可见，主力三川建仓完毕之后，股价跳空高开低走，小幅洗盘，于三川建仓通道上轨止跌企稳，继而展开拉升（见图中右侧“三兵拉升”所示），主力于历史高位上方附近出货。该周期中，只能反应有限的盘面信息，股价更为详细的运行过程，需要借助该周期以下的月 K 线这个分析周期。

如图 9－95 所示，为该股起涨后月 K 线走势图。该周期与季 K 线是 3 倍的关系，相当于把季 K 线的三法四式放大了三倍，每一个阶段在这个周期变得相对更清晰具体（见图中右侧“三兵拉升”所示），很明显由季 K 线的 1 条 K 线变为 2 条 K 线。细心的投资者就会产生疑问，1 个季度由 3 个月组成，怎么只有 2 条月 K 线呢？这是因为截至发稿，本季度还有 1 个月才收盘，所以在月 K 线走势图中只显示了 2 条 K 线。股价更为具体的运行过程，就需要从该股的周 K 线这个分析周期更进一步了解了。

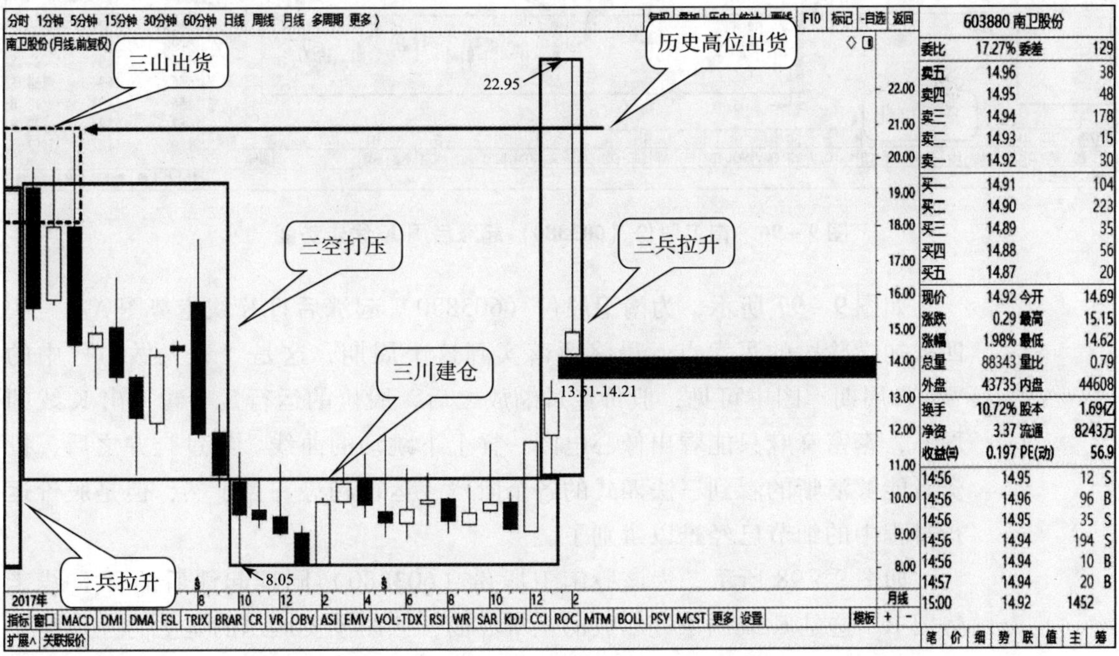

图 9－95　南卫股份（603880）起涨后月 K 线走势图

如图 9－96 所示，为南卫股份起涨后周 K 线走势图。该图中 K 线经过三法四式合并之后，虽然比起月 K 线走势图详细了许多，但是看上去视觉效果似乎变差了，K 线变得拥挤不堪，即便这样，依然能给投资者指出一个正确的方向。图中最右侧“三兵拉升”实线方框所示，是股价在该周期的拉升阶段，可以清楚看到 5 条周 K 线的组合，拉升之前的洗盘过程变得相对清晰。

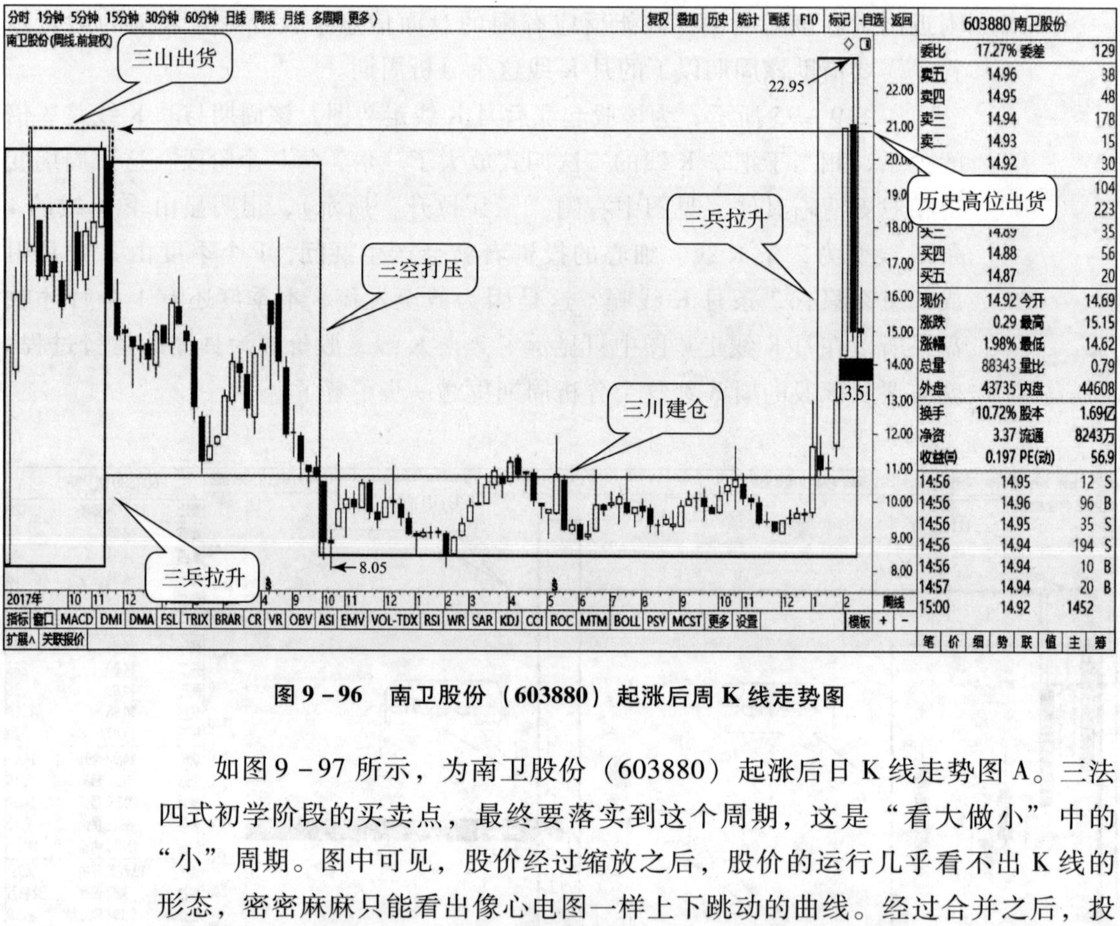

图 9－96　南卫股份（603880）起涨后周 K 线走势图

如图 9－97 所示，为南卫股份（603880）起涨后日 K 线走势图 A。三法四式初学阶段的买卖点，最终要落实到这个周期，这是“看大做小”中的“小”周期。图中可见，股价经过缩放之后，股价的运行几乎看不出 K 线的形态，密密麻麻只能看出像心电图一样上下跳动的曲线。经过合并之后，投资者能够清晰的看到三法四式的各个阶段，运行趋势一目了然，但是股价运行过程中的细节已经难以辨别了。

如图 9－98 所示，为该股南卫股份（603880）同期起涨后的日 K 线走势图 B。这是 K 线图未经缩放的正常界面，该图主要展示的是主力三川建仓完毕后股价三兵拉升阶段的全过程。看大做小，最终在这个周期落到实处；在哪里买进？在哪里卖出？在该图中都有有效的依据及准确的答案。图中下方的水平线对应的是季 K 线三川建仓通道上轨，图中上方的水平线对应的是

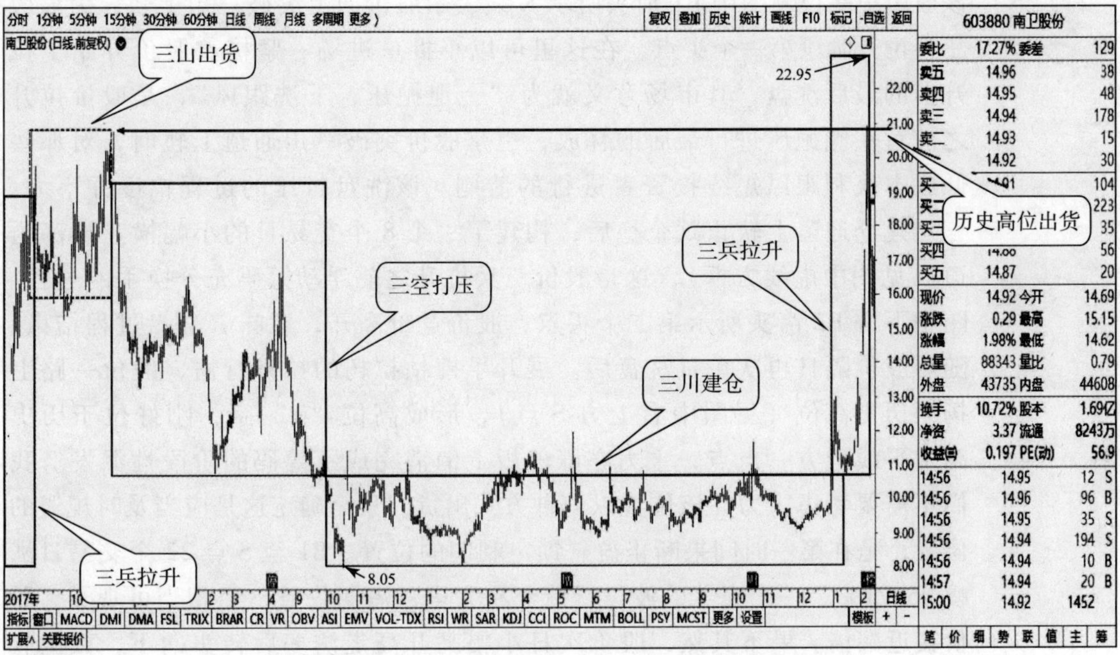

图 9－97　南卫股份（603880）起涨后日 K 线走势图 A

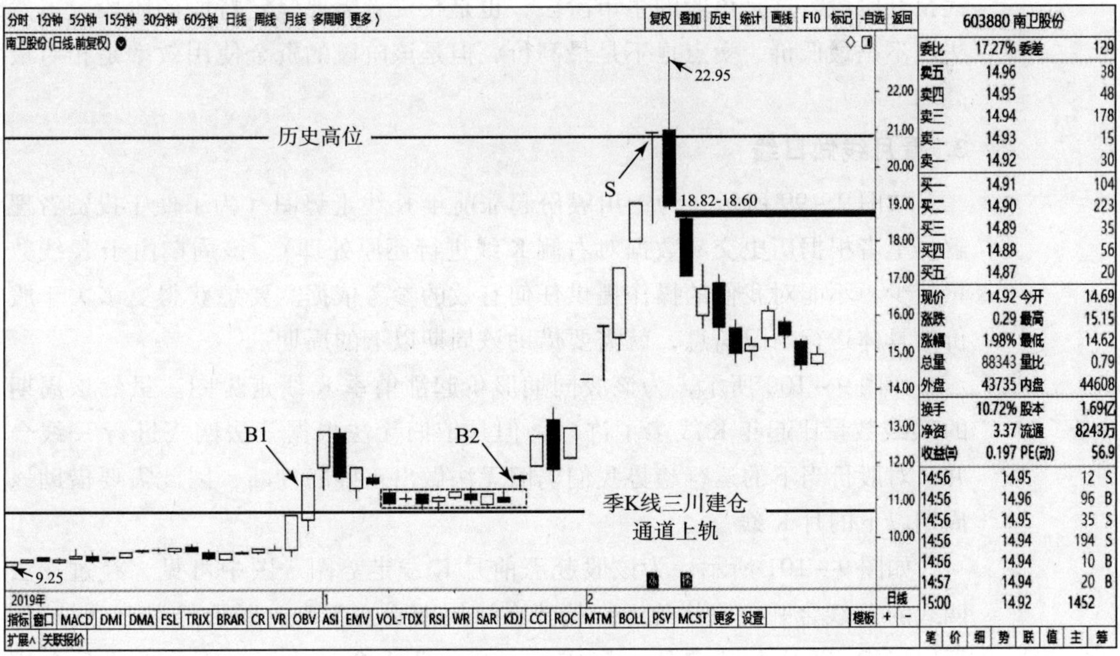

图 9－98　南卫股份（603880）起涨后日 K 线走势图 B

该股历史高位。图中 B1 箭头所示 K 线表示股价向上突破三川上轨，为该股三兵拉升阶段第一个买点，在这里可以小批量进场。紧接着股价开始了拉升前的最后洗盘，其市场意义就为“上泄抛压，下洗跟风”，是股价拉升之前对左侧抛压进行最后的释放，也是股价突破三川通道上轨时，对那些低成本获利跟风短线投资者进行的清剿。该洗盘打压的过程幅度并不大，三川建仓通道上轨止跌企稳后，构建了一个 8 个交易日的小幅横盘震荡通道（见图中虚线方框），这是股价三兵拉升之前浮动筹码充分换手的过程。图中下方 B2 箭头所示第二个买点，股价竞价高开，意味着洗盘过程结束。随后股价隔日再次单日洗盘后。展开了摧枯拉朽的拉升行情，股价一路上扬至历史高位（见图中右上方 S 点），形成高位“T”字，刚好位于历史高水平线上方一点点，主力在涨停板上悄悄完成了筹码的阶段性派发。我们不需要考虑主力在该位置以何种方式出货，只需确定这是应当及时规避的位置，是在第一时间果断止盈、锁定利润的位置。B1 至 S 点 22 个交易日涨幅 96.71%，一个完美的波段行情交易完毕，短期收益已经相当可观了，股价接近翻倍。果不其然，股价次日小幅高开高走诱多后转头向下，截至收盘，当日跌幅 -9.52%，隔日低开低走以跌停价报收，是典型的倒 V 形出货。该图中上下两根水平线之间的距离就是该股三川建仓过程完毕之后的三兵拉升阶段，这是该股的牛市阶段，也是投资者需要坚定持股的阶段。虽然买点不是最低价，卖点也不是最高价，但是该阶段的资金使用效率是相对最高的。

3. 看月线做日线

如图 9-99 所示，为正川股份起涨前年 K 线走势图（为了便于投资者理解，笔者根据历史交易数据对右侧 K 线进行还原处理）。该周期由于 K 线数量较少，不能对我们的操作提供任何有效的参考依据。要想获得更多关于股价的具体运行情况信息，就需要借助该周期以下的周期。

如图 9-100 所示，为该股同期股价起涨前季 K 线走势图。虽然该周期的 K 线数量比起年 K 线多了许多，但是依旧无法根据三法四式进行 K 线合并，对股价当下的运行趋势我们仍旧无法做出正确的判断，因此需要借助该周期以下的月 K 线。

如图 9-101 所示，为该股起涨前月 K 线走势图。图中可见，经过三法四式的 K 线合并，股价的运行趋势在该周期更直观来，股价经过三兵拉升、三山出货、三空打压之后，构建了一个为期 4 个月的三川震荡低吸建仓通道，见图中下方“三川建仓”所示实现方框，方框内最右侧阳线实体向上突破三川建仓通道上轨，预示着该过程已经接近尾声，股价拉升在即。

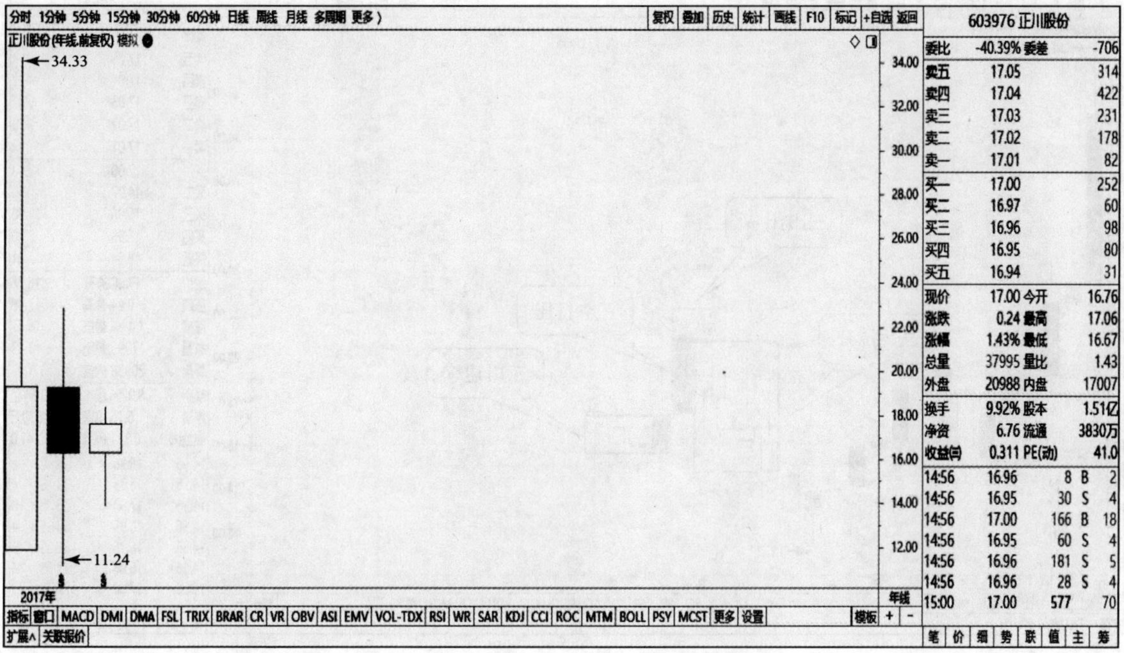

图 9－99　正川股份（603976）起涨前年 K 线走势图

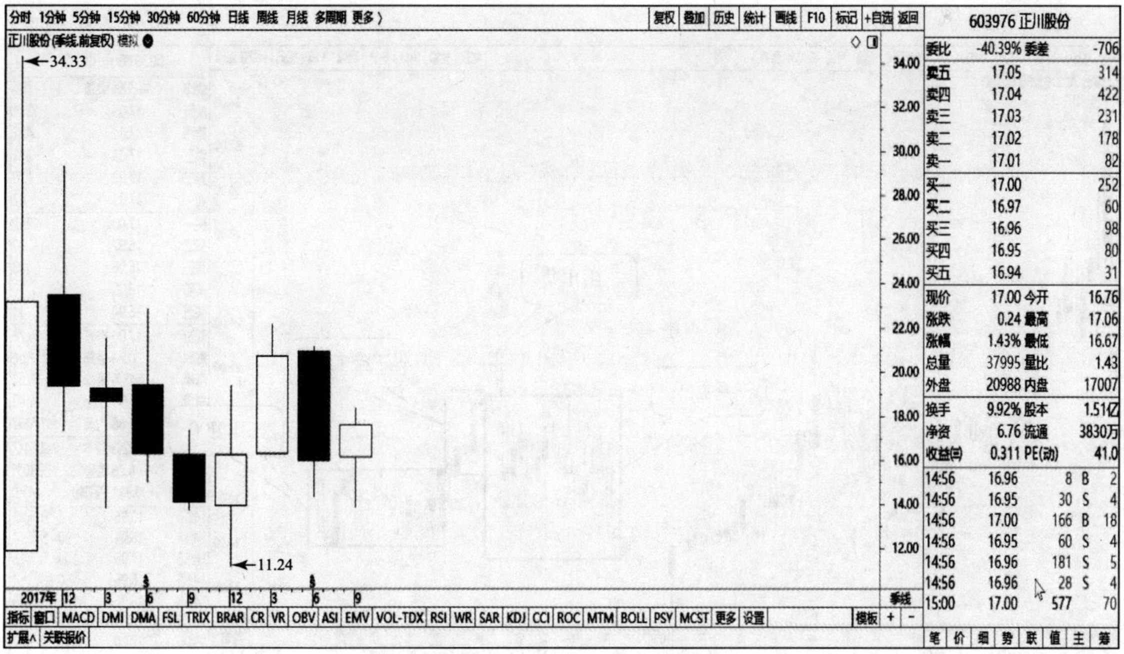

图 9－100　正川股份（603976）起涨前季 K 线走势图

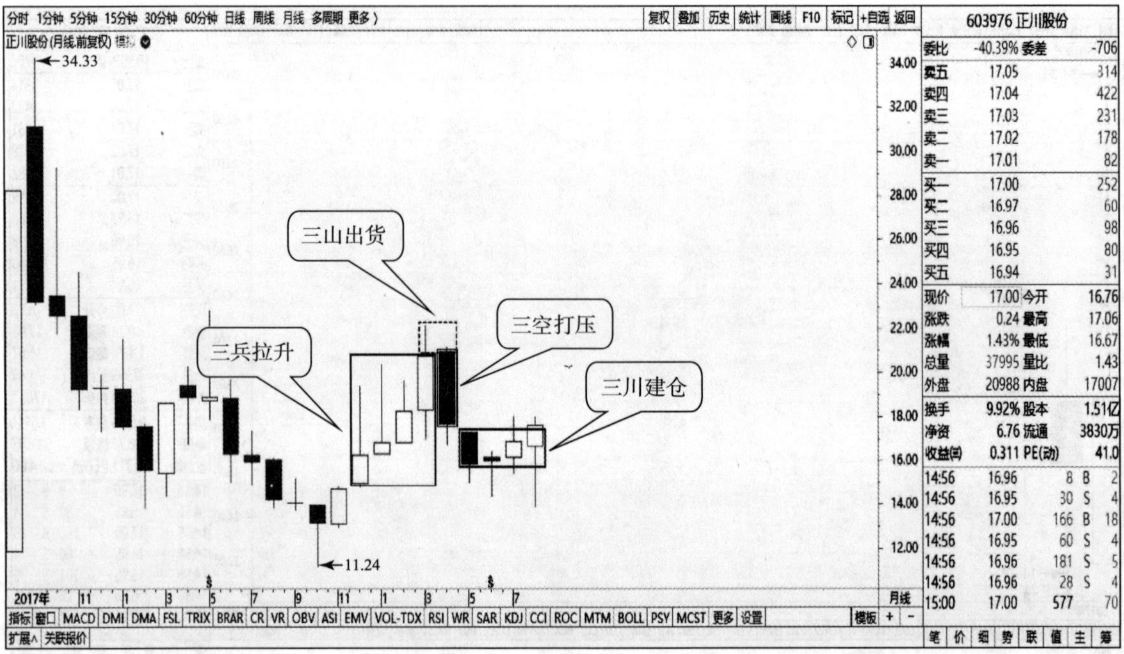

图 9－101　正川股份（603976）起涨前月 K 线走势图

如图 9－102，为正川股份（603976）起涨前周 K 线走势图。通过三法

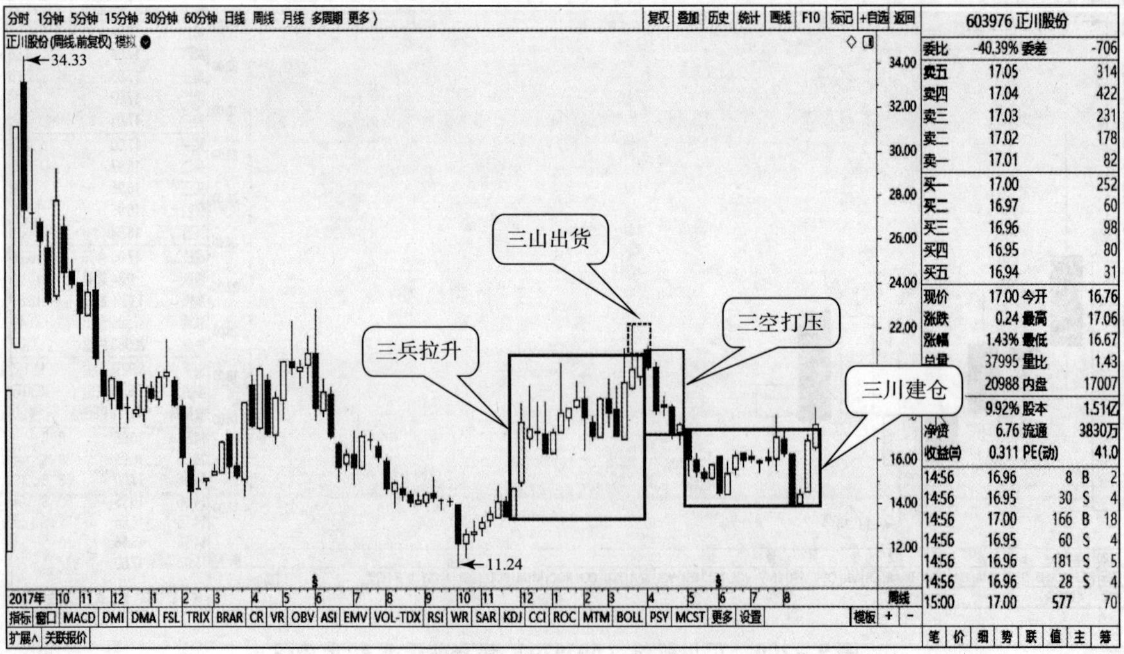

图 9－102　正川股份（603976）起涨前周 K 线走势图

四式对K线的合并，我们能够清楚看到股价当下的运行趋势。图中右起依次为三兵拉升、三山出货、三空打压、三川建仓，三法四式的每一阶段一目了然。三川建仓通道末端（如图中下方实线方框所示），K线实体向上突破，巧合的是，这一周的周五刚好也是2019年8月30日。图中可见，每个阶段的K线看上去并不是很规则。如果K线合并基础打不好，这种不太规则的K线分布就不能进行正确的合并；如果合并得不准确，那么对股价的运行趋势及实盘操作中的介入机会就难以准确把握，这是投资者学习三法四式需要引起高度重视的地方。

如图9－103，为正川股份（603976）起涨以前日K线走势图。以三法四式对K线合并后，我们只能看到三法四式四个阶段的轮廓，但对每个阶段的股价运行情况并不能清晰辨别，K线在这个分析周期变得拥挤甚至模糊。如果使用正常的显示界面，只能够显示股价运行的局部，而不能准确显示股价运行的整体趋势，这就是日K线这个分析周期的尴尬之处，也正是三法四式看大做小的主要原因。

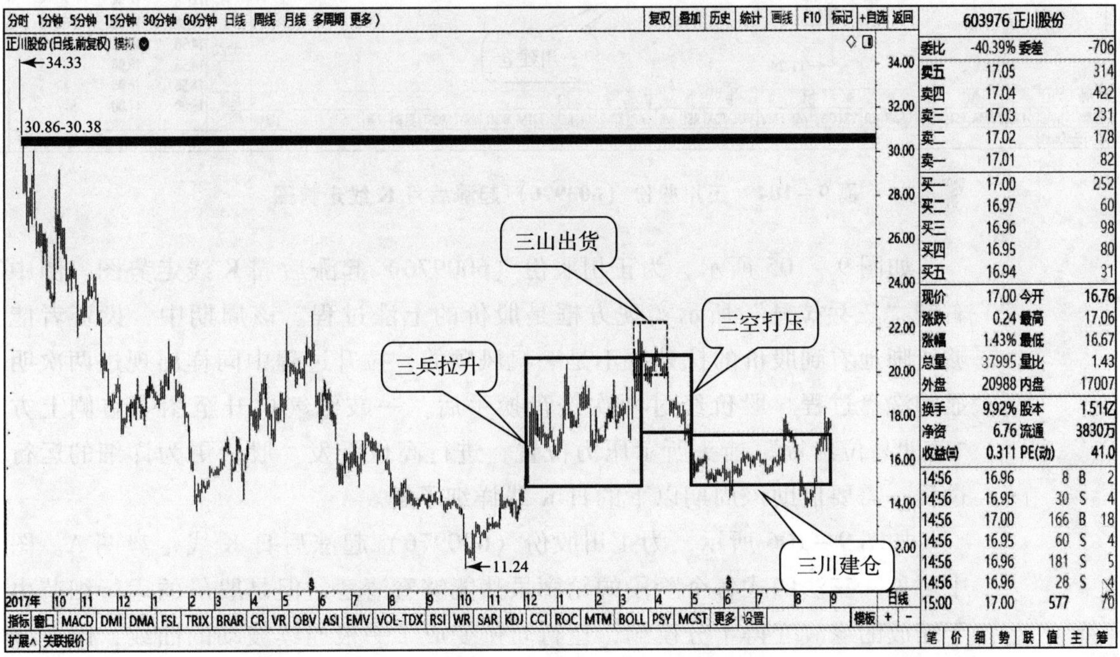

图9－103　正川股份（603976）起涨前日K线走势图

如图9－104所示，为正川股份（603976）起涨后月K线走势图。图中可见，三川建仓阶段完毕之后，股价开始了一轮为期3个月的上涨行情（见图中右侧“三兵拉升”所示实线方框），股价拉升至图中上方“前期高位出货”箭头所示压力位置时，主力开始派发筹码。已经获利的投资者应当在这里及时止盈，锁定利润。股价运行过程的更多细节，需要参照该分析周期之下的周 K 线。

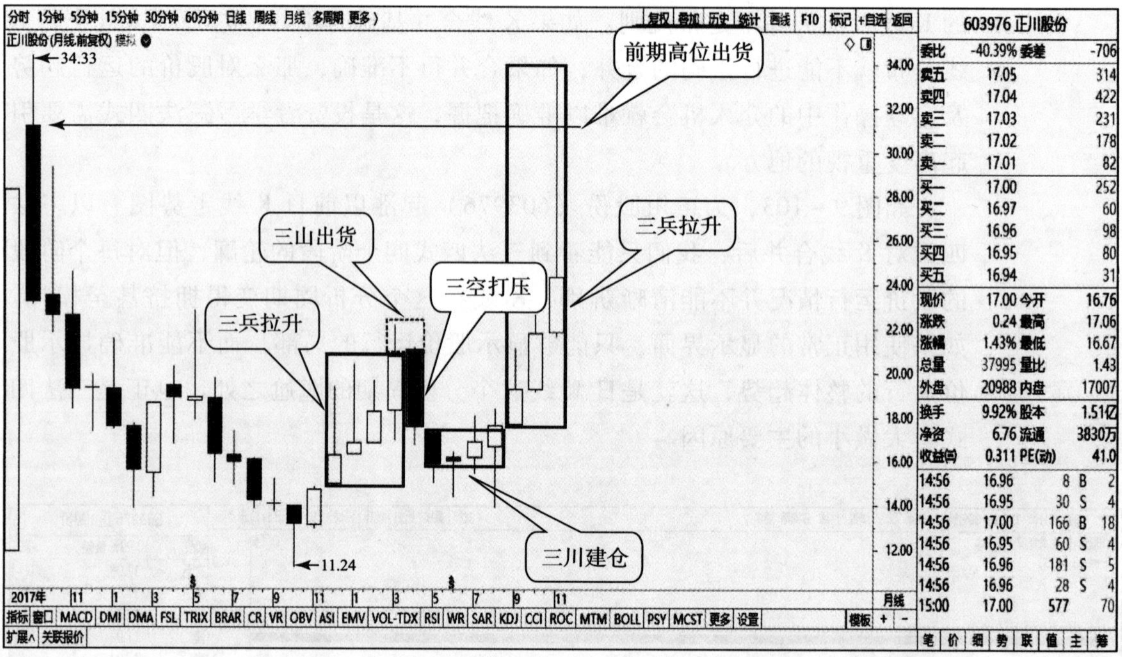

图 9－104　正川股份（603976）起涨后月 K 线走势图

如图 9－105 所示，为正川股份（600976）起涨后周 K 线走势图。图中右侧“三兵拉升”所示实现方框是股价的上涨过程。该周期中，投资者能够清晰地看到股价的拉升并不是一帆风顺的，拉升过程中同样出现过两次明显的洗盘过程。股价经过两次洗盘换手后，一鼓作气拉升至图中右侧上方“前期高位出货”箭头所示压力位置，进行高位派发。股价更为详细的运行过程，需要借助该周期以下的日 K 线详细了解。

如图 9－106 所示，为正川股份（600976）起涨后日 K 线走势图 A。图中可见，三法四式各个阶段的轮廓虽然能够看清楚，但是股价的运行细节由于缩放的缘故变得十分模糊，运行轨迹变成了一根连续波动的曲线，因此股价的买点、卖点及三兵拉升阶段等更为具体的洗盘细节，就需要参照该股的日 K 线显示界面。

如图 9－107，为正川股份（600976）起涨后日 K 线走势图 B。图中下方水平线对应该股的三川建仓通道上轨，上方水平线对应该股的前期高位压力区域。需要特别指出的是，图中左侧“假突破”所示虚线方框内，最左

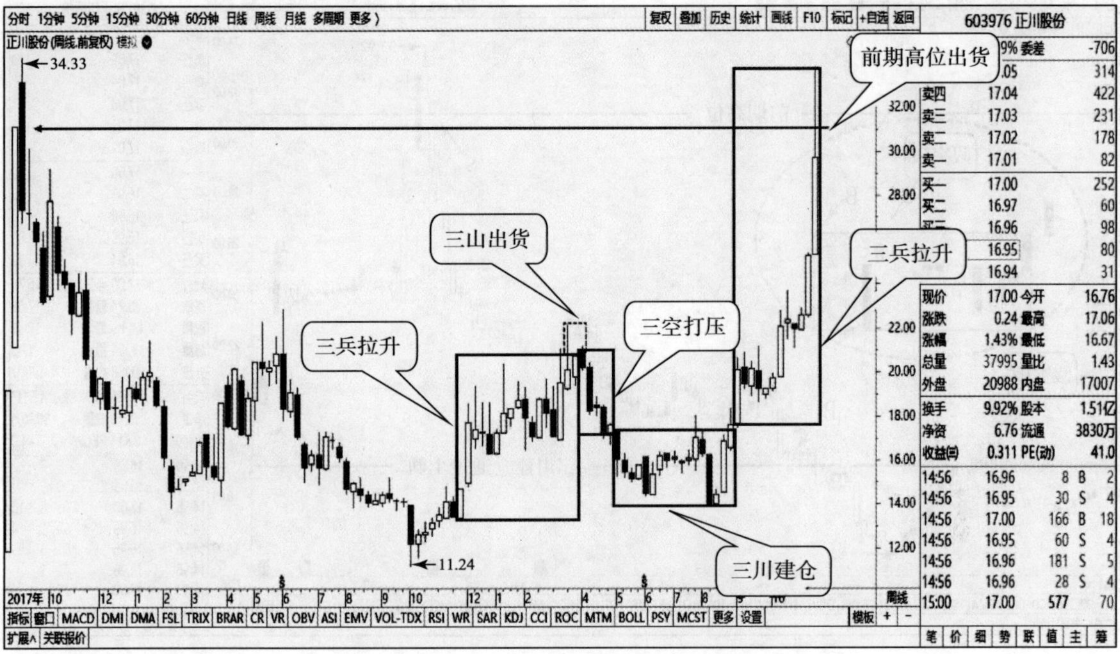

图 9－105　正川股份（600976）起涨后周 K 线走势图

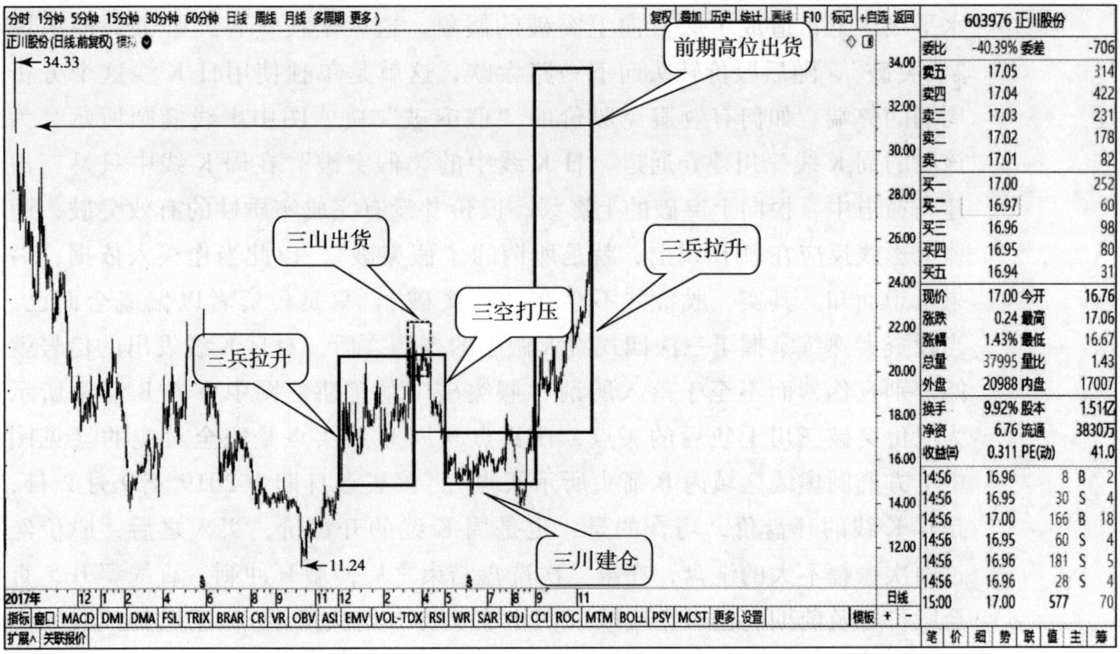

图 9－106　正川股份（600976）起涨后日 K 线走势图 A

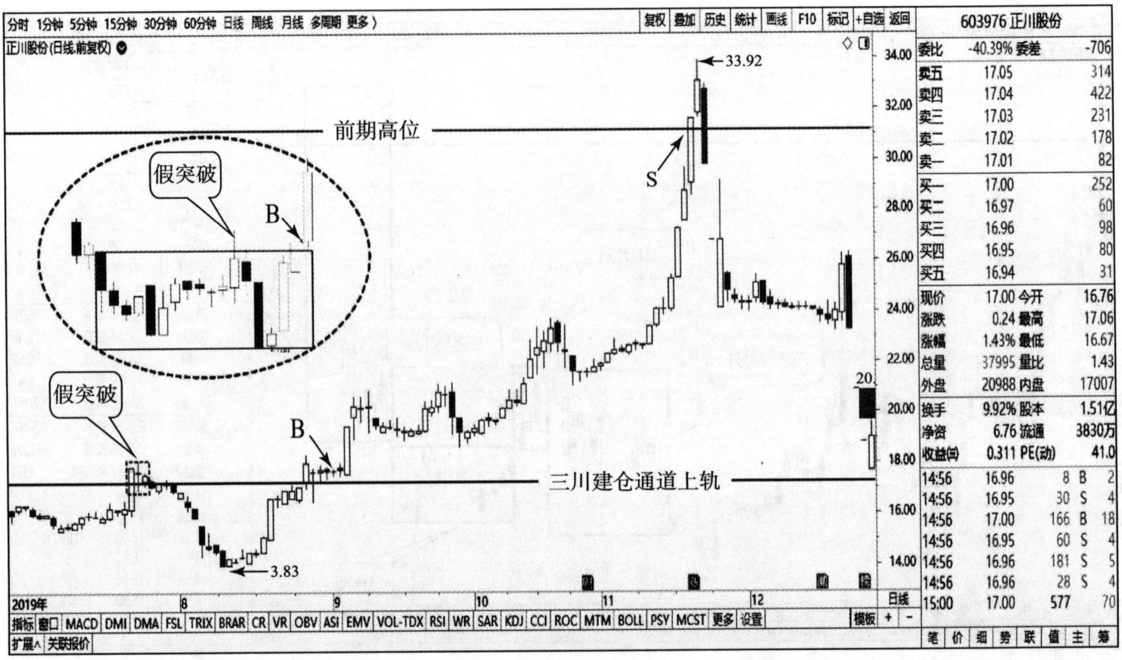

图 9－107　正川股份（600976）起涨后日 K 线走势图 B

侧涨停板阳线实体突破三川建仓通道上轨，其余两根 K 线的开盘价都位于该水平线之上，造成了股价向上突破的假象，这就是投资者经常讲到的所谓“假突破”，随后股价转头向下一路大跌，这就是单独使用日 K 线这个分析周期的弊端。如何有效避免股价的“假突破”呢？图中虚线椭圆所示，为该股的周 K 线三川建仓通道。日 K 线中的“假突破”在周 K 线中只是三川建仓通道中一根向上突破的上影线，股价并没有完成实质性的有效突破，而该上影线反应在日 K 线上，就是所谓的“假突破”，以此当作买入依据，后果可想而知。其实，股价并不存在“假突破”，只是投资者以偏概全而已。当投资者熟练掌握了三法四式看大做小的技巧之后，对日 K 线发出的信号就能辨别真伪，而不至于落入所谓“假突破”的陷阱。图中下方 B 箭头所示为股价突破三川上轨后的买点，该买点与周 K 线买点是完全对应的（见图中上方椭圆虚线区域内 B 箭头所示买点），该买点日期为 2019 年 9 月 2 日，是月 K 线的开盘价，巧合的是，也是周 K 线的开盘价，买入之后，股价经过两次振幅不大的洗盘，在第二次洗盘结束之后便展开冲刺，直线飙升，直至股价触及前期高位压力区域（图中右上方 S 箭头所示），这里是该股的卖点。因此，股价一旦触及明显压力位置附近，投资者就应当毫不犹豫地果断止盈，锁定利润，而无须考虑主力以何等方式出货，因为这与我们没有任何关系！

本节总结：三法四式看大做小是本书的核心操作逻辑。看大，就是根据个股大的分析周期确定股价当下运行在三法四式的哪个阶段，然后根据看大所得出的结论制定相应的操作策略。三法四式的四个阶段中，在初学阶段只有一个阶段具备可操作性，即“三兵拉升”阶段，也就是个股的牛市阶段，而看大的目的就是在“三川建仓”即将结束、“三兵拉升”即将开始的时候，及时对行情做出正确的预判。在股价拉升之前，投资者应根据小的分析周期发出的买入信号择机介入，享受股价拉升所带来的资金收益。任何一个大于日 K 线的分析周期都可以参照，本节列举了看年线做日线、看季线做日线、看月线做日线三种比较有代表性的案例。鉴于篇幅所限，更多相似案例在本书中不再展示，投资者应当做到举一反三，触类旁通。本节旨在根据三法四式，对起涨前的行情做出正确及时的预判。当然，三法四式对不同周期 K 线的合并是本节的基础，也是学好三法四式的基础，投资者应当练好这一基本功，做足功课，才能在行情来临之际及时做出正确的判断，择机进行交易。

第六节 时间与空间

关于时间与空间的概念，如果单纯从哲学角度解读，未免晦涩难懂，但是在股票操作应用中，具备一定的实战意义。如图 9 - 108 时空示意图所示：在股市中，时间是横向发展的，而空间则是纵向延伸的，

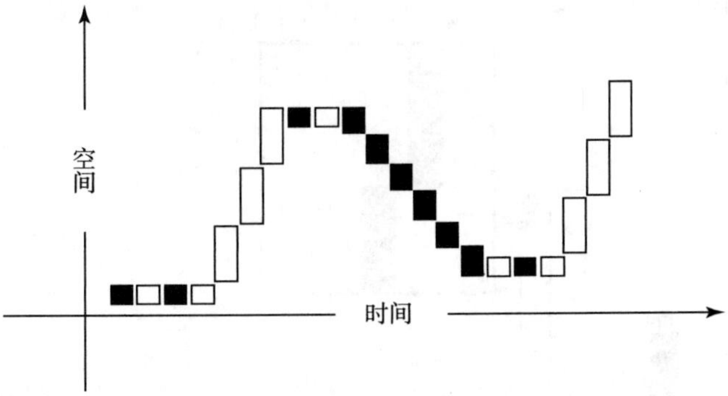

图 9 - 108　时空示意图

这是时间与空间在股市中的重要特性，尤其是空间概念，随着股价的上涨（由于屏幕显示所限，之前的 K 线会按照一定的比例被压缩），这种情况在大的分析周期更为常见。培养对股价正确的空间概念，能有效克服恐高心理

障碍。关于股市中的“恐高”心理，只是因为投资者对股价的空间概念没有正确的认知。股价起涨之前，看似高高在上，但随着股价的拉升，之前的价格被新的价格所超越，反而成了低价。本节的目的旨在通过三法四式培养投资者在股价拉升之前的空间意识，解决投资者在实盘操作中的恐高心理障碍。

1. 年 K 线时空图

如图 9－109 所示，为高德红外（002414）年 K 线时空图 A，该图为此股 2010 年至 2019 年股价起涨前的年 K 线走势图。图中实线方框所示是一个 5 年横盘震荡形成的三川建仓通道。通道的末端，阳线实体向上突破三川通道上轨，标志着主力三川建仓过程已经结束，三兵拉升阶段即将开始。当然，这是对行情的预判。在这个长达 5 年的三川建仓过程中，筹码由分散到高度集中，主力建仓的过程同时也是抛压被有效释放的过程，为之后的三兵拉升扫清了障碍，奠定了基础。虽然股价看上去已经不在相对低位，但这是主力充分收集筹码的过程，所以投资者就应该预想到该股的三川震荡市已经结束，三兵牛市即将到来，三兵拉升会向上拉高股价，拉出空间。因此，虽然目前的股价看上去高高在上，但等三兵拉升之后，目前的股价就处于相对低位。股价拉升之前，投资者就应在脑海中预先构想出一个空间概念。股价

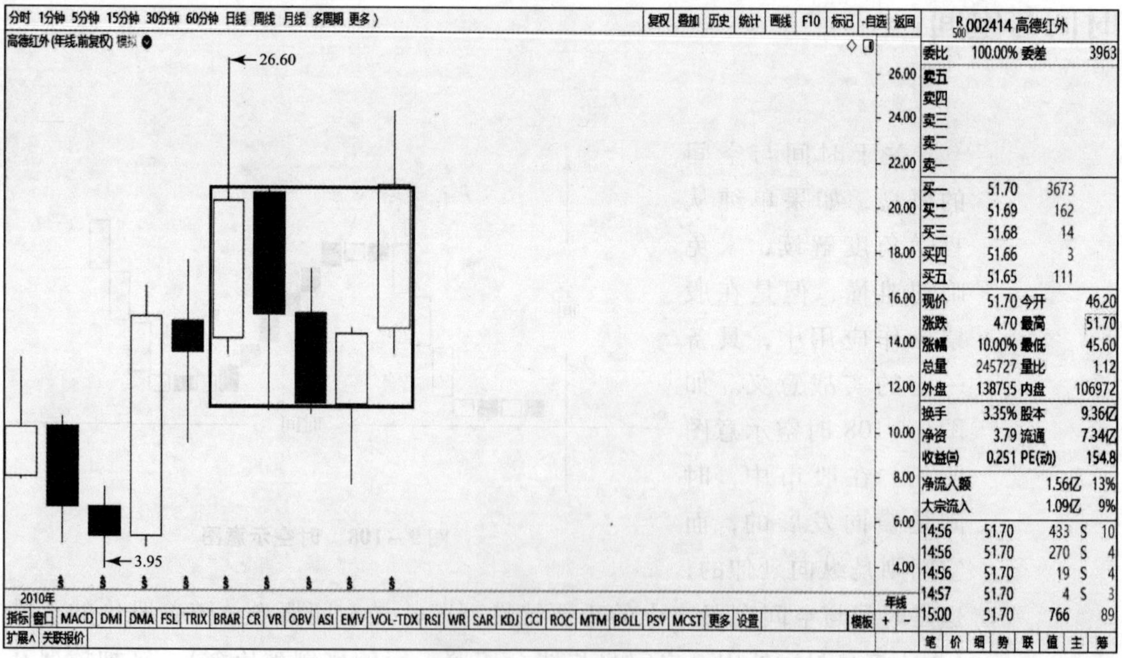

图 9－109　高德红外（002414）年 K 线时空图 A

一旦拉升，目前的股价就会被新的股价超越。由于屏幕显示空间所限，所以当股价经过三兵拉升之后，目前的K线就会按照相应的比例被压缩。

如图9-110所示，为高德红外（002414）年K线时空图B。该图为此股2010年至2020年股价起涨后的年K线走势图。图中可见，股价涨幅已经高达146%（见图中右侧大阳K线），这与图中实线方框内的强势三川形态是密不可分的。伴随着股价的三兵拉升，三川建仓通道已经被压缩，拉升之前看上去高高在上的股价已经被拉高后的股价无情地踩在了脚下。随着时间的推移及三兵拉升阶段的持续，空间逐步增大（见图中“空间”向上箭头所示）。随着股价继续拉升，空间继续拉大，三川建仓通道就会继续被深度压缩。所以说，在三川建仓完毕之后，投资者应当对行情及时做出正确的研判，预先构想出一个股价拉升后的空间，这样才能在实盘操作中得心应手，游刃有余。

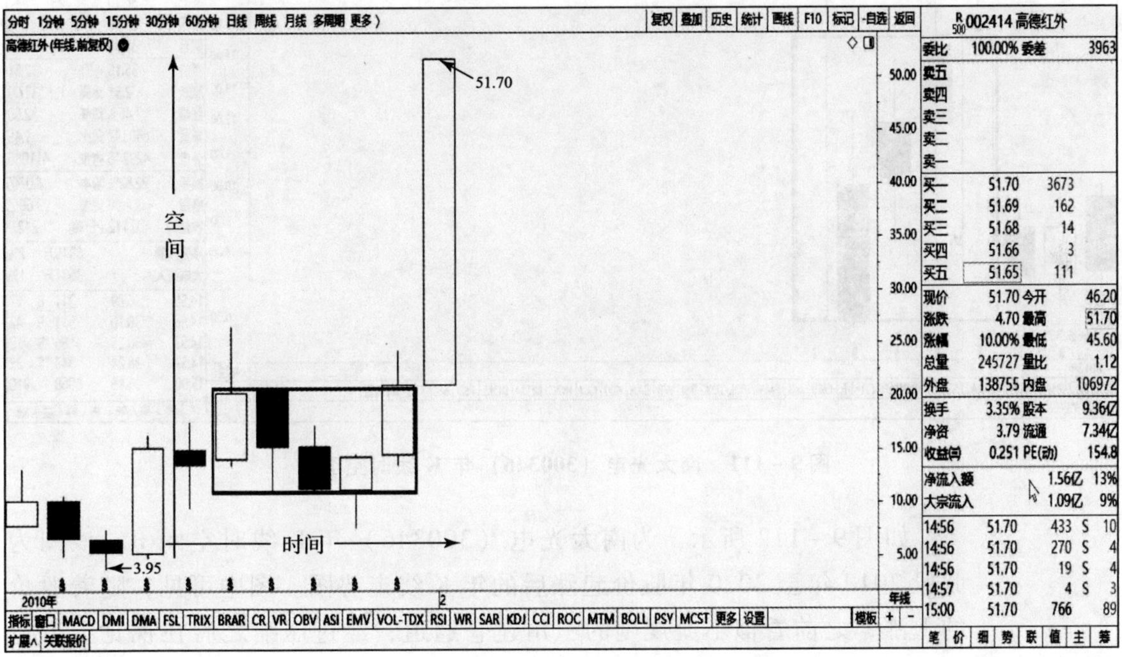

图9-110 高德红外（002414）年K线时空图B

如图9-111所示，为南大光电（300346）年K线时空图A。该图为此股2012年至2019年股价起涨前的年K线走势图。图中实线方框是一个由5年震荡形成的三川建仓通道，通道的末端，阳线实体向上突破三川通道上轨，标志着主力三川建仓过程已经接近尾声，三兵拉升阶段即将拉开帷幕。这是根据现有信息对行情做出的预判。在这个长达5年的巨幅震荡过程中，筹码由分散到集中，主力在该过程中投入大量资金构建仓位的同时，释放了股价后续拉升过程中的压力，为三兵拉升扫清了障碍。虽然股价看上去已经很高了，但这依旧是主力充分收集筹码的过程，投资者应该预想到，该股的三川震荡市已经结束，三兵牛市即将到来，股价在三兵拉升过程中会向上拉高，拉出空间。因此，与三兵拉升之后的股价相比，现在的股价只不过处于低位而已。同样，由于屏幕显示面积所限，当股价经过三兵拉升之后，现在的K线就会按照相应的比例被压缩。

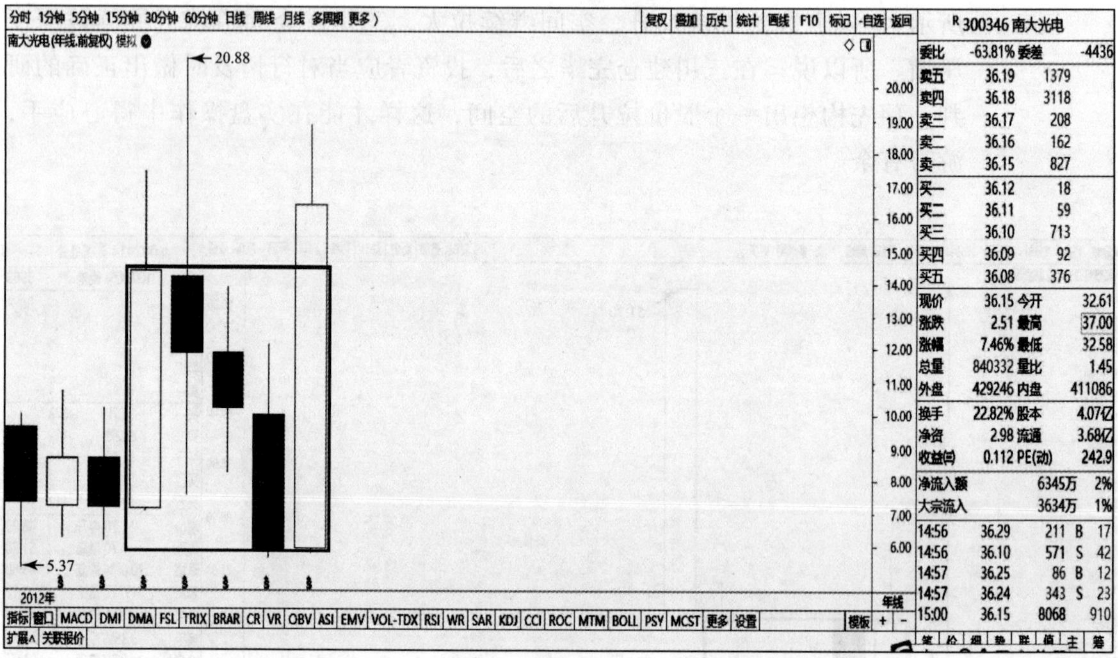

图9－111　南大光电（300346）年K线时空图A

如图9－112所示，为南大光电（300346）年K线时空图B。该图为此股2012年至2020年股价起涨后的年K线走势图。图中可见，随着股价的上涨，之前看似不太规则的三川建仓通道，经过压缩之后在视觉上变得更直观了，之前看上去高高在上的股价已被新的股价踩在了脚下。不足2个月的时间，股价涨幅已经高达120%，图中左侧向上“空间”箭头显示了股价向上拉升所出现的空间。所谓空间概念，其实是建立在逻辑思维基础上的。三法四式中的逻辑其实很简单，主力建仓完毕，必然要拉高股价、拉出空间，在股价到达其目标价时出货，实现获利，而股价三兵拉升的过程就是股价上涨的空间。由于屏幕显示所限，股价拉升的时候，之前的股价就会按照一定的比例进行压缩处理。这就股价时间与空间概念在实盘操作中的具体表现。

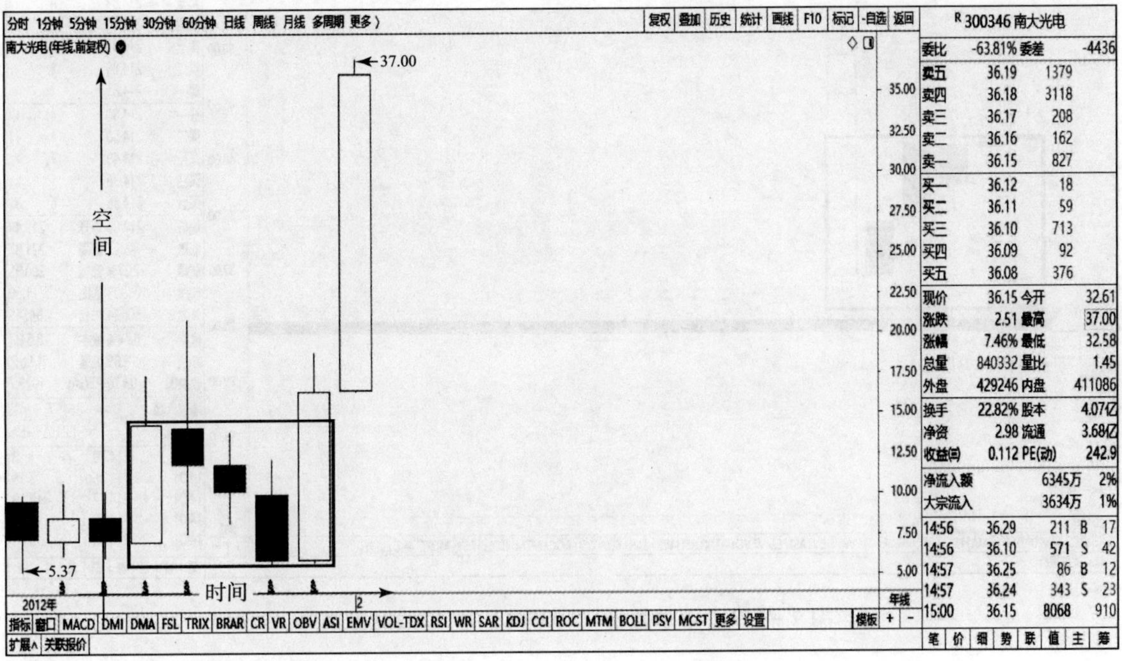

图 9－112　南大光电（300346）年 K 线时空图 B

2. 季 K 线时空图

如图 9－113 所示，为韦尔股份（603501）季 K 线时空图 A。该图为此股 2017 年 6 月至 2019 年 3 月股价起涨前的季 K 线走势图。图中可见，新股上市后股价高位震荡，主力构建了一个为期 6 个季度的三川建仓通道。通道末端，股价阳线实体向上大幅突破三川通道上轨。本章第一节“行情的预判”中讲过，阳线实体突破三川建仓通道上轨是主力建仓完毕的标志之一，因此，我们通过掌握的信息可以对行情做出预判：主力建仓已经完毕，三兵拉升即将开始。虽然现在股价看上去已经很高了，但是一定要预想到随着时间的推移，股价会向上拉出一个空间，当前的股价并非高不可及，反而是积极跟踪、择机入场的好时机。

如图 9－114 所示，为韦尔股份（603501）季 K 线时空图 B。该图为此股 2017 年 6 月至 2020 年 2 月股价起涨后的季 K 线走势图。如图中实线方框所示，原本一个接近正方形的三川建仓通道居然因为三兵拉升被生生压缩成了长条形，与该股起涨前的三川建仓形态判若云泥，差别巨大。该股由于是新股上市，本身并没有太多套牢筹码。横盘震荡的过程，主要目的是驱离那

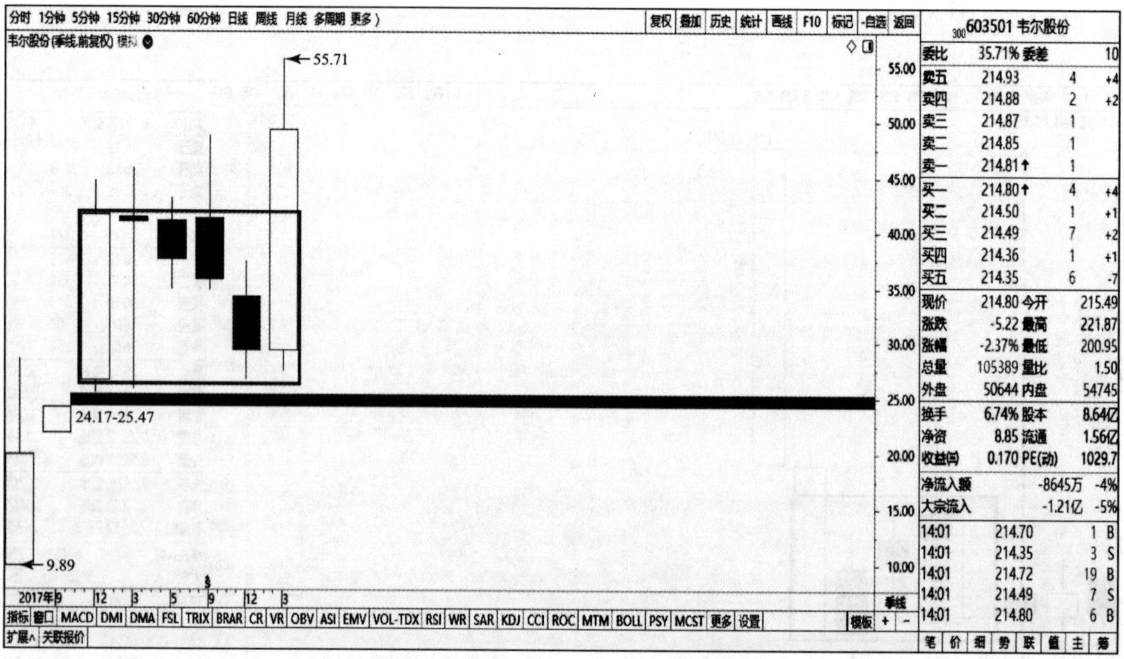

图 9－113　韦尔股份（603501）季 K 线时空图 A

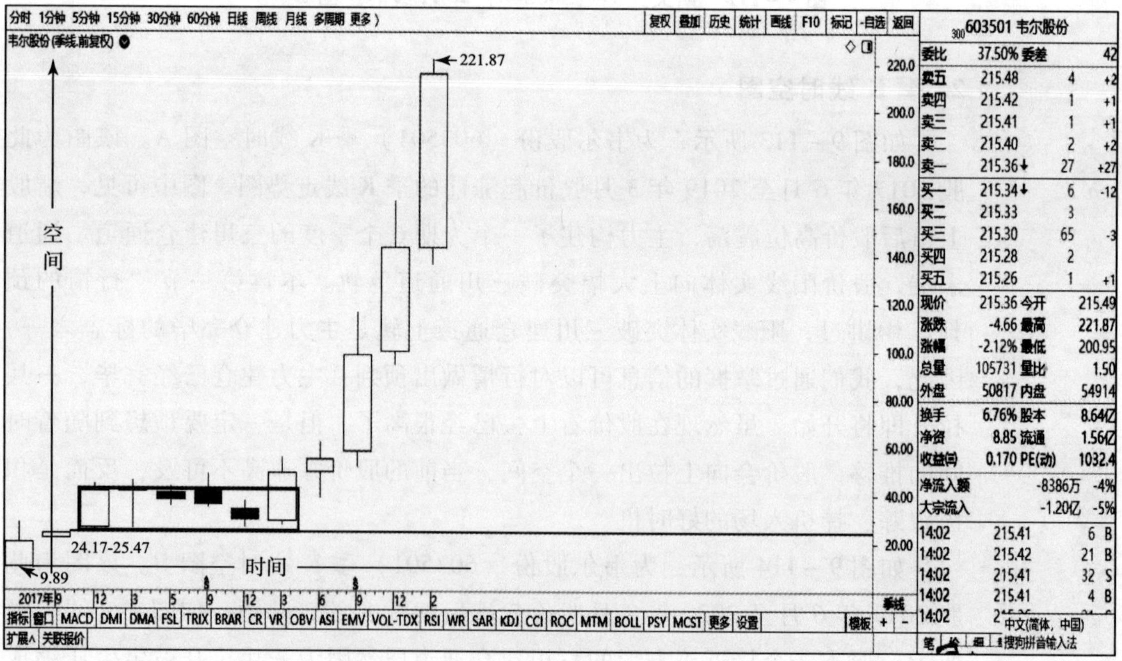

图 9－114　韦尔股份（603501）季 K 线时空图 B

些在新股上市之前中签获利的散户投资者，这属于主力高位建仓的行为，同时也是资金实力的表现。主力三川建仓之后，拉升股价过程中没有太大抛压，截至发稿，其间4个季度最大涨幅347%。如图中左侧向上“空间”箭头所示，股价巨幅拉升的同时，产生了一个向上的空间。空间越大，之前的股价被压缩得也就越低，起涨前看上去很高的股价，现在看来只不过位于山脚下而已。其实空间是伴随着股价拉升同时产生的一种现象，这是一种必然性的结果。随着股价三兵拉升阶段不断深入，之前所有的K线都会随着股价的不断上升而被压缩。股价拉得越高，之前的股价就会被压缩得越低。所以，当一个完美厚重的三川建仓通道形成并接近尾声的时候，投资者就要在自己的思维中预先构想出股价向上拉升的空间，事实也的确如此。其背后的逻辑很简单，主力在三川建仓阶段投入了巨量资金、收集了大量筹码，要使投入的资金产生利润，必然要向上拉升股价才能实现，这就是股价上升空间的理论依据。

如图9－115，为晶瑞股份（300655）季K线时空图。该图为此股2017年6月至2019年9月股价起涨前的季K线走势图。图中可见，该股新股上市后，主力在相对高位构建了一个为期9个季度的横盘震荡三川建仓通道。在通道的末端，阳线实体向上突破三川建仓通道上轨。本章第一节我们学

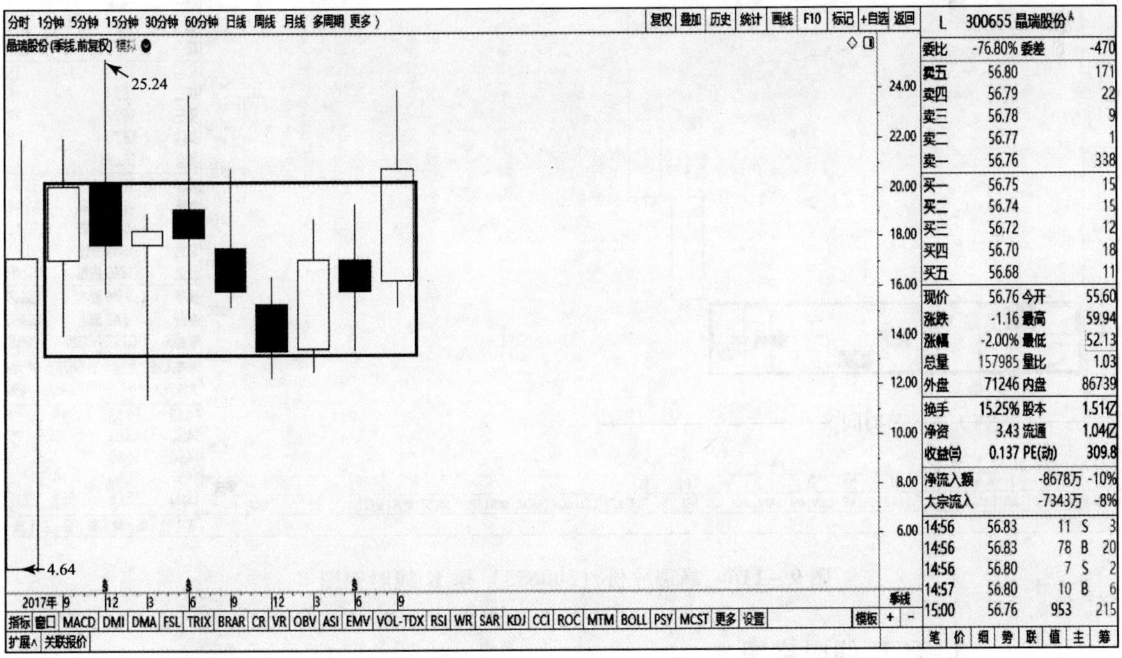

图9－115　晶瑞股份（300655）季K线时空图A

过，这是主力建仓完毕的重要标志之一，因此，我们预判三川建仓阶段接近尾声，三兵拉升阶段即将开始。虽然股价现在看上去已在高位，但是我们应该预想到，主力在三兵拉升阶段会向上拉高股价，并即将拉出一个向上的空间，而此时的高价是三兵拉升后的低价，因此我们在思维中就要事先营造出股价拉升后的空间状态。

如图 9－116 所示，为晶瑞股份（300655）季 K 线时空图 B。该图为此股 2017 年 6 月至 2020 年 2 月股价起涨后的季 K 线走势图。图中实线方框显示三川建仓通道在股价的三兵拉升作用下，已经被严重压缩为一个面目全非的长条形，截至发稿，股价最高涨幅达 178%。由于该股是新股上市，并没有深度套牢筹码，经过 9 周持续震荡横盘建仓过程，筹码由分散趋于集中，新股上市前中签获利的散户投资者纷纷离场，主力收集了足够的廉价筹码，所以才会拉出空间，拉高股价。伴随着时间的推移，股价继续拉升，空间持续增大，之前的 K 线依旧会在这个有限的显示空间中被进一步压缩，这就是该股季 K 线的时空图。经过股价起涨前、后 K 线形态的对比，投资者在实盘操作中才会逐步克服恐高心理，逐渐形成过硬的心理素质。

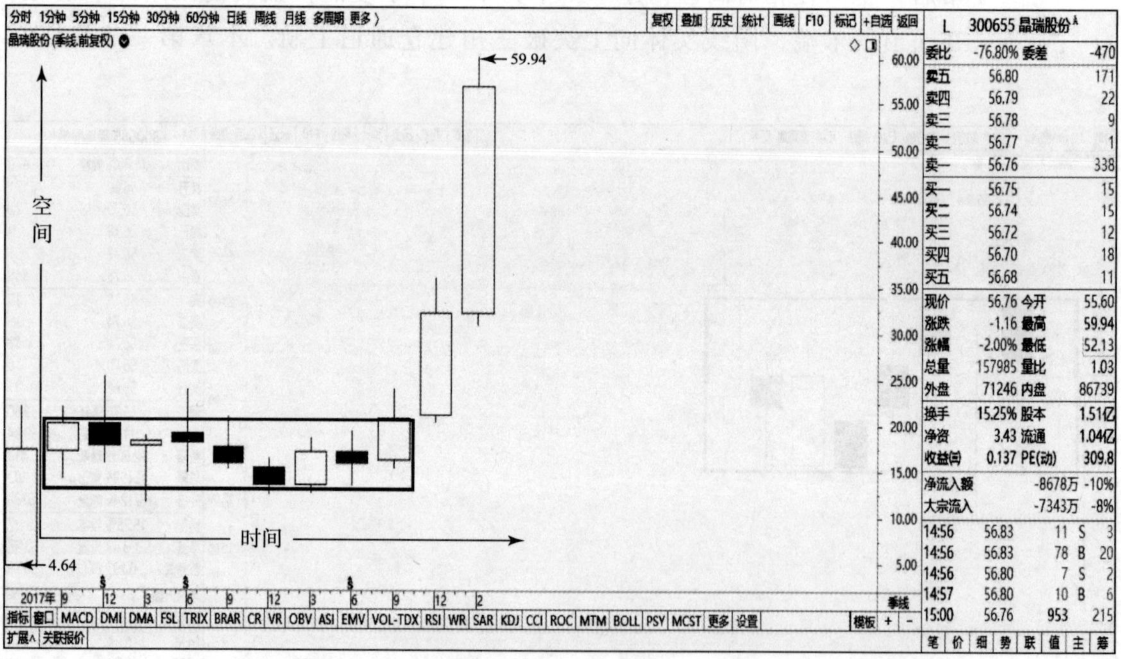

图 9－116　晶瑞股份（300655）季 K 线时空图 B

3. 月 K 线时空图

如图 9－117 所示，为会畅通讯（300578）月 K 线时空图 A。图中实线方框所示是一个由 32 个月组成的三川建仓通道，通道末端阳线实体线向上突破通道上轨，此时投资者应该预想到，伴随着三川建仓阶段的结束，三兵拉升阶段即将开始，股价将会向上拉升。现在的股价在拉升之后并非高价，而是低价，该三川建仓通道会在股价向上拉出空间之后被压缩。

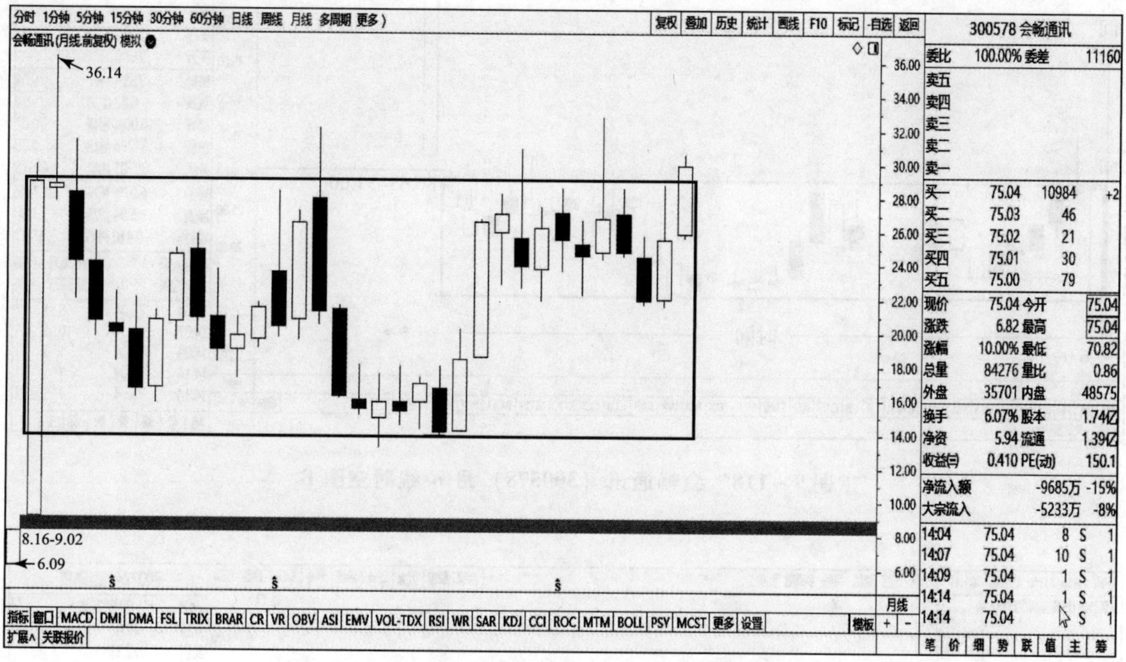

图 9 – 117　会畅通讯（300578）月 K 线时空图 A

如图 9 – 118 所示，为会畅通讯（300578）股价起涨后的月 K 线走势图 B。图中可见，三川建仓完毕之后，股价跳空高开，三兵拉升随即展开。截至发稿，短短 17 个交易日股价暴涨 150.97%，图中实线方框内的三川建仓通道已经被向上拉升的股价压缩成了长条形，伴随着时间的推移，可以明显看到股价在三兵拉升过程中，出现了一个向上的空间（见图中“空间”向上箭头所示），且随着时间的延续、股价的拉升，空间的范围会持续增大，而三川建仓通道也会继续被压缩。所以，在股价起涨之前，投资者就应当根据三法四式对未来行情及时做出正确的预判，提前在思维中构想出股价向上拉升后所出现的空间，同时意识到，起涨前的股价只是三兵拉升阶段的低价，只是暂时看上去高了而已。

如图 9 – 119 所示，为捷佳伟创（300724）月 K 线时空图 A。该图为此股 2018 年 8 月至 2019 年 12 月股价起涨前的月 K 线走势图。图中实线方框是一个由 12 个月横盘震荡所形成的三川建仓通道，通道末端，阳线实体向

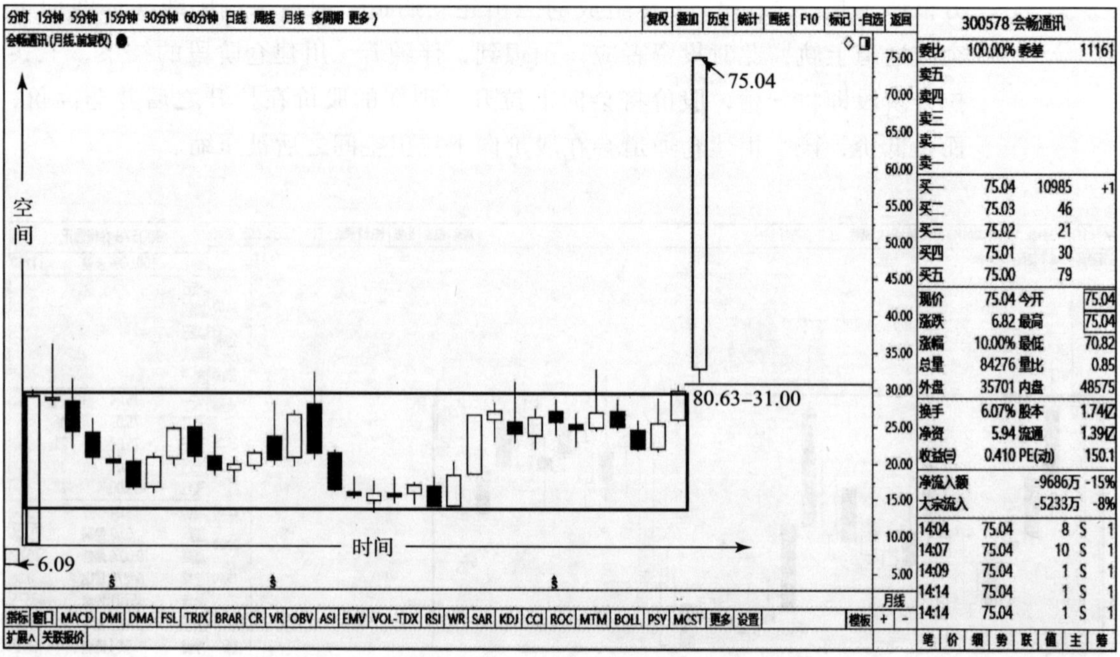

图 9－118　会畅通讯（300578）月 K 线时空图 B

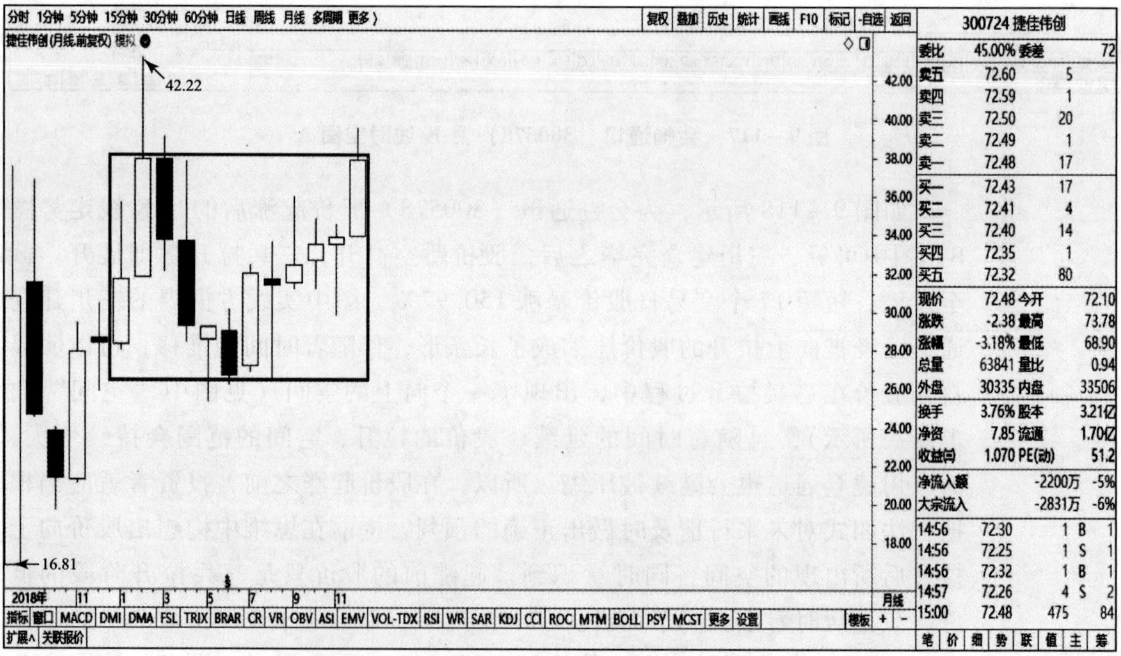

图 9－119　捷佳伟创（300724）月 K 线时空图 A

上突破通道上轨，标志着主力建仓过程的结束。投资者此时应当意识到，股价的三兵拉升即将开始，现在三川通道上轨所对应的股价虽然看上去很高，但在股价被拉升之后，这只是个低价而已，同时应在思维中构想出股价三兵拉升后的空间。

如图 9－120 所示，为捷佳伟创（300724）月 K 线时空图 B。该图为此股 2018 年 8 月至 2020 年 2 月股价起涨后的月 K 线走势图。图中可见，三川建仓结束之后，随着时间的推移，股价开始了一轮为期 2 个月的三兵拉升，其间最高涨幅 110% 以上。拉高股价的同时拉出了空间，如图中左侧“空间”向上箭头所示。股价起涨前的三川建仓形态在这个空间内被上涨后的股价所压缩，起涨前三川上轨的股价看上去很高，现在看来只是三兵拉升阶段的低价。由此可见，空间是三兵拉升阶段必然产生的现象，并且会随着股价的继续拉升而逐步增大，之前的股价会被进一步压低，股价拉得越高，起涨前的股价也就越低。

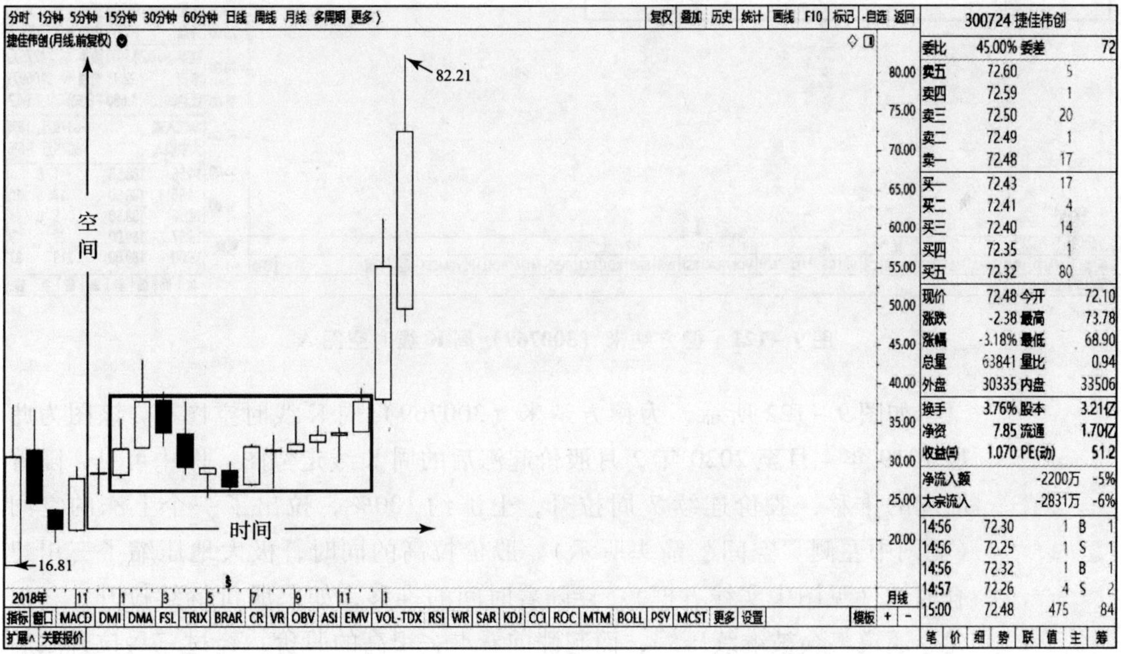

图 9－120　捷佳伟创（300724）月 K 线时空图 B

4. 周 K 线时空图

如图 9－121 所示，为德方纳米（300769）周 K 线时空图 A。该图为此股 2019 年 4 月至 2019 年 12 月股价起涨前的周 K 线走势图。图中实线方框所示为由 36 周的横盘震荡所形成的三川建仓通道。通道末端，阳线实体向上突破通道上轨，标志着主力建仓过程结束，三兵拉升阶段即将开始，投资者此时就应当预想到，伴随着股价即将出现的向上拉升，同时会拉出一个向上的空间，而此时在三川上轨看上去似乎很高的股价只是三兵拉升阶段的低价而已。投资者对股价未来的行情可根据三法四式做出预判，在股价起涨之前择机入场。

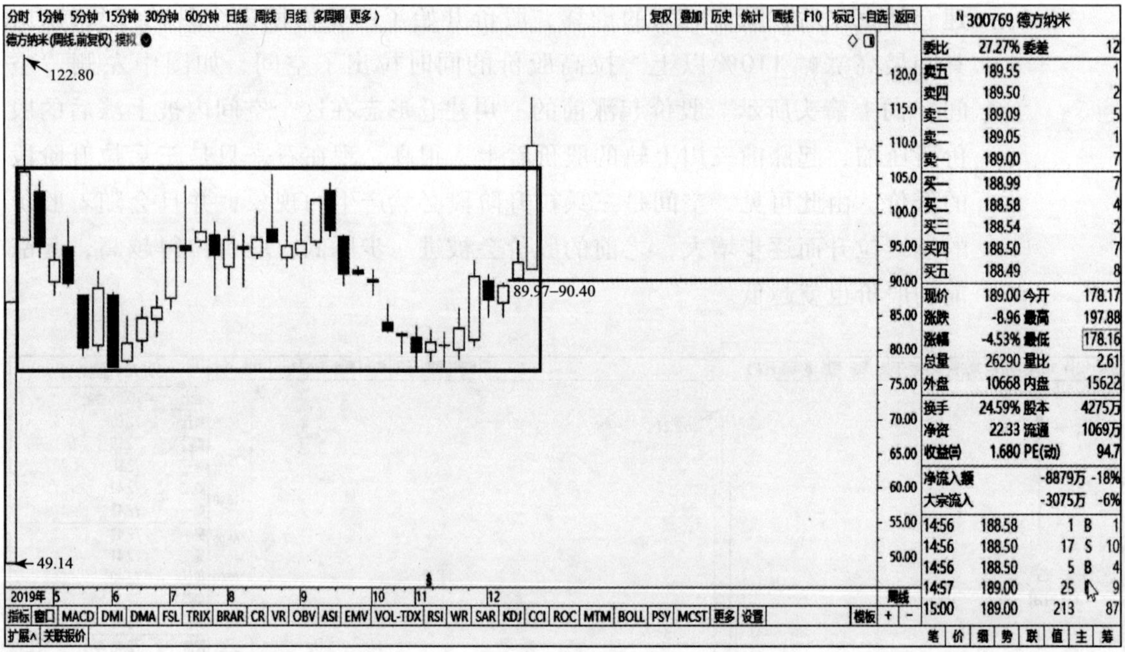

图 9－121　德方纳米（300769）周 K 线时空图 A

如图 9－122 所示，为德方纳米（300769）周 K 线时空图 B。该图为此股 2019 年 4 月至 2020 年 2 月股价起涨后的周 K 线走势图。图中可见，随着时间的推移，股价连续 7 周拉升，上涨约 100%，拉出了一个上涨的空间（见图中左侧"空间"箭头所示）。股价拉高的同时，极大地压缩了三川建仓通道（见图中实线方框）。伴随着时间的推移，如果股价继续拉升，三川建仓通道将会被继续压缩，而起涨前看上去很高的股价，经过三兵拉升之后反而变成了低价，因此，三川建仓完毕之后，必然会出现三兵拉升，这个逻辑不难理解。

如图 9－123 所示，为祥鑫科技（002965）周 K 线时空图 A。该图为此股 2019 年 10 月至 2020 年 2 月股价起涨前的周 K 线走势图。图中可见，该股新股上市后，主力在相对高位构建了一个为期 16 周的横盘建仓通道。通道末端，阳线实体向上突破通道上轨（见图中实线方框），标志着主力建仓

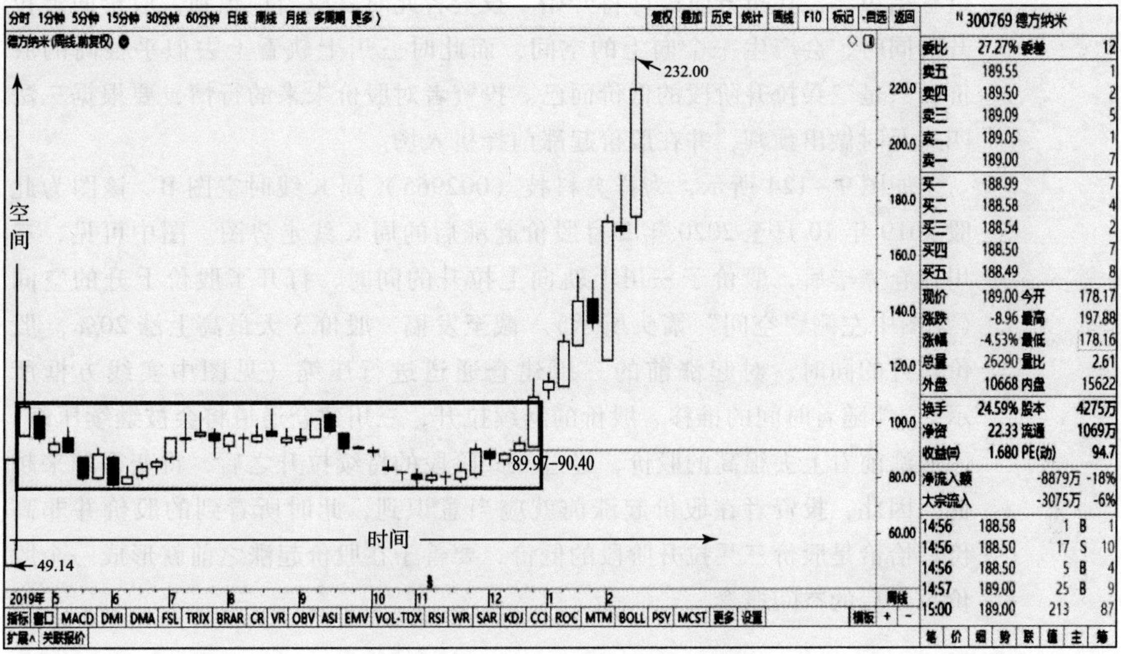

图 9－122　德方纳米（300769）周 K 线时空图 B

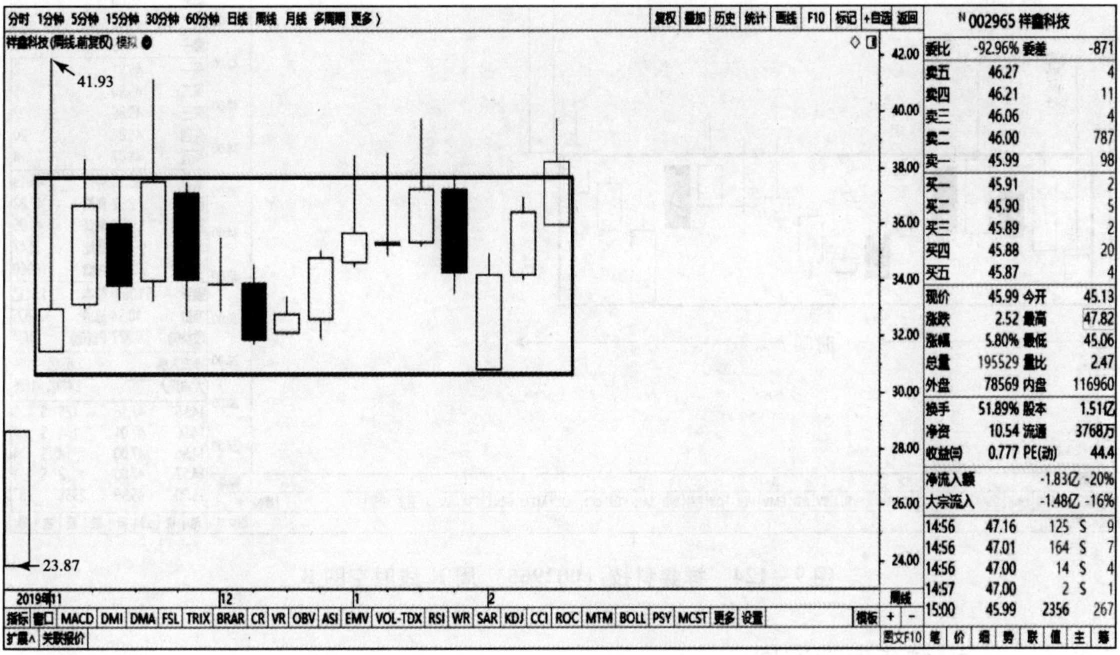

图 9－123　祥鑫科技（002965）周 K 线时空图 A

过程结束，三兵拉升阶段即将开始。投资者此时就应当预想到，股价向上拉升的同时，会产生一个向上的空间，而此时三川上轨看上去似乎很高的股价，只是三兵拉升阶段的低价而已。投资者对股价未来的行情，要根据三法四式及时做出预判，并在股价起涨前择机入场。

如图 9－124 所示，为祥鑫科技（002965）周 K 线时空图 B。该图为此股 2019 年 10 月至 2020 年 2 月股价起涨后的周 K 线走势图。图中可见，三川建仓完毕后，股价于三川上轨向上拉升的同时，打开了股价上升的空间（见图中左侧“空间”箭头所示）。截至发稿，股价 3 天最高上涨 20%。股价拉升的同时，对起涨前的三川建仓通道进行压缩（见图中实线方框所示）。伴随着时间的推移、股价的继续拉升，三川建仓通道将会被继续压缩。而起涨前看上去很高的股价，经过三兵阶段的持续拉升之后，将变得越来越低。因此，投资者在股价起涨前就应当意识到，此时所看到的股价并非高价，恰恰是股价三兵拉升阶段的低价，要善于在股价起涨之前就形成一个股价拉升后的空间概念。

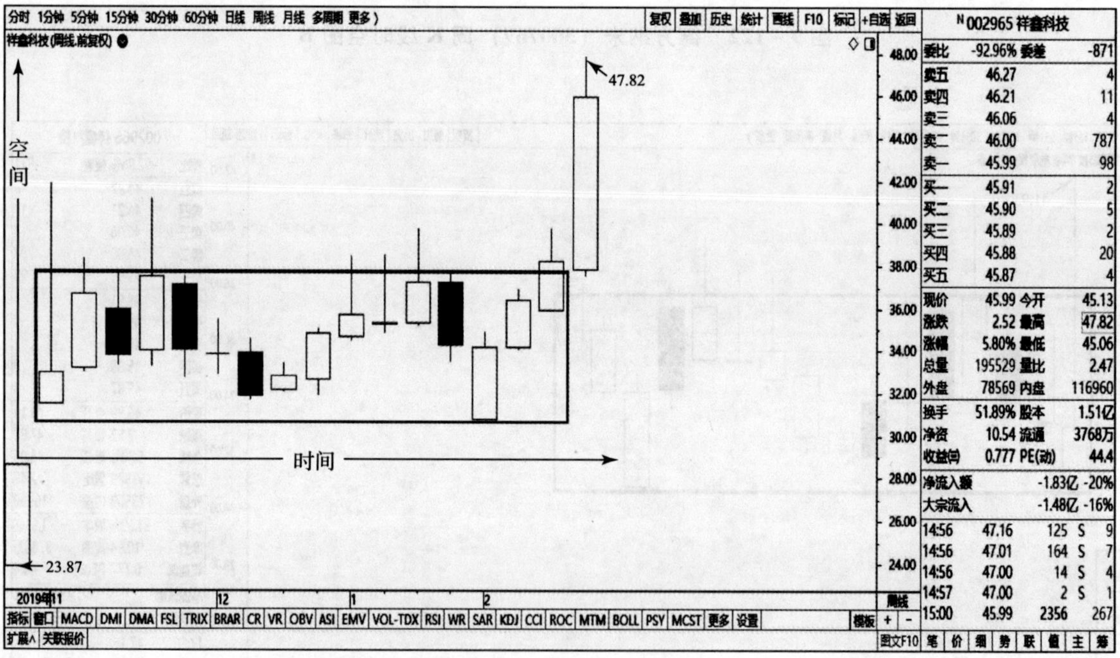

图 9－124　祥鑫科技（002965）周 K 线时空图 B

5. 预先制造空间

为了消除投资者在股价三川建仓完毕、三兵拉升之前的恐高心理，我们可以在股价即将起涨前，人为制造一个视觉空间。如图 9－125 所示，为扬杰科技（300373）季K线时空图A。该图为此股2015年6月至2020年2月股价起涨前的季K线走势图。图中可见，主力构建一个为期20个季度的三川建仓通道，通道末端，阳线已经尝试向上突破通道上轨，标志着主力建仓过程即将接近尾声，此时距离该季度收盘还有一个月的时间。我们判断，在该季度收盘之前，股价以阳线实体向上突破通道上轨的可能性很大，虽然现在的股价位于建仓通道的上轨，是建仓阶段的高价，但也应意识到随着股价的三兵拉升，当前的股价并非高价。此时，投资者视觉上的感觉最容易产生恐高心理而错失交易良机，踏空行情。

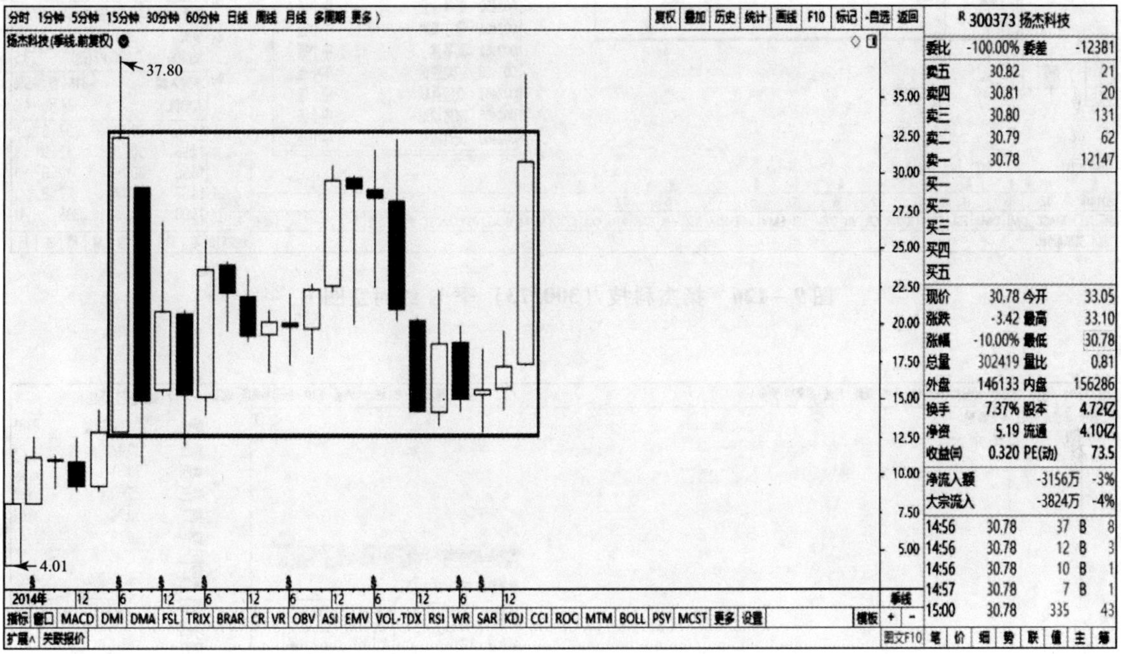

图9-125　扬杰科技（300373）季K线时空图A

为了有效解决这个问题，我们在股价起涨之前采用“沙盘推演”的方式，预先制造出一个股价经过三兵拉升之后出现的空间，如图9-126所示，为扬杰科技（300373）季K线时空图B。打开看盘软件，输入“沙盘推演”，快捷键入“46”，然后点击Enter（回车）键，开始预先制造空间。

如图9-127所示，为扬杰科技（300373）季K线时空图C。图中右侧可见沙盘推演对话框，通过连续点击上方箭头所示“上个数据”，移动至图中左侧实线方框所示三川建仓通道最左侧K线，然后连续点击“沙盘推演”对话框中下方箭头所示“最高价”的“向上键”，人为提高该K线的最高价，预先对三川建仓通道进行压缩。最高价越高，实线方框内的三川建仓通

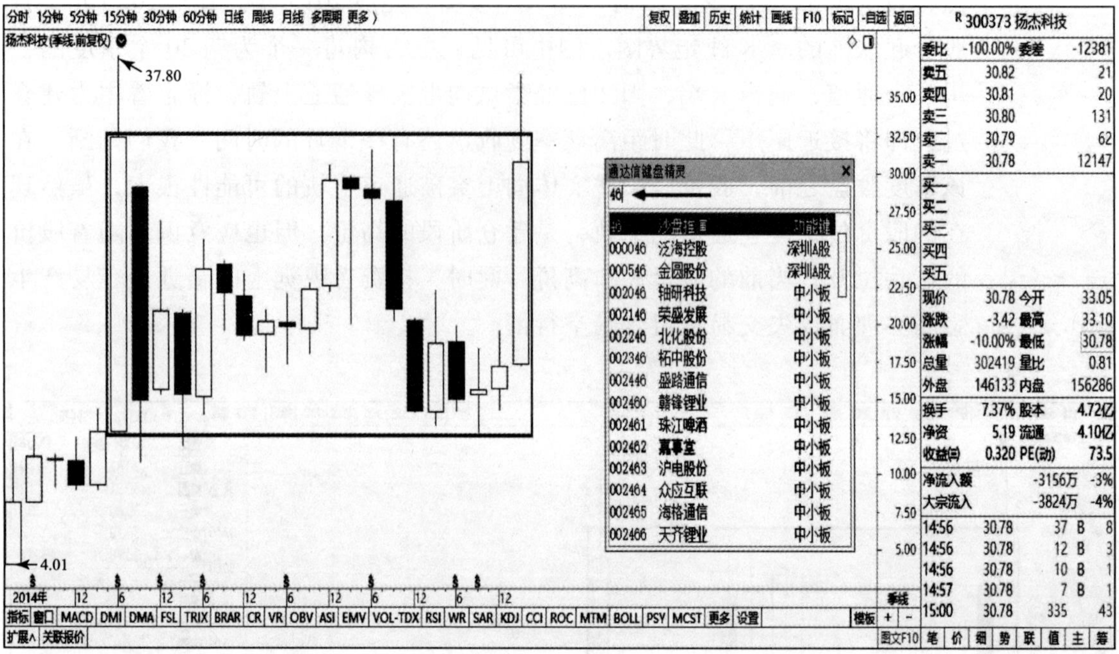

图 9－126　扬杰科技（300373）季 K 线时空图 B

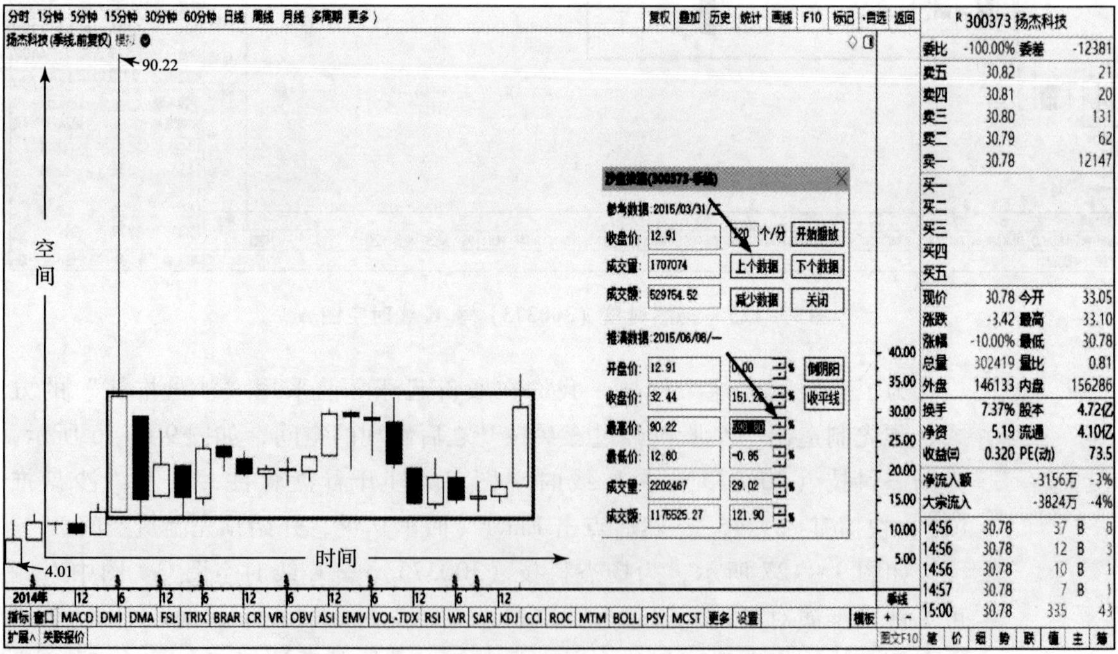

图 9－127　扬杰科技（300373）季 K 线时空图 C

道就会被压缩得越低，股价看上去已经不高了，并且与图 9－125 中未被压缩的三川通道形成鲜明的对比。实验证明，运用这种小技巧，对消除三法四式初学阶段投资者在股价起涨前的恐高心理是很有帮助的。

本节总结：股价运行中的时间与空间并非抽象概念，而是实实在在存在的。本节与本章第一节行情的预判是姊妹篇，是根据三法四式对行情进行正确预判之后，股价三兵拉升阶段同步产生的现象。三川建仓阶段完毕之后，三兵拉升阶段开始，伴随着时间的推移、股价的上涨，股价自然就会产生向上的空间，而之前的股价就会被同步压低。因此，我们可以得出这样的结论：三川建仓通道上轨的最高价，就是三兵拉升阶段的最低价。经过本节的学习，投资者在实盘操作中遇见三川建仓完毕的个股就不会再“恐高”了。

第七节 看指数做个股

股票指数即股票价格指数，是反映股票市场整体价格变化的指标，由美国人查尔斯·亨利·道于 20 世纪所发明。在我国股票市场，通常情况下，大盘泛指上海证券交易所综合股价指数，简称上证指数（后文简称：大盘或大盘指数）。对绝大多数投资者来讲，大盘有什么参考意义呢？众所周知，大盘涨，绝大多数个股涨；大盘跌，绝大多数个股跌。其实这句话在顺序上已经错了；大盘指数只是反映绝大多数个股加权平均值的指标而已，本身既不会涨也不会跌；实际上是绝大多数个股上涨，大盘指数才上涨；绝大多数个股下跌，大盘指数才下跌，这才是正确的逻辑顺序。那什么时候大盘上涨与下跌呢？三法四式中有明确的答案：当绝大多数个股的三川震荡市结束之后，三兵牛市就会来临，大盘就会上涨；当绝大多数个股三山震荡市出货之后，三空熊市就会来临，大盘就会下跌，这是不难理解的。对学习三法四式的投资者来讲，大盘对个股的实际操作其实并没有太大的参考意价值，仅仅了解当下大盘指数运行于三法四式的哪一个阶段就足够了，关键还是以做好手中的个股为主。

看大盘做个股，访间流传着这样三种常见的说法：“重大盘，重个股”“重大盘，轻个股”“轻大盘，重个股”。基于不同的技术理论，这些说法似乎都是正确的。三法四式基础阶段的观点是“轻大盘，重个股”。把复杂问题简单化，以大盘指数作对比，个股与指数的关系通常可以分为以下三种：率先于大盘启动（行情）、同步于大盘启动（行情）、特立独行启动（行情）。

1. 率先于大盘启动（行情）

什么样的个股能够先于大盘启动（行情）呢？那些在股价运行过程中，快大盘一拍，先于大盘完成三空打压、三川建仓阶段的股票，自然就会先于大盘开始三兵拉升阶段，这也是个股强势的主要特征之一。

如图 9－128 所示，为东方通信（600776）年 K 线与上证指数同步对比图。图中上方为该股年 K 线走势图，图中下方为与之同期的上证指数年 K 线走势图。通过对比图中上下两个实线方框不难发现，在上证指数运行于三空打压阶段的时候，该股先于上证指数完成三空打压阶段，并开始了三川建仓；当上证指数触底止跌开始三川建仓阶段的时候，该股已经完成三川建仓的过程，先于上证指数开始了三兵拉升阶段的行情。在股价运行节奏上，该股显然是快于大盘一个节拍的。

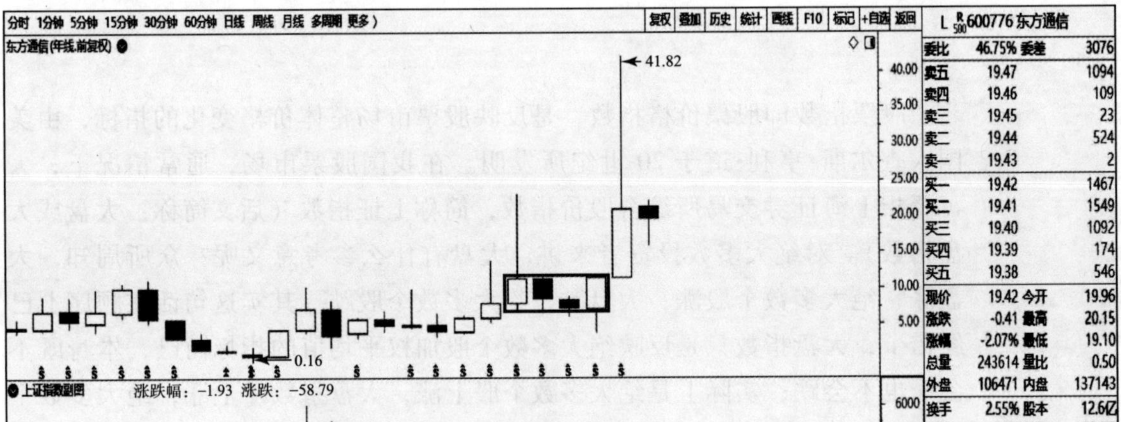

图 9－128　东方通信（600776）年 K 线与上证指数同步对比图

如图 9－129 所示，为沪电股份（002463）年 K 线与上证指数同步对比图。图中上方为该股年 K 线走势图，图中下方为与之同期的上证指数年 K 线走势图。通过对比图中上下两个实线方框不难发现，在上证指数运行于三空打压阶段的时候，该股先于上证指数完成三空打压阶段，并止跌企稳，开始了三川建仓；当上证指数止跌企稳开始三川建仓阶段的时候，该股已经完成三川建仓的过程，先于上证指数开始了三兵拉升阶段的行情。因此，在股价运行节奏上，该股是明显快于大盘一拍的。

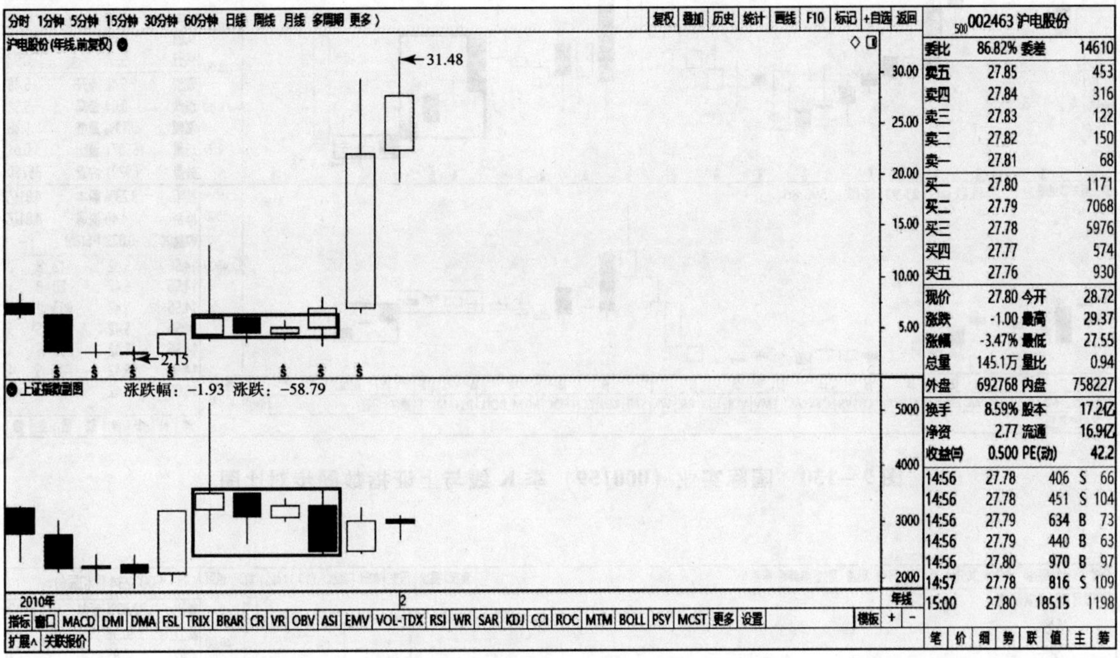

图 9－129 沪电股份（002463）年 K 线与上证指数同步对比图

如图 9－130 所示，为国际实业（000159）季 K 线与上证指数同步对比图。图中上方为该股季 K 线走势图，图中下方为与之同期的上证指数季 K 线走势图。图中可见，下方左侧第一个实线方框——上证指数在横盘震荡的时候，该股已经率先完成了下跌（见图中上方左侧实线方框）。二十世纪最著名的股票投资教育家威廉·江恩先生曾经说过：那些提前下跌，先于其他股票形成底部，并且完成吸筹任务的股票，很有可能会成为牛市中的领涨股。通过对图中右侧上下两个实线方框同步对比，显然，该股先于上证指数下跌，并且在上证指数开始下跌的时候完成了建仓任务，所以才能够率先于上证指数启动（行情）。

如图 9－131 所示，为民和股份（002234）季 K 线与上证指数同步对比图。图中上方为该股季 K 线走势图，图中下方为与之同期的上证指数季 K 线走势图。图中下方左侧方框所示，上证指数横盘震荡的时候，该股先于上证指数完成下跌（见图中上方左侧方框所示）；当图中下方右侧方框——上

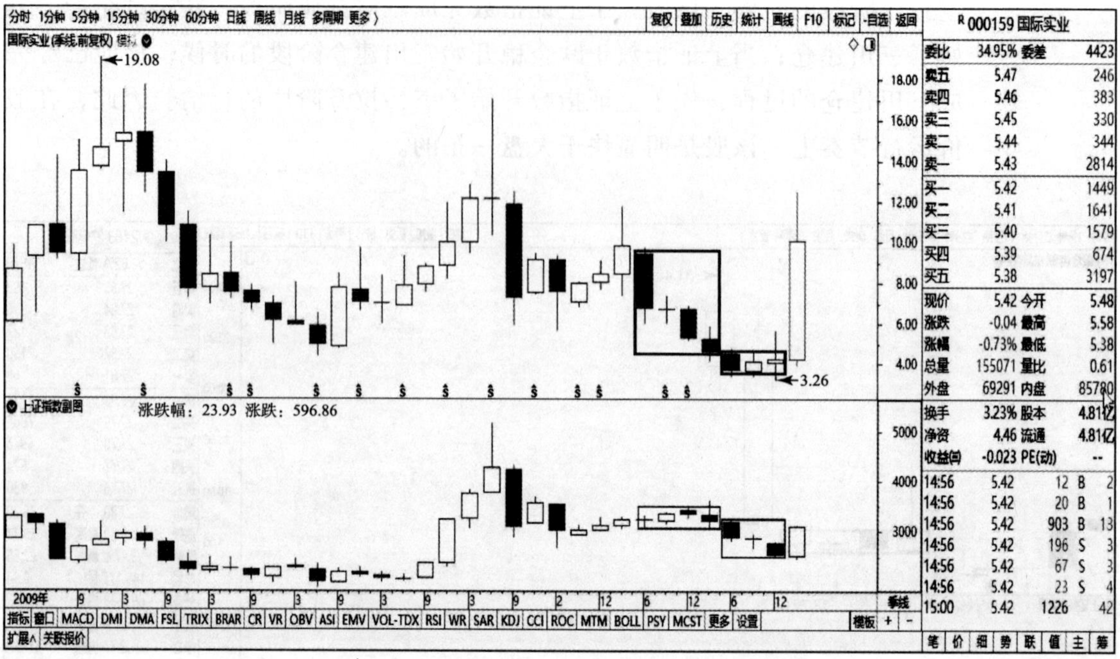

图 9－130　国际实业（000159）季 K 线与上证指数同步对比图

图 9－131　民和股份（002234）季 K 线与上证指数同步对比图

证指数下跌时，该股已经完成了为期 6 个季度的横盘建仓，并率先于上证指数启动（行情），开始了股价的三兵拉升过程。

如图 9－132 所示，为赢合科技（300457）月 K 线与上证指数同步对比图。图中上方为该股月 K 线走势图，图中下方为与之同期的上证指数月 K 线走势图。图中下方方框内，上证指数下跌的时候，该股先于上证指数止跌企稳，继而横盘震荡构建仓位（见图中上方方框），当指数继续横盘震荡构建三川的时候，该股率先完成了仓位的构建，股价以实体阳线向上突破三川建仓通道上轨，开始了三兵拉升阶段的行情，而此时上证指数依旧在震荡中。

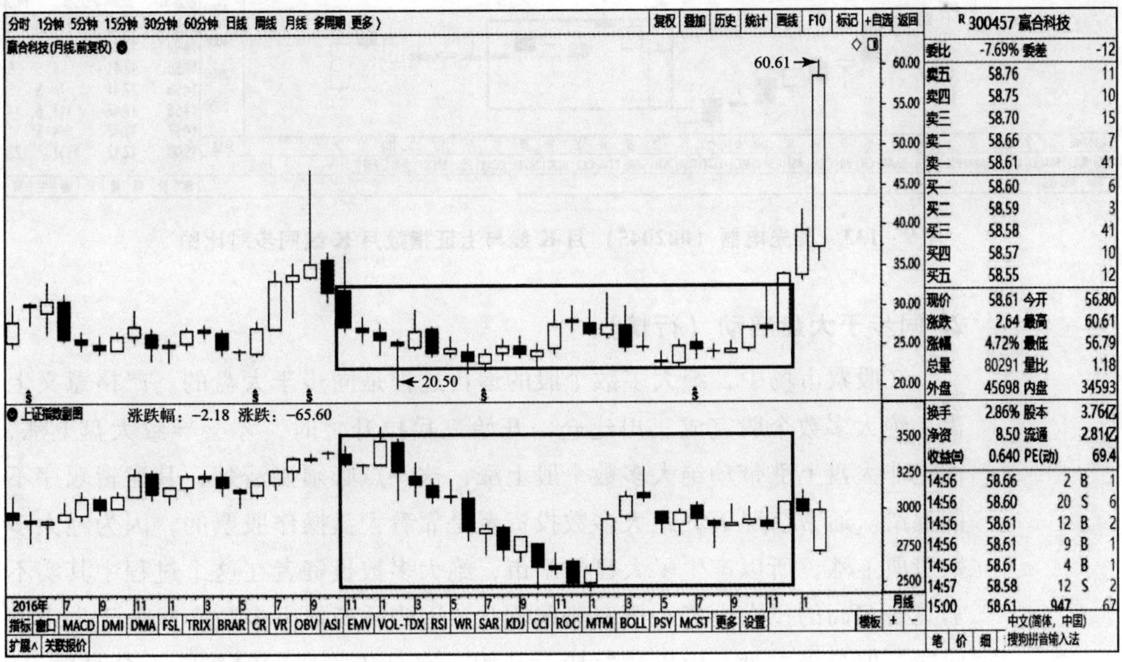

图 9－132　赢合科技（300457）月 K 线与上证指数同步对比图

如图 9－133 所示，为国光电器（002045）月 K 线与上证指数月 K 线同步对比图。图中上方为该股月 K 线走势图，图中下方为与之同期的上证指数月 K 线走势图。如图中下方方框所示，上证指数横盘震荡的时候，该股已先于上证指数完成了横盘震荡的过程，并构建了一个为期 7 个月的三川建仓通道（如图中上方方框所示），当上证指数继续震荡的时候，该股开始了为期 3 个月的三兵拉升，先于上证指数启动了行情。

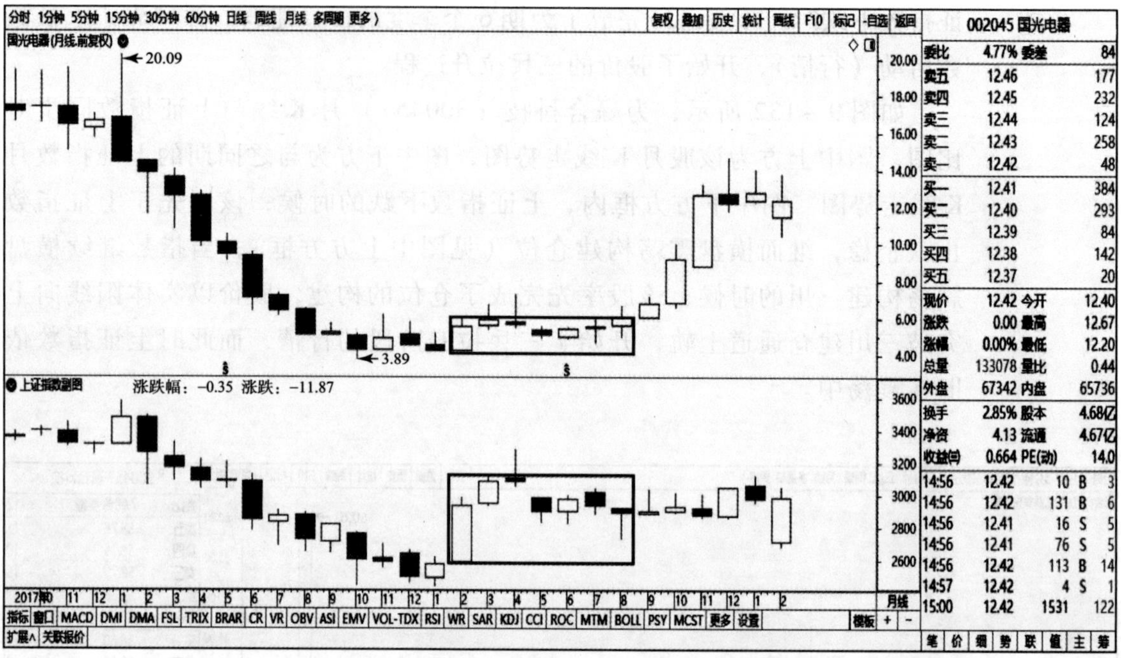

图 9-133　国光电器（002045）月 K 线与上证指数月 K 线同步对比图

2. 同步于大盘启动（行情）

在股票市场中，绝大多数个股的运行过程是同步于大盘的。严格意义上讲，绝大多数个股完成三川建仓，开始三兵拉升之时，才会导致大盘上涨，而绝非大盘上涨带动绝大多数个股上涨，这一点必须搞清楚，其逻辑顺序不能混淆。通常情况下，绝大多数投资者是靠看大盘操作股票的，因为绝大多数股票上涨，所以产生了大盘的牛市，绝大多数投资者在这个过程中其实不需具备多高的技术也能大概率获取收益，因为适逢绝大多数个股处于牛市的阶段。但是当大盘三山出货完毕，开始三空打压阶段的时候能否全身而退，那就是两可之间的事情了。现实情况是，绝大多数散户投资者在三山阶段做了接盘侠，继而被深度套牢。

如图 9-134 所示，为深康佳 A（000016）年 K 线与上证指数年 K 线同步对比图。图中上方为该股年 K 线走势图，图中下方为与之同期的上证指数年 K 线走势图，上下对比发现，在三法四式的每个阶段，该股与上证指数几乎是完全同步的，这也正是绝大多数个股的共性。该段行情发生于 2009 年至 2015 年，绝大多数个股在这期间完成了三法四式过程的循环，所以导致该段时间上证指数也同步走出了三法四式的循环。

如图 9-135 所示，为天健集团（000090）年 K 线与上证指数年 K 线同

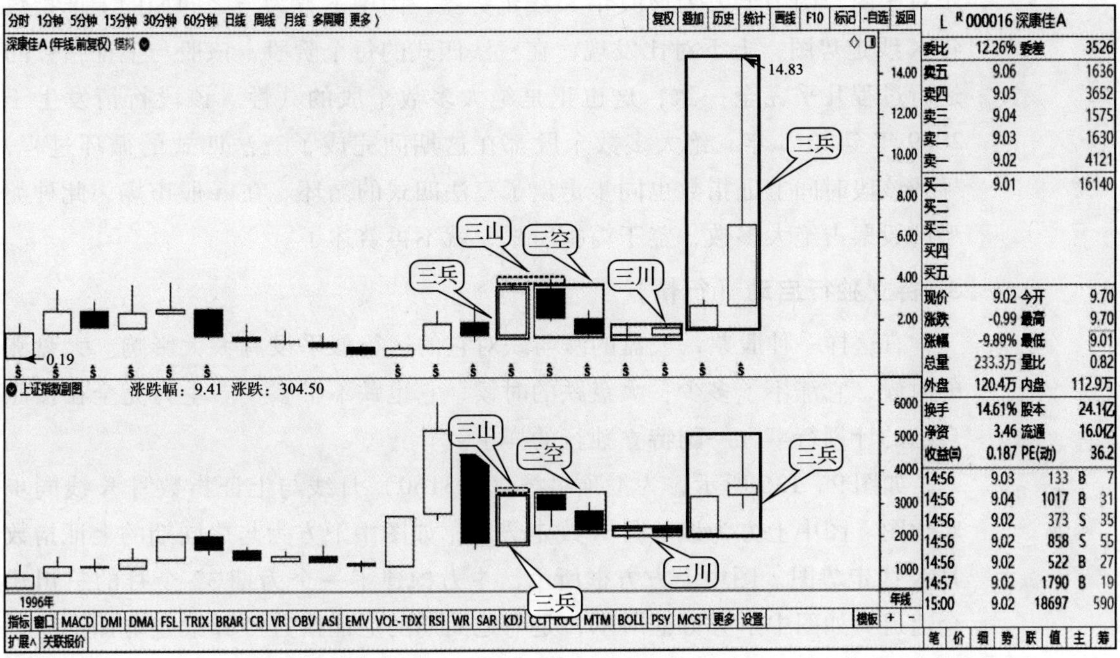

图 9－134　深康佳 A（000016）年 K 线与上证指数年 K 线同步对比图

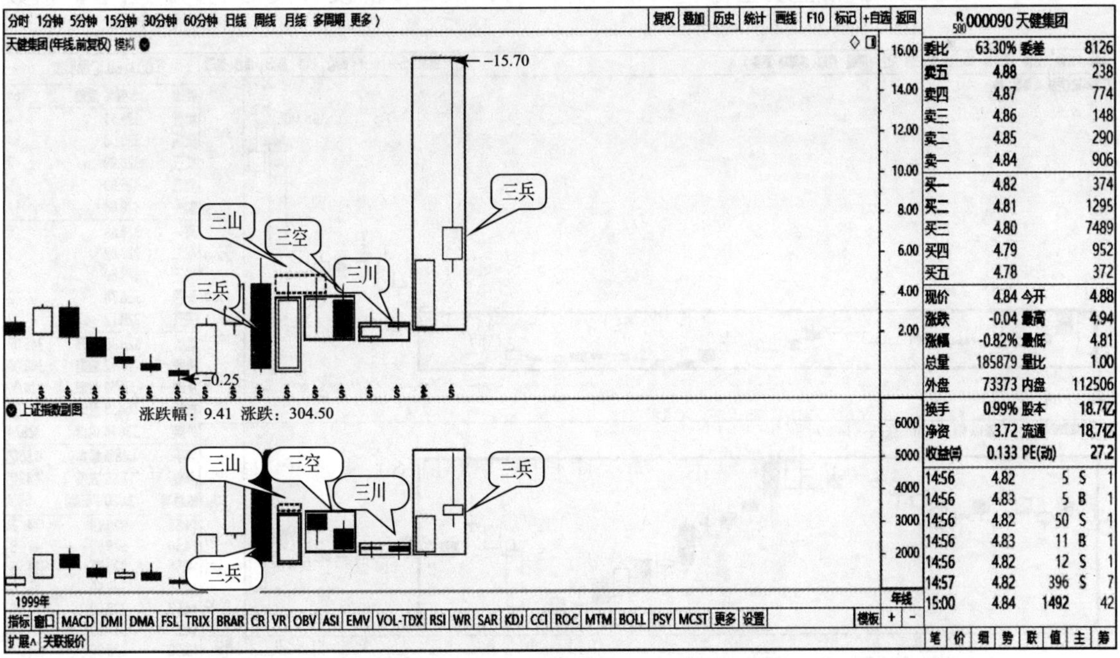

图 9－135　天健集团（000090）年 K 线与上证指数年 K 线同步对比图

步对比图。图中上方为该股年 K 线走势图，图中下方为与之同期的上证指数年 K 线走势图，上下对比发现，在三法四式的每个阶段，该股与上证指数的运行过程几乎完全一致，这也正是绝大多数个股的共性。该段行情发生于 2009 年至 2015 年，绝大多数个股都在这期间完成了三法四式的循环过程，导致该段时间上证指数也同步走出了三法四式的循环。在 A 股市场，此种类型的股票占绝大多数，鉴于篇幅所限，就不再赘述了。

3. 特立独行启动（行情）

有这样一种股票，大盘的涨与跌对它的运行似乎没有太大影响。大盘涨的时候，它涨不了多少；大盘跌的时候，它也跌不了多少。主力完全在按照自己的计划行事，一副特立独行的样子。

如图 9－136 所示，为汇顶科技（603160）月线与上证指数月 K 线同步对比图。图中上方为该股月 K 线走势图，如图中下方为与之同期的上证指数月 K 线走势图。图中上方方框所示，主力构建了一个为期 32 个月的三川建仓通道。如图中下方方框所示，是与之同期的上证指数月 K 线走势图。通过对比不难发现，上证指数在小幅上升的时候，该股保持横盘状态；上证指数下跌的时候，该股顺势调整，但是先于上证指数止跌而继续横盘震荡；当指上证数触底止跌企稳，大幅反弹之时，该股依旧没有大幅上扬；当上证指数

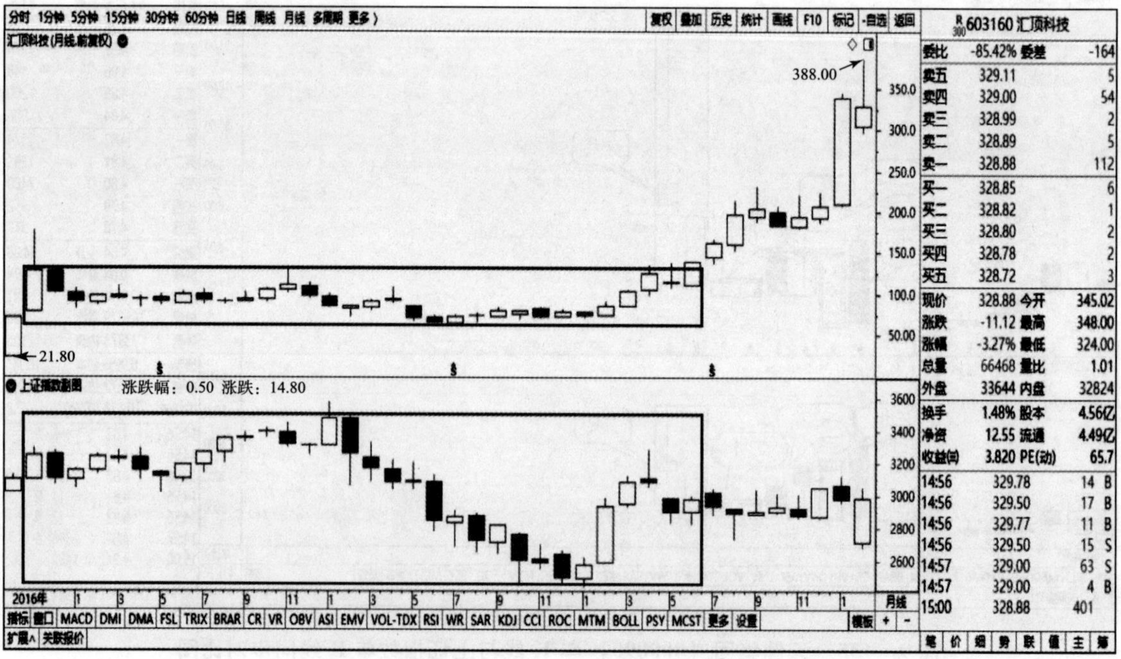

图 9－136　汇顶科技（603160）月 K 线与上证指数月 K 线同步对比图

反弹结束，继续横盘震荡之时，该股完成了三川建仓的过程；当大盘继续横盘震荡的时候，该股震荡中上行，股价顺势进入了三兵拉升阶段。由此可见，大盘的涨跌对该股并没有太大影响。不管大盘如何运行，主力依旧我行我素，按部就班地做自己的事情。在绝大多数个股还在横盘震荡的时候，该股却脱颖而出，鹤立鸡群，似乎无视大盘的存在。这既是主力资金实力的象征，同时也是个股的强势特征之一，但是这种特征的个股并不多见，它属于股市中的稀有品种。

如图 9－137 所示，为中潜股份（300526）月 K 线与上涨指数月 K 线同步对比图。图中上方为该股月 K 线走势图，图中下方为与之同期的上证指数月 K 线走势图。如图中上方方框所示，主力构建了一个为期 16 个月的三川建仓通道。图中下方方框所示，是同期的上证指数月 K 线走势图。通过对比不难发现，该股股价运行的前 8 个月，与上证指数基本是一致的，后 8 个月，尤其是三川建仓阶段的尾声，与上证指数是背道而驰的。指数涨，该股跌；指数跌，该股反而涨，完全一副我行我素的样子。最后，在上证指数向下调整的阶段，该股完成了仓位的构建，阳线实体向上突破三川上轨。在上证指数继续调整的阶段，该股逆势开始了三兵拉升，在指数跌幅－1.58%的月份，该股却大涨 126.16%。

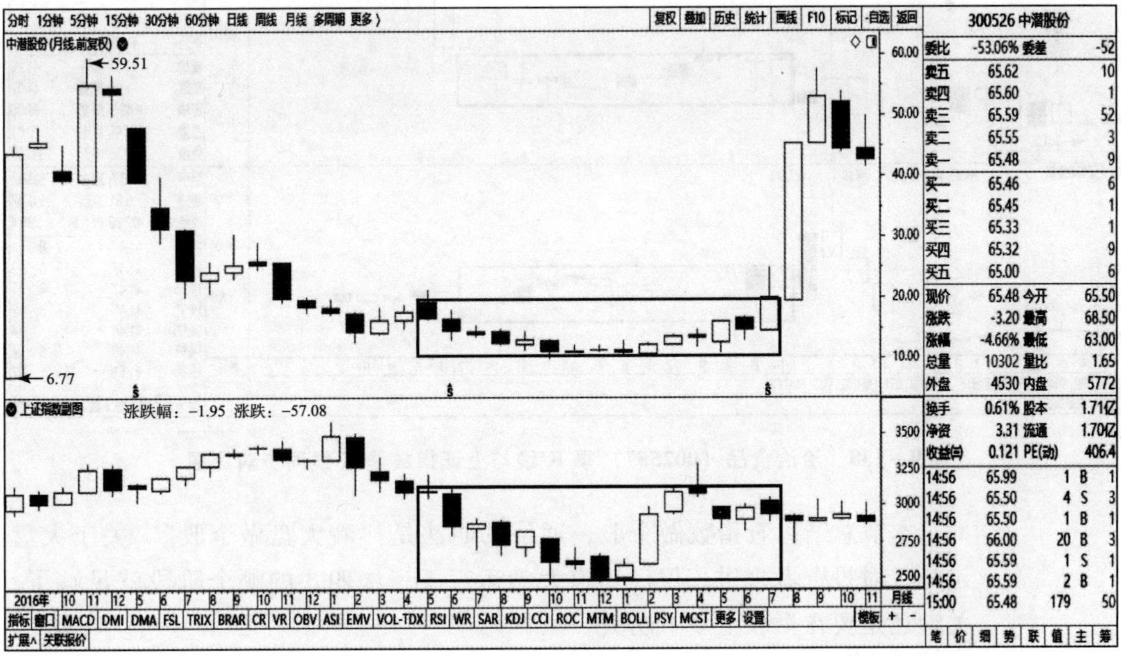

图 9－137　中潜股份（300526）月 K 线与上涨指数同步对比图

所谓逆势，貌似是个股走势与大盘指数走势背道而驰，实则是顺应了个股本身的趋势。严格意义上讲，它依旧属于顺势拉升，因为个股已经结束了三川建仓阶段的震荡市，继而迎接它的是三兵拉升牛市阶段。投资者常讲的逆势，其实只是个股与大盘指数对比之后的表象而已。

如图 9－138 所示，为洽洽食品（002557）季 K 线与上证指数季 K 线同步对比图。图中上方为该股季 K 线走势图，图中下方为与之同期的上证指数季 K 线走势图。如图中上方方框所示，主力构建了一个为期 13 个季度的三川建仓通道。图中下方方框所示，是与该股同期的上证指数季 K 线走势图。通过上下对比，不难发现，该股股价的运行是完全与上证指数相背离的，指数上涨的时候，该股下跌；指数下跌的时候，该股反而上涨，并且完成了仓位的构建，以阳线实体向上突破了三川建仓通道上轨，而此时的上证指数刚刚止跌企稳。

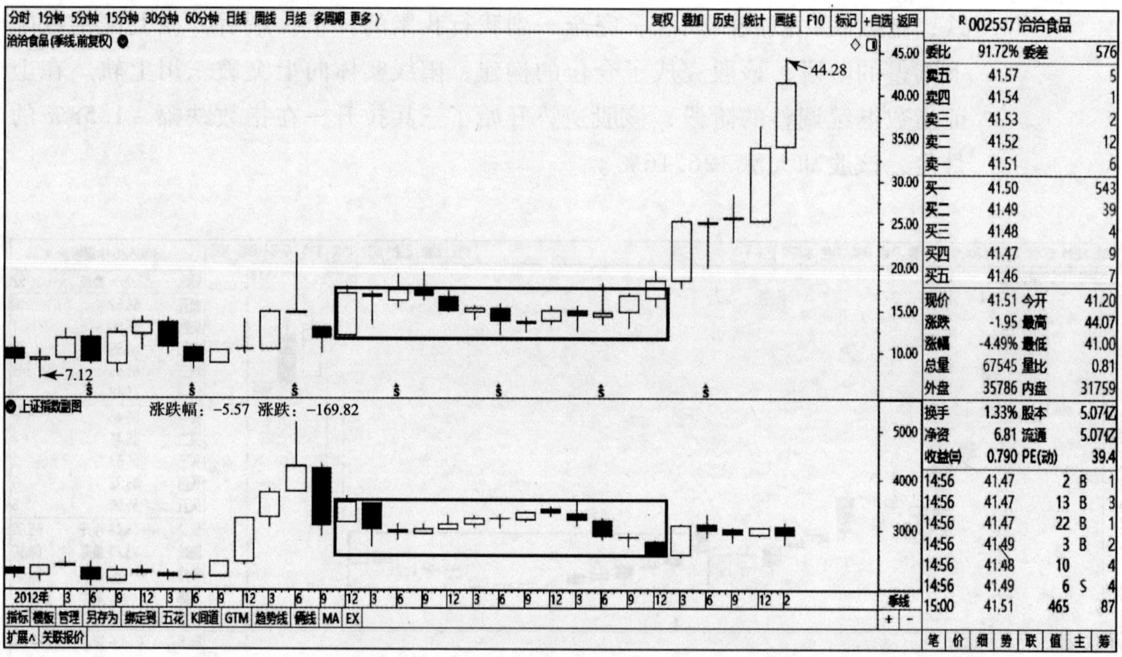

图 9－138　洽洽食品（002557）季 K 线与上证指数季 K 线同步对比图

本节总结：看指数做个股，通俗的叫法是“看大盘做个股”。关于大盘走势，对投资者来讲，仅仅知道大盘运行于三法四式的哪个阶段就足够了，关键还是要在个股上多下功夫。

针对股票指数，威廉·江恩先生说过这样一段话：近些年来，道氏理论风靡一时。人们开始相信他，认为其理论具有非凡的价值并且绝对可靠，然而实际上，现在这种理论对交易者已经没有指导意义了。因为在纽约证券交易所交易的股票如此之多，道氏理论所说的采用30只或20只股票采样的平均指数已经不能代表市场的整体趋势了。更重要的是，你并不能去买卖平均指数，你必须紧紧跟随个股的趋势才能赚到钱。这是20世纪威廉·江恩先生对指数与个股关系的看法，他旗帜鲜明地提出了自己的观点，当下看来仍不过时。

相信正在学习三法四式的投资者经过本节的学习，思路会更清晰，在实盘操作中会重视大盘的三川震荡市与三兵牛市中的个股操作。建议投资者在大盘运行于三川震荡阶段时，选择那些先于大盘完成三川建仓的股票进行操作；在大盘运行于三兵牛市阶段时，选择那些与大盘同步的股票进行操作。

第十章 选股

截至2020年3月1日，我国A股市场共有上市公司3642家。随着新股的不断上市，股票数量还在不断增加。如何在数量如此庞大的上市公司中选取适合操作的目标股票，这是摆在广大投资者面前的首要大事，本章就三法四式的常用选股方法详细讲解。

第一节 板块类型选股

1. 行业板块选股

如图10-1所示，为行业板块选股示意图。打开软件，首先点击图中上方箭头所示方框“板块指数”，其次点击图中左侧上方箭头所示“行业板块”，然后再根据细分行业选股，如“纺织服饰”、“医疗保健”等行业选取那些符合三法四式的目标股票。

如图10-2，为龙头股份（600630）1993年至2020年2月的年K线走势图。该股是根据三法四式，从“行业板块”内的“纺织板块”中所选取的股票。图中可见，股价经过上一轮行情三兵拉升、三山出货、三空打压之后，明显看到底部三川建仓的痕迹，由此可以判断，股价当前处于三川震荡市，具体建仓情况需要经过该股季K线进一步确认。

如图10-3所示，为龙头股份（600630）同期的季K线走势图。该周期中，三法四式的每个阶段相对该股的年K线走势图更加详细。股价在经过

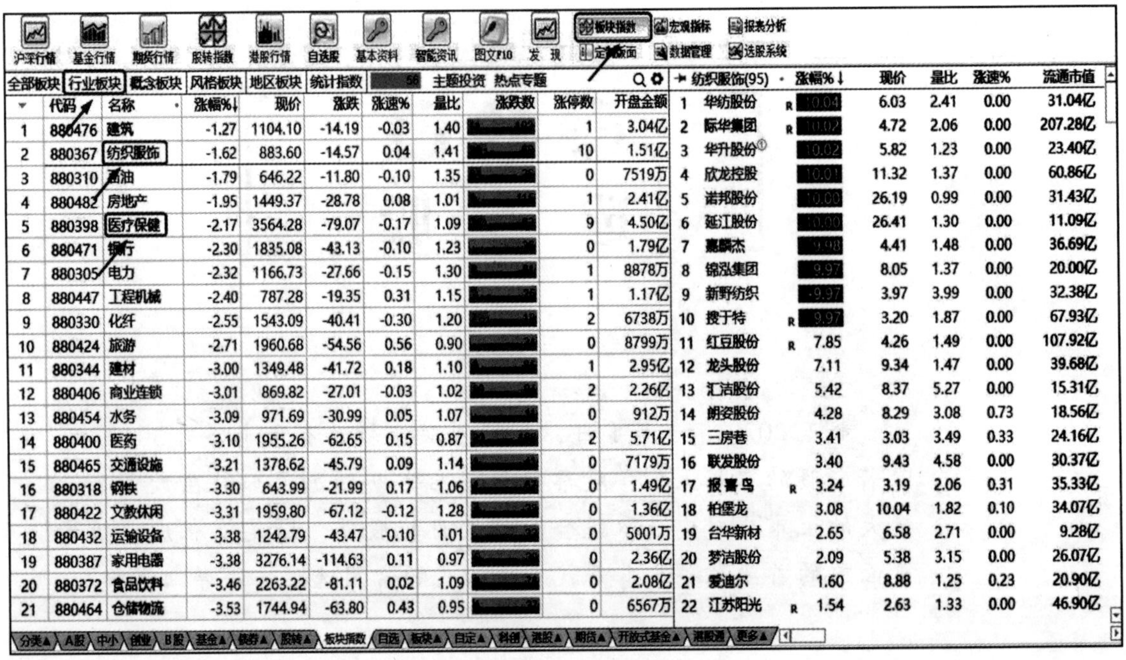

	代码	名称	涨幅%	现价	涨跌	涨速%	量比	涨跌数	涨停数	开盘金额
1	880476	建筑	-1.27	1104.10	-14.19	-0.03	1.40		1	3.04亿
2	880367	纺织服饰	-1.62	883.60	-14.57	0.04	1.41		10	1.51亿
3	880310	石油	-1.79	646.22	-11.80	-0.10	1.35		0	7519万
4	880482	房地产	-1.95	1449.37	-28.78	0.08	1.01		1	2.41亿
5	880398	医疗保健	-2.17	3564.28	-79.07	-0.17	1.09		9	4.50亿
6	880471	银行	-2.30	1835.08	-43.13	-0.10	1.23		0	1.79亿
7	880305	电力	-2.32	1166.73	-27.66	-0.15	1.30		1	8878万
8	880447	工程机械	-2.40	787.28	-19.35	0.31	1.15		1	1.17亿
9	880330	化纤	-2.55	1543.09	-40.41	-0.30	1.20		2	6738万
10	880424	旅游	-2.71	1960.68	-54.56	0.56	0.90		0	8799万
11	880344	建材	-3.00	1349.48	-41.72	0.18	1.10		1	2.95亿
12	880406	商业连锁	-3.01	869.82	-27.01	-0.03	1.02		2	2.26亿
13	880454	水务	-3.09	971.69	-30.99	0.05	1.07		0	912万
14	880400	医药	-3.10	1955.26	-62.65	0.15	0.87		2	5.71亿
15	880465	交通设施	-3.21	1378.62	-45.79	0.09	1.14		0	7179万
16	880318	钢铁	-3.30	643.99	-21.99	0.17	1.06		0	1.49亿
17	880422	文教休闲	-3.31	1959.80	-67.12	-0.12	1.28		0	1.36亿
18	880432	运输设备	-3.38	1242.79	-43.47	-0.10	1.01		0	5001万
19	880387	家用电器	-3.38	3276.14	-114.63	0.11	0.97		0	2.36亿
20	880372	食品饮料	-3.46	2263.22	-81.11	0.02	1.09		0	2.08亿
21	880464	仓储物流	-3.53	1744.94	-63.80	0.43	0.95		0	6567万

纺织服饰(95)		涨幅%	现价	量比	涨速%	流通市值
1	华纺股份	10.04	6.03	2.41	0.00	31.04亿
2	际华集团	10.02	4.72	2.06	0.00	207.28亿
3	华升股份	10.02	5.82	1.23	0.00	23.40亿
4	欣龙控股	10.01	11.32	1.37	0.00	60.86亿
5	诺邦股份	10.00	26.19	0.99	0.00	31.43亿
6	延江股份	10.00	26.41	1.30	0.00	11.09亿
7	嘉麟杰	9.98	4.41	1.48	0.00	36.69亿
8	锦泓集团	9.97	8.05	1.37	0.00	20.00亿
9	新野纺织	9.97	3.97	3.99	0.00	32.38亿
10	搜于特	9.97	3.20	1.87	0.00	67.93亿
11	红豆股份	7.85	4.26	1.49	0.00	107.92亿
12	龙头股份	7.11	9.34	1.47	0.00	39.68亿
13	汇洁股份	5.42	8.37	5.27	0.00	15.31亿
14	朗姿股份	4.28	8.29	3.08	0.73	18.56亿
15	三房巷	3.41	3.03	3.49	0.33	24.16亿
16	联发股份	3.40	9.43	4.58	0.00	30.37亿
17	报喜鸟	3.24	3.19	2.06	0.31	35.33亿
18	柏堡龙	3.08	10.04	1.82	0.10	34.07亿
19	台华新材	2.65	6.58	2.71	0.00	9.28亿
20	梦洁股份	2.09	5.38	3.15	0.00	26.07亿
21	爱迪尔	1.60	8.88	1.25	0.23	20.90亿
22	江苏阳光	1.54	2.63	1.33	0.00	46.90亿

图 10-1 行业板块选股示意图

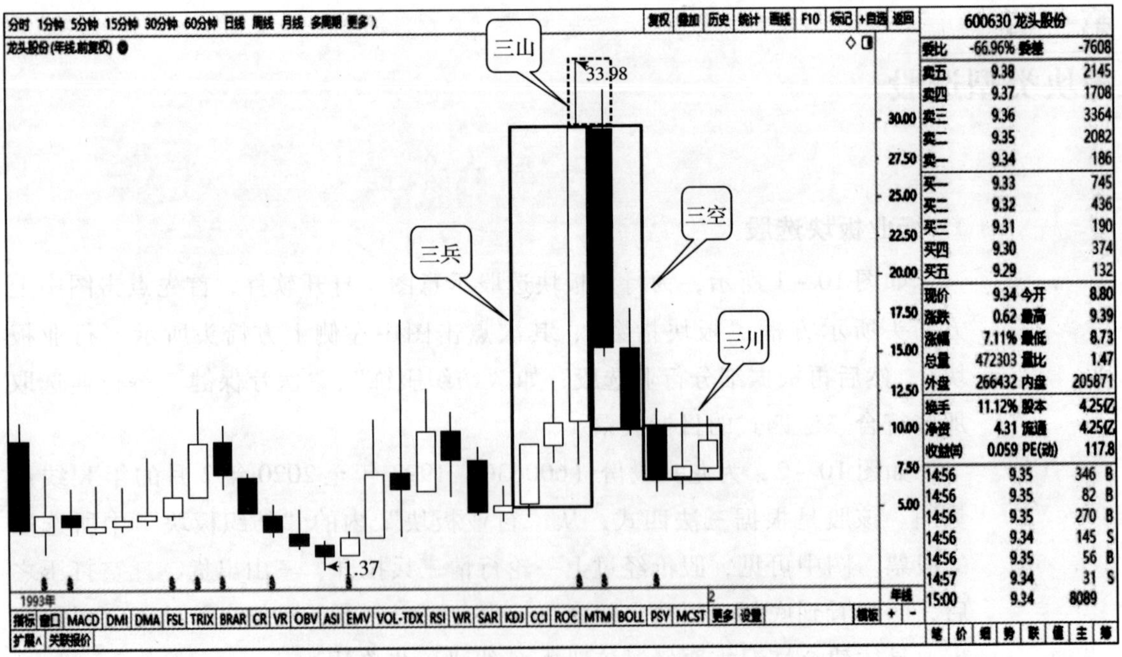

图 10-2 龙头股份（600630）年 K 线走势图

上一轮行情的三兵拉升、三山出货、三空打压之后，构建了一个为期9个季度的三川震荡低吸建仓通道（见图中下方“三川”所示实线方框），符合三法四式选股标准，加入自选股中，积极关注跟踪，等待交易信号出现之后择机介入。

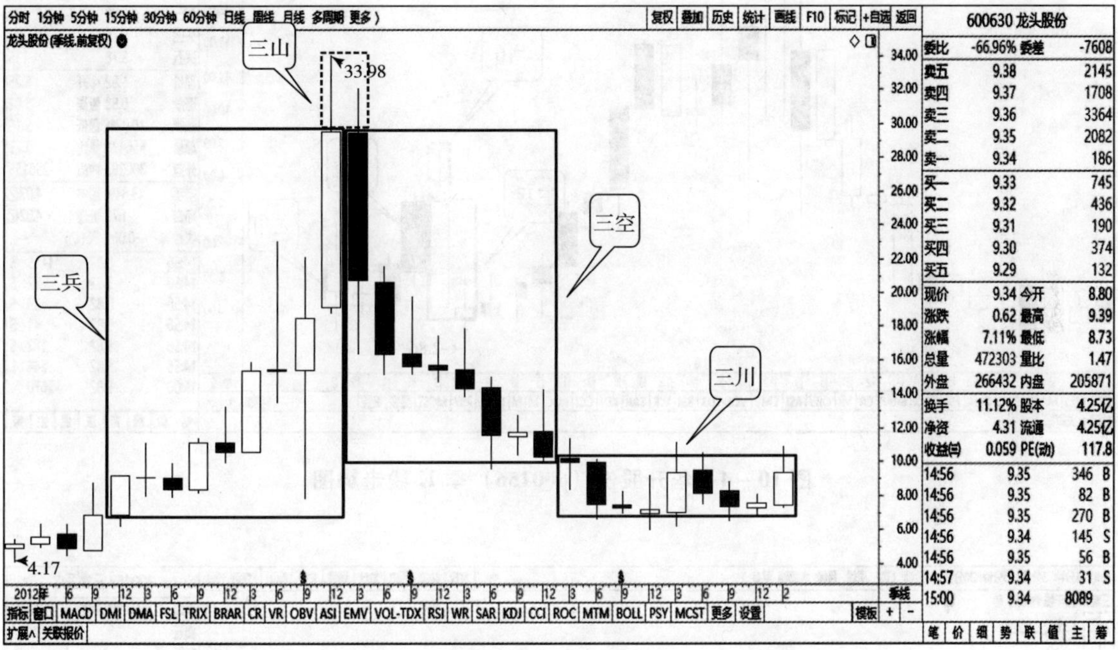

图 10－3　龙头股份（600630）季 K 线走势图

如图 10－4 所示，为华升股份（600156）2012 年 9 月至 2020 年 2 月的季 K 线走势图。这是在“行业板块”内的“纺织板块”中选出的另一只符合三法四式的股票。图中可见，经过上一轮行情的三兵拉升、三山出货、三空打压之后，该股开始了接近 3 个季度的三川建仓过程（见图中下方“三川”所示实线方框），符合三法四式选股标准，加入自选股中，积极关注跟踪其走向，等待交易信号出现之后择机参与。

如图 10－5 所示，为三鑫医疗（300453）2015 年至 2020 年 2 月的年 K 线走势图。该股是在“行业板块”内的“医疗保健”板块中根据三法四式选出的股票。图中可见，股价经过上一轮行情的三兵拉升、三山出货、三空打压之后，明显出现底部三川建仓的痕迹，由此可以判断，股价当前处于三川震荡市，具体建仓情况需要经过该股季 K 线进一步确认。

如图 10－6 所示，为三鑫医疗（300453）同期的季 K 线走势图。图中可见，股价经过上一轮行情的三兵拉升、三山出货、三空打压之后，开始了

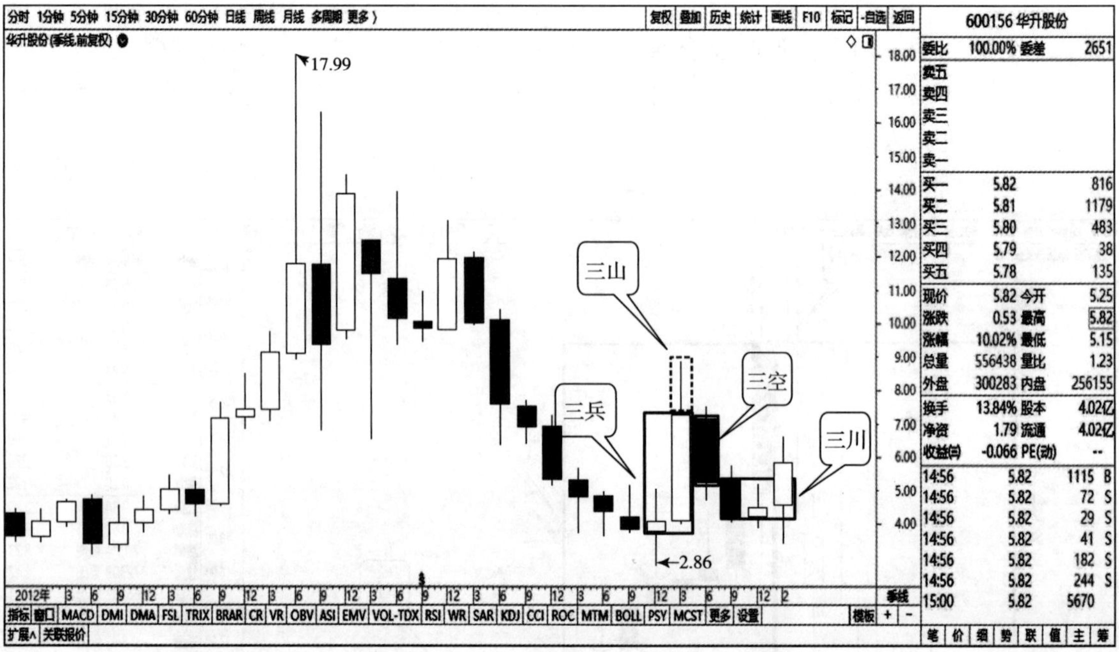

图 10－4　华升股份（600156）季 K 线走势图

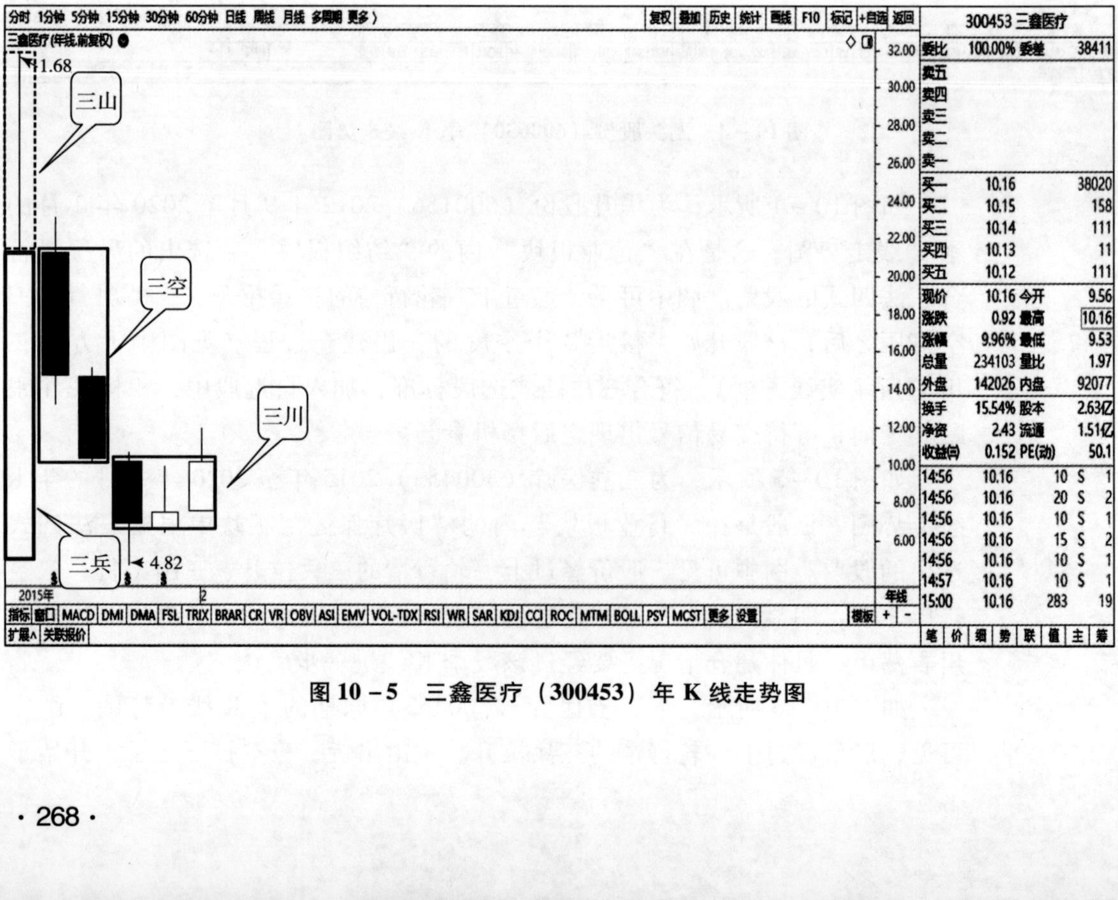

图 10－5　三鑫医疗（300453）年 K 线走势图

一个为期9个季度的三川建仓过程（见图中下方“三川”所示实线方框），并且阳线实体已经向上突破三川建仓通道上轨，标志着该股三川建仓阶段已近尾声，三川震荡市即将结束，三兵牛市很快就会来临，符合三法四式选股标准，加入自选股，积极关注跟踪其走向，等待交易信号出现之后择机进场参与交易。

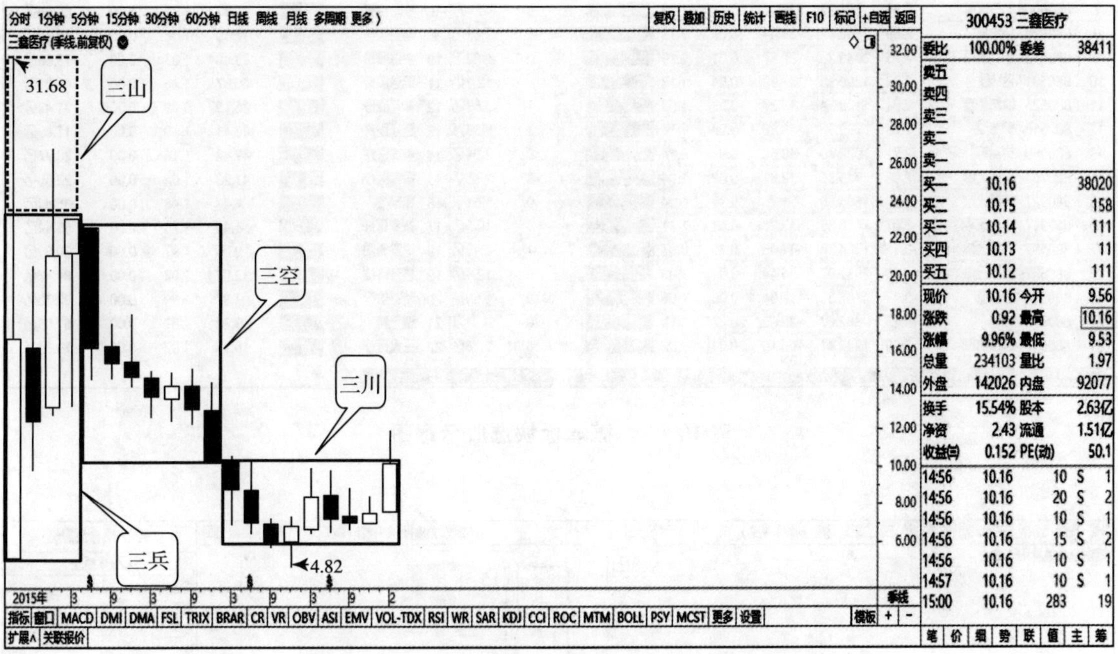

图 10－6　三鑫医疗（300453）季 K 线走势图

2. 概念板块选股

如图 10－7 所示，为概念板块选股示意图。打开软件，首先点击图中上方箭头所示方框“板块指数”，其次点击图中左侧上方箭头所示“概念板块”，然后再根据细分行业进行个股的筛选。图中可见，位列概念板块涨幅榜首的是“口罩概念”，进入该板块后对个股逐一查看，选出符合三法四式的个股，及时加入自选，重点关注跟踪，择机操作。

如图 10－8 所示，为金鹰股份（600232）2000 年至 2020 年 2 月的年 K 线走势图。该股是在“概念板块”内的“口罩防护”中根据三法四式所选出的股票，图中可见，股价经过上一轮行情三兵拉升、三山出货、三空打压之后，明显可以看到底部三川建仓的痕迹（见图中下方“三川”所示实线方框），并且股价两次向上突破三川建仓通道上轨。由此可以得出结

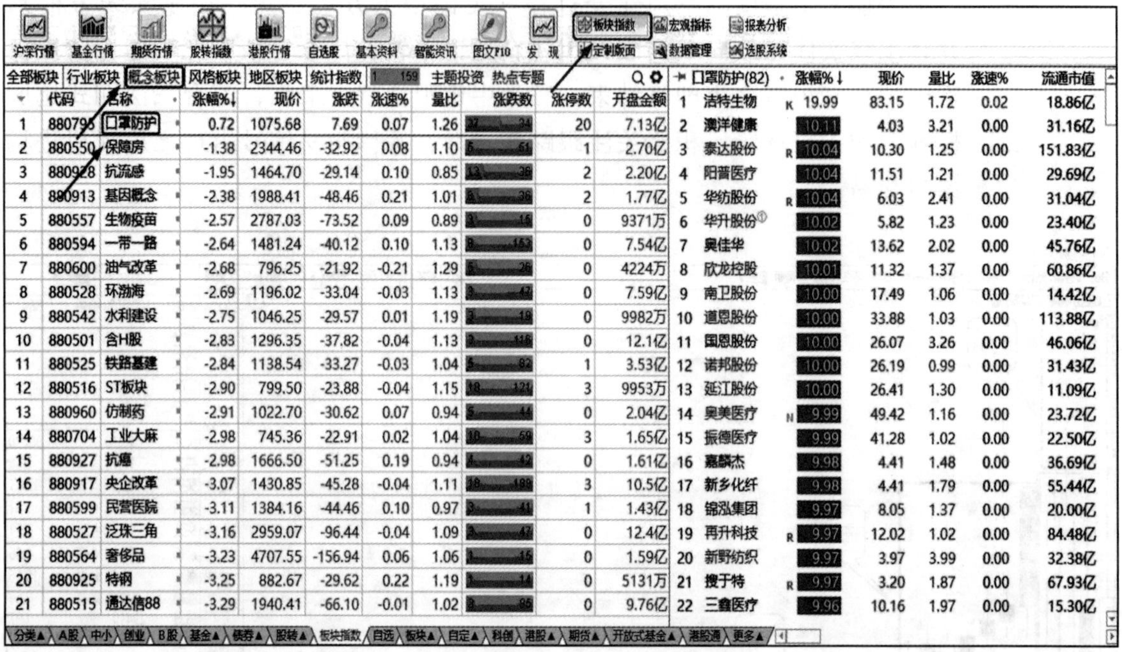

	代码	名称	涨幅%	现价	涨跌	涨速%	量比	涨跌数	涨停数	开盘金额
1	880793	口罩防护	0.72	1075.68	7.69	0.07	1.26	37 34	20	7.13亿
2	880550	保障房	-1.38	2344.46	-32.92	0.08	1.10	5 61	1	2.70亿
3	880928	抗流感	-1.95	1464.70	-29.14	0.10	0.85	13 36	2	2.20亿
4	880913	基因概念	-2.38	1988.41	-48.46	0.21	1.01	6 36	2	1.77亿
5	880557	生物疫苗	-2.57	2787.03	-73.52	0.09	0.89	3 15	0	9371万
6	880594	一带一路	-2.64	1481.24	-40.12	0.10	1.13	8 153	0	7.54亿
7	880600	油气改革	-2.68	796.25	-21.92	-0.21	1.29	5 26	0	4224万
8	880528	环渤海	-2.69	1196.02	-33.04	-0.03	1.13	3 47	0	7.59亿
9	880542	水利建设	-2.75	1046.25	-29.57	0.01	1.19	3 19	0	9982万
10	880501	含H股	-2.83	1296.35	-37.82	-0.04	1.13	3 116	0	12.1亿
11	880525	铁路基建	-2.84	1138.54	-33.27	-0.03	1.04	5 82	1	3.53亿
12	880516	ST板块	-2.90	799.50	-23.88	-0.04	1.15	18 121	3	9953万
13	880960	仿制药	-2.91	1022.70	-30.62	0.07	0.94	5 44	0	2.04亿
14	880704	工业大麻	-2.98	745.36	-22.91	0.02	1.04	10 59	3	1.65亿
15	880927	抗癌	-2.98	1666.50	-51.25	0.19	0.94	4 42	0	1.61亿
16	880917	央企改革	-3.07	1430.85	-45.28	-0.04	1.11	18 189	3	10.5亿
17	880599	民营医院	-3.11	1384.16	-44.46	0.10	0.97	3 41	1	1.43亿
18	880527	泛珠三角	-3.16	2959.07	-96.44	-0.04	1.09	3 47	0	12.4亿
19	880564	奢侈品	-3.23	4707.55	-156.94	0.06	1.06	1 15	0	1.59亿
20	880925	特钢	-3.25	882.67	-29.62	0.22	1.19	1 14	0	5131万
21	880515	通达信88	-3.29	1940.41	-66.10	-0.01	1.02	3 86	0	9.76亿

口罩防护(82)			涨幅%	现价	量比	涨速%	流通市值
1	洁特生物	K	19.99	83.15	1.72	0.02	18.86亿
2	澳洋健康		10.11	4.03	3.21	0.00	31.16亿
3	泰达股份	R	10.04	10.30	1.25	0.00	151.83亿
4	阳普医疗		10.04	11.51	1.21	0.00	29.69亿
5	华纺股份	R	10.04	6.03	2.41	0.00	31.04亿
6	华升股份		10.02	5.82	1.23	0.00	23.40亿
7	奥佳华		10.02	13.62	2.02	0.00	45.76亿
8	欣龙控股		10.01	11.32	1.37	0.00	60.86亿
9	南卫股份		10.00	17.49	1.06	0.00	14.42亿
10	道恩股份		10.00	33.88	1.03	0.00	113.88亿
11	国恩股份		10.00	26.07	3.26	0.00	46.06亿
12	诺邦股份		10.00	26.19	0.99	0.00	31.43亿
13	延江股份		10.00	26.41	1.30	0.00	11.09亿
14	奥美医疗	N	9.99	49.42	1.16	0.00	23.72亿
15	振德医疗		9.99	41.28	1.02	0.00	22.50亿
16	嘉麟杰		9.98	4.41	1.48	0.00	36.69亿
17	新乡化纤		9.98	4.41	1.79	0.00	55.44亿
18	锦泓集团		9.97	8.05	1.37	0.00	20.00亿
19	再升科技	R	9.97	12.02	1.02	0.00	84.48亿
20	新野纺织		9.97	3.97	3.99	0.00	32.38亿
21	搜于特	R	9.97	3.20	1.87	0.00	67.93亿
22	三鑫医疗		9.96	10.16	1.97	0.00	15.30亿

图 10－7　概念板块选股示意图

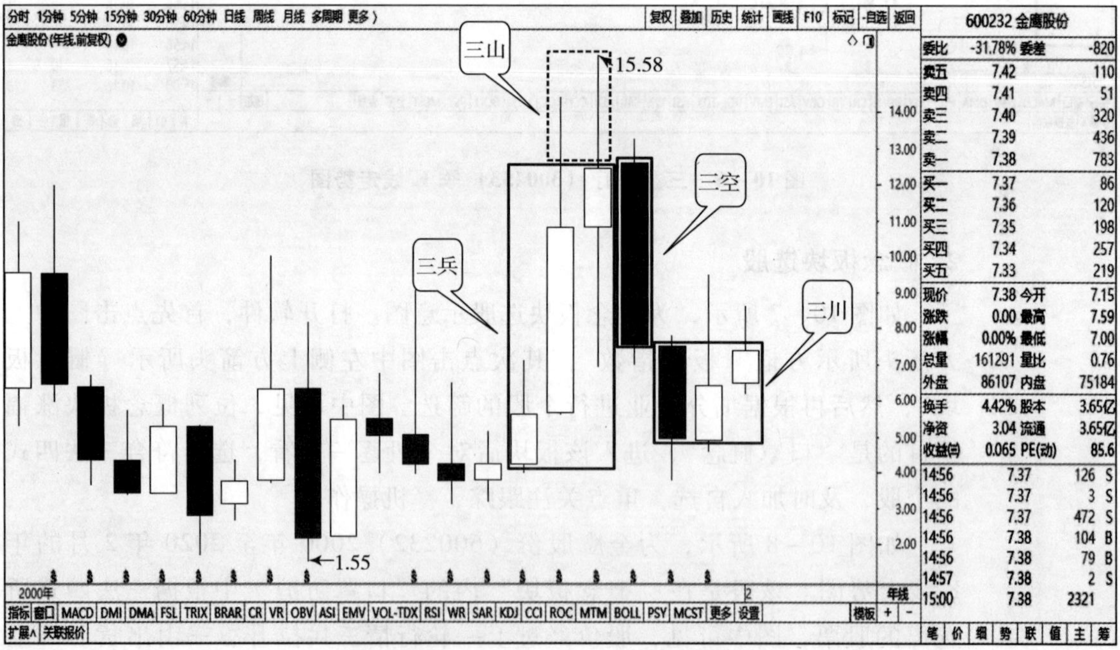

图 10－8　金鹰股份（600232）年 K 线走势图

论，股价当前处于三川震荡市，具体建仓情况需要通过该股季 K 线进一步确认。

如图 10－9 所示，为金鹰股份（600232）同期的季 K 线走势图。图中可见，股价经过上一轮行情的三兵拉升、三山出货、三空打压之后，开始了一个 9 个季度的三川建仓过程（见图中下方“三川”所示实线方框），加入自选股中，密切关注跟踪该股近期走向，交易信号一旦出现，果断出击，及时参与。

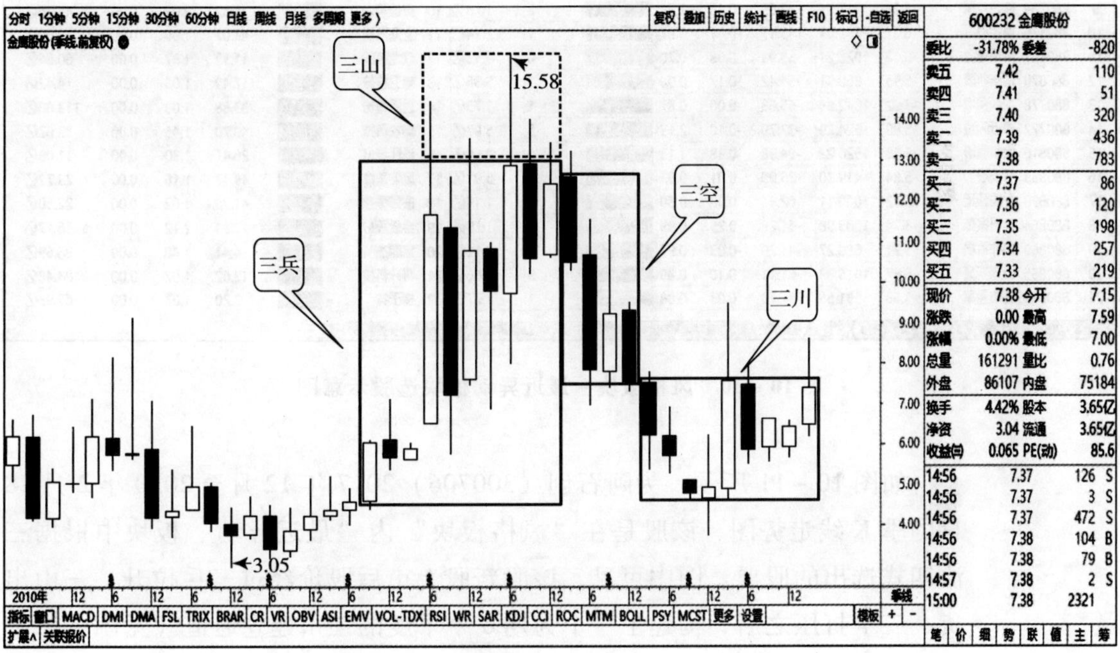

图 10－9　金鹰股份（600232）季 K 线走势图

3. 风格板块选股

如图 10－10 所示，为风格板块－最近异动板块选股示意图。打开软件，首先点击图中上方箭头所示方框“板块指数”，其次点击图中左侧上方箭头所示“风格板块”，然后再根据不同风格类型进行个股的筛选。风格板块目前细分为 113 个风格类型，常用的有“最近异动”“活跃股”“绩优股”“近期强势”等板块，以下就以“最近异动”板块进行讲解。该板块内根据股票异动情况，目前收录个股 299 只，但真正符合三法四式，并且即将出现交易机会的其实并不多见。

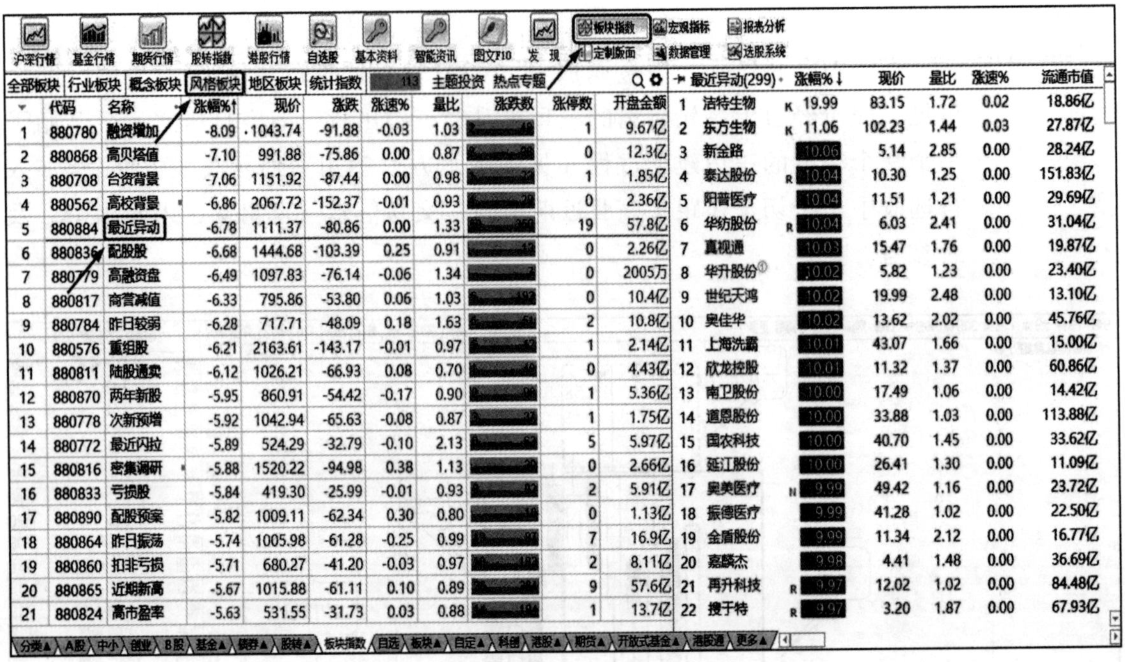

	代码	名称	涨幅%↑	现价	涨跌	涨速%	量比	涨跌数	涨停数	开盘金额
1	880780	融资增加	-8.09	1043.74	-91.88	-0.03	1.03	[illegible]	1	9.67亿
2	880868	高贝塔值	-7.10	991.88	-75.86	0.00	0.87	[illegible]	0	12.3亿
3	880708	台资背景	-7.06	1151.92	-87.44	0.00	0.98	[illegible]	1	1.85亿
4	880562	高校背景	-6.86	2067.72	-152.37	-0.01	0.93	[illegible]	0	2.36亿
5	880884	最近异动	-6.78	1111.37	-80.86	0.00	1.33	[illegible]	19	57.8亿
6	880836	配股股	-6.68	1444.68	-103.39	0.25	0.91	[illegible]	0	2.26亿
7	880779	高融资盘	-6.49	1097.83	-76.14	-0.06	1.34	[illegible]	0	2005万
8	880817	商誉减值	-6.33	795.86	-53.80	0.06	1.03	[illegible]	0	10.4亿
9	880784	昨日较弱	-6.28	717.71	-48.09	0.18	1.63	[illegible]	2	10.8亿
10	880576	重组股	-6.21	2163.61	-143.17	-0.01	0.97	[illegible]	1	2.14亿
11	880811	陆股通卖	-6.12	1026.21	-66.93	0.08	0.70	[illegible]	0	4.43亿
12	880870	两年新股	-5.95	860.91	-54.42	-0.17	0.90	[illegible]	1	5.36亿
13	880778	次新预增	-5.92	1042.94	-65.63	-0.08	0.87	[illegible]	1	1.75亿
14	880772	最近闪拉	-5.89	524.29	-32.79	-0.10	2.13	[illegible]	5	5.97亿
15	880816	密集调研	-5.88	1520.22	-94.98	0.38	1.13	[illegible]	0	2.66亿
16	880833	亏损股	-5.84	419.30	-25.99	-0.01	0.93	[illegible]	2	5.91亿
17	880890	配股预案	-5.82	1009.11	-62.34	0.30	0.80	[illegible]	0	1.13亿
18	880864	昨日振荡	-5.74	1005.98	-61.28	-0.25	0.99	[illegible]	7	16.9亿
19	880860	扣非亏损	-5.71	680.27	-41.20	-0.03	0.97	[illegible]	2	8.11亿
20	880865	近期新高	-5.67	1015.88	-61.11	0.10	0.89	[illegible]	9	57.6亿
21	880824	高市盈率	-5.63	531.55	-31.73	0.03	0.88	[illegible]	1	13.7亿

	最近异动(299)	涨幅%↓	现价	量比	涨速%	流通市值
1	洁特生物	K 19.99	83.15	1.72	0.02	18.86亿
2	东方生物	K 11.06	102.23	1.44	0.03	27.87亿
3	新金路	10.06	5.14	2.85	0.00	28.24亿
4	泰达股份	R 10.04	10.30	1.25	0.00	151.83亿
5	阳普医疗	10.04	11.51	1.21	0.00	29.69亿
6	华纺股份	R 10.04	6.03	2.41	0.00	31.04亿
7	真视通	10.03	15.47	1.76	0.00	19.87亿
8	华升股份①	10.02	5.82	1.23	0.00	23.40亿
9	世纪天鸿	10.02	19.99	2.48	0.00	13.10亿
10	奥佳华	10.02	13.62	2.02	0.00	45.76亿
11	上海洗霸	10.01	43.07	1.66	0.00	15.00亿
12	欣龙控股	10.01	11.32	1.37	0.00	60.86亿
13	南卫股份	10.00	17.49	1.06	0.00	14.42亿
14	道恩股份	10.00	33.88	1.03	0.00	113.88亿
15	国农科技	10.00	40.70	1.45	0.00	33.62亿
16	延江股份	10.00	26.41	1.30	0.00	11.09亿
17	奥美医疗	N 9.99	49.42	1.16	0.00	23.72亿
18	振德医疗	9.99	41.28	1.02	0.00	22.50亿
19	金盾股份	9.99	11.34	2.12	0.00	16.77亿
20	嘉麟杰	9.98	4.41	1.48	0.00	36.69亿
21	再升科技	R 9.97	12.02	1.02	0.00	84.48亿
22	搜于特	R 9.97	3.20	1.87	0.00	67.93亿

图 10－10　风格板块－最近异动板块选股示意图

如图 10－11 所示，为阿石创（300706）2017 年 12 月至 2020 年 2 月 28 日的季 K 线走势图。该股是在“风格板块”内“最近异动”板块中根据三法四式选出的股票。图中可见，该股新股上市后股价经过三兵拉升、三山出货、三空打压之后，构建了一个为期 6 个季度的三川建仓通道（见图中下方“三川”所示实线方框），通道末端股价阳线实体向上突破通道上轨，由此可以判断，该股相对低位建仓过程的震荡市已经接近尾声，三兵拉升的牛市阶段近期即将开始，该股形态完全符合三法四式，于是加入自选股，密切关注跟踪股价实时走向，等待发出明确交易信号择机入场。

如图 10－12 所示，为风格板块－活跃股板块选股示意图。依次点击“风格板块”－“活跃股”板块，该板块根据股票活跃程度，目前收录了 100 只个股。打开该板块，对所有这些个股逐一筛选。整个选股的过程中，熟练的话其实不需要耗费太多时间，100 只股票几分钟就可以轻松浏览一遍，根据三法四式选股，更不是什么难事。

如图 10－13 所示，真视通（002771）2015 年至 2020 年 2 月的年 K 线走势图。该股是在“风格板块”内的“活跃股”版块中根据三法四式选出的股票。图中可见，股价经过上一轮行情三兵拉升、三山出货、三空打压之

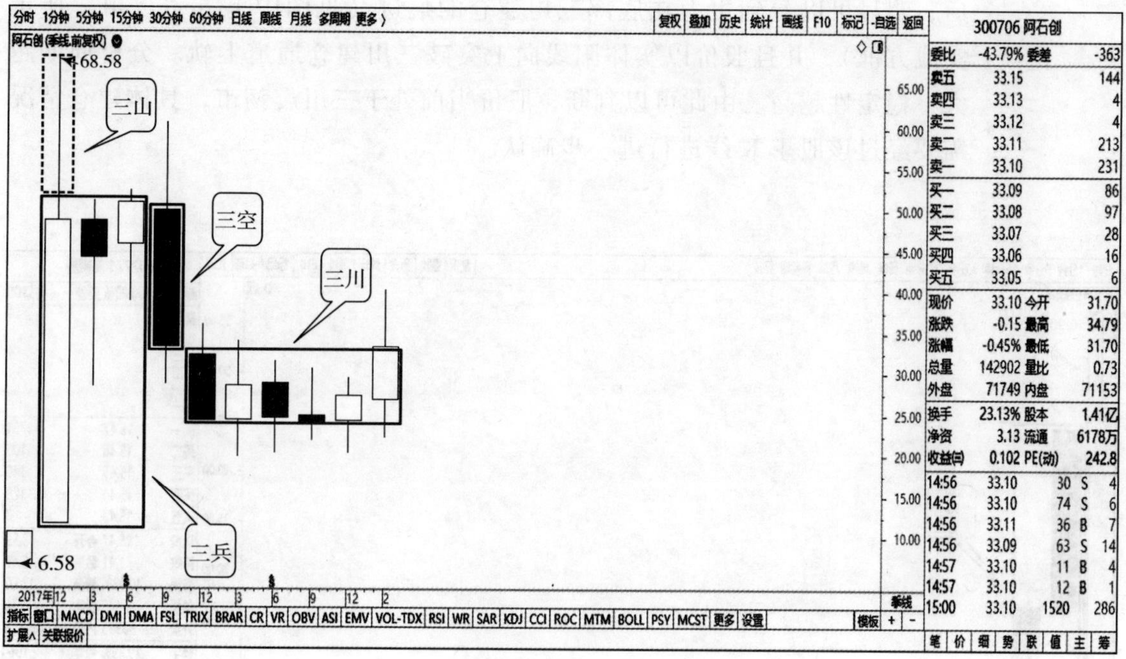

图 10－11 阿石创（300706）季 K 线走势图

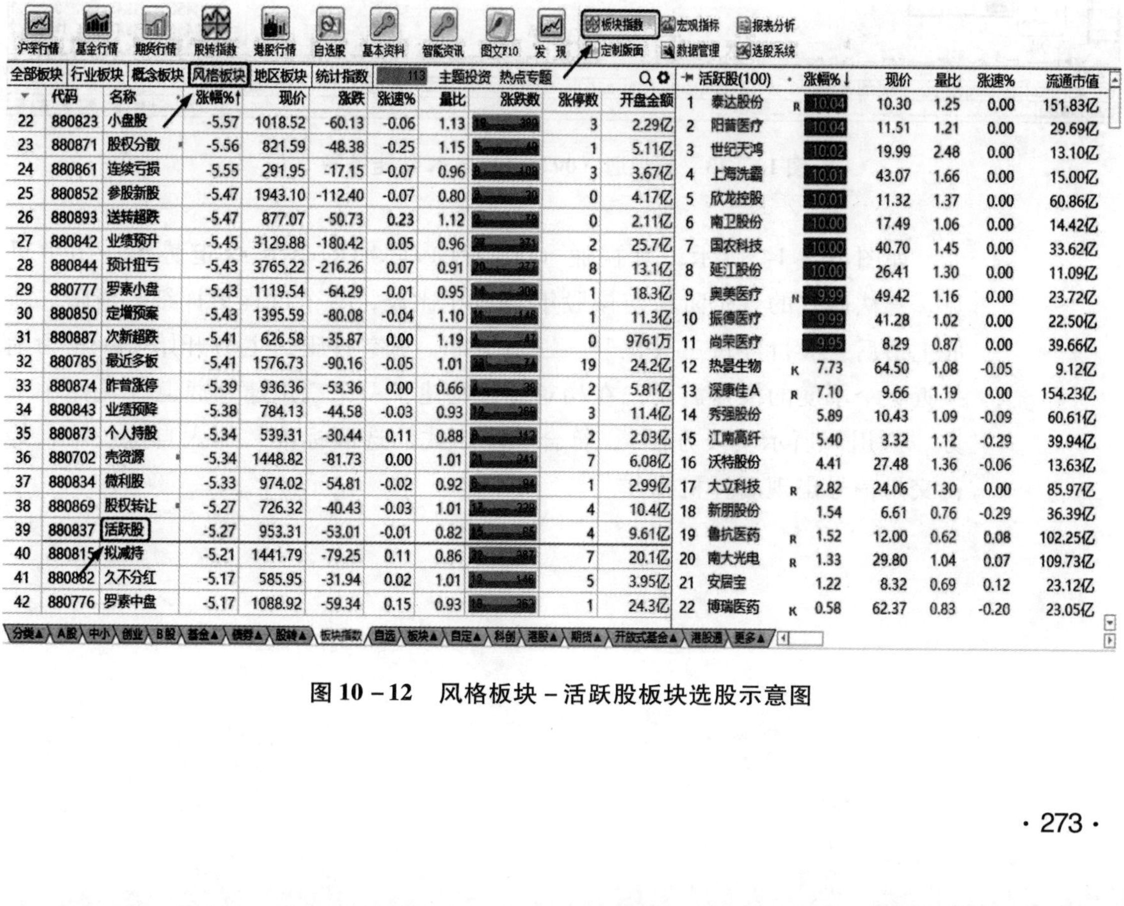

图 10－12 风格板块－活跃股板块选股示意图

后，明显可以看到主力在底部三川建仓的痕迹（见图中下方“三川”所示实线方框），并且股价以实体阳线向上突破三川建仓通道上轨。分析周期越大，稳定性越高。由此可以判断，股价当前处于三川震荡市，具体建仓情况需要经过该股季 K 线进行进一步确认。

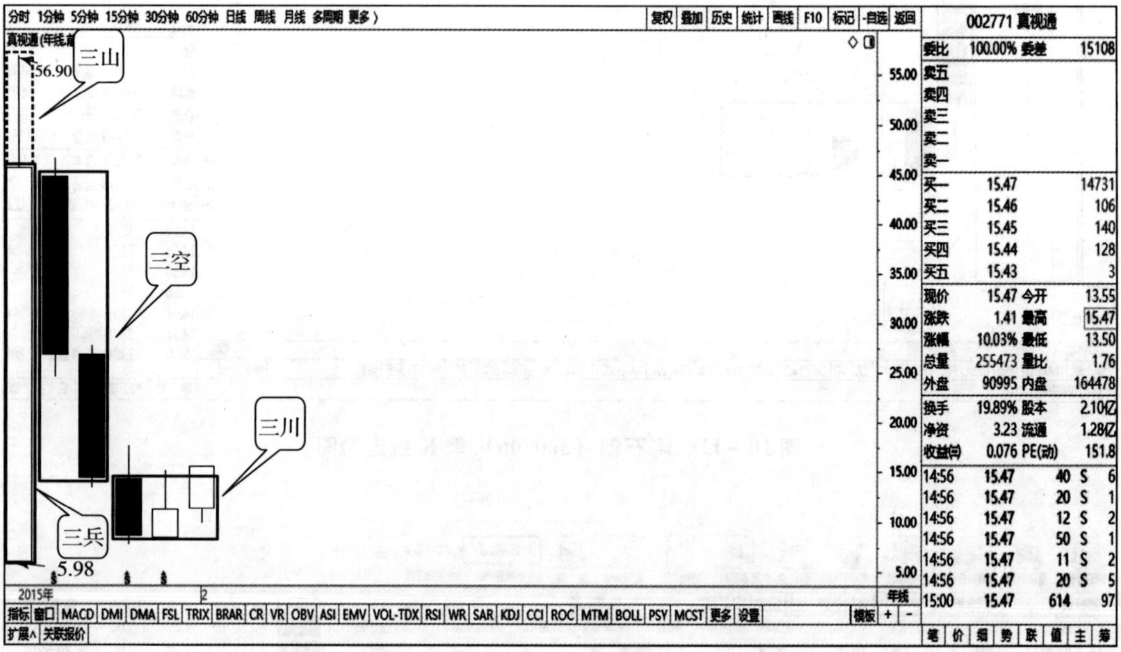

图 10－13　真视通（002771）年 K 线走势图

如图 10－14 所示，真视通（002771）同期的季 K 线走势图。图中可见，三法四式的各个阶段与该股年 K 线相比较，整个过程更详细、清晰。新股上市后，股价经过三兵拉升、三山出货、三空打压，主力开始了一轮为期接近 9 个季度的横盘震荡，在相对低位构建了一个三川建仓通道（见图中下方“三川”所示实线方框），符合三法四式的选股标准，加入自选股中，等待交易信号出现后择机操作。

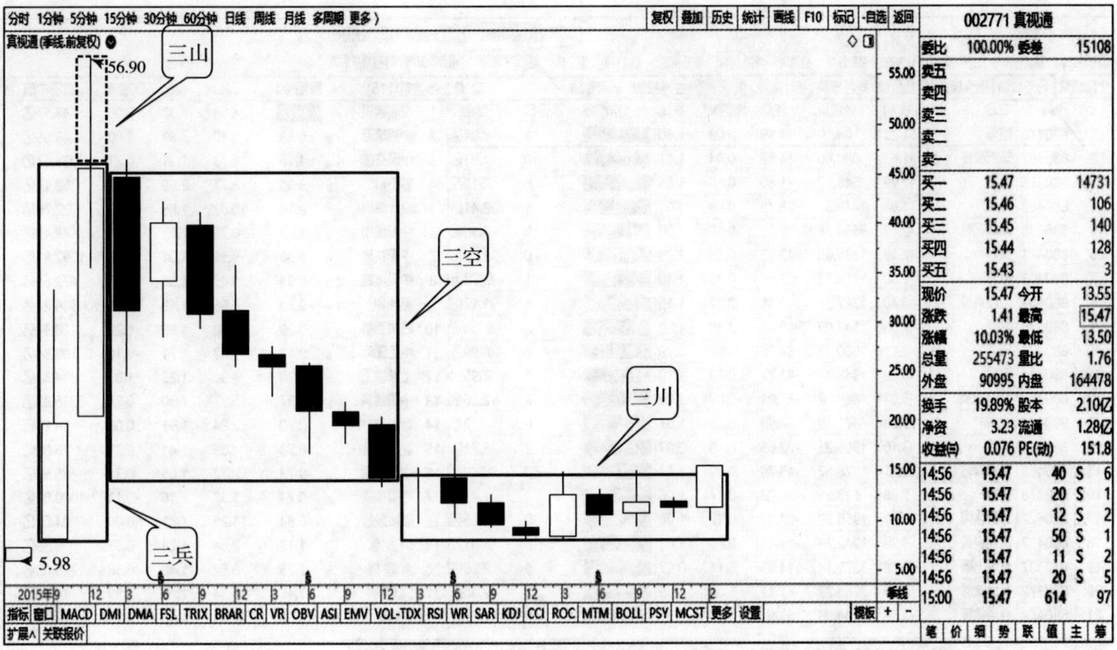

图 10－14　真视通（002771）季 K 线走势图

第二节
板块形态选股

板块形态选股，是根据板块指数的 K 线形态，对目标股票进行筛选的一种选股方式。板块指数，与大盘指数的市场意义是一样的，板块指数的 K 线形态，一定程度上反映了该板块内绝大多数个股的运行状态，这给投资者根据三法四式选取股票提供了可靠的依据。下面，以“行业板块”进行讲解，其他板块类似。

如图 10－15 所示，为板块形态选股示意图。依次点击“板块指数”—“行业板块”，然后逐个点击各分类行业板块，依次查看其板块指数 K 线形态是否符合三法四式，如果符合，那么就在该行业板块内进一步筛选出 K 线形态符合三法四式的个股。

如图 10－16 所示，为半导体板块指数（880491）2005 年至 2020 年 2 月的年 K 线走势图。图中可见，该板块指数已经形成了一个 6 年的三川形

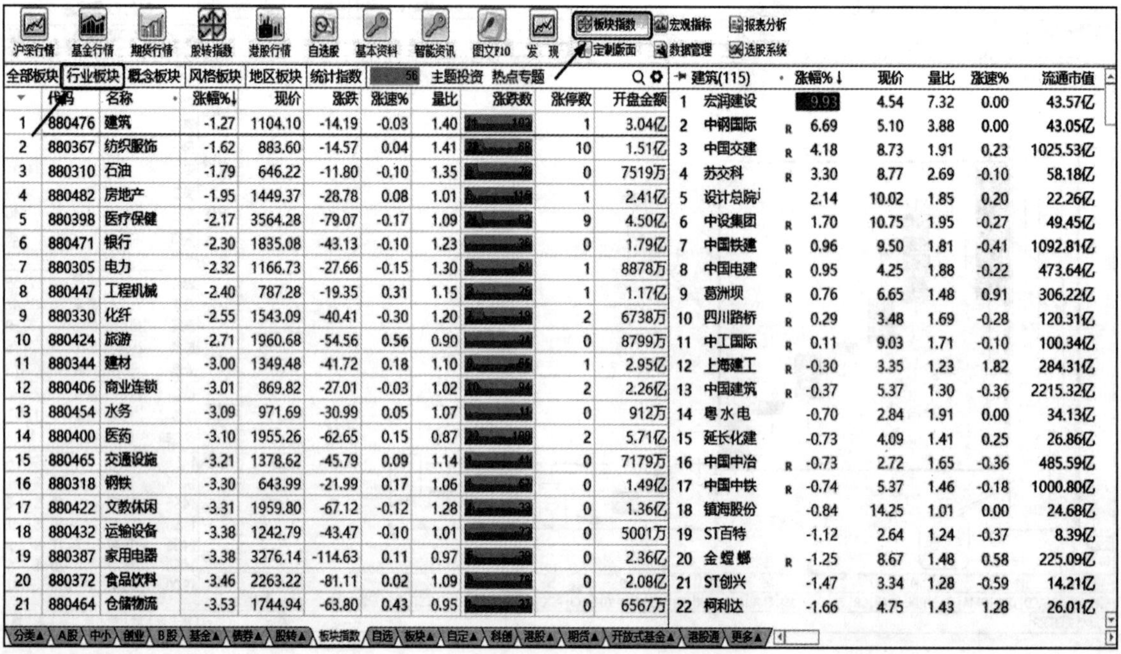

图 10－15　板块形态选股示意图

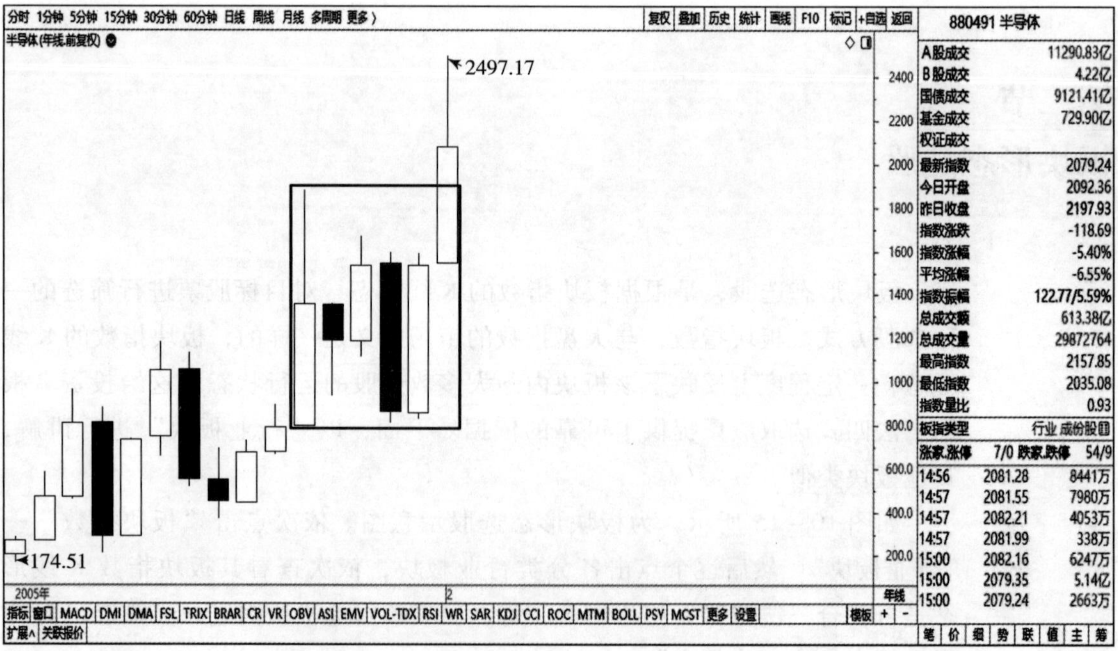

图 10－16　半导体板块指数（880491）年 K 线走势图

态，并且已经有效突破了历史高位。很明显，该板块指数形态明显优于上证指数形态。板块指数的形态也充分说明该板块的市场关注度很高，属于热点板块，因此我们可以把该板块作为选股的大目标之一，然后再在该板块内选取符合三法四式的个股。

如图 10－17 所示，三安光电（600703）1996 年至 2020 年 2 月的年 K 线走势图。该股是在“半导体”版块中根据三法四式选出的个股。图中可见，经过接近 4 年的震荡，该股已经完成了年 K 线三川的构建，股价突破历史高位后已经创出新高。目前来看，股价正处于关键位置的充分换手阶段，换手完毕之后，股价即将迎来三兵拉升的牛市阶段，因此，它符合三法四式的选股要求，故加入自选股中，根据看大做小的技巧，等待交易信号出现之后，择机进场参与。

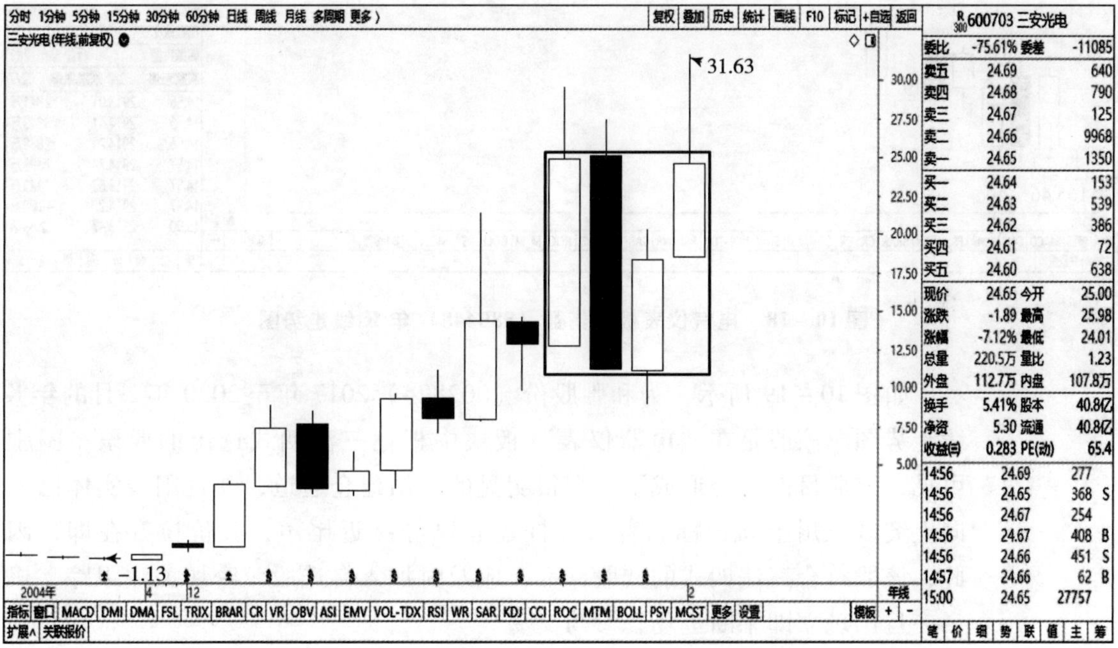

图 10－17　三安光电（600703）年 K 线走势图

如图 10－18 所示，为电气仪表板块指数（880448）2005 年至 2020 年 2 月的年 K 线走势图。图中可见，该板块指数已经形成了一个明显的三川形态，虽然 K 线实体暂时回撤于三川以内，但是趋势正在逐渐形成中。就该板块指数 K 线形态本身而言，其走势是优于大盘指数的，说明该板块内绝大多数个股的走势是领先于大盘指数的。板块指数之所以能够领先于大盘指数，是因为该板块内绝大多数个股先于大盘指数完成了三法四式中的三川阶段，也正因为如此，该板块自然而然就会得到市场更多的关注和资金的追捧，继而成为热点板块。所以，板块指数的强势形态为我们选股指明了正确的方向，极大缩小了选股的范围。

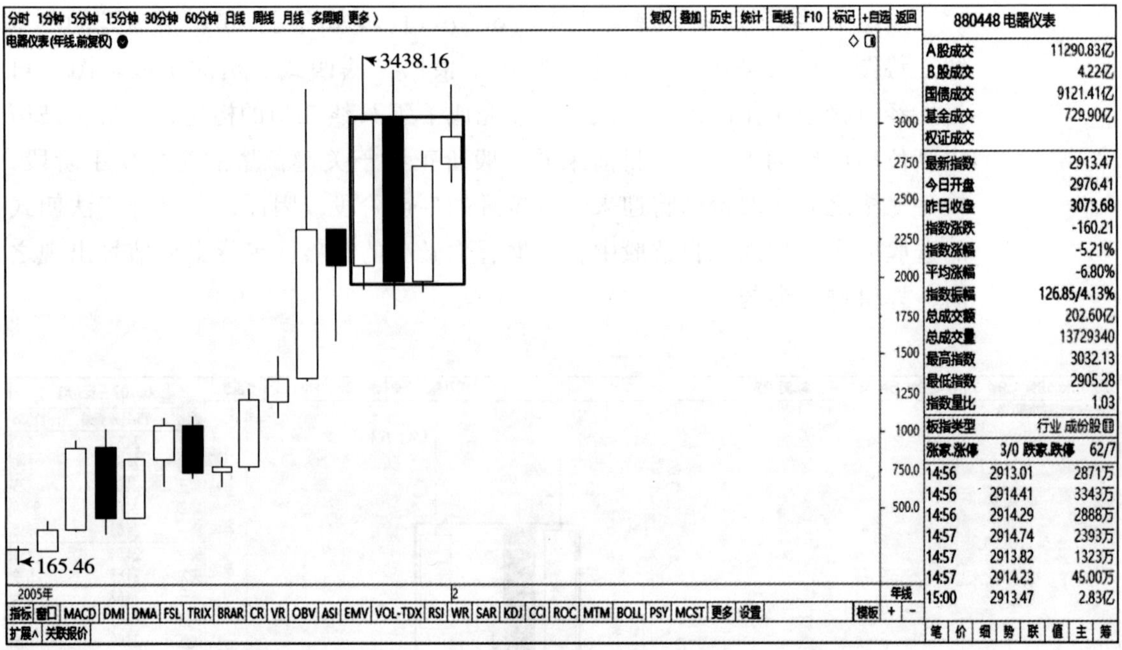

图 10－18　电气仪表板块指数（880448）年 K 线走势图

如图 10－19 所示，为和胜股份（002824）2017 年至2020 年2 月的年 K 线走势图。该股是在“电器仪表”板块中根据三法四式选出的股票，图中可见，该股目前已经形成了一个很明显的三川建仓通道，并且阳线实体已经向上突破三川上轨，标志着阶段性建仓已经接近尾声，股价拉升在即，因此，该股符合三法四式的选股标准，应及时加入自选股，密切关注跟踪，机会一旦出现立即果断进场，参与交易。

如图 10－20 所示，为华工科技（000988）2000 年至2020 年2 月的年 K 线走势图。这是根据三法四式在“电气仪表”板块中选出的另一只符合要求的股票，图中可见，一个明显的三川建仓通道已经形成，且右侧股价两次向上突破通道上轨。虽然股价暂时回撤于三川通道以内，但是该股大的趋势已经形成，三川震荡市接近尾声，三兵牛市就在眼前。我们预判，该位置股价经过充分换手之后，近期就会步入三兵拉升阶段，所以该股符合三法四式的选股要求，应及时加入自选股，密切关注跟踪股价动向，交易信号一旦出现，立即进场参与。

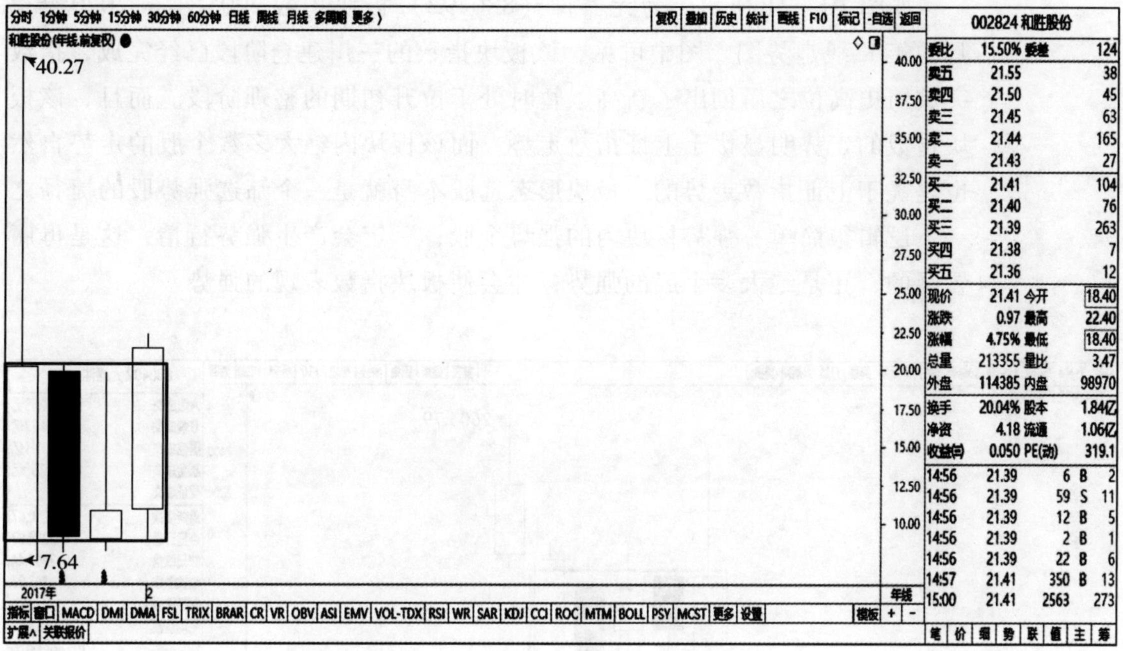

图 10－19 和胜股份（002824）年 K 线走势图

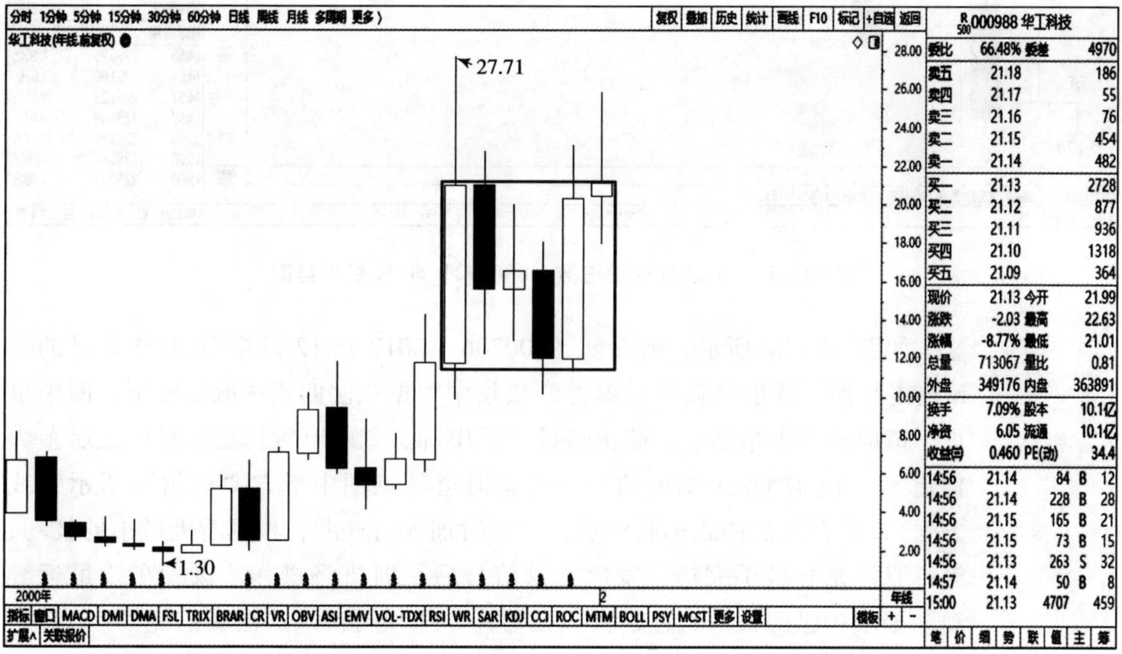

图 10－20 华工科技（000988）年 K 线走势图

如图 10－21 所示，为元器件（880492）板块指数 2005 年至 2020 年 2 月的年 K 线走势图。图中可见，该板块指数的三川建仓阶段已经完成，指数突破历史高位之后创出了新高，暂时处于拉升初期的整理阶段。而且，该板块指数的走势明显优于上证指数走势，而该板块内绝大多数个股的走势自然也是优于上证指数走势的。板块形态选股本身就是一个筛选强势股的捷径之一，逻辑很简单，强势板块内的强势个股，一定会产生强势行情，这是毋庸置疑的，正是绝大多个股的强势，才会使板块指数表现的强势。

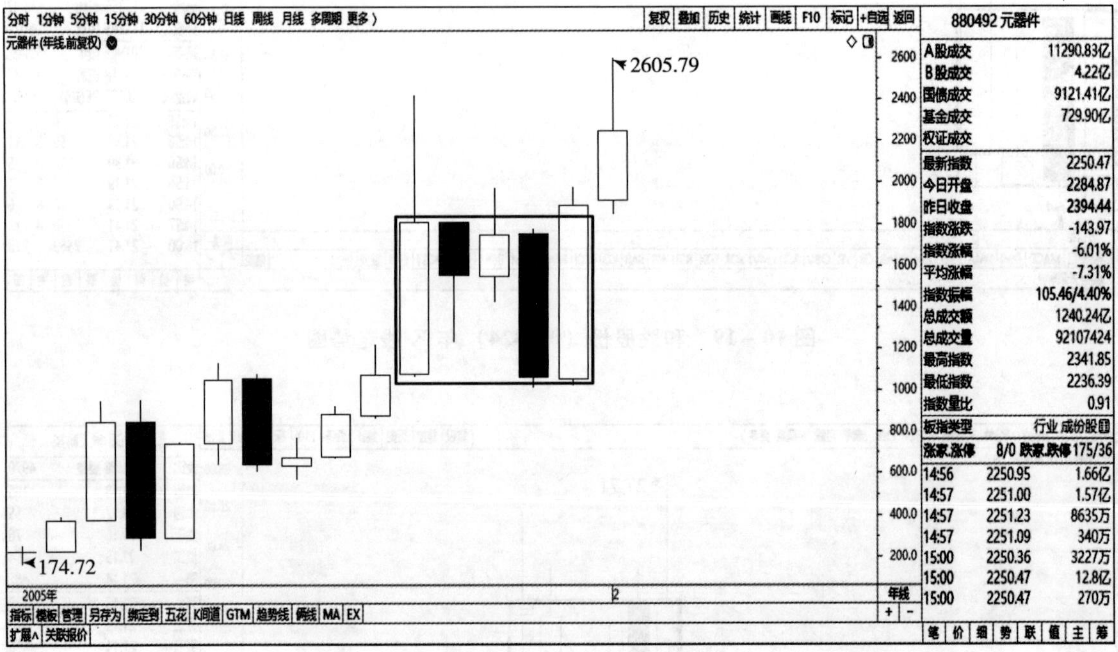

图 10－21　元器件板块指数（880492）年 K 线走势图

如图 10－22 所示，阿石创（300706）2017 年 12 月至 2020 年 2 月的季 K 线走势图。该股是在“元器件”板块中根据三法四式选取的股票，图中可见，该股新股上市之后，股价经过三兵拉升、三山出货、三空打压之后主力构建了一个为期 6 个季度的三川建仓通道（见图中下方“三川”所示实线方框），符合三法四式选股要求，应及时加入自选股，根据看大做小的技巧，等待股价充分换手完毕，发出交易信号后及时进场操作。该股在“最近异动”板块中已经被选到过，在“元器件”板块再次入选也属正常。

如图 10－23 所示，为医疗保健板块指数（880398）2005 年至 2020 年 2 月的年 K 线走势图。图中可见，该板块指数已经完成了三川阶段的建仓过程，并且阳线实体开始向上突破三川建仓通道上轨，标志着该板块三川震荡

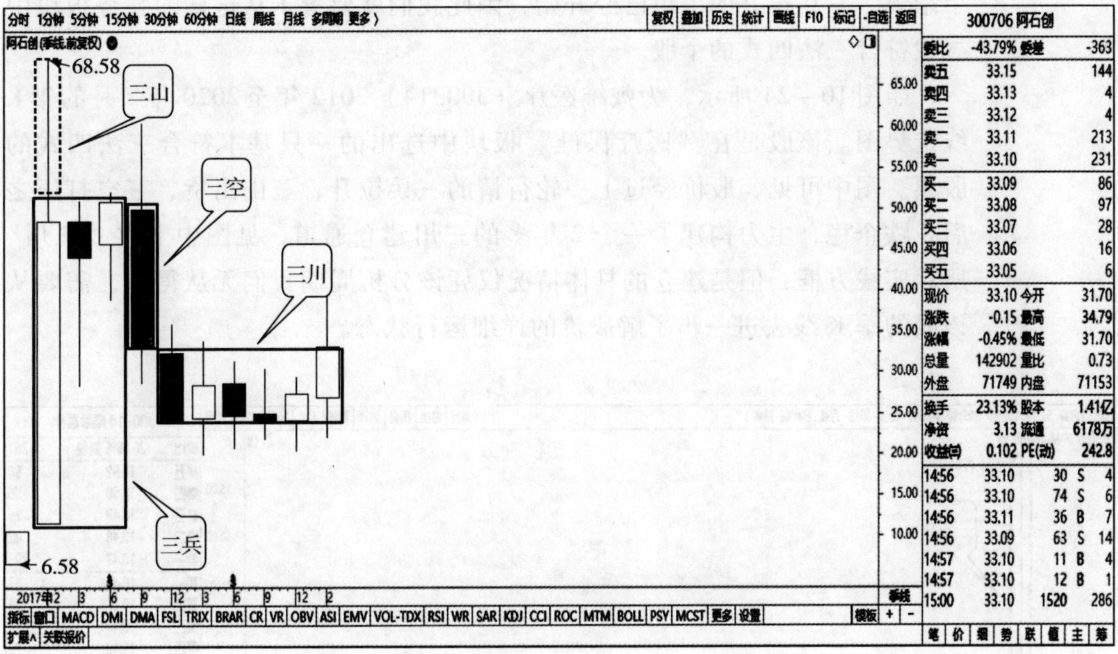

图 10－22 阿石创（300706）季 K 线走势图

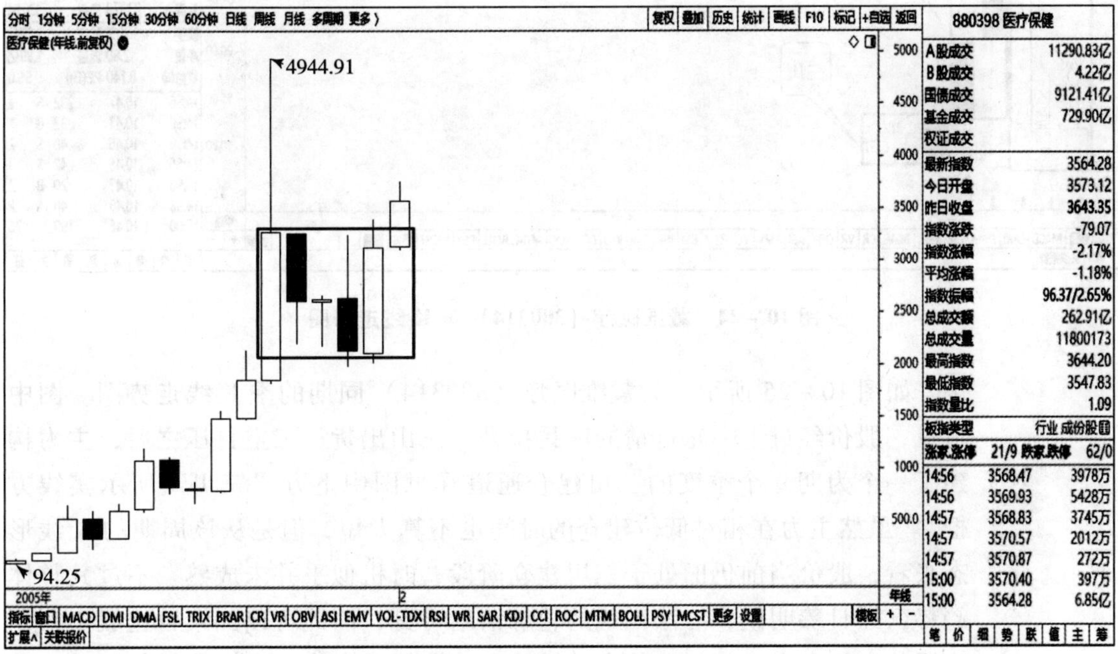

图 10－23 医疗保健板块指数（880398）年 K 线走势图

市结束，三兵拉升的牛市已经开始，因此我们就要善于从这样的强势板块中寻找符合三法四式的个股。

如图 10－24 所示，为戴维医疗（300314）2012 年至 2020 年 2 月的年 K 线走势图。该股是在“医疗保健”板块中选出的一只基本符合三法四式的股票。图中可见，股价经过上一轮行情的三兵拉升、三山出货、三空打压之后止跌企稳，主力构建了一个 2 年多的三川建仓通道，见图中下方“三川”所示实线方框，但是建仓的具体情况仅凭该分析周期我们无从得知，需要从该股的季 K 线去进一步了解股价的详细运行状态。

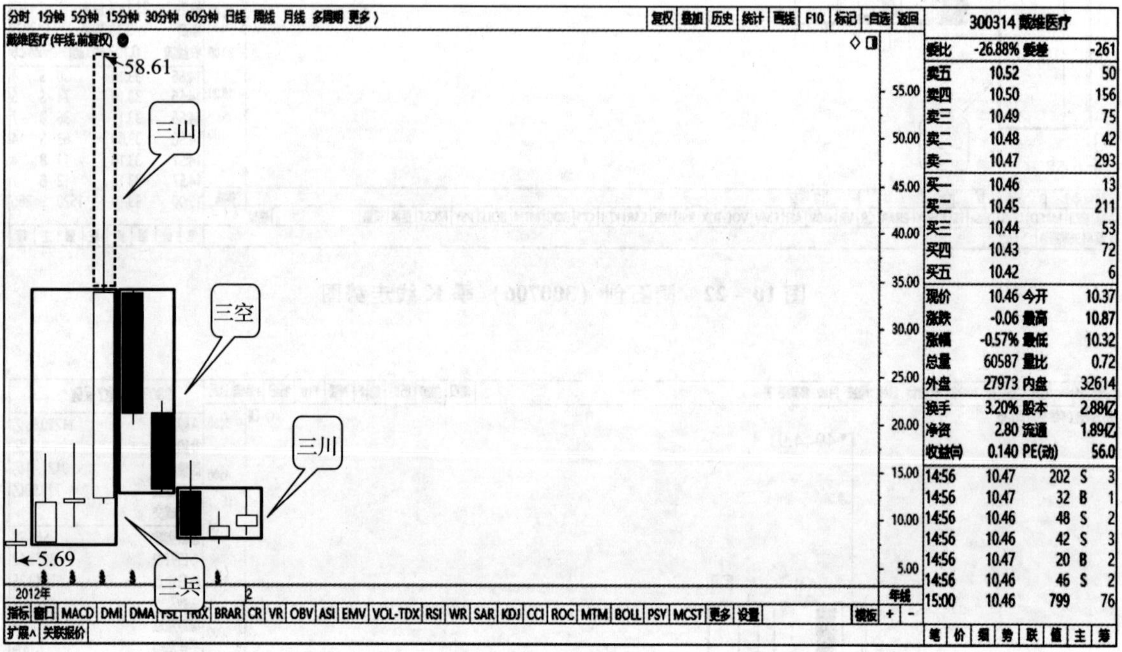

图 10－24　戴维医疗（300314）年 K 线走势图

如图 10－25 所示，为戴维医疗（300314）同期的季 K 线走势图。图中可见，股价经过上一轮行情的三兵拉升、三山出货、三空打压之后，主力构建了一个为期 9 个季度的三川建仓通道（见图中下方“三川”所示实线方框）。虽然主力在相对低位建仓的时间也不算太短，但是从该周期的 K 线形态来看，股价当前仍旧处于三川建仓阶段，时机似乎并未成熟。不过其整体趋势已经日臻明朗，三法四式的轮廓清晰可见，因此可以加入自选股中，作为跟踪学习参考，等待股价在关键位置充分换手完毕，发出交易信号后，及时进场参与交易。

如图 10－26 所示，为华大基因（300676）2017 年 9 月至 2020 年 2 月

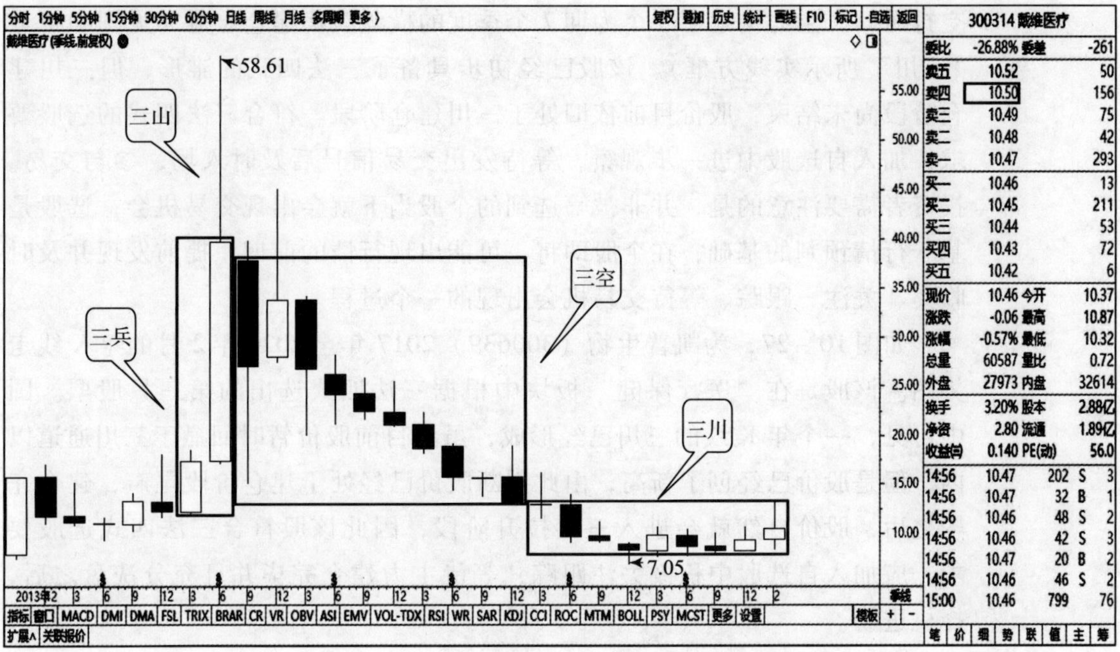

图 10－25　戴维医疗（300314）季 K 线走势图

的季 K 线走势图。该股是在“医疗保健”板块中选出的另一只符合三法四式的股票。图中可见，该股新股上市后，股价经过三兵拉升、三山出货、三

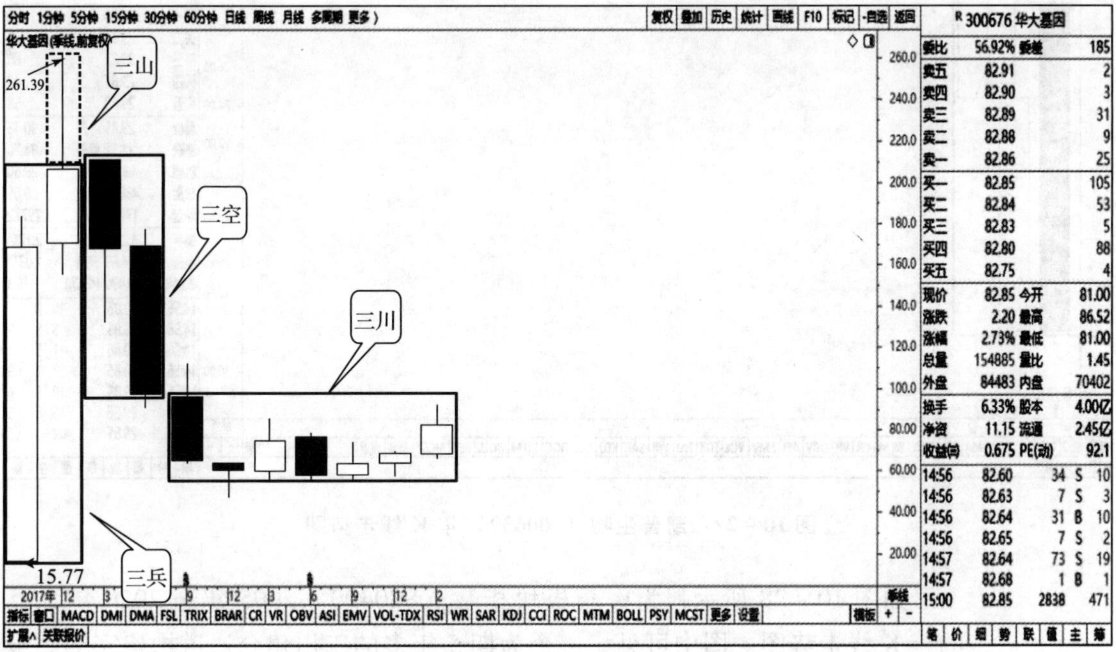

图 10－26　华大基因（300676）季 K 线走势图

空打压后，主力构建了一个为期 7 个季度的横盘震荡建仓通道（见图中下方“三川”所示实线方框）。该股已经初步具备了三法四式的雏形，但三川建仓阶段尚未结束，股价目前依旧处于三川建仓阶段。符合三法四式的选股要求，加入自选股中进一步观察，等待发出交易信号后及时入场，参与交易。投资者需要注意的是，并非被筛选到的个股当下就会出现交易机会，选股是基于行情预判的基础，在个股即将、可能出现行情的前期，提前发现并及时收集、关注、跟踪、等待交易机会出现的一个过程。

如图 10－27，为凯普生物（300639）2017 年至2020 年2 月的年 K 线走势图。该股是在“医疗保健”板块中根据三法四式选出的第三只股票。图中可见，一个年 K 线的三川已经形成，虽然目前股价暂时回撤于三川通道以内，但是股价已经创了新高，由此判断股价已经处于建仓阶段尾声，建仓完毕之后，股价自然就会进入三兵拉升阶段，因此该股符合三法四式选股要求，应加入自选股中积极关注跟踪，等待主力建仓完毕并且充分洗盘之后，择机进场。

图 10－27　凯普生物（300639）年 K 线走势图

如图 10－28 所示，为医药板块指数（880400）2005 年至 2020 年 2 月的年 K 线走势图。图中可见，一个为期 5 年多的三川建仓通道构建完毕。虽然指数目前回撤三川以内，但是期间向上突破了通道上轨，且形态明显优于

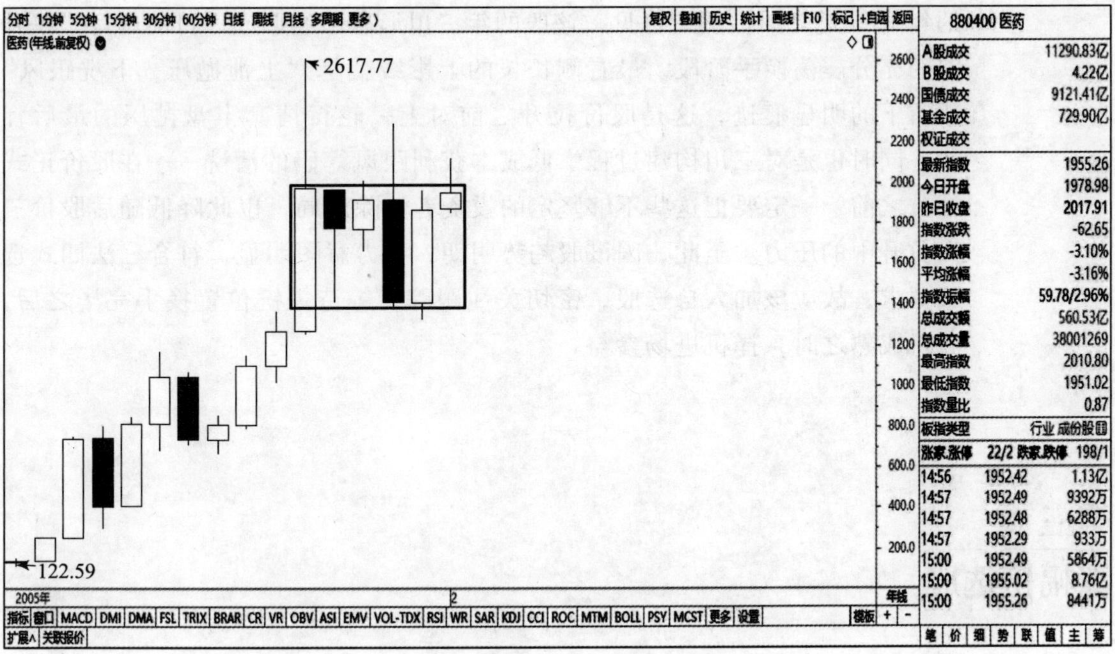

图 10－28　医药板块指数（880440）年 K 线走势图

上证指数，由此判定该板块也是个强势板块，应作为目标板块重点关注。

如图 10－29 所示，为众生药业（002317）2009 年 12 月至 2020 年 2 月

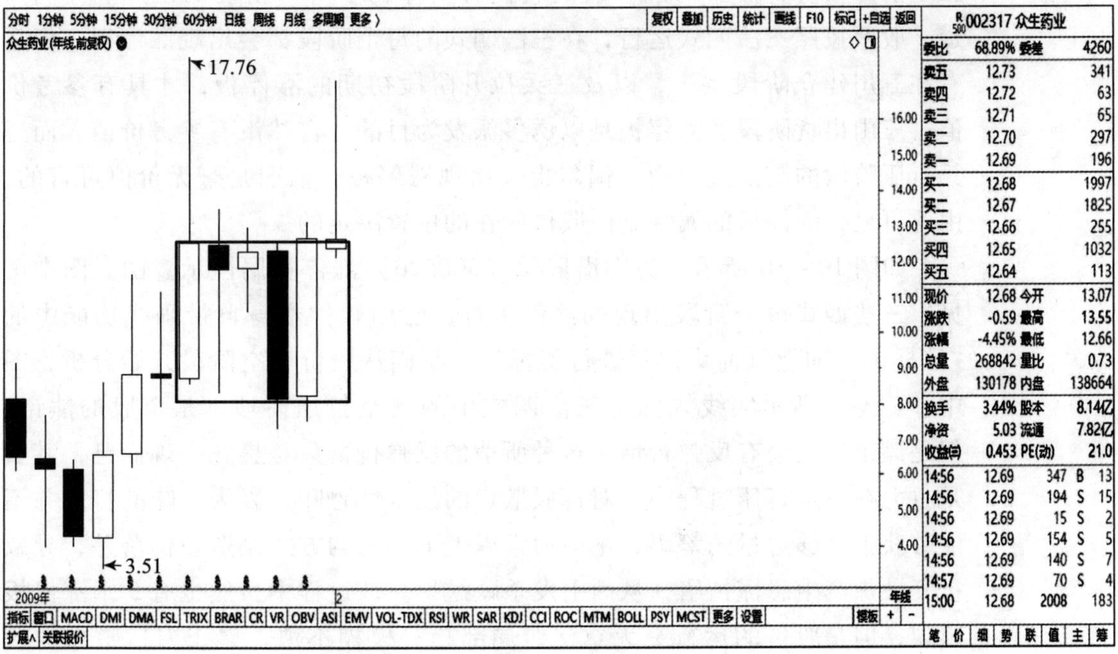

图 10－29　众生药业（002317）年 K 线走势图

的年K线走势图。图中可见，该股的年三川形态已经形成，目前运行于拉升前的充分震荡换手阶段，最右侧长长的上影线就是“上泄抛压，下洗跟风”所留下的明显痕迹，这是股价拉升之前对上一轮行情套牢盘抛压的最后释放，同时也是对三川构建过程中低成本获利跟风筹码的清洗——在股价正式拉升之前，一定要把这些不够坚定的投资者清除出局，以此降低随后股价三兵拉升中的压力。至此，因该股趋势明朗，主力意图明显，符合三法四式选股要求，故应该加入自选股，密切关注跟踪，等待关键位置换手完毕之后，时机成熟之时，择机进场参与。

第三节 涨幅榜选股

沪深A股涨幅排名，俗称涨幅榜，沪深A股两市当日涨停的个股都会在涨幅榜依次显示。说到涨停板，所有投资者都不陌生，但是，并非所有当日涨停的股票都有参考价值，这就牵涉到涨停板属性的问题。在根据涨幅榜选股之前，投资者需要对涨停板的属性有具体的了解与正确的认知。我们知道，股票按照三法四式运行，在三法四式的每个阶段都会出现涨停板，但只有在三川建仓阶段尾声，以及三兵拉升阶段初期的涨停板，才具有参考价值。三山出货阶段的涨停板是以诱多派发为目的，自然没有参考价值，而三兵打压阶段的震荡过程中，偶尔也会出现涨停板，依旧是毫无价值可言的，由此可见，涨停板的属性是由股价所在的位置决定的。

如图10-30所示，为中潜股份（300526）涨停板属性示意图。图中可见，三法四式每个阶段出现的涨停板都，已用软件本身自带画线功能中的“涨标记”向上红箭头逐一进行了标记。我们从股价三空阶段开始分析，图中“三空”所示实线方框是三法四式中的三空打压阶段，是个股的熊市，但是熊市中也会有反弹行情，这种所谓的反弹行情只是昙花一现而已，其实是主力在三空打压过程中，对持股散户的技术性恐吓，因为一味的打压并不能够获得足够数量的筹码，主力通常以上下震荡的方式制造股价落差，导致被套散户产生恐慌情绪，从而引发杀跌抛售。该过程中虽然也有5个涨停板出现，但是股价的运行毫无章法，局部趋势模糊不清，属于刀口嗜血的行情，即便精明的短线投机者在此期间也很难实现获利，因此该阶段涨停板的属性是“三空板”。

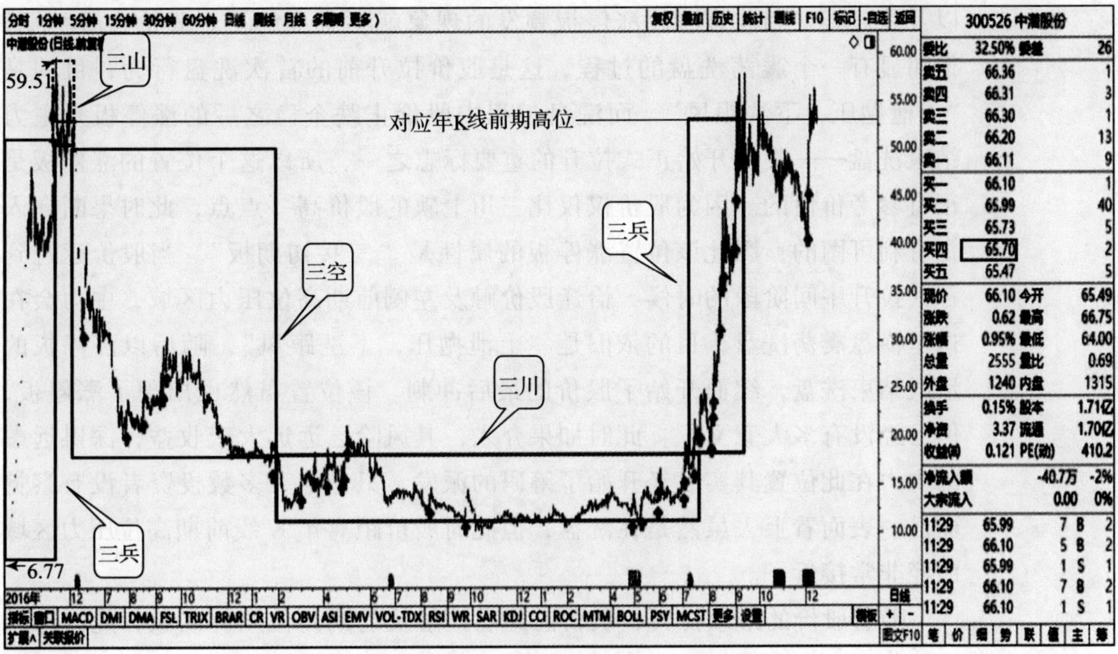

图 10－30 中潜股份（300526）涨停板属性示意图

三川阶段，股价震荡中止跌企稳，见图中下方“三川”所示实线方框。建仓初期，主力故技重演，依旧采取三空阶段同样的震荡手法，反复制造价差，引发恐慌抛售，从而收集大量廉价筹码，而此时同样也会出现涨停板，见图中三川阶段方框右侧所示，这属于三川建仓通道内的拉高建仓，并非股价实质性的拉升，该位置同样不能介入，因为在这个阶段同样也是很难获利的，因此该位置涨停板的属性是“三川初期板”。随着建仓过程不断深入并逐步接近尾声，主力在该过程中收集到了足够多的廉价筹码，此时涨停板逐渐增多。但在股价结束建仓过程之前，主力依旧会制造震荡，以此促进浮筹间的充分换手，逐步提高市场成本。并且，频繁出现涨停板还会引起市场的关注，为接下来的三兵拉升积聚人气。尤其是通道右侧三川上轨附近出现的涨停板，标志着该股建仓过程的全面结束，这是股价拉升前的号角，因此该位置涨停板的属性是“三川末期板”。这个位置的涨停板对投资者来说，是具备极大参考价值的，我们通过分析该股的涨停板，及时发现股价当下运行于三法四式的哪个阶段，并且对股价的趋势，及时做出正确的判断。如果符合三法四式的选股要求，则需要加入自选，密切关注跟踪股价实时走向。

三兵拉升阶段（见图中右侧“三兵”实线方框所示），通常情况下，该阶段是涨停板出现最多的区域，因为这是三川震荡市结束之后的三兵牛市阶段，该阶段主要任务就是拉升股价。无疑，拉升股价最快的方式就是大阳线以及涨停板，因此该阶段涨停板频发的现象就不难理解了。股价拉升初期，很明显有一个震荡洗盘的过程，这是股价拉升前的首次洗盘行为，目的是“上泄抛压，下洗跟风”，而洗盘过程中股价止跌企稳之后的涨停板是主力结束洗盘——股价开始正式拉升的重要标志之一，所以这个位置的涨停板是很有参考价值的。因为股价仅仅比三川上轨的股价高一点点，此时果断介入是有利可图的，因此该位置涨停板的属性是“三兵初期板”。当股价运行到三兵拉升中间阶段的时候，恰逢股价触及左侧前期高位压力区域，主力会在这里横盘震荡洗盘，目的依旧是“上泄抛压，下洗跟风”，随后以涨停板的形式结束洗盘，继而开始了股价的最后冲刺。该位置虽然也出现了涨停板，但已经没有多大意义了，此时如果介入，其风险已远远大于收益，深谋远虑的主力在此位置其实已经开始了筹码的派发，只是绝大多数投资者没有察觉而已。表面看上去虽然是在洗盘，但此时股价距离年 K 线前期高位压力区域已经非常接近了。

随着股价的继续拉升，股价已经明显触及前期高位压力区域，此时涨停板的作用不言而喻：股价高位震荡，主力诱多出货。由于该位置处于三法四式中的三山出货阶段，因此该位置涨停板的属性为“三山出货”板。

综上所述，我们可以得出以下结论：位置决定涨停板的属性，涨停板的属性决定涨停板的价值。结合三法四式可以发现，三川建仓末期的涨停板以及三兵拉升初期的涨停板是最具参考价值的，因此，涨停板的属性对我们根据涨幅榜选股具有十分重要的意义。

打开软件，键入快捷键“60”然后点击回车键，出现如图 10－31 所示界面，该图为 2020 年 2 月 28 日星期五的涨幅榜示意图。对涨幅榜复盘时发现，上海洗霸（603200）符合三法四式选股条件。

如图 10－32 所示，为上海洗霸（603200）年 K 线走势图。根据其涨停板所需位置，我们发现该股第三川已经成型，股价当下运行于三川通道上轨，更为详尽的过程，我们需要参照年 K 线以下的周期。

如图 10－33 所示，为该股的季 K 线走势图。图中可见，主力构建了一个为期 12 季度的三川建仓通道，并且阳线实体向上突破了三川上轨。

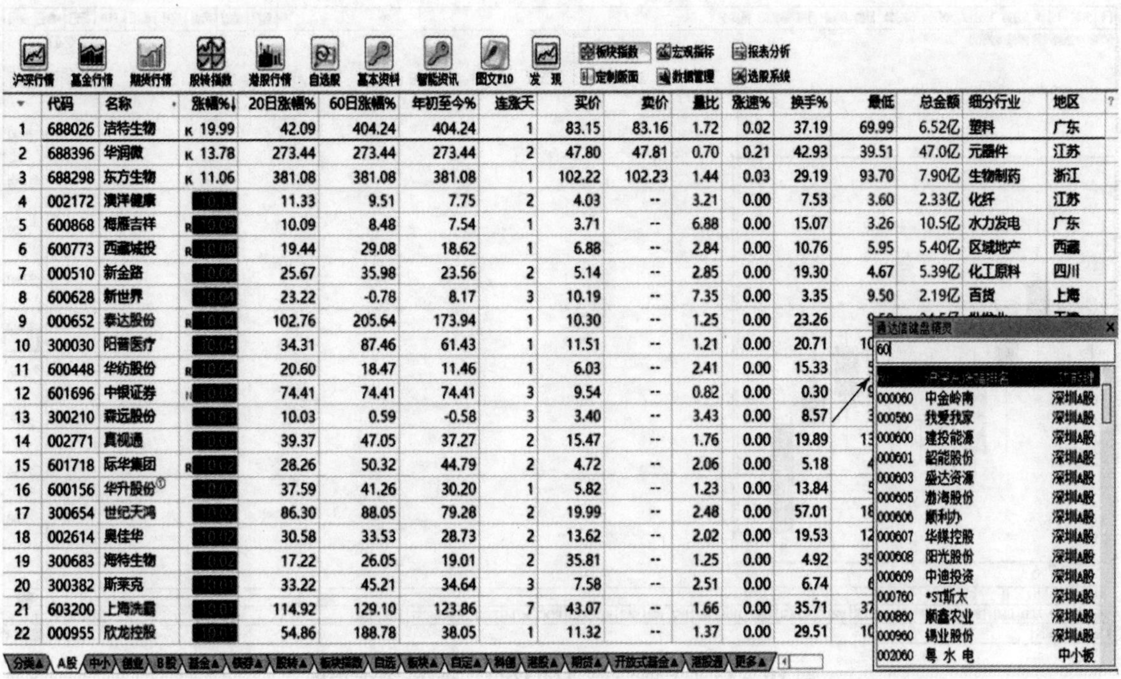

	代码	名称	涨幅%↓	20日涨幅%	60日涨幅%	年初至今%	连涨天	买价	卖价	量比	涨速%	换手%	最低	总金额	细分行业	地区
1	688026	洁特生物	K 19.99	42.09	404.24	404.24	1	83.15	83.16	1.72	0.02	37.19	69.99	6.52亿	塑料	广东
2	688396	华润微	K 13.78	273.44	273.44	273.44	2	47.80	47.81	0.70	0.21	42.93	39.51	47.0亿	元器件	江苏
3	688298	东方生物	K 11.06	381.08	381.08	381.08	1	102.22	102.23	1.44	0.03	29.19	93.70	7.90亿	生物制药	浙江
4	002172	澳洋健康	10.11	11.33	9.51	7.75	2	4.03	--	3.21	0.00	7.53	3.60	2.33亿	化纤	江苏
5	600868	梅雁吉祥	R 10.09	10.09	8.48	7.54	1	3.71	--	6.88	0.00	15.07	3.26	10.5亿	水力发电	广东
6	600773	西藏城投	R 10.08	19.44	29.08	18.62	1	6.88	--	2.84	0.00	10.76	5.95	5.40亿	区域地产	西藏
7	000510	新金路	10.06	25.67	35.98	23.56	2	5.14	--	2.85	0.00	19.30	4.67	5.39亿	化工原料	四川
8	600628	新世界	10.04	23.22	-0.78	8.17	3	10.19	--	7.35	0.00	3.35	9.50	2.19亿	百货	上海
9	000652	泰达股份	R 10.04	102.76	205.64	173.94	1	10.30	--	1.25	0.00	23.26	9			
10	300030	阳普医疗	10.04	34.31	87.46	61.43	1	11.51	--	1.21	0.00	20.71	10			
11	600448	华纺股份	R 10.04	20.60	18.47	11.46	1	6.03	--	2.41	0.00	15.33	5			
12	601696	中银证券	N 10.03	74.41	74.41	74.41	3	9.54	--	0.82	0.00	0.30	9			
13	300210	森远股份	10.03	10.03	0.59	-0.58	3	3.40	--	3.43	0.00	8.57	3			
14	002771	真视通	10.03	39.37	47.05	37.27	2	15.47	--	1.76	0.00	19.89	13			
15	601718	际华集团	R 10.02	28.26	50.32	44.79	2	4.72	--	2.06	0.00	5.18	4			
16	600156	华升股份①	10.02	37.59	41.26	30.20	1	5.82	--	1.23	0.00	13.84	5			
17	300654	世纪天鸿	10.02	86.30	88.05	79.28	2	19.99	--	2.48	0.00	57.01	18			
18	002614	奥佳华	10.02	30.58	33.53	28.73	2	13.62	--	2.02	0.00	19.53	12			
19	300683	海特生物	10.02	17.22	26.05	19.01	2	35.81	--	1.25	0.00	4.92	35			
20	300382	斯莱克	10.01	33.22	45.21	34.64	3	7.58	--	2.51	0.00	6.74	6			
21	603200	上海洗霸	10.01	114.92	129.10	123.86	7	43.07	--	1.66	0.00	35.71	37			
22	000955	欣龙控股	10.01	54.86	188.78	38.05	1	11.32	--	1.37	0.00	29.51	10			

图 10－31　涨幅榜选股示意图

图 10－32　上海洗霸（603200）年 K 线走势图

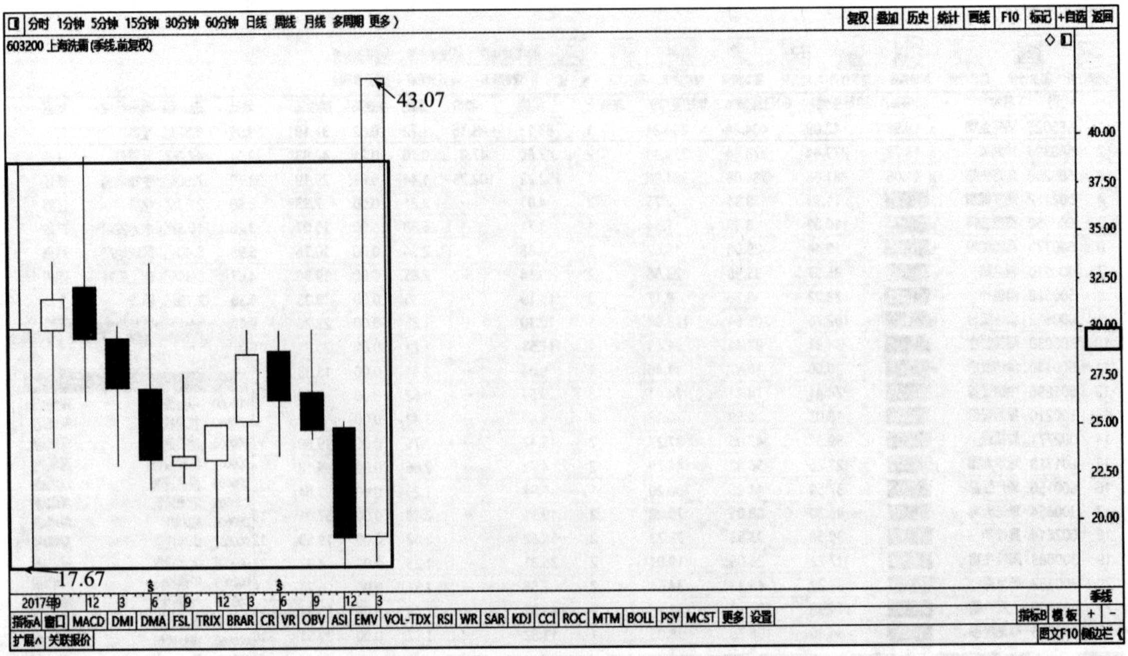

图 10-33　上海洗霸（603200）季 K 线走势图

如图 10-34 所示，为该股的月 K 线走势图，该周期更为详尽的展示了主力三川建仓的全过程，我们知道季 K 线与月 K 线是倍数关系，因此该过

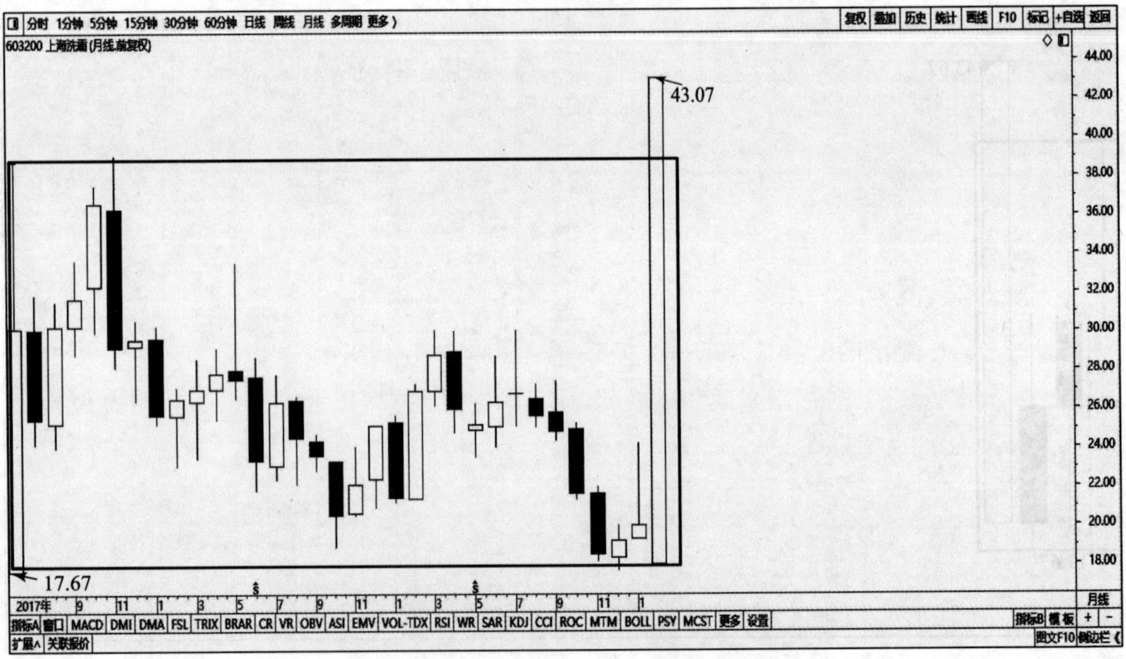

图 10-34　上海洗霸（603200）月 K 线走势图

程由36个月构成，图中阳线实体突破三川上轨。

综合该股年、季、月三个时间周期，根据涨停板所需位置，确定该股符合三法四式选股条件，加入自选股中，耐心等待股价在三川上轨附近充分洗盘换手完毕，发出交易信号后，及时入场参与交易。

第四节 分析周期选股

股票日K线以上的分析周期由小到大分别是：周K线、月K线、季K线、年K线，分析周期越大，交易信号越少，稳定性越高，趋势也就越明显。因此，在每个分析周期即将结束时，及时选出符合三法四式的个股，在下一个周期根据看大做小的操盘技巧择机交易也是一种不错的选股方式，比如周末选股、月末选股、季末选股、年末选股。这种较大分析周期的选股方式，尤其适合那些上班族及时间不够充裕的投资者，不需要频繁的交易，能效减少交易失败的概率。

1. 周末选股

股价周五收盘后，投资者可以利用周六、日的时间，参照个股的周K线走势图，根据三法四式的选股要求，精选出下周可能会出现交易机会的股票。假定选出的股票可以持股一周，那么一个月需要交易四次；如果可以持股两周，那么一个月只需交易两次；如果持股三周以上，那么一个月只需要交易一次就够了。因此，关键是需要在个股的精选上下功夫，杜绝频繁过度交易。

如图10－35所示，为爱乐达（300696）周K线走势图。图中可见，股价经过三空打压之后止跌企稳，如图中实线方框所示，主力于相对低位构建了一个为期8周的三川建仓通道，通道末端，阳线实体开始向上突破三川上轨，标志着建仓过程接近尾声，股价拉升在即，周末选股发现该股符合三法四式选股条件，加入自选并实时跟踪。图中B线箭头所示，为股价于三川通道上轨开盘后，根据看大做小技巧择机买入点。股价小幅洗盘后，开始了周线级别的三兵拉升行情。

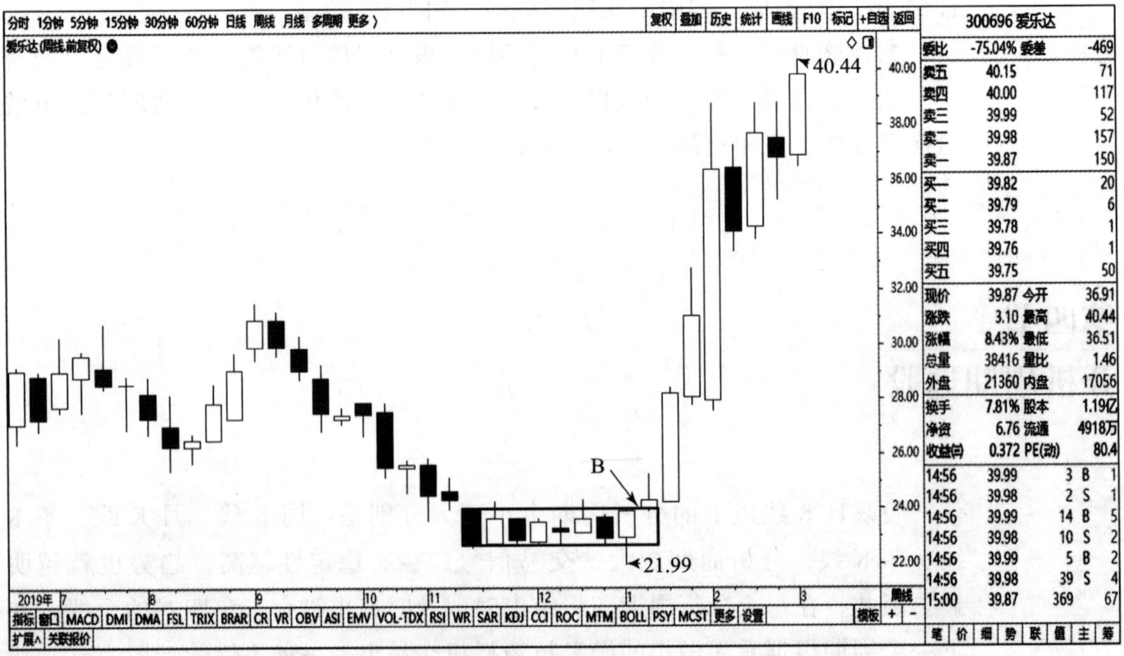

图 10－35　爱乐达（300696）周 K 线走势图

如图 10－36 所示，为日出东方（603366）周 K 线走势图。图中可见，

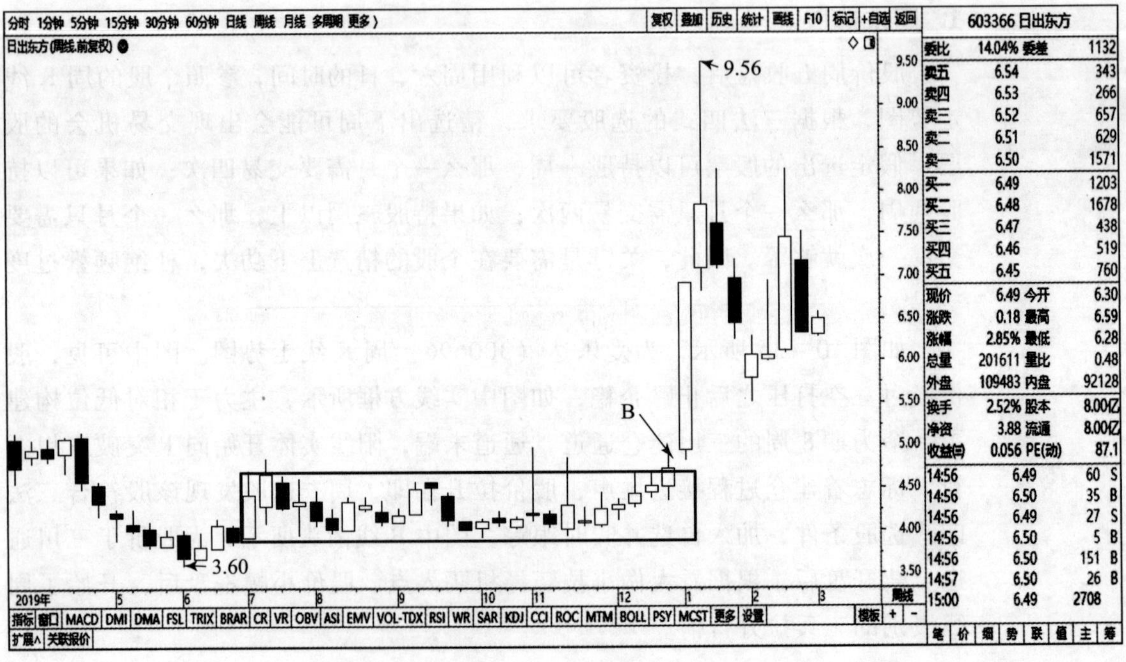

图 10－36　日出东方（603366）周 K 线走势图

股价经过打压之后止跌企稳，构建了一个为期 26 周的三川建仓通道（图中下方实线方框所示），通道末端，股价实体阳线向上突破通道上轨。周末选股发现该股符合三法四式选股要求，加入自选股并跟踪股价实时走势。图中 B 点所示，为股价向上跳空高开于通道上轨，根据看大做小技巧择机买入，并持股到明显压力位置止盈。

如图 10－37 所示，为新天科技（300259）周 K 线走势图。图中可见，股价经过打压之后止跌企稳，构建了一个为期 15 周的三川建仓通道（图中下方实线方框所示），通道末端，股价实体阳线向上突破通道上轨。周末选股时发现该股符合三法四式选股要求，加入自选股并跟踪股价实时走势。图中 B 点箭头所示，为股价高开于通道上轨后小幅回调，并于通道上轨企稳，根据看大做小技巧择机买入后，持股到明显压力位置止获利止盈卖出。

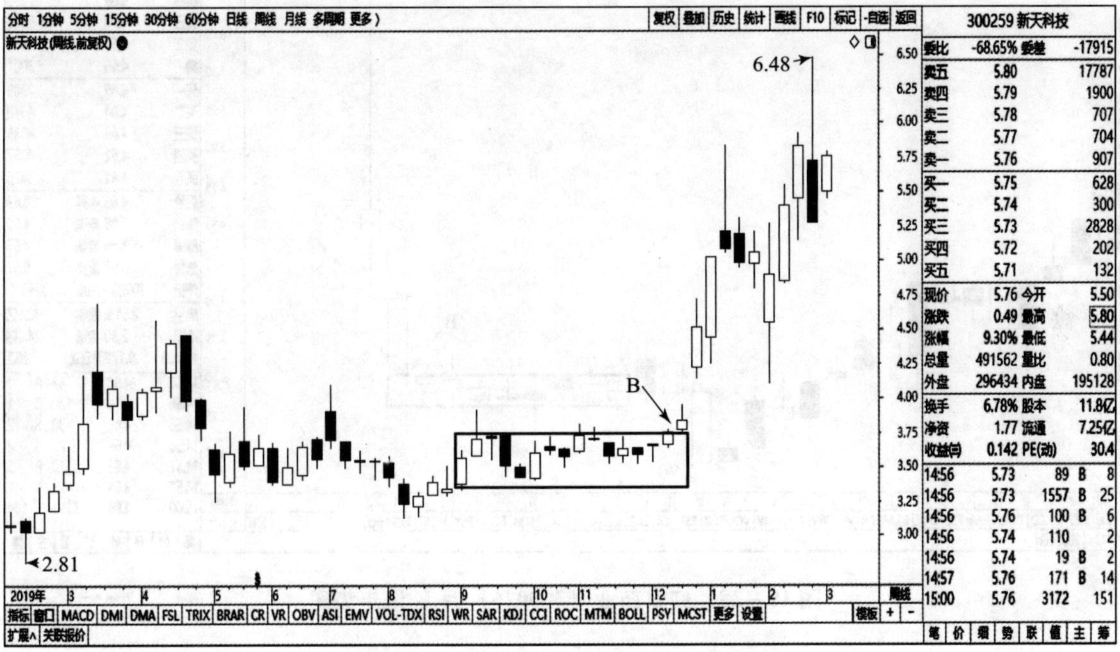

图 10－37　新天科技（300259）周 K 线走势图

2. 月末选股

股价月末收盘后，投资者可以参照个股的月 K 线走势图，根据三法四式的选股要求，精选出下月可能会出现交易机会的股票，择机进行操作。假定选出的股票可以持股一个月，那么一个季度需要交易三次；如果可以持股两个月，那么一个季度只需交易两次；如果持股三个月以上，那么一个季度只需交易一次就足够了。由此可见，选股才是关键，投资者应尽量选取那些趋势清晰明朗、三川建仓时间相对久一些的股票进行操作，尽可能减少交易次数。

如图 10－38 所示，为红日药业（300026）月 K 线走势图。图中可见，股价小幅度拉升后被打压 1 个月，继而构建了一个 8 个月的三川建仓通道，这是一个非常标准的三法四式，右侧倒数第二根 K 线已经向上突破三川上轨，收盘回撤于通道内，次月依旧以小阳线报收，标志着三川建仓阶段已经接近尾声，三兵拉升阶段即将来临，因此该股符合三法四式选股要求，加入自选股，实时跟踪股价走向。图中 B 点箭头所示，股价高开于三川建仓通道上轨，根据看大做小技巧，择机进场参与交易，持股到左侧明显压力位置止盈获利卖出。

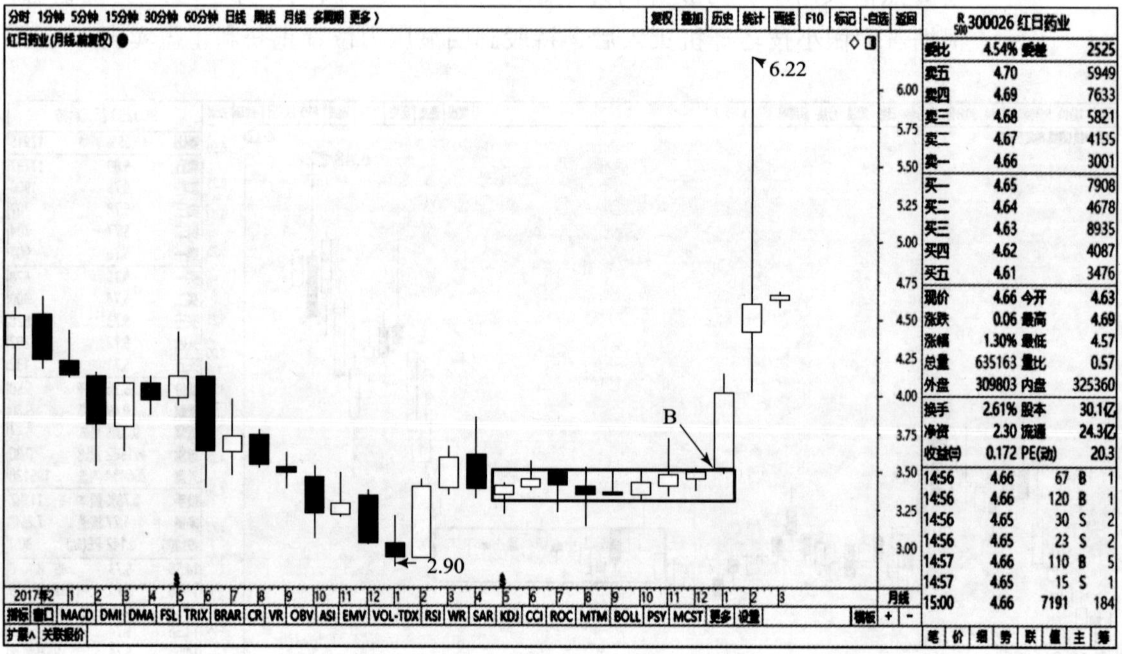

图 10－38　红日药业（300026）月 K 线走势图

如图 10－39 所示，为盈趣科技（300026）月 K 线走势图。图中可见，股价经过三空打压之后止跌企稳，并构建了一个为期 5 个月的三川建仓通道（图中实线方框所示）。投资者不用对 K 线刻意进行技术性合并，也能很容易就能看出这是一个清晰的三法四式结构，符合月末选股要求，加入自选股，实时跟踪股价走向。图中 B 点箭头所示，为股价于三川通道上轨开盘，标志着建仓完毕、拉升开始，同样根据看大做小技巧择机进场参与交易，持股到左侧明显压力位置止盈获利卖出。

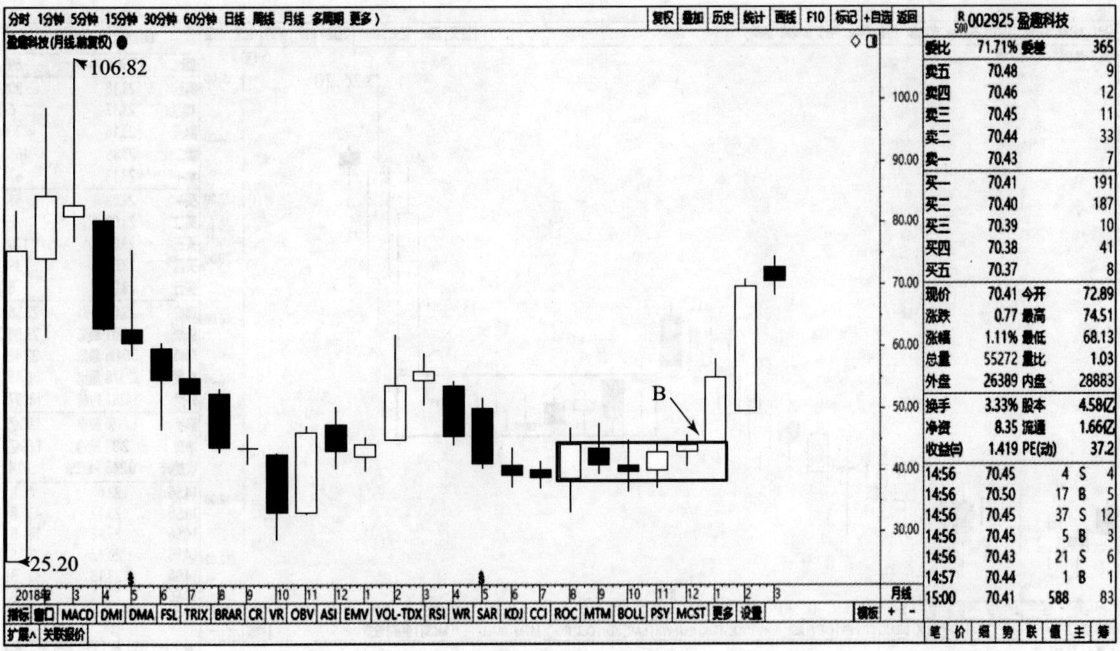

图 10－39　盈趣科技（002925）月 K 线走势图

如图 10－40 所示，为坤彩科技（603826）月 K 线走势图。图中可见，股价缓慢上升一波之后，主力小幅打压继而开始横盘震荡，很明显，这是股价拉升前的洗盘行为，其市场意义在于“上泄抛压，下洗跟风”，为之后的三兵拉升扫清障碍。图中方框所示，为一个为期 8 个月的、弧形底三川建仓通道俨然成形，并且通道末端阳线实体向上突破通道上轨，标志着洗盘过程接近尾声，主力向上做盘意图明显，符合三法四式月末选股要求，因此果断加入自选并实时跟踪股价走向。图中 B 点箭头所示，为股价次月于三川建仓通道上轨开盘，应择机买入，坚定持股至左侧明显压力位置及时止盈卖出。

3. 季末选股

股价季度末收盘之后，投资者可以参照个股的季 K 线走势图，根据三法四式的选股要求，精选出下一个季度可能出现交易机会的股票，择机进行操作。假定选出的股票可以持股一个季度，那么一年中需要交易四次；如果可以持股两个季度，那么一年只需要交易两次，如果可以持股三到四个季度，那么一年只需要交易一次就足够了。由此可见，选股才是关键，投资者要尽量选取那些趋势清晰明朗、三川建仓阶段盘面整洁、建仓通道相对厚重的股票进行操作，尽可能减少交易次数。

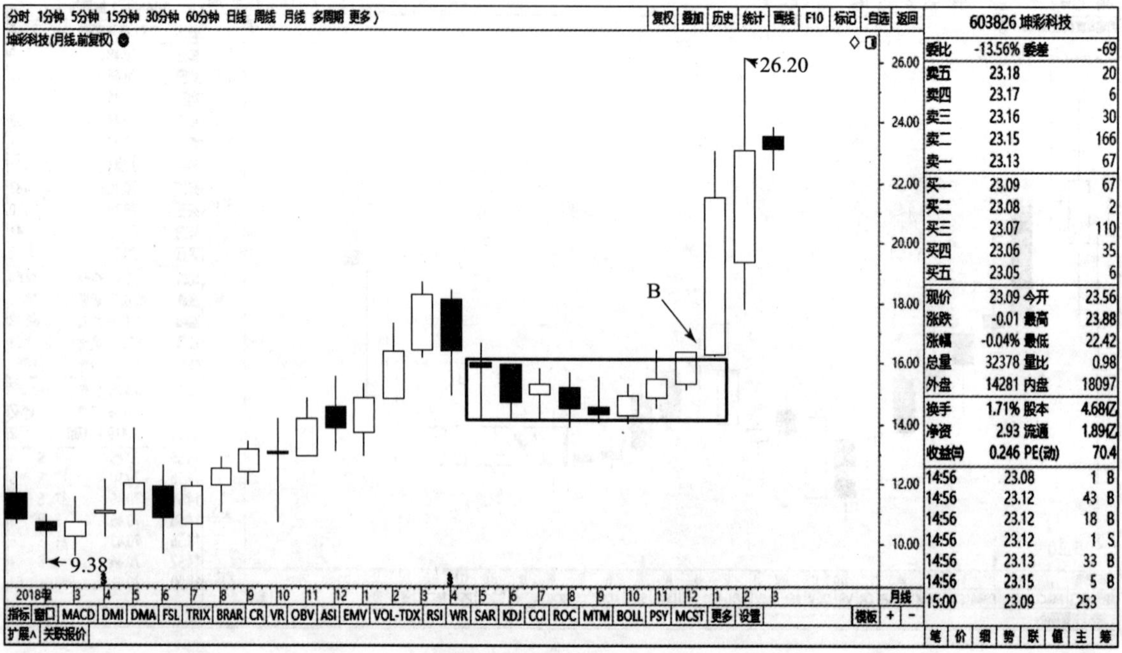

图 10－40　坤彩科技（603826）月 K 线走势图

如图 10－41 所示，为宏大爆破（002683）季 K 线走势图。图中方框所

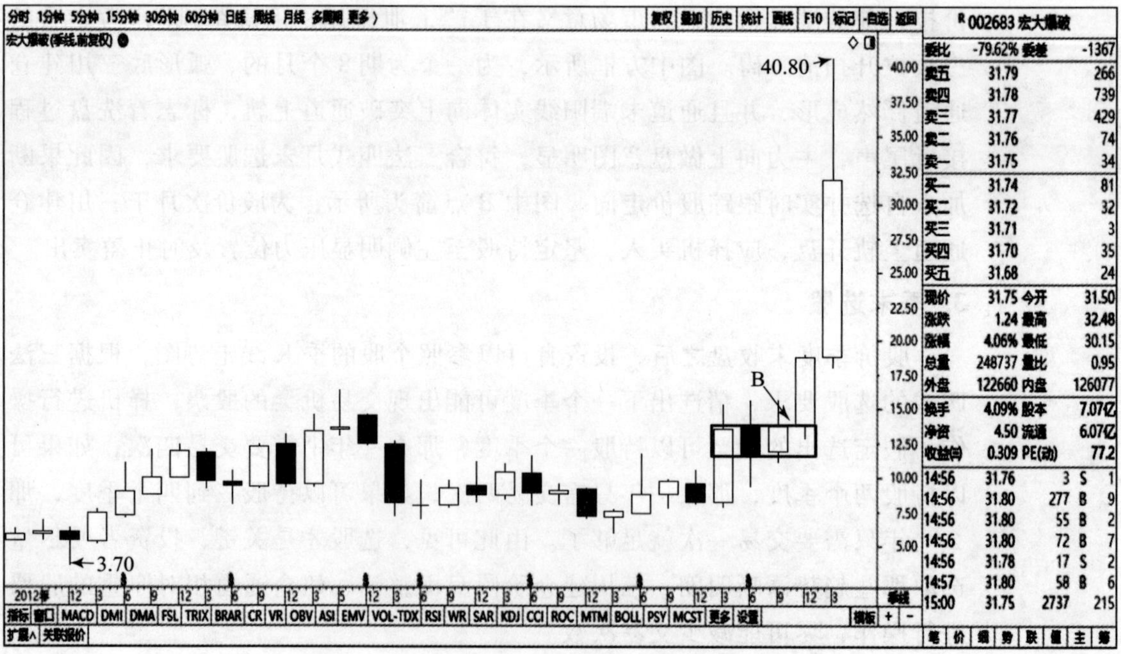

图 10－41　宏大爆破（002683）季 K 线走势图

示为横盘震荡形成的通道，是股价拉升前的震荡洗盘行为，其市场意义仍是“上泄抛压，下洗跟风”。该股本身在股价拉升之前，筹码就已经高度集中，经过两个多季度的横盘震荡，浮筹之间充分换手，其间股价连续三次向上突破通道，而且上下轨收盘价形成了一个十分规则的通道，这是主力高度控盘的重要标志之一。综上，该股符合季末选股的技术要求，于是加入自选股并密切跟踪股价实时走向。图中 B 点箭头所示为股价开盘于通道上轨，标志着洗盘结束，拉升开始，根据看大做小技巧，择机入场参与交易。

如图 10－42 所示，为英科医疗（300677）季 K 线走势图。图中可见，股价底部拉高建仓后开始打压，构建了一个为期 2 个季度的三川建仓通道（见图中方框所示），这是一个十分明显的局部三法四式形态，符合季末选股技术要求，因此加入自选股，等待机会。图中 B 点箭头所示，为股价于通道上轨开盘，标志着建仓结束拉升开始，根据看大做小技巧择机买入，坚定持股到明显压力位置卖出锁定利润。

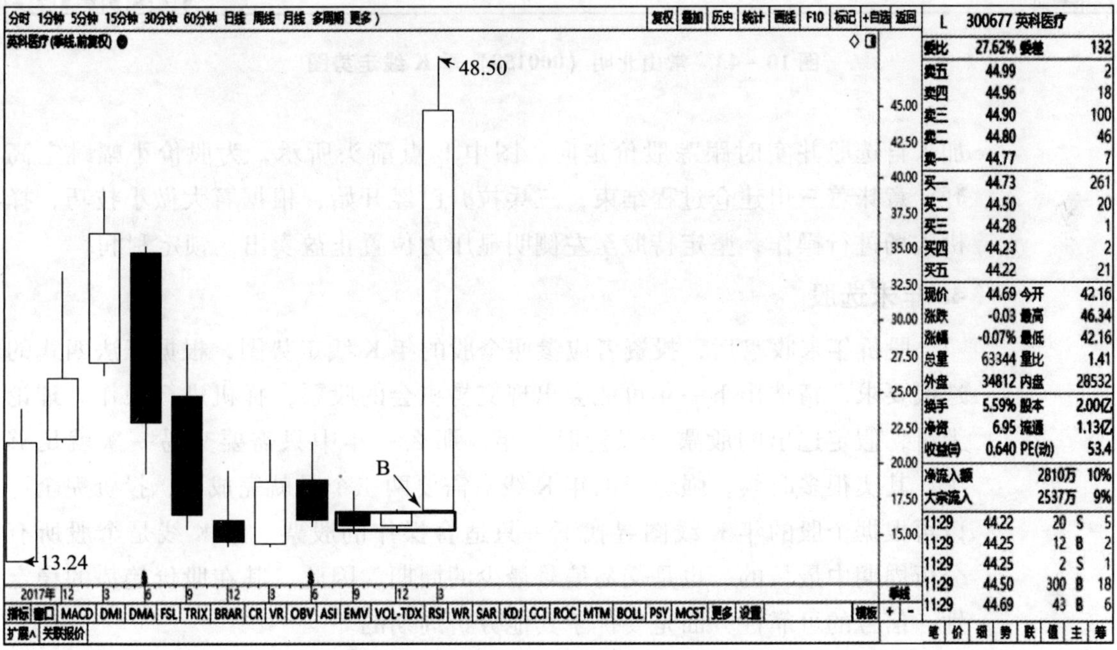

图 10－42　英科医疗（300677）季 K 线走势图

如图 10－43 所示，为常山北明（000158）季 K 线走势图。图中可见，股价被一路三空打压之后止跌企稳，于相对低位构建了一个为期 6 个季度的三川建仓通道（见图中实线方框所示）。该股完全符合三法四式选股要求，

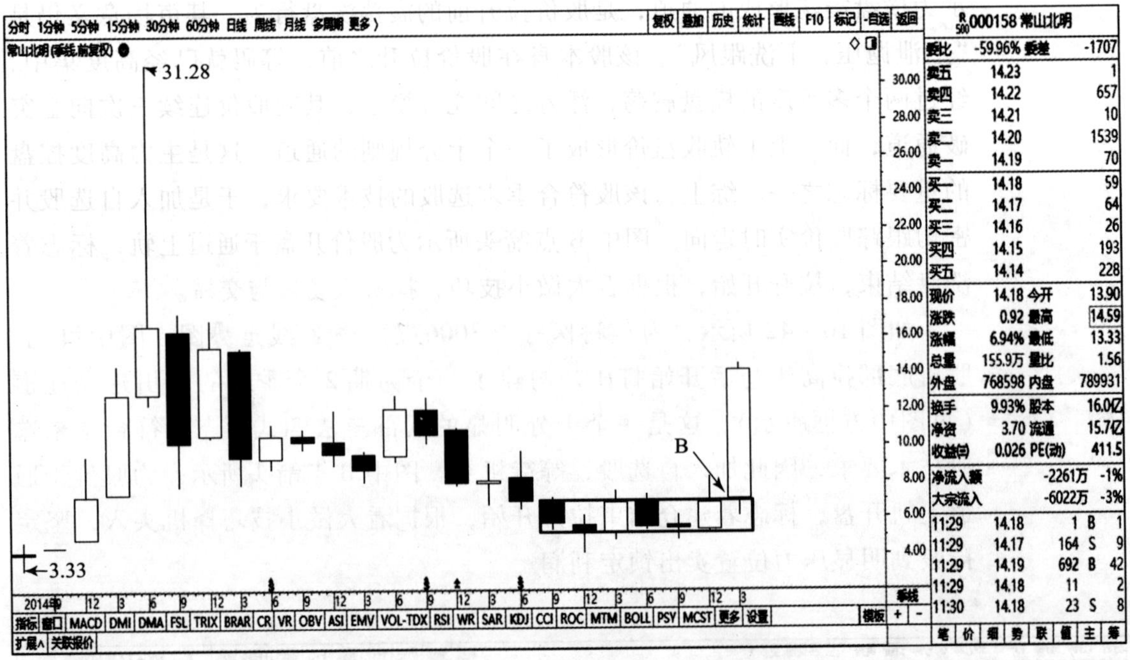

图 10-43 常山北明（000158）季 K 线走势图

加入自选股并实时跟踪股价走向。图中 B 点箭头所示，为股价小幅跳空高开，意味着三川建仓过程结束，三兵拉升已经开始，根据看大做小技巧，择机入场进行操作，坚定持股至左侧明显压力位置止盈卖出，锁定利润。

4. 年末选股

股价年末收盘后，投资者应参照个股的年 K 线走势图，根据三法四式的选股要求，精选出下一年可能会出现交易机会的股票，择机进行操作。理论上讲，假定选出的股票可以持股一年，那么一年中只需要交易一次就足够了。其实很多时候，强势股的年 K 线只需要两三个月就完成了，投资完全可以再根据个股的年 K 线图寻找下一只适合操作的股票。年 K 线是个股所有分析周期中最长的，也是交易信号最少的周期，因此，其在股价趋势的稳定性、信号的可靠性方面是要优于其他分析周期的。

如图 10-44 所示，为新易盛（300502）年 K 线走势图。图中可见，经过四年的横盘震荡，主力构建了一个年 K 线三川建仓通道（见图中实线方框所示），通道末端，阳线实体向上突破通道上轨，标志着该股建仓完毕，拉升在即，因此判断该股符合三法四式选股标准，加入自选后密切跟踪股价实时走向，择机操作。图中 B 点箭头所示，股价于三川建仓通道上轨开盘，小幅调整后开始了三兵拉升的行情。该股也是笔者在 2019 年末根据三法四

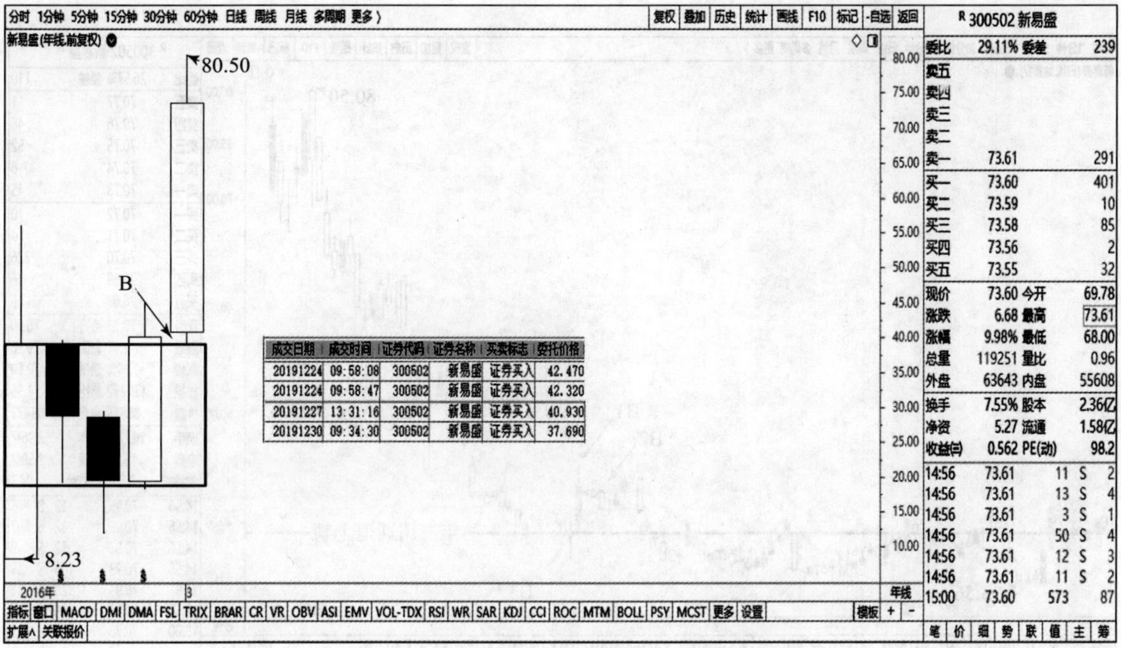

图 10－44　新易盛（300502）年 K 线走势图

式选取，按照看大做小技巧买入，截至发稿时一直坚定持有的股票之一。该股的具体买点见图 10－45，该股同期日 K 线走势图，图中下方水平线对应着该股年三川建仓通道上轨，图中 B1、B2、B3 箭头所示对应笔者的 3 个买点。需要指出的是，这种大周期阶段性的行情，不必执着买卖点是否精准，买点稍高一点，卖点稍低一点，对资金的整体收益并不会产生太大影响。

如图 10－46 所示，为华天科技（002185）年 K 线走势图。图中可见，2019 年末股价收盘时，三川建仓通道已经成形，并且实体阳线向上突破三川建仓通道上轨。最关键的是该股左侧并没有太长的上影线，意味着三川建仓通道形成的同时，左侧抛压已经释放殆尽，之后股价三兵拉升阶段就不存在过多威胁，因此该股符合三法四式年末选股标准，加入自选股中，实时跟踪股价走向，择机操作。图中 B 点箭头所示，为股价于三川通道上轨开盘，根据看大做小技巧择机买入并持股，股价小幅洗盘调整后随即开始三兵拉升，截至成稿时，33 个交易日最高涨幅达 129%。

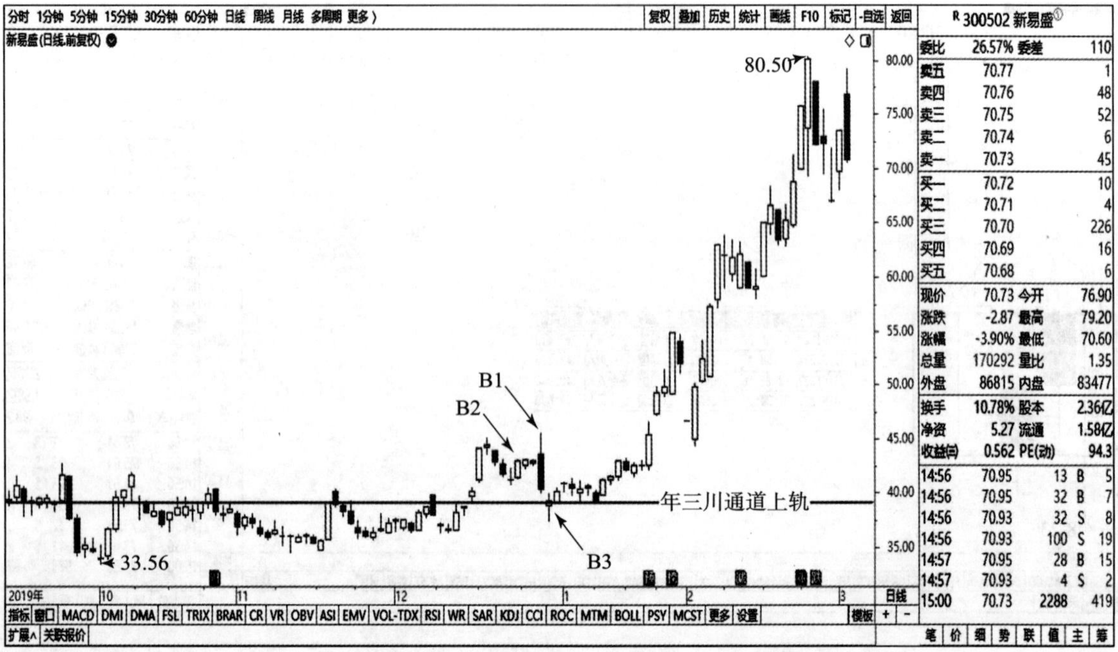

图 10－45　新易盛（300502）日 K 线走势图

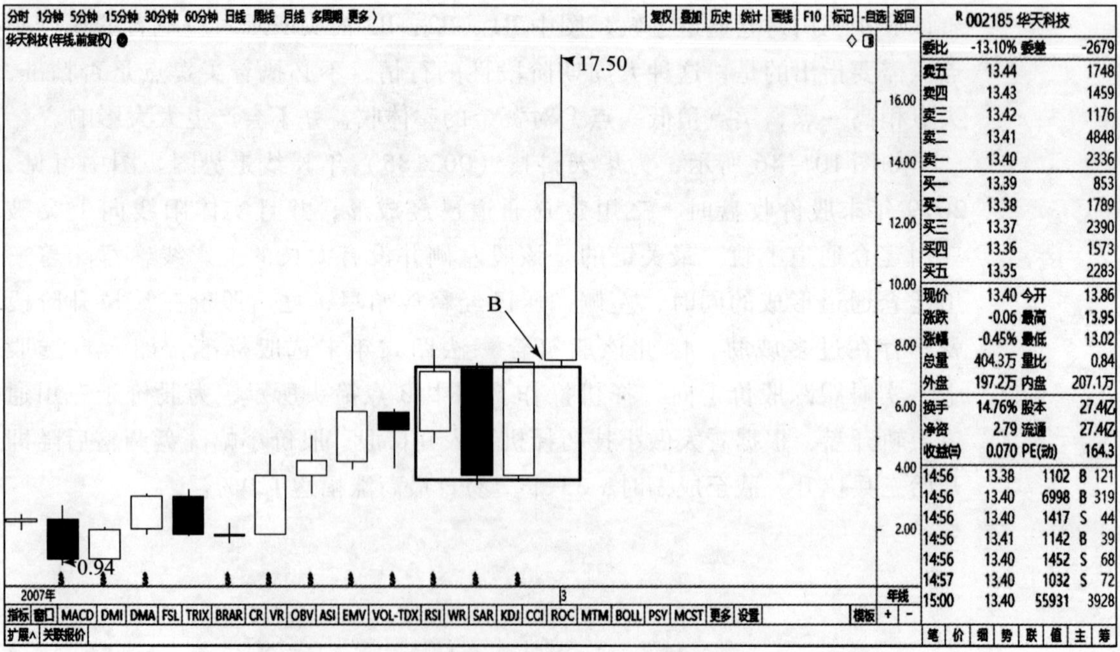

图 10－46　华天科技（002185）年 K 线走势图

如图 10－47 所示，为高德红外（002414）年 K 线走势图。图中可见，2019 年末股价收盘之时，一个为期 5 年的三川建仓通道已经成形，并且实体阳线向上突破三川建仓通道上轨（见图中实线方框所示）。该股左侧同样没有过高的上影线，意味着三川建仓通道形成的同时，左侧抛压已经被有效释放，之后的股价三兵拉升阶段也就不会存在过多压力，因此该股十分符合年度末期三法四式的选股标准，加入自选股，实时跟踪股价走向，择机操作。图中 B 点箭头所示，为 2020 年股价于三川通道上轨开盘，可根据看大做小技巧择机买入并持股，股价小幅洗盘调整后，随即开始三兵拉升，截至成稿时，33 个交易日最高涨幅 165%。

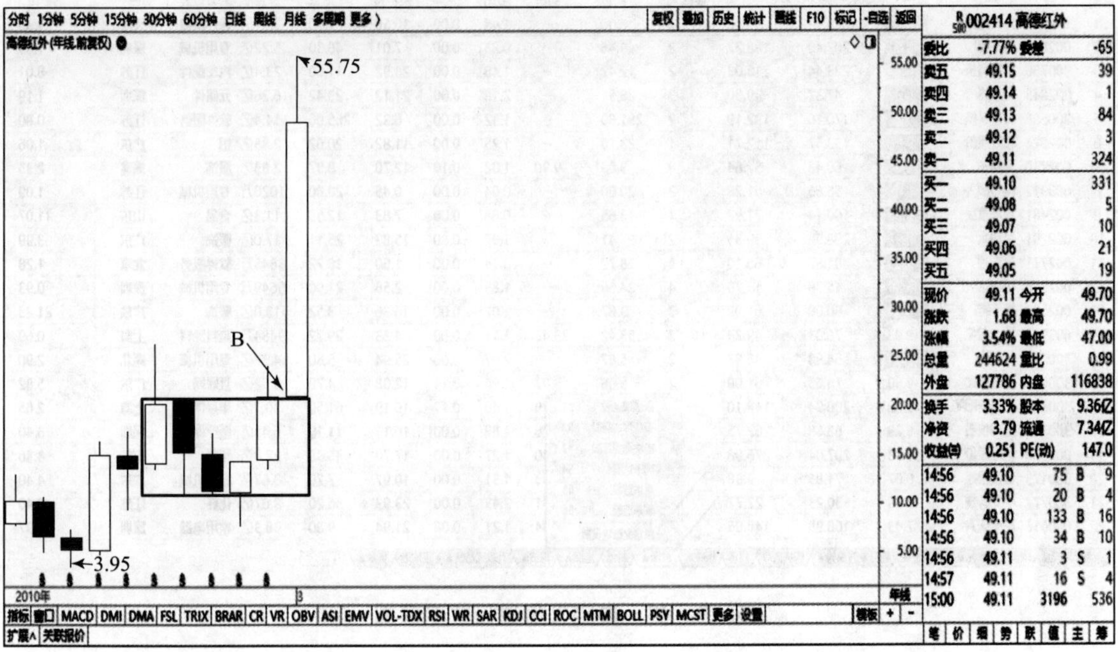

图 10－47　高德红外（002414）年 K 线走势图

第五节　构建股票池

1. 构建股票池

通过各种方式方法选股完毕之后，投资者需要在看盘软件中构建自己的股票池，把根据三法四式精选的股票详细分类，建立板块单独存放，以便于及时跟踪股价。

如图 10－48 所示，为自定义板块设置示意图。首先点击屏幕下方“自定”，然后点击“自定义板块设置”，显示出如图 10－49 界面，点击屏幕右上方“新建板块”，然后点击图中中间“板块名称”一栏，输入想要建立的股票池名称，然后点击“确定”，或者根据自己的喜好自定义各种不同名称的股票池。

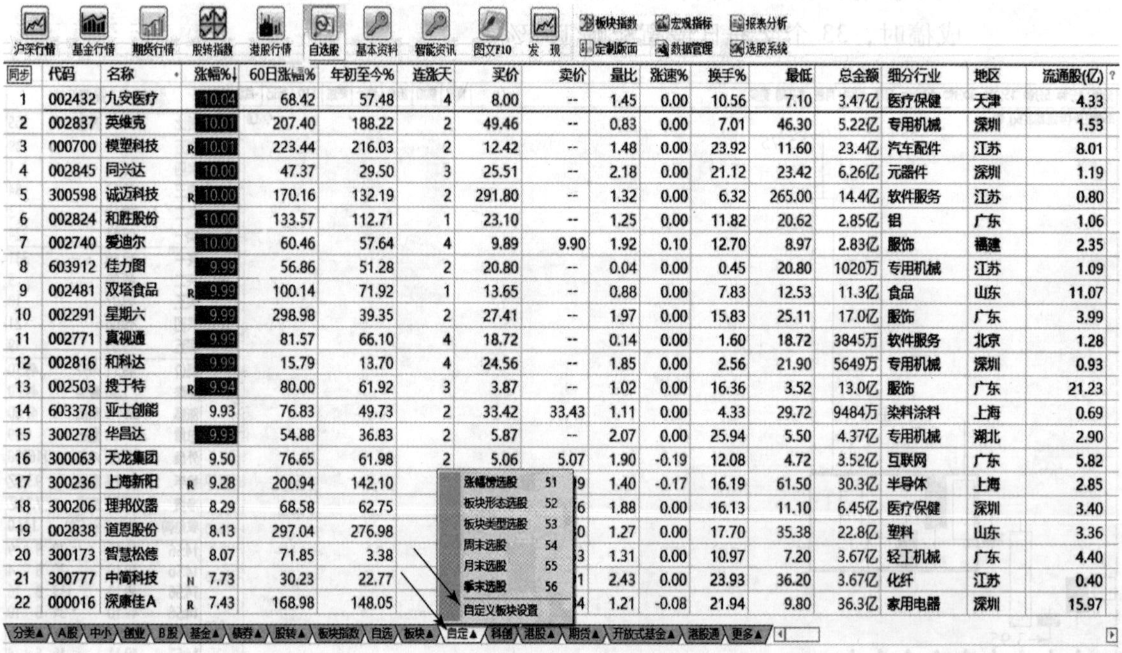

图 10－48　自定义板块设置示意图

2. 自选股变色

如图 10－50 所示，为自选股变色示意图 A。为了便于对自选股进行跟踪，需要对所选自选股进行颜色标记，具体方法如下：点击“自定义板块设置”，然后点击屏幕上方“自定义板块颜色”，点击“自选股”，点击“确定”按钮后，显示如图 10－51 自选股变色示意图 B 所示界面，自选股名称由软件默认颜色变为红色。也可以根据个人喜好对其他自选股板块自定义不同颜色加以区分。

本章总结：“弱水三千，只取一瓢饮”，选股的过程犹如伯乐相马，慧眼识珠，我们正是要在这三千余只股票中根据三法四式的标准，选取股票中的“千里马”和“夜明珠”。本章罗列的这些选股方法，都是笔者经过长期验

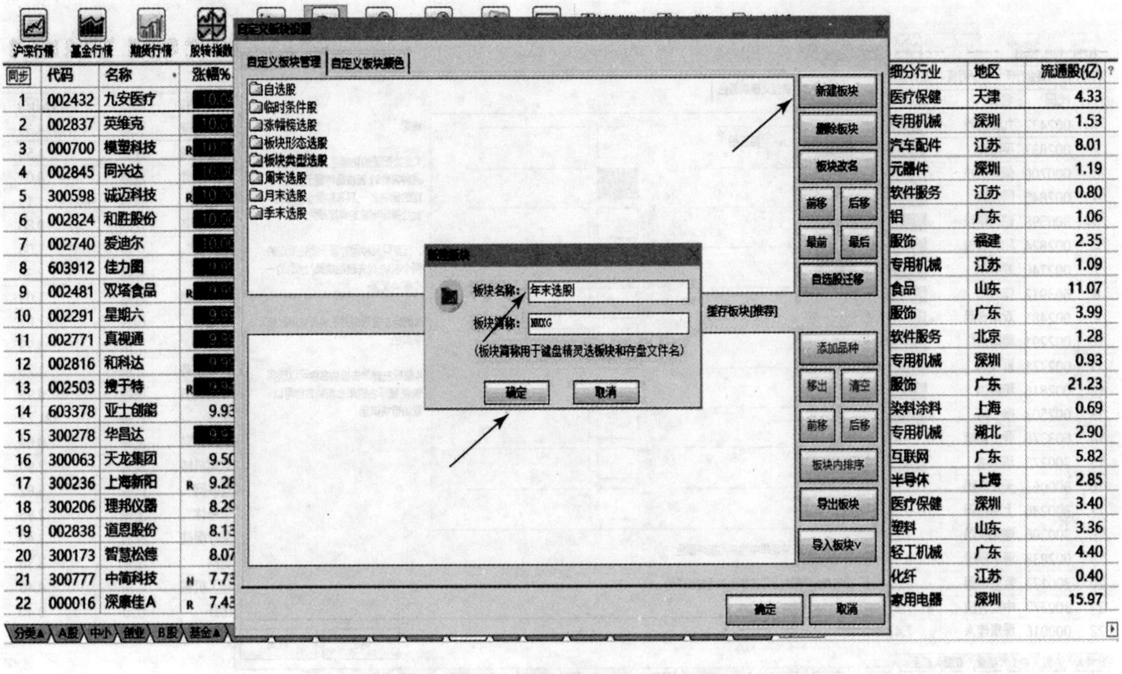

图 10－49　构建股票池示意图

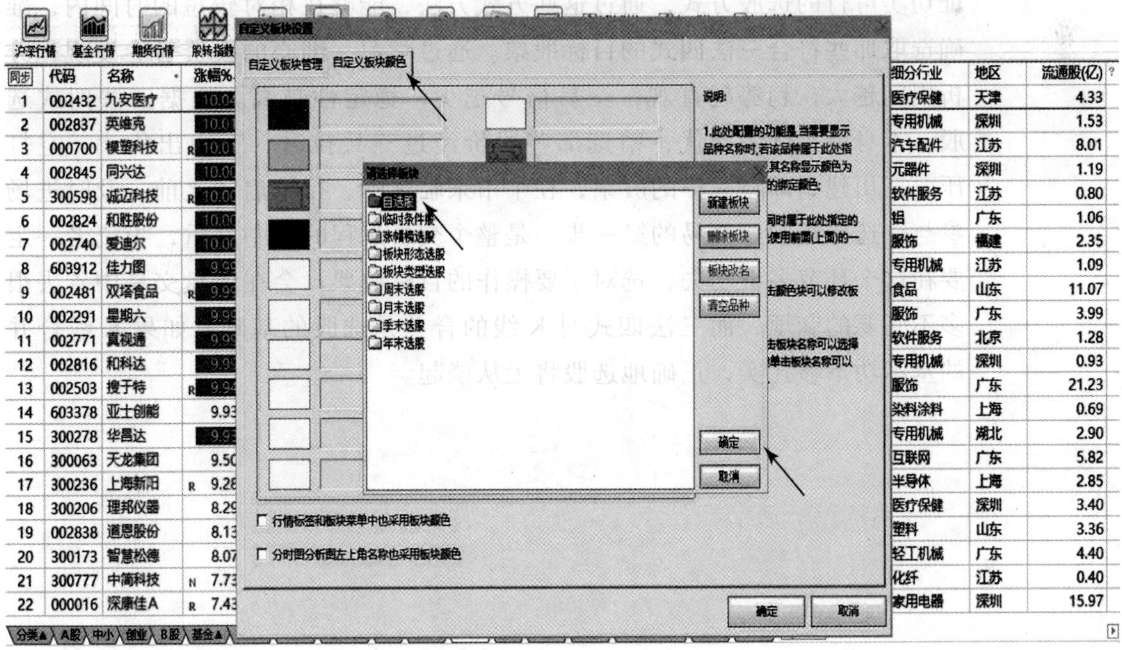

图 10－50　自选股变色示意图一

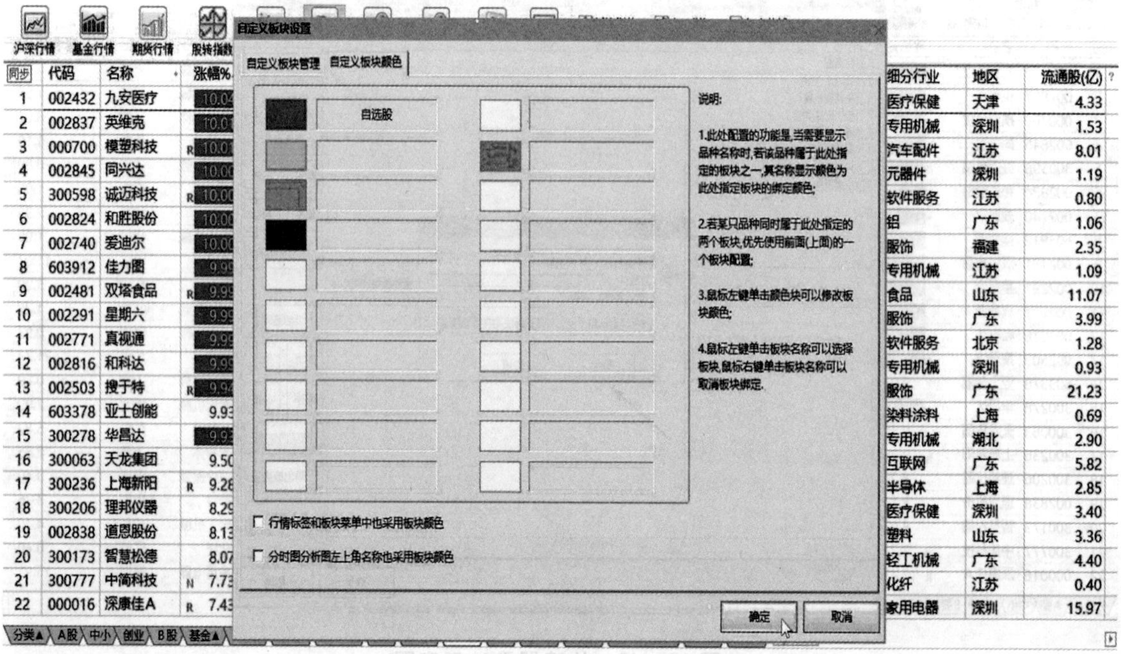

图 10－51　自选股变色示意图二

证切实可行的选股方式，通过这些方式方法，能够在相对较短的时间内，准确选取那些符合三法四式的目标股票。通过学习，细心的投资者会发现，分析周期越大，趋势越直观，交易信号越少，稳定性越高。根据三法四式选股，本身就是优中择优，精选那些股价经过三兵拉升、三山出货、三空打压、三川建仓即将完毕的股票，在牛市来临之际、行情启动之前，及时进场参与。选股是股票交易的第一步，是整个交易过程的重中之重，投资者一定要在这个环节多下功夫，选对了要操作的目标股票，会在实盘交易中省去很多不必要的麻烦，而三法四式对 K 线的合并是选股的基础，如果 K 线合并的基本功不够扎实，正确地选股将无从谈起。

第十一章 消息

自我国证券市场建立以来，就出现各种各样的消息，消息的产生与股价的运行是息息相关的，它是股价运行过程中必不可少的因素，运用得当，可以起到事半功倍的效果，这几乎是所有强势主力在资金运作过程中屡试不爽的辅助工具。主力通过畅通的渠道获取、制造、传播各种对自己有利的消息，助力加速股价的运行过程。

第一节 什么是消息

所谓消息，包括各种题材、概念、热点、上市公司财报、公告以及能够影响股价运行的诸多因素，均属于消息范畴。之所以主力热衷于使用各种消息，就是因为绝大多数中小投资者对消息的依赖性极大，他们通常不具备专业的投资分析能力，甚至很大一部分投资者以各种消息作为交易依据。互联网普及、信息爆炸的时代，投资者获取消息的途径多种多样，比如各大财经门户网站、财经类手机 APP、股评大 V 微博、微信公众号、电视、广播媒体等；消息的种类也是五花八门，各种所谓的“内幕消息”“小道消息”“朋友推荐”及各种“绝密内参”“机构调研”等不一而足。殊不知，消息在股价不同的位置具有不同的市场意义。同样是利好消息，在股价相对低位时可能是行情要启动了，而在相对高位出现的利好消息，则极有可能是主力在出货了。所以股价不同位置出现的消息有不同的属性，代表着不同的市场意义。

第二节 消息的属性

主力在消息的获取、制造、发布及运用方面具备得天独厚的优势，这是任何散户都无法比拟的。消息存在的市场意义对主力来讲只有一个，那就是全程为资金运作而服务，因此在三法四式中，在股价运行的不同阶段会出现不同属性的消息，真真假假、虚虚实实，有时表面上明修栈道，实则主力正在暗度陈仓，利用各种消息掩盖其真正意图。投资者唯有在三法四式的基础上正确辨别各种消息的属性，才不至于对趋势及行情产生错误的判断。笔者在第七章第四节详细介绍了主力操盘的手法，本节所讲消息属性的内容与主力操盘手法不无关系，最终表现就一个“诱”字。“诱”字用在股票市场可谓千变万化，在股价运行的不同位置都会出现，因此在股市中，该字分别有引导、诱导、引诱、欺骗、忽悠的不同释义。

如图 11－1 所示，为消息属性示意图。图中可见，三川建仓阶段，消息多以利空为主，逻辑其实很简单；由于主力在建仓的时候是不能容忍过多抄底跟风资金介入与其共分一杯羹的，所以主力会通过各种途径散布利空消息，常见的种类如：上市公司的季报、年报、基本面变化等。为了在建仓过程中不引起市场注意，主力往往通过技术手段，人为制造一些根本无关痛痒的利空消息，主要目的就是掩盖其建仓的事实。利空消息的另一个目的就是

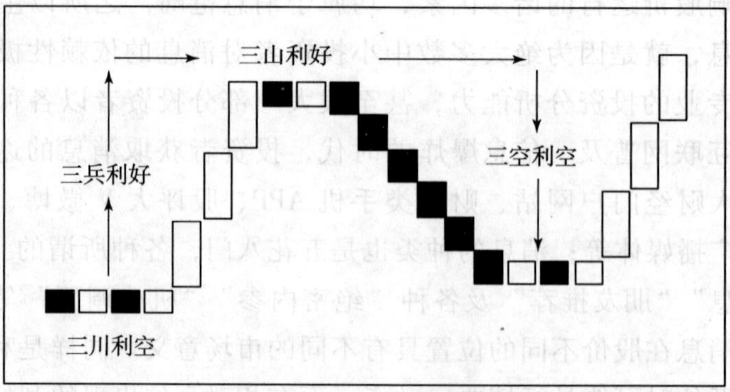

图 11－1　消息属性示意图

对上一轮行情中被套投资者进行最后的技术性恐吓。该过程中，利空消息往往配合股价的高低震荡而使用，并且效果显著。在绝大多数投资者对该股都不看好的情况下，主力按部就班地悄然建仓，丝毫不会引起市场关注，即便是那些精通短线的投机客，也难以在这种不断震荡的价格通道内获利，因此当股价运行到三川建仓阶段的时候，不管利空消息真假，主力的目的是“建仓”，属性为“诱空”。

三兵拉升阶段，消息多以利好为主，此时主力已经在相对低位完成了基本仓位的构建，需要通过制造、发布各种能对股价产生利好的消息。在此期间，主力会主动挖掘题材，积极炮制热点，对各种利好消息进行大肆渲染，事先为上市公司编织出一个广阔的前景和美好的未来，引起市场的广泛关注，以此吸引大量跟风追涨资金的介入，参与浮动筹码之间的高频换手，达到推高股价的战略目的。我们知道，三兵是股价拉升的牛市阶段，对投资者来讲，这是三法四式中最重要的阶段，没有之一！在该阶段，不管主力发布的利好消息是“纯天然”的真利好还是人工炮制的伪利好，都是真心吸引投资者进场，迫切需要投资者参与，以抬高股价为真实目的。因此当股价运行到三兵拉升阶段的时候，不管利好消息的真假，主力的目的是“拉升”，属性为“诱多”。

三山出货阶段对中小散户来讲，消息依旧以利好为主，延续了三兵拉升阶段的题材热点。由于很多投资者在三兵阶段持股中已经获利，因此该阶段往往是市场情绪最高涨甚至疯狂的阶段，主力就在这样的环境下悄然震荡出货。通常情况下，多数主力为了能够卖一个好价钱，习惯在相对高位展开横盘震荡，把各种利好消息渲染到极致，而三兵拉升阶段参与其中的投资者不愿意相信行情即将完结的事实，他们宁肯相信这只是股价拉升过程中的洗盘，期待手中筹码继续获得更多的收益，结果当然是事与愿违。当主力根据操盘计划完成筹码的高位派发之后，股价随即失去上涨动能，该阶段参与的投资者悉数被套其中。因此当股价运行到三山出货阶段的时候，不管利好消息是真是伪，主力的目的都是“出货”，属性为“诱多”。

三空打压阶段是主力建仓阶段的前锋。该阶段，主力的主要任务就是利用手中出货之后剩余的筹码打压股价，使被套散户的账户资金快速贬值大幅缩水。但一味地对股价进行打压并不能在散户间引发大规模的抛售，因此三空打压阶段需要配合该股的各种利空消息同时使用。该阶段主力通常会通过各种途径散布一些诸如业绩亏损、诉讼事件、经营条件恶化、原材料涨价等乌七八糟的利空消息，有的甚至不惜通过各种灰色途径捏造、传播公司可能退市的假消息，以此刺激那些高位被套的散户，诱发羊群效应，导致他们对股票做出错误判断，从而引发大规模恐慌性抛售，达到压低股价、收集廉价筹码的目的。因此当股价运行到三空打压阶段的时候，不管利空消息真假，主力的目的都是对股价进行“打压”，属性为“诱空”。

当股价被打压到主力理想的价位之后，股价止跌企稳，主力再次展开相对低位筹码的收集工作，此时消息依旧以利空为主。

通过图 11 -1 消息属性示意图可以直观地看出，通过三法四式可以确定消息的属性，而通过消息本身却不能准确判断消息的属性，更不能准确判断股价运行在那个阶段，因此，不管消息提前还是滞后于三法四式，对专业的投资者来讲都不具备太大的参考价值，充其量顶多可以当作能够缩小选股范围的一种依据而已，因为任何消息都是为股价运行而服务的。当然，消息对中小散户来讲永远是滞后于趋势的，概念、题材、热点可以适当关注，但是绝对不能当作交易的直接依据。所有能够影响股价运行的信息都会完完整整反应在 K 线及其组合形态中，从没见过哪个有重大经营问题甚至有退市风险的公司走出了强势的形态。强势的主力在入驻某股票之前，对上市公司的一切都已进行过充分地调研，都已经提前做足了功课，从没见过有哪个强势的主力会把大量资金投入到一个濒临破产倒闭的上市公司。主力研究上市公司，中小散户投资者只需要通过三法四式这种简单的组合形态去研究主力就足够了。

第十二章 三法四式与成交量的关系

成交量与股价的关系一直以来都是颇具争议且无法回避的话题，众说纷纭，莫衷一是，诸如量价齐升、缩量上涨、倍量拉升、量增价平、放量下跌、缩量止跌等各种量价形态似乎都有道理。但在实盘实践中，成交量与价格的关系的确又特别复杂，仁者见仁，智者见智。在本书中，笔者会通过三法四式把这种复杂的问题相对简化。三法四式的第一个功能就是确定趋势，我们只应在股票运行的三兵拉升阶段参与交易，另外三个（三山出货、三空打压、三川建仓）阶段的量价关系与我们毫不相干，所以不予考虑，这是其一。其二，即便我们只参与股票的三兵拉升阶段，成交量的多寡形态依旧与我们没有多大关系，依旧可以不予考虑。作为中小散户，我们需要的是股价的价差，而非成交量的大小。成交量是主力机构的事情，我们根本无须考虑主力机构会采用什么样的成交量形态来填充股价拉升的过程。只要股价处于三兵拉升阶段，任何的成交量形态都是健康的，都是有意义的。而股价如果处于三法四式的其他三个阶段，任何的成交量形态对投资者来讲都是毫无参考价值的。由此我们得出结论：三法四式中的三山、三空、三川阶段的成交量形态没有任何参考价值，不用关注；三兵拉升阶段，任何成交量形态都是可以的，更无须关注。因此，三法四式与成交量的关系对中小投资者来讲没有任何意义。

如图 12－1 所示，为国农科技（000004）年 K 线量价关系图。该图为此股 1991 年至 2020 年 3 月的年 K 线走势图。图中可见，股价在经过上一轮行情的三兵拉升、三山出货、三空打压之后，构建了一个为期 2 年的三川建仓通道。主力建仓完毕，三兵拉升开始，股价一直拉升到前期高位暂时滞

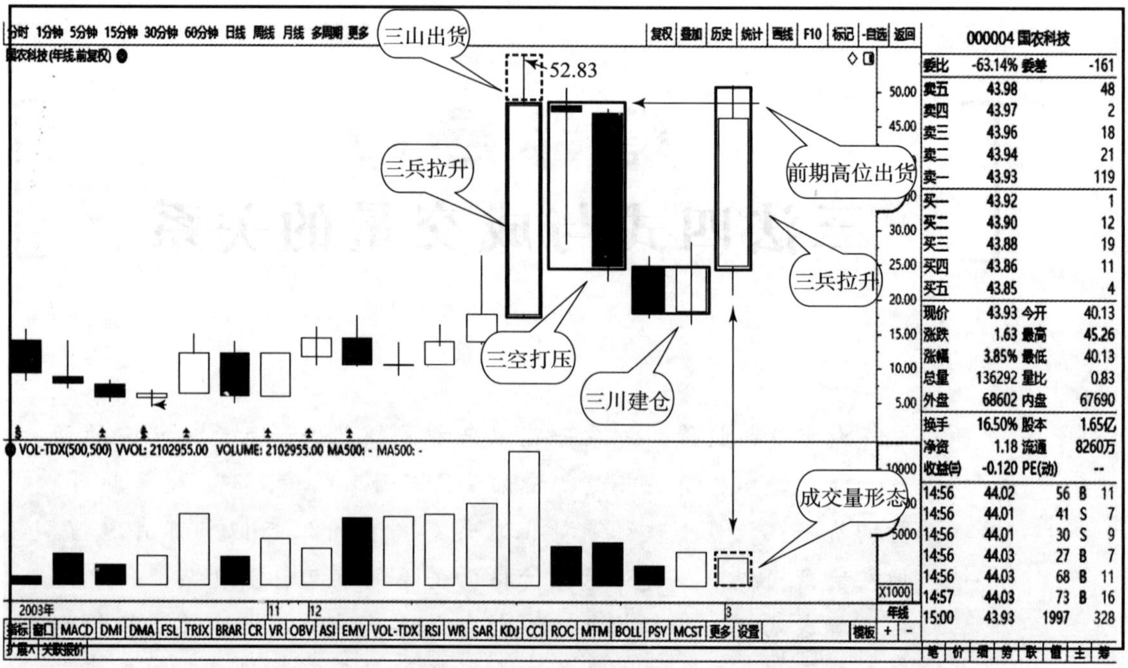

图 12－1　国农科技（000004）年 K 线量价关系图

涨，其间 40 个交易日最高涨幅 105%。股价经充分换手后，有效突破前期高位才会再次拉升，因此阶段性行情暂时告一段落。关键是成交量的形态（见图中双向箭头所示）——没用多大的成交量就走完了一轮年线的波段行情，而且，该股三川建仓过程中的成交量，远不如三空打压过程中的成交量大，因此，在该股行情中，执着于任何阶段的成交量显然都是没有任何意义的，三法四式本身就已对趋势进行了完美的诠释。三空打压过程完毕之后意味着股价已经被打压到相对低位，随后的三川建仓阶段，就是对廉价筹码的收集过程，当主力建仓完毕之后，一定会对股价进行拉升，这是主力盈利的必经之路，绝非概率事件，而是因果关系。作为中小散户投资者，能够根据三法四式在三川建仓结束之后择机买入，在股价触及前期高位止盈卖出就可以了，为什么非要去执着于成交量的多寡呢？投资者一定要清醒地认识到，我们需要的是价差，绝非成交量。

如图 12－2 所示，为通策医疗（600763）年 K 线量价关系图，该图为此股 1996 年至 2020 年 3 月的年 K 线走势图。图中可见，股价构建了一个为期 4 年的三川建仓通道，建仓完毕之后股价开始三兵拉升，2019 年全年涨幅 149%。如图中双线箭头所示，该股三兵拉升过程中产生的成交量并不大，与三川建仓过程的量形态相比显然还小了不少，不过这都是正常的，因为建仓过程中主力收集了足够的廉价筹码，浮动筹码数量较少，不需要太大的成交量就能把股价轻易拉高。虽然没有出现那种所谓的量价齐升，但这对股价拉升有什么影响呢？对散户投资者的交易又有什么影响呢？显然都没有。三法四式的趋势只要形成，任何量形态都不会也不能阻碍趋势的发展，因为成交量只是趋势的衍生物而已。

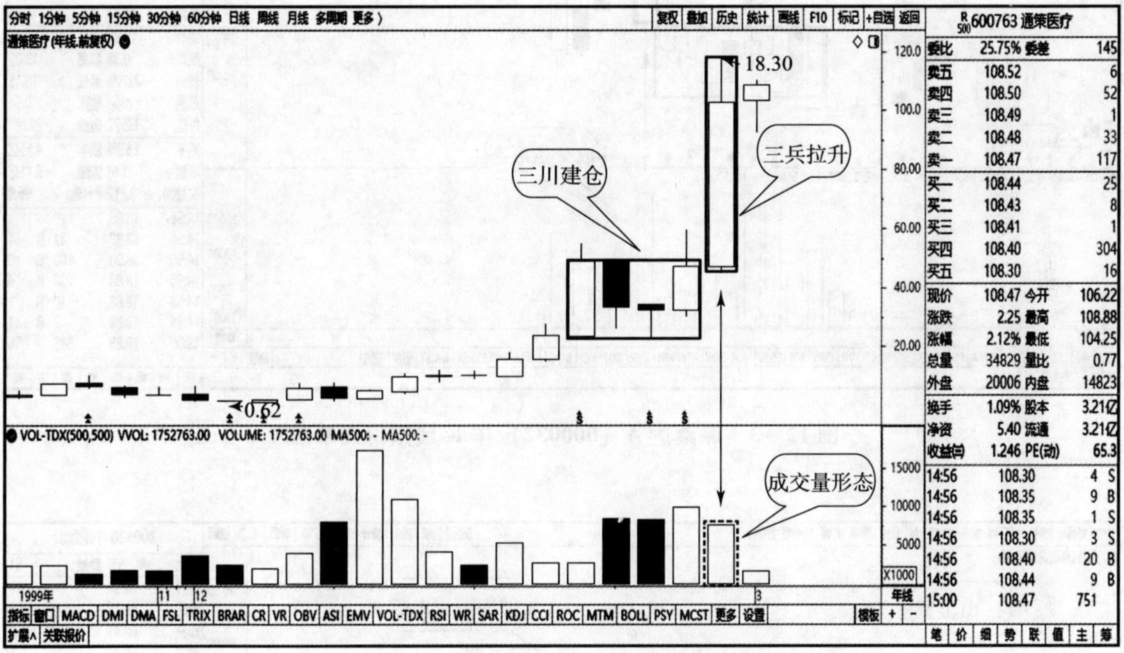

图 12－2　通策医疗（600763）年 K 线量价关系图

如图 12－3 所示，为深桑达 A（000032）年 K 线量价关系图，该图为此股 1993 年至 2002 年 3 月的年 K 线走势图。图中可见，主力构建了一个为期 8 年的三川建仓通道，建仓完毕之后，股价开始三兵拉升，2015 年最高涨幅 191%。图中双线箭头所示为该股三兵拉升过程中所产生的成交量。作为中小散户投资者来讲，只需在三川建仓完毕时及时进场买入，无须执着这个建仓过程产生了多大的成交量；在股价阶段见顶时及时止盈卖出，也无须纠结拉升过程中产生了多大的成交量。因此，不管股价运行期间量大量小，我们需要的是价差——永远是价差，而不是成交量。

如图 12－4 所示，为中潜股份（300526）月 K 线量价关系图，该图为此股 2016 年 8 月至 2019 年 9 月的月 K 线走势图。图中可见，该股新股上市后，股价经过三兵拉升、三山出货、三空打压、三川建仓之后，股价开始了一轮新的三兵拉升，股价触及前期高位压力位置时，阶段行情告一段落，短

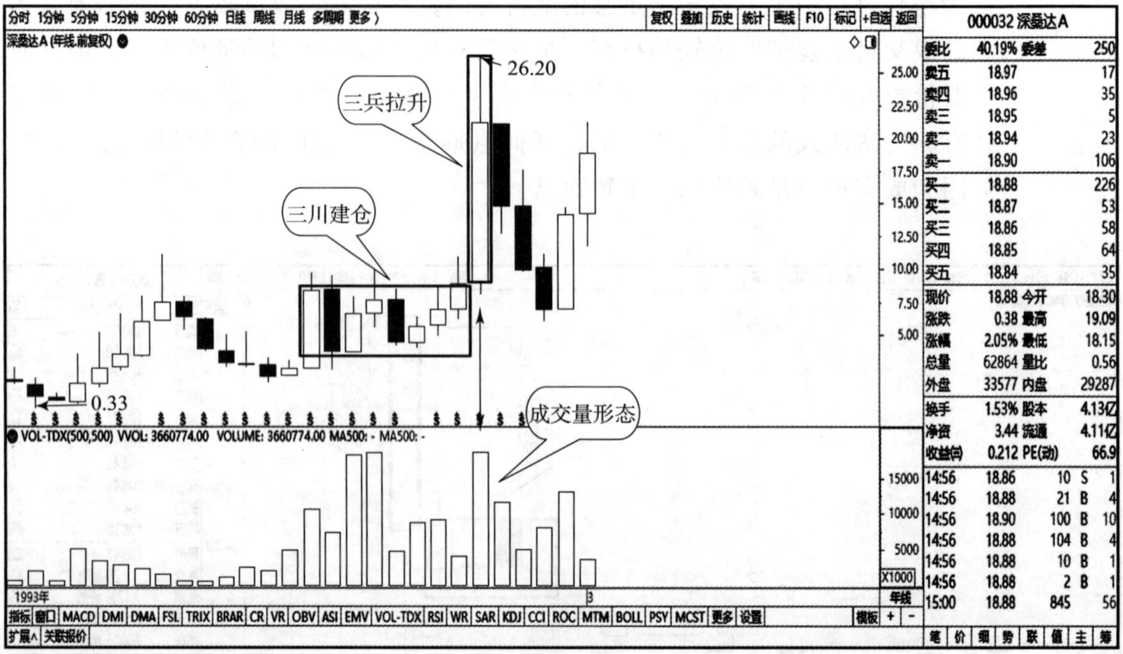

图 12－3 深桑达 A (000032) 年 K 线量价关系图

图 12－4 中潜股份 (300526) 月 K 线量价关系图

短2个月最高涨幅达164%。图中双箭头所示，为该股三兵拉升阶段产生的成交量形态，很显然，成交量并没有明显放大，股价就完成了阶段性的拉升行情，为什么会这样呢？先从三空打压开始说起，图中可见，三空打压阶段的成交量是三法四式整个过程中最大的，说明打压的过程取得了效果，这种量形态是被套投资者大批出逃所致，筹码当然落入了主力手中。三川建仓阶段也是一堆红红绿绿的成交量，虽然此阶段量的高度看上去不如三空阶段，但是这个过程显然比三空打压的过程要长了很多，成交量累积显然是大于三空阶段的。投资者只要看懂趋势，在三川建仓完毕时及时进仓参与，然后持股到明显压力位置，及时止盈卖出就已经足够了。成交量的多寡与行情的拉升并没有直接关系，不管该阶段的成交量是多是少，阶段性波段行情的涨幅都是确定的。

如图12－5所示，为山鼎设计（300492）季K线量价关系图，该图为此股2015年12月31日至2019年9月的季K线走势图。图中可见，新股上市后，经过三兵拉升、三山出货、三空打压、三川建仓之后，股价再次开启三兵拉升的阶段行情，并在触及前期高位压力位置时滞涨，波段行情暂时告一段落，其间最高涨幅90%。再次进场就需要股价在该位置附近充分换手，趋势明朗并且发出交易信号之后再次择机进场。该股三法四式各个阶段的量

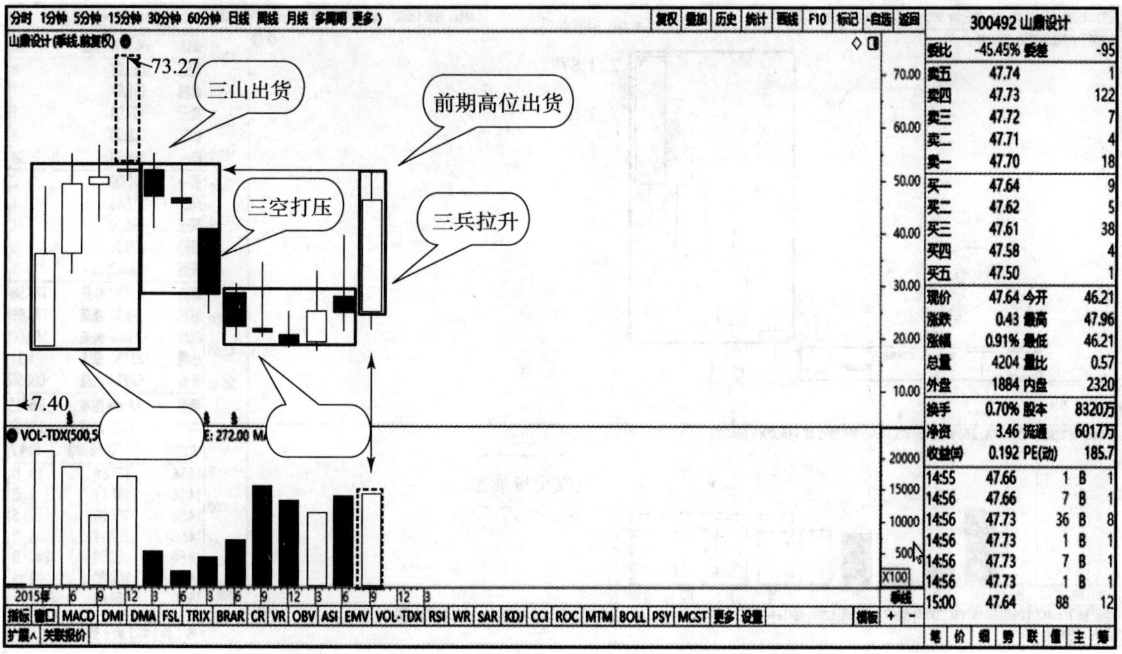

图12－5　山鼎设计（300492）季K线量价关系图

形态与之前案例中潜股份（300526）大不相同，该股三空打压阶段成交量萎缩，说明该过程中并没有多少被套的散户投资者抛售，只是股价被砸到了一个相对的低位，而三川横盘震荡过程中成交量骤增，说明这个阶段绝大多数被套的散户投资者，在主力的“组合拳”下愤然离场，三川建仓过程中参差不齐的上影线，就是股价剧烈震荡所致。强势一点的主力通常都会在股价的三空打压阶段及三川建仓阶段，把股价三兵拉升中的压力提前进行有效释放，因此该股在三兵拉升阶段也没有太大的成交量（见图中双向箭头所示）。对中小散户投资者来讲，只需根据三法四式，把握住股价三兵拉升的行情就足够了。

如图 12－6 所示，为韦尔股份（603501）季 K 线量价关系图，该图为 2017 年 6 月至 2020 年 2 月的季 K 线走势图。图中可见，新股上市后主力高位横盘建仓，构建了一个为期 6 个季度的三川建仓通道，该过程结束后，股价开始了为期 4 个季度的三兵拉升行情，其间最高涨幅 347%。如图中双向箭头所示，三兵拉升阶段的成交量形态是一堆大小、高低都差不多的成交量组合，这与三川建仓过程中的成交量又有什么关系呢？针对这个问题，不同的理解会给出不同的答案。对中小散户投资者来讲，只要在它建仓完毕并且发出明确交易信号之时及时进场参与，然后坚定持股到明显顶部形态出现之

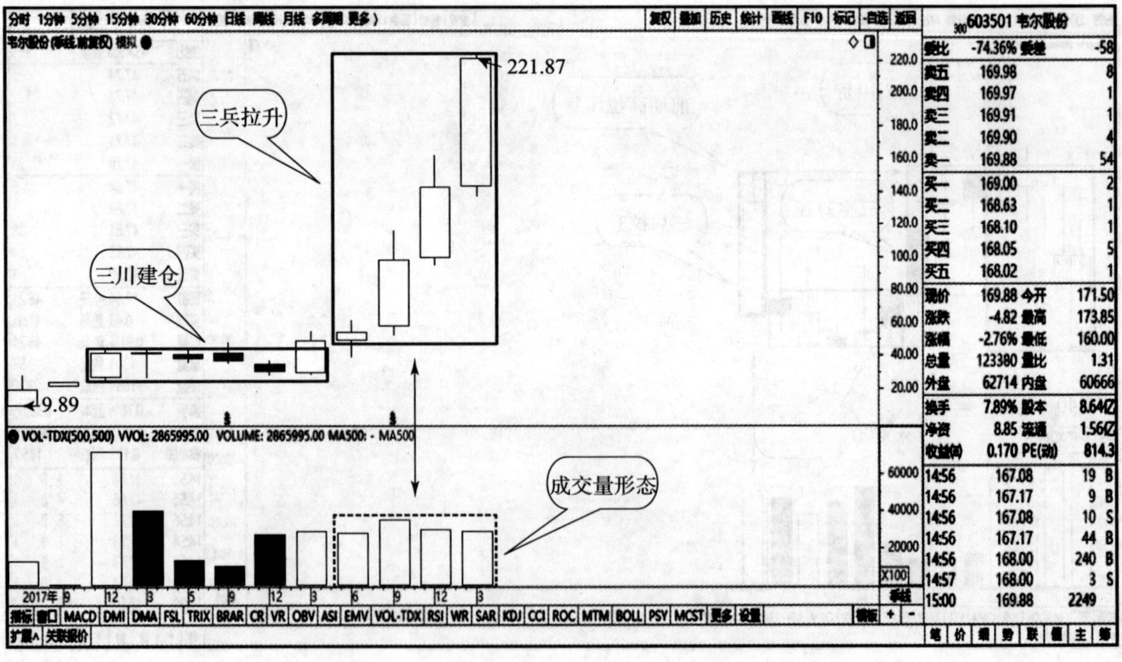

图 12－6　韦尔股份（603501）季 K 线量价关系图

后卖出就足够了，而无须纠结股价拉升过程中会产生什么样的成交量形态。与其纠量价关系，投资者不如把有限的时间放在最重要的趋势研判方面。

本章总结：三法四式本身就是趋势，顺势而为是股票交易中亘古不变的真理。股价运行过程中，因主力实力、市场环境、操盘风格、题材热点等诸多差异，所产生的成交量形态也是千姿百态。在三法四式中，股价三兵拉升阶段会出现诸如量价齐升、缩量上涨、平量拉升等五花八门的成交量形态，哪一种形态好呢？其实，只要股价运行于三法四式中的三兵拉升阶段，任何的成交量形态都不分伯仲。而股价运行的三山、三空、三川阶段，同样会因个股的差异而出现各种不同的成交量形态，投资者能够通过这些成交量形态去准确地判断股价运行的趋势吗？显然不能！因为成交量本身与趋势的形成没有必然联系，在牛市中用量价关系预判趋势充其量只是个大概率事件，而三法四式体现的则是因果关系。我国股票市场自成立以来，从未见过哪个强势的主力在个股中投入了大量资金、构建了厚重的仓位之后不进入三兵拉升阶段就弃股而去的，因此，在三法四式中，投资者只需要按照趋势指引的方向，按照自己既定的交易策略，机械执行计划就足够了，完全没有必要去纠结什么样的量价关系。

[illegible]

[illegible]两重性关系。

第十三章 构建交易系统

是否拥有一个成熟稳定的股票交易系统，是衡量一个投资者专业与否的关键因素。构建交易系统，首先要对某一理论、技术战法进行充分论证、历史数据验证、实盘验证，然后经过长期的经验积累、归纳总结、提纯萃取，最终才能做到知行合一，形成适合自己的交易体系。因此，构建交易系统，需要一个相当漫长的过程。一个成熟稳定的股票交易系统，是股票交易中实现持续稳定盈利的先决条件，其内在的核心应该是因果关系，而非概率事件。

三法四式是一个正确的思维框架，是低吸高抛的具体表现形式。方向对了，才不会与目标背道而驰。交易系统的开发与构建，是一个繁杂的系统工程，在正确的思维框架指导下，搭建适合自己的交易系统就会变得相对容易了。投资者可以根据自己的实际情况，以三法四式为导向，以低吸高抛为准绳，构建一个与自己行为习惯相匹配的股票交易系统。它涵盖了市场分析、目标选择、交易计划、资金管理、风险控制、心态管理等一系列流程步骤，需要制定一个科学规范的流程，依靠强大的执行力，摒弃主观意识，根据交易规则按部就班地严格执行，这是三法四式基础学习阶段需要完成的基础工作。学习三法四式的目的，就是要求投资者初步学习了股价结构之后，基于三法四式逐步构建起一个适合自己的交易系统，并以此为交易准则，在实盘实践中严格执行，逐步实现资金的复利递增。

投资者对任何问题都要保持独立思考，要善于化繁为简，而不是把简单事情复杂化。投资者基于三法四式构建股票交易系统，只需要从股票交易前、交易中、交易后三个方面着手，紧紧围绕这条主线勤学苦练，正确、完整地执行好每一个交易过程。如图 13 –1 构建交易系统导图所示。

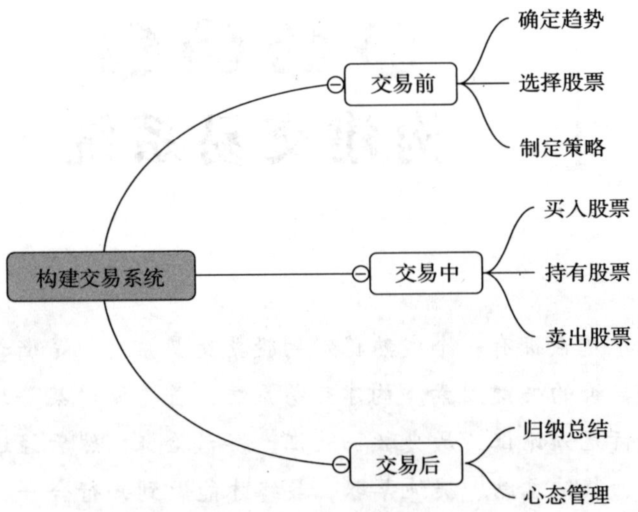

图 13 –1 构建交易系统导图

第一节 交易前

1. 确定趋势

通过学习，投资者依据三法四式对 K 线进行合并，进而确定股价趋势，已经不再是什么难题；通过分析判断股价，当下运行在三法四式的哪个阶段，我们可以对股票的未来行情，及时进行正确地预判。我们知道，在股票市场中，趋势可分为大盘趋势和个股趋势，通常情况下讲的趋势泛指大盘趋势，即市场的大环境。孔子曰："君子不立危墙之下"，这是古代圣贤对趋势最好的诠释。三法四式中，三山阶段与三空阶段，就是趋势中的"危墙"，是投资者需要敬而远之的位置，因为当大盘运行于这两个阶段的时候，绝大多数个股没有太好的操作机会。虽然三空打压阶段也有反弹行情，但是大趋势仍是以下降趋势为主，因此建议投资者入场前需要对趋势进行正确判断。

投资者在进行股票交易之前，首先要根据三法四式对大盘趋势进行正确的判断，并在此基础上，进一步确定个股的趋势，选择那些在趋势上优于大盘指数的个股。假定大盘当下运行于三法四式的三川建仓阶段，说明市场中绝大多数个股也正处于建仓阶段，这是大盘的趋势，也是绝大多数个股的趋势。(关于趋势，投资者可以重温一下本书第五章的内容)。

2. 选择股票

通过三法四式确定大盘指数趋势以后，投资者就要切入正题，选择那些运行趋势优于大盘的个股。假定大盘当下运行于三法四式中的三川建仓阶段，那么就要选取那些虽然处于三川建仓阶段，但是已经建仓完毕的个股。毋庸置疑，这样的个股在走势上是优于大盘的，一定会先于大盘启动行情。关于如何选择目标股票，本书第十章已详细讲解了几种常见的快速选股方法，投资者可以结合自己的实际情况，有针对性地选择适合自己的选股方法，选出强势板块以及符合自己交易模式的强势个股。

3. 制定策略

兵法有云：先胜而后求战。投资者要事先拟定交易计划书，结合自己实际情况对实际操盘中可能遇到的问题，制定出相应的策略。交易计划包括：行情预判、止损位置设定、资金仓位管理。目标股选定之后，投资者第一步要做的，就是对未来行情进行大致的预判。假定某个阶段性波段行情能够获利 50%，那么在达到预期收益之后，不管股价能否继续上升，都应当无条件止盈，锁定利润。为了防止错过最佳卖出时机，投资者可以采取电脑挂单的方式，股价一旦触发止盈价位，交易软件自动成交，从而可有效避免因贪婪过度致使利润回撤的事情发生。在三法四式中，原则上买点即止损点，投资者可以根据自己的心理承受能力，合理设置止损位置，比如能够承受 -5% 的亏损，那么就把止损位预先设定在距离买点以下 -5% 的位置，以此类推。一旦股价向下触及止损位置，应当无条件立即止损，做到无止损、不进场。同样，投资者可以通过交易软件设定止损位置，股价一经触发预设的止损价位，便由交易软件自动卖出止损，从而避免因侥幸心理被深度套牢的风险。此外，投资者应合理分配资金仓位。关于资金仓位管理，笔者的建议是在熟练掌握某一种交易模式之前，仅模拟操作，坚决拒绝实盘操作；等某种交易模式能够运用自如，保证能够持续稳定获利后，投资者可适时加大仓位，甚至重仓操作。

第二节 交易中

1. 买入股票

投资者根据三法四式，选取符合自己交易模式的目标股之后，就要对股票进行实时跟踪，并依据看大做小的操盘技巧，在买点出现之后，按照事先拟定的仓位果断进场参与。在三法四式的基础学习阶段，股票的买点多发生于三川建仓通道上轨附近，这是最直观也最容易操作的买点。本书第九章第四节、第五节已对三川建仓完毕的标志，及看大与做小进行了详细阐述，这两节的内容十分重要，只有把握住精准的买入时机，才能做到一买即涨。

2. 持有股票

我们知道，三兵阶段是股票的牛市是股价拉升的阶段，也是投资者需要坚定持股的阶段。但是，三兵拉升阶段通常情况下也并非一帆风顺。由于个股质地不同、强弱差异，股价在拉升过程中，在关键位置难免出现不同程度的洗盘现象，此时，投资者一定要认识到主力的洗盘行为，是为了股价更好的上涨。股价三兵拉升过程中，在关键位置难免出现被套抛压或者获利跟风盘，如果不及时对被套抛压或者获利跟风盘进行清洗，那么股价拉升的阻力会变大，尤其是当股价运行到一定高度，被套抛压的抛售，及获利跟风盘的回吐将严重破坏主力的操盘计划，犹如一个随时都可能引爆的定时炸弹，这是股价拉升过程中主力所不能容忍的，也是股价拉升之前主力洗盘的市场意义所在。在此阶段，一些投资者由于不能忍受剧烈震荡而被清除出局的事屡见不鲜，明明是一个阶段性的三兵拉升行情，但是在行情启动之初就被洗走，从而踏空整段行情。三兵拉升阶段，主力在什么位置洗盘，股价大概会拉升到哪个位置，投资者应该提前做好的功课，一旦介入，就应当坚定持股，不为洗盘所动。而持股的底气，当然源自三法四式的知行合一，这也是投资者学习三法四式的必经之路。

3. 卖出股票

当股价向运行到预期价位附近时，意味着波段行情即将结束，投资者应当及时止盈，锁定利润，具体内容重温本书第九章第三节“买点与卖点”。

投资者所预期的行情一旦完成，则意味着股价已经触及阶段性风险区域，作为投资者，不论股价在该位置进行充分换手后继续走高还是于相对高位震荡阶段出货后转而下行，都需要第一时间果断止盈，谨防利润回撤。欲望本无罪，贪婪是祸根。调研发现，多数投资者在阶段行情即将结束的时候，由于人性的贪婪，不少投资者不肯、也不愿意接受行情结束的现实，因为刚刚经历了一段牛市行情，自信心爆棚，主观意识在一定程度上已经凌驾于规则之上，经常在“我以为”的主观臆断下对行情做出错误的判断，从而忽视了股价已经运行于风险压力位置的客观事实。因此，为了杜绝这种现象的发生，投资者应该在股价即将触及明显压力位置附近时，提前设置止盈价格，使用交易软件挂单，股价一旦触及止盈位置，软件自动成交，从而有效避免止盈不及时所导致的利润回撤。

第三节 交易后

交易结束之后，投资者应当对整个操作过程做一个全面细致的总结。对产生瑕疵的环节，找出问题成因，制定整改方案，及时修正，避免在下一次交易中犯同样的错误。不论盈亏，投资者都应当做到清清楚楚，宁肯明明白白地小亏，也不要稀里糊涂地大赚。尤其是初入市就赶上牛市行情的新手，稀里糊涂可能带来致命的打击，因为在毫无经验的情况下就轻易获得了收益，这些新手会觉得在股市盈利也不过如此。殊不知，在三法四式中，只有三兵牛市才是投资者盈利的阶段，当牛市行情结束时，多数散户投资者不仅没有拿走盈利，反而把本金也输给了市场。所以说，稀里糊涂的盈利是一件十分可怕的事。经常听到这样一句话：不经历一个牛熊的轮回，很难成为一个成熟的投资者，恰如不经历生死，就不会领悟生命的真谛，是一样的道理。

很多股市前辈和资深专家，说过诸如“股票交易需要保持良好的心态，耐心是一种美德，以平常心看待”等等箴言佳句。威廉·江恩在20世纪就曾提出投资者必备的五大基本素质：耐心、勇气、知识、健康与专注。仔细品味，他所讲的这些似乎都没有问题，但这一切的前提是盈利！而盈利的前提是必须具备专业的知识。首先说耐心：在三法四式中，三川建仓完毕、等待买入时机，需要耐心；三兵拉升阶段，坚定持股到行情结束，需要耐心；在股价运行的这两个阶段，耐心的确是一种美德。但是在三山出货以及三空打压阶段，若没有及时止损、仍盲目持有，这种所谓的“耐心”就不再是一种美德，而是一种陋习，在笔者看来，时间成本要比资金成本珍贵得多。再说良好的心态以及平常心，假定某投资者长期处于亏损状态，又如何能够保持良好的心态与一颗平常心？意大利经济学家帕累托的二八法则告诉我们，至少80%的投资者保持着长期亏损的状态，这在股市中是不争的事实，若在这种状态下，还能依旧保持良好心态与平常心，很难想象投资者要具备多么强大的心理素质，才能达到如此忘我的境界。而持续稳定盈利之后，保持良好心态、拥有平常心就相对容易多了。

当一个成熟稳定的交易系统形成之后，股市中的一切问题都会迎刃而解。知人者智，知己者明；知己知彼，百战不殆，这些都是对博弈双方最客观的描述。投资者借助三法四式了解了主力，把握了自己，才有可能在这个专业性极强的领域立于不败之地。

本章总结：细心的投资者会发现，所谓交易系统的构建，其实只是对三法四式全面深入的总结而已，投资者在三法四式的正确指引下，形成一个适合自己的交易系统，不再是一件困难的事，即便是业余投资者，也要专心专注地向专业化发展。各行各业虽然都有专业与业余之分，但很多业余爱好“弯道超车”，超越专业的例子也屡见不鲜。当代书法大家欧阳中石先生，其京剧方面的造诣丝毫不逊于书法；歌星任贤齐也是一位越野摩托车爱好者，1995年接触赛车，1999年便在马来西亚越野比赛中荣膺季军。绝大多数股票投资者都有自己的正式职业，在职场中或许是行业翘楚，把股票投资仅仅当作业余爱好而已，即便如此，也要向专业的方向迈进，因为你所面对的是相当专业的主力机构，就好比一个业余拳击爱好者与拳王泰森对决一样，结局可想而知。既不知己又不知彼，又如何能在股市中获利，更不用奢谈持续稳定地盈利了。因此，不管专业也好，业余也罢，只有构建一个成熟稳定的交易系统，专心专注于专业化的操作，才有可能实现持续、稳定的盈利。

第十四章 三法四式经典案例解析

实践是检验真理的唯一标准，任何理论学说最终都要落实到实盘实践中。本章采用以下八个比较典型的案例，分别对年K线三法、季线三法的趋势以及买卖点，进行详细说明，便于投资者对三法四式进一步加深了解、最终熟练掌握三法四式以获取资金收益。

案例解析一：星期六（002291）

如图14－1所示，为星期六（002291）年K线走势图。图中可见，股价经过上一轮行情的三兵拉升、三山出货、三空打压之后，股价止跌企稳，

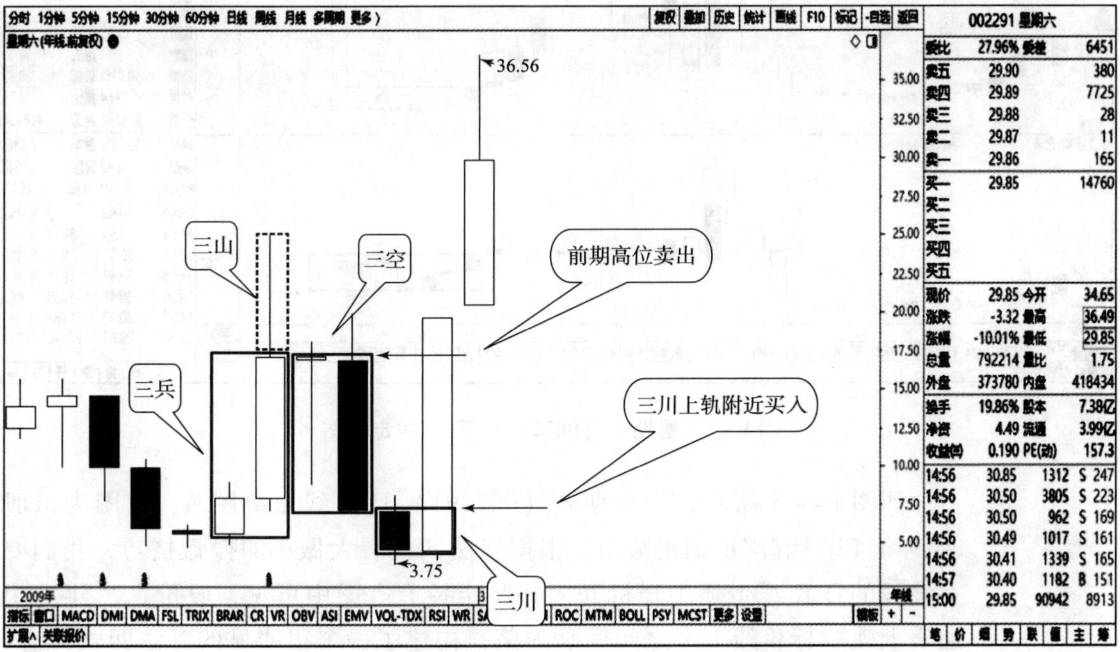

图14－1 星期六（002291）年K线走势图

主力开始三川建仓。通过分析该股的运行过程，我们发现该股符合三法四式选股标准，加入自选股并实时跟踪股价走向。但是具体的建仓过程，在年 K 线周期下不能完全体现，根据看大做小的技巧，我们需要从年 K 线以下周期，去深入了解该股建仓阶段的具体运行状况。

图 14－2、图 14－3、图 14－4 分别为该股同期的季 K 线、月 K 线、周 K 线走势图。季 K 线图中，我们可以清晰的看到，一个为期 6 个多季度的三川建仓过程，月 K 线以及周 K 线的建仓过程同样直观可见。与同期上证指数对比发现，这三个周期的股价，在走势上是明显优于上证指数的。我们再回到该股的年 K 线走势图，综合各周期的股价运行状况，根据三法四式对未来行情做出初步预判，在三川上轨附近择机进场，等待股价运行到前期高位时止盈卖出（见图 14－1 中“三川上轨附近买入”箭头以及“前期高位卖出”箭头所示位置）。

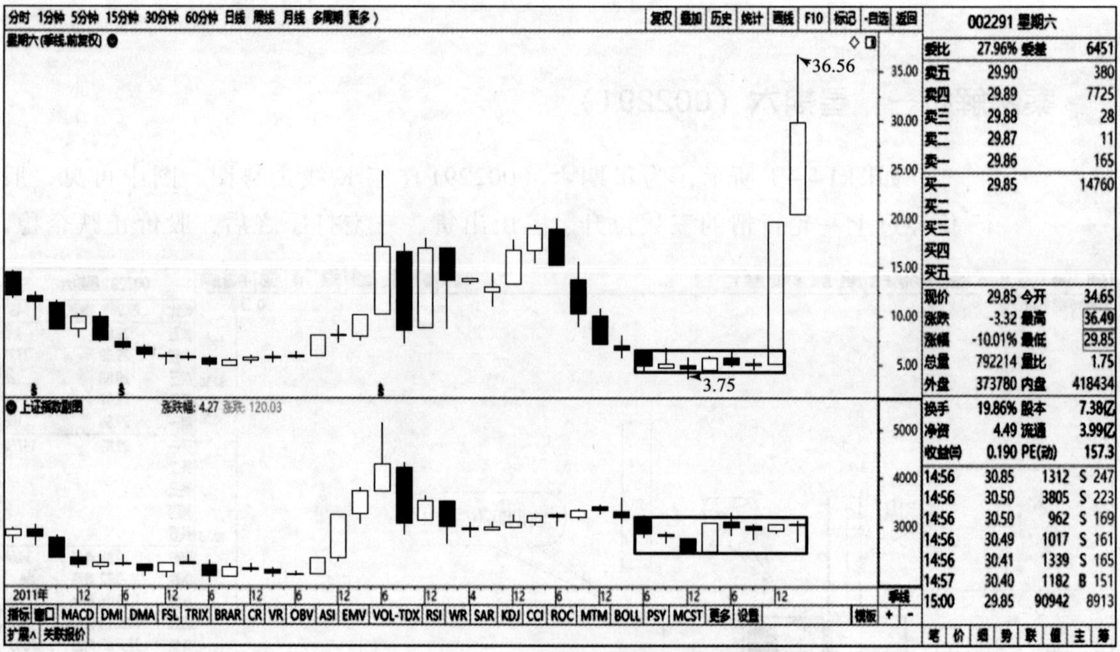

图 14－2　星期六（002291）季 K 线走势图

如图 14－5 所示，为星期六（002291）日 K 线走势图 A，该图为该股 2019 年 12 月起涨前的走势图。根据三法四式看大做小的操盘技巧，我们要在该股的日 K 线走势中择机介入并坚定持有。图中可见，股价在“年三川通道上轨”标价线上下之间横盘震荡，构建了一个很明显的三法四式形态，这是主力在股价拉升之前，对左侧抛压的最后释放和短期获利跟风盘的最后

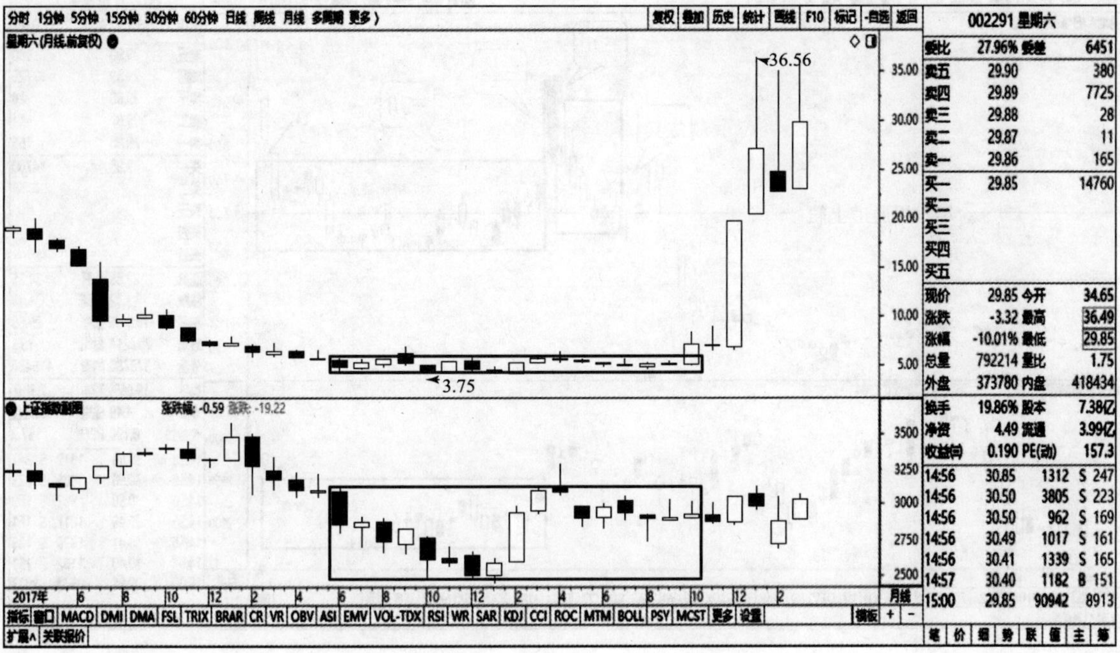

图 14－3　星期六（002291）月 K 线走势图

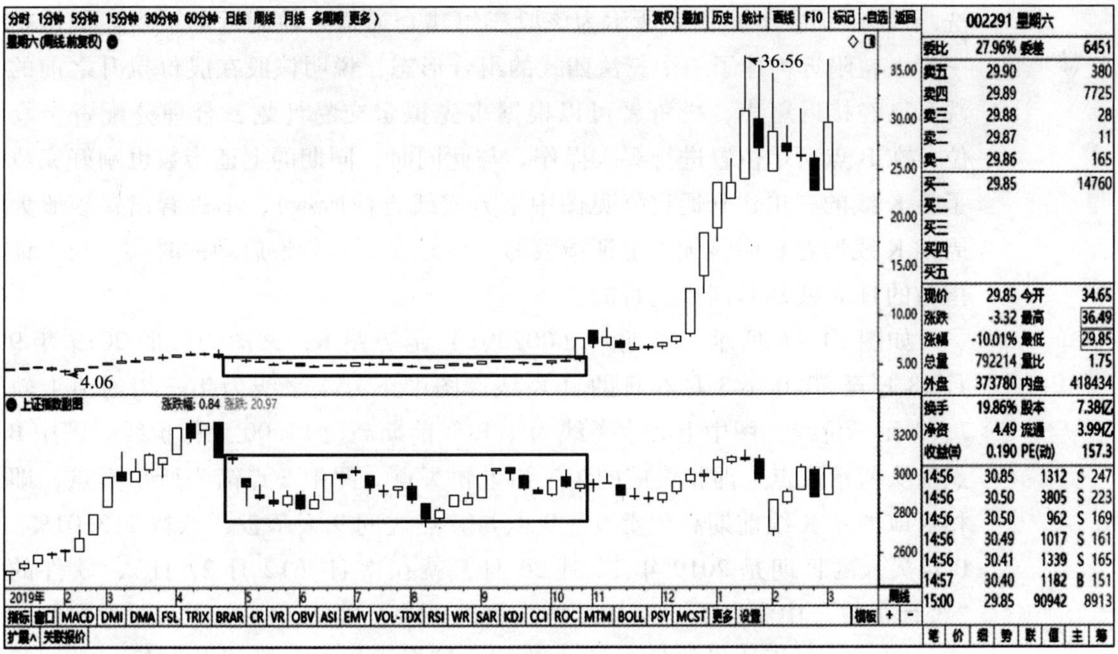

图 14－4　星期六（002291）周 K 线走势图

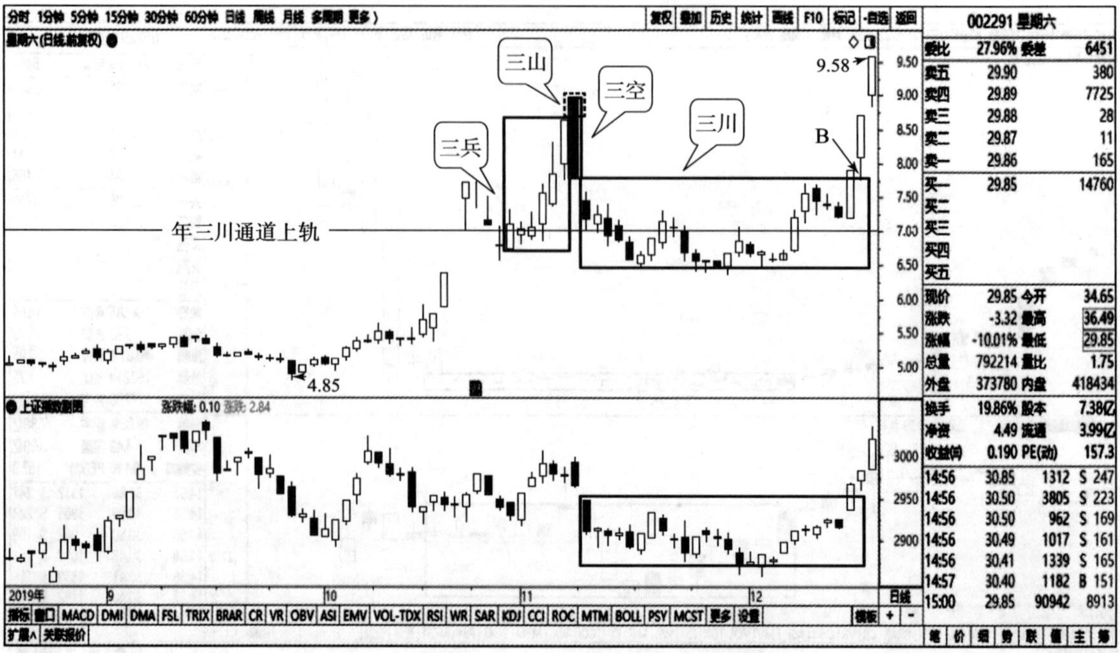

图 14－5 星期六（002291）日 K 线走势图 A

清洗。该洗盘行为的市场意义是股价在关键位置拉升之前的“上泄抛压，下洗跟风”。图中 B 点箭头所示为该股三川建仓通道上轨附近的买点。股价在三川上轨附近构建了一个三法四式的组合形态，说明该股在股价拉升之前的洗盘已经接近尾声，投资者可以根据事先拟定交易计划，合理分配资金仓位，在 B 点所示位置进行买入操作。与此同时，同期的上证指数也刚好完成了日 K 线的三川建仓通道（见图中下方实线方框所示），不难看出，该股大周期 K 线形态是明显优于上证指数的，但是在三兵行情启动的时候，与上证指数的日 K 线却是同步进行的。

如图 14－6 所示，星期六（002291）走势图 B，该图为该股 2019 年 9 月 18 日至 2020 年 3 月 6 日的日 K 线。图中下方水平线为年三川通道上轨 7.03 元标价线，图中上方水平线为年 K 线前期高位 17.00 元标价线。图中 B 点箭头所示买点，即相对应的年三川上轨买点。图中 S 点箭头所示卖点，即相对应的年 K 线前期高位卖点。B 点与 S 点之间 9 天 7 板，涨幅 113.01%。B 点买入的日期是 2019 年 12 月 26 日，就在次日（12 月 27 日），软件的“统计指数”中添加了“网红经济”概念板块，如图 14－7 所示图为网红经济（880791）板块指数日 K 线走势图。笔者组织学员学习的时候，对该股的第一次提示日期为 2019 年 12 月 6 日，行情启动前最后一次提示是 12 月 13 日，14 天之后才诞生了“网红经济”概念板块。本书第十章讲过，消息

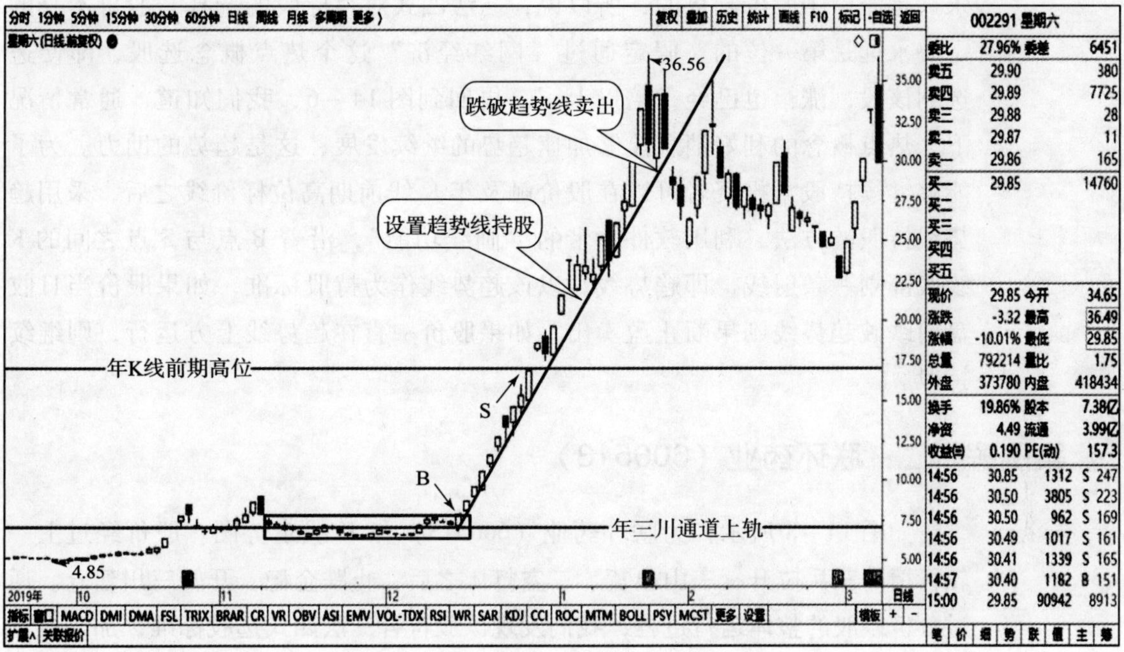

图 14－6　星期六（002291）日 K 线走势图 B

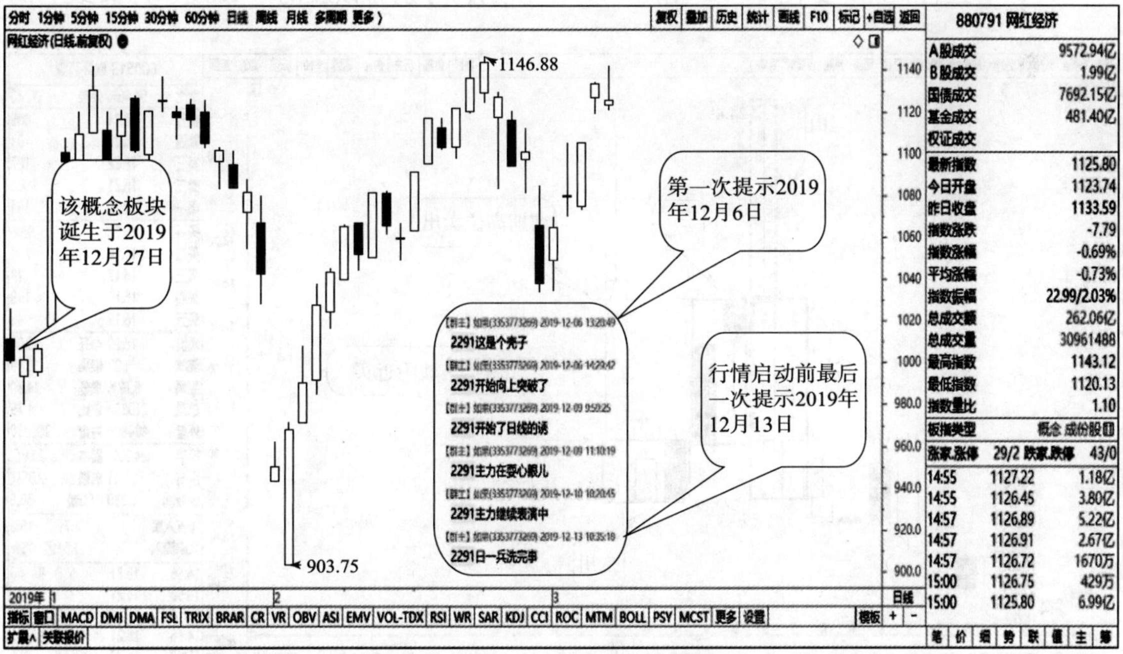

图 14－7　网红经济（880791）板块指数日 K 线走势图

永远是滞后于股价趋势的，所以说，三法四式对目标股的选择，股价本身的走势永远是第一位的。假定通过“网红经济”这个热点概念选股，即便遴选到该股，涨幅也已经一倍以上了。再回到图 14 -6，我们知道，通常情况下，热点概念的利好消息能够加速趋势的继续发展，这是趋势的助力。为了能够继续持股，投资者可以在股价触及年 K 线前期高位标价线之后，采用趋势线持股的方法，利用软件自带的“画线功能”，沿着 B 点与 S 点之间的 K 线底部划一条射线，即趋势线，以该趋势线作为持股标准，如果股价当日收盘前跌破趋势线则果断止盈卖出，如果股价一直在趋势线上方运行，则继续持股。

案例解析二：联环药业（600513）

如图 14 -8 所示，为联环药业（600513）年 K 线走势图。股价经过上一轮行情的三兵拉升、三山出货、三空打压之后，止跌企稳，开始三川建仓。通过分析该股的整体运行过程，我们发现该股符合三法四式选股标准，加入自选股并实时跟踪股价走向。但是该股具体的建仓过程，在年线不能完全体现，因此我们根据看大做小的技巧，从该股年 K 线以下周期去了解建仓阶段的具体运行状况，如图 14 -9 至图 14 -12 所示，分别为该股的季 K 线、月 K 线、周

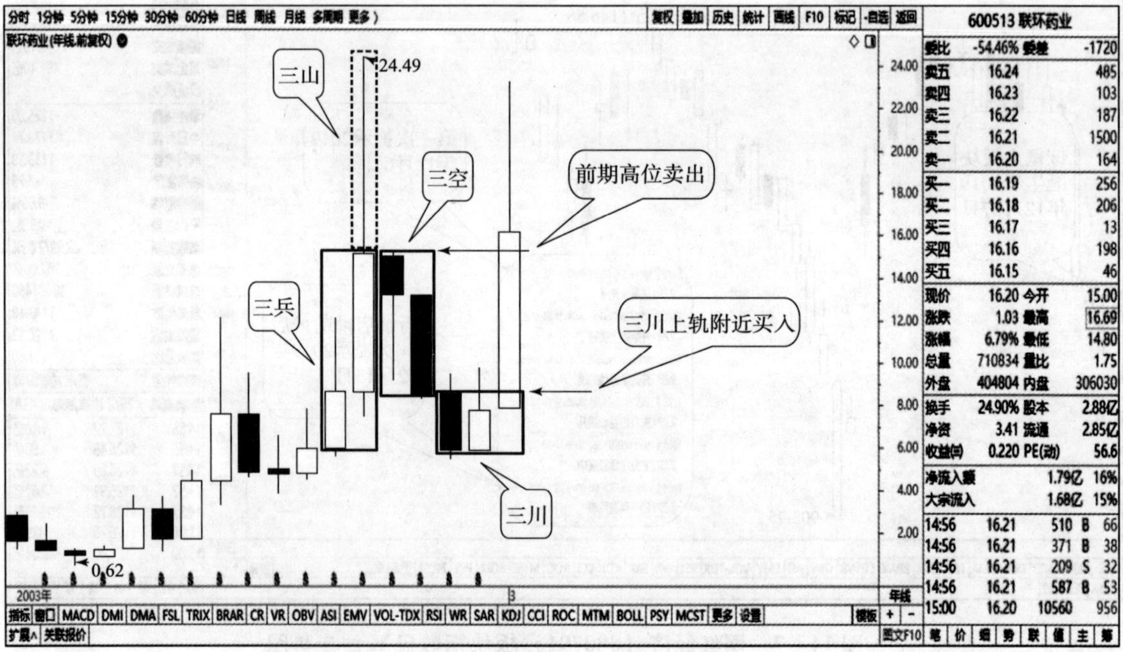

图 14 -8　联环药业（600513）年 K 线走势图

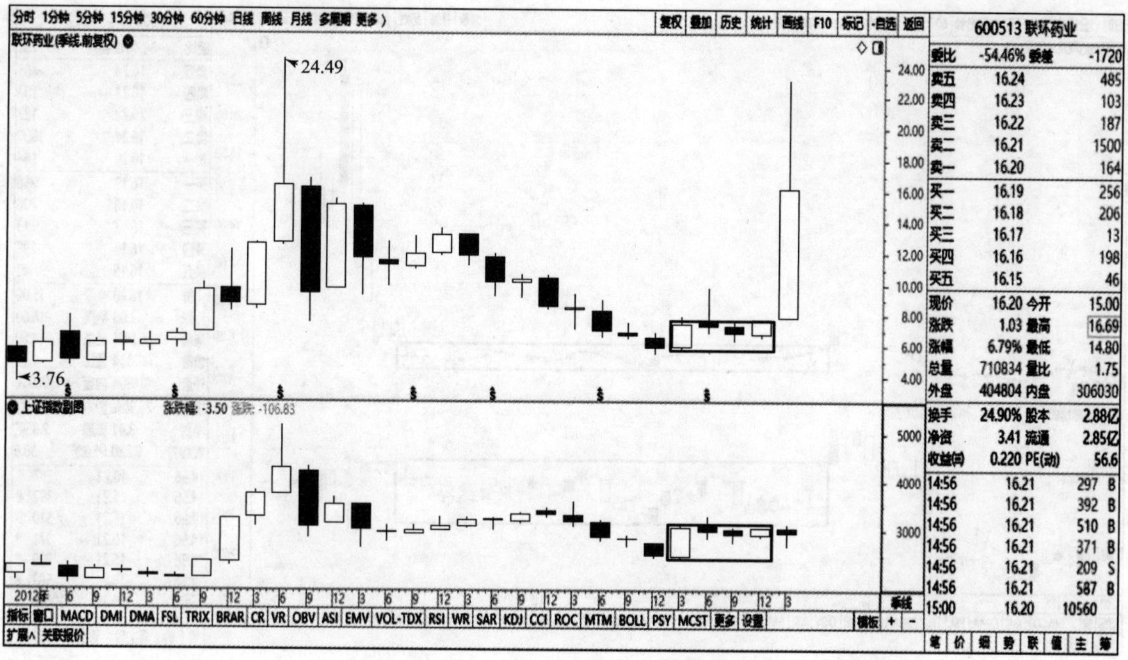

图 14-9 联环药业（600513）季 K 线走势图

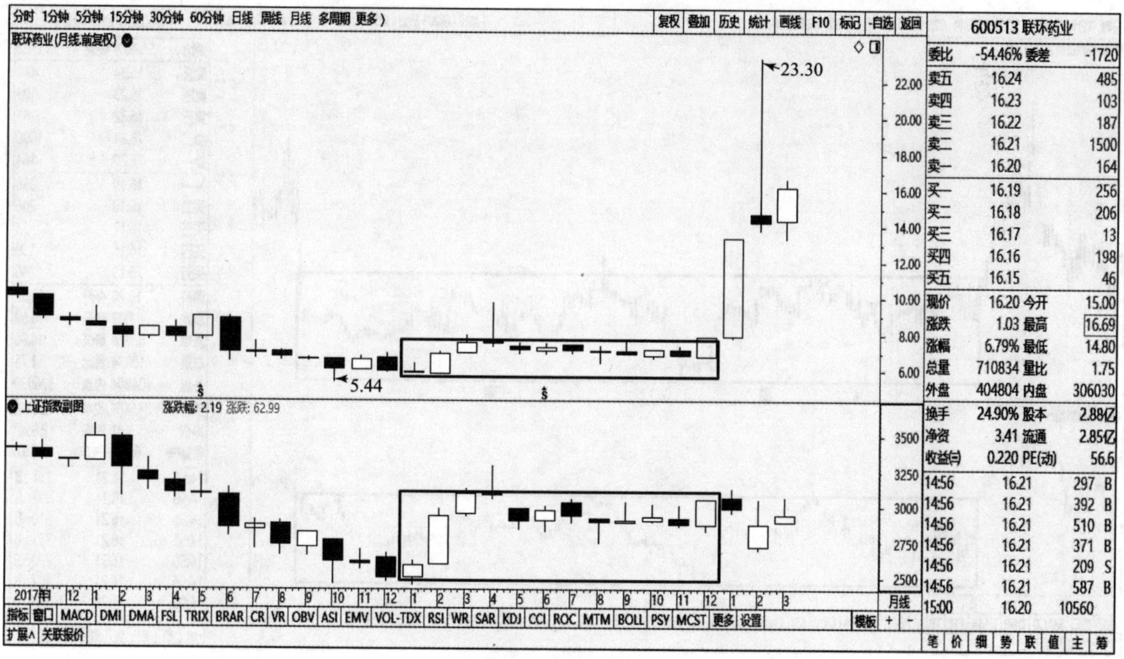

图 14-10 联环药业（600513）月 K 线走势图

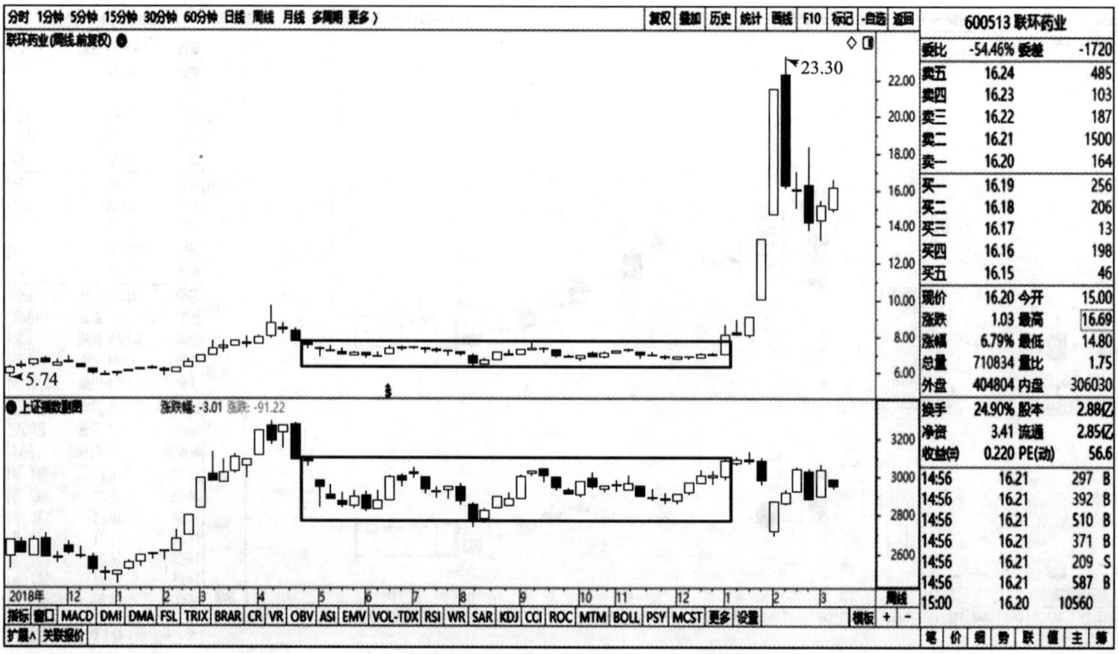

图 14－11　联环药业（600513）周 K 线走势图

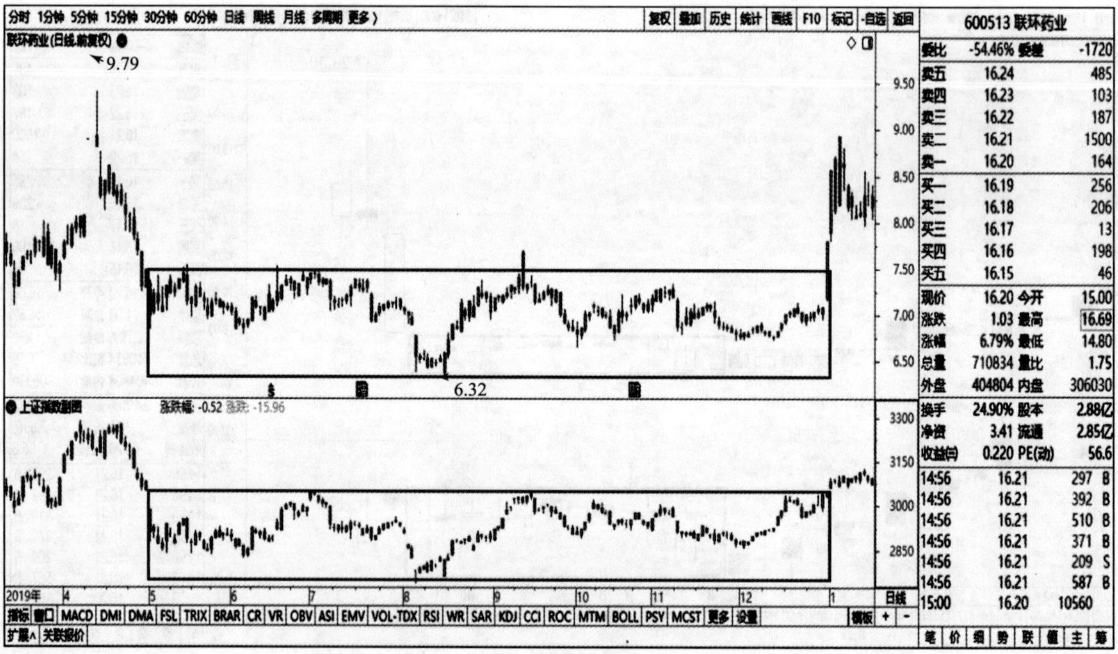

图 14－12　联环药业（600513）日 K 线走势图 A

K线、日K线同期走势图。季K线图中，我们可以清晰看到一个为期4个季度的三川建仓过程，月K线、周K线以及日K线的建仓过程同样清晰直观。通过与上证指数对比可以发现，这四个周期的股价走势，明显优于上证指数。我们再回到该股的年K线走势图，综合各个周期股价的运行状况，根据三法四式对该股未来行情做出初步预判，及时在三川上轨附近择机进场，待股价运行到前期高位时止盈卖出（见图中“三川上轨附近买入”箭头以及“前期高位卖出”箭头所示位置）。

如图14－13所示，为连环药业（600513）日K线图B。图中上方水平线，为该股年三川建仓通道上轨8.55元标价线，图中可见，当股价自下而上运行至该标价线附近时滞涨，横跨年三川建仓通道上轨标价线，形成了一个三法四式形态。“麻雀虽小，五脏俱全”，三法四式的每个阶段在这个过程中都没有缺席，股价经过三兵拉升、三山出货、三空打压之后，构建了一个为期7天的三川建仓通道。如图中B点箭头所示，股价高开于通道上轨1分钱，标志着这个关键位置的洗盘过程接近尾声，在当天9：25集合竞价时就可以及时挂单买入。笔者曾在该股起涨前，于1月17日10：17在三法四式学习群内及时发布提示信息。前文讲过，该位置三法四式的目的，是主力在股价拉升之前的洗盘行为，市场意义为“上泄抛压，下洗跟风”，通过日线三法四式的组合形态对

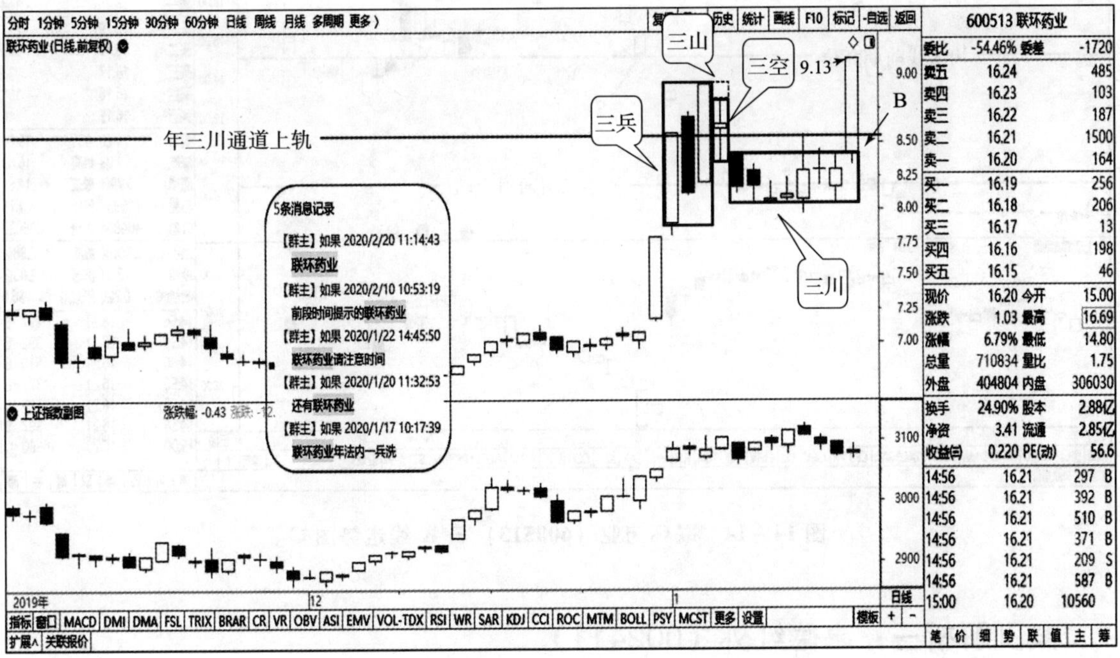

图14－13　联环药业（600513）日K线走势图B

左侧抛压及股价拉升过程中低成本的短线获利跟风筹码进行彻底清洗，以此把那些不坚定的浮动筹码在股价拉升之前清洗出局，减轻随后股价拉升中的压力。

如图 14－14 所示，为联环药业（600513）日 K 线走势图 C。图中下方水平线为该股年 K 线三川通道上轨 8.55 元标价线，图中上方水平线为该股年 K 线前期高位 15.17 元标价线。图中 B 点所示，即该股拉升之前洗盘完毕的买点。投资者买入之后，可坚定持股至图中 S 点箭头所示位置大幅减仓或者清仓止盈，B 点与 S 点之间 7 天 7 板，累计涨幅 94.70%，几近翻倍，收益已十分可观。由于该股当时受“抗流感”概念刺激备受资金追捧，投资者可以谨慎持股，直至股价于高位出现“T”字吊颈线时择机卖出。该股与本章第一个案例星期六（002291）因为“网红经济”而备受市场推崇的情况如出一辙，由于受到题材热点的利好刺激，从而助力了拉升趋势的持续发展，因此，在股价拉升至预期价位时，先行大幅减仓锁定利润，而后谨慎持股至 K 线顶部形态出现时及时清仓。

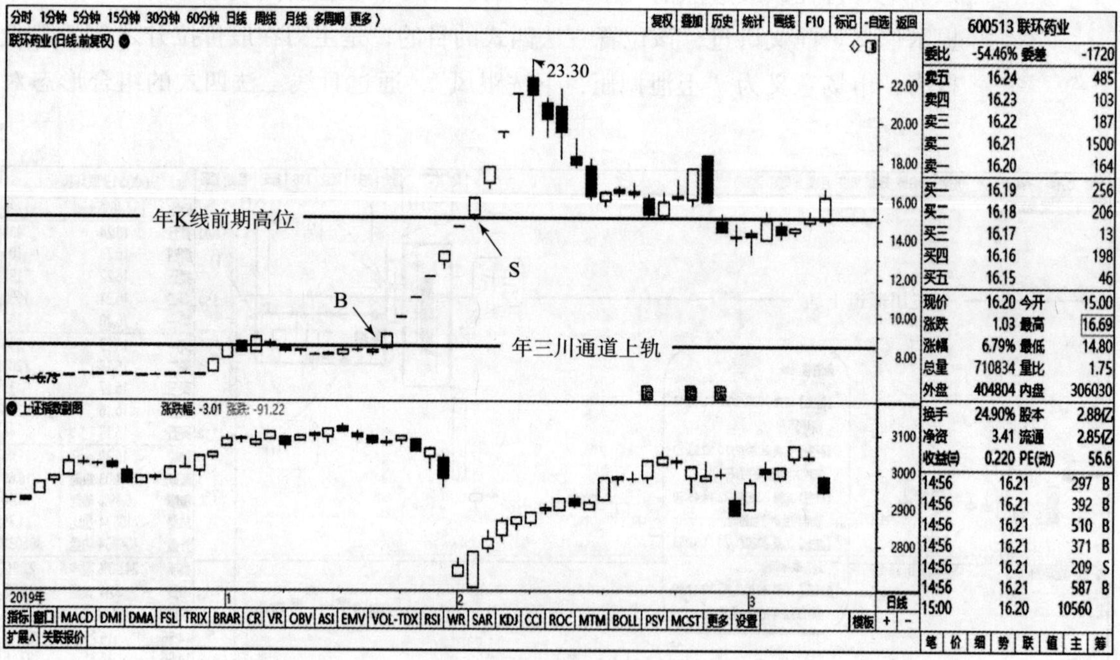

图 14－14 联环药业（600513）日 K 线走势图 C

案例解析三：高德红外（002411）

如图 14－15 所示，为高德红外（002411）年 K 线走势图。图中方框所示，是一个5年震荡形成的三川建仓通道，通道末端，阳线实体向上突破通道上轨，标志着年线级别的三川建仓过程已经接近尾声，三兵拉升即将开始。对股价更为详尽的运行过程，我们需要根据年K线以下的周期去进一步了解。如图14－16至图14－19所示，分别为该股的季K线、月K线、周K线以及日K线走势图。由该股季K线图可以看出，这是一只特立独行的股票，上证指数上涨的时候，该股不但没有借势上涨反而向下运行，走势与指数背道而驰；上证指数下跌的时候，该股止跌企稳开始向上运行，走出了一个十分规则的V形底三川形态。此时主力向上做盘的意图已经十分明显，而同期指数，只是止跌后继续维持横盘震荡的态势。该股月K线、周K线以及日K线的走势都是明显优于指数的，综合各个周期股价运行情况我们可以判断，该股完全符合三法四式年末选股要求，可以在次年开盘后在三川通道上轨附近择机买入。

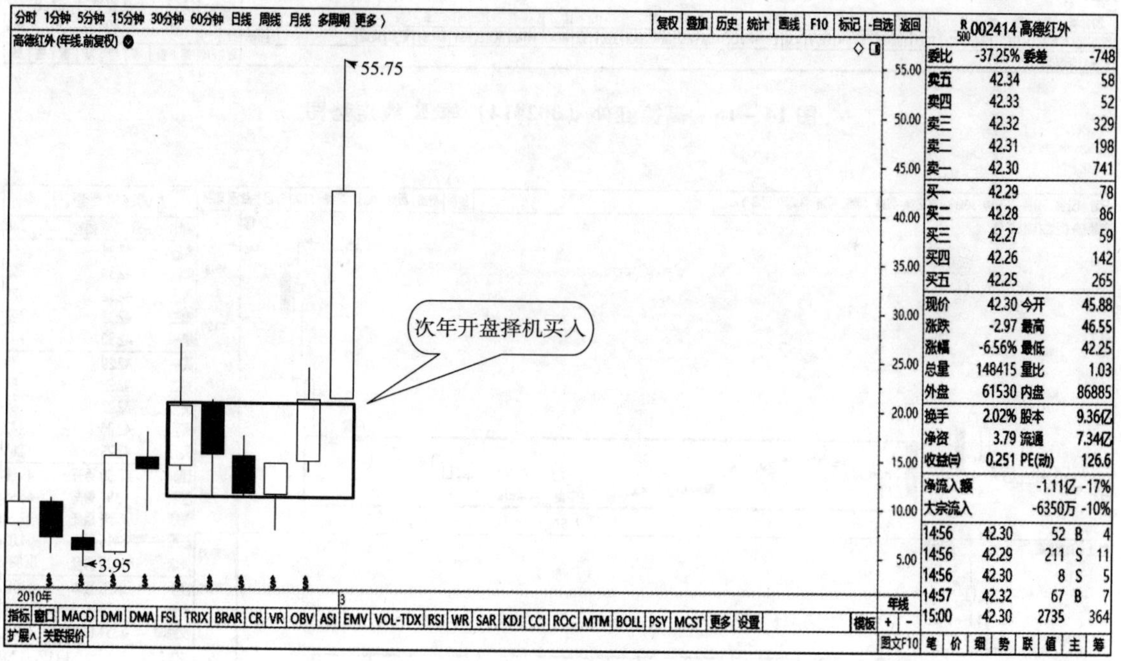

图14－15　高德红外（002414）年K线走势图

如图14－20所示，为高德红外（002414）日K线走势图B。图中上方水平线为该股年三川建仓通道上轨20.26元的标价线，图中可见，股价横跨标价线构建了一个的三法四式。B点箭头所示为买点，刚好是2020年的开盘价，投资者可以根据自己事先拟定的交易计划合理调动资金配置仓位，果断进场参与交易。

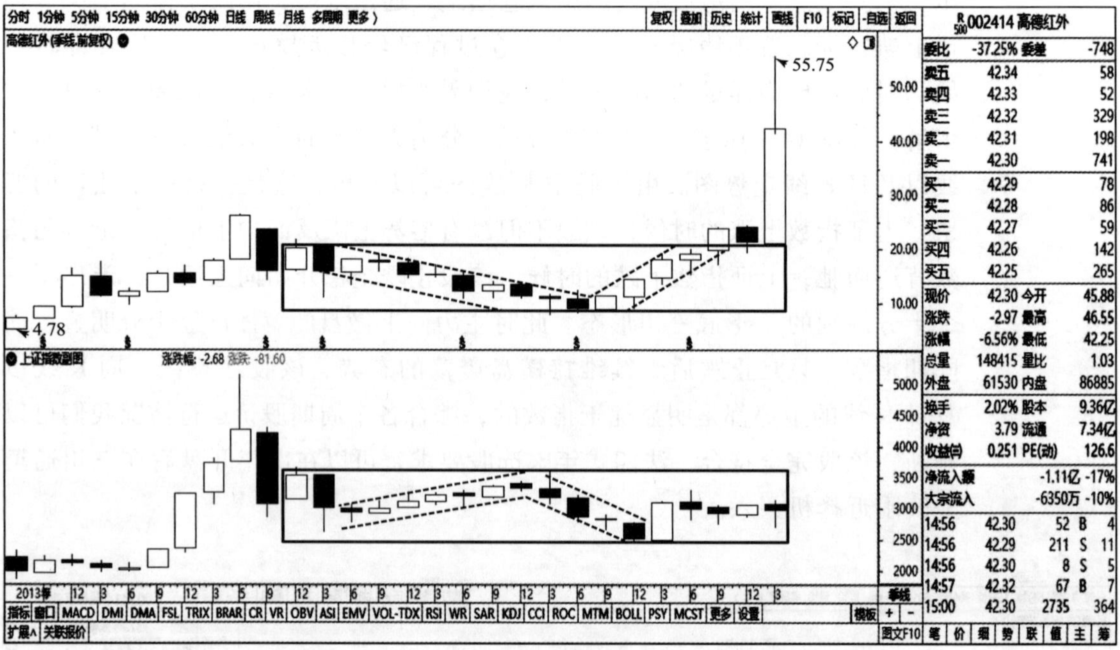

图 14－16　高德红外（002414）季 K 线走势图

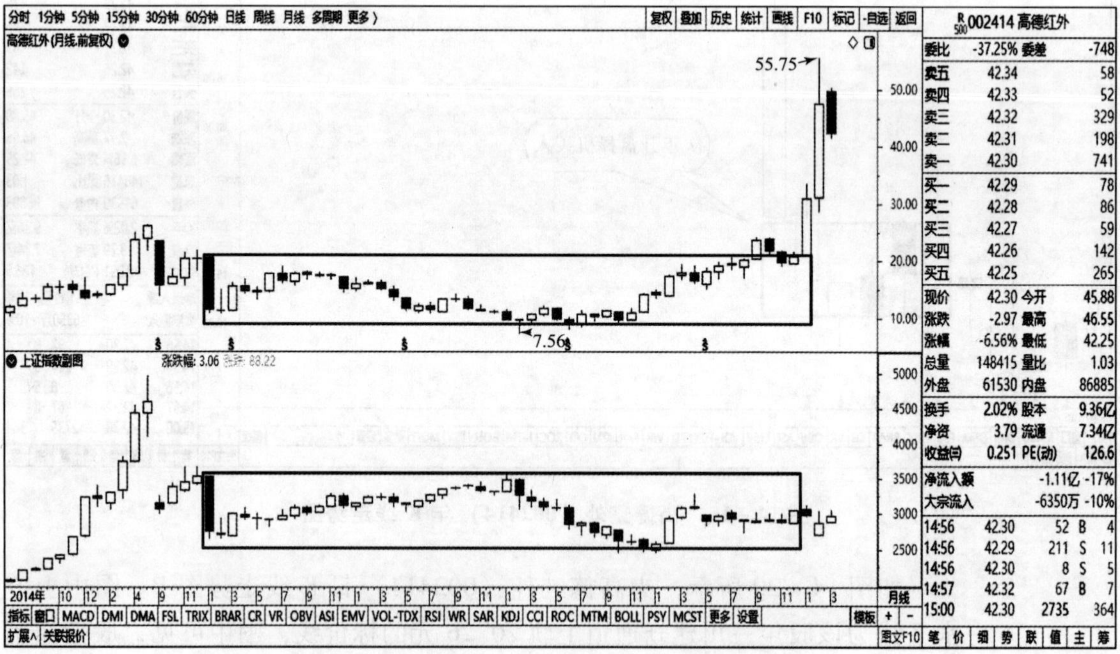

图 14－17　高德红外（002414）月 K 线走势图

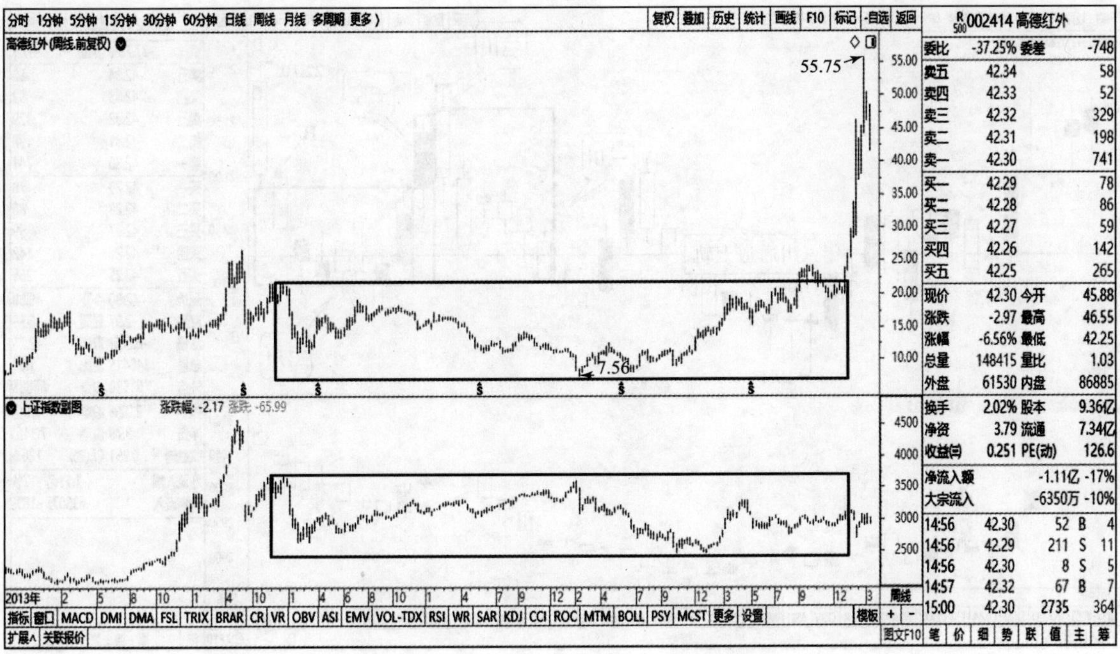

图 14－18　高德红外（002414）周 K 线走势图

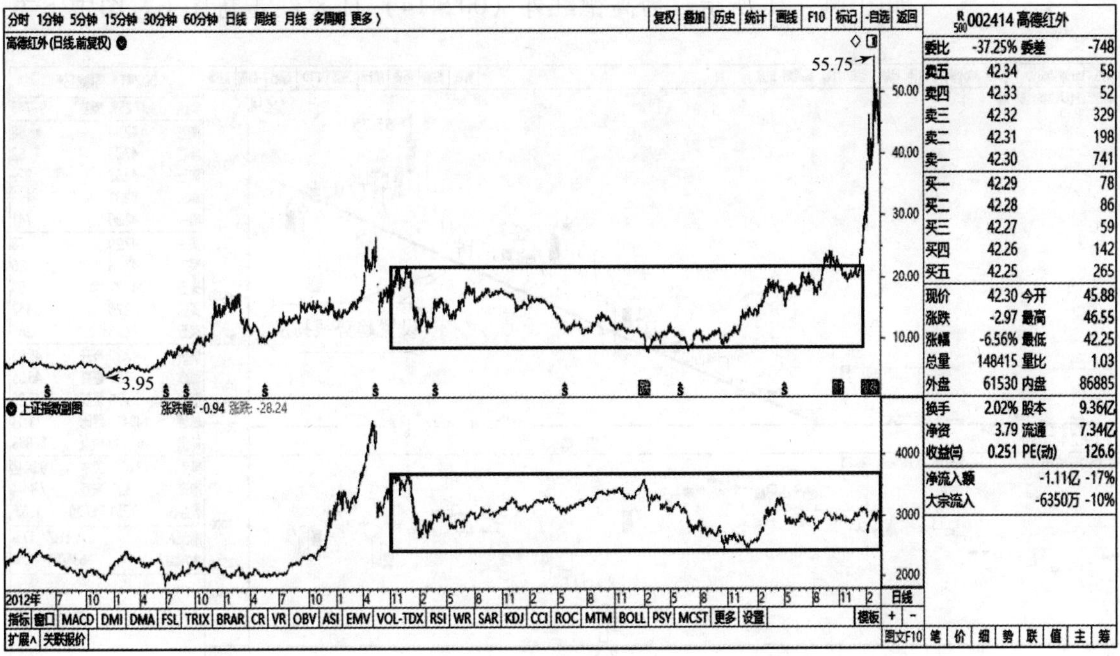

图 14－19　高德红外（002414）日 K 线走势图 A

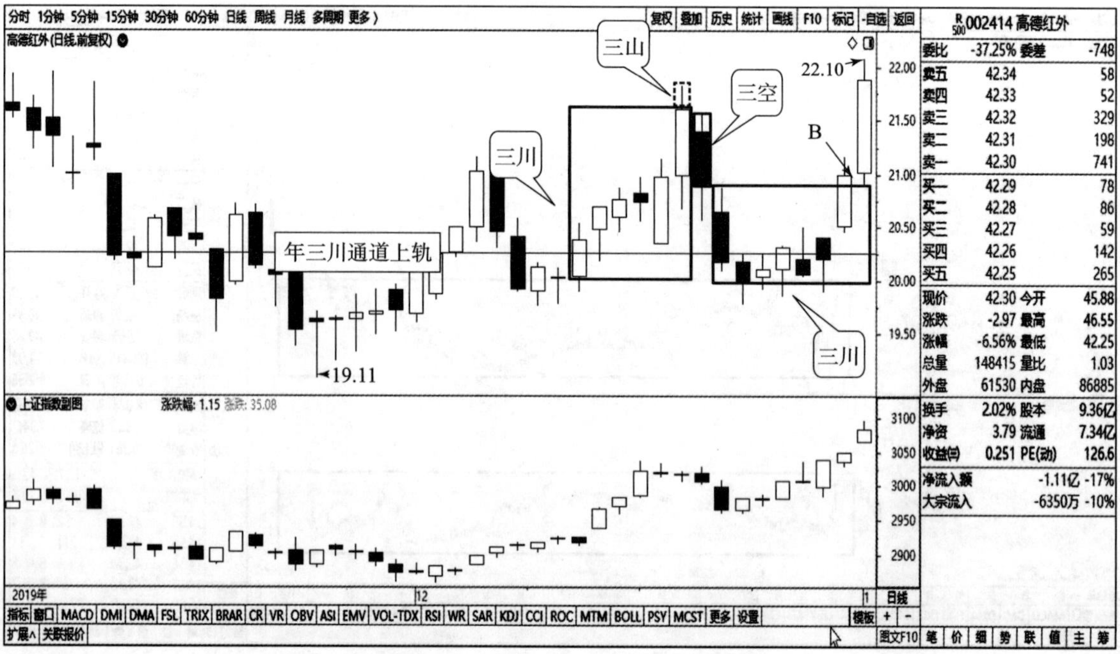

图 14－20　高德红外（002414）日 K 线走势图 B

如图 14－21 所示，为高德红外（002414）日 K 线走势图 C。图中下方

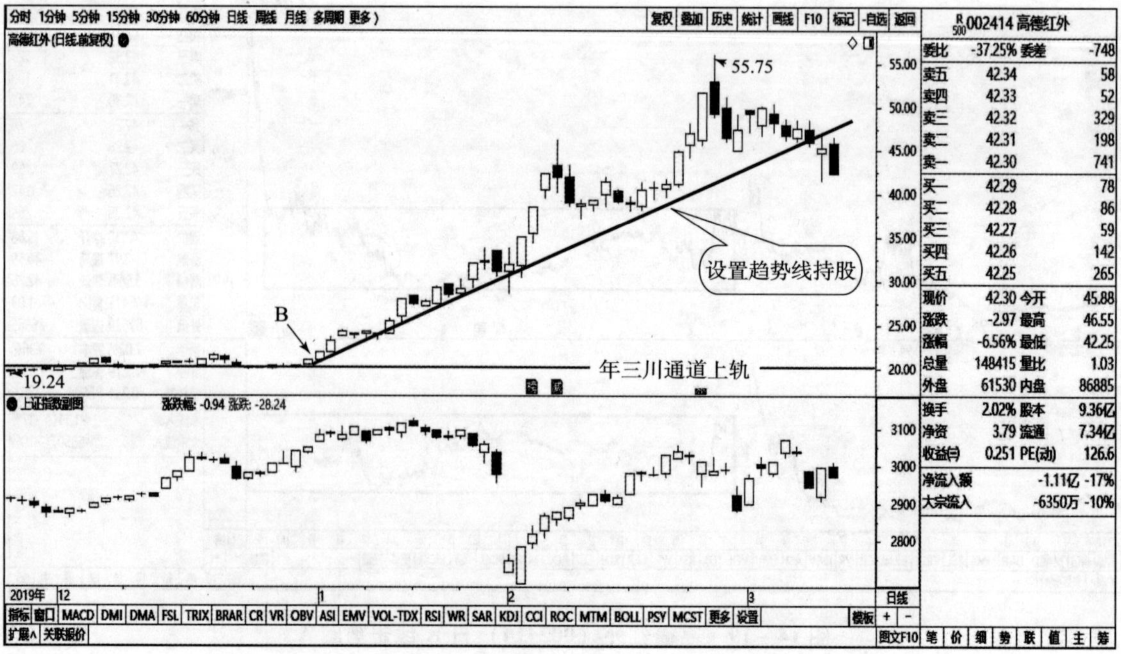

图 14－21　高德红外（002414）日 K 线走势图 C

水平线为该股年三川建仓通道上轨 20.26 元标价线。在 B 点箭头处买入之后，该股很快突破了历史高位并创出了新高，此时投资者的持股就会变得比较棘手，我们可以在股价下方最低点处设置一根趋势线，作为持股的参照。只要股价收盘前没有跌破此趋势线，就可以一直持股，股价一旦跌破趋势线，就要果断止盈出局、锁定利润。

案例解析四：上海新阳（300236）

如图 14－22 所示，为上海新阳（300236）年 K 线走势图。图中方框所示是一个由 5 年震荡形成的三川建仓通道。通道末端，阳线实体向上突破通道上轨，标志着这个年线级别的三川建仓过程已经接近尾声，三兵拉升即将开始。股价更为详尽的运行过程，我们需要通过年 K 线以下周期进一步了解分析。如图 14－23 至图 14－25 所示，分别为该股的季 K 线、月 K 线、周 K 线走势图。从该股季 K 线走势图可以看出，该股在运行中并没有“趋炎附势”，而是与上证指数背道而驰，我行我素地按照自己的计划稳步进行。上证指数在缓慢爬升的时候，该股已经开始了下跌的步伐，而指数下跌的时候，该股先于指数止跌并完成了筹码的低位收集，指数止跌企稳横盘震荡的时候，该股已经完成了三川建仓的过程，且在建仓通道末端，以实体阳线向

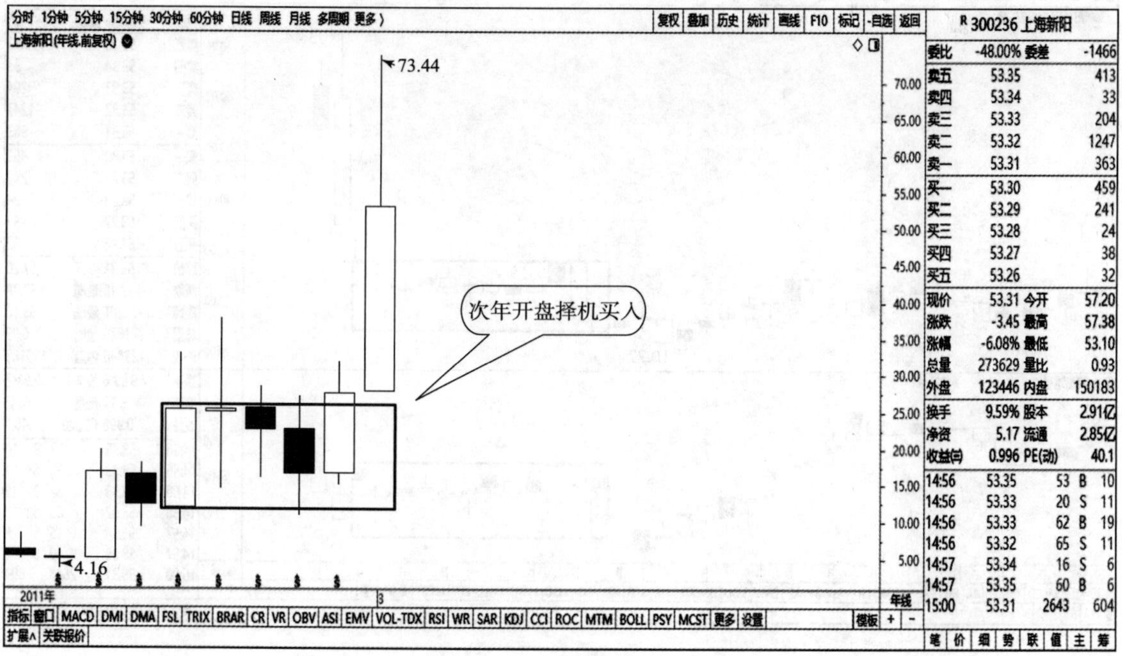

图 14－22　上海新阳（300236）年 K 线走势图

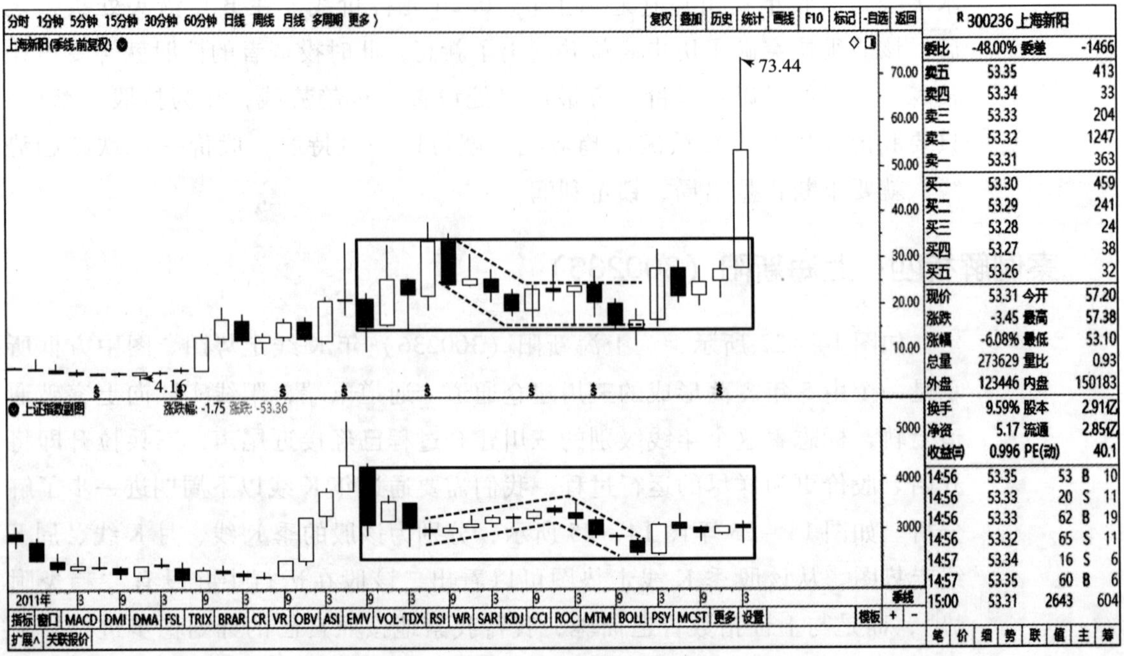

图 14－23　上海新阳（300236）季 K 线走势图

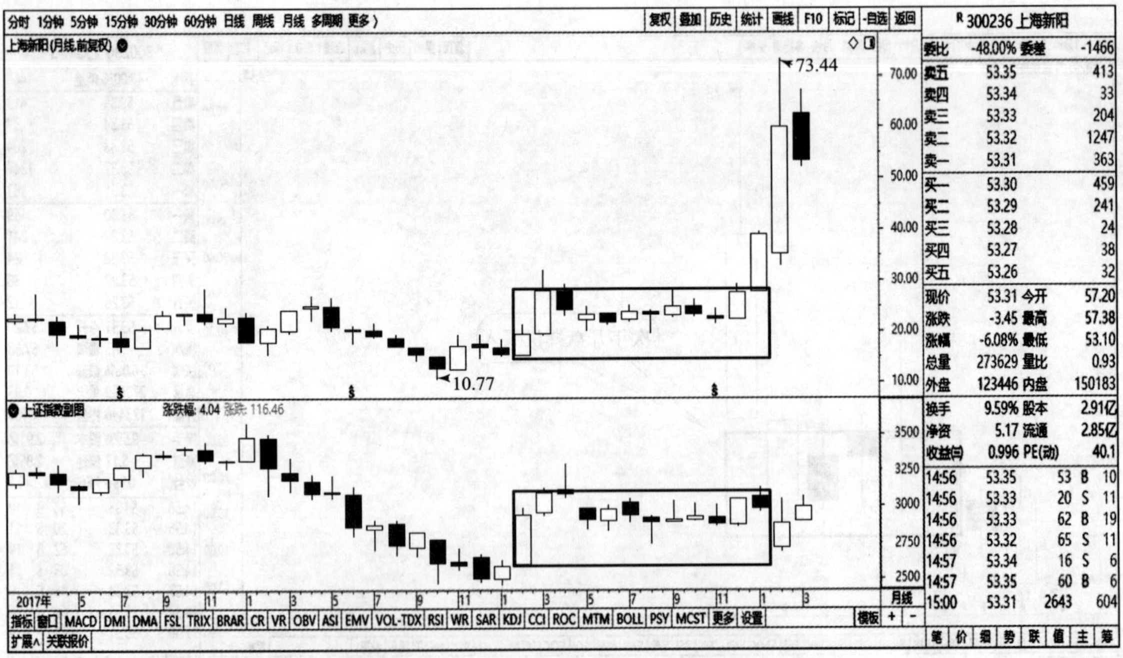

图 14－24　上海新阳（300236）月 K 线走势图

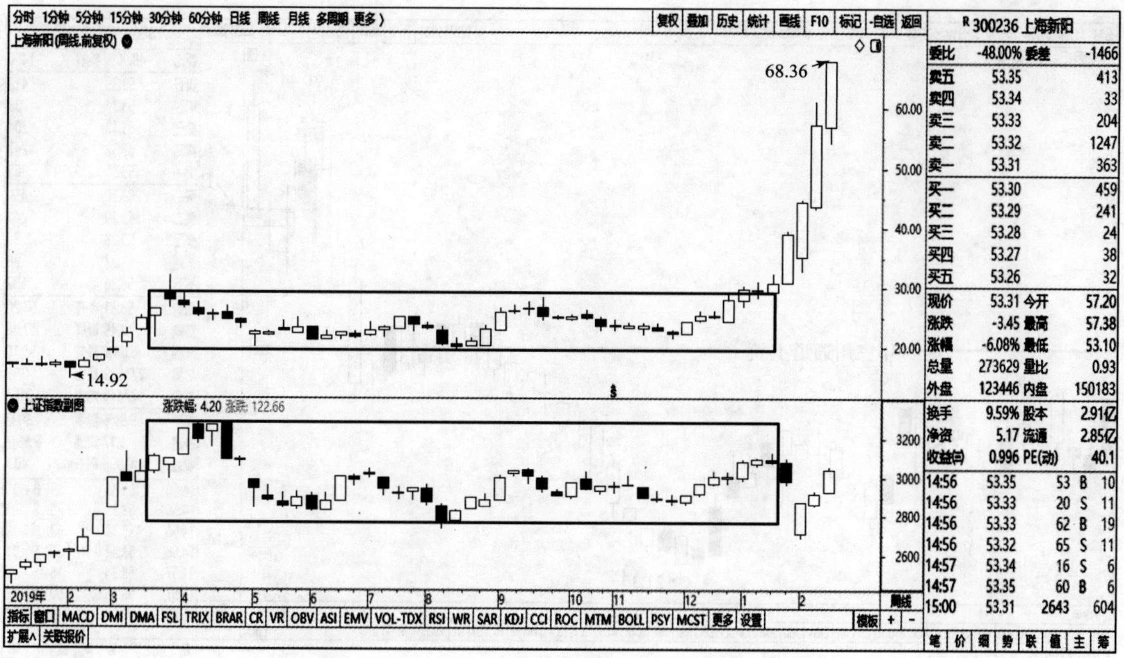

图 14－25　上海新阳（300236）周 K 线走势图

上突破通道上轨，而此时的上证指数一直在横盘震荡中徘徊。与此同时，其月 K 线及周 K 线的同步运行状态，都明显优于上证指数，显然这是一只能够引领趋势的股票，综合该股各个周期的运行状态，我们可以判断该股完全符合三法四式年末选股的要求，可以在次年开盘后，在三川通道上轨附近择机买入并持有。

如图 14－26 所示，为上海新阳（300326）日 K 线走势图 A。该图为 2019 年 10 月 23 日至 2020 年元月 2 日，股价起涨前的日 K 线走势图 A，图中水平线为该股年三川建仓通道上轨 25. 48 元的标价线，图中 B 点箭头所示买点为 2020 年度开盘价，这是日线最小级别的三法四式，三川股价收盘时都位于左侧三兵底部以上，因此 2020 年开盘即可买入。

如图 14－27 所示，为上海新阳（300236）日 K 线走势图 B。图中下方水平线，为该股年三川建仓通道上轨 25. 48 元的标价线。B 点买入之后，由于该股短时间内已经有效突破历史高位并创出新高，持股阶段没有了压力位置的参照，因此需要在股价上涨过程中，及时设置相应的趋势线作为持股的依据。随着股价的逐步拉升，趋势线也应及时做出适当微调。当然这种在走势上优于上证指数，率先于指数启动（行情）的个股就是市场的领涨股，通常情况下会在指数震荡的阶段先于指数上涨，到达一定价位之后展开调整，与指数同步运行，而等指数结束横盘开始拉升的时候，该股就会踏准市

图 14-26　上海新阳（300236）日 K 线走势图 A

图 14-27　上海新阳（300236）日 K 线走势图 B

场节奏与指数同步拉升股价，这就是强势领涨股的显著特征——引领趋势之后借助趋势。

案例解析五：赣锋锂业（002460）

如图 14－28 所示，为赣锋锂业（002460）季 K 线走势图。如图所示，股价在经过上一轮行情的三兵拉升、三山出货、三空打压之后，构建了一个为期 5 个季度的三川建仓通道，（见图中下方“三川”所示实线方框）。虽然现在看到的是该股的季 K 线，但是在 2019 年 11 月，该股的月 K 线走势图，就已经符合三法四式的月末选股标准。如图 14－29 该股同期的月 K 线走势图中方框所示，经过 12 个月的三川建仓，通道末端，阳线实体开始向上突破通道上轨，这是主力三川建仓完毕的标志之一，与同期上证指数对比发现，该股走势明显优于指数，这是强势领涨股的显著特征之一。我们再来看该股季 K 线走势图，结合该股月 K 线走势，根据三法四式对该股未来行情做出预判，在股价有效突破三川上轨附近时择机买入，然后持股到前期高位压力区域获利卖出。图 14－30、图 14－31 为分别为该股同期的周 K 线及日 K 线走势图，不难看出，这两个周期中，股价起涨前的同期走势均明显优于上证指数，从而再次验证了行情预判的确定性。

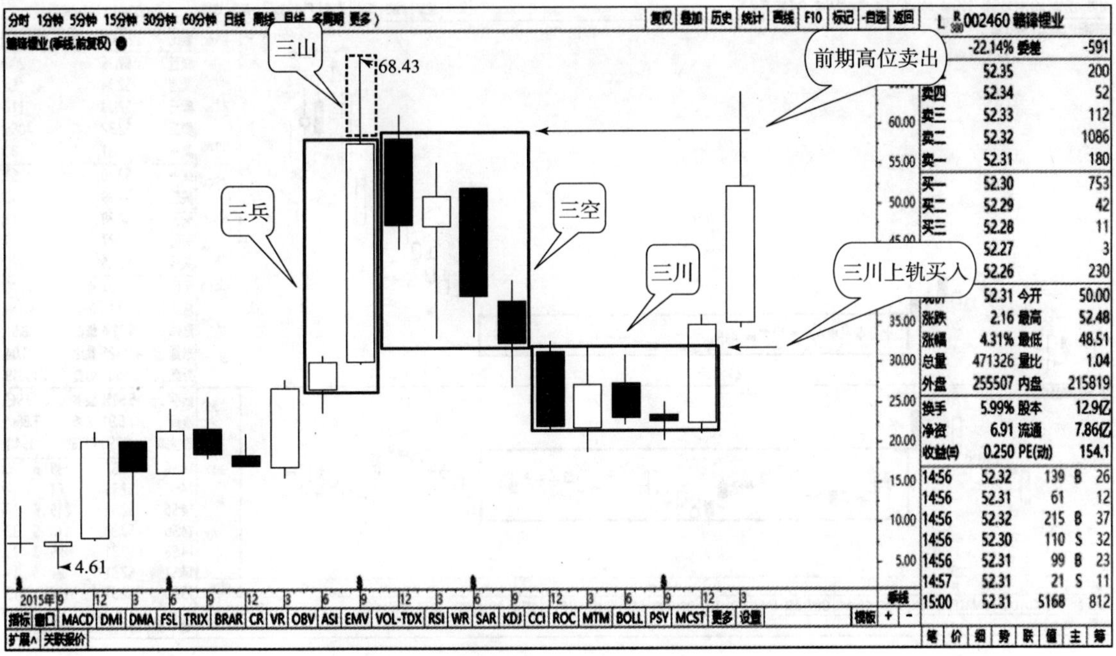

图 14－28　赣锋锂业（002460）季 K 线走势图

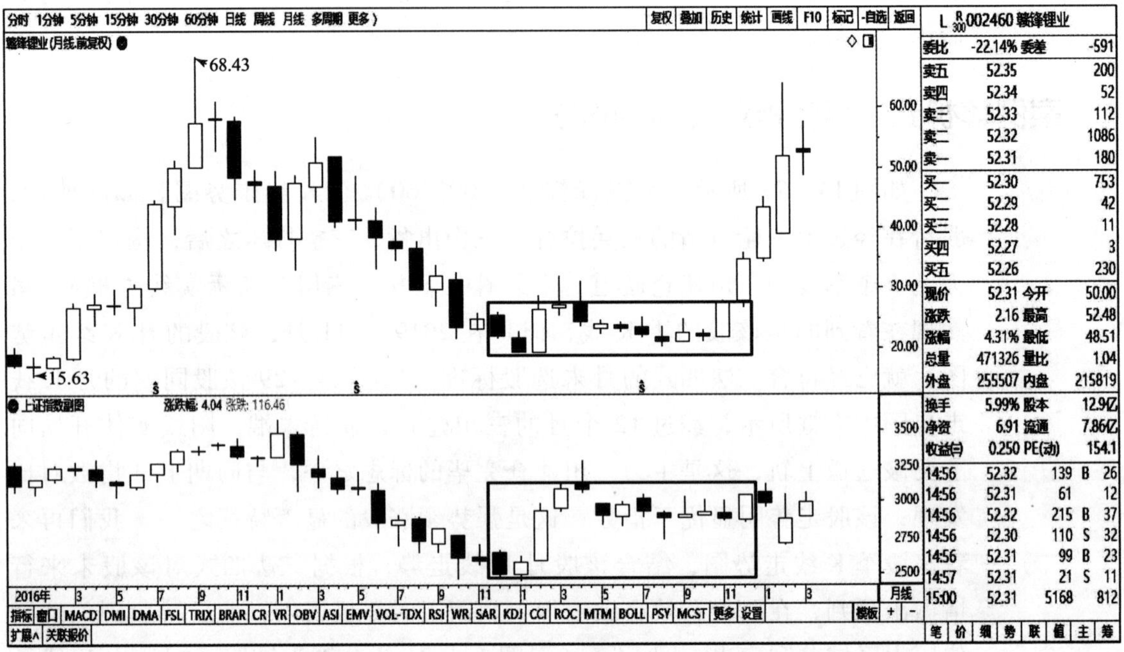

图 14－29　赣锋锂业（002460）月 K 线走势图

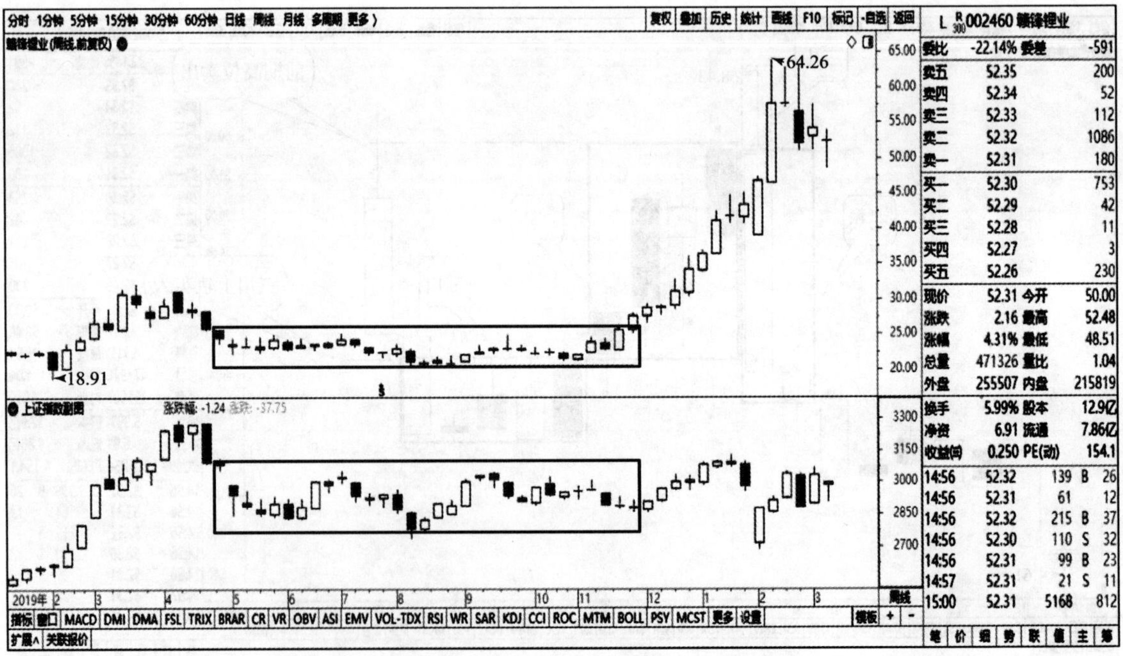

图 14－30　赣锋锂业（002460）周 K 线走势图

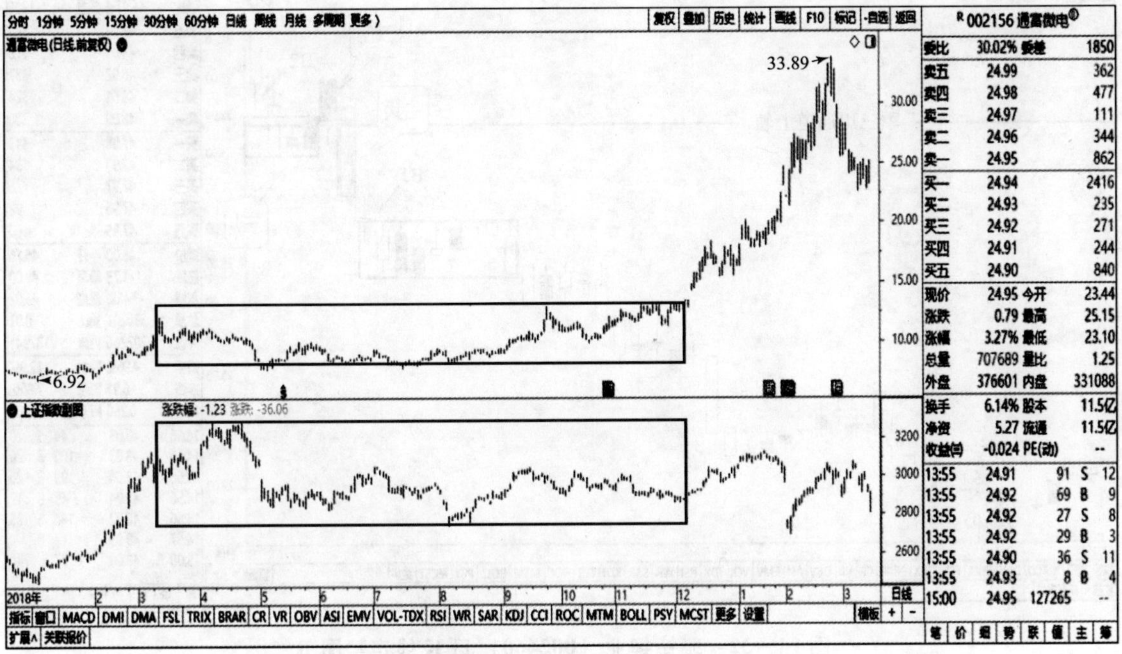

图 14－31　赣锋锂业（002460）日 K 线走势图 A

如图 14－32 所示，为赣锋锂业（002460）日 K 线走势图 B。图中上方水平线为该股季 K 线三川建仓通道上轨 31.50 元标价线。2019 年 12 月，股价开盘后小幅拉升，构建了一个 8 个交易日的横盘通道。B1 箭头所示，为该股开盘价在通道上轨的第一个买点，随后股价横跨标价线，构建了一个 5 条 K 线的三法四式，图中 B2 箭头所示为股价高开于三川通道上轨的第二个买点。

如图 14－33 所示，为赣锋锂业（002460）日 K 线走势图 C。图中下方水平线，为该股季三川建仓通道上轨 31.50 元标价线，图中上方水平线，为该股季 K 线前期高位 58.32 元标价线。B1、B2 买入之后，坚定持股至 S 箭头所示，季 K 线前期高位标价线附近果断止盈卖出，其间 36 个交易日累计涨幅 103%。

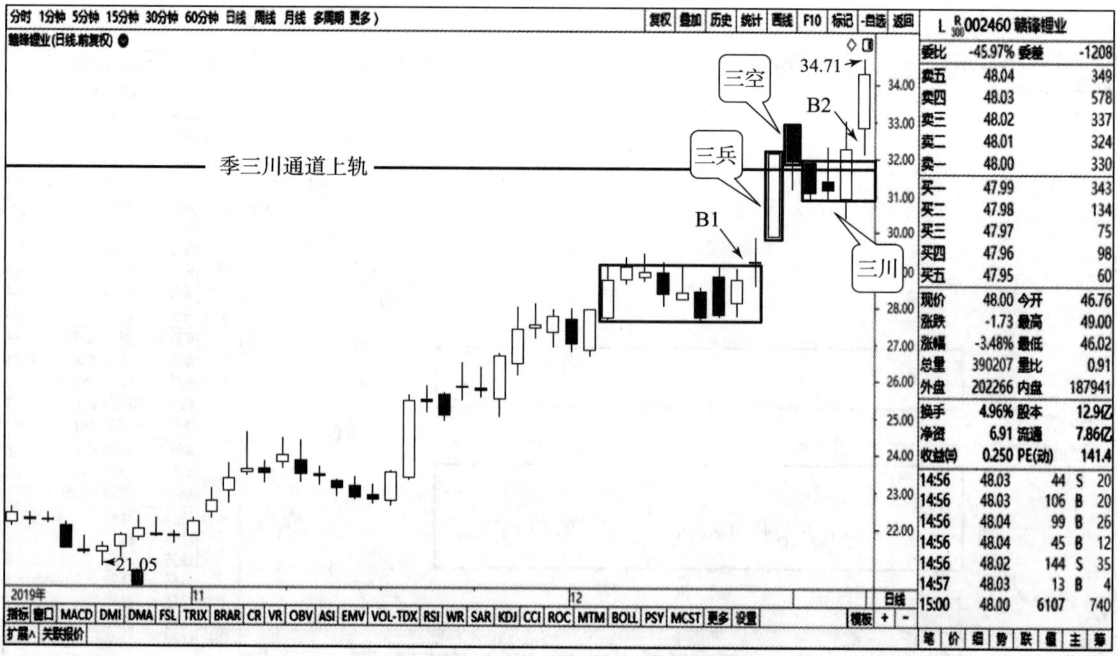

图 14－32　赣锋锂业（002460）日 K 线走势图 B

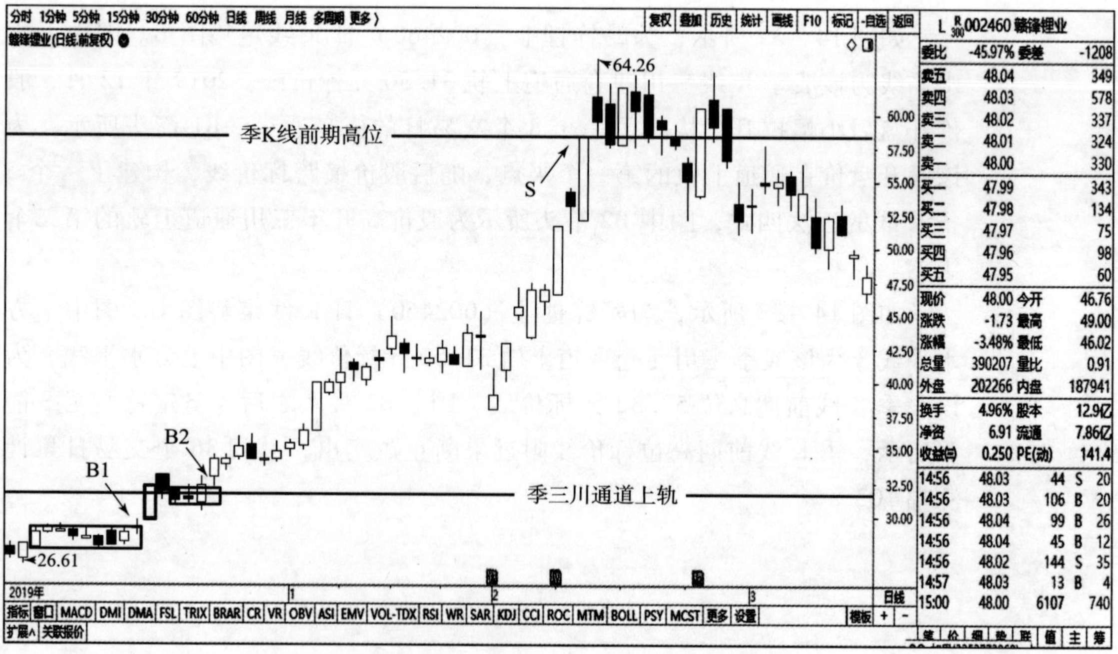

图 14－33　赣锋锂业（002460）日 K 线走势图 C

案例解析六：传艺科技（002866）

如图 14－34 所示，为传艺科技（002866）季 K 线走势图。图中可见，股价经过上一轮行情的三兵拉升、三山出货、三空打压之后，构建了一个大约 8 个季度的三川建仓通道，由此我们对该股未来行情可以做出预判，如果股价有效向上突破通道上轨，就会有一个波段行情。如图 14－35、图 14－36 所示，分别为该股的月 K 线、周 K 线走势图，经与上证指数对比发现，该股在走势上明显优于指数，很明显是能够跑赢指数的个股。我们再来回看该股的季 K 线走势图，经过各个周期的综合判断，于季 K 线三川上轨附近买入，持股至前期高位附近止盈卖出。

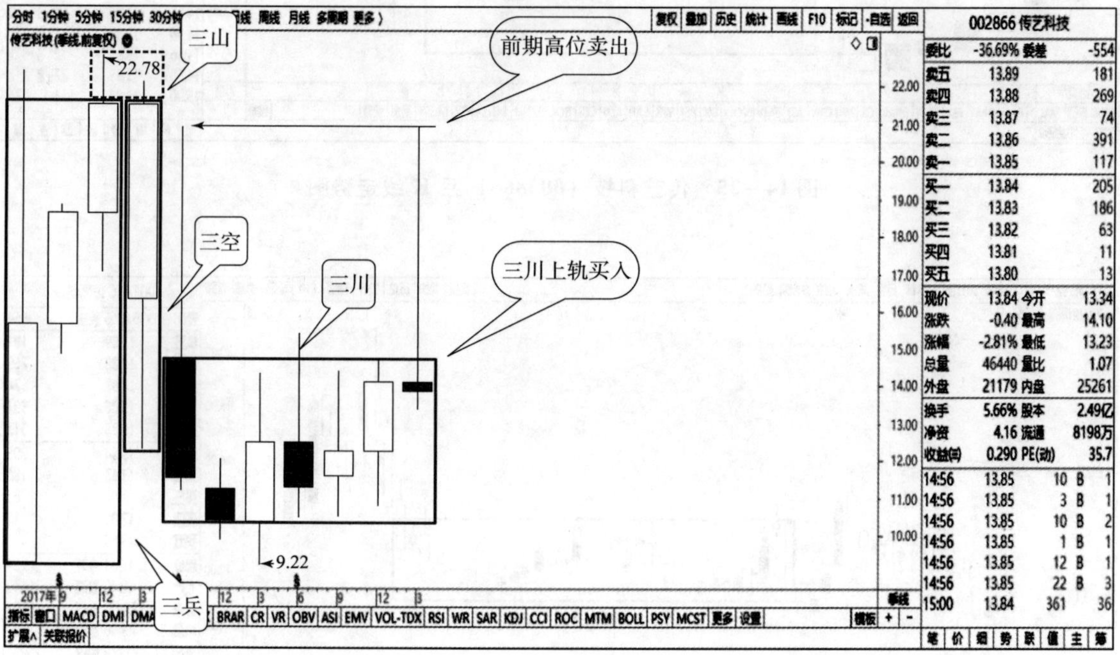

图 14－34 传艺科技（002866）季 K 线走势图

如图 14－37 所示，为传艺科技（002866）日 K 线走势图。图中下方水平线，为该股季三川建仓通道上轨 14.66 元标价线，图中上方水平线，为该股季 K 线前期高位 14.66 元标价线。图中上方实线方框所示，股价在标价线下方构建了一个为期 11 个交易日的横盘通道，同期上证指数同样也走出了一个为期 11 个交易日的横盘通道，（见图中下方实线方框所示）。横盘通道末端该股以涨停板的方式向上突破通道上轨，这是股价阶段性整理结束的标

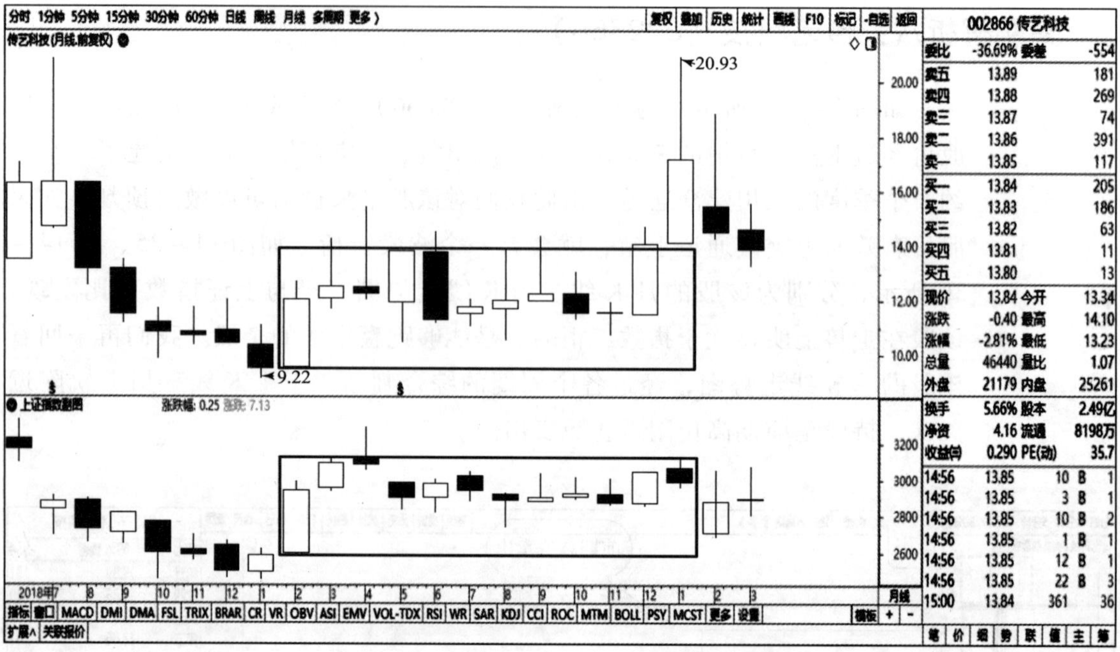

图 14-35 传艺科技（002866）月 K 线走势图

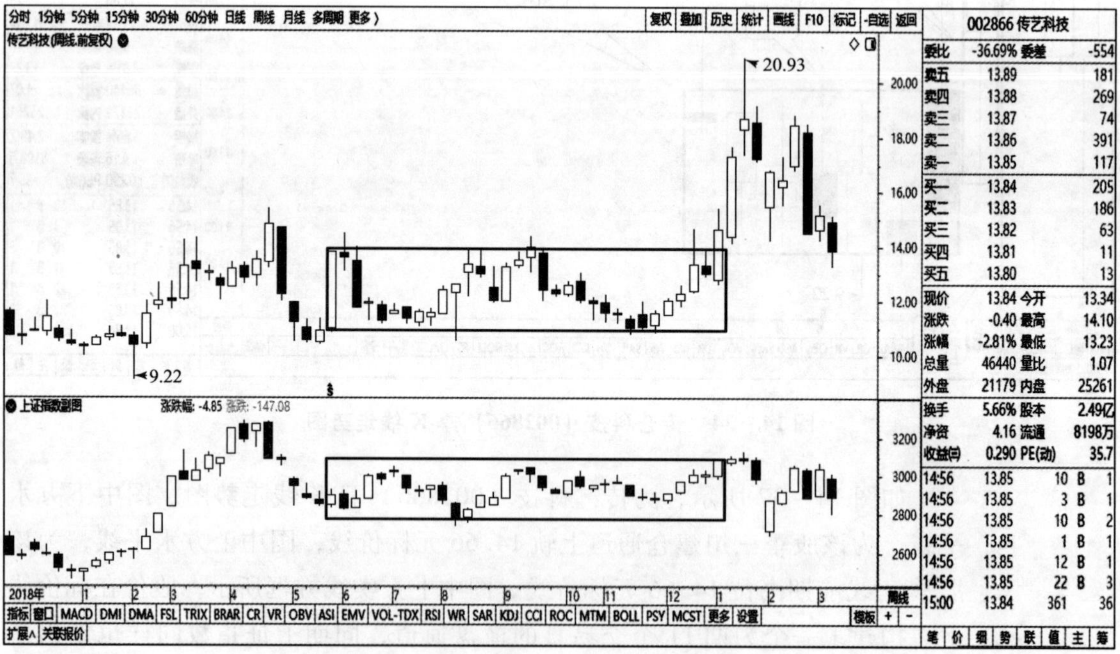

图 14-36 传艺科技（002866）周 K 线走势图

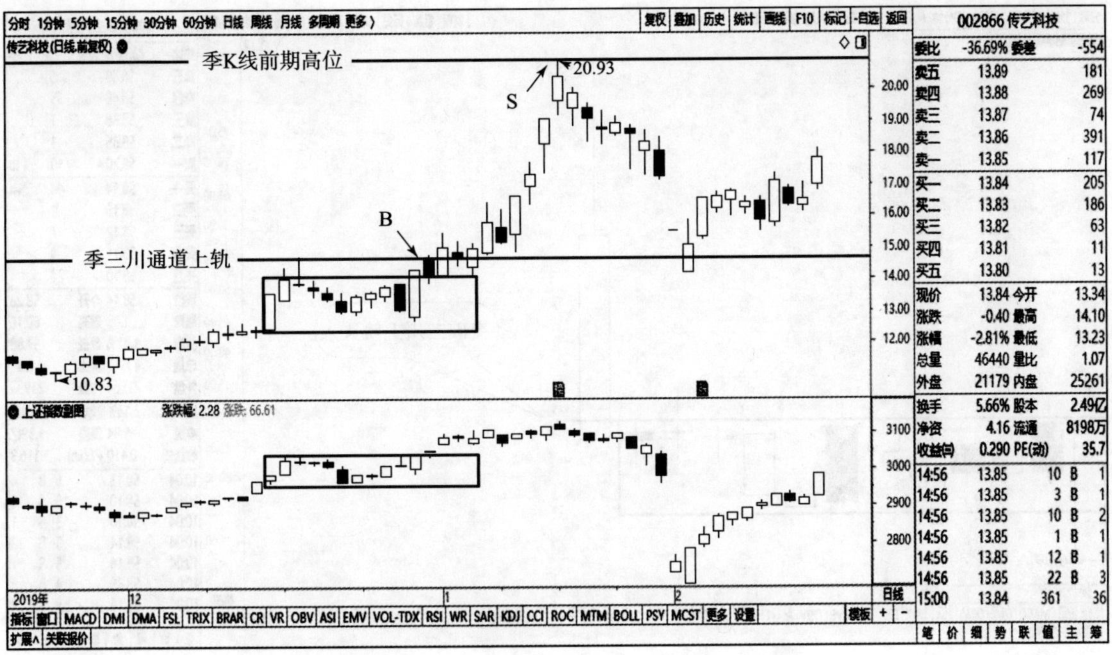

图 14－37　传艺科技（002866）日 K 线走势图

志之一。如 B 点箭头所示，股价跳空高开即买点，随后股价于季三川横盘建仓通道标价线，小幅震荡 3 个交易日后开始上涨，如期拉升至季 K 线前期高位压力区域（见图中 S 箭头所示卖点）时止盈卖出锁定利润，其间累计涨幅 43%，阶段性波段行情如期完成。关键位置的标价线，是我们跟踪、操作股票的重要参考，如三川上轨的标价线，通常情况下，股价会在该位置附近充分换手，这是股价拉升之前充分整理的过程。该过程因个股不同，有时位于标价线下方附近，有时位于标价线上方附近，有时横跨标价线，因此三川上轨的标价线只是缩小了跟踪与操作的范围，并非买入的依据。左侧高位明显压力位置的标价线则不然，它通常是股价拉升后的止盈位置，是阶段性三兵拉升的尾声，是阶段性三山出货的阶段，股价一旦拉升至该位置，投资者则应根据实际情况大幅减仓或平仓止盈。因此，不同位置的标价线，其属性是截然不同的。

案例解析七：会畅通讯（300578）

如图 14－38 所示，为会畅通讯（300578）季 K 线走势图。图中可见，主力构建了一个 12 个季度的三川建仓通道，这是一个十分漫长的建仓过程。股价一旦有效突破三川上轨，就可能会迎来一轮拉升的行情。该股的月 K 线

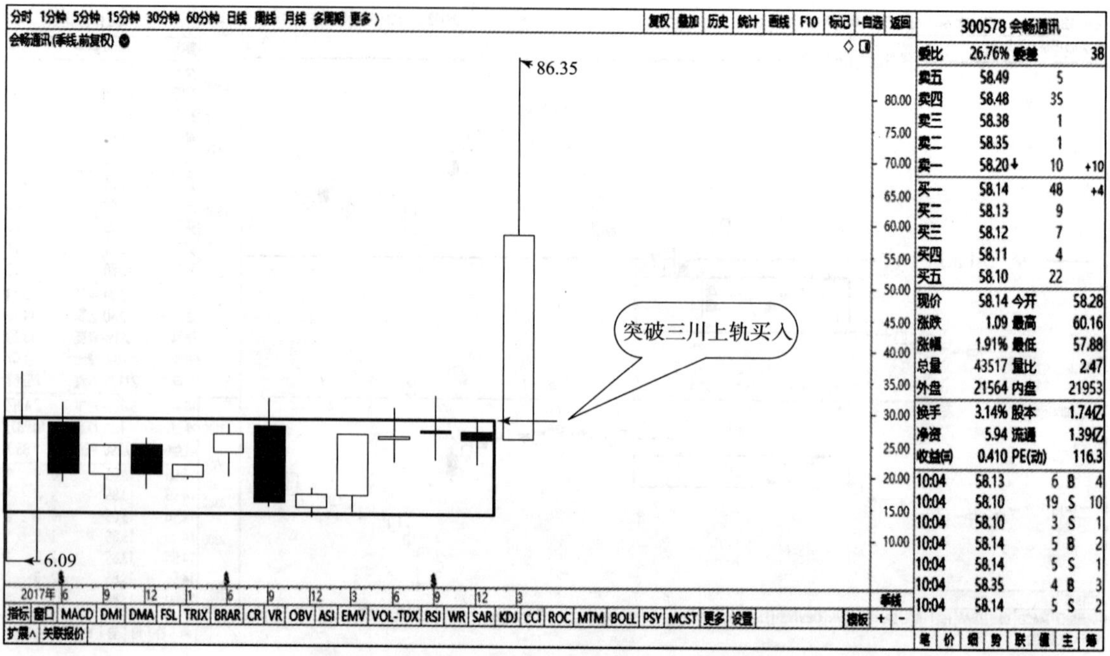

图 14－38　会畅通讯（300578）季 K 线走势图

走势图（见图 14－39），已经形成一个完美厚重的三川建仓通道，股价拉升一触即发。需要指出的是，主力建仓通道构建完毕的时候，不一定与季 K 线

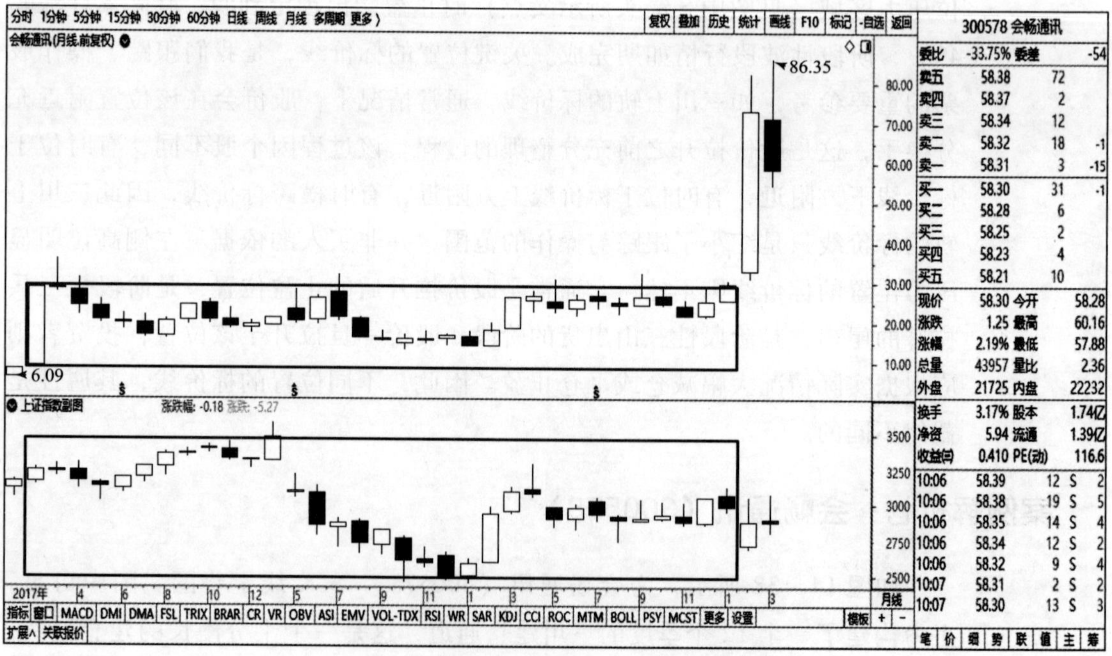

图 14－39　会畅通讯（300578）月 K 线走势图

的起始与截止的日期相吻合，这就是三法四式对K线合并的重要性，那些分析软件只能机械地按照自然周期的起始点与截止点，对不同周期之间的K线进行合并，某种程度上并不能直观反应出股价运行的趋势。很明显，月K线三川通道的最后一根月K线是2020年1季度的第1个月，因此在该股的季K线上并不能直观看出股价相对具体的运行情况。在2020年1月份结束的时候，通过月末选股的方式可将该股及时遴选。很明显，股价在三川下轨之下有一个十分充分的换手过程（见图14－40、图14－41该股同期的周K线与日K线走势图），图中三川建仓通道都已经同步构建完毕。再来看该股季K线走势图，综合参考该股各个周期股价运行情况进行预判，可在股价有效突破三川上轨后果断买入。

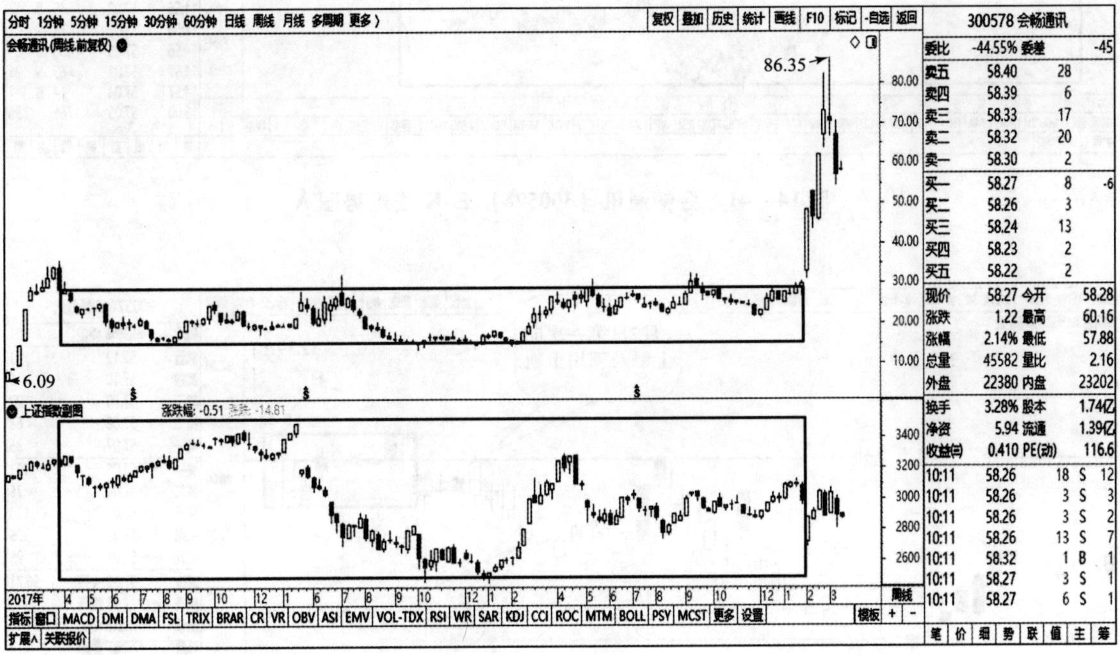

图14－40　会畅通讯（300578）周K线走势图

如图14－42所示，为会畅通讯（300578）日K线走势图B。图中水平线，为该股季K线三川建仓通道上轨28.68元标价线，股价于2020年1月2日开盘后，在1月7日首次向上触及标价线，随后经过3个交易日的小幅调整，横跨标价线构建了一个为期8个交易日的横盘通道，（见图中右侧实线方框），通道末端股价以涨停大阳线向上突破三川上轨。如图中B点箭头所示，股价于三川上轨开盘，标志着该股拉升前洗盘结束，应及时介入。

如图14－43所示，为会畅通讯（300578）日K线走势图C。图中可见，

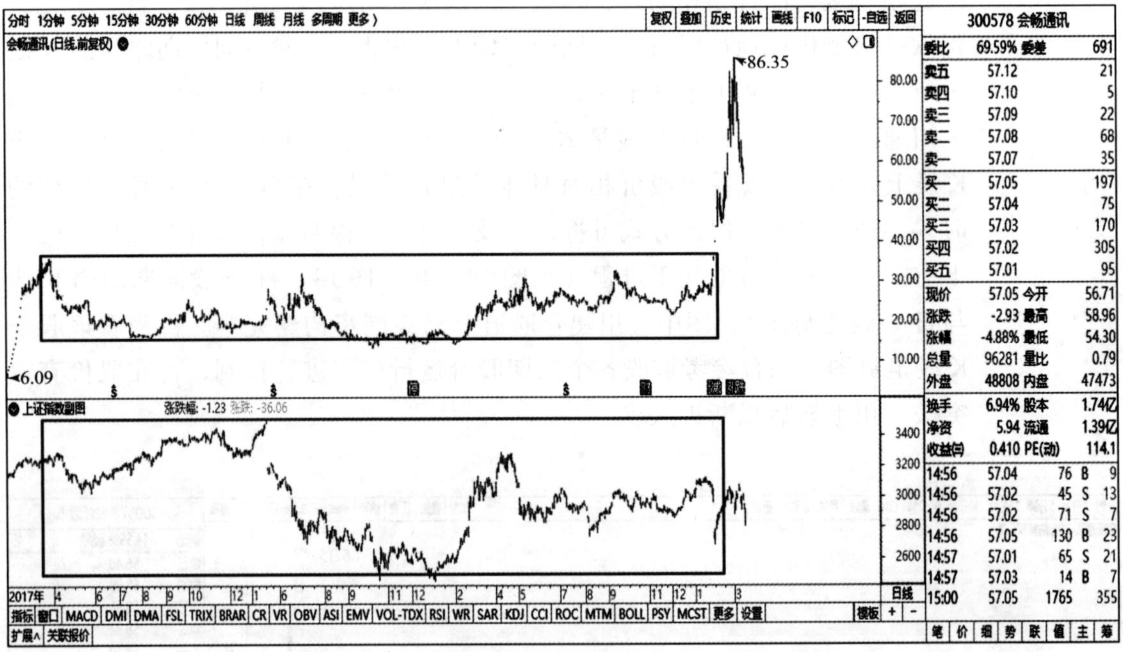

图 14-41　会畅通讯（300578）日 K 线走势图 A

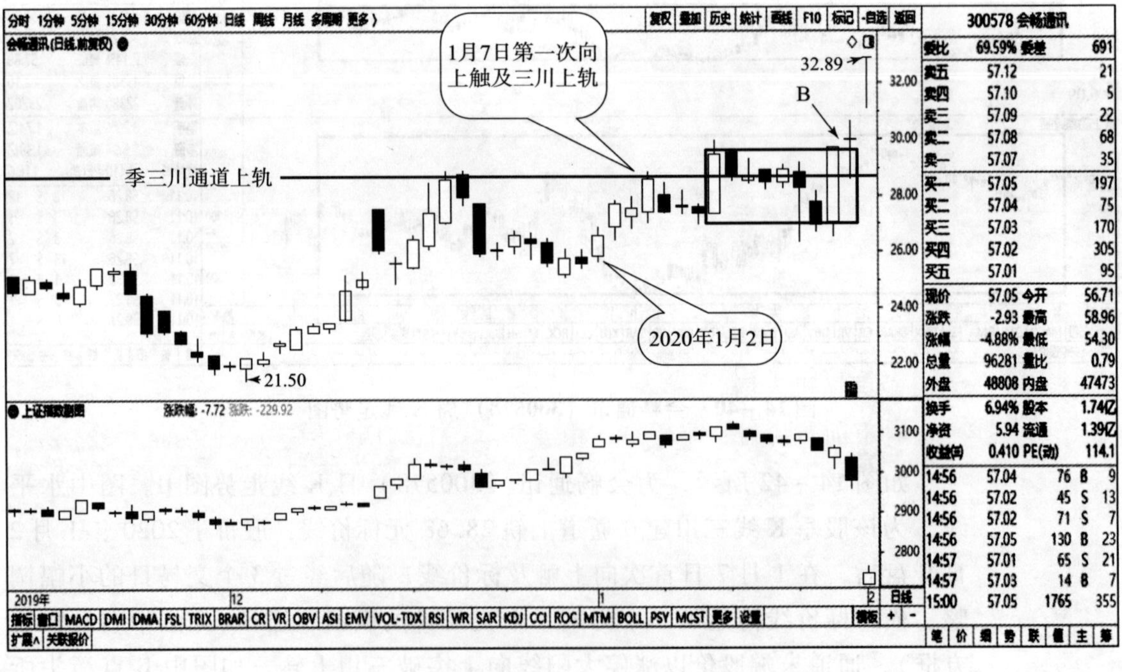

图 14-42　会畅通讯（300578）日 K 线走势图 B

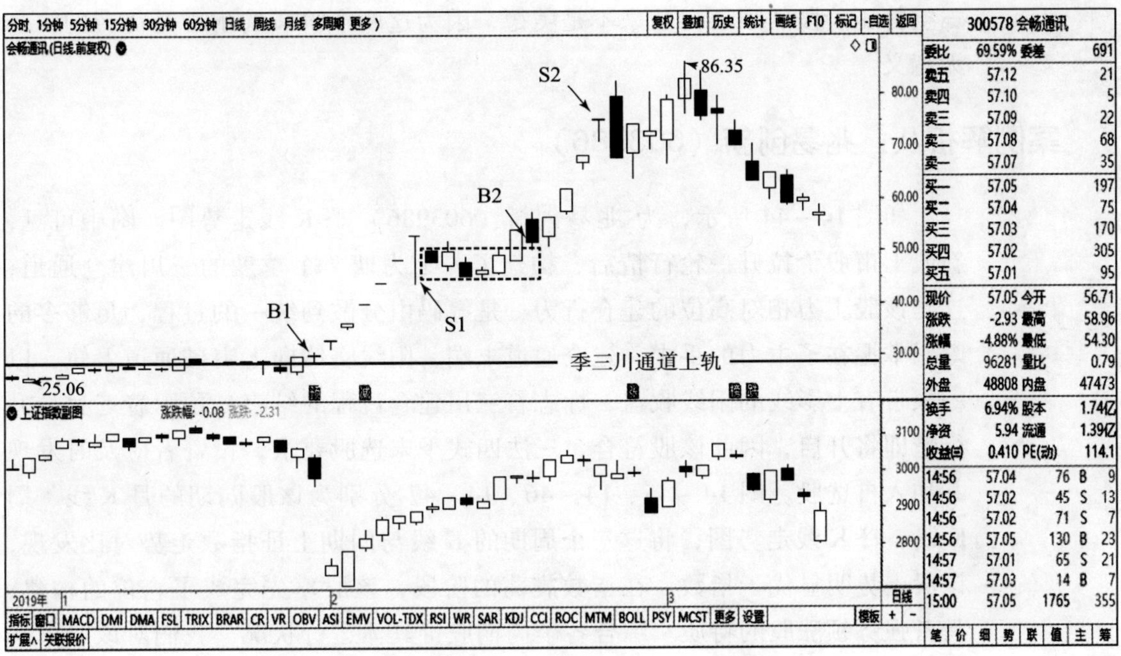

图 14－43　会畅通讯（300578）日 K 线走势图 C

在 B1 箭头所示买点买入之后，股价一路上扬，S1 箭头所示位置出现“T”字吊颈线后，投资者可根据自己事先拟定的交易策略，大幅减仓或者平仓出局，其间 7 天 6 板，累计涨幅 78.5%，收益已十分可观。买对了，怎么卖都会盈利。如果想继续参与，可等待趋势明朗之后再择机入场。卖出之后，股价小幅震荡形成一个横盘整理通道，通道末端涨停板大阳线向上突破，标志着阶段性整理结束。在 B2 箭头所示第二个买点买入，持股至 S2 箭头所示位置，再次出现高位“T”字吊颈线果断抛出获利，其间 5 天 4 板，累计涨幅 38.73%。两轮小波段行情，整体收益已经一倍之多，这与该股厚重的三川建仓形态是，密不可分。如果还想继续参与，就必须耐心等待趋势清晰明朗之后，再择机入场。

股市前辈说过：耐心是一种美德。在三法四式中，这种美德主要表现在两个阶段：一是趋势确定之后等待交易时机的过程。当趋势确定之后，交易信号尚未出现的时候，投资者切莫操之过急，一定要坚决抵制各种诱惑，耐心等待，直到股价发出明确的交易信号，即使该过程是枯燥乏味的。二是买入之后，坚定持股到预期目标位附近止盈的过程。若要做到耐心持股，前提是正确认知股价拉升中可能会出现的主力洗盘行为，一直持有到预期的价位附近。该过程中，如果没有扎实的基本功和良好的心态，是很难在一个完整的波段行情中，做到全程持有的。提醒大家注意，三法四式中的三山出货与三空打压阶段的耐心，从来不是美德，因为这两个阶段的耐心是徒劳的，毫无意义。

案例解析八：兆易创新（603986）

如图 14－44 所示，为 兆易创新（603986）季 K 线走势图。图中可见，新股上市股价拉升一轮行情后，构建了一个为期 7 个季度的三川建仓通道，这是该股主力相对高位的建仓行为，是筹码由分散到统一的过程，足够多的筹码掌握在了主力的手中。建仓通道末端，阳线实体向上突破通道上轨，以一根带有上影线的阳线收盘，标志着三川建仓过程的结束，预示着三兵拉升行情即将开启，因此该股符合，三法四式季末选股要求，投资者应及时发现并加入自选股。图 14－45、14－46、14－47 分别为该股同期的月 K 线、周 K 线、日 K 线走势图，将这三个周期的 K 线与同期上证指数走势对比发现，该股走势明显优于指数。在指数震荡的阶段，该股率先完成了仓位的构建，具备强势领涨股的特质。综合各个周期股价具体运行状况，我们对该股未来行情做出预判，该股三川建仓已经结束，走势优于大盘，股价一旦有效突破三川上轨，就会出现三兵拉升的行情，投资者应在季 K 线三川上轨附近择机买入。

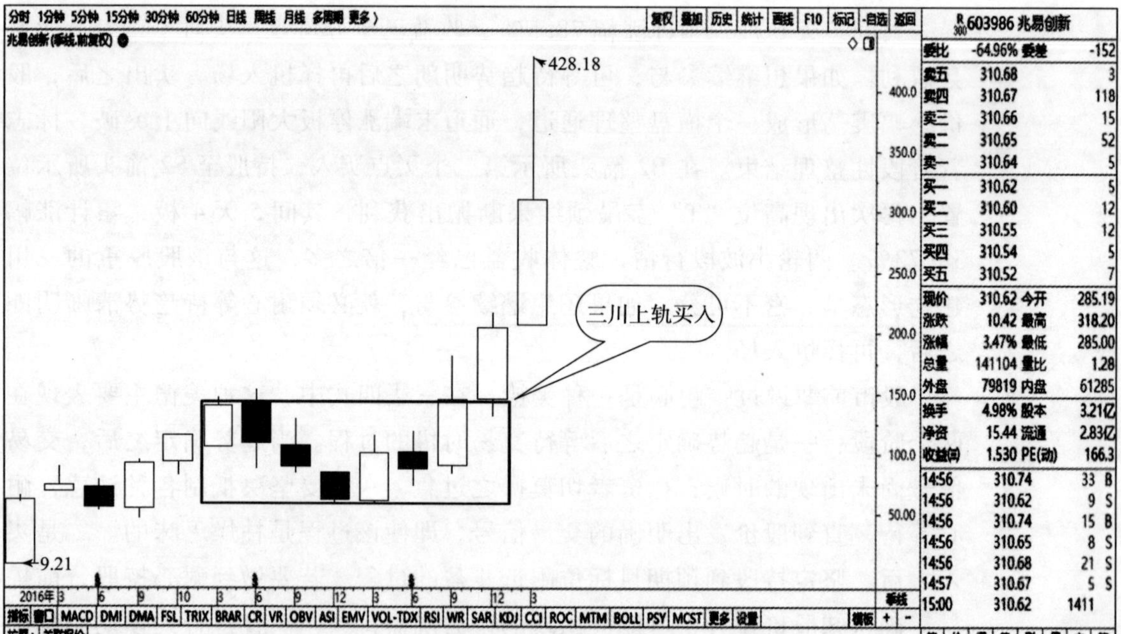

图 14－44　兆易创新（603986）季 K 线走势图

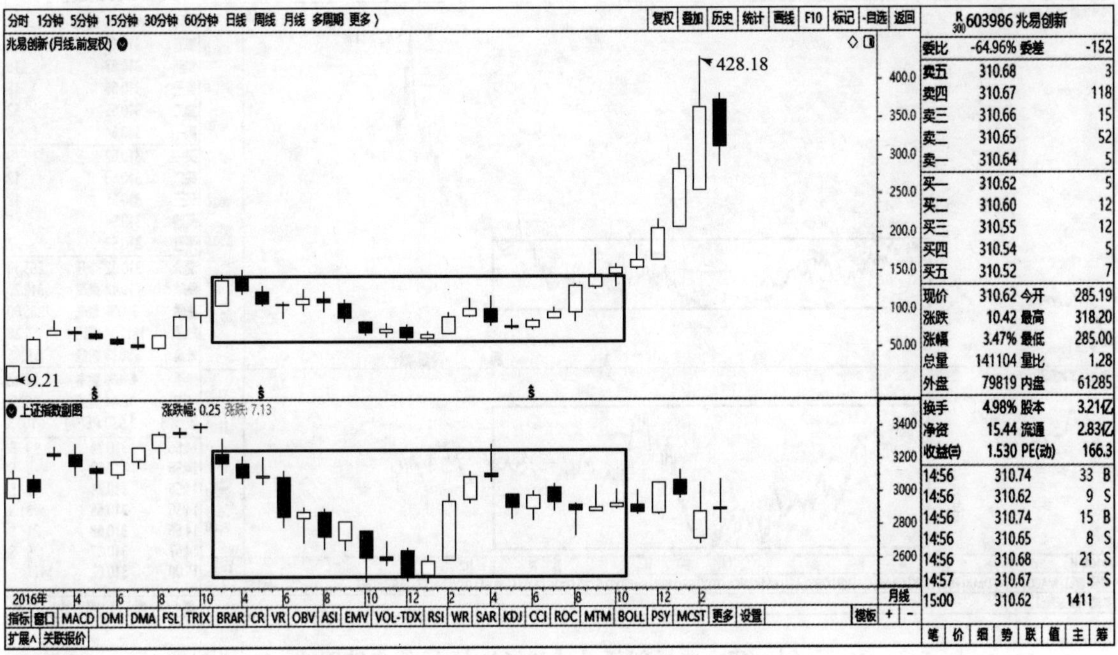

图 14－45　兆易创新（603986）月 K 线走势图

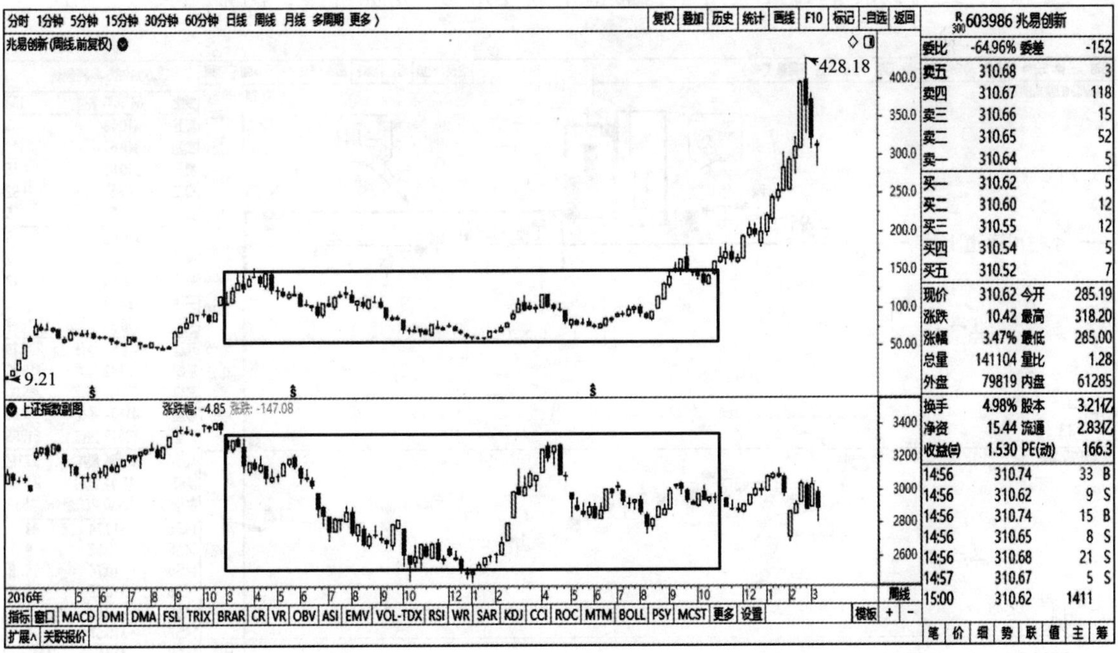

图 14－46　兆易创新（603986）周 K 线走势图

图 14－47　兆易创新（603986）日 K 线走势图 A

如图 14－48 所示，为兆易创新（603986）日 K 线走势图 B。图中水平线为该股季 K 线三川建仓通道上轨 140. 01 元标价线，图中三兵、三山、三

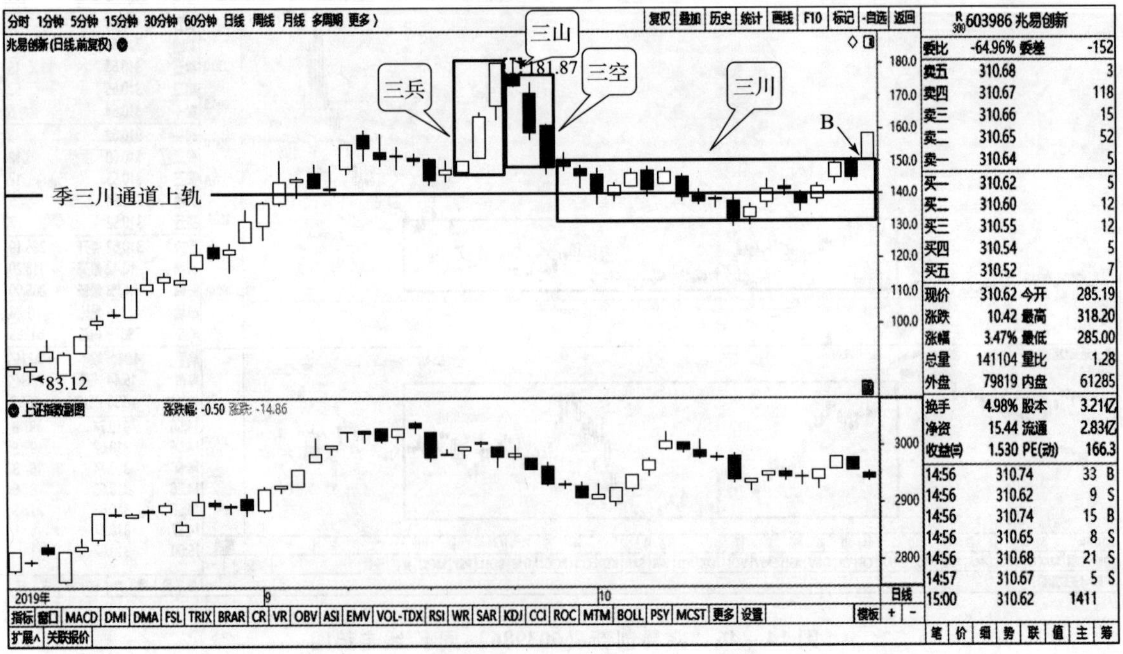

图 14－48　兆易创新（603986）日 K 线走势图 B

空阶段所对应的恰恰是季K线中的上影线，随后股价横跨标价线，构建了一个为期18个交易日的三川建仓通道，一个日线级别的三法四式俨然成形，这是主力在股价正式拉升之前的洗盘行为，以此清洗在季K线三川建仓末端的低成本短线获利筹码，减轻随后股价拉升过程中的抛压。如图中B点箭头所示，股价于三川上轨开盘，标志着拉升前的洗盘已经结束，该点就是绝佳的买入机会。

如图14－49所示，为兆易创新（603896）日K线走势图C。图中水平线，为该股季三川建仓通道上轨140.01元标价线。投资者在图中B点箭头所示买点介入之后，在随后的股价拉升过程中，需要耐心持股。主力建仓完毕拉升之前，经过彻底洗盘，左侧已经没有抛压，下方也没有短期获利跟风盘，主力会把股价拉升到一个新的高度，这就是三川建仓之后，需要耐心持股的内在逻辑。如图中虚线方框所示，股价拉升过程并非一蹴而就，这就是常说的“台阶式”爬升。股价在震荡中一路上扬，重心不断升高，图中虚线方框所示，就是一个个的小幅震荡过程，主力正是采用这种方式，使股价在频繁换手中，逐步垫高市场持股成本，帮助其锁定浮动筹码。直至图中S点箭头所示位置，股价跌破虚线方框下轨及时止盈卖出，其间80个交易日

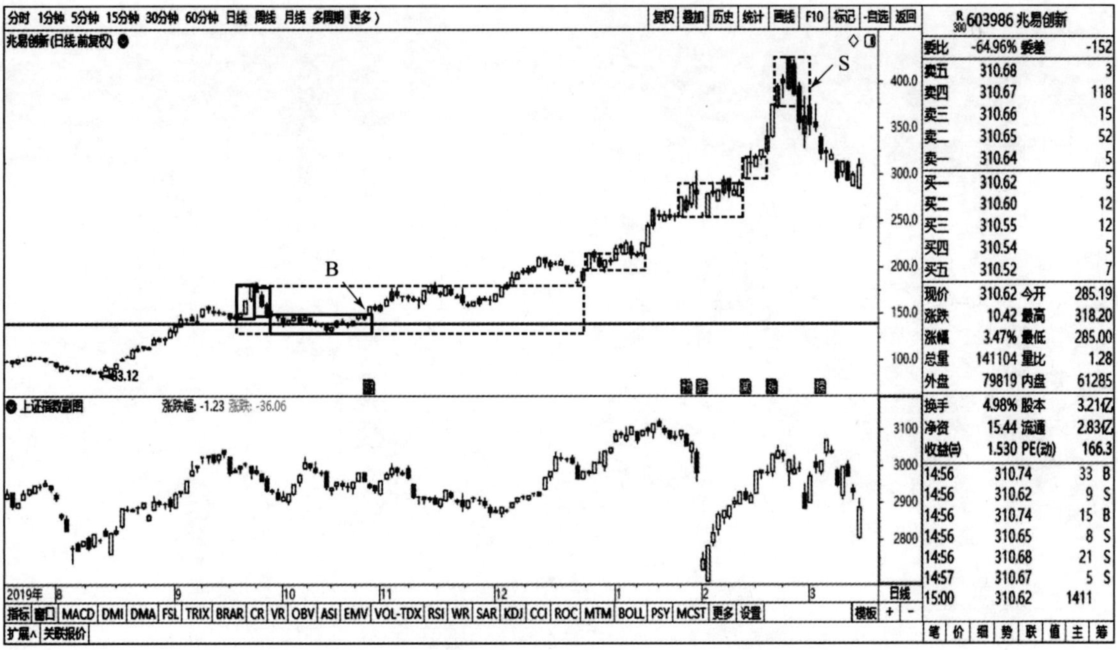

图14－49　兆易创新（603986）日K线走势图C

获利145%，收益十分可观。可见，只要买在行情的起涨点，即三兵拉升阶段初期洗盘结束的时候，怎么卖都会盈利，可见股票买点的重要性。一旦买高了，股价上涨尚可，但若向下调整就会十分被动，心理素质不过硬就会被清洗出局，从而踏空行情；不仅没有获利，反而亏蚀本金，得不偿失。